D1941700

Henry Mintzberg

Die Mintzberg-Struktur

Henry Mintzberg

Die Mintzberg-Struktur

Organisationen effektiver gestalten

verlag moderne industrie

Die Deutsche Bibliothek - CIP-Einheitsaufnahme

Mintzberg, Henry:
Die Mintzberg-Struktur : Organisation effektiver gestalten / Henry Mintzberg. [Übers.: Helga Höhlein]. – Landsberg/Lech : Verl. Moderne Industrie, 1992
Einheitssacht.: Structure in fives <dt.>
ISBN 3-478-31470-4

FH-BIBLIOTHEK HOF 95/959

© 1983 Prentice Hall Inc., Englewood Cliffs, New Jersey 07632

© 1992 verlag moderne industrie AG & Co., Buchverlag, 8910 Landsberg/Lech

Alle Rechte, insbesondere das Recht der Vervielfältigung und Verbreitung sowie der Übersetzung, vorbehalten. Kein Teil des Werkes darf in irgendeiner Form (durch Fotokopie, Mikrofilm oder ein anderes Verfahren) ohne schriftliche Genehmigung des Verlages reproduziert oder unter Verwendung elektronischer Systeme gespeichert, verarbeitet, vervielfältigt oder verbreitet werden.
Übersetzung: Helga Höhlein, 5172 Linnich-Tetz
Umschlaggestaltung: Hubert Patscheider, 8900 Augsburg
Satz: Typoservice Decker, 8032 Gräfelfing
Druck: Schongauer Druckservice, 8920 Schongau
Bindearbeiten: Thomas, 8900 Augsburg
Printed in Germany 310 470/1291 151
ISBN 3-478-31470-4

Inhaltsverzeichnis

Kapitel 4

Kapitel 5

Kapitel 6

Kapitel 11

Kapitel 12

(Die Anmerkungen befinden sich am Ende des jeweiligen Kapitels)

Vorrede an den Leser

Was wäre wohl wichtiger für effektives Funktionieren unserer Organisationen – von Reparaturwerkstätten bis zu Automobilkonzernen, von der Polizei bis zur Regierung – als die Gestaltung ihrer Strukturen? Doch was wissen wir über eine solche Gestaltung?

Zwar wissen wir etliches, aber nicht dergestalt, daß dieses Wissen denjenigen zugänglich wäre, die für die Gestaltung von Organisationen zuständig sind – Führungskräfte, Stabsexperten und Unternehmensberater. Die umfangreiche Literatur zur Strukturierung von Organisationen, großenteils auf systematischer empirischer Forschung aufbauend, hat den organisatorischen Alltag weitgehend verfehlt – aus zwei Gründen. Zum einen handelt es sich zumeist um Artikel und Bücher, die in akademischem Stil von Wissenschaftlern für Wissenschaftler geschrieben sind. Und wer in der Praxis bereit war, sich durch den Fachjargon hindurchzuarbeiten, machte die Feststellung, daß solche Veröffentlichungen eher auf das ausgerichtet sind, was ist – nicht auf das, was sein sollte; beschrieben wird, was in Organisationen abläuft, nicht aber, wie eine effektive Organisation zu gestalten ist. Zum anderen fehlte der Literatur trotz ihres beträchtlichen Umfangs und ihrer zahlreichen Erkenntnisse die Synthese. Der Praktiker fand die wichtigsten Schlußfolgerungen an keiner Stelle zusammengefaßt; vielmehr mußte er sich buchstäblich durch die gesamte Literatur hindurchkämpfen, um herauszufinden, worin die Aussage eigentlich bestand. Und selbst dann blieb die Synthese noch dem Leser überlassen. Widersprüche in den Forschungsergebnissen finden sich zuhauf, doch ist der Versuch, einen Ausgleich herbeizuführen, kaum jemals unternommen worden. Wer also schon die Geduld aufgebracht hatte, die Literatur wirklich durchzuarbeiten, sah sich letzten Endes vielfach einer weitaus größeren Verwirrung ausgesetzt als vor der Lektüre.

Mitte der 70er Jahre machte ich mich daran, diese Literatur zu ordnen sowie die wichtigsten Aussagen zu ermitteln und vor allem zu einem integrierten Gesamtbild der Strukturierung von Organisationen zusammenzufügen. Das Ergebnis dieser fast drei volle Jahre währenden Arbeit war ein Buch, das im Jahr 1979 unter eben diesem Titel »The Structure of Organizations« bei Prentice-Hall erschien. Das Buch umfaßte 512 sehr klein gedruckte Seiten, aber es war genau das, was ich mir vorgestellt hatte: eine Synthese der Forschungsliteratur über die Strukturierung von Organisationen (Untertitel: »A Synthesis of the Research«) und die Hervorhebung solcher Faktoren, die über die Effektivität der Organisationsgestaltung entscheiden. Da ich als Leser nicht nur Studenten und Praktiker, sondern auch meine akademischen Kollegen ansprechen wollte, enthielt das Buch für sämtliche Forschungsergebnisse sorgfältig ausgearbeitete Literaturhinweise, wobei auch großzügig aus der Literatur zitiert wurde. Die Argumente waren damit optimal belegt, so daß der Leser das Buch auch als Nachschlagewerk benutzen konnte. Daher die 512 Seiten. Trotz seiner Länge war dem Buch beträchtlicher Erfolg beschieden – sowohl im Hinblick auf spätere Rezensionen als auch auf die Verkaufszahlen – und wurde insbesondere in Lehrveranstaltungen an Universitäten eingesetzt.

1981 machte Ted Jursek von der Fachbuch-Abteilung (Professional Book Program) bei Prentice-Hall den Vorschlag, ich solle doch das Buch umarbeiten und für die Praxis zugänglicher machen. Im wesentlichen bedeutete dies eine erhebliche Kürzung – unter Verzicht auf den größten Teil der Literaturhinweise und Zitate, doch gleichzeitig unter Beibehaltung der grundlegenden Argumentation und Verlagerung des Hauptinteresses auf die Fragestellung, wie eine effektive Organisation zu gestalten ist. Ich griff diesen Vorschlag begeistert auf, zumal ich selbst der Meinung war, daß die Zeit, die ich in das ursprüngliche Buch investiert hatte, zum großen Teil vergeudet wäre, wenn meine Botschaft die Praktiker nicht unmittelbar und auf breiter Basis erreichte. Bestätigt sah ich mich auch durch die Reaktionen von Praktikern, die tatsächlich die 512 Seiten gelesen hatten, sowie durch Kommentare zu meinem Artikel »Organization Design: Fashion or Fit?« in der Harvard Business Review (Januar/Februar-Ausgabe 1981), wo ich die wichtigsten Aussagen des Buches zusammengefaßt hatte. Soviel stand fest: Wenn die volle Botschaft zu möglichst vielen vielbeschäftigten Praktikern gelangen sollte, bedurfte es der goldenen Mitte zwischen einem 14seitigen Übersichtsartikel und einem ausführlich belegten Nachschlagewerk von 512 Seiten.

So entstand das vorliegende Buch »Structure in Fives: Designing Effective Organizations«. Ich denke, daß ich mein Ziel erreicht habe: die Darstellung und vor allem Synthese der Forschungsergebnisse im Hinblick auf die Voraussetzungen zur Gestaltung effektiver Organisationen – so verfaßt, daß das Buch von Führungskräften, Stabsexperten und Unternehmensberatern, die an der Strukturierung von Organisationen interessiert sind, gelesen wird. Opfern mußte ich natürlich einen Großteil der Literaturhinweise und Zitate als Belege für die verschiedenen Argumente. Doch sollte ein Leser solche Informationen benötigen oder sich eingehender mit der zugrundeliegenden Forschung befassen wollen, wird er in dem ausführlichen Nachschlagewerk »The Structuring of Organizations: A Synthesis of the Research« (Prentice-Hall, 1979) das Gesuchte leicht finden können: In seinem allgemeinen Aufbau (wenn auch nicht in den einzelnen Kapiteln) entspricht es der Gliederung des vorliegenden Buches und bietet ein sehr ausführliches Register sowie eine Bibliographie mit über 300 Einträgen. Der Band erweist sich als nützliche Ergänzung zum vorliegenden Buch für solche Leser, die tiefer in die Thematik eindringen möchten. (Wirklich neu in diesem Buch sind einige Aussagen am Ende des letzten Kapitels.)

Zur Lektüre dieses Buches möchte ich wie zu einem Bankett einladen, wobei meine Vorrede nicht die Qualität des Angebots, sondern lediglich die Tischsitten und die Speisenfolge betrifft: Die Kost läßt sich weder »nebenbei« – sozusagen als Schnellimbiß – konsumieren, noch ist – wie bei einem Buffet – eine Auswahl ganz nach eigenem Belieben zu treffen. Der Leser wird ausdrücklich gebeten, sich an das dargebotene Menu zu halten.

Kapitel 1 will den Appetit anregen und den Gaumen auf das vorbereiten, was da folgen soll – als Hors d'oeuvre sozusagen. Im ersten Kapitel werden zwei wichtige Konzepte eingeführt, die als Grundlage für alle weiteren Ausführungen dienen.

In den Kapiteln 2, 3, 4 und 5 erhält der Leser einen geschmacklichen Eindruck von den wichtigsten Ingredienzen der Organisationsgestaltung – wir wollen sie als Gestaltungsparameter bezeichnen. Dieser Teil des Buches ist weitgehend in der Form einer Analyse, nicht einer Synthese, abgefaßt: Wir haben es zunächst mit der Abgrenzung der grundlegenden Elemente der Strukturgestaltung, nicht mit der Kombination dieser Elemente, zu tun. Doch gegen Ende von Kapitel 5 sollte der Leser allmählich auf den Geschmack gekommen sein. Kapitel 6 schließt den analytischen Teil ab, indem es die aufgezeigten Gestaltungsparameter in den Kontext verschiedener situativer Faktoren stellt. Auf diese Weise kommen noch weitere Geschmacksrichtungen hinzu, die dem bisher Angebotenen zusätzliches Aroma verleihen.

Die Kapitel 7 bis 12 sind die Pièces de résistance unseres Banketts. Nunmehr sind alle Ingredienzen aus den vorangegangenen Kapiteln in fünf Hauptgängen – oder Konfigurationen – vereint, die unsere Synthese darstellen: Einfachstruktur, Maschinenbürokratie, Profibürokratie, Spartenstruktur und Adhokratie. So gesehen dienen die ersten sechs Kapitel zur kulinarischen Vorbereitung auf die nächsten sechs – die eigentlichen Köstlichkeiten unseres Banketts. Kapitel 7 führt unsere Konfigurationen ein, die dann der Reihe nach in den nachfolgenden Kapiteln erörtert werden. Das abschließende Kapitel – »Jenseits der FÜNF« – ist gewissermaßen als Digestivum zu verstehen: Es stellt Betrachtungen über wichtige Wechselbeziehungen zwischen unseren fünf Konfigurationen an und verweist auf größere Zusammenhänge.

> Die wichtigsten Aussagen des Buches sind in Kästen (wie hier) hervorgehoben; insgesamt ergeben sie eine komprimierte Darstellung der durchgängigen Argumentation

Allerdings bedeutet dies keinesfalls eine Aufforderung zu eiligem Konsum – erst das Fleisch am Knochen sichert den vollen Genuß; beabsichtigt ist vielmehr, dem Leser die wichtigsten Zusammenhänge noch einmal mundgerecht zu servieren.

Voilà, es ist angerichtet. Bon appétit.

Henry Mintzberg

Kapitel 1

Grundlagen der Organisationsgestaltung

Fünf grundlegende Koordinationsmechanismen

Fünf Teile einer Organisation
Der betriebliche Kern
Die strategische Spitze
Die Mittellinie
Die Technostruktur
Der Hilfsstab

Funktionsablauf in Organisationen

Frau Hafner stellte im Kellergeschoß ihres Hauses Töpferware her. Dabei waren verschiedene Arbeiten zu verrichten: Aushöhlung von Tonklumpen, Ausformung von Gefäßen, Nachbearbeitung in halbtrockenem Zustand, Vorbereitung und später Auftragen der Glasur und schließlich Brennen der Ware im Töpferofen. Die Koordinierung der unterschiedlichen Arbeitsgänge bereitete keine Probleme – Frau Hafner führte alle selbst aus.

Probleme bereiteten vielmehr ihr Ehrgeiz und die Attraktivität ihrer Tonwaren: Die Aufträge überstiegen die Produktionskapazität. So stellte Frau Hafner Fräulein Biskotte ein, die mit großem Engagement das Töpfern erlernen wollte. Dies hatte zur Folge, daß Frau Hafner die Arbeiten aufteilen mußte. Da nun aber die Kunden, vor allem Kunstgewerbeläden, ihre Keramik von Frau Hafner persönlich hergestellt haben wollten, wurde vereinbart, daß Fräulein Biskotte die Tonklumpen aushöhlen und die Glasuren vorbereiten sollte und Frau Hafner dann die restlichen Arbeiten übernehmen würde. Dazu bedurfte es einer Koordinierung des Arbeitsablaufs – was aber nicht weiter problematisch ist, wenn zwei Leute in einer Töpferwerkstatt arbeiten: Frau Hafner und ihre Mitarbeiterin stimmten sich einfach durch informelle Kommunikation ab.

Die Zusammenarbeit funktionierte gut – so gut, daß Frau Hafner schon bald wieder mit Aufträgen überlastet war. Mehr Hilfspersonal mußte her. Aber diesmal beschloß Frau Hafner in weiser Voraussicht des Tages, an dem ihre Mitarbeiter selbst Keramik herstellen würden, Absolventen der nahe gelegenen Töpferschule einzustellen. Während es einige Zeit gedauert hatte, Fräulein Biskotte anzulernen, kannten die drei neuen Mitarbeiter ihre Aufgaben von Anfang an sehr genau und fügten sich reibungslos in den Arbeitsprozeß ein; selbst bei fünf Leuten erwies sich die Koordination noch als unproblematisch.

Doch als zwei weitere Mitarbeiter hinzukamen, traten erste Probleme auf. Einmal stolperte Fräulein Biskotte über einen Eimer Glasur, wobei fünf Krüge zu Bruch gingen; ein andermal stellte Frau Hafner beim Öffnen des Ofens fest, daß sämtliche Hängeampeln versehentlich rosarot glasiert waren. Zu diesem Zeitpunkt wurde ihr klar, daß sieben Mitarbeiter in einer kleinen Töpferwerkstatt nicht den gesamten Arbeitsablauf über den einfachen Mechanismus einer informellen Kommunikation abwickeln konnten. Außerdem mußte Frau Hafner, die sich inzwischen als Geschäftsführerin eines Keramikbetriebs bezeichnete, immer mehr Zeit ihren Kunden widmen – mittlerweile war sie eher im eleganten Kostüm als in Jeans anzutreffen. So ernannte sie Fräulein Biskotte zur Werkstattleiterin, die nun die Beaufsichtigung und Koordinierung der von den fünf »produktiven« Mitarbeitern durchgeführten Töpferarbeiten übernehmen sollte.

Der Betrieb vergrößerte sich zunehmend. Weitere wichtige Veränderungen wurden vorgenommen, nachdem ein Betriebsberater zur Durchführung von Arbeitsstudien hinzugezogen worden war. Seinen Empfehlungen zufolge sollte jeder Mitarbeiter nur einen einzigen Arbeitsgang für ein ganz bestimmtes Produkt aus dem Sortiment (Krüge, Aschenbecher, Hängeampeln und Keramiktiere) übernehmen – der erste höhlte die Tonklumpen aus, der zweite formte, der dritte war für die Nachbearbeitung zuständig usw. Die Produktion glich somit einem Fertigungsprozeß mit vier Fließbändern. Jeder Mitarbeiter hatte sich nach zuvor ausgearbeiteten Standardinstruktionen zu richten, damit die Koordination sämtlicher Arbeitsgänge sichergestellt war. Selbstverständlich verkaufte der Keramikbetrieb seine Tonware inzwischen nicht mehr an Kunstgewerbeläden; Frau Hafner nahm nur noch Bestellungen über große Stückzahlen an, die zumeist von Einzelhandelsketten geordert wurden.

Frau Hafners unternehmerischer Ehrgeiz kannte keine Grenzen; sobald sich die Gelegenheit zur Diversifizierung bot, griff sie zu: Zunächst waren es Keramikkacheln, dann Badezimmerinstallationen und schließlich Dachziegel. Daraufhin wurden drei Sparten gebildet – Konsumgüter, Baubedarf und Zwischenprodukte. Vom Penthaus ihres »Keramik-Zentrums« aus koordinierte Frau Hafner die Aktivitäten in den drei Sparten, indem sie vierteljährlich die jeweiligen Leistungen überprüfte und persönlich eingriff, wenn die Gewinn- und Wachstumszahlen hinter dem Plansoll zurückblieben. Als sie nun eines Tages an ihren Budgets arbeitete und das noble Geschäftsviertel in ihrer unmittelbaren Umgebung betrachtete, faßte sie den Entschluß, ihrem Unternehmen den neuen Namen »Ceramico« zu geben.

Jede organisierte menschliche Tätigkeit – von der Herstellung von Tonkrügen bis hin zur Beförderung eines Menschen auf den Mond – setzt zwei grundlegende, aber gegensätzliche Schritte voraus: einerseits die Aufteilung der Arbeit in verschiedene Einzelaufgaben und andererseits die Koordinierung dieser Aufgaben im Rahmen der gesamten Abwicklung.

Somit läßt sich die Struktur einer Organisation ganz einfach definieren als die Gesamtsumme aller Mittel und Wege, die der Organisation zur Arbeitsteilung und dann zur Koordinierung der Einzelaufgaben dienen.

Wie ist eine solche Struktur nun zu gestalten? Gibt es eine optimale Gestaltungsmöglichkeit? Oder sind die verschiedenen Strukturelemente – die Mittel und Wege zur Arbeitsteilung und zur Koordinierung der Einzelaufgaben – unabhängig voneinander zu wählen, so wie ein Käufer am Marktstand Gemüse aussucht oder der Gast am Buffet seine individuelle Mahlzeit zusammenstellt?

Jahrelang hat die Managementliteratur zugunsten der ersten Frage entschieden: Einer guten Struktur lagen feste Regeln und eine starre Autoritätshierarchie zugrunde, wobei die Zahl der zur jeweiligen Leitungsspanne gehörenden Einheiten nicht über sechs hinausgehen durfte. Erst in letzter Zeit fällt die Entscheidung in der Literatur stillschweigend zugunsten der zweiten Frage aus: Vom Organisationsgestalter wird nunmehr erwartet, daß er – unter anderem – die richtige Mischung aus Langfristplanung, Arbeitsplatzbereicherung und Matrixstruktur trifft.

Das vorliegende Buch verwirft beide Ansätze zugunsten eines dritten.

Die Strukturelemente sind so auszuwählen, daß interne Konsistenz und Harmonie sowie grundlegende Konsistenz mit den situativen Bestimmungsfaktoren der Organisation gewährleistet sind.

Insbesondere handelt es sich dabei um Übereinstimmung – mit ihrer Größe und ihrem Alter, mit den organisatorischen Umweltbedingungen, mit den in der Organisation eingesetzten technischen Systemen usw. Solche situativen Faktoren finden häufig nicht weniger Beachtung als die Strukturelemente selbst. Die Stellung der Organisation in ihrer Umwelt, ihre bisherige Entwicklung, die bei der Erstellung von Produkten und Dienstleistungen eingesetzten Methoden – all dies gilt es bei der Gestaltung ebenfalls zu berücksichtigen. Unsere Schlußfolgerung lautet daher, daß die verschiedenen Gestaltungsparameter und die situativen Faktoren so zu kombinieren sind, daß sogenannte Konfigurationen entstehen.

Je nach Auswahl der verschiedenen Strukturelemente lassen sich unterschiedliche Konfigurationen zusammenstellen; im Prinzip sind viele Möglichkeiten gegeben. Doch wie wir noch sehen werden, ist die Zahl der Konfigurationen, die sich für die meisten Organisationen als effektiv erweisen, durchaus eingeschränkt.

So lautet die Kernaussage dieses Buches: Eine begrenzte Anzahl von Konfigurationen reicht aus, um die meisten Entscheidungen effektiver Organisationen für oder gegen bestimmte Strukturformen zu begründen. Mit anderen Worten: Die Gestaltung einer effektiven Organisationsstruktur - wie auch die Diagnose von Problemen im Zusammenhang mit ineffektiven Organisationsstrukturen - setzt die Berücksichtigung einiger weniger grundlegender Konfigurationen voraus.

Im vorliegenden Buch wird uns immer wieder die Zahl FÜNF begegnen. So führen wir im ersten Kapitel grundlegende Mechanismen ein, die zur Koordinierung von Einzelaufgaben eingesetzt werden; es sind fünf an der Zahl. Weiterhin entwickeln wir ein Organisationsschaubild, das uns das ganze Buch hindurch begleiten wird: Es umfaßt fünf Teile. Beim tieferen Eindringen in die Thematik beschreiben wir die verschiedenen Parameter der strukturellen Gestaltung. Zu den wichtigsten zählt die Dezentralisation. Wir werden sehen, daß dabei fünf Grundformen möglich sind. Im Anschluß an die Erörterung der situativen Faktoren stellen wir dann unsere grundlegenden Konfigurationen aus strukturellen und situativen Elementen vor – wiederum sind es fünf. Wie wir sehen werden, sind all diese Fünfer-Einheiten keineswegs voneinander unabhängig, sondern lassen vielmehr grundlegende Wechselbeziehungen erkennen. Insbesondere paßt jeweils eine der Konfigurationen zu einer bestimmten Dezentralisationsform, wobei wiederum einer der Koordinationsmechanismen für einen ganz bestimmten Organisationsteil besonders gut geeignet erscheint. Sollte dies bedeuten, daß die Zahl FÜNF die magische Zahl bei der Gestaltung effektiver Organisationen ist?

Wir wollen diese höchst interessante Frage hier auf sich beruhen lassen und uns im folgenden eher pragmatischen Fragestellungen zuwenden. Um den Rahmen für die weiteren Ausführungen festlegen zu können, müssen wir in diesem ersten Kapitel zwei Konzepte einführen: Das erste betrifft die grundlegenden Mechanismen zur Gewährleistung der in einer Organisation erforderlichen Koordination; das zweite Konzept beschreibt die Organisation im Hinblick auf ihre verschiedenen Teile.

Fünf grundlegende Koordinationsmechanismen

Denken wir noch einmal daran: Zu einer Struktur gehören zwei entscheidende Voraussetzungen – die Aufteilung der Arbeit in verschiedene Einzelaufgaben einerseits und die Koordinierung dieser Aufgaben andererseits. In Frau Hafners »Ceramico« wurde die Arbeitsteilung – Aushöhlen von Tonklumpen, Formen, Nachbearbeiten, Glasieren, Brennen – weitgehend von den Arbeitsgängen als solchen und ihrer technischen Abwicklung bestimmt. Doch die Koordinierung war schon schwieriger und erforderte den Einsatz verschiedener Koordinationsmechanismen. Nur ist bereits in diesem Zusammenhang darauf hinzuweisen, daß solche Mechanismen nicht nur zur Koordinierung dienen, sondern gleichermaßen mit Kontrolle und Kommunikation zu tun haben.

Fünf Koordinationsmechanismen umfassen alle grundlegenden Möglichkeiten, die den Organisationen zur Koordinierung ihrer Arbeitsabläufe zur Verfügung stehen: gegenseitige Abstimmung, persönliche Weisung, Standardisierung der Arbeitsprozesse, Standardisierung der Arbeitsprodukte und Standardisierung der bei den Mitarbeitern vorauszusetzenden Qualifikationen. Diese Koordinationsmechanismen sind als die fundamentalen Strukturelemente anzusehen - als Bindemittel, das die verschiedenen Organisationsteile zusammenhält.

Im folgenden wollen wir die fünf grundlegenden Koordinationsmechanismen kurz erläutern.

Gegenseitige Abstimmung erzielt die Koordinierung von Arbeitsabläufen über den einfachen Prozeß der informellen Kommunikation.

Wo Mitarbeiter ihre Arbeit durch gegenseitige Abstimmung koordinieren, obliegt die Arbeitskontrolle den für die Tätigkeit zuständigen Mitarbeitern selbst (Abbildung 1-1a). Da die gegenseitige Abstimmung ein sehr einfacher Koordinationsmechanismus ist, wird sie vor allem in elementar strukturierten Organisationen praktiziert – zum Beispiel von zwei Leuten in einem Kanu oder von einigen wenigen Mitarbeitern in einer Töpferei. Paradoxerweise findet dieser Mechanismus aber auch in hochkomplexen Organisationen Anwendung. Nehmen wir als Beispiel die Organisation, die den Auftrag hatte, den ersten Menschen auf den Mond zu befördern. Ein solches Vorhaben setzt eine unglaublich sorgfältig vorbereitete Arbeitsteilung voraus, bei der Tausende von Spezialisten die unterschiedlichsten Detailarbeiten verrichten. Doch zu Anfang weiß noch keiner so recht, was im einzelnen dazugehört. Die genaue Kenntnis der tatsächlich erforderlichen Aufgaben wächst erst allmählich mit fortschreitendem Arbeitsablauf. Letztlich hängt somit der Erfolg des Unternehmens – trotz des Einsatzes weiterer Koordinationsmechanismen – in erster Linie von der Fähigkeit der Spezialisten ab, sich auf ihrem nicht vorgezeichneten Weg untereinander abzustimmen. Und darin sind sie den beiden Kanufahrern durchaus vergleichbar.

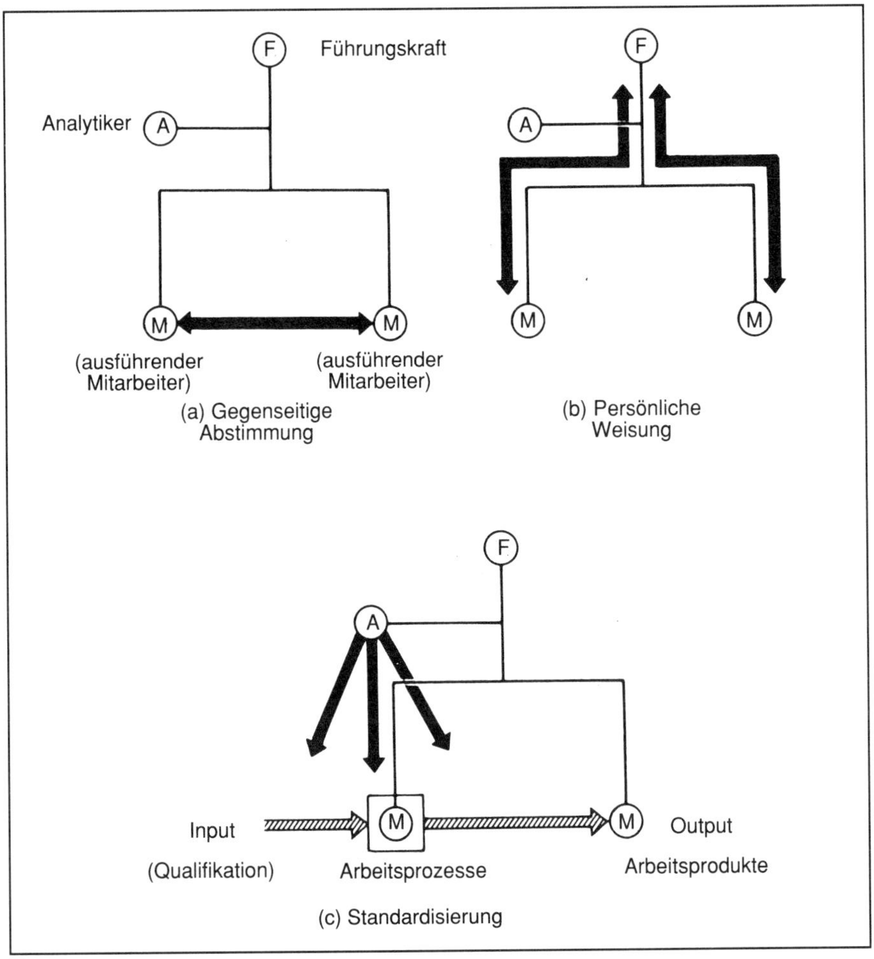

Abb. 1-1: Die fünf Koordinationsmechanismen

Sobald eine Organisation das elementare Stadium – etwa eine Töpferei mit mehr als fünf oder sechs Mitarbeitern oder eine fünfzehnköpfige Kriegermannschaft in einem Indianerkanu – überschritten hat, ist ein zweiter Koordinationsmechanismus hinzuzuziehen.

Mit der persönlichen Weisung wird Koordinierung erzielt, indem einem der Mitarbeiter die Verantwortung für die Arbeit der Kollegen übertragen wird: Er erteilt ihnen Anweisungen und kontrolliert ihre Aktionen.

Abbildung 1-1b veranschaulicht diesen Zusammenhang. Ein Kopf koordiniert sozusagen mehrere Hände – wie bei der Werkstattleiterin in der Töpferei oder beim Steuermann der »auf Kriegspfad« befindlichen Kanumannschaft. Ein gutes Beispiel ist auch der Aufbau des Teams beim American Football, wo strikte Arbeitsteilung geboten ist: Elf Spieler sind danach zu unterscheiden, für welche spezielle Aufgabe sie eingesetzt sind, an welcher Stelle des Spielfeldes sie spielen und gegebenenfalls welche physischen Voraussetzungen sie mitbringen. Der schlanke Läufer steht hinter der Torlinie und führt den Ball; der untersetzte Abwehrspieler steht auf der Linie und blockt. Gegenseitige Abstimmung reicht nicht aus, um die Spielzüge zu koordinieren, so daß ein Mannschaftskapitän, Quarterback genannt, bestimmt wird: Er koordiniert das Spiel durch Zuruf.

Arbeit läßt sich auch ohne gegenseitige Abstimmung oder persönliche Weisung koordinieren – durch Standardisierung. In diesem Fall erfolgt die Koordinierung sozusagen vom Reißbrett aus, noch bevor eine Arbeitsleistung erbracht wird. Die Arbeiter am Fließband eines Automobilherstellers und die Chirurgen im Operationssaal eines Krankenhauses brauchen sich normalerweise hinsichtlich der Koordinierung mit ihren Kollegen keine Gedanken zu machen – sie wissen genau, was von ihnen erwartet wird, und entsprechend verhalten sie sich. Abbildung 1-1c zeigt die drei Standardisierungsformen, die in Organisationen grundsätzlich möglich sind. Die Arbeitsprozesse als solche, die Arbeitsprodukte (Output) und die von den jeweiligen Mitarbeitern verlangten Qualifikationen (und Kenntnisse) (Input) lassen sich so gestalten, daß zuvor vereinbarte Standards erfüllt werden.

Arbeitsprozesse sind standardisiert, wenn die einzelnen Arbeitsgänge festgelegt oder vorausgeplant sind.

Zum Beispiel ist in diesem Zusammenhang an Gebrauchsanweisungen zum Zusammensetzen von Kinderspielzeug zu denken: Der Hersteller standardisiert den Arbeitsprozeß der Eltern. (»Nehmen Sie die 50mm-Phillips-Rundkopfschraube, stecken Sie diese in Loch BX, befestigen Sie das Ganze mit dem Federring und der Sechskantmutter an Teil XB, und gleichzeitig halten Sie ...«) Standardisierungen können in Organisationen bis ins kleinste Detail vorgenommen werden – wie bei den vier

Fließbändern in Frau Hafners Keramikbetrieb oder bei einem Tortenbäcker, den ich einmal bei seiner Arbeit beobachten konnte: Viele tausend Male am Tag tauchte er seine Schöpfkelle in einen Bottich mit Kuchenfüllung – Kirschen, Blaubeeren, Äpfel, was auch immer – und leerte den Inhalt in vorgebackene Kuchen, die auf einer Drehscheibe an ihm vorbeigeführt wurden. Die Koordinierung dieser Arbeitsgänge war letztlich von dem Mann bewirkt worden, der die Drehscheibe konstruiert hatte. Allerdings können Arbeitsstandards in anderen Fällen auch mehr Handlungsspielraum zulassen. So mag ein Einkaufsleiter verpflichtet sein, für alle Bestellungen im Wert von über 10000 Dollar mindestens drei Angebote einzuholen, kann aber im übrigen nach eigenem Ermessen entscheiden.

Arbeitsprodukte sind standardisiert, wenn die Ergebnisse der Arbeit - beispielsweise Produktgröße oder Leistungsumfang - festgelegt sind.

Taxifahrern wird nicht vorgeschrieben, wie sie zu fahren haben oder welche Strecke sie nehmen sollen; sie erhalten lediglich eine Mitteilung über das Bestimmungsziel ihrer Fahrgäste. Dem für das Aushöhlen von Tonklumpen zuständigen Mitarbeiter in einer Töpferei wird auch nicht gesagt, wie er den Ton vorbereitet – als Resultat sollen lediglich Vier-Pfund-Klumpen zur Verfügung stehen; und der nächste Mitarbeiter, der diese Klumpen auf die Töpferscheibe wirft, weiß, daß daraus Krüge einer ganz bestimmten Größe (sein eigener Arbeitsstandard) zu formen sind. Wann immer Arbeitsprodukte standardisiert sind, liegt die Koordinierung der Einzelaufgaben von vornherein fest – wie in der Buchbinderei, wo man sich darauf verlassen kann, daß die abgelieferten Seiten genau zwischen die Deckel passen, die an einem ganz anderen Arbeitsplatz gefertigt wurden. In ähnlicher Weise stimmten alle Spartenleiter des »Ceramico« ihre Arbeiten mit der Zentrale unter Bezugnahme auf Leistungsstandards ab. Man erwartete von ihnen, daß sie vierteljährlich bestimmte Gewinn- und Wachstumszahlen erwirtschafteten; wie sie ihr Ziel erreichten, blieb ihnen überlassen.

Manchmal lassen sich weder der Arbeitsprozeß noch die Arbeitsprodukte standardisieren, und dennoch kann Koordinierung durch Standardisierung erforderlich sein. Die Lösung, wie sie auch von Frau Hafner bei ihrer Entscheidung, Assistenten in ihrer Töpferei einzustellen, angestrebt wurde, besteht in der Standardisierung des künftigen Arbeitskräftepotentials.

Qualifikationen (und Kenntnisse) sind standardisiert, wenn die Ausbildung, die zur Erbringung einer bestimmten Arbeitsleistung vorausgesetzt wird, festgelegt ist.

In der Regel hat der Mitarbeiter seine Ausbildung absolviert, noch bevor er seine Stelle in einer Organisation antritt. Frau Hafner stellte Absolventen einer Töpferschule ein; Krankenhäuser verpflichten Ärzte. Solche Institutionen nehmen unmittelbar Einfluß auf die Arbeitsprogramme der künftigen Mitarbeiter und ihre Koordinierung. An ihrem Arbeitsplatz scheinen die Mitarbeiter völlig selbständig zu arbeiten, so wie die Sprache eines guten Schauspielers auf der Bühne völlig frei und natürlich wirkt. In Wirklichkeit aber haben sich die Betroffenen in beiden Situationen sorgfältig auf ihre Rolle vorbereitet. Die Standardisierung der Qualifikationen errreicht somit auf indirektem Weg, was die Standardisierung der Arbeitsprozesse oder der Arbeitsprodukte direkt bewirkt: Sie kontrolliert und koordiniert den Arbeitsablauf. Wenn ein Anästhesist und ein Chirurg in den Operationssaal kommen, um einen Blinddarm herauszunehmen, brauchen sie kaum ein Wort zu wechseln; dank ihrer Ausbildung wissen sie genau, was sie voneinander erwarten können. Die Tatsache, daß sie standardisierte Fähigkeiten und Kenntnisse mitbringen, stellt die Koordinierung des Operationsablaufs weitgehend sicher.[1]

Dies also sind unsere fünf Koordinationsmechanismen, für die sich eine bestimmte Abfolge abzeichnet:

Mit zunehmender Komplexität des Arbeitsablaufs in der Organisation scheint der bevorzugte Koordinationsmechanismus von der gegenseitigen Abstimmung zunächst zur persönlichen Weisung und dann zur Standardisierung (vorzugsweise der Arbeitsprozesse, dann der Arbeitsprodukte und letztlich auch der erforderlichen Qualifikationen) überzugehen, um schließlich wieder zur gegenseitigen Abstimmung zurückzukehren.

Im Einmannbetrieb besteht kaum Bedarf für einen der hier beschriebenen Mechanismen – die erforderliche Koordination findet ganz einfach in einem einzigen Kopf statt. Doch schon das Hinzukommen einer zweiten Person bedeutet eine deutliche Veränderung der Situation: Die Koordinierung hat nunmehr über zwei Köpfe zu erfolgen. Im allgemeinen stimmen sich Mitarbeiter, die in kleinen Gruppen Seite an Seite arbeiten, auf dem Weg der informellen Kommunikation ab; als Koordinationsmechanismus wird somit gegenseitige Abstimmung bevorzugt. Mit zunehmender Gruppengröße erweist sich eine informelle Koordinierung jedoch als immer weniger effektiv. Es entsteht der Bedarf nach Einrichtung einer Führungsposition: Die Steuerung und Kontrolle der von der Gruppe zu leistenden Arbeit wird einem einzigen Mitarbeiter übertragen – und damit wiederum einem einzigen Kopf, der nunmehr auch andere lenkt; bevorzugter Koordinationsmechanismus ist dann die persönliche Weisung.

Mit zunehmender Komplexität des Arbeitsablaufs zeichnet sich ein weiterer Übergang ab – zur Standardisierung. Solange einfache Routineaufgaben anstehen, verläßt sich eine Organisation zunächst auf die Standardisierung der Arbeitsprozesse als solche. Bei komplizierteren Arbeitsabläufen könnte sich dieser Koordinationsmechanismus jedoch als undurchführbar erweisen, so daß die Organisation gezwungen ist, zur Standardisierung der Arbeitsprodukte überzugehen: Die zu erreichenden Arbeitsziele werden festgelegt, doch bleibt die Wahl des Arbeitsprozesses dem zuständigen Mitarbeiter überlassen. Allerdings lassen sich bei hochkomplexen Aufgaben häufig nicht einmal die Arbeitsprodukte standardisieren, und dann muß die Organisation nach Möglichkeit für eine Standardisierung der von ihren Mitarbeitern verlangten Qualifikationen sorgen. Sollten jedoch die in der Organisation durch Arbeitsteilung entstandenen Aufgaben keinerlei Standardisierung zulassen, könnte sich eine Kehrtwende um 180° als notwendig erweisen: Die Organisation kehrt zum einfachsten, aber anpassungsfähigsten Koordinationsmechanismus zurück – zur gegenseitigen Abstimmung. Wie schon erwähnt, müssen auch hochintelligente Problemlösungsstrategen in äußerst komplizierten Situationen auf die informelle Kommunikation zurückgreifen, um gute Arbeit leisten zu können.

Unsere bisherigen Ausführungen lassen sich dahingehend zusammenfassen, daß eine Organisation unter ganz bestimmten Umständen einen ganz bestimmten Koordinationsmechanismus bevorzugt anwendet. Dabei ist auch deutlich geworden, daß sich die fünf beschriebenen Koordinationsmechanismen in gewisser Weise ablösen; die Organisation kann den einen Koordinationsmechanismus durch einen anderen ersetzen. Allerdings ist daraus keineswegs der Schluß zu ziehen, eine Organisation könne sich jeweils auf einen einzigen Koordinationsmechanismus beschränken. Vielmehr werden in den meisten Fällen alle fünf miteinander kombiniert. Zumindest ist immer ein gewisses Maß an persönlicher Weisung und gegenseitiger Abstimmung erforderlich – unabhängig davon, inwieweit auch eine Standardisierung des Arbeitsablaufs angestrebt ist. In unseren heutigen Organisationen sind Führungspositionen und informelle Kommunikation unverzichtbar – selbst wenn diese Koordinationsmechanismen in erster Linie dazu dienen sollten, die mit der Standardisierung verbundenen starren Strukturen aufzulockern. Auch im vollautomatisierten (d.h. in vollem Umfang standardisierten) Betrieb fallen Maschinen aus, erscheinen Mitarbeiter nicht zur Arbeit, sind Pläne und Termine in letzter Minute zu ändern. Dann muß es einerseits Vorgesetzte geben, die eingreifen können, doch andererseits müssen die Mitarbeiter hinreichende Handlungsfreiheit behalten, um auch unerwartete Probleme bewältigen zu können.

Diese bevorzugte Abfolge und Kombination von Koordinationsmechanismen ist auch in der Managementliteratur unseres Jahrhunderts zu erkennen. So galt das vorrangige Interesse der frühen Literatur der formalen Struktur – den dokumentierten, offiziellen Beziehungen zwischen den verschiedenen Mitgliedern der Organisation. Zwei Schulen beherrschten die Literatur bis in die 50er Jahre: Die eine befaßte sich insbesondere mit der persönlichen Weisung, die andere mit der Standardisierung.

Die Schule der »Management-Grundsätze« – von Henri Fayol, der seine Gedanken erstmalig im Jahr 1916 niederlegte und in der englischsprachigen Welt durch Luther Gulick und Lyndall Urwick populär wurde – ist auf die formale Autorität, die Bedeutung der persönlichen Weisung in der Organisation, ausgerichtet. Auf diese Autoren sind die mittlerweile so bekannten Begriffe Einheit der Auftragserteilung beziehungsweise Alleinverantwortung (unity of command: ein »Untergebener« darf nur einen einzigen »Vorgesetzten« haben), skalarische Kette (scalar chain: die Auftragserteilung ist direkt von der Unternehmensleitung über die nachfolgende Hierarchie von Führungskräften an die zuständigen Mitarbeiter weiterzuleiten) und Leitungsspanne (span of control: die Anzahl der einem einzigen Vorgesetzten unterstellten Mitarbeiter ist begrenzt) zurückzuführen.

Die zweite Schule umfaßt eigentlich zwei Gruppen, die aus unserer Sicht dieselbe Problemstellung thematisierten – die Standardisierung der Arbeit innerhalb einer Organisation. Beide Gruppen wurden um die Jahrhundertwende von hervorragenden Wissenschaftlern gegründet – die eine diesseits, die andere jenseits des Atlantiks. In Amerika führte Frederick Taylor die »Scientific Management«-Bewegung – die Lehre von der wissenschaftlichen Betriebsführung – an, deren Hauptinteresse der Gestaltung der betrieblichen Arbeitsverrichtung beispielsweise am Hochofen oder beim Kohlenschaufeln galt. In Deutschland verbreitete Max Weber seine Vorstellungen von quasi-maschinellen, »bürokratischen« Strukturen, in denen Tätigkeiten durch Regeln, Stellenbeschreibungen und Ausbildungsstandards formalisiert wurden.

Organisationsstruktur bedeutete somit in der ersten Hälfte dieses Jahrhunderts eine Kombination von offiziellen, standardisierten Arbeitsbeziehungen im Rahmen eines starren Systems formaler Autorität.

1939 veröffentlichten Roethlisberger und Dickson ihre Ergebnisse aus verschiedenen Experimenten, die mit Arbeitern der Firma Western Electric Hawthorne durchgeführt worden waren. Sie stellten fest, daß in Organisationsstrukturen ganz andere Vorgänge ablaufen. Insbesondere führten ihre Beobachtungen bezüglich der Existenz einer informellen Struktur – nichtoffizieller Beziehungen innerhalb der Arbeitsgruppe – zu der einfachen Erkenntnis, daß die gegenseitige Abstimmung in allen Organisationen ein wichtiger Koordinationsmechanismus ist. So entstand in den 50er und 60er Jahren eine dritte, auf die Untersuchung der »zwischenmenschlichen Beziehungen am Arbeitsplatz« (Human Relations) ausgerichtete Schule, deren Anhänger empirisch unter Beweis zu stellen versuchten, daß die strikte Einhaltung der formalen Struktur – insbesondere der Mechanismen der persönlichen Weisung und der Standardisierung – bestenfalls fehlgeleitet war, schlimmstenfalls aber eine Gefährdung der psychischen Gesundheit der Mitarbeiter bedeutete.

In der neueren Forschung ist man von diesen beiden extremen Positionen abgegangen. Vielmehr zeichnet sich in den letzten zehn Jahren eine umfassendere Konzeption des Strukturbegriffs ab: Zum Beispiel werden die Unterschiede zwischen formalen Beziehungen und informellen Strukturbeziehungen thematisiert und die Methoden der persönlichen Weisung und der Standardisierung dem Mechanismus der gegenseitigen Abstimmung gegenübergestellt.

Diese Studien haben gezeigt, daß formale und informelle Strukturen miteinander verflochten und vielfach nicht voneinander zu trennen sind.

So lassen einige Studien erkennen, wie die Methoden der persönlichen Weisung und der Standardisierung zuweilen als informelle Mittel zur Gewinnung von Macht und Einfluß eingesetzt wurden und umgekehrt Maßnahmen zur Förderung der gegenseitigen Abstimmung in der formalen Struktur vorgesehen waren. Wichtig ist auch die Erkenntnis, daß formale Strukturen häufig nur die offizielle Anerkennung natürlicherweise erfolgender Verhaltensmuster zum Ausdruck bringen. Formale Strukturen entwickeln sich in Organisationen wie Straßen im Wald – entlang ausgetretener Pfade.

Fünf Teile einer Organisation

Organisationen werden strukturiert, um Organisationsabläufe zu kanalisieren und die Wechselbeziehungen der verschiedenen Teile untereinander zu definieren. Diese Abläufe und Wechselbeziehungen sind kaum jemals linearer Art, wo ein Element ordnungsgemäß dem anderen folgt. Doch sprachliche Ausführungen müssen eine lineare Form annehmen. Es erweist sich daher zuweilen als sehr schwierig, die Strukturierung von Organisationen ausschließlich verbal zu beschreiben, so daß bildliche Darstellungen hinzugezogen werden müssen. Auch im vorliegenden Buch werden wir von Diagrammen reichlich Gebrauch machen. Wir verwenden sogar eine grundlegende Graphik zur Darstellung der Organisation als solcher – ein Schaubild, das sich immer wieder modifizieren läßt, um die verschiedenen Abläufe und Vorgänge in Organisationen und die verschiedenen Organisationsformen zu verdeutlichen.

Wir können ein solches Schaubild erstellen, indem wir die verschiedenen Teile der Organisation und die jeweils zugeordneten Mitarbeiter beziehungsweise Führungskräfte zusammenfassen. An der Basis der Organisation stehen die ausführenden Mitarbeiter – die Leute, von denen die grundlegende Arbeit zur Fertigung von Produkten und zur Bereitstellung von Dienstleistungen verrichtet wird. Sie stellen den betrieblichen Kern dar. Wie weiter oben bereits erwähnt wurde, sind die Mitarbeiter an der Basis sehr einfach strukturierter Organisationen weitgehend eigenverantwortlich und koordinieren ihre Tätigkeiten durch gegenseitige Abstimmung. Die Organisation braucht in einem solchen Fall kaum mehr als einen betrieblichen Kern.

Mit zunehmender Organisationsgröße und bei komplexerer Arbeitsteilung unter den ausführenden Mitarbeitern wächst die Notwendigkeit einer persönlichen Weisung. Es wird unerläßlich, eine Vollzeit-Führungskraft einzusetzen, die Abläufe und Vorgänge von einer im folgenden als strategische Spitze bezeichneten Position aus koordiniert. Wird die Organisation noch komplexer, werden weitere Führungskräfte gebraucht – nicht nur Vorgesetzte für die ausführenden Mitarbeiter, sondern auch Vorgesetzte für Führungskräfte. So wird eine Mittellinie geschaffen – eine Autoritätshierarchie zwischen betrieblichem Kern und strategischer Spitze. Dabei ist zu beachten, daß die Einsetzung von Führungskräften eine neue Form der Arbeitsteilung – die Verwaltung – zur Folge hat, die eine Trennung zwischen den ausführenden Mitarbeitern an der Basis einerseits und den für ihre Verwaltung in irgendeiner Form verantwortlichen Instanzen andererseits bewirkt.

Bei fortschreitender Komplexität wird eine Organisation zunehmend auf die Standardisierung als Mechanismus zur Koordinierung der Arbeitsabläufe zurückgreifen. Die Verantwortung für einen Großteil dieser Standardisierung fällt einer weiteren Gruppe von Leuten zu, die wir als Analytiker bezeichnen wollen. Auch sie erfüllen administrative Aufgaben, doch handelt es sich bei diesen häufig als »Stabsaufgaben« bezeichneten Tätigkeiten keineswegs um Verwaltungsaufgaben. Die Analytiker bilden die Technostruktur außerhalb der Hierarchie der Linienführungskräfte. Wieder erfolgt eine administrative Arbeitsteilung – zwischen den Mitarbeitern, die für die Ausführung (oder Kontrolle) der Arbeit zuständig sind, und den Analytikern, die sie standardisieren. In dem Maß, wie die Analytiker die Standardisierung an die Stelle der persönlichen Weisung setzen (ein als »Institutionalisierung« des Managerjobs bekannter Prozeß), werden die Kontrollfunktionen der Führungskräfte gegenüber den ausführenden Mitarbeitern geschwächt – so wie auch die Ablösung der gegenseitigen Abstimmung durch die persönliche Weisung die Verantwortlichkeit der ausführenden Mitarbeiter für die eigene Arbeit einschränkte.

Wird die Organisation noch größer, kommen meist noch Stabseinheiten anderer Art hinzu, die keine Standardisierung bewirken, sondern indirekte Dienstleistungen bereitstellen – vom Betrieb einer Kantine über den Postdienst bis hin zur Rechtsabteilung und Öffentlichkeitsarbeit. Wir wollen diese Leute und den von ihnen gebildeten Teil der Organisation als Hilfsstab bezeichnen.

Insgesamt kommen wir also auf fünf Organisationsteile. Wie Abbildung 1-2 zeigt, ist der betriebliche Kern an der Basis der strategischen Spitze oberhalb der Mittellinie zugeordnet, während links und rechts außen die Technostruktur und der Hilfsstab beigeordnet sind. Diese Darstellung ist das Leitbild des vorliegenden Buches – sozusagen sein »Logo«. Wir werden in unseren Ausführungen über Organisationsstrukturen wiederholt auf dieses Schaubild zurückkommen, wobei wir nicht nur verschiedene Abläufe in überlagerter Form darstellen, sondern gelegentlich auch Verzerrungen vornehmen werden, um charakteristische Merkmale bestimmter Organisationsformen zu verdeutlichen.

Unser Logo zeigt einen schmalen Bereich an der strategischen Spitze, der über eine sich nach unten hin erweiternde Mittellinie mit einem breit angelegten betrieblichen Kern verbunden ist. Diese drei Teile der Organisation sind übergangslos dargestellt, um deutlich zu machen, daß sie im Normalfall über eine einzige Linie formaler Autorität miteinander verbunden sind. Die Technostruktur und der Hilfsstab sind seit-

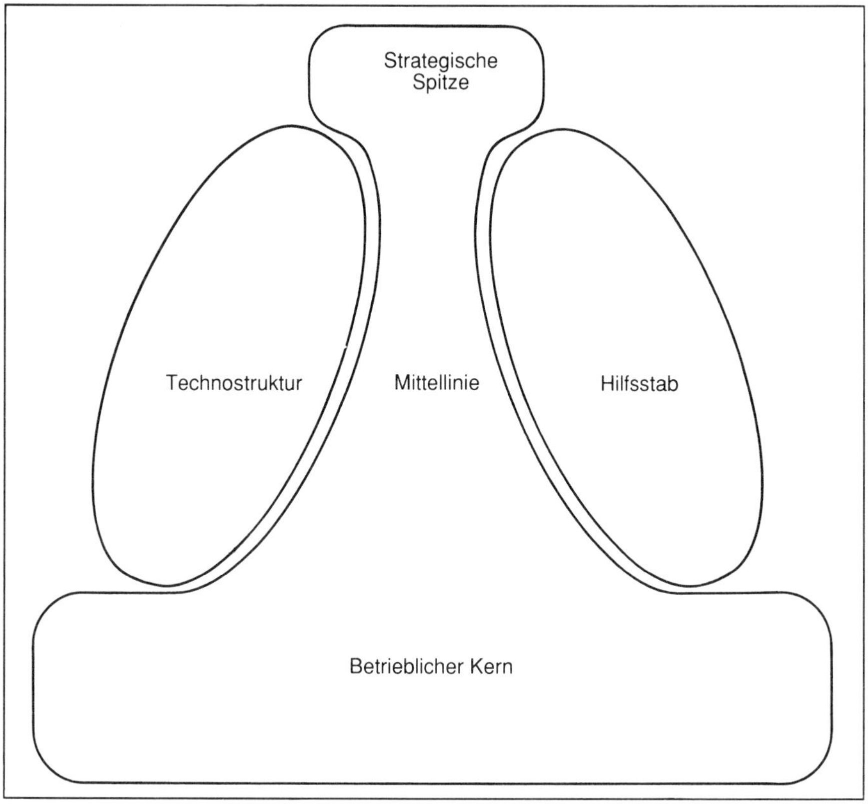

Abb. 1-2: Die fünf Teile einer Organisation

lich getrennt dargestellt: Diese beiden Teile der Organisation stehen außerhalb des formalen Leitungssystems und nehmen auf den betrieblichen Kern nur indirekt Einfluß.

An dieser Stelle erweist es sich als sinnvoll, einen Bezug zwischen unserer Darstellung und einigen in Organisationen häufig benutzten Termini herzustellen. Der Begriff mittleres Management wird zwar selten sorgfältig definiert, scheint im allgemeinen aber alle Mitarbeiter der Organisation zu umfassen, die weder zur strategischen Spitze noch zum betrieblichen Kern gehören. In unserem Schaubild würde das »mittlere Management« somit drei unterschiedliche Gruppen einschließen – die Führungskräfte der Mittellinie, die Analytiker und den Hilfsstab. Um Verwirrung zu vermeiden, soll hier jedoch der Ausdruck mittlere Ebene als Oberbegriff für alle drei Gruppen zusammen verwendet werden, während der Ausdruck Management die Führungskräfte der strategischen Spitze und der Mittellinie kennzeichnet.

Auch den Begriff Stab gilt es in diesem Zusammenhang zu erläutern. In der frühen Literatur wurde Stab in Abgrenzung zu Linie verwendet: Im Prinzip waren Linienpositionen mit formalen Entscheidungsbefugnissen ausgestattet, Stabspositionen hingegen nicht – sie konnten die eigentlichen Entscheidungsträger lediglich beraten. Wie wir später noch sehen werden, ist die Trennung zwischen Linie und Stab in manchen Organisationsformen (zumindest für den Analytikerstab, nicht für den Hilfsstab) geeignet, während sie sich in anderen nicht aufrechterhalten läßt. Dennoch ist die Unterscheidung zwischen Linie und Stab in gewisser Weise nützlich für uns, so daß wir die Termini, wenn auch in leicht modifizierter Form, beibehalten wollen: Stab soll sich auf die Technostruktur und den Hilfsstab, die Gruppen rechts und links in unserem Logo in Abbildung 1-2, beziehen; Linie kennzeichnet den mittleren Teil in der Abbildung – die Hierarchie der Führungskräfte von der strategischen Spitze bis zum betrieblichen Kern. Zu beachten ist, daß bei dieser Definition keinerlei Bezug auf Entscheidungsbefugnisse oder Beratungsfunktionen genommen wird. Wie wir noch sehen werden, ist die Beratung keine vorrangige Aufgabe des Hilfsstabs; vielmehr hat der Hilfsstab ganz bestimmte Funktionen wahrzunehmen und Entscheidungen zu treffen, auch wenn diese nur eine indirekte Beziehung zu den Aufgaben des betrieblichen Kerns aufweisen. So mag der Chef der Betriebskantine in einen Produktionsprozeß eingebunden sein, auch wenn dieser nichts mit dem betrieblichen Fertigungsprozeß zu tun hat. In ähnlicher Weise kommt die von der Technostruktur wahrzunehmende Beratungsfunktion zuweilen auch einer Entscheidungsbefugnis gleich, doch liegt diese außerhalb der formalen Entscheidungshierarchie, die den betrieblichen Kern überwacht.[2]

Im folgenden sollen die fünf Teile der Organisation im einzelnen erörtert werden.

Der betriebliche Kern

> Der betriebliche Kern der Organisation umfaßt diejenigen Mitarbeiter, deren Arbeit direkt mit der Fertigung von Produkten und der Bereitstellung von Dienstleistungen verbunden ist.

Die ausführenden Mitarbeiter an der Basis erfüllen vier Hauptaufgaben:
(1) Sie gewährleisten den Input für die Produktion. So sorgt der Einkauf in einer Herstellerfirma für die Beschaffung der Rohmaterialien, und die Produktionsabteilung braucht diese nur noch in Empfang zu nehmen.
(2) Sie verarbeiten den Input zum Output. Einige Organisationen verarbeiten Rohmaterialien – zum Beispiel werden Bäume gefällt, und das Holz wird erst zu Pülpe und dann zu Papier verarbeitet. Andere setzen Einzelteile zu fertigen Einheiten zusammen – beispielsweise bei der Montage von Schreibmaschinen. Wieder andere verarbeiten Informationen oder haben mit Menschen zu tun; Beispiele sind die Abfassung von Beratungsberichten, die Ausbildung von Studenten, Haarschneiden oder medizinische Behandlung.
(3) Sie verteilen den Output, indem sie die Produkte des Verarbeitungsprozesses verkaufen und vertreiben.

(4) Sie leisten direkte Unterstützung für die Input-Funktionen, die Verarbeitungsfunktionen und die Output-Funktionen – beispielsweise durch Wartungsarbeiten an den Produktionsmaschinen und durch Inventarisierung der Rohmaterialien.

Im allgemeinen ist die Standardisierung im betrieblichen Kern besonders stark vertreten, um die Produktionsarbeiten vor Störungen von außen zu schützen. Wie weit standardisiert wird, hängt natürlich von der jeweiligen Arbeit ab. So gehören die Arbeiter an den Fließbändern der Automobilhersteller wie auch die Professoren an Universitäten zum jeweiligen betrieblichen Kern, obgleich die Arbeit des Fließbandarbeiters weitaus stärker standardisiert ist als die Arbeit des Universitätsprofessors.

Der betriebliche Kern ist das Herzstück einer jeden Organisation – der Teil, der den für das betriebliche Überleben entscheidenden Output produziert. Doch mit Ausnahme der allerkleinsten brauchen Organisationen auch administrative Instanzen. Die administrative Komponente umfaßt die strategische Spitze, die Mittellinie und die Technostruktur.

Die strategische Spitze

Am anderen Ende der Organisation befindet sich die strategische Spitze. Hierzu gehören diejenigen Organisationsmitglieder, die Gesamtverantwortung für die Organisation tragen – der »Erste Mann« (sei er nun Präsident, Generaldirektor, Superintendent oder Papst) sowie alle anderen Spitzenführungskräfte mit globalen Aufgabenbereichen. Eingeschlossen sind auch solche Mitarbeiter, die mit ihrer Arbeit die Führungsspitze direkt unterstützen – Sekretärinnen, Assistenten usw.[3] In einigen Organisationen umfaßt die strategische Spitze auch einen geschäftsführenden Ausschuß, dessen Mandat globaler Art ist, selbst wenn die einzelnen Mitglieder spezifische Interessen vertreten. In anderen Organisationen zählt nur der Vorstand dazu – mit zwei oder drei Vorstandsmitgliedern, die sich die Aufgaben des Vorstandsbereichs teilen.

> Die strategische Spitze trägt dafür Verantwortung, daß die Organisation ihren Auftrag in effektiver Weise erfüllt und auch den Anforderungen derjenigen gerecht wird, die Kontrolle oder sonstigen Einfluß auf die Organisation ausüben (Eigentümer, Behörden, Gewerkschaften, Interessenverbände u.a.).

Der strategischen Spitze sind drei Aufgabenbereiche zuzuordnen. Der erste und bereits erörterte Aufgabenbereich ist die persönliche Weisung. Soweit die Organisation diesen Koordinationsmechanismus einsetzt, sind die Führungskräfte der strategischen Spitze (und der Mittellinie) dafür zuständig. Sie verteilen die Ressourcen, vergeben Aufträge, genehmigen wichtige Entscheidungen, lösen Konflikte, erarbeiten

Strukturpläne und stellen Personal ein, kontrollieren die Arbeitsleistungen der Mitarbeiter und sorgen für Motivation und Belohnung.

Der zweite Arbeitsbereich ist die Wahrnehmung der Interessen der Organisation und ihre Vertretung »nach außen« – die Aufrechterhaltung ihrer Beziehungen zur Umwelt. Die Führungskräfte der strategischen Spitze müssen einen beträchtlichen Teil ihrer Zeit damit verbringen, einflußreiche Leute im Umfeld der Organisation über deren Aktivitäten zu informieren, Kontakte für die Organisation auf höchster Ebene herzustellen und diese als Informationsquellen zu nutzen, wichtige Vereinbarungen mit externen Institutionen auszuhandeln und gelegentlich auch als Repräsentanten »protokollarische« Pflichten – etwa beim Empfang wichtiger Kunden – wahrzunehmen. (Halb im Scherz ist der Manager einmal definiert worden als diejenige Person, die sich mit den Besuchern abgibt, damit alle anderen Mitarbeiter ihrer Arbeit nachgehen können.)

Der dritte Aufgabenbereich betrifft die strategische Planung der Organisation. Die Organisationsstrategie übernimmt gewissermaßen eine Vermittlungsfunktion in den Beziehungen zwischen der Organisation und ihrer Umwelt. Entsprechend erfordert die Formulierung einer Strategie die Interpretation der Umwelt und die Erarbeitung konsistenter Muster von organisatorischen Entscheidungsprozessen (»Strategien«), die den Umgang mit dieser Umwelt regeln. So gewinnen die Führungskräfte der strategischen Spitze bei der Wahrnehmung und Vertretung der organisatorischen Interessen gegenüber der Öffentlichkeit Einblick in die Umwelt der Organisation; und bei der Wahrnehmung ihrer Pflichten hinsichtlich der persönlichen Weisung gegenüber den Organisationsmitgliedern sind sie bemüht, die Strategie den Stärken und Ansprüchen der Umwelt anzupassen und so einen Wandel zu gewährleisten, der den Veränderungen in der organisatorischen Umwelt Rechnung trägt, ohne schwerwiegende Störungen innerhalb der Organisation nach sich zu ziehen. Wie wir später noch sehen werden, stellt sich der Prozeß der Erarbeitung einer Strategie in der Praxis allerdings nicht so eindeutig dar. Zum einen können auch die anderen Teile der Organisation – in bestimmten Fällen sogar der betriebliche Kern – eine aktive Rolle bei der strategischen Planung übernehmen. Zum anderen entwickeln sich Strategien zuweilen auch fast »von selbst«, indem die Führungskräfte in ihren Entscheidungen Schritt für Schritt auf die sich ändernden Anforderungen seitens der Umwelt reagieren. Doch eines steht fest: Von den fünf Teilen der Organisation kommt der strategischen Spitze die größte Bedeutung bei der Formulierung ihrer Strategien zu.

Im allgemeinen hat die strategische Spitze den größten und zugleich abstraktesten Überblick über die Organisation. Die Arbeit auf dieser Ebene ist gekennzeichnet durch ein Minimum an Wiederholung und Standardisierung, durch beträchtliche Entscheidungsfreiheit und durch relativ lange Entscheidungszyklen. Als Koordinationsmechanismus unter den Führungskräften der strategischen Spitze selbst wird die gegenseitige Abstimmung bevorzugt.

Die Mittellinie

Die strategische Spitze ist mit dem betrieblichen Kern über eine formale Autoritätskette von Führungskräften der Mittellinie verbunden.

Ein solches Leitungssystem führt von den Spitzenführungskräften bis hin zu den Aufsichtsführenden der untersten Führungsebene (z.B. Werkmeister), denen die ausführenden Mitarbeiter direkt unterstellt sind, und verkörpert den Koordinationsmechanismus, den wir als persönliche Weisung bezeichnet haben. Die meisten dieser Ketten setzen sich skalarisch fort, d.h., sie verlaufen linear von oben nach unten. Doch wie wir später noch sehen werden, ist dies nicht immer der Fall: Manche Ketten teilen sich auf und treffen an späterer Stelle wieder zusammen, so daß ein »Untergebener« mehr als einen »Vorgesetzten« hat.

Dieses Leitungssystem von Führungskräften der mittleren Ebene wird erforderlich, wenn eine große Organisation als Koordinationsmechanismus bevorzugt die persönliche Weisung einsetzt. Theoretisch kann eine einzige Führungskraft – der »Erste Mann« an der strategischen Spitze – alle Mitarbeiter an der Basis beaufsichtigen. In der Praxis aber setzt eine persönliche Weisung direkten Kontakt zwischen dem Vorgesetzten und seinen Mitarbeitern voraus, so daß die Anzahl der von einem Vorgesetzten zu beaufsichtigenden Mitarbeiter – seine Leitungsspanne – durchaus begrenzt ist. In kleinen Organisationen reicht eine einzige Führungskraft (an der strategischen Spitze); größere Organisationen brauchen mehrere Führungskräfte (in der Mittellinie). So entsteht eine Organisationshierarchie: Einem Vorgesetzten der untersten Führungsebene wird die Verantwortung für eine bestimmte Anzahl von ausführenden Mitarbeitern in einer Basis-Organisationseinheit übertragen, eine weitere Führungskraft leitet in Verantwortung für mehrere solcher Einheiten eine Organisationseinheit auf höherer Ebene usw., bis schließlich alle auf diese Weise entstandenen Einheiten einer einzigen Führungskraft an der strategischen Spitze – dem »Ersten Mann« – unterstehen, der dann für die gesamte Organisation Verantwortung trägt.

In dieser Hierarchie nehmen die Führungskräfte der Mittellinie eine Reihe von Aufgaben im Rahmen der persönlichen Weisung oberhalb und unterhalb der eigenen Position wahr. Sie sammeln Feedback-Informationen über die Leistungen in der eigenen Einheit und leiten einige dieser Informationen, häufig in zusammengefaßter Form, an die Führungskräfte auf höherer Ebene weiter. Sie greifen auch in Entscheidungsabläufe ein. Aufwärts fließen Störmeldungen aus der eigenen Einheit, Veränderungsvorschläge sowie Entscheidungen, die einer Genehmigung bedürfen. Einige Problemstellungen erledigen die Linienführungskräfte der mittleren Ebene selbst, andere werden zur weiteren Bearbeitung an eine höhere Ebene in der Hierarchie weitergeleitet. Abwärts fließen Entscheidungen über die in der eigenen Einheit zu verteilenden Ressourcen, über die auszuarbeitenden Vorschriften und Pläne sowie über Projektarbeiten, für deren Durchführung die Einheit zuständig ist. Doch wie die Spitzenführungskraft hat auch die Linienführungskraft der mittleren Ebene nicht nur die Aufgabe der persönlichen Weisung zu übernehmen. Auch mittlere Führungskräfte müssen Funktionen in der Wechselbeziehung zwischen der eigenen Organisationseinheit und ihrem betrieblichen Umfeld wahrnehmen. So muß jede Führungskraft der Mittellinie Kontakte pflegen – zu anderen Führungskräften, zu den Analytikern und den Mitarbeitern des Hilfsstabs sowie zu externen Personen, deren Tätigkeit einen direkten Bezug zum Arbeitsablauf in der eigenen Einheit aufweist. Außerdem sind Linienführungskräfte der mittleren Ebene genauso wie die Unternehmungsleitung mit der Erarbeitung von Strategien für die zum jeweiligen Verantwortungsbereich gehörende Einheit befaßt, auch wenn diese Strategien in hohem Maße von der Strategie der Gesamtorganisation bestimmt werden. Allerdings verlagert sich der Schwerpunkt der Managementfunktionen, je weiter man die Kette der formalen Autorität nach unten verfolgt: Die Führungsaufgaben werden zunehmend detaillierter und konkreter, sind immer weniger abstrakt und kompakt und betreffen verstärkt den Arbeitsablauf als solchen.

Die Technostruktur

In der Technostruktur treffen wir die Analytiker (und ihr Büropersonal) an, deren Funktion für die Organisation darin besteht, daß sie Einfluß auf die Arbeit anderer nehmen. Analytiker stehen außerhalb des betrieblichen Arbeitsablaufs – sie mögen diesen gestalten, planen, verändern oder die betroffenen Mitarbeiter ausbilden, aber sie erledigen die betrieblichen Arbeiten nicht selbst. Die Technostruktur ist daher nur insoweit effektiv, als sie analytische Techniken zur effektiveren Gestaltung der Arbeit anderer einsetzt.

Wer zählt zur Technostruktur? Zum einen sind es Analytiker, die für den Wandel – die Anpassung der Organisation an Veränderungen in der Umwelt – sorgen; zum anderen sind es Analytiker, die mit der Planung und Kontrolle – der Stabilisierung und Standardisierung der Arbeitsvorgänge in der Organisation – befaßt sind. Im vorliegenden Buch haben wir es vor allem mit den Planungsanalytikern zu tun, deren Aufmerksamkeit unmittelbar der Gestaltung und dem reibungslosen Funktionsablauf in der Organisationsstruktur gilt.

Die Planungsanalytiker der Technostruktur haben die Aufgabe, gewisse Formen der Standardisierung in der Organisation zu bewirken.

Dies bedeutet nicht, daß die ausführenden Mitarbeiter ihre eigene Arbeit nicht auch selbst standardisieren können – so wie ein jeder die Handgriffe beim morgendlichen Ankleiden selbst bestimmt – oder daß nicht auch die jeweiligen Vorgesetzten dazu in der Lage sind. Doch je mehr in einer Organisation standardisiert wird, desto stärker wird im allgemeinen auch die Technostruktur eingeschaltet. Eine solche Standardisierung reduziert die Notwendigkeit der persönlichen Weisung, so daß gelegentlich das Büropersonal Aufgaben übernehmen kann, für die zuvor die jeweiligen Vorgesetzten zuständig waren.

In Übereinstimmung mit den drei Standardisierungsformen können wir drei Arten von Planungsanalytikern unterscheiden: Arbeitsstudienanalytiker (zum Beispiel Betriebsingenieure), die Arbeitsprozesse standardisieren; Planungs- und Kontrollanalytiker (zum Beispiel Langfristplaner, Ingenieure in der Qualitätskontrolle, Produktionsplaner und Buchhalter), die Arbeitsprodukte standardisieren; und Personalanalytiker (einschließlich der Ausbilder und der für die Einstellung von Mitarbeitern zuständigen Führungskräfte), die Qualifikationen der Mitarbeiter standardisieren (auch wenn der größte Teil dieser Standardisierung außerhalb der Organisation erfolgt, noch bevor ein Mitarbeiter eingestellt wird).

In einer voll entwickelten Organisation wird die Technostruktur auf allen Hierarchieebenen eingesetzt. So standardisieren die Analytiker der Technostruktur auf den untersten Ebenen einer Herstellerfirma den betrieblichen Arbeitsablauf, indem sie Produktionspläne aufstellen, REFA-Studien durchführen und Qualitätskontrollsysteme einrichten. Auf den mittleren Ebenen sind sie bemüht, die »Kopfarbeit« in der Organisation zu standardisieren (beispielsweise durch Ausbildung der mittleren Führungskräfte) sowie Betriebsanalysen hinsichtlich der Informationsstruktur durchzuführen. Und im Auftrag der strategischen Spitze entwerfen sie Strategieplanungssysteme und entwickeln Finanzsysteme, die eine Zielkontrolle in wichtigen Einheiten ermöglichen.

Obgleich die Analytiker der Technostruktur dazu da sind, die Arbeit anderer zu standardisieren, erfolgt die Koordinierung ihrer eigenen Arbeitsabläufe weitgehend durch gegenseitige Abstimmung. (Allerdings ist bei dieser Koordinierung auch der Standardisierung von Qualifikationen Bedeutung beizumessen, zumal es sich bei Analytikern in der Regel um hochspezialisierte Fachkräfte handelt.) Analytiker verbringen daher eine Menge Zeit mit informeller Kommunikation.

Der Hilfsstab

Ein Blick auf den Organisationsplan nahezu jeder größeren modernen Organisation läßt eine Vielzahl von speziellen Einheiten erkennen, die mit ihren Diensten die Organisation außerhalb des betrieblichen Arbeitsablaufs unterstützen.

Solche Einheiten zählen zum Hilfsstab. So finden wir in Universitäten unter anderem den Alma-Mater-Fonds, eine Universitätsdruckerei, Buchladen, Kopierdienst, Lohnbüro, Hausmeisterdienst, Poststelle, Kreditabteilung, Telefonzentrale, Sportzentrum,

Studentenwohnheim, Dozentenklub usw. Keine dieser Einrichtungen gehört zum betrieblichen Kern, d.h., keine ist mit Lehre oder Forschung befaßt oder stellt – anders als beispielsweise das Rechenzentrum oder die Bibliothek – unmittelbar damit verbundene Dienstleistungen bereit. Doch jede dieser Einheiten leistet indirekte Hilfsdienste für die grundlegenden Aktionen. Bei Herstellerfirmen reichen solche Hilfsstabseinrichtungen von der Rechtsabteilung bis zur Betriebskantine.

Erstaunlicherweise sind die zum Hilfsstab zählenden Einheiten in der Fachliteratur zur Strukturierung von Organisationen nahezu vollständig ignoriert worden. Meist werden sie zusammen mit der Technostruktur abgehandelt und als »Stab« bezeichnet, der das Management berät. Doch diese Hilfsstabseinheiten unterscheiden sich ganz erheblich von der Technostruktur – sie befassen sich in keiner Weise mit Standardisierung und üben kaum je Beratungsfunktionen aus (auch wenn dies im Einzelfall vorkommen mag). Vielmehr haben sie ganz andere Funktionen wahrzunehmen: Die Universitätsdruckerei verlegt Bücher, der Dozentenklub bietet den Professoren ein soziales Umfeld, der Alma-Mater-Fonds schafft Geld heran usw.

Warum ziehen große Organisationen die interne Bereitstellung von Hilfsdiensten vor, anstatt externe Einrichtungen in Anspruch zu nehmen? Anscheinend wollen große Organisationen solche Hilfsdienste unter eigener Kontrolle haben – möglicherweise sogar in der Absicht, die mit ihrer Beschaffung auf dem offenen Markt verbundenen Ungewißheiten zu reduzieren: Indem eine Universität ihre eigenen Bücher herausgibt, vermeidet sie einen Teil der Ungewißheit, die bei Beauftragung kommerzieller Verlage gegeben sein könnte. In ähnlicher Weise hat eine Herstellerfirma, die sich in Gerichtsverhandlungen durch Firmenanwälte vertreten läßt, direkten Zugriff auf die beauftragten Anwälte. Und durch Versorgung der eigenen Mitarbeiter in der Betriebskantine erzielt ein Unternehmen schließlich nicht nur eine Verkürzung der Mittagspause, sondern kann vielleicht sogar dazu beitragen, den Nährwert der Mahlzeiten festzulegen.

Viele der Hilfsstabseinrichtungen sind in sich autark; sie stellen Mini-Organisationen dar, von denen viele – zum Beispiel der Kopierdienst in einer Universität – selbst so etwas wie einen betrieblichen Kern aufweisen. Diese Einheiten beziehen Ressourcen von der größeren Organisation und stellen ihr umgekehrt spezielle Dienstleistungen bereit. Dennoch arbeiten sie unabhängig vom betrieblichen Kern der Organisation. Vergleichen wir beispielsweise die Wartungsabteilung einer Firma mit der Betriebskantine: Erstere stellt eine direkte Dienstleistung bereit, während letztere völlig unabhängig davon arbeitet.

Hilfsstabseinheiten sind auf verschiedenen Ebenen der Organisationshierarchie anzutreffen – je nachdem, wer ihre Dienstleistungen in Anspruch nimmt. In den meisten Herstellerfirmen sind die Öffentlichkeitsarbeit und die Rechtsabteilung weit oben in der Hierarchie angesiedelt, da sie im allgemeinen die strategische Spitze direkt unterstützen. Auf den mittleren Ebenen finden sich diejenigen Einheiten, die wie die Beratungseinrichtung für Arbeitskonflikte (Industrial Relations), die Preiskalkulationsstelle und die Abteilung für Forschung & Entwicklung die dort getroffenen Entscheidungen unterstützen. Auf den unteren Ebenen sind dann die Einheiten mit großenteils standardisierten Tätigkeiten anzutreffen, wie sie am ehesten der Arbeit des betrieblichen Kerns entsprechen – Kantine, Poststelle, Empfang, Lohn- und Gehaltsabrechnung. Abbildung 1-3 zeigt, wie sich all diese Hilfseinheiten in unser Logo einfügen lassen – zusammen mit den typischen Gruppen der übrigen vier Organisationsteile; dabei soll uns noch einmal eine Herstellerfirma als Beispiel dienen.

Aufgrund der Vielfalt solcher Hilfseinheiten können wir hinsichtlich des bevorzugten Koordinationsmechanismus keine für alle Einheiten gleichermaßen gültige Schlußfolgerung ziehen. Jede Einheit macht von dem Koordinationsmechanismus Gebrauch, der sich als der zweckmäßigste erweist – Standardisierung der Qualifikationen der in der Rechtsabteilung tätigen Mitarbeiter, gegenseitige Abstimmung im Forschungslabor, Standardisierung der Arbeitsprozesse in der Kantine. Doch da es sich bei vielen dieser Hilfseinheiten um hochspezialisierte Einrichtungen mit hochqualifiziertem Personal handelt, ist die Standardisierung der Qualifikationen als der allgemein wichtigste Koordinationsmechanismus anzusehen.

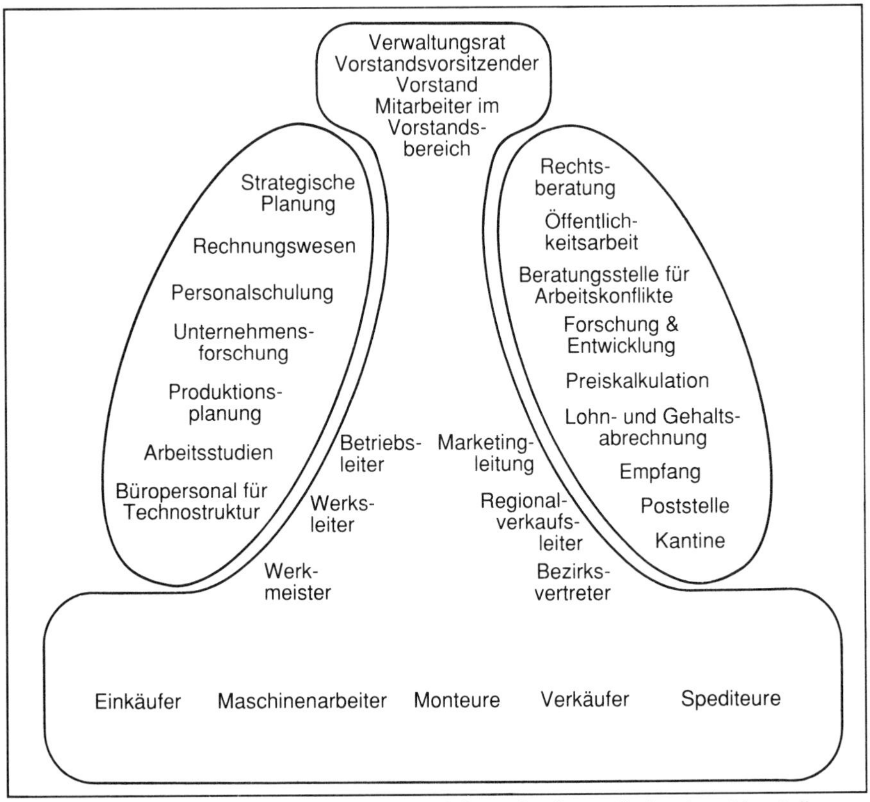

Abb. 1-3: Mitarbeiter und Einheiten der fünf Organisationsteile in einer Herstellerfirma

Ist bei den Stabsgruppen der Organisation – bei den Einheiten der Technostruktur wie bei den Hilfseinrichtungen – eine Tendenz zur Bevorzugung einer bestimmten Hierarchieebene zu erkennen? Eine Untersuchung von fünfundzwanzig Organisationen (Kaufman/Seidman 1970) ergab, daß organisatorische Stabseinheiten im Gegensatz zur Mittellinie keine Pyramidenform erkennen lassen. Sie weisen vielmehr eine »extrem unregelmäßige« Form auf, die allenfalls einer auf den Kopf gestellten Pyramide ähnelt (Kaufman/Seidman 1970, S.446). Während also unser Logo eine sich nach unten erweiternde Mittellinie zeigt, sind sowohl die Technostruktur als auch der Hilfsstab in elliptischer Form dargestellt. Wie wir später noch sehen werden, hängt die spezifische Gestalt von der Art der in der Organisation verwendeten Struktur ab. Organisationen beschäftigen seit jeher sowohl ausführende Mitarbeiter an der Basis als auch Spitzenführungskräfte – Mitglieder, die grundlegende Produktionsarbeit leisten, und solche, die das Gesamtsystem zusammenhalten. Mit zunehmender Organisationsgröße wurde zunächst die Mittellinie ausgebaut, um Koordination durch persönliche Weisung zu erzielen. Doch mit der Akzeptanz der Standardisierung als Koordinationsmechanismus entstand auch die Technostruktur. Die Arbeiten von Frederick Taylor begründeten in den 20er Jahren die »Scientific Management«-Bewegung, die zur Einstellung vieler Arbeitsstudienanalytiker führte. Kurz nach dem Zweiten Weltkrieg dehnten die Einführung der Unternehmensforschung (Operations Research) und die Anfänge des Computerzeitalters den Einfluß der Technostruktur in vielen Organisationen bis weit auf die mittleren Führungsebenen aus, und mit der Entwicklung inzwischen populär gewordener Techniken wie der strategischen Planung und der Anwendung sorgfältig ausgearbeiteter Finanzkontrollsysteme hat sich die Technostruktur auch auf den höchsten Ebenen der Organisationen fest etabliert. Vielleicht noch beeindruckender ist in jüngster Zeit die Tatsache, daß der Hilfsstab mit fortschreitender Spezialisierung auf allen Gebieten immer mehr an Bedeutung gewinnt – vor allem im Hinblick auf Forschung & Entwicklung, die Beilegung von Arbeitskonflikten, Öffentlichkeitsarbeit und viele andere Einrichtungen. Die Organisationen sind zunehmend bemüht, solche Einrichtungen und auch die eher traditionellen Hilfsfunktionen wie Wartungsdienst und Kantine unter eigenem Dach zu haben. Infolgedessen erfahren die Ellipsen rechts und links in unserem Logo in vielen Organisationen eine starke Ausdehnung. So ist in einer Untersuchung festgestellt worden, daß bei Firmen in modernen Fertigungsindustrien (z.B. bei Ölraffinerien) im Durchschnitt ein Stabsmitarbeiter auf weniger als drei Mitarbeiter an der Basis kommt; in einigen Fällen war das Stabspersonal zahlenmäßig sogar noch weitaus stärker vertreten als die ausführende Belegschaft an der Basis (Woodward 1965, S. 60).

Funktionsablauf in Organisationen

So stellt sich also unsere Organisation in fünf Teilen dar. Wie bereits erwähnt, können und werden wir unser Schaubild in unterschiedlicher Weise nutzen. Unter anderem werden wir die Graphik mit ganz verschiedenartigen Abläufen überlagern und so verdeutlichen, wie die Organisation – zumindest der Managementliteratur zufolge –

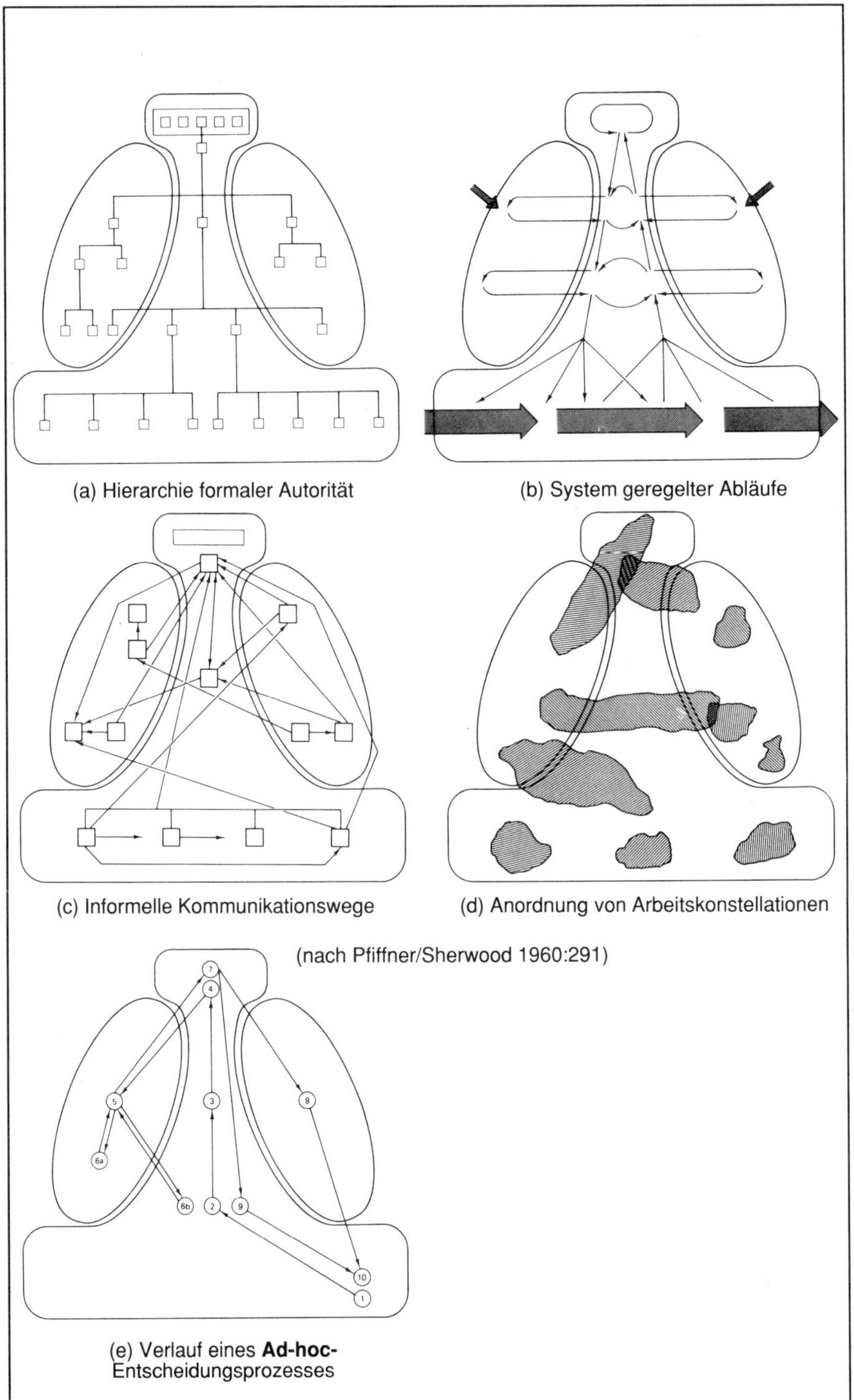

Abb. 1-4: Fünf Sichtweisen (oder Theorien) zum Funktionsablauf in Organisationen

funktioniert. Abbildung 1-4 zeigt fünf solcher Abläufe: Jedes der fünf Teilbilder kennzeichnet eine bestimmte Theorie vom organisatorischen Funktionsablauf.

Abbildung 1-4a stellt die Organisation als eine Hierarchie formaler Autorität dar – als den Verlauf formaler Weisungsbefugnisse in der Hierarchie von oben nach unten. Es handelt sich dabei um einen Organisationsplan (ich ziehe den aus dem Französischen entlehnten Ausdruck Organigramm vor), dem wir unser Logo »übergestülpt« haben. Diese Darstellung von Organisationsstrukturen ist durchaus umstritten, denn obgleich die meisten Organisationen nach wie vor nicht darauf verzichten möchten (unweigerlich wird jedem, der nach der Struktur fragt, als erstes ein Organigramm überreicht), lehnen viele Organisationstheoretiker ein solches Schaubild als unzureichende Beschreibung der tatsächlichen organisatorischen Abläufe ab. Zweifellos weist jede Organisation auch wichtige Macht- und Informationsbeziehungen auf, die nicht schriftlich festgehalten sind.

Doch Organigramme sollten nicht grundsätzlich abgelehnt, sondern vielmehr in einen vernünftigen Zusammenhang gestellt werden. Insoweit sind sie Straßenkarten vergleichbar: Eine Straßenkarte ist von unschätzbarem Wert, wenn man bestimmte Städte und ihre Verbindungsstraßen sucht, sagt aber nichts über die wirtschaftlichen oder sozialen Beziehungen zwischen den verschiedenen Regionen aus.

So läßt auch das Organigramm keine informellen Beziehungen erkennen, vermag aber sehr wohl ein genaues Bild von der Arbeitsteilung zu vermitteln. Auf den ersten Blick wird deutlich,
(1) welche Positionen es in der Organisation gibt,
(2) wie diese in verschiedenen Einheiten zusammengefaßt sind und
(3) wie die Hierarchie formaler Autorität angeordnet ist. Mit anderen Wort: Das Organigramm veranschaulicht den Koordinationsmechanismus der persönlichen Weisung.

Abbildung 1-4b zeigt die Organisation als ein System von geregelten Abläufen. Dazu zählen die Produktionstätigkeiten im betrieblichen Kern, die Weisungen und Anordnungen entlang der administrativen Hierarchie zur Kontrolle des betrieblichen Kerns, die Feedback-Informationen über die Arbeitsprodukte (im Rahmen eines Management-Informationssystems, MIS) sowie die Stabsinformationen und Beratungsfunktionen zur Unterstützung des Entscheidungsprozesses von außen. Diese Sichtweise der Organisation steht mit den traditionellen Konzepten Autorität und Hierarchie im Einklang, doch im Gegensatz zur ersten Darstellung ist hier weniger die persönliche Weisung als vielmehr der Koordinationsmechanismus der Standardisierung ausschlaggebend.

Abbildung 1-4c beschreibt die Organisation als ein System von informeller Kommunikation, wobei die Bedeutung der gegenseitigen Abstimmung als Koordinationsmechanismus hervorgehoben wird. Wir haben es mit einer Art »Soziogramm« zu tun, aus dem ersichtlich wird, wer im Verlauf einer in einer städtischen Behörde durchgeführten Studie mit wem kommunizierte (nach Pfiffner/Sherwood 1960). Diese Sichtweise der Organisation läßt deutlich werden, daß es in Organisationen inoffizielle Machtzentren gibt und daß ein verzweigtes Netz informeller Kommunikationswege die Kanäle formaler Autorität und geregelter Abläufe ergänzt und zuweilen auch umgeht. Die überschaubare Ordnung in den ersten beiden Darstellungen ist in diesem dritten Teilbild nicht mehr zu erkennen.

In Abbildung 1-4d wird die Organisation als System von Arbeitskonstellationen dargestellt. Hier liegt eine Sichtweise zugrunde, derzufolge sich die Mitarbeiter in der Organisation zur Durchführung ihrer Arbeit in Gruppen mit ähnlichen Aufgabenbereichen zusammenschließen, die weder mit der Hierarchie noch mit den fünf Organisationsteilen übereinstimmen müssen. Diese Gruppen oder Konstellationen haben – entsprechend der jeweiligen hierarchischen Ebene – ganz unterschiedliche Entscheidungen zu treffen und sind untereinander nur lose verbunden. Im Gegensatz zur Darstellung der Organisation als hierarchisch geregelte »Spirale« in den ersten beiden Teilbildern und als unregelmäßig durchsetzter »Marmorkuchen« im dritten Teilbild sehen wir hier eine halbwegs regelmäßige »Schichttorte« vor uns. In Abbildung 1-4d erkennen wir, am Beispiel einer typischen Herstellerfirma veranschaulicht, drei Arbeitskonstellationen im betrieblichen Kern: Eine erste Arbeitsgruppe ist mit der Fertigung befaßt, eine zweite mit der Montage und eine dritte mit dem Vertrieb. Darüber befindet sich eine administrative Produktionskonstellation, zu der Analytiker und die Aufsichtsführenden der untersten Führungsebene gehören; sie befaßt sich mit der Produktionsplanung und der allgemeinen Verwaltung des Betriebes. Die nächsthöhere Schicht ist eine Konstellation für neue Produkte mit Analytikern, Linienführungskräften und Stabspersonal (zum Beispiel Wissenschaftlern). Ausschließlich auf den Hilfsstab beschränkt sind drei Konstellationen zu erkennen – Betriebskantine, Forschung & Entwicklung (in Überschneidung mit der Konstellation für neue Produkte) und Öffentlichkeitsarbeit. An der Spitze schließlich verbindet die Finanzkonstellation die gehobenen Führungskräfte mit dem Finanz-Hilfsstab, und die Konstellation für Langfristplanung stellt eine Verbindung zwischen den Spitzenführungskräften und den leitenden Analytikern der Technostruktur her.

An letzter Stelle kommt Abbildung 1-4e, in der die Organisation als ein System von Ad-hoc-Entscheidungsprozessen dargestellt ist. Dabei wird eine einzige strategische Entscheidung von Anfang bis Ende verfolgt (wenngleich, wie auch bei der Darstellung in den anderen vier Teilbildern, stark vereinfacht). In Punkt 1 trifft ein Verkäufer mit einem Kunden zusammen, der eine Produktmodifikation anregt. Der Vorschlag wird auf den nächsthöheren Ebenen in der Organisationshierarchie (Punkte 2, 3 und 4) aufgegriffen, bis am obersten Punkt (4) eine erste Entscheidung getroffen wird: Es soll ein Arbeitskreis aus Analytikern und Linienführungskräften gegründet werden, der den Vorschlag untersuchen und Empfehlungen ausarbeiten soll (5, 6). Die Führungsspitze billigt die daraufhin ausgearbeiteten Empfehlungen zur Einführung eines neuen Produkts (7), und die Entscheidung wird in die Praxis umgesetzt (8,9). Zuletzt kehrt der Verkäufer mit dem neuen Produkt zum Kunden zurück (10).

Wir kennen jetzt fünf Sichtweisen oder Theorien zum Funktionsablauf in Organisationen. Welche ist nun richtig? Ganz offensichtlich keine als solche. Jede Darstellung ist eine grobe Vereinfachung der tatsächlichen Abläufe und Vorgänge in einer Organisation. Und doch enthält eine jede auch ein Körnchen Wahrheit. Erst wenn wir alle fünf Einzeldarstellungen miteinander kombinieren, wie dies in Abbildung 1-5 der Fall ist, beginnen wir die wahre Komplexität des organisatorischen Funktionsablaufs zu erahnen. Mit dieser Komplexität werden wir uns im folgenden zu befassen haben. Gut gerüstet mit unseren fünf Koordinationsmechanismen als strukturellem Bindemittel und den fünf Teilen unseres Schaubildes sowie eingedenk unseres Arguments hinsichtlich der Komplexität des organisatorischen Funktionsablaufs können wir nunmehr die Strukturierung von Organisationen in Angriff nehmen. Als erstes wenden wir uns den Gestaltungsparametern zu – jenen Schalthebeln und Bedienungsknöpfen, deren Betätigung die Arbeitsteilung und Aufgabenkoordinierung in der Organisation regelt. Vier Kapitel sind diesen Parametern gewidmet: Im ersten Kapitel geht es um Parameter, die zur Gestaltung einzelner Positionen in der Organisation herangezogen werden können; das zweite Kapitel befaßt sich mit Parametern zur Ge-

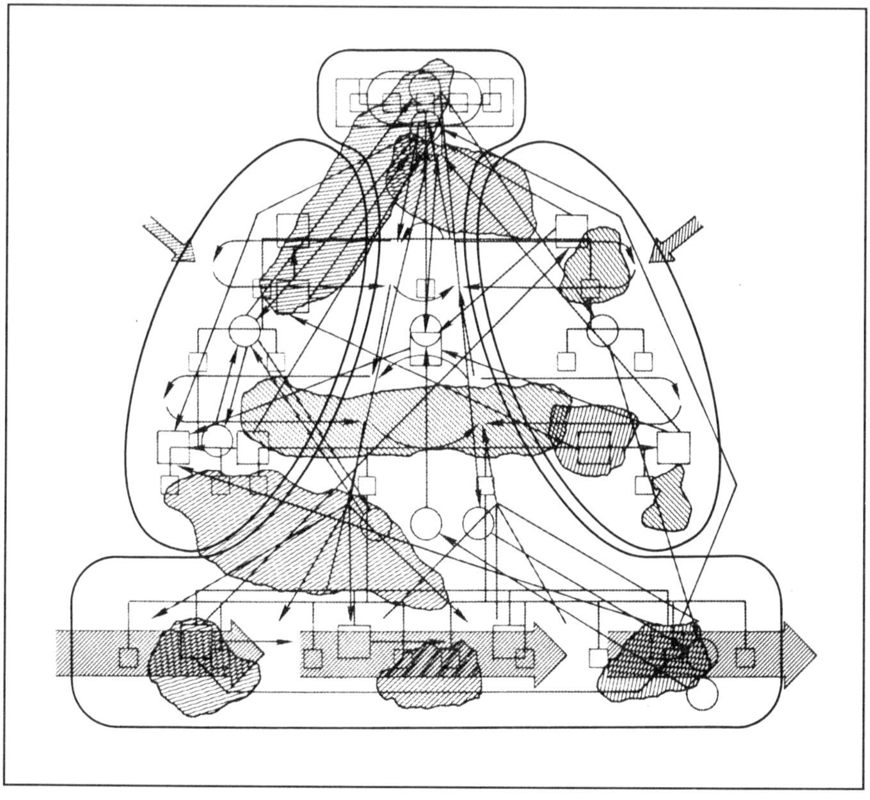

Abb. 1-5: Kombinierte Darstellung: Funktionsablauf in Organisationen

staltung der organisatorischen Rahmenstruktur; im dritten Kapitel werden die Parameter erörtert, die den Ausbau dieser Rahmenstruktur ermöglichen; das vierte Kapitel schließlich behandelt Parameter, die häufig zur Gestaltung des Systems der Entscheidungsfindung in Organisationen (im Hinblick auf ihre »Dezentralisation«) herangezogen werden.

Sodann folgt ein Kapitel über die situativen Kontextfaktoren, in dem wir versuchen, die Gestaltungsparameter in einen größeren Zusammenhang zu stellen. Dabei wird erörtert, wie die verschiedenen Gestaltungsparameter möglicherweise beeinflußt werden von Alter und Größe einer Organisation, vom jeweils eingesetzten technischen System, von der Umwelt, in der eine Organisation arbeitet, und von den Machtverhältnissen, die von außen in die Organisation hereingetragen werden.

Damit kommen wir zum essentiellen Teil des Buches, zur Synthese des bisher zusammengetragenen Materials – zu den Konfigurationen. In Kapitel 7 führen wir fünf grundlegende Konfigurationen ein:

- die Einfachstruktur (Koordinationsmechanismus: persönliche Weisung; Schlüsselrolle: strategische Spitze)
- die Maschinenbürokratie (Koordinationsmechanismus: Standardisierung von Arbeitsprozessen; Schlüsselrolle: Technostruktur)
- die Profibürokratie (Koordinationsmechanismus: Standardisierung von Qualifikationen; Schlüsselrolle: betrieblicher Kern)
- die Spartenstruktur (Koordinationsmechanismus: Standardisierung von Arbeitsprodukten; Schlüsselrolle: Mittellinie)
- die Adhokratie (Koordinationsmechanismus: gegenseitige Abstimmung; Schlüsselrolle: Hilfsstab, manchmal gemeinsam mit dem betrieblichen Kern).

In den anschließenden fünf Kapiteln wird jede dieser Konfigurationen ausführlich diskutiert: Wie sieht die grundlegende Kombination der Gestaltungsparameter aus, wie funktioniert die Konfiguration, unter welchen Bedingungen ist sie anzutreffen, und welche weiteren Faktoren – soziale wie managementorientierte – haben Einfluß auf den organisatorischen Funktionsablauf? Im letzten Kapitel des Buches kommen wir schließlich auf die Frage zurück, die wir hier im ersten Kapitel noch unbeantwortet lassen müssen: Ist die Zahl FÜNF die magische Zahl bei der Gestaltung effektiver Organisationen?

Anmerkungen

1. Gleiches trifft allem Anschein nach auch auf wesentlich komplexere Operationen zu. So ergab die Beobachtung einer fünfstündigen Operation am offenen Herzen, daß zwischen den operierenden Herzspezialisten und dem Anästhesisten fast gar keine informelle Kommunikation stattfand (Gosselin 1978).

2. Es gibt noch weitere, gänzlich andersartige Verwendungen des Ausdrucks Stab, auf die wir hier nicht näher eingehen wollen. So sind die militärischen »Stabsoffiziere« eigentlich Führungskräfte der strategischen Spitze; in Krankenhäusern dagegen gehören »Stabsärzte« in Wirklichkeit zum betrieblichen Kern. Auch soll die hier eingeführte Unterscheidung zwischen Linie und Stab nicht bedeuten, daß alle damit verbundenen Probleme unter den Teppich gekehrt werden, nur um die direkt zur betrieblichen Basis der Organisationen zählenden Mitarbeiter gegen die weiter außen stehenden Mitarbeiter abgrenzen zu können. Unserer Definition gemäß sind die Produktions- und Verkaufsfunktionen in einer typischen Herstellerfirma eindeutig Linienaktivitäten, während Marketing-Forschung und Öffentlichkeitsarbeit eindeutig als Stabsaufgaben anzusehen sind. Die Frage, ob die Konstruktionsabteilung zur Linie oder zum Stab zu rechnen ist beziehungsweise dem betrieblichen Kern nur indirekte Dienste bereitstellt oder diesem als integraler Bestandteil angehört, hängt davon ab, welche Bedeutung den Ingenieurarbeiten in einer bestimmten Firma beigemessen wird. Es gibt somit eine Grauzone zwischen Linie und Stab: Wo diese – wie in vielen Organisationen – nur gering ist, behalten wir die Unterscheidung bei; sind hingegen große Grauzonen zu berücksichtigen, werden wir an späterer Stelle auf die Trennung zwischen Linie und Stab ausdrücklich verzichten.

3. Im folgenden erörtern wir nur den Bereich der zur strategischen Spitze zählenden Führungskräfte; die Arbeit der letztgenannten Gruppe gilt als darin enthalten.

Kapitel 2

Gestaltung einzelner Positionen

Aufgabenspezialisierung
Horizontale Aufgabenspezialisierung
Vertikale Aufgabenspezialisierung
Aufgabenerweiterung
Aufgabenspezialisierung in den verschiedenen Organisationsteilen

Formalisierung von Verhaltensweisen
Gründe für die Verhaltensformalisierung
Bürokratische und organische Strukturformen
Funktionsstörungen in hochformalisierten Strukturen
Verhaltensformalisierung in den verschiedenen Organisationsteilen

Ausbildung und Indoktrination
Ausbildung
Indoktrination
Ausbildung und Indoktrination in den verschiedenen Organisationsteilen

Parameter zur Positionsgestaltung im Zusammenhang

Wie Herbert Simon (1969) bemerkt hat, liegt die Essenz unserer Wissenschaften – bei den Ingenieurwissenschaften und in der Medizin ebenso wie beim Scientific Management – in der Gestaltung. Gestaltung setzt Entscheidungsfreiheit und Aktionsfähigkeit zur Veränderung eines Systems voraus. Im Hinblick auf die Struktur einer Organisation bedeutet Gestaltung die Betätigung jener Schaltknöpfe, die einen Einfluß auf Arbeitsteilung und Koordinationsmechanismen haben und so den organisatorischen Funktionsablauf prägen. In den nächsten vier Kapiteln sollen diese Schaltknöpfe – die essentiellen Parameter bei der Gestaltung von Organisationsstrukturen – sowie die verschiedenen Möglichkeiten ihrer Betätigung näher erörtert werden.

Insbesondere wollen wir uns mit den folgenden Fragestellungen auseinandersetzen:

- Wie viele Arbeitsaufgaben sollen einer bestimmten Position in der Organisation zugeordnet werden, und inwieweit sind die einzelnen Arbeitsaufgaben zu spezialisieren?

- Inwieweit sollen die Arbeitsinhalte der einzelnen Positionen standardisiert sein?

- Welche Qualifikationen und Kenntnisse sind für die einzelnen Positionen vorauszusetzen?

- Nach welchen Kriterien sollen Positionen in Einheiten gruppiert und diese Einheiten wiederum zu größeren Einheiten zusammengefaßt werden?

- Wie groß sollen die einzelnen Einheiten sein? Wie viele Mitarbeiter sind jeweils einer einzigen Führungskraft zu unterstellen?

- In welchem Umfang soll das Arbeitsprodukt (Output) der einzelnen Positionen oder Einheiten standardisiert sein?

- Welche Mechanismen sind zur Erleichterung der gegenseitigen Abstimmung zwischen den Positionen und Einheiten einzuführen?

- Inwieweit sollen Entscheidungsbefugnisse an Linienführungskräfte der unteren Führungsebenen delegiert werden?

- Welches Maß an Entscheidungsbefugnissen sollen die Linienführungskräfte an Stabsexperten beziehungsweise an die ausführenden Mitarbeiter übertragen?

Diese grundsätzlichen Fragestellungen bei der Gestaltung von Strukturen legen die Berücksichtigung von neun Gestaltungsparametern nahe, die sich als die wichtigsten Komponenten von Organisationsstrukturen in vier große Gruppen einteilen lassen und entsprechend in den folgenden vier Kapiteln thematisiert werden sollen. Tabelle 2-1 gibt einen Überblick über die vier Gruppen mit den zugehörigen Gestaltungsparametern und den jeweils grundlegenden, in Kapitel 1 bereits eingeführten Konzepten.

Wir beginnen mit der Gestaltung einzelner Positionen. Drei Parameter sind zu erörtern: die Aufgabenspezialisierung, die Verhaltensformalisierung bei Ausführung der Arbeiten sowie die dazu erforderliche Ausbildung und Indoktrination.

Gruppe	Gestaltungsparameter	Relevante Konzepte
Gestaltung von Positionen	Aufgabenspezialisierung	Arbeitsteilung an der Basis
	Verhaltensformalisierung	Standardisierung der Arbeitsinhalte System von geregelten Abläufen
	Ausbildung und Indoktrination	Standardisierung von Qualifikationen
Gestaltung der Rahmenstruktur	Gruppierung von Einheiten	persönliche Weisung administrative Arbeitsteilung Systeme formaler Autorität, geregelter Abläufe, informeller Kommunikation und bestimmter Arbeitskonstellationen Organigramm
	Größe der Einheiten	System informeller Kommunikation persönliche Weisung Leitungsspanne
Gestaltung der lateralen Verbindungsstrukturen	Planungs- und Kontrollsysteme	Standardisierung der Arbeitsprodukte System von geregelten Abläufen
	Kontaktinstrumente	gegenseitige Anpassung Systeme informeller Kommunikation, bestimmter Arbeitskonstellationen und einzelner **Ad-hoc**-Entscheidungsprozesse
Gestaltung des Systems der Entscheidungsfindung	vertikale Dezentralisation	administrative Arbeitsteilung Systeme formaler Autorität, geregelter Abläufe, bestimmter Arbeitskonstellationen und einzelner **Ad-hoc**-Entscheidungsprozesse
	horizontale Dezentralisation	administrative Arbeitsteilung Systeme informeller Kommunikation, bestimmter Arbeitskonstellationen und einzelner **Ad-hoc**-Entscheidungsprozesse

Tab. 2-1: Gestaltungsparameter

Aufgabenspezialisierung

Arbeitsbereiche lassen sich in zwei Richtungen spezialisieren. Die erste Dimension betrifft die »Breite« oder den »Umfang« der von den einzelnen Positionen wahrzunehmenden Aufgaben: Ein Extremfall ist der »Hansdampf in allen Gassen« – ein Mitarbeiter, der unentwegt vom einen Aufgabenkomplex zum nächsten springt; der andere Extremfall ist der Spezialist, der tagtäglich, vielleicht sogar minütlich, ein und dieselbe hochspezialisierte Routinearbeit verrichtet. Die zweite Dimension der Aufgabenspezialisierung betrifft die »Tiefe« – die Arbeitskontrolle: Im einen Extremfall führt der Mitarbeiter seine Arbeit lediglich aus, ohne über das Wie und Warum nachzudenken; im anderen Extremfall führt der Mitarbeiter die Arbeit nicht nur aus, sondern ist für jeden ihrer Aspekte selbst verantwortlich. Für die erste Dimension ist (in Anbetracht der Parallelität der verschiedenen Aktivitäten) die horizontale Aufgabenspezialisierung und, als Gegenstück dazu, die horizontale Aufgabenerweiterung kennzeichnend; entsprechend wird die zweite Dimension durch vertikale Aufgabenspezialisierung beziehungsweise vertikale Aufgabenerweiterung bestimmt.

Horizontale Aufgabenspezialisierung

Aufgabenspezialisierung in horizontaler Richtung – die vorrangige Form der Arbeitsteilung – ist unverzichtbarer Bestandteil einer jeden Organisation, wenn nicht gar aller menschlichen Aktivitäten.

Beispielsweise wird die Arbeit der Gilyak-Eskimos bei der Seehundsjagd aufgeteilt auf Harpunierer, Ruderer und Steuermann (Udy 1959, S. 91). Der Begriff der »Arbeitsteilung« war sogar schon im 18. Jahrhundert bekannt, als Adam Smith sein Hauptwerk »An Inquiry into the Nature and the Causes of the Wealth of Nations« [Untersuchung über die Natur und die Ursachen des Nationalreichthums, Anm. d. Übers.] verfaßte. Dort erläutert er sein berühmtes Beispiel von der Stecknadelfabrik, »das wegen der darin vorgenommenen Theilung der Arbeiten schon oft angeführt worden ist«[1]:

Der eine Mensch zieht den Draht, der andere streckt ihn, der dritte schneidet ihn in Stücke, der vierte macht die Spitze daran, der fünfte schleift ihn am anderen Ende, um den Knopf darauf zu setzen. Den Nadelknopf zu machen, erfordert selbst zwei oder drei von einander verschiedene Operationen. Den Knopf auf die Nadel zu setzen, ist ein eigenes Geschäft; – die Nadeln weiß zu machen ein anderes. Es macht sogar ein Gewerbe aus, die Nadeln in die Papiere zu stecken.[1]

Organisationen setzen somit die Arbeitsteilung – die Aufgabenspezialisierung – als Mittel zur Produktivitätssteigerung ein. Adam Smith stellt fest, daß jeder einzelne von zehn Arbeitern in der Stecknadelfabrik, die jeweils auf einen ganz bestimmten Arbeitsgang spezialisiert waren, täglich rund 4800 Stecknadeln produzieren konnte.

Wenn aber jeder für sich hätte alles machen müssen, was zur Verfertigung einer Nadel gehört, ohne daß sie einander in die Hand gearbeitet, ohne daß jeder von ihnen in einem besonderen Zweige der ganzen Arbeit eine eigene Fertigkeit erworben hätte: so würde, wie gesagt, jeder vielleicht nur Eine, gewiß aber nicht mehr als zehn Nadeln zu Stande gebracht haben ...[1]

Wie ist eine solche Produktivitätssteigerung möglich? Smith führt drei Gründe an: die erhöhte Geschicklichkeit des auf einen Arbeitsgang spezialisierten Arbeiters, die Vermeidung von Zeitverlust beim Wechsel vom einen Arbeitsgang zum anderen sowie die Entwicklung neuer Methoden und Maschinen infolge der Spezialisierung. Alle drei Begründungen verweisen auf einen entscheidenden Faktor, der einen Bezug zwischen Spezialisierung und Produktivität herstellt: die Wiederholung. Die horizontale Aufgabenspezialisierung hat repetitive Arbeitsgänge zur Folge und erleichtert damit die Standardisierung. Die Arbeitsprodukte lassen sich gleichförmiger und effizienter produzieren. Horizontale Spezialisierung bedeutet auch erhöhte Konzentration des Arbeiters, was letztlich den Lernprozeß fördert. Und schließlich spricht für die Aufgabenspezialisierung, daß für bestimmte Aufgaben jeweils geeignete Personen vorgesehen werden können. In Kapitel 1 haben wir das Beispiel der Fußballmannschaft erwähnt, die ihre schlanken Spieler als Läufer und ihre eher untersetzten Kameraden als Abwehrspieler einsetzt. In vergleichbarem Zusammenhang berichtet Udy, Gilyak-Eskimos plazierten ihre besten Ruderer am Heck und ihre besten Schützen am Bug.

Vertikale Aufgabenspezialisierung

Die vertikale Aufgabenspezialisierung bewirkt eine Trennung zwischen der Ausführung der Arbeit einerseits und ihrer administrativen Handhabung andererseits.

Ein anschauliches Beispiel ist die Unterrichtssituation. Wenn Studenten mit Lehrbüchern arbeiten oder ihre Vorlesungen Wort für Wort abschreiben, verrichten sie eine im wesentlichen vertikal spezialisierte Arbeit – sie führen die Tätigkeit lediglich aus. Wenn Studenten dagegen Projektarbeiten übernehmen, sind sie für einen Großteil der Entscheidungsfindung bei ihrer Arbeit verantwortlich – ihr »Job« erfährt eine vertikale Erweiterung: An die Stelle von passiver Reaktion tritt aktive Mitarbeit. Der Tortenbäcker, dessen Situation in Kapitel 1 geschildert wurde, verrichtete eine in vertikaler (wie auch in horizontaler) Richtung hochspezialisierte Arbeit. Würde man ihn aber auffordern, Törtchen zum Preis von 3 DM zu backen, oder hätte er als Besitzer der Bäckerei selbst zu entscheiden, was er zu welchem Preis backt, so könnte man seine Arbeit als vertikal erweitert ansehen.

Organisationen nehmen eine vertikale Spezialisierung der betrieblichen Aufgaben in der Überzeugung vor, daß die Entscheidung darüber, wie eine Arbeit zu verrichten ist, nicht aus der Perspektive des Ausführenden selbst erfolgen sollte. Besonders dann, wenn eine Aufgabe in horizontaler Richtung hochspezialisiert ist, erfährt die Perspektive des ausführenden Mitarbeiters eine Verengung, die es ihm erschwert, seine Arbeit im Zusammenhang mit der Arbeit seiner Kollegen zu sehen. Daher wird die Steuerung und Kontrolle der Arbeit vielfach entweder einer Führungskraft übertragen, die den notwendigen Überblick zur Koordinierung des Arbeitsablaufs mittels persönlicher Weisung besitzt, oder aber einem Analytiker, der dasselbe mittels Standardisierung bewirkt. Häufig müssen Aufgaben somit gerade deshalb vertikal spezialisiert werden, weil sie horizontal spezialisiert sind. Doch wie wir gleich sehen werden, trifft dies nicht immer zu.

Aufgabenerweiterung

Die Aufgabenspezialisierung kann keineswegs als Patentlösung für die mit der Gestaltung von Positionen verbundenen Probleme gelten. Ganz im Gegenteil:

Aufgabenspezialisierung führt zu einer Reihe von Problemen - insbesondere zu Kommunikations- und Koordinationsproblemen.

Betrachten wir nur einmal die Art und Weise, wie in französischen beziehungsweise amerikanischen Restaurants Bestellungen entgegengenommen werden. Wir stellen bei diesem Vergleich fest, daß die Arbeit in vielen französischen Restaurants als spezialisierter anzusehen ist: Der Maitre d'hotel nimmt die Bestellung entgegen und notiert sie auf einem Block, und später bringt ein Ober die Speisen. Im amerikanischen Restaurant ist der Kellner gewöhnlich für beide Aufgaben zuständig. Hat nun der Gast im französischen Restaurant einen besonderen Wunsch (beispielsweise möchte er seinen Kaffee zum Dessert und nicht, wie in Frankreich üblich, erst danach serviert bekommen), so entsteht ein Kommunikationsproblem. Der Maitre d'hotel muß sich der Mühe unterziehen, diesen Wunsch dem Ober mitzuteilen oder aber auf seinem Block zu vermerken. (In der Praxis wird er vermutlich weder das eine noch das andere tun, so daß der Gast selbst – häufig vergeblich – versuchen muß, seinen Wunsch dem Ober direkt verständlich zu machen.) So gesehen, hat die Aufgabenspezialisierung regelrechte Koordinationsprobleme zur Folge. Auch bei komplexeren Arbeitsabläufen, beispielsweise in der Medizin, hat sich die Aufgabenspezialisierung als geteilter Segen erwiesen. Einerseits sind die großen Fortschritte – zum Beispiel Operationen am offenen Herzen, die erfolgreiche Bekämpfung der Tuberkulose, Transplantationen in allen möglichen Bereichen – durch Spezialisierung in Forschung und klinischer Arbeit erzielt worden, doch andererseits hat die Spezialisierung in der medizinischen Praxis auch in vieler Hinsicht künstliche Barrieren errichtet. Nur wenige Ärzte behandeln den Körper als ganzheitliches System; viele sehen sich ausschließlich für verstopfte Arterien, für emotionalen Streß oder für ungesunde Ernährung zuständig.

Hohe Aufgabenspezialisierung in horizontaler Richtung kann in Organisationen auch zu Auslastungsproblemen führen. Wenn beispielsweise ein Friseursalon einen seiner

FH-BIBLIOTHEK HOF

Mitarbeiter nur Kindern die Haare schneiden läßt, kann es vorkommen, daß erwachsene Kunden warten müssen, während der Kinder-Friseur untätig herumsteht. Die Größe des Betriebs ist eindeutig ein entscheidender Faktor: Hoher Arbeitsanfall begünstigt eine horizontale Spezialisierung. Nur große Salons können sich spezielle Kinder-Friseure leisten.

Des weiteren entsteht besonders im betrieblichen Kern ein schwieriges Problem dadurch, daß sich eine in beiden Richtungen erfolgte hohe Spezialisierung der Arbeitsaufgaben auf die Mitarbeiter an der Basis – auf ihre Arbeitseinstellung und ihre Leistungsmotivation – nachteilig auswirken kann. Mit der von Taylor begründeten »Scientific Management«-Bewegung nach dem Ersten Weltkrieg zeigte sich die amerikanische (wie auch die russische) Wirtschaft geradezu besessen von der Idee der Aufgabenspezialisierung. »Man gewinnt den Eindruck, daß die Arbeitsteilung ausartet und weit über jedes für eine effiziente Produktion erforderliche Maß hinausgeht«, schrieb James Worthy, ein leitender Angestellter von Sears, Roebuck, im Jahr 1950 (Worthy 1950, S. 174). Die Überzeugung, daß »jede denkbare Kopfarbeit von der betrieblichen Basis zu entfernen und in die Abteilung für Planung und Gestaltung zu verlagern« sei, führte zu höchst »maschinellen« Arbeitsaufgaben, denn die Ingenieure waren bemüht, gerade »diejenigen Eigenschaften der Mitarbeiter, in denen sich diese am deutlichsten von Maschinen unterscheiden, so gering wie möglich zu halten« (Worthy 1950, S. 67). All dies, so argumentiert Worthy, »bedeutete für die Wirtschaft und die Gesellschaft eine ungeheure Verschwendung«, zumal »die wertvollste Ressource des Managements, die komplexen und vielseitigen Fähigkeiten der Mitarbeiter« nicht richtig genutzt wurde. Da »der Wert der Arbeit an sich« zerstört war, konnten die Mitarbeiter nur noch als Mittel zum Zweck dienen und keine Eigeninitiative mehr entwickeln. Weil so die persönliche Motivation fehlte, mußten die Mitarbeiter »durch Belohnungen geködert und durch Androhung von Strafen eingeschüchtert« werden (Worthy 1950, S. 69, 70, 71).

Charlie Chaplin machte mit seinem kurz vor dem Zweiten Weltkrieg entstandenen Film »Modern Times« auf die Misere des menschlichen Roboters weltweit aufmerksam. Doch das Problem besteht nach wie vor. Erst in jüngster Zeit hat man in Anbetracht der Tatsache, daß die zunehmende Unzufriedenheit der Mitarbeiter eine unmittelbare Gefahr für die Produktivität als solche darstellt, massive Maßnahmen ergriffen, um Abhilfe zu schaffen. Entsprechende Entwicklungen haben stattgefunden im Rahmen der »Aufgabenerweiterung« (Job Enlargement) für die horizontale Erweiterung der Aufgaben eines Arbeitsbereichs sowie der »Arbeitsbereicherung« (Job Enrichment) für die vertikale Erweiterung bei gleichzeitiger horizontaler Erweiterung der Aufgaben (Herzberg 1968);[2] neuerdings wird all dies unter dem Schlagwort »Qualität des Arbeitslebens« (quality of working life) zusammengefaßt. Der Einfachheit halber und in Abgrenzung zur Aufgabenspezialisierung wollen wir jedoch im vorliegenden Zusammenhang bei dem Begriff der Aufgabenerweiterung – ob horizontal oder vertikal – bleiben.

Bei der horizontalen Aufgabenerweiterung übernimmt der Mitarbeiter eine Vielzahl von Tätigkeiten, die mit der Fertigung von Produkten beziehungsweise mit der Bereitstellung von Dienstleistungen verbunden sind.

Entweder kann er mehrere Arbeitsgänge hintereinander verrichten oder auch jeweils nur einen Arbeitsgang ausführen; im letzteren Fall werden die den Mitarbeitern zugewiesenen Aufgaben periodisch gewechselt, so daß die Arbeit für den einzelnen Mitarbeiter vielseitiger wird. Zum Beispiel kann bei der Zusammensetzung eines kleinen Motors entweder auf das Fließband verzichtet werden, so daß jeder Arbeiter den ganzen Motor selbst zusammensetzt, oder aber die Fließbandarbeiter wechseln sich an den verschiedenen Arbeitsplätzen in regelmäßigen Zeitabständen ab.

Wird eine Arbeitsaufgabe vertikal erweitert oder "bereichert", führt der Mitarbeiter nicht nur mehrere Arbeitsgänge aus, sondern gewinnt auch ein höheres Maß an Eigenkontrolle über seine Arbeit.

So kann einer Gruppe von Arbeitern die Verantwortung für die Zusammensetzung des Motors als einer natürlichen Arbeitseinheit übertragen werden – einschließlich der Verantwortung, selbst zu entscheiden, wie die einzelnen Arbeitsgänge aufzuteilen und auszuführen sind.

Macht sich die Aufgabenerweiterung bezahlt? Die Befürworter sind fest davon überzeugt und warten mit enthusiastischen Erfahrungsberichten auf. Doch distanziertere Beobachter führen nicht nur Erfolge, sondern auch Mißerfolge an: Die Auswertung der entsprechenden Forschungsarbeiten zeigt, daß vermutlich die Erfolge überwiegen, daß aber die Aufgabenerweiterung insgesamt Vor- und Nachteile aufweist.

Die Ergebnisse der Aufgabenerweiterung hängen eindeutig von der jeweiligen Aufgabe ab. Betrachten wir die beiden folgenden Extremfälle: Die Erweiterung des Aufgabenbereichs einer Sekretärin, die tagtäglich immer nur denselben Brief schreiben muß, bedeutet in jedem Fall eine Verbesserung der Situation; dagegen könnte die Aufgabenerweiterung bei einem praktischen Arzt (wenn überhaupt, etwa durch Einbeziehung pflegerischer oder pharmakologischer Aufgaben) allenfalls den Arzt frustrieren und dem Patienten schaden. Mit anderen Worten: Arbeitsaufgaben können zu umfassend, aber auch zu eng angelegt sein. Entsprechend hängt der Erfolg einer Neugestaltung von Arbeitsplätzen immer von der jeweiligen Aufgabe und vom Grad der bisherigen Spezialisierung ab. Natürlich werden zunächst die besonders engen und monotonen Arbeitsaufgaben für eine Umgestaltung ausgewählt; einige sind in geradezu pathologischer Weise spezialisiert. Solche Aufgaben gibt es in der industrialisierten Welt, die uns die Anhänger von Frederick Taylor hinterlassen haben, mehr als genug. Daher kann kaum überraschen, wenn die Forschungsergebnisse eher Erfolge als Mißerfolge belegen. Doch sollte uns dies nicht zu der Schlußfolgerung veranlassen, die Gestaltung von Positionen durch Aufgabenerweiterung sei in jedem Fall von Vorteil.

Ohnehin ist bei jedem Versuch der Neugestaltung einer Position die Frage zu stellen, inwieweit die erhofften Vorteile durch eventuelle Nachteile wieder aufgehoben werden. Autoren wie Worthy haben den menschlichen Faktor in die Leistungsbetrachtung eingebracht – in Ergänzung zu den rein technischen Interessen der für Zeit- und Bewegungsstudien zuständigen Analytiker. Dies hat die Gleichung verändert:

Eine Aufgabenerweiterung macht sich in dem Maß bezahlt, wie die Vorteile, die durch besser motivierte Mitarbeiter an einem bestimmten Arbeitsplatz erzielt werden, die Nachteile einer nicht ganz optimalen technischen Spezialisierung aufwiegen.

Somit ist weder die Aufgabenerweiterung noch die Aufgabenspezialisierung als Patentlösung bei der Gestaltung von Positionen anzusehen; auch die Aufgabenerweiterung ist nur ein Gestaltungsparameter unter vielen.

Bisher ist die Frage, inwieweit sich Aufgabenerweiterung lohnt, nur aus der Sicht der Organisation erörtert worden. Doch auch der Mitarbeiter zählt – als menschliches Wesen, das häufig Besseres verdient als monotone Arbeit.

Allerdings lassen die Forschungsergebnisse in diesem Zusammenhang überraschenderweise erkennen, daß einige Arbeiter eng spezialisierte Routinearbeiten bevorzugen.

Nirgends kommt dies deutlicher zum Ausdruck als in Stud Terkels faszinierendem Buch »Working« (1972), in dem Arbeiter mit ganz unterschiedlichen Aufgaben freimütig über ihre tägliche Arbeit und ihre Einstellung dazu berichten. Die Aussage ist eindeutig: »Was dem einen sin Ul ist, ist dem andern sin Nachtigall.« Gelegentlich stellt Terkel die Kommentare von zwei Arbeitern mit identischen Arbeitsaufgaben einander gegenüber – dem einen gefällt die Arbeit, dem anderen ist sie zuwider.

Wie aber kommt es, daß dieselbe Routinearbeit den einen motiviert und den anderen unzufrieden macht? Einige Wissenschaftler halten das Alter, andere die Herkunft beziehungsweise den Wohnort der Arbeiter für entscheidend – ältere und in der Stadt lebende Arbeiter haben in einigen Untersuchungen größere Toleranz gegenüber eng begrenzten Arbeitsaufgaben erkennen lassen. Andere erklären die Unterschiede im Sinne von Maslows »Theorie der Bedürfnishierarchie« (Maslow 1954), in der die menschlichen Bedürfnisse in fünf hierarchische Gruppen eingeteilt werden: physiologische Bedürfnisse, Sicherheitsbedürfnisse, Bedürfnis nach Liebe und Zugehörigkeit, Bedürfnis nach Anerkennung oder Status und Bedürfnis nach Selbstverwirklichung. Der Theorie zufolge kann eine Bedürfnisgruppe erst dann voll zum Zuge kommen, wenn die Bedürfnisse der nächsttieferen Gruppe weitgehend befriedigt sind. Unter Bezugnahme auf die Gestaltung von Arbeitsplätzen wird dann argumentiert, Mitarbeiter, die am unteren Ende der Maslow-Skala stehen und eher ein stark ausgeprägtes Sicherheitsbedürfnis erkennen lassen, zögen spezialisierte Aufgaben vor, während Mitarbeiter am oberen Skalenende, insbesondere solche, die nach Selbstverwirklichung streben, positiver auf erweiterte Aufgabenbereiche reagierten. Vielleicht erklärt dies auch, warum die »Qualität des Arbeitslebens« in letzter Zeit so große Bedeutung erlangt hat: Mit zunehmendem Wohlstand und höherem Bildungsniveau sind die Mitglieder der stärker industrialisierten Gesellschaften in Maslows Hierarchie aufgestiegen. Ihr wachsendes Bedürfnis nach Selbstverwirklichung läßt sich nur mit erweiterten Aufgabenbereichen erfüllen. Die Gleichung unterliegt somit ständigem Wandel.

Aufgabenspezialisierung in den verschiedenen Organisationsteilen

Erwartungsgemäß besteht zwischen der Spezialisierung von Aufgaben und der Stellung der entsprechenden Arbeitsbereiche in der Organisation ein Zusammenhang. So ist Produktivität besonders wichtig im betrieblichen Kern, wo die grundlegenden Produkte und Dienstleistungen erstellt werden und die Arbeitsabläufe in hohem Maß repetitiv sind. Wir erwarten somit die größte Aufgabenspezialisierung – vor allem in horizontaler Richtung – an der betrieblichen Basis. Vertikale Aufgabenspezialisierung erwarten wir dagegen auch in anderen Organisationsteilen. Viele Mitarbeiter, zum Beispiel Fließbandarbeiter, verrichten Arbeiten, die sowohl in der Breite als auch in der Tiefe sehr eng begrenzt sind. Es sind dies die ungelernten Arbeiter, denen die Programme zur Aufgabenerweiterung in erster Linie gelten. Doch andere Mitarbeiter mit ebenfalls spezialisierten, aber komplexen Aufgaben tragen nach wie vor erhebliche Eigenverantwortung. Mit anderen Worten: Ihre Aufgaben sind horizontal, aber nicht vertikal spezialisiert. So verlangen Operationen am offenen Herzen, das Löschen von Feuern an Ölquellen oder der Unterricht bei geistig zurückgebliebenen Kindern ein hohes Maß an Spezialisierung, um den entsprechenden Anforderungen an Qualifikationen und Kenntnisse gerecht werden zu können. Doch diese Aufgaben sind komplex und setzen jahrelange Ausbildung voraus; gerade diese Komplexität aber schließt eine straffe Steuerung und Kontrolle durch übergeordnete Führungskräfte und Technokraten – und damit auch eine vertikale Spezialisierung – von vornherein aus.

Komplexe Aufgaben, die horizontal, aber nicht vertikal spezialisiert sind, werden gewöhnlich als »professionell« bezeichnet.

In solchen Fach- oder Ausbildungsberufen ist die Aufgabenerweiterung kein Thema – zumindest nicht aus der Sicht des Mitarbeiters. Die Gesellschaft ist gegenüber dieser Art von Spezialisierung sehr positiv eingestellt; es kommt sogar häufig vor, daß ungelernte Arbeiter bemüht sind, ihre Arbeit als »Facharbeit« anerkannt zu bekommen, um so ihren Status zu erhöhen und die administrativ verfügten Kontrollen zu reduzieren.

Viele dieser Feststellungen treffen auch für die Stabseinheiten zu – für den Hilfsstab wie für die Technostruktur. Jede Hilfsstabseinheit hat eine spezielle Funktion zu erfüllen (Bereitstellung von Essen in der Betriebskantine, Austragung juristischer Streitfälle in der Rechtsabteilung des Unternehmens usw.), so daß die Aufgaben des Hilfsstabs zu einer starken Spezialisierung in horizontaler Richtung tendieren. Inwieweit diese Aufgaben vertikal spezialisiert sind, hängt wie beim ausführenden Mitarbeiter an der Basis davon ab, wie komplex oder professionell sie sind. Im allgemeinen ist zu erwarten, daß die Mitarbeiter des Hilfsstabs auf den unteren Ebenen (beispielsweise das Kantinenpersonal) eng begrenzte Arbeiten verrichten, die keine besondere Ausbildung voraussetzen und einer straffen Steuerung und Kontrolle unterliegen, während die Mitarbeiter auf den höheren Ebenen, zum Beispiel die Angestellten in der Rechtsabteilung, eher professionelle Aufgaben erledigen, die horizontal, aber nicht vertikal spezialisiert sind. Bei den Analytikern in der Technostruktur handelt es sich in jedem Fall um Experten, denn ihre Arbeit setzt ein beträchtliches Maß an Erfahrung und Qualifikation voraus. Daher sind auch ihre Aufgaben als horizontal, aber nicht als vertikal spezialisiert anzusehen. Nur die Büroangestellten der Technostruktur, die Standardisierungssysteme routinemäßig anwenden, haben in aller Regel eine fachlich weniger qualifizierte Ausbildung und verrichten daher Aufgaben, die sowohl in horizontaler als auch in vertikaler Dimension spezialisiert sind.

Führungskräfte nehmen auf allen Führungsebenen grundlegende Aufgaben im Hinblick auf zwischenmenschliche Beziehungen, Informationsverarbeitung und Entscheidungsfindung wahr; insoweit ist ihre Arbeit horizontal spezialisiert. Doch im Grunde ist keine echte Führungsaufgabe in horizontaler Richtung spezialisiert. Vielmehr sind die Anforderungen an Führungskräfte so unterschiedlich und im Laufe eines Tages so flexibel zu handhaben, daß Managementaufgaben in der Regel die wohl geringste Aufgabenspezialisierung in der gesamten Organisation aufweisen. Führungskräfte klagen nicht über Routinearbeiten oder Langweile, sondern vielmehr darüber, sich auf bestimmte Problemstellungen nicht genügend konzentrieren zu können. Dies scheint auf die Werkmeister gleichermaßen zuzutreffen wie auf den Vorstandsvorsitzenden. Aus diesem Grunde sind Versuche, die Aufgaben an der Führungsspitze neu zu gestalten, im allgemeinen nicht auf Aufgabenerweiterung, sondern auf Aufgabenspezialisierung ausgerichtet – zum Beispiel durch Einrichtung eines Vorstandsbereichs, in dem sich mehrere Führungskräfte die Aufgaben der Unternehmungsleitung teilen. Inwieweit solche Versuche Erfolg versprechen, ist noch keineswegs geklärt (vgl. Mintzberg 1973a, S. 179-180, wo auch mögliche Gründe angeführt werden); der Aufgabenbereich des Vorstandsvorsitzenden oder Hauptgeschäftsführers scheint nach wie vor sehr umfangreich zu sein.

Die vertikale Spezialisierung von Managementaufgaben ist auf den verschiedenen Ebenen der Führungshierarchie unterschiedlich ausgeprägt. Während Spitzenführungskräfte bei ihrer Arbeit im allgemeinen einen großen Entscheidungsspielraum haben, sind die Aufgaben der Aufsichtsführenden auf der untersten Ebene – insbesondere die Aufgaben der Vorgesetzten von Fließbandarbeitern, Schreibkräften und ungelernten Arbeitern – ausgesprochen eng begrenzt. Einige dieser Aufgaben sind in so hohem Maß in die Autoritätsstruktur und die Standards der Technostruktur eingebunden, daß sie kaum noch als Managementaufgaben bezeichnet werden können.

Unsere Schlußfolgerungen zur vertikalen und horizontalen Aufgabenspezialisierung in den verschiedenen Teilen einer Organisation sind in Tabelle 2-2 zusammengefaßt.

Formalisierung von Verhaltensweisen

Ein zweiter Parameter zur Gestaltung einzelner Positionen wird von den Organisationstheoretikern nach Meinung von David Hickson (1966-67) geradezu mit Besessenheit verfolgt. Hicksons Auflistung all derjenigen, die sich auf diesen Gestaltungsparameter versteift haben, liest sich wie ein echtes Who's Who der Managementliteratur – Taylor, Fayol, McGregor, Argyris, Simon, Crozier usw. Dieser Parameter wird vielfach als Verhaltensformalisierung bezeichnet und beschreibt, in welcher Form eine Organisation die Entscheidungsfreiheit ihrer Mitarbeiter insbesondere hinsichtlich der Standardisierung ihrer Arbeitsprozesse einschränken kann. Es gibt drei Möglichkeiten zur Formalisierung von Verhaltensweisen:

- Formalisierung nach Position: Die Spezifikationen betreffen wie bei einer Stellenbeschreibung den Arbeitsbereich als solchen.

- Formalisierung nach Arbeitsablauf: Die Spezifikationen betreffen wie bei der Erteilung eines Druckauftrags einzelne Arbeitsaufgaben.

		Horizontale Spezialisierung: stark	Horizontale Spezialisierung: gering
Vertikale Spezialisierung	stark	ungelernte Arbeiten (betrieblicher Kern und Stabseinheiten)	Aufsichtsführung auf der untersten Führungsebene
	gering	professionelle Arbeiten (betrieblicher Kern und Stabseinheiten)	alle übrigen Managementaufgaben

Tab. 2-2: Aufgabenspezialisierung in den verschiedenen Organisationsteilen

- Formalisierung nach Regeln: Die Spezifikationen besitzen wie die verschiedenen Vorschriften und Verfahrensrichtlinien in sogenannten Organisationshandbüchern – von der Kleiderordnung bis zur Benutzung von Formularen – allgemeine Gültigkeit.

Ob nun die Verhaltensformalisierung nach Position, Arbeitsablauf oder Regeln vorgenommen wird, die Auswirkung auf den ausführenden Mitarbeiter bleibt gleich: Sein Verhalten wird reglementiert.

Die Entscheidung darüber, in welcher Weise seine Aufgabe zu verrichten ist, wird von demjenigen Mitarbeiter getroffen, der die Spezifikationen entwickelt – häufig also vom Analytiker in der Technostruktur. So gesehen, führt die Verhaltensformalisierung zur vertikalen Aufgabenspezialisierung. Doch ist auch ein Zusammenhang mit der horizontalen Spezialisierung gegeben: Die am stärksten eingeschränkten Hilfsarbeiterjobs sind die einfachsten und in höchstem Maße repetitiven Aufgaben in einer Organisation und somit ganz besonders von der Verhaltensformalisierung betroffen.

Gründe für die Verhaltensformalisierung

Organisationen formalisieren Verhalten, um die damit verbundene Ungewißheit zu reduzieren und letztlich Verhalten voraussagen und kontrollieren zu können.

Ein Hauptmotiv für die Verhaltensformalisierung ist die Koordinierung von Aktivitäten. Wie bereits erwähnt, ist die Standardisierung von Arbeitsinhalten ein ausgesprochen straffer Koordinationsmechanismus. Der entsprechende Gestaltungsparameter – die Verhaltensformalisierung – wird daher eingesetzt, wenn Arbeitsabläufe einer genauen, sorgfältig im voraus festgelegten Koordinierung bedürfen. Feuerwehrleute können nicht jedesmal bei Ankunft an einem Brandherd von neuem überlegen, wer den Schlauch an den Hydranten anschließt und wer die Leiter hinaufklettert; in ähnlicher Weise müssen auch Piloten die Einzelheiten des Landevorgangs bereits kennen, bevor sie die Flughöhe verlassen.

Verhaltensformalisierung erfolgt auch zu dem Zweck, quasi-maschinelle Gleichförmigkeit und damit eine effiziente Produktion zu gewährleisten: Die Arbeitsaufgaben werden in horizontaler Richtung spezialisiert, um repetitive Arbeitsgänge zu erhalten, und die anschließende Formalisierung schreibt die effizientesten Verfahrensweisen vor.

Darüber hinaus stellt Verhaltensformalisierung Fairneß im Umgang mit Kunden sicher. Beispielsweise muß das Finanzamt jeden Bürger gleich behandeln; aus diesem

Grund ist dort die Tendenz zur Verhaltensformalisierung besonders ausgeprägt. Regierungsbehörden reagieren empfindlich auf den Vorwurf der Vetternwirtschaft; infolgedessen neigen auch sie zu Reglementierung und Spezifizierung. Solche Regeln dienen aber nicht nur zum Schutz der Kunden beziehungsweise Klienten, sondern gelegentlich auch zum Schutz der Angestellten. So findet das Prinzip der Beförderung nach Dienstalter Anwendung, um willkürliche Entscheidungen seitens der höheren Ränge auszuschließen.

Organisationen mögen noch andere (und vielleicht fragwürdigere) Gründe für die Formalisierung von Verhalten haben. So kann Formalisierung auch Ausdruck willkürlichen Ordnungsstrebens sein. Zum Beispiel verlangen manche Tennisvereine von ihren Spielern weiße Kleidung, obwohl kaum einzusehen ist, warum nicht auch lila Tenniskleidung erlaubt sein soll. Eine in hohem Maße formalisierte Struktur ist vor allem schön übersichtlich. Sie erfreut diejenigen, die alles wohlgeordnet sehen möchten: Jeder sitzt im Organigramm im richtigen Kästchen, alle Arbeitsprozesse sind vorgeschrieben, Eventualitäten wurden bereits berücksichtigt, man kommt in Weiß.

Bürokratische und organische Strukturformen

Organisationen, die zur Koordinierung in erster Linie die Verhaltensformalisierung einsetzen, werden gewöhnlich als bürokratisch bezeichnet. An dieser Stelle wollen wir etwas ausführlicher auf das Konzept der Bürokratisierung eingehen, denn für einen Großteil der Diskussionen zur Organisationsstruktur ist es von zentraler Bedeutung.

Bürokratie war zunächst ein überaus unschuldiger, vom französischen Wort bureau – »Schreibtisch« oder »Büro« – abgeleiteter Begriff. Doch seit der große deutsche Soziologe Max Weber um die Jahrhundertwende den Begriff der Bürokratie zur Bezeichnung eines ganz bestimmten Typs von Organisationsstruktur verwendete, hat sich ein geradezu frappierender Bedeutungswandel vollzogen. Weber wollte Bürokratie rein technisch verstanden wissen, und in dieser Bedeutung wird der Begriff in der organisationstheoretischen und organisationssoziologischen Literatur auch heute noch verwendet. Doch in anderen Zusammenhängen hat Bürokratie eine entschiedene Bedeutungsabwertung erfahren – Bürokratie ist zum Schimpfwort verkommen. Hier wird nun der Leser aufgefordert, von diesem negativen Bedeutungsinhalt abzusehen und den Begriff in seinem technischen Zusammenhang zu verstehen.

Weber beschrieb die Bürokratie als »Idealtypus« einer Struktur, wobei »ideal« nicht perfekt, sondern rein bedeutete. Er kennzeichnete die Charakteristika dieses reinen Strukturtyps wie folgt:[3]

I. Es besteht das Prinzip der festen, durch Regeln: Gesetze oder Verwaltungsreglements, generell geordneten behördlichen Kompetenzen, d.h.: 1. Es besteht eine feste Verteilung der für die Zwecke des bürokratisch beherrschten Gebildes erforderlichen, regelmäßigen Tätigkeiten als amtlicher Pflichten; – 2. Die für die Erfüllung dieser Pflichten erforderlichen Befehlsgewalten sind ebenfalls fest verteilt und in den ihnen etwa zugewiesenen (physischen oder sakralen oder sonstigen) Zwangsmitteln durch Regeln fest begrenzt; – 3. Für die regelmäßige und kontinuierliche Erfüllung der so verteilten Pflichten und die Ausübung der entsprechenden Rechte ist planmäßige Vorsorge getroffen durch Anstellung von Personen mit einer generell geregelten Qualifikation. . . .

II. Es besteht das Prinzip der Amtshierarchie und des Instanzenzuges, d.h. ein fest geordnetes System von Ueber- und Unterordnung der Behörden unter Beaufsichtigung der unteren durch die oberen. . . .

III. Die moderne Amtsführung beruht auf Schriftstücken (Akten), welche in Urschrift oder Konzept aufbewahrt werden.

IV. Die Amtstätigkeit, mindestens alle spezialisierte Amtstätigkeit – und diese ist das spezifisch Moderne –, setzt normalerweise eine eingehende Fachschulung voraus. . . .

V. . . .

VI. Die Amtsführung . . . erfolgt nach generellen, mehr oder minder festen und mehr oder minder erschöpfenden, erlernbaren Regeln. Die Kenntnis dieser Regeln stellt daher eine besondere Kunstlehre dar (je nachdem: Rechtskunde, Verwaltungslehre, Kontorwissenschaften), in deren Besitz die Beamten sich befinden.

Webers Beschreibung enthält sinngemäß eine Reihe von Konzepten, die wir bereits erörtert haben – Arbeitsteilung, Spezialisierung, Verhaltensformalisierung, Autoritätshierarchie, Weisungskette, geregelte Kommunikation sowie Standardisierung von Arbeitsprozessen und Qualifikationen. Doch wie gut passen all diese typischen Merkmale in »realen« Organisationen zusammen?

Mit anderen Worten: Existiert Webers »Idealtypus« in der Realität, oder haben wir es nicht vielmehr mit verschiedenen Typen von bürokratischen Strukturen zu tun, die jeweils einige, aber nicht alle dieser Merkmale aufweisen?

Wir werden auf diese Frage an späterer Stelle noch genauer eingehen. Hier soll uns der Hinweis genügen, daß in der Forschung keine Übereinstimmung erzielt werden konnte. So haben einige Untersuchungen ergeben, daß Maßnahmen zur Spezialisierung und Formalisierung miteinander korrelierten, Dezentralisationsmaßnahmen hingegen nicht. Daraus ist zu schließen, daß die Entscheidungsbefugnis in manchen Bürokratien zentralisiert ist, in anderen dagegen nicht. In Übereinstimmung mit diesem Untersuchungsergebnis können wir folgende Definition aufstellen:

Eine Struktur ist bürokratisch in dem Maß, wie ihr Verhalten vorbestimmt oder voraussagbar und somit standardisiert ist.

(Dabei spielt es keine Rolle, ob Arbeitsprozesse, Arbeitsergebnisse oder Qualifikationen standardisiert sind und ob die Struktur zentralisiert ist oder nicht.) Dies jedenfalls scheint die Kernaussage in Webers Beschreibung zu sein.

Bisher ist nur von bürokratischen Strukturen die Rede gewesen. Wenn es aber so ist, daß einige Organisationen besonderen Wert auf Standardisierung legen, muß es wohl auch andere geben, bei denen dies nicht der Fall ist. Solche Strukturen sind dann gekennzeichnet durch eine flexible Arbeitsgestaltung, wobei Koordination durch gegenseitige Abstimmung oder persönliche Weisung gewährleistet wird.

Entsprechend bezeichnen wir eine Struktur dann als organisch, wenn es in der Organisation keine Standardisierung gibt.

Wir können die bürokratische Struktur und die organische Struktur somit als die beiden Endpunkte des Kontinuums der Standardisierung auffassen.

Funktionsstörungen in hochformalisierten Strukturen

Wohl kein Thema ist in der Managementliteratur leidenschaftlicher diskutiert worden als die Konsequenzen einer umfassenden Verhaltensformalisierung in Organisationen. Zu Anfang unseres Jahrhunderts – noch vor den bereits erwähnten Hawthorne-Experimenten in den 30er Jahren – waren Arbeitspsychologen in erster Linie hinsichtlich der physiologischen Ermüdungserscheinungen infolge monotoner Arbeit besorgt. Dies war auch der eigentliche Ausgangspunkt der Hawthorne-Untersuchungen. Doch dann stellte sich heraus, daß solche Ermüdungserscheinungen lediglich die Spitze des Eisbergs waren: Monotone Arbeit – durch ständige Wiederholung, Formalisierung sowie horizontale und vertikale Spezialisierung gekennzeichnet – verursachte bei vielen Arbeitern nicht nur physiologische, sondern auch psychologische Probleme. Seither konzentrieren sich Autoren wie Argyris, Bennis, Likert und McGregor auf die Untersuchung psychologischer Funktionsstörungen in hochformalisierten Strukturen. Sie weisen darauf hin, der Mensch sei von Natur aus geneigt, sich Formalisierung und Versachlichung zu widersetzen, und decken »pathologische Befunde« in Organisationen auf, die durch Übertreibungen in dieser Richtung bedingt sind. Solche Funktionsstörungen können unterschiedliche Formen annehmen: starres, verknöchertes Verhalten mit automatischer Ablehnung aller innovativen Ideen, unangemessenes Verhalten im Umgang mit Klienten, häufiges Fernbleiben von der Arbeit, hohe Fluktuation, Streiks und gelegentlich auch subversives Verhalten im Hinblick auf organisatorische Abläufe und Vorgänge.

Auch Michael Crozier (1964) hat sich im Zusammenhang mit zwei französischen Regierungsbürokratien mit solchen Fragen befaßt, doch er gelangte zu ganz anderen Ergebnissen. Zum einen stellte er fest, daß viele der Vorschriften und Regeln in der Organisation von den Mitarbeitern begrüßt wurden, denn solche Regeln können zwar den eigenen Ermessensfreiraum einschränken, verringern vor allem aber die willkürliche Machtausübung seitens der Vorgesetzten. Reglementierungen bedeuteten geradezu einen Schutz für die Mitarbeiter und führten in den unteren Rängen der Hierarchie zu einer Art perverser Demokratie: Alle wurden mehr oder minder gleich behandelt, weil jeder der Kontrolle durch denselben übermächtigen Regelapparat unterlag. Die Folge war jedoch, daß alle Entscheidungen, die nicht von solchen Regeln erfaßt wurden (einschließlich der Entscheidungen über die Festlegung der Regeln selbst), an anderer Stelle getroffen werden mußten – in einer weit entfernten Zentrale, die häufig nicht über die erforderlichen Ortskenntnisse verfügte.

Crozier fand auch heraus, daß Vorschriften und zentrale Autorität keineswegs alles regeln können. Einige wenige Unsicherheitsbereiche blieben zwangsläufig bestehen, und in diesen Bereichen entwickelten sich informelle Machtbeziehungen. Leute, die mit Ungewißheit umzugehen vermochten, gewannen großen Einfluß. Dies beispielsweise traf auf den Wartungsdienst in den von Crozier untersuchten staatlichen Tabakfirmen zu: Die Wartungsingenieure waren die einzigen, die bei Maschinenausfall – dem einen großen Unsicherheitsfaktor in diesen stark reglementierten Fabriken – für Abhilfe sorgen konnten.

Verhaltensformalisierung in den verschiedenen Organisationsteilen

Ein ganz wesentlicher Zusammenhang sollte inzwischen deutlich geworden sein:

> Je stabiler und repetitiver die Arbeit ist, desto stärker ist sie programmiert, und desto bürokratischer ist der Teil der Organisation, in dessen Bereich sie fällt.

Folglich kann es bezüglich der Verhaltensformalisierung und Bürokratisierung in den verschiedenen Teilen ein und derselben Organisation erhebliche Unterschiede geben. Obgleich wir bestimmte Organisationen als insgesamt bürokratisch beziehungsweise organisch einstufen können (und werden), weist keine Organisation – über das gesamte Spektrum ihrer Aktivitäten gesehen – ausschließlich die eine oder die andere Strukturform auf.

Im betrieblichen Kern – in dem Teil der Organisation also, um dessen Abgrenzung und Schutz die anderen Teile bemüht sind – erwarten wir in der Regel die stabilsten Bedingungen und die am stärksten durch Wiederholung gekennzeichneten Arbeitsaufgaben, die somit auch eine besonders bürokratische Struktur zur Folge haben. Dies bedeutet nicht, daß der betriebliche Kern stets formalisiert oder verbürokratisiert wäre. Einige Organisationen wie kreative Forschungszentren und kleine, unternehmerisch aktive Firmen sind auch in ihrem betrieblichen Kern eher organisch strukturiert.

Doch relativ gesehen, ist Verhaltensformalisierung im betrieblichen Kern einer Organisation besonders häufig anzutreffen.

Je weiter wir uns vom betrieblichen Kern entfernen und in die höheren Ränge der Autoritätshierarchie aufsteigen, desto mehr erwarten wir, daß die Arbeit weniger repetitiv und damit auch weniger formalisiert ist. Die Führungskraft der Mittellinie, die dem betrieblichen Kern am nächsten steht, wird von den dort herrschenden Bedingungen am stärksten beeinflußt, während die Führungskräfte an der Führungsspitze unter ausgesprochen organischen Bedingungen arbeiten. Auch auf einer bestimmten Hierarchieebene kann es Unterschiede in der Formalisierung geben – je nach Beschaffenheit der Arbeit in der unterstellten Einheit und den dort gegebenen situativen Randbedingungen. Somit ist zu erwarten, daß die Arbeit eines Produktionsleiters in höherem Maße formalisiert ist als die des entsprechenden Verkaufsleiters, obgleich beide hinsichtlich ihrer Positionen in der Hierarchie durchaus vergleichbar sind. Der eine ist vor allem um Stabilisierung des Arbeitsablaufs im betrieblichen Kern bemüht; der andere muß flexibel bleiben, um den unterschiedlichen Kundenwünschen gerecht werden zu können.

An der strategischen Spitze, die sich gewöhnlich in besonders hohem Maß mit den situativen Bestimmungsfaktoren der Umwelt konfrontiert sieht, ist die Arbeit am wenigsten programmiert, so daß hier eher organische Bedingungen zu erwarten sind.

Diese Schlußfolgerung war das Ergebnis von über fünfzig Untersuchungen in verschiedenen Organisationen, die von unseren Studentengruppen an der McGill University durchgeführt worden waren. Immer wieder wurden Organigramme vorgelegt, und die Studenten mußten dann erklären, warum die Darstellung auf den oberen Ebenen der Hierarchie nicht zutreffend war: Die Organisationspläne zeigten die formale Autoritätshierarchie, beschrieben aber nicht die Kommunikationsstrukturen und Machtbeziehungen, die dort wirklich herrschten. Diese Beziehungen waren zu stark im Wandel begriffen, als daß sie eine Formalisierung zuließen; die Struktur mußte sich in kontinuierlicher und natürlicher Anpassung entwickeln. Mit anderen Worten: Sie mußte organisch sein.

Beim Hilfsstab sind verschiedene Strukturen zu erwarten, die von der Art der zu verrichtenden Arbeit und den jeweiligen situativen Randbedingungen abhängen. Hilfsstabseinrichtungen, die wie die Betriebskantine nur ein geringes Maß an Ungewißheit zu bewältigen haben und repetitive Arbeit leisten, sind in der Regel stark formalisiert. Im Gegensatz dazu lassen sich die hochkreativen Tätigkeiten in einem Forschungslabor oder die täglich wechselnden Aufgaben in der Öffentlichkeitsarbeit nur in geringem Umfang formalisieren, so daß zumindest in leistungsorientierten Einheiten eine immer noch relativ organische Struktur zu erwarten ist.

In ähnlicher Weise rechnen wir bei der Technostruktur damit, daß diejenigen Einheiten, die wie die Produktionsplanung am dichtesten an den betrieblichen Kern anschließen, viele Regeln und weitgehend formalisierte Arbeitsverfahren aufweisen. Andere Einheiten mit variableren Arbeitsaufgaben sind wie die Unternehmensforschung eher durch relativ organische Strukturen gekennzeichnet. (An dieser Stelle sei darauf hingewiesen, daß es die Technostruktur ist, die für die Formalisierung der Arbeit aller anderen Mitarbeiter in der Organisation zuständig ist – unabhängig davon, wie ihre eigene Struktur aussieht.)

Schließlich verdient noch Erwähnung, daß in Organisationen mit starker Neigung zu bürokratischen beziehungsweise organischen Strukturen zuweilen zwecks Durchführung spezieller Aufgaben unabhängige Arbeitskonstellationen mit entgegengesetzter Struktur eingerichtet werden. So wird in ausgesprochen bürokratischen Herstellerfirmen möglicherweise ein Team für Neuentwicklungen bestimmt, das als organisch strukturierte »Nische« administrativ, finanziell, räumlich und zuweilen sogar juristisch von der übrigen Organisation getrennt ist. Auf diese Weise kann sich das Team – frei von allen bürokratischen Einschränkungen – innovativ entfalten.

Ausbildung und Indoktrination

Der dritte Aspekt bei der Gestaltung von Positionen betrifft die Spezifikation der Anforderungen, die von vornherein an den Inhaber einer Position gestellt werden. Insbesondere kann die Organisation bestimmen, welche Kenntnisse und Qualifikationen Positionsinhaber mitbringen und welche organisatorischen Normen sie erfüllen müssen. Ferner kann die Organisation bestimmte Verfahren für die Einstellung und Auswahl von Kandidaten festlegen, um die Bewerber anhand von Stellenanforderungen zu beurteilen; umgekehrt kann die Organisation auch eigene Programme ausarbeiten, um die später einzustellenden Kandidaten »aufzubauen«. In beiden Fällen wird dieselbe Absicht verfolgt: Die Organisation will sicherstellen, daß sich der künftige Positionsinhaber die erforderlichen Verhaltensweisen zu eigen macht, bevor er seine Arbeit aufnimmt. Zudem kann die Organisation zu einem späteren Zeitpunkt vielfältige Maßnahmen zur Mitarbeiterförderung durchführen und beispielsweise einen turnusmäßigen Arbeitsplatzwechsel, die Teilnahme an Konferenzen sowie Fortbildungsprogramme innerhalb der Organisation vorsehen.

Ausbildung bezieht sich auf den Prozeß, durch den die positionsspezifischen Qualifikationen und Kenntnisse vermittelt werden, während Indoktrination den Prozeß bezeichnet, durch den organisatorische Normen erworben werden.

Beide Verfahren laufen darauf hinaus, daß die Mitarbeiter akzeptierte (d.h. standardisierte) Verhaltensmuster »internalisieren«.

Ausbildung

Wenn die in den verschiedenen Arbeitsbereichen vorauszusetzenden Kenntnisse und Qualifikationen stark rationalisiert sind, teilt die Organisation sie in einfache, leicht erlernbare Einzelaufgaben auf, so daß diese von ungelernten Arbeitskräften ausgeführt werden können. Koordination wird dann in erster Linie durch Verhaltensformalisierung gewährleistet. Ein Automobil ist eine komplexe Maschine, deren Zusammensetzung ein aufwendiges Verfahren erfordert. Doch im Lauf der Jahre ist dieses Verfahren in Tausende von einfachen Einzelaufgaben zerlegt worden, so daß die Arbeiter im Automobilbau heute nur noch ganz geringe Qualifikationen und Kenntnisse benötigen. Bei Automobilherstellern ist die Ausbildung daher ein eher unbedeutender Gestaltungsparameter – an vielen Arbeitsplätzen reichen die ersten paar Stunden zum Anlernen der Arbeiter.

Wo aber ein Arbeitsbereich sowohl komplexe als auch nichtrationalisierte Kenntnisse und Qualifikationen voraussetzt, muß der Mitarbeiter viel Zeit zu ihrer Erlernung aufbringen. Für einige Aufgaben sind solche Anforderungen nicht als formales Wissen erfaßt, so daß die notwendigen Kenntnisse am Arbeitsplatz selbst vermittelt werden müssen: Der Arbeiter übernimmt die Rolle des »Lehrlings« und lernt von einem »Meister«, der seine Kenntnisse früher einmal auf dieselbe Weise erworben hat. Solche Arbeit wird im allgemeinen als Handwerk bezeichnet. Sind die entsprechenden Kenntnisse hingegen formal niedergelegt und die erforderlichen Qualifikationen zumindest teilweise spezifiziert, kann der künftige Mitarbeiter vor Beginn seiner Arbeit ausgebildet werden. Eine solche Arbeit – komplex und nichtrationalisiert, aber zum Teil formal erfaßt und spezifiziert – wird als professionell bezeichnet.

Ausbildung ist somit bei allen professionellen Arbeitsbereichen ein wichtiger Gestaltungsparameter.

Diese »Spezifikation« von Kenntnissen und Qualifikationen entspricht der bereits erörterten »Standardisierung«. Die Ausbildung ist somit der Gestaltungsparameter für den Einsatz desjenigen Koordinationsmechanismus, den wir als Standardisierung von Qualifikationen bezeichnet haben. Sollte jemand den Zusammenhang zwischen Professionalität und Standardisierung anzweifeln, möge er zur Kenntnis nehmen, was ein angesehener Mediziner über seinen höchst komplexen Beruf zu sagen weiß. In seinen Ausführungen über Operationen an Herzkranzgefäßen erörtert Frank Spencer seine »Kochbücher für Chirurgen« wie folgt:

Der hier fachsprachlich verwendete Ausdruck »Kochbuch« stammt von meinen getreuen Büromitarbeitern, denn meine Anleitungen zur Ausführung bestimmter Operationen haben eine gewisse Ähnlichkeit mit Küchenrezepten zum Kuchenbacken ...

Die Komponenten einer komplexen Operation wie die Behebung einer Fallotschen Tetralogie lassen sich in 10 bis 15 aufeinander folgende Schritte einteilen, wobei je-

der Schritt zwei bis fünf wesentliche Merkmale aufweist. Wenn jedes Merkmal durch ein einziges Wort symbolisiert wird, können die wichtigsten Schritte einer Operation leicht zu einer Reihe von Symbolketten reduziert werden, wobei die sechs bis zehn Ketten 30 bis 40 Symbole enthalten. Diese behält man im Gedächtnis und überprüft sie so häufig, daß die 30 bis 40 entscheidenden Symbole, die ja die Schlüsselmerkmale einer Operation darstellen, mental in 60 bis 120 Sekunden irgendwann am Tag vor der Operation abgerufen werden können (Spencer 1976, S. 1182).

Professionelle Mitarbeiter müssen über lange Zeit hinweg lernen, bevor sie ihre Positionen überhaupt einnehmen können. Im allgemeinen erfolgt diese Ausbildung außerhalb der Organisation – häufig in einer Universität. (Natürlich gibt es auch Ausnahmen. Beispielsweise bildet die Polizei normalerweise ihr eigenes Personal aus.) In der Regel aber erfordert die Ausbildung ein fest umrissenes und umfassendes Fachwissen, wie es eine Organisation nicht zu vermitteln vermag. So geht die Verantwortung von der Technostruktur auf die Berufsverbände über, die unter Umständen die Universität als Ausbildungsstätte vorsehen. Dabei gibt die Organisation natürlich einen gewissen Teil ihrer Einflußnahme auf – nicht nur hinsichtlich der Auswahl ihrer Mitarbeiter, sondern auch hinsichtlich der Methoden, die diese bei der Arbeit verwenden.

Sobald die Auszubildenden das erforderliche Verhalten unter Beweis gestellt – d.h. die Standardqualifikationen und die damit verbundenen Kenntnisse internalisiert – haben, erhalten sie vom jeweiligen Berufsverband eine Bescheinigung über ihre Berufstauglichkeit, um danach von der Organisation eingestellt zu werden und ihren Beruf auszuüben.

Allerdings kann eine Berufsausbildung nur in seltenen Fällen alle erforderlichen Qualifikationen und Kenntnisse vermitteln; ein gewisser Teil entzieht sich zwangsläufig einer Spezifikation und Standardisierung. So schließt sich an die Berufsausbildung gewöhnlich eine Art Lehrzeit am Arbeitsplatz selbst an, bevor ein Mitarbeiter als voll ausgebildet gelten kann. Wie Spencer schreibt, müssen Mediziner nach etwa vier Jahren Universitätsstudium noch mindestens fünf Jahre im Beruf – erst als Assistenzarzt, dann als Stationsarzt – ausgebildet werden, bevor sie als Chirurg praktizieren dürfen.

Indoktrination

Sozialisierung »bezeichnet den Prozeß, durch den ein neues Mitglied das Wertesystem, die Normen und die geforderten Verhaltensmuster einer Gesellschaft, Organisation oder Gruppe, in die es hineinkommt, erlernt« (Schein 1968, S. 3). Ein Großteil der Sozialisierung findet in der Organisation auf informelle Weise statt; zum Teil erfolgt diese Sozialisierung durch die informelle Gruppe sogar im Widerspruch zum formalen Autoritätssystem.

Indoktrination bezeichnet den Gestaltungsparameter, der einer Organisation die formale Sozialisierung ihrer Mitglieder zum eigenen Nutzen ermöglicht.

Organisationen lassen ein gewisses Maß an Indoktrination auch außerhalb der eigenen Grenzen – als Teil der Berufsausbildung – zu. Jurastudenten beispielsweise lernen an der Universität mehr als nur Gerichtsentscheidungen; sie erhalten ausdrücklich Anweisungen darüber, wie sich ein Jurist verhalten sollte. Doch da ein großer Teil der Sozialisierung die »Kultur« der spezifischen Organisation betrifft, liegt die Indoktrination weitgehend im Verantwortungsbereich der Organisation selbst.

Wiederum findet ein Großteil dieser »innerbetrieblichen« Indoktrinationsaktivität statt, noch bevor der künftige Mitarbeiter seinen Posten übernimmt; damit soll sichergestellt werden, daß der Betreffende hinreichend sozialisiert ist, um das erwünschte Verhalten zeigen zu können. So enthalten Ausbildungsprogramme in der Regel auch ein gutes Maß an Indoktrination. Einige Organisationen erarbeiten Programme nur zu Indoktrinationszwecken. Frischgebackene Betriebswirte beispielsweise müssen zu Beginn ihrer Tätigkeit in einer großen Organisation häufig ein Ausbildungsprogramm (sprich »Indoktrinationsprogramm«) absolvieren. Sie werden durch die verschiedenen Abteilungen geschleust – nicht lange genug, um die Arbeitsbereiche wirklich kennenzulernen, aber doch lange genug, um die »Kultur« mitzubekommen.

Häufig wird eine solche Indoktrination durch spätere Programme ergänzt, mit denen die Loyalität der Angestellten zur Organisation verstärkt werden soll. Beispielsweise läßt man die Mitarbeiter bei gesellschaftlichen Anlässen zusammenkommen oder lädt zu motivierenden Vorträgen von Vertretern der Geschäftsführung ein; auch der turnusmäßige Arbeitsplatzwechsel zielt darauf ab, daß die Mitarbeiter ein Gefühl der Verbundenheit gegenüber der gesamten Organisation und nicht nur gegenüber irgendeinem ihrer Teile entwickeln.

Innerbetriebliche Indoktrinationsprogramme sind von erhöhter Bedeutung, soweit es sich um besonders heikle oder geographisch abgelegene Aufgabenbereiche handelt.

Dies ist der Fall etwa bei den Führungskräften einer ausländischen Tochtergesellschaft, bei CIA-Agenten, bei Botschaftern oder bei Mitgliedern der Royal Canadian Mounted Police (der berittenen Polizei in Kanada). In solchen Fällen besteht ein entscheidender Bedarf an Koordination, damit vor allem sichergestellt ist, daß die autonom vorgehenden Mitarbeiter im besten Interesse der Organisation handeln. Art und geographische Entfernung des Arbeitsplatzes schließen Verhaltensformalisierung und persönliche Weisung von vornherein aus, so daß die Organisation nur auf die Ausbildung und vor allem auf die Indoktrination ihrer Mitarbeiter zurückgreifen kann. Die Katholische Kirche und die Kommunistische Partei sind Beispiele für Organisationen, die in hohem Maße Indoktrination als Gestaltungsparameter verwenden. Antony Jay (1970) vermittelt uns in seinem Buch »Management and Machiavelli« einen ausgezeichneten Eindruck davon, wie erstere Indoktrination auf einem ganz bestimmten Sektor einsetzt:

Der heilige Augustinus hat einmal als einzige Regel für christliche Lebensweise genannt: »Liebe Gott und handele, wie es dir gefällt.« Natürlich bedeutet dies nichts anderes, als daß derjenige, der Gott wirklich liebt, auch stets nur das tun will, was Ihm gefällt. Genauso werden auch Jesuiten-Priester nicht ständig von der Ordensleitung mit Anrufen oder schriftlichen Mitteilungen bedacht. Die lange, viele Jahre währende Ausbildung in Rom ist Garantie genug, daß Jesuiten, wohin sie später auch gehen und wie lange sie keinem Ordensbruder mehr begegnen mögen, imstande sind, ihre Aufgaben entsprechend den Standards der Societas Jesu zu erfüllen (Jay 1970, S. 70).

Ausbildung und Indoktrination in den verschiedenen Organisationsteilen

Die Ausbildung der Mitarbeiter ist überall dort von höchster Bedeutung, wo es sich um komplexe Arbeitsbereiche handelt, die schwierige, wenn auch spezifizierte Qualifikationen und bis ins Detail niedergelegte Kenntnisse erfordern. Solche Arbeiten sind im wesentlichen als professionell zu bezeichnen. Indoktrination dagegen ist ein besonders wichtiger Parameter, wenn Arbeitsbereiche heikel sind und in großer geographischer Entfernung ausgeführt werden müssen und wenn überdies Kultur und Ideologie der Organisation starke Loyalität von ihren Mitgliedern verlangen.

In einigen Organisationen erfordert ein großer Teil der Arbeit im betrieblichen Kern komplexe Qualifikationen und detaillierte Kenntnisse. Beispiele für solche »professionellen« Organisationen sind Kliniken, Anwaltbüros, Sozialarbeiterdienste und Schulsysteme. In allen Fällen setzt die Organisation vorrangig die Ausbildung als Gestaltungsparameter ein. Einige Organisationen – zuweilen sogar die genannten »professionellen« Organisationen – machen darüber hinaus umfassend Gebrauch von Indoktrination im betrieblichen Kern, soweit ihre Mitarbeiter heikle Aufgaben zu verrichten haben oder an weit abgelegenen Orten arbeiten. Die berittene Polizei in Kanada und der Jesuitenorden wurden bereits als Beispiele genannt.

Ausbildung und Indoktrination werden auch in vielen Stabseinheiten eingesetzt.

Ein großer Teil der technokratischen Arbeitsbereiche in der Organisation – beispielsweise in Unternehmensforschung und Konstruktion – zählen zu den Ausbildungsberufen: Die dort geleistete professionelle Arbeit setzt komplexe, formell zu erlernende Qualifikationen und Kenntnisse voraus. Entsprechend ist die Ausbildung ein wichtiger Parameter bei der Gestaltung solcher Positionen. Wo Analytiker für heikle Kontrollaufgaben verantwortlich sind (beispielsweise Rechnungsprüfer, die zwecks Ausgabenüberprüfung zu den verschiedenen Abteilungen geschickt werden), kann auch die Indoktrination eine wichtige Rolle spielen. Um sicherzustellen, daß ihre Loyalität stets nur der Unternehmungsleitung gilt, werden Analytiker häufig turnusmäßig in den verschiedenen Werksanlagen eingesetzt. In ähnlicher Weise sind auch viele Arbeitsbereiche in den Hilfsstabseinrichtungen – Rechtsabteilung, Forschung & Entwicklung, Beratungsstelle für Arbeitskonflikte – den professionellen Berufen zuzuordnen, die eine umfassende Vorbildung verlangen.

Auf den Rängen der Führungskräfte – der Mittellinie wie der strategischen Spitze – ist die Arbeit mit Sicherheit komplex, doch kaum konsequent zu erfassen; entsprechend spielt die formale Ausbildung keine so große Rolle. Sicher gilt es auch hier, Qualifikationen und Kenntnisse zu erwerben, wie sie in Managementschulen vermittelt werden, doch Führungskräfte haben so viele Aufgaben zu bewältigen, für die kein konkret erfaßbares Wissen zu erlernen ist, daß Management kaum als Berufsbezeichnung gelten kann. Dies zeigt sich auch daran, daß gerade die höchsten Ränge in vielen besonders wichtigen gesellschaftlichen Institutionen – insbesondere in der Regierung – keinerlei Managementausbildung erfahren haben. Ihre Arbeit ist ein Handwerk: Sie lernen durch Beobachtung und durch Zusammenarbeit mit Meistern.

Infolgedessen gilt Ausbildung an der strategischen Spitze oder in der Mittellinie noch nicht als wesentlicher Gestaltungsparameter, obgleich Organisationen durchaus bemüht sind, kompakte "Fortbildungsprogramme für Führungskräfte" durchzuführen, soweit spezifische Managementqualifikationen oder -kenntnisse vermittelt werden können.

Die Indoktrination spielt auf den oberen Führungsebenen eine größere Rolle, da die Führungskräfte letztlich die Hüter der Ideologie einer Organisation sind. Aus eben diesem Grund wird der neu eingestellte Betriebswirt durch ein Indoktrinationsprogramm geschleust, und viele große Organisationen sehen für ihre Führungskräfte einen häufigen internen Arbeitsplatzwechsel vor. Wiederum sind solche Indoktrinationsprogramme von besonderer Bedeutung, wo Managementaufgaben – beispielsweise bei Botschaftern oder bei Geschäftsführern ausländischer Tochtergesellschaften – zugleich heikel oder an weit abgelegenen Orten zu verrichten sind.

Parameter zur Positionsgestaltung im Zusammenhang

In unseren Ausführungen ist bereits deutlich geworden, daß Spezialisierung, Formalisierung sowie Ausbildung und Indoktrination keine völlig voneinander unabhängigen Gestaltungsparameter sind. Im wesentlichen haben wir zwei grundsätzlich verschiedene Arten von Positionen beschrieben. Der einen Gruppe haben wir die ungelernten Arbeiten zugeordnet: Da es sich um stark rationalisierte Arbeitsaufgaben handelt, liegt umfassende Spezialisierung sowohl in horizontaler als auch in vertikaler Dimension vor, und häufig erfolgen Koordinierung und Kontrolle durch direkte Verhaltensformalisierung. Die andere Gruppe umfaßt die professionellen Arbeiten: Da die Arbeitsaufgaben komplex sind, lassen sie sich nicht ohne weiteres in vertikaler Dimension spezialisieren oder von der Technostruktur der Organisation formalisieren. Sie sind vielmehr horizontal spezialisiert – die Mitarbeiter sind Experten auf wohldefinierten Gebieten; hier wird die Koordination vielfach durch die Standardisierung von Qualifikationen in umfassenden Ausbildungsprogrammen erreicht, die gewöhnlich außerhalb der Organisation durchgeführt werden. (Es gibt natürlich auch andere Arbeitsinhalte, die weder durch Formalisierung noch durch Ausbildung zu koordinieren sind.)

Formalisierung und Ausbildung sind somit im Grunde genommen austauschbar.

Je nach Arbeitsinhalt kann eine Organisation entweder mit Hilfe eigener Verfahren und Vorschriften eine direkte Steuerung und Kontrolle ausüben oder aber durch Einstellung entsprechend ausgebildeter Mitarbeiter eine indirekte Steuerung und Kontrolle bewirken. Dies bedeutet nicht, daß der eine Koordinationsmechanismus nicht durch den anderen ergänzt werden könnte; beispielsweise verläßt man sich in Kliniken bei der Koordinierung der Arbeitsabläufe großenteils auf die Berufsausbildung, doch gibt es auch Regeln und Vorschriften. Im allgemeinen aber bevorzugen die meisten Positionen entweder den einen oder den anderen Koordinationsmechanismus; Formalisierung und Ausbildung werden nicht gleichermaßen eingesetzt.

Bei der Formalisierung steht eindeutig fest, wer die Arbeitskontrolle ausübt: Es sind dies vor allem die Analytiker der Organisation, die für die Aufstellung von Arbeitsstandards zuständig sind. Nicht ganz so eindeutig ist die Situation bei der Ausbildung. Verantwortung und Kontrolle liegen offensichtlich beim Mitarbeiter selbst. Doch obgleich Mitarbeiter in professionellen Arbeitsbereichen viel Entscheidungsfreiheit haben und autonom vorzugehen scheinen, sind sie in Wirklichkeit das Produkt ihrer Entwicklung – dem Schauspieler vergleichbar, der seinen Text gut gelernt hat. Somit kommt eine gewisse Kontrollfunktion auch denjenigen Institutionen außerhalb der Organisationen zu, die für die Ausbildung und die Erarbeitung professioneller Standards zuständig sind – den Universitäten und Berufsverbänden.

Die professionelle Organisation überträgt somit einen beträchtliches Maß an Kontrolle über die Wahl ihrer Mitarbeiter sowie über deren Arbeitsmethoden an externe Institutionen, die für die Ausbildung und Examinierung der künftigen Mitarbeiter zuständig sind und Standards entwickeln, die für das Arbeitsverhalten der Mitarbeiter richtungweisend sind.

Mit der Kontrolle geht auch ein Teil der Loyalität verloren; professionelle Mitarbeiter neigen dazu, sich eher mit ihrem Beruf zu identifizieren als mit der Organisation, in der sie diesen Beruf zufällig ausüben.

Erinnern wir uns daran, daß Weber die Ausbildung in seine Definition von Bürokratie einbezog: »Die Amtstätigkeit setzt normalerweise eine eingehende Fachschulung voraus« und verlangt die »Anstellung von Personen mit einer generell geregelten Qualifikation«.[3] Doch wie wir gerade gesehen haben, schließen sich Ausbildung und Formalisierung (in Webers Definition von zentraler Bedeutung) bis zu einem gewissen Maß gegenseitig aus. Könnte dies als Erklärung dafür gelten, daß eine Bürokratie zentralisiert oder aber dezentralisiert sein kann? In Organisationen, in denen die betriebliche Arbeit weitgehend von ungelernten Arbeitern verrichtet wird, kann die tägliche Steuerung und Kontrolle der Technostruktur überlassen werden, so daß eine zentralisierte Organisationsstruktur entsteht; sind die Arbeitsbereiche im betrieblichen Kern hingegen professioneller Art, verbleibt die Arbeitskontrolle bei den Mitarbeitern selbst beziehungsweise bei ihren Berufsverbänden.

Die Frage soll im vorliegenden Zusammenhang nicht beantwortet werden.

Vielmehr wollen wir uns an dieser Stelle mit dem Hinweis begnügen, daß Professionalität und Bürokratie in ein und derselben Struktur nebeneinander bestehen können.

Erinnern wir uns, daß wir Bürokratie definiert haben als das Maß, in dem »Verhalten vorbestimmt oder voraussagbar und damit standardisiert« ist. Wir haben nicht festgelegt, wie diese Standardisierung erfolgt.

Anmerkungen

1. Anm. d. Übers.: Die zitierten Passagen sind der folgenden Übersetzung entnommen: SMITH, A. (1776, deutsch 1810), Untersuchung über die Natur und die Ursachen des Nationalreichthums. Aus dem Englischen der vierten Ausgabe neu übersetzt. Erster Band (Breslau und Leipzig: Wilhelm Gottlieb Korn), S. 8, 9, 9-10

2. Bei derartigen Arbeitsbereichen ist es unwahrscheinlich, daß eine vertikale Aufgabenerweiterung ohne ein gewisses Maß an horizontaler Aufgabenerweiterung erfolgt.

3. Anm. d. Übers.: Der deutsche Originaltext ist zitiert aus: *Weber, M.* (1976, 1922) Wirtschaft und Gesellschaft. Grundriß der verstehenden Soziologie. 5. rev. Aufl., mit textkritischen Erläuterungen herausgegeben von Johannes Winckelmann, 2. Halbband (Tübingen: J.C.B. Mohr), S. 551-552

Kapitel 3

Gestaltung der Rahmenstruktur

Nachdem nun eine Reihe von Positionen im Hinblick auf Spezialisierung, Formalisierung sowie Ausbildung und Indoktrination beschrieben worden sind, hat der Gestalter der Organisationsstruktur zwei ganz offensichtliche Fragen zu beantworten: Wie lassen sich die Positionen in verschiedenen Einheiten zusammenfassen? Und wie groß sollen diese Einheiten sein? Beide Fragen betreffen die Gestaltung der organisatorischen Rahmenstruktur; in der Literatur sind sie ausführlich behandelt worden. Wir wollen im folgenden näher darauf eingehen.

Mit der Gruppierung in Einheiten entsteht ein formales Autoritätssystem im Rahmen der Organisationshierarchie. Das Organigramm stellt diese Hierarchie – die Ergebnisse des Gruppierungsprozesses – bildlich dar. Eine solche Gruppierung ist als Prozeß einer sukzessiven Cluster-Bildung aufzufassen: Die verschiedenen Positionen werden in Cluster oder Einheiten erster Ordnung gruppiert, diese wiederum bilden größere Cluster oder Einheiten usw., bis das letzte Cluster die gesamte Organisation enthält. So werden Soldaten zunächst in Rekrutengruppen erfaßt, die Rekruten wiederum bilden Züge, Züge formieren sich zu Kompanien, diese zu Bataillonen usw. über Regimenter, Brigaden und Divisionen bis hin zu Armeen.

Wird dieser Prozeß mit den im vorangegangenen Kapitel beschriebenen Prozessen kombiniert, kann die Gestaltung der Organisation – zumindest im Prinzip – wie folgt vor sich gehen: Zunächst stellt der Organisationsgestalter sämtliche Aufgaben zusammen, die unter Berücksichtigung der übergeordneten organisatorischen Voraussetzungen – Ziele, Missionen sowie ein technisches System zu ihrer Realisierung – anfallen. Im wesentlichen ist dies ein »top down«-Verfahren: Die spezifischen Aufgaben werden von den generellen Erfordernissen abgeleitet. Dann ordnet der Organisationsgestalter die einzelnen Aufgaben je nach Grad der gewünschten Spezialisierung unterschiedlichen Positionen zu und bestimmt, inwieweit diese formalisiert werden sollen und welche Art von Ausbildung und Indoktrination erforderlich ist. Der nächste Schritt ist die Gestaltung der Rahmenstruktur: Zuerst wird bestimmt, welche und wie viele Positionen in den Einheiten auf der untersten Ebene zusammengefaßt werden sollen; sodann ist zu entscheiden, welche und wie viele Einheiten jeweils zu den nächsthöheren Einheiten gruppiert werden, bis schließlich die vollständige Hierarchie vorliegt. Letzteres ist ein typisches »bottom up«-Verfahren: Auf der Grundlage der spezifischen Aufgaben wird die Gesamthierarchie aufgebaut. Zum Schluß gilt es dann, die Rahmenstruktur »auszubauen« und Entscheidungsbefugnisse zuzuweisen. Damit werden wir uns in den Kapiteln 4 und 5 befassen.

Wie bereits erwähnt, findet dieses Verfahren im Prinzip Anwendung. In der Praxis wählt der Organisationsgestalter häufig auch Abkürzungen, indem er das »top down«- beziehungsweise das »bottom up«-Verfahren umkehrt. So kann er gewöhnlich schon zu Beginn seiner Arbeit auf ein gewisses Erfahrungswissen bezüglich spezifischer Strukturen zurückgreifen und bestimmte Missionen direkt in Einheiten umsetzen. Auch der Gestalter einer Armeestruktur braucht nicht erst bis zur Ebene des Soldaten herunterzugehen, um sich dann wieder auf die Ebene der Armee hochzuarbeiten; statt dessen plant er im Organigramm gleich mit Divisionen oder Armeen als festen Blöcken. Gelegentlich bildet der Organisationsgestalter auch Einheiten »von oben nach unten« – wie beim Militär, wenn Soldaten zur allgemeinen Grundausbildung zunächst in Zügen zusammengefaßt und später zwecks Spezialausbildung in verschiedenen Kampfeinheiten in Rekrutengruppen unterteilt werden. Mit anderen Worten: Die Gestaltung von Organisationen erfolgt selten aus dem Nichts heraus, sondern baut im allgemeinen auf Erfahrungen mit früheren Strukturen auf. So ist die Neugestaltung von Organisationen auch weitaus weniger häufig als die Umgestaltung von Organisationen – die Optimierung auf der Grundlage vorhandener Strukturen:

Soweit organisatorische Ziele und Missionen im Wandel begriffen sind, wird die strukturelle Umgestaltung von oben nach unten veranlaßt; soweit sich das technische System im betrieblichen Kern verändert, erfolgt sie von unten nach oben.

Gruppierung in Einheiten

Die Gruppierung von Positionen und Einheiten ist nicht nur eine zweckmäßige Maßnahme zur Erstellung eines Organigramms, aus dem anschaulich hervorgeht, wer in der betreffenden Organisation arbeitet.

Vielmehr ist die Gruppierung ein fundamentales Mittel zur Koordinierung der Arbeitsbereiche in einer Organisation.

Gruppierungen wirken sich in vierfacher Weise aus:

1. Der vielleicht wichtigste Effekt besteht darin, daß Gruppierungen für die verschiedenen Positionen und Einheiten ein für alle Gruppenmitglieder gemeinsames Weisungssystem schaffen.

In jeder Einheit wird eine Führungskraft benannt, so daß eine einzige Person für alle Aktivitäten der Einheit verantwortlich ist. Erst die Einbindung all dieser Führungskräfte in eine Rahmenstruktur führt zum formalen Autoritätssystem.

Die Gruppierung in Einheiten erweist sich somit als der Gestaltungsparameter, der den Koordinationsmechanismus der persönlichen Weisung in der Organisationsstruktur verankert.

2. Gruppierungen setzen normalerweise voraus, daß Positionen und Einheiten Ressourcen gemeinsam nutzen.

Zumindest teilen sich die Mitglieder oder Untereinheiten einer Einheit ein gemeinsames Budget, und vielfach wird auch von ihnen erwartet, daß sie Einrichtungen und Geräte gemeinsam benutzen.

3. Gruppierungen führen gewöhnlich zur Entwicklung gemeinsamer Leistungsmaßstäbe.

Soweit die Mitglieder oder Untereinheiten einer Einheit die erforderlichen Ressourcen gemeinsam nutzen, können auch die mit ihren Aktivitäten verbundenen Kosten zusammen erfaßt werden. Darüber hinaus sind ihre Arbeitsprodukte oder Leistungen gemeinsam zu bewerten, soweit sie zur Bereitstellung derselben Produkte oder Dienstleistungen beitragen. Gemeinsame Leistungsmaßstäbe fördern zudem die Bereitschaft der Mitarbeiter, ihre Aktivitäten zu koordinieren.

4. Schließlich fördern Gruppierungen die gegenseitige Abstimmung.

Aus Gründen der Ressourcenallokation und zur Erleichterung des Koordinationsmechanismus der persönlichen Weisung wird von den Mitgliedern einer Einheit häufig die Nutzung gemeinsamer Einrichtungen verlangt, was zu konkreten Begegnungen führt. Dies wiederum fördert die informellen Kontakte unter den Mitarbeitern und damit auch die Koordinierung ihrer Aktivitäten durch gegenseitige Abstimmung.

Gruppierungen können somit zwei wichtige Koordinationsmechanismen - die persönliche Weisung und die gegenseitige Abstimmung - erheblich unterstützen und schaffen durch Bereitstellung gemeinsamer Leistungsmaßstäbe die Grundlage für den dritten Koordinationsmechanismus - die Standardisierung der Arbeitsprodukte.

Die Gruppierung in Einheiten ist daher als einer der mächtigsten Gestaltungsparameter anzusehen. (Ein Hauptmerkmal der beiden anderen Koordinationsmechanismen – Standardisierung von Arbeitsprozessen und Standardisierung von Qualifikationen – besteht darin, daß sie die Tätigkeiten der einzelnen Mitarbeiter automatisch koordinieren; sie lassen sich daher unabhängig von der Art der Gruppierung der Positionen einsetzen.)

Einerseits fördern Gruppierungen somit eine starke Koordination innerhalb einer Einheit; andererseits führen sie zwischen den verschiedenen Einheiten zu Koordinationsproblemen. Wie wir gesehen haben, liegt der Kommunikationsschwerpunkt innerhalb einer Einheit und grenzt so die Mitglieder anderer Einheiten aus. Lawrence und Lorsch (1967) sprechen in diesem Zusammenhang von einer Differenzierung der Einheiten in ihren verschiedenen Ausrichtungen – ihren Zielen, ihren Zeitvorstellungen, der Art und Weise ihrer zwischenmenschlichen Beziehungen und dem Maß der Formalisierung ihrer Strukturen. So könnte eine Produktionsabteilung beispielsweise eher auf das Ziel einer effizienten Produktionsleistung als auf Kreativität ausgerichtet sein, eine eher kurzfristige Zeitplanung verfolgen, mehr Interesse an der Ausführung der Aufgaben als an der Einstellung der ausführenden Mitarbeiter zeigen und eine ausgesprochen bürokratische Struktur aufweisen. Dagegen läßt eine Forschungsabteilung hinsichtlich der genannten vier Dimensionen vielleicht genau das Gegenteil erkennen. Zuweilen wird diese Differenzierung noch durch die Verwendung besonderer Fachsprachen in den verschiedenen Abteilungen verstärkt; so kann es vorkommen, daß sich die Mitarbeiter in der Produktion einerseits und in der Forschung andererseits kaum verständigen können.

Aus all dem folgt, daß jede Einheit die Neigung entwickelt, zunehmend die eigenen Probleme in den Vordergrund zu stellen und sich von den Problemen in den übrigen Teilen der Organisation immer stärker zu distanzieren.

Die Gruppierung in Einheiten fördert die Koordination innerhalb der eigenen Gruppe auf Kosten der Koordination zwischen den Gruppen.

Eine Managementschule, die sich für eine Abteilungsstruktur entscheidet, wird bald feststellen, daß ihre Finanzprofessoren untereinander engeren Kontakt aufnehmen, an den Professoren für Unternehmenspolitik und Marketing dagegen weniger Interesse zeigen; letztlich führt dies bei allen Beteiligten zu einer Verengung ihres Horizonts. Natürlich kann es auch für die Organisation von Vorteil sein, wenn jede Einheit die Gelegenheit erhält, sich ihren speziellen Problemen mit ganz besonderer Aufmerksamkeit zu widmen. Wir haben bereits das Team für Neuentwicklungen als Beispiel erwähnt: Dieses Team wurde aus der übrigen bürokratischen Struktur ausgegrenzt, so daß es organisch und damit kreativer arbeiten konnte.

Gruppierungsalternativen

Worauf basiert nun die Gruppierung von Positionen in Einheiten und von kleineren Einheiten in größeren Einheiten? Gewöhnlich werden sechs grundlegende Aspekte berücksichtigt:

1. Gruppierung nach Kenntnissen und Qualifikationen

Positionen können nach den Fachkenntnissen und Qualifikationen gruppiert werden, die von den Mitarbeitern erwartet werden. Beispielsweise fassen Krankenhäuser alle Chirurgen in einer Abteilung zusammen, die Anästhesisten in einer zweiten und die Psychiater in einer dritten. Abbildung 3-1 zeigt das Organigramm für die medizinische Komponente eines Lehrkrankenhauses in Quebec, wo die Ärzte nach Kenntnissen und Qualifikationen zwei Ebenen zugeordnet sind. Gruppierungen können auch auf dem Niveau der Kenntnisse beziehungsweise Qualifikationen basieren; so werden unterschiedliche Einheiten geschaffen, um Handwerker, Vertreter und Lehrlinge

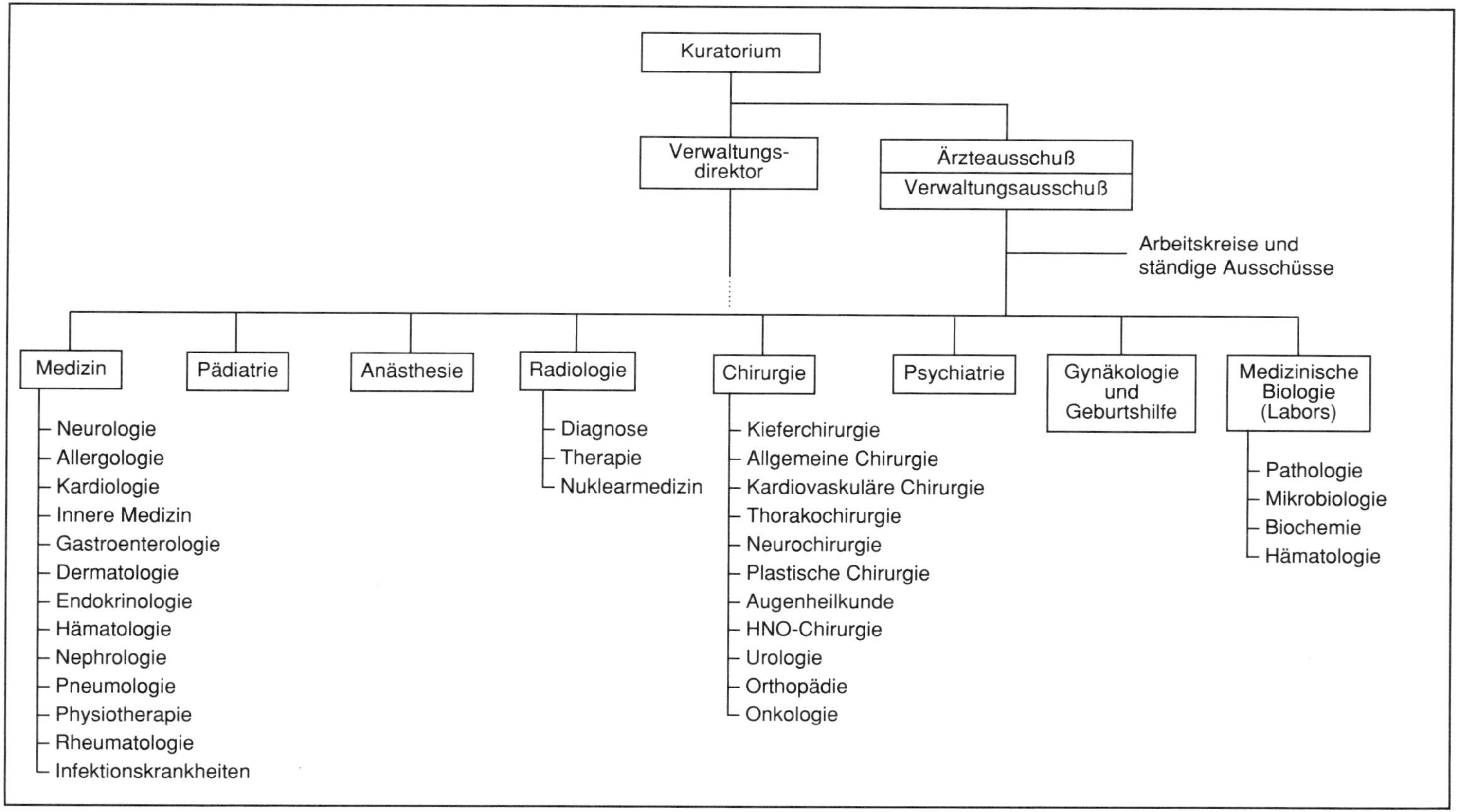

Abb. 3-1: Gruppierung nach Fachkenntnissen und Qualifikationen: Medizinische Abteilungen in einem Lehrkrankenhaus

oder auch einfach nur gelernte und ungelernte Arbeiter in getrennten Einheiten unterzubringen.

2. Gruppierung nach Arbeitsprozeß und -funktion

Einheiten lassen sich nach dem jeweiligen Arbeitsprozeß beziehungsweise nach den Aktivitäten der Mitarbeiter einteilen. Beispielsweise kann eine Herstellerfirma Gruppen bilden für Gießerei, Schweißerei und Zerspanung, und ein Football-Team trainiert vielleicht getrennt in einer Linieneinheit und einer Feldeinheit. Häufig ist das technische System ausschlaggebend für die Gruppierung nach Arbeitsprozessen – wie in einer Druckerei, wo in getrennten Abteilungen für Buchdruck und Offsetdruck dieselben Produkte mit verschiedenen Verfahren hergestellt werden. Arbeitsbereiche können auch nach ihren grundlegenden Funktionen in der Organisation gruppiert werden – Materialeinkauf, Kapitalbeschaffung, Durchführung von Forschungsarbeiten, Bereitstellung von Mahlzeiten in der Kantine und dergleichen. Das wohl häufigste Beispiel ist die Gruppierung nach »Geschäftsfunktionen« – Produktion, Marketing, Konstruktion, Finanzwesen usw., wobei einige dieser Gruppen Linieneinheiten und andere Stabseinheiten sind. (Auch die vielfach praktizierte Gruppierung in Linieneinheiten einerseits und Stabseinheiten andererseits ist ein weiteres Beispiel für Gruppierungen nach Arbeitsfunktionen.) Abbildung 3-2 zeigt das Organigramm für ein Kulturzentrum, in dem eine Gruppierung nach Arbeitsprozessen und -funktionen vorgenommen wurde.

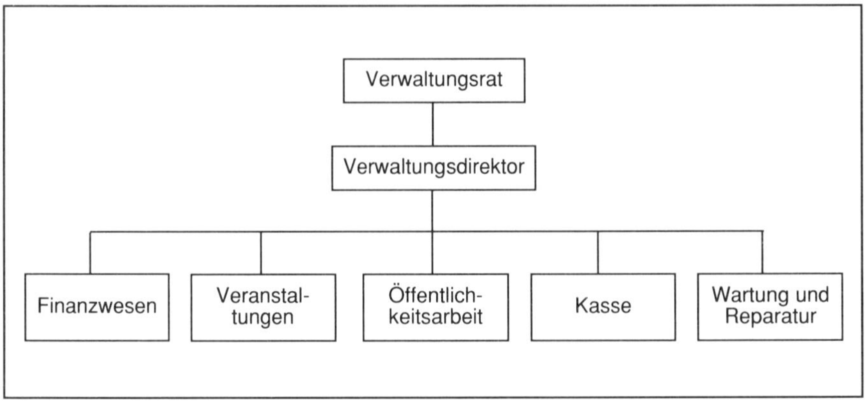

Abb. 3-2: Gruppierung nach Arbeitsprozeß und Funktion in einem Kulturzentrum

3. Gruppierung nach Zeit

Gruppen können auch danach eingeteilt werden, wann eine Arbeit verrichtet wird. So leisten verschiedene Einheiten dieselbe Arbeit auf dieselbe Art und Weise, aber zu verschiedenen Zeiten – beispielsweise in einer Fabrik in verschiedenen Schichten.

4. Gruppierung nach Arbeitsprodukten

Hier werden Einheiten nach den jeweils erstellten Produkten oder Dienstleistungen gebildet. So weist ein großes Produktionsunternehmen vielleicht getrennte Sparten für seine Produktionszweige auf – eine Sparte für Porzellan, eine andere für Bulldozer usw. Oder ein Restaurant beschließt, die Bar sowohl organisatorisch als auch räumlich vom Restaurationsbetrieb zu trennen. Abbildung 3-3 zeigt die Gruppierung in Produktsparten in einem kanadischen Konzern (Imasco Ltd.), wobei zwei Einheiten nach Funktionen gegliedert sind: Öffentlichkeitsarbeit und Finanzen.

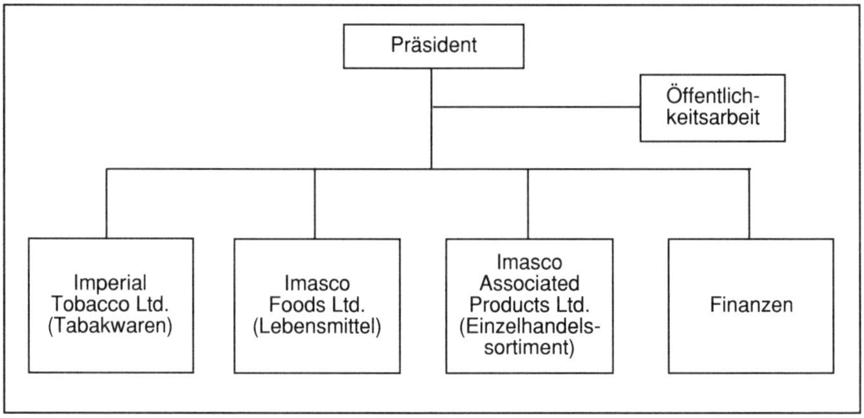

Abb. 3-3: Gruppierung nach Arbeitsprodukten in einem kanadischen Konzern (Imasco Ltd., um 1975). Mit freundlicher Genehmigung

5. Gruppierung nach Kunden

Auch der Kundenstamm kann für die Einteilung in Gruppen maßgeblich sein. So unterhält eine Versicherungsgesellschaft möglicherweise verschiedene Abteilungen für Einzel- und Gruppenversicherungen; aus ähnlichem Grund richten Krankenhäuser in einigen Ländern getrennte Stationen für Kassenpatienten und Privatpatienten ein.

6. Gruppierung nach Orten

Vielfach erfolgt eine Gruppierung auf der Grundlage der geographischen Regionen, in denen die Organisation tätig ist. Im Mai 1942 war das Kriegsministerium der USA nach sieben »Schauplätzen« organisiert – Nordamerika, Mittlerer Osten (Afrika), Europa, Asien, Pazifik, Südwest-Pazifik und Lateinamerika. Wenn auch nicht ganz so global, kann eine Brot-Herstellerfirma beschließen, in zwanzig verschiedenen Populationsbereichen dieselbe Betriebsanlage einzurichten, um überall täglich frisches Brot liefern zu können. Abbildung 3-4 zeigt ein weiteres Beispiel für eine geographi-

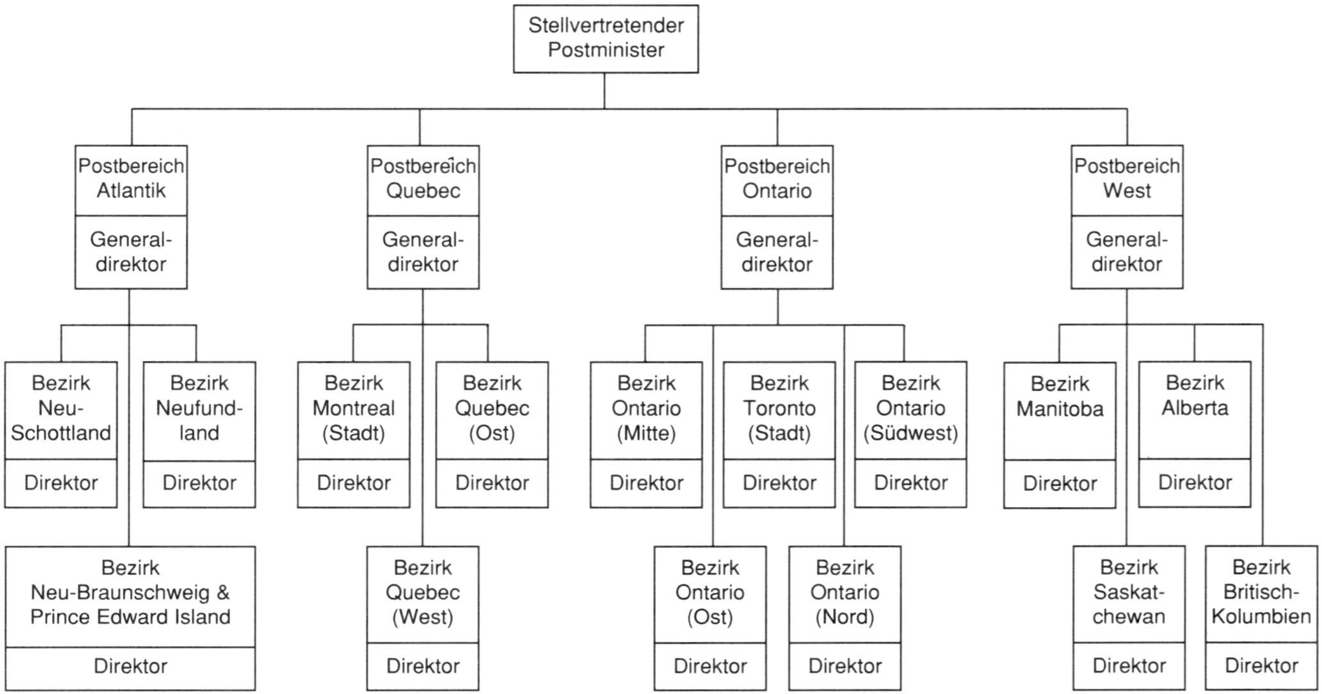

Anmerkung: ohne Stabsgruppen der Hauptverwaltung

Abb. 3-4: Gruppierung nach Ort: Kanadisches Postwesen (um 1978). Mit freundlicher Genehmigung

sche Gruppierung: die in zwei Ebenen unterteilte Rahmenstruktur des kanadischen Postwesens. Ein ganz anderer Aspekt der Gruppierung ist die Spezifikation des Ortes (innerhalb eines geographischen Bereichs), an dem eine Arbeit tatsächlich verrichtet wird. So werden Fußballspieler danach unterschieden, wo sie sich relativ zum Ball befinden (Stürmer, Mittelfeldspieler, Schlußmann); im Flugzeugbau wird die Belegschaft nach den Flugzeugteilen gruppiert, an denen gearbeitet wird (Tragflächen, Heck); und einige Spezialdisziplinen in der Medizin sind unter Bezugnahme auf den entsprechenden Körperteil (Kopf in der Psychiatrie, Herz in der Kardiologie) entstanden.

Natürlich hat dieses Gruppierungsschema wie alle ordentlichen und überschaubaren Kategorisierungsschemata seine »Grauzonen«. Die Psychiatrie ist bewußt bei zwei verschiedenen Alternativen – zum einen bei der Gruppierung nach Ort und zum anderen bei der Gruppierung nach Kenntnissen und Qualifikationen – angeführt worden, um diesen Zusammenhang zu veranschaulichen. Oder nehmen wir als Beispiel die Chirurgie und die Geburtshilfe als zwei medizinische Spezialbereiche. In der Brockhaus Enzyklopädie[1] sind die folgenden Definitionen nachzulesen:

- Chirurgie: Teilgebiet der Medizin: Es umfaßt alle Behandlungen, bei denen mit Hilfe von Instrumenten Eingriffe in den lebenden Körper vorgenommen werden...

- Geburtshilfe: der Zweig der Heilkunde, der sich mit der praktischen ärztl. Hilfe bei allen mit Schwangerschaft, Geburt, Wochenbett und Pflege des Neugeborenen zusammenhängenden normalen und krankhaften Vorgängen und deren wissenschaftl. Erforschung befaßt...

Diese Definitionen sind im Sinne unseres Gruppierungsschemas nicht konsistent: Geburtshilfe wird nach den behandelten Patienten definiert, während die Definition von Chirurgie auf den entsprechenden Arbeitsprozessen beruht. Bei näherem Hinsehen stellen wir sogar fest, daß selbst innerhalb eines medizinischen Spezialbereichs die Grundlage für die Spezialisierung nicht immer eindeutig ist. So mögen Geburtshelfer zwar bestimmte Patienten behandeln, aber gleichzeitig setzen sie auch bestimmte Arbeitsprozesse ein, und überdies sind die »Produkte« (die Neugeborenen) für ihre Gruppierung kennzeichnend; Chirurgen behandeln ebenfalls bestimmte Arten von Patienten, und auch sie produzieren ganz bestimmte Produkte (entfernte oder durch Transplantation ersetzte Organe). In vergleichbarem Zusammenhang weist Herbert Simon (1957) darauf hin, daß »ein Erziehungsministerium als Zweckorganisation (zur Ausbildung) oder als Klientenorganisation (Kinder) und die Bundesforstverwaltung als Zweckorganisation (Erhaltung der Waldbestände), als Prozeßorganisation (Forstverwaltung), als Klientenorganisation (Holzarbeiter und Viehzüchter in staatlichen Wäldern) oder als eine nach geographischen Bereichen gegliederte Organisation (Staatsforste)« (Simon 1957, S. 30, 31) anzusehen ist.

Die Konzeption einer Gruppierung nach Prozeß, Kunden/Klienten, Ort oder Zweck (Arbeitsprodukt) ist in der Tat eine der Stützsäulen in der klassischen Literatur zur

Organisationsgestaltung; ihr gilt auch ein Teil der schärfsten Kritik seitens Simons an den klassischen Prinzipien (Simon 1957, S. 28-35). Insbesondere greift Simon die »Ambiguität« der Konzepte an und argumentiert (wie in obigem Zitat), daß ein und dieselbe Gruppe vielfach unter verschiedenen Aspekten gesehen werden kann.

Eine Sekretärin bewegt ihre Finger, um zu tippen; tippt, um einen Brief zu schreiben; schreibt einen Brief, damit beispielsweise eine Anfrage beantwortet wird. Das Schreiben eines Briefes ist somit der Zweck, zu dem das Tippen erfolgt; gleichzeitig ist das Schreiben eines Briefes auch der Prozeß, durch den der Zweck der Beantwortung einer Anfrage erreicht wird. Daraus folgt, daß dieselbe Aktivität sowohl einen Zweck als auch einen Prozeß darstellt (Simon 1957, S. 30).

Simons Hauptargument betrifft die Tatsache, daß Prozeß und Zweck in einer Hierarchie organisatorischer Mittel und Wege miteinander verbunden sind: Jede Aktivität ist ein Prozeß für ein übergeordnetes Ziel (Tippen eines Briefes zur Beantwortung einer Anfrage, Herstellung von Produkten zur Deckung des Kundenbedarfs) und zugleich ein Zweck für ein untergeordnetes Ziel (Bewegen der Finger zum Tippen eines Briefes, Erwerb von Maschinen zur Herstellung eines Produkts). In diesem Sinn ist auch die gesamte Organisation als ein gesellschaftlicher Prozeß anzusehen: Die Polizei dient dem Schutz der Bürger, damit diese in Frieden leben können; Lebensmittelbetriebe versorgen die Bevölkerung mit Nahrungsmitteln usw.

Interessanterweise beziehen sich sämtliche der von Simon angeführten Beispiele für Ambiguität zwischen Prozeß und Zweck in spezifischen Abteilungen oder Einheiten auf professionelle Organisationen, in denen von den Mitarbeitern eine formale Berufsausbildung verlangt wird. Auch in unserem Beispiel Chirurgie/Geburtshilfe ist dies der Fall. Hinzu kommt, daß die berufliche Ausbildung die Mediziner sowohl nach ihren Kenntnissen und Qualifikationen als auch nach den jeweils auszuführenden Arbeitsprozessen unterscheidet, so daß hier eine zweifache Gruppierung vorzunehmen ist. In professionellen Organisationen wählen auch die Kunden, Klienten oder Patienten die Spezialisten unter diesen Aspekten aus. Man geht nicht zu einem Kardiologen, um sich einen eingewachsenen Zehennagel behandeln zu lassen; ebensowenig schreiben sich Studenten, die einmal Chemiker werden wollen, für ein Wirtschaftsstudium ein. Mit anderen Worten: In professionellen Organisationen wie Krankenhäusern, Revisionsfirmen und Schulsystemen, wo entsprechend qualifizierte Mitarbeiter ihre eigene Klientel direkt betreuen, läuft die Gruppierung der Mitarbeiter nach Kenntnissen, Qualifikationen, Arbeitsprozeß und Klientel auf dasselbe hinaus.

Doch gilt dies auch für andere Organisationen? Der Einkauf in einer Herstellerfirma ist weit von den Kunden entfernt: Er führt lediglich eine der Funktionen aus, die letztlich den Verkauf der Produkte an die Kunden zum Ziel haben. Der Einkauf ist somit nicht als kundenorientierte oder produktorientierte Gruppe anzusehen. Natürlich hat der Einkauf im Sinne Simons sehr wohl seine eigenen Arbeitsprodukte und seine eigenen Kunden – die beschafften Materialien werden an die Produktionsabteilung geliefert. Doch dieses Beispiel zeigt auch, wie die von Simon beklagte Ambiguität zu lösen ist: ganz einfach durch Klärung des jeweiligen Kontextes. Insbesondere können wir Produkt, Kunde und Ort nur unter Bezugnahme auf die gesamte Organisation definieren. Mit anderen Worten: In unserem Zusammenhang wird Zweck definiert unter Bezugnahme auf die Organisation und ihre Kunden oder Märkte – weder unter Bezugnahme auf die zur Betreuung von Kunden oder Märkten erforderlichen Zwischenschritte noch unter Bezugnahme auf die Anforderungen seitens der Gesellschaft, in der die Organisation tätig ist.

Wir wollen noch einen Schritt weiter gehen und alle oben genannten Gruppierungsaspekte in zwei grundlegenden Alternativen zusammenfassen: Gruppierung nach Märkten[2] (Produkt, Kunde und Ort) einerseits und Gruppierung nach Funktionen (Kenntnisse, Qualifikationen, Arbeitsprozeß und Funktion) andererseits. (Die Gruppierung unter dem Aspekt Zeit kann sowohl in die eine als auch in die andere Kategorie fallen.)

Wir treffen somit eine grundsätzliche Unterscheidung zwischen der Gruppierung von Tätigkeiten nach organisatorischen Zielsetzungen - nach den Charakteristika der von der Organisation letztlich bedienten Märkte (Produkte und Dienstleistungen, die sie auf den Märkten anbietet, Kunden, die sie beliefert, Orte, wo sie ihre Produkte und Dienstleistungen bereitstellt) - und der Gruppierung von Tätigkeiten nach den organisatorischen Maßnahmen - nach den Funktionen (einschließlich der Arbeitsprozesse, Qualifikationen und Kenntnisse), die zur Erstellung der Produkte und Dienstleistungen der Organisation wahrgenommen werden.

Beide Gruppierungsalternativen – Funktionen und Märkte – sollen noch ausführlich erörtert werden. Doch um diese zwei grundlegenden Alternativen besser verstehen zu können, müssen wir uns zuvor einige der Kriterien ansehen, die Organisationen bei der Gruppierung von Positionen und Einheiten berücksichtigen.

Kriterien bei der Gruppierung von Positionen und Einheiten

Es gibt vier Kriterien, die Organisationen bei ihrer Entscheidung für oder gegen eine bestimmte Gruppierung von Positionen und Einheiten heranziehen können: Interdependenzen im Hinblick auf Arbeitsabläufe, Arbeitsprozesse, wirtschaftlich optimale Arbeitsbereiche und soziale Arbeitsbeziehungen.

1. Interdependenzen im Hinblick auf Arbeitsabläufe

In einer Reihe von Untersuchungen, die vor allem den Wechselbeziehungen zwischen spezifischen betrieblichen Aufgaben galten, wird eines immer wieder hervorgehoben: Die Gruppierung betrieblicher Aufgaben sollte den Interdependenzen des natürlichen Arbeitsablaufs entsprechen. In Abbildung 3-5 wird dargestellt, was unter einer »natürlichen« beziehungsweise »unnatürlichen« Gruppierung in einem verschiedene Arbeitsgänge umfassenden Herstellungsprozeß in einer indianischen Weberei (Miller 1959) zu verstehen ist. Eine Gruppierung, die den Interdependenzen des Arbeitsablaufs Rechnung trägt, schafft Arbeitsbereiche, die nach Meinung einiger Experten als »psychologisch vollständige Aufgabe« anzusehen sind.

Bei einer marktorientierten Gruppierung entwickeln die Mitglieder einer bestimmten Einheit ein Gefühl der territorialen Integrität; sie sind für einen wohldefinierten Organisationsprozeß eigenverantwortlich; die meisten Probleme im Zusammenhang mit ihrem Arbeitsablauf lassen sich durch gegenseitige Abstimmung leicht lösen; und ein Großteil der dann noch verbleibenden, an höhere Instanzen weiterzuleitenden Probleme läßt sich immer noch innerhalb der Einheit - von der für den Arbeitsablauf verantwortlichen Führungskraft - lösen.

Werden dagegen wohldefinierte Arbeitsabläufe wie die Kohlenförderung vor Ort oder die Spezifikation einer Bestellung auf verschiedene Einheiten aufgeteilt, erweist sich die Koordinierung als weitaus schwieriger. Dann nämlich müssen Arbeiter und Führungskräfte mit unterschiedlichen Loyalitätspflichten miteinander kooperieren. Da sie häufig nicht dazu in der Lage sind, müssen die Probleme weiter oben in der Hierarchie gelöst werden – von Führungskräften, die dem Arbeitsablauf als solchem fernstehen.

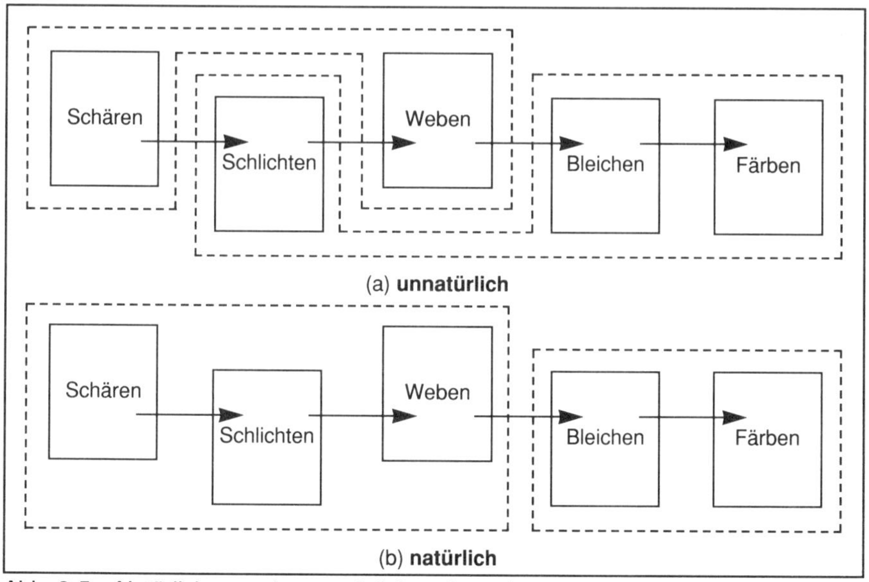

Abb. 3-5: »Natürliche« und »unnatürliche« Gruppierung nach Arbeitsablauf in einer Weberei (nach Miller 1959, S. 257)

James Thompson beschreibt auf anschauliche Weise, wie Organisationen verschiedenartigen Interdependenzen zwischen ihren betrieblichen Aufgaben Rechnung tragen. Dabei unterscheidet er drei grundlegende Arten von Interdependenzen: Bei gepooltem Arbeitsablauf werden nur die Ressourcen gemeinsam benutzt; beim sequentiellen Arbeitsablauf schließt sich die eine Aufgabe an die nächste an; beim reziproken Arbeitsablauf verläuft die Arbeit zwischen den verschiedenen Aufgaben hin und her. Thompson stellt die Behauptung auf, Organisationen seien an einer Gruppierung ihrer betrieblichen Aufgaben interessiert, um die Koordinations- und Kommunikationskosten so gering wie möglich zu halten. Da der reziproke Arbeitsablauf die komplexeste und somit die aufwendigste Interdependenzform ist, gefolgt von der sequentiellen Interdependenz, gelangt Thompson zu folgendem Schluß:

Die grundlegenden Einheiten werden gebildet, um eventuell vorhandene reziproke Interdependenzen zu bewältigen. Falls solche nicht vorliegen, werden die grundlegenden Einheiten nach eventuell vorhandenen sequentiellen Interdependenzen gebildet. Wenn keine der komplizierteren Interdependenztypen vorliegen, werden die grundlegenden Einheiten nach den gewöhnlichen Prozessen [zur leichteren Bewältigung der gepoolten Interdependenzen] gebildet (Thompson 1967, S. 59).

Doch die Gruppierungsproblematik ist damit nicht vollständig erfaßt, denn normalerweise verbleiben noch »restliche« Interdependenzen: Eine einzige Gruppierung vermag nicht alle Interdependenzformen zu berücksichtigen. Diese restlichen Interdependenzen müssen in Gruppierungen höherer Ordnung aufgegriffen werden, und dazu bedarf es der Bildung einer Hierarchie. »Die Frage ist nicht, welches Kriterium der Gruppierung zugrunde gelegt wird, sondern nach welcher Priorität die verschiedenen Kriterien Anwendung finden« (Thompson 1967, S. 51). Thompson zufolge nimmt eine Organisation die Gestaltung ihrer Gruppen auf der untersten Ebene so vor, daß die wichtigsten reziproken Interdependenzen berücksichtigt sind; sodann werden Gruppen auf höheren Ebenen gebildet, um die noch verbliebenen sequentiellen Interdependenzen zu erfassen; gegebenenfalls erfolgt danach noch eine letzte Gruppierung zur Bewältigung eventuell verbliebener gepoolter Interdepenzen.

Abbildung 3-6 veranschaulicht diesen Zusammenhang am Beispiel einer fiktiven internationalen Herstellerfirma mit fünf hierarchischen Ebenen. Die Gruppierungen auf den ersten beiden Ebenen entsprechen den Arbeitsprozessen, die dritte Ebene ist nach Geschäftsfunktionen gegliedert, die vierte Ebene unterscheidet ihre Einheiten nach Arbeitsprodukten, und die letzte und oberste Gruppierung erfolgt unter dem Aspekt des Ortes (Land). (Auch Stabsgruppen sind auf den verschiedenen Ebenen angegeben; sie sollen an späterer Stelle im Kapitel aufgegriffen werden.) Die stärksten Interdependenzen reziproker Art sind in der Fabrik zwischen den Abteilungen für Drehen, Fräsen und Bohren zu erwarten. Die nächste Ebene enthält die sequentiellen Interdependenzen zwischen Fertigung und Montage. Auch die nächsthöhere, weitgehend mit der Produktentwicklung befaßte Ebene hat wichtige sequentielle Interdependenzen zu bewältigen. Bei der Massenfertigung werden die Produkte gewöhnlich zunächst in der Konstruktionsabteilung entworfen und geplant, dann in der Produktionsabteilung hergestellt und schließlich von der Vertriebsabteilung auf den Markt gebracht. Auf den dann folgenden Ebenen sind in erster Linie gepoolte Interdependenzen zu berücksichtigen: Die Produktsparten und die in- und ausländischen Tochtergesellschaften sind weitgehend voneinander unabhängig – mit Ausnahme der gemeinsamen Nutzung finanzieller Ressourcen und bestimmter Hilfsstabseinrichtungen.

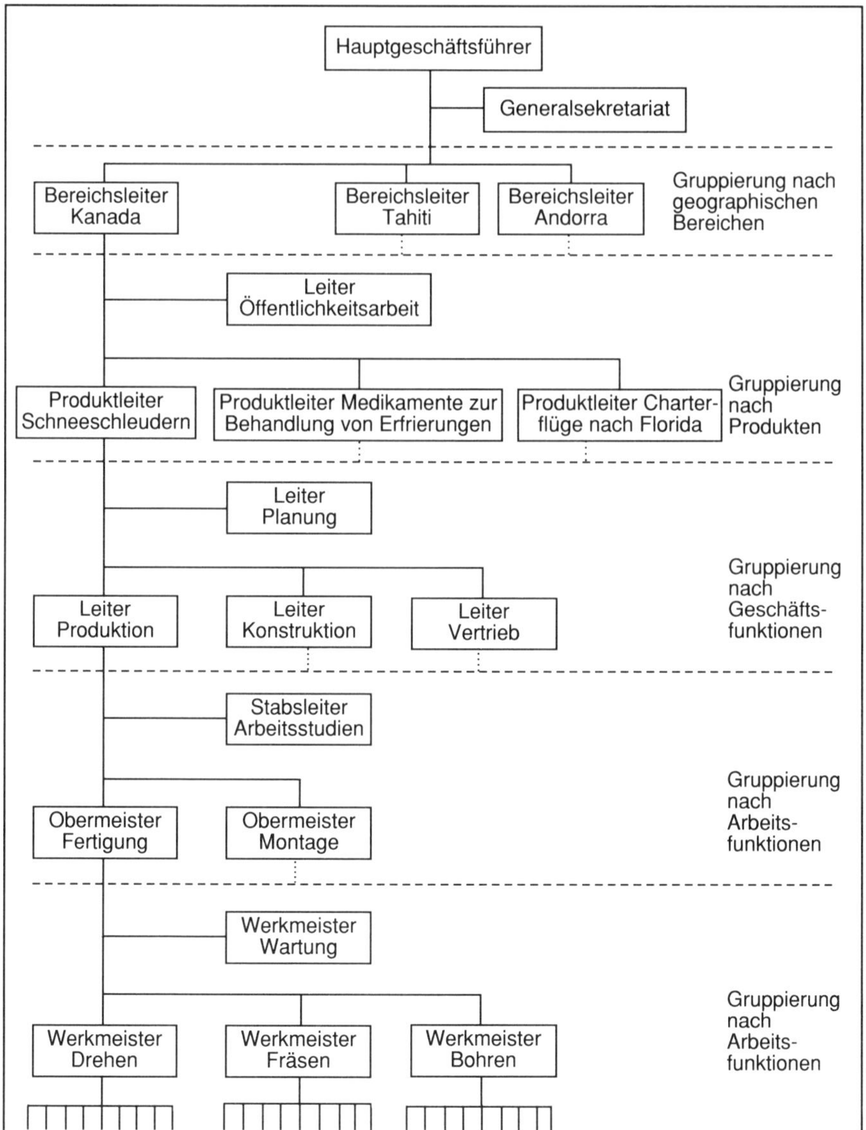

Abb. 3-6: Unterschiedliche Gruppierungen auf fünf hierarchischen Ebenen in einem multinationalen Konzern

2. Interdependenzen im Hinblick auf Arbeitsprozesse

Nicht nur beim Arbeitsablauf ergeben sich Interdependenzen, die der Gestalter einer Organisationsstruktur in Betracht ziehen muß. Eine zweite wichtige Kategorie von Interdependenzen betrifft die mit dem Arbeitsablauf verbundenen Arbeitsprozesse. So kann es vorkommen, daß ein Dreher seinen Kollegen aus einem ganz anderen Produktzweig (d.h. in einem völlig anderen Arbeitsablauf) fragen muß, welches Schneidwerkzeug man für einen bestimmten Arbeitsgang am besten benutzt.

Es gibt somit Interdependenzen im Zusammenhang mit der Spezialisierung, die eine Gruppierung nach Funktionen nahelegen.

Beispielsweise kann es sich als zweckmäßig erweisen, Positionen so zu gruppieren, daß Interaktionen bezüglich der Arbeitsprozesse – auch auf Kosten der Koordination des Arbeitsablaufs – gefördert werden. Wenn Spezialisten gleicher Fachrichtung in einer Gruppe zusammengefaßt sind, lernen sie voneinander und entwickeln bei ihrer hochspezialisierten Arbeit noch größere Fähigkeiten. Auch fühlen sie sich wohler, wenn sie »unter sich« sind und ihre Arbeit von Fachkollegen und fachlich kompetenten Führungskräften beurteilt wird.

3. Interdependenzen im Hinblick auf wirtschaftlich optimale Arbeitsbereiche

Das dritte Gruppierungskriterium bezieht sich auf den wirtschaftlich optimalen Umfang von Arbeitsbereichen.

Gruppen werden unter Umständen so eingeteilt, daß sie jeweils groß genug sind, um effizient arbeiten zu können.

Beispielsweise ist in jeder Abteilung einer Fabrik ein gewisses Maß an Wartung erforderlich. Dies rechtfertigt aber nicht zwangsläufig die Beschäftigung eines Wartungsmonteurs in jeder einzelnen Abteilung und damit eine Zuordnung nach Arbeitsabläufen: Es könnte sein, daß dann das Wartungspersonal nicht mit Arbeit ausgelastet ist. In einem solchen Fall erweist es sich als zweckmäßiger, einen zentralen Wartungsdienst für die gesamte Fabrik einzurichten.

Dies fördert natürlich die Spezialisierung des Arbeitsprozesses: Während der jeweilige Wartungsmonteur in den verschiedenen Abteilungen noch ein »Hansdampf in allen Gassen« sein müßte, kann sich der einzelne Monteur in einem zentralen Wartungsdienst spezialisieren – beispielsweise auf vorbeugende Instandhaltung. In ähnlicher Weise kann es sich als wirtschaftlich sinnvoll erweisen, nur eine EDV-Abteilung für das gesamte Unternehmen einzurichten, damit diese einen großen, leistungsstarken Computer benutzen kann; wenn jede Sparte ihre eigene EDV-Abteilung hätte, könnten vielleicht nur kleinere, leistungsschwächere Computer eingesetzt werden.

Diese Frage nach der Konzentration beziehungsweise der Streuung von Dienstleistungen stellt sich in der Organisation in sehr vielen Zusammenhängen. Sollen Sekretärinnen in einem Schreibpool eine eigene Gruppe bilden oder aber einzelnen Mitarbeitern zugewiesen werden? Soll eine Zentralbibliothek für die gesamte Universität eingerichtet werden, oder sollen die verschiedenen Fakultäten jeweils kleinere Fachbüchereien erhalten? Soll in einem Konzern eine einzige zentrale Gruppe für die strategische Planung zuständig sein und/oder jede Sparte ihre eigene Planungsgruppe unterhalten? Soll eine Telefonzentrale eingerichtet werden oder aber ein System, das die direkte Durchwahl von draußen ermöglicht? Diese Fragestellung bietet sich für eine mathematische Formulierung an und ist in der Literatur teilweise auch so behandelt worden (vgl. beispielsweise Kochen/Deutsch 1973). Wir werden an späterer Stelle noch einmal kurz darauf zurückkommen.

4. Interdependenzen im Hinblick auf soziale Arbeitsbeziehungen

Ein viertes Gruppierungskriterium betrifft nicht den Arbeitsablauf, sondern die damit verbundenen sozialen Beziehungen. Eine Untersuchung in Kohlenbergwerken (Trist/Bamforth 1951) hat die Bedeutung dieser sozialen Faktoren eindeutig hervorgehoben. Die Bergarbeiter mußten Gruppen bilden, um gegenseitige Hilfestellung in gefährlichen Arbeitssituationen zu erleichtern. Dieses System ist als soziotechnisch zu bezeichnen – so zumindest lautet der bevorzugte Ausdruck des bekannten British Tavistock Institute.

Auch andere Sozialfaktoren können einen Einfluß auf die Gestaltung von Einheiten haben. Beispielsweise ließen die Hawthorne-Studien erkennen, daß die Arbeiter bei eintöniger Arbeit näher beisammen sein sollten, um die soziale Interaktion zu erleichtern und keine Langeweile aufkommen zu lassen. Selbst die Persönlichkeit der Mitarbeiter spielt bei der Organisationsgestaltung häufig eine große Rolle: Mitarbeiter möchten am liebsten so gruppiert werden, daß sie auch »miteinander auskommen«.

Daher ist die Gestaltung einer jeden Rahmenstruktur letztlich ein Kompromiß zwischen den »objektiven« Interdependenzfaktoren Arbeitsablauf, Arbeitsprozeß und wirtschaftlich optimaler Arbeitsbereich einerseits und den »subjektiven« Interdependenzfaktoren Persönlichkeit und Sozialkontakt andererseits.

Organigramme mögen auf dem Papier erstellt werden, aber sie müssen auch dann noch funktionieren, wenn menschliche Bedürfnisse und Probleme hinzukommen. »Der Verkaufsleiter sollte eigentlich dem Bereichsleiter zugeordnet werden. Aber da die beiden nicht gut aufeinander zu sprechen sind, haben wir ihn statt dessen dem Leiter der Einkaufsabteilung unterstellt. Das mag absurd erscheinen, aber wir hatten wirklich keine andere Wahl.« Wie oft haben wir schon solche Kommentare gehört?

Sobald man eine Struktur mit »realen« Mitarbeitern näher untersucht, wird man eine Fülle solcher Kompromisse feststellen.

In vielen Fällen fördert dieses »Miteinanderauskommen« die Spezialisierung des Arbeitsprozesses. Spezialisten verstehen sich am besten mit ihresgleichen – zum Teil, weil die gemeinsame Arbeit ihre Gedanken in gleicher Weise formt, vor allem aber, weil in vielen Fällen gemeinsame Persönlichkeitsfaktoren bereits für die Wahl des jeweiligen Fachgebiets ausschlaggebend waren: Der Extrovertierte entscheidet sich für Marketing oder Öffentlichkeitsarbeit, der analytische Typ landet in der Technostruktur. Manchmal ist hier eine Trennung das Beste – zumindest auf dem Organigramm.

Diese vier Kriterien – Interdependenzen im Hinblick auf Arbeitsabläufe, Arbeitsprozesse, wirtschaftlich optimale Arbeitsbereiche und soziale Arbeitsbeziehungen – stellen die Grundelemente bei der Gestaltung von Organisationseinheiten dar. Die nächsten Abschnitte werden nun zeigen, wie solche Interdependenzen in die funktionsorientierten beziehungsweise marktorientierten Gruppierungsalternativen einzubeziehen sind.

Gruppierung nach Funktionen

Die Gruppierung nach Funktionen – nach Kenntnissen, Qualifikationen, Arbeitsprozessen oder Arbeitsfunktionen – läßt in erster Linie Interesse an den Interdependenzen im Hinblick auf Prozesse und wirtschaftlich optimale Arbeitsbereiche (und in zweiter Linie vielleicht an sozialen Interdependenzen) erkennen, was gewöhnlich auf Kosten der Interdependenzen beim Arbeitsablauf geschieht. Bei funktionsorientierten Gruppierungen kann die Organisation menschliche wie materielle Ressourcen für verschiedene Arbeitsabläufe zusammenfassen. Eine funktionale Struktur fördert auch die Spezialisierung – zum Beispiel durch Einrichtung von Aufstiegsmöglichkeiten für Spezialisten innerhalb des eigenen Fachbereichs, durch Zuordnung zu einem Vorgesetzten derselben Fachrichtung und durch Förderung sozialer Interaktionen infolge engerer Arbeitskontakte. So machte ein Wissenschaftler in einer detaillierten Untersuchung von achtunddreißig Firmen, die im Rahmen von F&E-Verträgen für die Regierung der USA arbeiteten, die folgende Feststellung: »Während bei Projektteams (marktorientierten Gruppierungen) die Wahrscheinlichkeit größer war, daß die finanziellen und zeitlichen Ziele erreicht wurden, führte eine ausgeprägte funktionelle Gruppierung zu fachspezifischen Leistungen, die sowohl bei den Führungskräften als auch bei den Klienten besondere Anerkennung fanden« (Knight 1976, S. 115-116).

Doch dieselben Charakteristika lassen auch die Hauptschwächen der funktionalen Struktur erkennen. Die Betonung engen Spezialistentums verringert das Interesse an den organisatorischen Gesamtleistungen. Die einzelnen Mitarbeiter sind auf ihre eigenen Aktivitäten, nicht aber auf die umfassenderen Zielsetzungen der Organisation ausgerichtet. Zudem läßt sich Leistung in einer funktionalen Struktur nicht ohne weiteres messen. Wo ist bei rückläufigen Umsätzen die Schuld zu suchen: Ist das Marketing nicht progressiv genug, oder ist bei der Fertigung geschlampt worden? Einer schiebt dem anderen die Schuld zu; keiner fühlt sich für das Gesamtergebnis verantwortlich. Soll sich doch jemand auf den höheren Rängen darum kümmern.

In der Tat fehlt der funktionalen Struktur ein eingebauter Mechanismus zur Koordinierung des Arbeitsablaufs.

Im Gegensatz zu marktorientierten Strukturen, bei denen die Interdependenzen im Hinblick auf den Arbeitsablauf innerhalb der einzelnen Einheiten berücksichtigt werden, behindern funktionale Strukturen sowohl die gegenseitige Abstimmung unter den verschiedenen Spezialisten als auch die persönliche Weisung durch die jeweiligen Führungskräfte. Die Struktur ist unvollständig; es bedarf zusätzlicher Koordinationsinstrumente.

Naturgemäß besteht die Tendenz, Koordinationsprobleme an hierarchisch höher angesiedelte Einheiten weiterzuleiten, bis die Ebene erreicht ist, auf der die betroffenen Funktionen zusammentreffen. Schwierigkeiten bereitet aber die Tatsache, daß diese Ebene von dem eigentlichen Problem möglicherweise viel zu weit entfernt ist. In Abbildung 3-6 beispielsweise müßte ein Problem bezüglich der Funktionen Bohren und Verkaufen (vielleicht infolge einer Kundenanfrage bezüglich einer Spezialbohrung an der Schneeschleuder zum Anbringen von Rückspiegeln) drei Ebenen bis hin zu dem für Schneeschleudern zuständigen Produktleiter durchlaufen, denn er ist die erste Führungskraft, deren Verantwortungsbereich beide Funktionen umfaßt.

Nun wird Koordination in funktionalen Strukturen nicht ausschließlich durch persönliche Weisung erreicht. Es handelt sich um spezialisierte Strukturen, und soweit ungelernte Arbeiten betroffen sind, kann auch die Formalisierung zur Koordination eingesetzt werden.

Wir können somit festhalten, daß funktionale Strukturen - insbesondere bei Arbeiten, die von ungelernten Hilfskräften ausgeführt werden - zu größerem Bürokratismus neigen.

Die betrieblichen Arbeitsabläufe weisen einen höheren Grad an Formalisierung auf, und dies bedeutet, daß die Verwaltungsstruktur stärker ausgebaut ist – daß mehr Analytiker zur Formalisierung der Arbeit eingesetzt werden und weiter oben in der Hierarchie mehr Führungskräfte die funktional übergreifenden Abläufe und Entscheidungen koordinieren müssen. Die Vorteile einer gleichmäßigen Auslastung menschlicher wie maschineller Ressourcen werden durch den für die Koordination erforderlichen höheren Personaleinsatz zum Teil wieder aufgehoben.

Umgekehrt formuliert ist somit festzuhalten, daß bürokratische Strukturen (mit ungelernten Arbeitern) ihre Einheiten überwiegend nach funktionalen Aspekten gliedern: Sie tendieren dazu, die geleistete Funktion und nicht den angestrebten Markt als Organisationsgrundlage zu verwenden. (Und wenn eine Organisation hierarchisch strukturiert ist, erfolgt auch auf den höheren Ebenen in der Hierarchie eine funktionsorientierte Gruppierung.) Vor allem in dem Bemühen um Rationalisierung ihrer Strukturen sind solche Bürokratien geneigt, Gruppierungen auf der Grundlage der jeweiligen Arbeitsprozesse vorzunehmen und die Koordinierung dann durch Formalisierung der Arbeit zu gewährleisten – einschließlich der Aufstellung von Regeln und Verfahrensrichtlinien. Auf dem Papier zumindest erscheinen sämtliche Beziehungen auf diese Weise rationalisiert und kohärent.

Gruppierung nach Märkten

Lawrence und Lorsch (1967) verdeutlichen uns die Vorteile einer marktorientierten Gruppierung an einem interessanten Beispiel: Sie geben ein Rundschreiben wieder, das ein leitender Angestellter einer Werbeagentur an seine Mitarbeiter geschickt hat, um ihnen die Gründe für die vorgesehene Umstellung von einer funktionalen Struktur (mit Kopier-, Graphik- und Fernsehabteilungen) auf eine marktorientierte Struktur darzulegen:

Die Bildung einer »ganzheitlich kreativen« Abteilung baut die Schranken zwischen den Graphik-, Kopier- und Fernsehleuten ab. Hinter diesem Schritt steht die Erkenntnis, daß die besten Resultate erzielt werden, wenn alle kreativen Leute, unabhängig von ihrer jeweiligen Spezialisierung, in enger und vertrauter Beziehung als integrierte Werbefachleute zusammenarbeiten und dabei kreative Probleme von Anfang bis Ende gemeinsam zu lösen versuchen.

Die neue Abteilung wird in fünf Gruppen unterteilt, die dem stellvertretenden Geschäftsführer und Kreativdirektor unterstehen und jeweils von einem stellvertretenden Kreativdirektor geführt werden. Jede Gruppe soll für ihre Kopier-, Graphik- und Fernsehdienste eigenverantwortlich sein (Lawrence/Lorsch 1967, S. 37).

Hier wird also eine Gruppierung nach Märkten bevorzugt, um relativ autarke Einheiten mit verschiedenen Arbeitsabläufen einzurichten. Im Idealfall umfassen diese Einheiten alle wichtigen sequentiellen und reziproken Interdependenzen, so daß nur noch die gepoolten Interdependenzen übrigbleiben: Jede Einheit bezieht ihre Ressourcen und vielleicht auch bestimmte Hilfsdienste von der gemeinsamen Struktur und trägt umgekehrt mit dem von ihr erzielten Gewinn bei. Und da jede Einheit alle anfallenden Funktionen für eine bestimmte Kategorie von Produkten, Dienstleistungen, Kunden/Klienten oder Orten ausführt, tendiert sie dazu, sich mit diesen »Märkten« zu identifizieren, so daß auch ihre Leistung entsprechend leicht zu beurteilen ist. Märkten, nicht Prozessen, gilt das ungeteilte Interesse der Mitarbeiter. Und da das erforderliche Maß an gegenseitiger Abstimmung und persönlicher Weisung innerhalb der

Einheit zu leisten ist, braucht die Organisation weniger auf die Formalisierung zur Erzielung von Koordination zurückzugreifen und erweist sich so in aller Regel als weniger bürokratisch.

Doch wenn es in erster Linie darum geht, verschiedene Spezialbereiche übergreifend zu koordinieren, ist eine Spezialisierung von Arbeitsprozessen nur in vergleichsweise geringem Umfang möglich. Vergleichen wir die beiden grundlegenden Gruppierungsalternativen am Beispiel einer Einzelhandelsgesellschaft für Eisen- und Metallwaren. Die Gesellschaft kann einerseits ein einziges großes Geschäft in der Stadtmitte einrichten, in dem alle nur denkbaren Artikel in verschiedenen Spezialabteilungen verkauft werden. Andererseits kann die Gesellschaft aber auch eine Einzelhandelskette mit einer marktorientierten Struktur bilden: In diesem Fall sind mehrere kleine Geschäfte über die ganze Stadt verteilt. Ein Kunde etwa, der nach speziellen Artikeln für seine Nagel-Skulptur sucht, braucht in dem großen Geschäft mit seinen diversen Spezialabteilungen lediglich die Nägelabteilung aufzusuchen und dort einen Verkäufer anzusprechen, der ihm sagen kann, ob Nägel mit kupferbeschichteten Kreuzköpfen von fünf Zentimeter Länge oder nur solche von sieben Zentimeter Länge vorrätig sind. Dagegen wird derselbe Kunde in einem der kleineren Zweiggeschäfte, das mit großer Wahrscheinlichkeit für ihn viel günstiger gelegen ist, vermutlich überhaupt keine Kupfernägel bekommen – und vielleicht nicht einmal einen Verkäufer finden, der Kupfernägel von Nägeln mit Messingköpfen unterscheiden kann. Statt dessen könnte man ihm im Zweiggeschäft ohne weiteres sagen, wo er einen Hammer findet.

Im allgemeinen ist die marktorientierte Struktur eine weniger »maschinelle« Struktur und damit auch weniger geeignet, spezialisierte oder repetitive Aufgaben effizient durchzuführen. Aber sie kann eine größere Anzahl von Aufgaben bewältigen und sich auch leichter auf neue Aufgaben einstellen, wobei diese Flexibilität darauf zurückzuführen ist, daß nach Märkten gruppierte Einheiten relativ unabhängig voneinander sind. Neue Einheiten lassen sich ebenso leicht hinzufügen wie alte wegnehmen. So kann ein einzelnes Geschäft in einer Einzelhandelskette ohne weiteres geschlossen werden, denn gewöhnlich hat dies kaum Auswirkungen auf die anderen Geschäfte. Dagegen kann die Schließung einer Spezialabteilung in einem einzigen großen Geschäft zum Bankrott führen. Es gibt Einzelhandelsketten, die nur Brot oder Käse verkaufen, aber keinen Supermarkt, der es sich leisten könnte, Brot oder Käse nicht in sein Angebot aufzunehmen.

Doch die Gruppierung nach Märkten ist keine Patentlösung für die bei der Gestaltung von Organisationen auftretenden Probleme. Dies kommt in einer von Kover durchgeführten Studie (1963-1964) sehr deutlich zum Ausdruck. Auch er untersuchte eine Werbeagentur, die sich für eine Reorganisation entschieden hatte, wie sie in dem oben angeführten Beispiel beschrieben wurde. Doch Kover stellte Effekte fest, die dort nicht erwähnt wurden. So kommunizierten die Spezialisten viel weniger mit ihren Fachkollegen und auch weniger mit den Klienten: Die Kommunikation mit den Klienten war weitgehend auf die Leiter der entsprechenden Markteinheiten beschränkt. Ihr berufliches Selbstbewußtsein nahm ab – teilweise dadurch bedingt, daß ihre Arbeit nun von Bereichsleitern und nicht mehr von fachlich kompetenten Vorgesetzten beurteilt wurde. Diejenigen Mitarbeiter, die sich als Künstler und Handwerker verstanden, wurden mit ihrer Arbeit immer unzufriedener und distanzierten sich zunehmend von der Firma; innerhalb eines Jahres nach der Reorganisation hatten viele von ihnen die Firma verlassen. Die marktorientierte Struktur stand im Widerspruch zu einer umfassenderen Spezialisierung, und dies hatte offensichtlich einen Rückgang in der Qualität der spezialisierten Arbeitsgänge zur Folge.

Die marktorientierte Struktur verbraucht auch mehr Ressourcen als die nach Funktionen gegliederte Struktur – zumindest auf der untersten Ebene, wenn nicht auch in der administrativen Hierarchie: In marktorientierten Gruppen muß doppelter Aufwand an Personal und Ausstattung getrieben werden, da sonst die Vorteile der Spezialisierung verlorengehen.

... Wenn die Organisation zwei Projekte verfolgt, bei denen jeweils ein teilzeitbeschäftigter Elektroniker und ein teilzeitbeschäftigter Elektromechaniker gebraucht werden, muß die ausschließlich projektorientierte [marktorientierte] Organisation entweder zwei Elektriker einstellen – und so die Spezialisierung einschränken – oder aber vier Fachleute (zwei Elektroniker und zwei Elektromechaniker) beschäftigen – und damit die doppelten Kosten tragen (Galbraith 1971, S. 30).

Außerdem kann die marktorientierte Struktur aufgrund der geringeren funktionalen Spezialisierung die mit größenmäßig optimalen Arbeitsbereichen verbundenen wirtschaftlichen Vorteile nicht in dem Maße nutzen wie die funktionsorientierte Struktur. Das große Geschäft der Einzelhandelsgesellschaft für Eisen- und Metallwaren kann sich an der Entladerampe möglicherweise einen Hubstapler leisten, das kleine Zweiggeschäft aber nicht. Auch könnte bei der Strukturierung nach Märkten eine unrentable Konkurrenzsituation entstehen, wenn beispielsweise die Zweiggeschäfte ein und derselben Einzelhandelskette um dieselben Kunden konkurrieren.

Mit anderen Worten:

Mit der Wahl einer Gruppierung nach Märkten entscheidet sich die Organisation für die Koordinierung des Arbeitsablaufs auf Kosten der Spezialisierung von Arbeitsprozessen und der Nutzung der Vorteile wirtschaftlich optimaler Arbeitsbereiche. Wenn also die mit dem Arbeitsablauf verbundenen Interdependenzen von entscheidender Bedeutung sind und sich durch Standardisierung nicht gut erfassen lassen, sollte die Organisation eine Lösung im Rahmen einer marktorientierten Gruppe versuchen, um die Koordinationsmechanismen der persönlichen Weisung und der gegenseitigen Abstimmung zu unterstützen. Wenn dagegen der Arbeitsablauf (wie in einem Spezialteilebetrieb) unregelmäßig ist und eine Standardisierung die Interdependenzen beim Arbeitsablauf leicht auffangen kann oder wenn (wie bei Organisationen mit technisch komplizierten Maschinen) die Interdependenzen im Hinblick auf Arbeitsabläufe und wirtschaftlich optimale Arbeitsbereiche im Vordergrund stehen, dann sollte die Organisation bemüht sein, die Vorteile der Spezialisierung zu nutzen und eine Gruppierung nach Funktionen vorzunehmen.

Gruppierung in den verschiedenen Organisationsteilen

An dieser Stelle ist es sinnvoll, zwischen Gruppierungen erster Ordnung (Gruppierung von Einzelpositionen in Einheiten) und Gruppierungen höherer Ordnung (Gruppierung von Einheiten in größere Einheiten) zu unterscheiden. Im ersten Fall handelt es sich um die Gruppierung von ausführenden Mitarbeitern im betrieblichen Kern, Analytikern in der Technostruktur und Personal in den Hilfsstabseinrichtungen in ihren grundlegenden Arbeitseinheiten, während die Gruppierung höherer Ordnung Führungskräfte betrifft, deren Zuordnung im Rahmen der formalen Hierarchie erfolgt.

Ein charakteristisches Merkmal von Gruppierungen erster Ordnung besteht darin, daß ausführende Mitarbeiter, Analytiker und Hilfsstabspersonal zunächst in ihren jeweiligen Einheiten zusammengefaßt werden.

Die ausführenden Mitarbeiter werden mit ihren Kollegen, die Analytiker mit anderen Analytikern und die Mitglieder des Stabspersonals ebenfalls mit ihresgleichen zusammengefaßt. (Voraussetzung ist allerdings, daß die Organisation so groß ist, daß jeweils mehrere solcher Positionen vorhanden sind. Eine wichtige, an späterer Stelle noch zu erörternde Ausnahme ist gegeben, wenn ein Mitarbeiter des Hilfsstabs als Einzelperson einer Liniengruppe zugeordnet wird – wenn beispielsweise ein Buchhalter direkt einem Betriebsleiter untersteht.) Bei der Bildung von Gruppen höherer Ordnung werden dann in der Regel verschiedene ausführende Mitarbeiter, Analytiker und Mitglieder des Hilfsstabs einem gemeinsamen Vorgesetzten unterstellt. Wir werden darauf noch näher eingehen, wenn wir diese Gruppen im einzelnen erörtern.

Die in diesem Kapitel angeführten Beispiele haben gezeigt, daß Positionen im betrieblichen Kern sowohl nach Funktionen als auch nach Märkten gruppiert werden können, wobei vor allem die Interdependenzen im Hinblick auf Arbeitsprozesse und wirtschaftlich optimale Arbeitsbereiche und weniger die mit Arbeitsabläufen verbundenen Interdependenzen ausschlaggebend sind. Fließbandarbeiter werden in marktorientierten, nach Arbeitsabläufen organisierten Gruppen zusammengefaßt, während die auf Auftragsfertigung spezialisierten Betriebe infolge unregelmäßiger Arbeitsabläufe oder des Bedarfs an aufwendiger Maschinenausstattung ihre Positionen nach Arbeitsprozessen zusammenfassen und somit eine funktionsorientierte Gruppierung vornehmen. Wie bereits erwähnt, erfolgen in Organisationen, deren betrieblicher Kern aus fachlich hochqualifizierten Mitarbeitern besteht, funktionsorientierte Gruppierungen und zugleich marktorientierte Gruppierungen: Die Fachkräfte werden nach ihren Kenntnissen und Qualifikationen sowie nach ihren Arbeitsprozessen gruppiert, doch da Kunden oder Klienten ihre Entscheidung ebenfalls auf dieser Grundlage treffen, sind solche Gruppen letztlich auch als marktorientiert anzusehen.

Welche Art von Gruppierung ist im betrieblichen Kern am häufigsten anzutreffen? Die wissenschaftliche Literatur vermag diese Frage nicht eindeutig zu beantworten. Doch wir leben in einer Gesellschaft von Spezialisten, und dies ist an unseren formalen Organisationen, besonders im betrieblichen Kern und in der Hilfsstabsstruktur, sehr deutlich zu erkennen. Wir sollten daher davon ausgehen, daß eine Gruppierung nach Funktionen die wohl häufigste Gruppierungsform im betrieblichen Kern ist.

Definitionsgemäß gibt es im betrieblichen Kern nur eine Gruppenebene: Die ausführenden Mitarbeiter werden unter der Leitung von Aufsichtsführenden der untersten Führungsebene in Einheiten zusammengefaßt. Von dieser Ebene aufwärts geht es um die Gruppierung von Linienführungskräften und damit um den Aufbau der administrativen Rahmenstruktur der Mittellinie.

Bei der Gestaltung dieser Rahmenstruktur stoßen wir wieder auf die Frage, die Thompson (1967) gestellt hat: Ist anstelle der Gruppierungsalternative nicht vielmehr die Prioritätenfolge ausschlaggebend? So wie ein Feuer am besten vorbereitet wird, indem die Holzscheite erst quer und dann längs (oder umgekehrt) gestapelt werden, lassen sich auch Organisationen häufig so aufbauen, daß unterschiedliche Alternativen zur Gruppierung von Einheiten herangezogen werden. Zum Beispiel erfolgt in Abbildung 3-6 die erste Gruppierung in der Mittellinie auf der Grundlage der Arbeitsprozesse (Fertigung und Montage), die nächsthöhere Ebene ist nach Geschäftsfunktionen (Konstruktion, Produktion und Vertrieb) gegliedert, die darauf folgende Ebene umfaßt marktorientierte Gruppen (Schneeschleudern usw.), und die oberste Ebene ist nach geographischen Bereichen aufgeteilt (Kanada usw.). Die marktorientierte Gruppierung auf den oberen Rängen der administrativen Hierarchie kann wohl als charakteristisch gelten:

> Das verfügbare Anschauungsmaterial (veröffentlichte Organigramme und dergleichen) läßt erkennen, daß besonders in großen Organisationen eine Gruppierung nach Märkten auf den höheren Führungsebenen der Mittellinie häufiger ist als auf den unteren Führungsebenen.

Eine abschließende Bemerkung zur administrativen Rahmenstruktur betrifft den Hinweis, daß es an der strategischen Spitze definitionsgemäß nur eine Gruppierung geben kann, und diese umfaßt die gesamte Organisation mit all ihren Funktionen und Märkten. Aus der Sicht der Organisation ist diese Gruppierung als marktorientiert zu verstehen, doch aus der Sicht der Gesellschaft kann auch die gesamte Organisation als eine einzige Einheit aufgefaßt werden, die eine bestimmte Funktion erfüllt (Zustellung der Post im Fall einer Postverwaltung oder Brennstoffversorgung im Fall einer Ölgesellschaft).

Sowohl die Analytiker als auch die Mitarbeiter im Hilfsstab scheinen wie Wölfe in Rudeln aufzutreten: Je nachdem, welche Funktion sie in der Organisation erfüllen, bilden sie homogene Cluster. Anders ausgedrückt: In der Organisationsstruktur kommt es verhältnismäßig selten vor, daß Stabsmitglieder als Einzelpersonen zusammen mit ausführenden Mitarbeitern oder anderen Mitgliedern des Stabspersonals direkt den Linienführungskräften der jeweiligen Markteinheiten unterstellt sind. Der unmittelbare Vorgesetzte ist in aller Regel ebenfalls »vom Fach« – der Buchhalter untersteht einem Rechnungsprüfer, der Arbeitsstudienanalytiker dem leitenden Betriebsingenieur, der Wissenschaftler dem Leiter des Forschungslabors, der Küchenchef dem Leiter der Betriebskantine. Dies geschieht großenteils in Anbetracht der Notwendigkeit, die Spezialisierung der Mitarbeiter hinsichtlich ihrer Kenntnisse und Qualifikationen zu fördern und ihren effizienten und organisatorisch ausgewogenen Einsatz zu gewährleisten. So gibt es in vielen Organisationen aufgrund des hohen Spezialisierungsbedarfs und der entsprechend hohen Kosten zwangsläufig nur ein einziges Forschungslabor.

Allerdings wird zuweilen auch ein einzelner Analytiker, beispielsweise ein Buchhalter, einer marktorientierten Einheit zugeordnet und offiziell der jeweiligen Linienführungskraft unterstellt. Doch dieser Analytiker hat die Aufgabe, das Verhalten der Linieneinheit (und ihrer Führungskraft) zu überprüfen; de facto (oder auch de jure) sieht er sich jedoch seiner Spezialeinheit in der Technostruktur verpflichtet.

Dennoch ergibt sich für Stabseinheiten und gelegentlich auch für einzelne Mitglieder der Stabseinrichtungen die Frage, an welcher Stelle sie in der Rahmenstruktur einzuordnen sind. Sollen sie in kleinen Einheiten den – häufig marktorientierten – Abteilungen zugewiesen werden, die ihrer Hilfe bedürfen, oder sollen sie in großen Einheiten an zentraler Stelle zusammengefaßt werden, um ihre Arbeit in den Dienst der gesamten Organisation zu stellen? Und wo in der Hierarchie der Rahmenstruktur sollen sie angesiedelt sein, d.h., welcher Ebene sollen die Führungskräfte angehören, zu deren Verantwortungsbereich sie zählen?

Hinsichtlich der Führungsebene hängt die Entscheidung von den Interaktionen der Stabsmitglieder ab. Eine Einheit von Finanzexperten, die auf der Vorstandsebene arbeiten, sollte natürlicherweise dem Vorstandsvorsitzenden unterstellt werden, während die einzelnen Arbeitsstudienanalytiker vermutlich der jeweiligen Führungskraft auf der Betriebsebene zugeordnet werden. Hinsichtlich der Frage, ob eine Konzentration oder eine Streuung der Stabseinheiten beziehungsweise ihrer Mitglieder vorzuziehen ist, hängt die Entscheidung von all den weiter oben erörterten Faktoren ab – insbesondere von einer sinnvollen Abwägung der Interdependenzen beim Arbeitsablauf (d.h. der einzelnen Interaktionen mit den Nutzern) einerseits und andererseits der Notwendigkeit, die Vorteile der Spezialisierung und eines wirtschaftlich optimalen Arbeitsbereichs zu nutzen. Zum Beispiel ermöglicht die Einrichtung eines Schreibpools die Spezialisierung der Arbeiten (die eine Sekretärin kann Manuskripte tippen, die andere Briefe usw.) sowie einen ausgewogeneren Personaleinsatz, während die Beschäftigung nur einer Sekretärin pro Einheit einen engeren Arbeitskontakt zum Nutzer gewährleistet. (Beispielsweise sähe ich keinen Sinn darin, wenn alle Schreibkräfte in einem Schreibpool lernen sollten, meine Handschrift zu entziffern!) Daher sind Sekretariatsdienste an Universitäten, wo die Professoren höchst unterschiedliche Anforderungen stellen und die Sekretariatskosten im Vergleich zu den Kosten einer Professur nur gering sind, in aller Regel weit gestreut. Dagegen trifft man die mit hohen Unterhaltskosten verbundenen Swimmingpools der Universität eher in konzentrierter Form an, während bei Bibliotheken, je nach Ortslage und spezifischen Bedürfnissen der verschiedenen Benutzer, beide Möglichkeiten gegeben sind.

Betrachten wir noch einmal Abbildung 3-6: Wir finden Stabseinheiten auf allen Ebenen der Hierarchie; einige sind an der Spitze konzentriert, andere auf die marktorientierten Sparten und funktionsorientierten Abteilungen aufgeteilt. Das Generalsekretariat arbeitet für die gesamte Organisation und ist eng mit der Unternehmensleitung verbunden; es untersteht direkt der strategischen Spitze. Die übrigen Einheiten sind in der Organisation verstreut, um mehr oder weniger lokalen Bedürfnissen Rechnung zu tragen. Eine Ebene tiefer ist die Öffentlichkeitsarbeit den verschiedenen Bereichsleitern zugeordnet, so daß sich Tochtergesellschaften mit eventuellen politischen Widerständen auf nationaler Ebene auseinandersetzen können. Auf der nächsttieferen Ebene ist der Planungsstab auf die in ihrer Art sehr unterschiedlichen Produktsparten verteilt; jede dieser Sparten muß für den eigenen Produktzweig eine getrennte Planung vornehmen. Andere Stabsstellen wie die Einheit für Arbeitsstudien sind auf der nächsten, nach Geschäftsfunktionen gegliederten Ebene anzutreffen, wo sie für die jeweiligen Werksanlagen arbeiten. (Hier finden wir auch die Kantine – für jeden Betrieb eine.) Die Wartungsabteilung schließlich ist der Ebene der Werksmeister zugeordnet und arbeitet einerseits für die Fertigung und andererseits für die Montage.

Größe der Einheiten

Das zweite grundsätzliche Problem bei der Gestaltung der Rahmenstruktur betrifft die Frage, wie groß die einzelnen Einheiten oder Arbeitsgruppen sein sollen. Wie viele Positionen sollen in der Gruppierung auf unterster Ebene zusammengefaßt sein, und wie viele Einheiten sollen der jeweils nächsthöheren Einheit zugeordnet werden? Diese Frage nach der Größe von Einheiten läßt sich unter zwei wichtigen Aspekten untersuchen:

(1) Wie viele Mitarbeiter sollen jeweils einer Führungskraft unterstellt werden? Mit anderen Worten: Wie groß soll die Leitungsspanne der Führungskraft sein?

(2) Welche Form soll die Rahmenstruktur annehmen: Soll sie steil (mit kleinen Einheiten und kleinen Leitungsspannen) oder aber flach (mit großen Einheiten und großen Leitungsspannen) angelegt sein?

Zu dieser Fragestellung hält die traditionelle Literatur eine eindeutige Antwort bereit: »Keine Aufsichtsperson kann die Arbeit von mehr als fünf oder höchstens sechs Untergebenen mit jeweils verflochtenen Arbeitsgängen persönlich beaufsichtigen«, hieß es bei Urwick unmißverständlich (1956, S. 41). Doch in Anbetracht späterer Untersuchungen erscheint diese Aussage eher merkwürdig. So wurde in einer Studie (Holden et al. 1968, S. 95) von einer durchschnittlichen Leitungsspanne mit zehn Untergebenen auf Vorstandsebene berichtet, wobei die Extreme von eins bis vierzehn reichten. Woodward (1965) ermittelte im Vorstandsbereich der von ihr untersuchten Industrieunternehmen eine durchschnittliche Leitungsspanne mit sechs unterstellten Führungskräften; in fünf der »erfolgreichen« Unternehmen waren es sogar mehr als zwölf. Bei den Führungskräften der untersten Ebene in Firmen mit Massenfertigung umfaßte die durchschnittliche Leitungsspanne an die fünfzig Mitarbeiter, und in einigen Fällen wurden sogar bis zu neunzig und mehr Mitarbeiter gezählt. Worthy berichtete, dem Vertriebsdirektor von Sears, Roebuck & Co. seien vierundvierzig leitende Führungskräfte unterstellt; der typische Geschäftsleiter war Vorgesetzter von »rund vierzig« Abteilungsleitern (Worthy 1959, S. 109). Pfiffner und Sherwood (1960) führen als extremes Beispiel die Bank of America an, »mit über 600 Zweigstellen in Kalifornien, die jeweils direkt der Geschäftszentrale in San Francisco unterstellt sind. Dazwischen gibt es keine nach Bereichen gegliederte Struktur mit Weisungsbefugnissen gegenüber den Filialen« (Pfiffner/Sherwood 1960, S. 161). In einigen dieser Fälle, vor allem für die Bank of America und vielleicht auch für Sears, Roebuck & Co., mag Urwicks Einschätzung im Hinblick auf verflochtene Arbeitsgänge wohl zutreffen. Doch ganz sicher nicht in allen.

Zum Konzept der Leitungsspanne heißt es bei Pfiffner und Sherwood:

Viel böses Blut hat es bei dem Bemühen gegeben, die Leitungsspanne der Führungskräfte zu verkleinern, ohne dadurch die administrative Leistung wesentlich zu beeinträchtigen. Doch das Problem der Leitungsspanne besteht nach wie vor. Viel ist darüber geschrieben worden. Die meisten Unternehmensberater messen diesem Konzept in ihren Reformvorschlägen große Bedeutung bei. Studenten schwitzen über dem Versuch einer Definition, vor allem, weil sie das Konzept für komplizierter halten, als es in Wirklichkeit ist. Unabhängig davon, welches Verdienst dem Konzept der Leitungsspanne zukommt – es hat sich in der administrativen Kultur so fest etabliert, daß ihm in jedem Buch über Organisationen eine bedeutsame Stellung eingeräumt werden muß (Pfiffner/Sherwood 1960, S. 155-156).

Zweifellos verdient das Konzept auch in diesem Buch eine bedeutsame Stellung. Allerdings ist zu bezweifeln, ob Pfiffner und Sherwood recht haben mit ihrer Vorstellung, es handele sich um ein einfaches Konzept. Wer zählt als Untergebener? Wie verhält es sich beispielsweise mit dem einer Führungskraft beigeordneten Assistenten oder mit solchen Mitarbeitern, deren Arbeit von einem leitenden Angestellten überprüft wird, obgleich sie ihm formal nicht unterstellt sind? Wie steht es mit den Aktivitäten einer Führungskraft, die nicht den Weisungsbefugnissen zuzuordnen sind – zum Beispiel Einholung von Informationen, Herstellung von Kontakten usw.? Bedeutet eine kleine Leitungsspanne notwendigerweise straffe »Steuerung und Kontrolle«, wie die traditionelle Literatur meint, oder kann nicht vielmehr daraus abgeleitet werden, daß die Führungskraft vorrangig mit solchen anderen Aktivitäten befaßt ist? Und wie ist der Einfluß der Koordinationsmechanismen einzuschätzen, die neben der persönlichen Weisung für die Größe der Arbeitseinheit maßgeblich sind?

All dies weist doch darauf hin, daß es sich keineswegs um ein einfaches Problem handelt und daß die einseitige Hervorhebung von Kontroll- und Weisungsbefugnissen fehl am Platz ist. Die persönliche Weisung ist nur ein Faktor unter anderen, wenn es darum geht, wie viele Positionen in einer Einheit oder wie viele Einheiten in einer nächsthöheren Einheit – jeweils unter der Leitung einer einzigen Führungskraft – zusammenzufassen sind. Aus diesem Grund ziehen wir den Ausdruck Größe der Einheiten der »Leitungsspanne« vor.

Größe der Einheiten im Zusammenhang mit den Koordinationsmechanismen

Die Verwirrung in diesem Bereich ist großenteils darauf zurückzuführen, daß die Größe der Einheiten häufig nur im Hinblick auf den Koordinationsmechanismus der persönlichen Weisung, nicht aber im Zusammenhang mit der Standardisierung oder der gegenseitigen Abstimmung gesehen wird. Traditionelle Managementtheoretiker gehen wie selbstverständlich davon aus, Steuerung und Kontrolle sowie Koordination seien nur über persönliche Weisung zu gewährleisten. Was sonst hätte Urwick veranlaßt, auf seinen »fünf, höchstens sechs« Untergebenen zu bestehen?

Von Anfang an ist in unseren Ausführungen immer wieder darauf hingewiesen worden, daß die fünf Koordinationsmechanismen bis zu einem gewissen Maß austauschbar sind. Beispielsweise kann der Aufgabenbereich einer Führungskraft durch Standardisierung »institutionalisiert« werden; und anstelle der persönlichen Weisung von oben kann die gegenseitige Abstimmung innerhalb einer Arbeitsgruppe eingesetzt werden. Allerdings hat die Ersetzung der persönlichen Weisung durch einen anderen Koordinationsmechanismus wesentlichen Einfluß auf die Größe einer Einheit. Somit muß es auch möglich sein, Unterschiede in der Größe der Einheiten weitgehend im Zusammenhang mit den zur Koordinierung der Arbeit eingesetzten Mechanismen zu erklären.

Wir können unsere Schlußfolgerungen in zwei grundlegenden Aussagen zusammenfassen. Die erste betrifft die Standardisierung:

Je umfassender der Einsatz von Standardisierung zur Koordinierung im Vergleich zur persönlichen Weisung ist, desto größer kann die Arbeitseinheit sein.

Als Begründung ist anzuführen, daß die einzelne Führungskraft bei zunehmender Koordinierung durch Standardisierungssysteme, wie sie in der Technostruktur entwickelt worden sind, um so weniger Zeit für die persönliche Weisung gegenüber den unterstellten Mitarbeitern aufbringen muß und so eine größere Anzahl von Mitarbeitern beaufsichtigen kann. Dies erklärt auch Woodwards Beobachtung, derzufolge in Unternehmen mit Massenfertigung sehr große Leitungsspannen anzutreffen sind. Ihre Ergebnisse sind in zweifacher Hinsicht aufschlußreich: Zum einen wurden sehr große Leitungsspannen auf der untersten Führungsebene ermittelt – in den Einheiten, in denen die ausführenden Mitarbeiter des betrieblichen Kerns zusammengefaßt sind. Zum anderen wurden die vergleichsweise größten Betriebseinheiten mit durchschnittlich fast fünfzig Mitarbeitern in den Unternehmen festgestellt, die in Massenfertigung produzierten. Bei Unternehmen mit Einzelfertigung und Prozeßfertigung umfaßten die Einheiten im Durchschnitt weniger als fünfundzwanzig beziehungsweise fünfzehn Mitarbeiter im betrieblichen Kern. Diese Unternehmen wiesen auf keiner Ebene Einheiten auf, die auch nur annähernd so groß wie die durchschnittliche Einheit bei den Unternehmen mit Massenfertigung waren. Wenn wir dies nun mit Woodwards Schlußfolgerung verbinden, nur Unternehmen mit Massenfertigung seien bürokratisch, die anderen beiden Produktionsformen hingegen organisch strukturiert, wird der folgende Zusammenhang deutlich: Die Einheiten waren dort am größten, wo die Arbeit am stärksten standardisiert war – im betrieblichen Kern der ausgeprägt bürokratischen Organisationen.

Bisher haben wir nur die Standardisierung von Arbeitsprozessen erörtert. Doch unsere erste Aussage ist nicht auf eine bestimmte Art der Standardisierung beschränkt. Mit anderen Worten: Auch die Standardisierung von Qualifikationen (Input) und Arbeitsprodukten (Output) müßte eine Gruppierung in größeren Einheiten ermöglichen. Hinsichtlich der Qualifikationen ist folgendes Argument anzuführen: Je besser die Mitarbeiter ausgebildet sind, desto weniger müssen sie angeleitet und kontrolliert werden und desto größer können somit ihre Arbeitseinheiten sein. Dies ist besonders deutlich bei Krankenhäusern und Universitäten zu erkennen. Anfang der 80er Jahre, in denen dieses Buch entstand, arbeitete der Verfasser zusammen mit sechzig Kollegen in einer einzigen Einheit, die unter der Leitung eines einzigen Dekans – ohne zusätzliche Institutsleiter – reibungslos funktionierte.

Auch eine verstärkte Standardisierung der Arbeitsprodukte läßt die Bildung größerer Arbeitseinheiten zu. So hat zwar die Bank of America ihre riesige Leitungsspanne von 600 Beschäftigten mit der Motivation ihrer Filialleiter begründet, aber es ist wohl anzunehmen, daß eine solche Leitungsspanne ohne ein äußerst striktes System der Leistungskontrolle einfach nicht möglich wäre – ganz zu schweigen von allen möglichen Regeln und Vorschriften sowie Ausbildungs- und Indoktrinationsprogrammen für die

Filialleiter. Und wer bei Sears einkauft, weiß sehr gut, wie standardisiert der Betrieb ist. Moore spricht implizit die Bedeutung der Indoktrination an: »Sears kann eine Dezentralisierung vornehmen [d.h. auf eine persönliche Beaufsichtigung durch die Geschäftsleiter verzichten]; die Einstellung ist ohnehin bei allen Angestellten gleich« (im Original zitiert nach Wilensky 1967, S. 60). Großbanken und Einzelhandelsketten arbeiten häufig mit sehr großen Leitungsspannen, gerade weil alle Zweigstellen identisch sind und auf diese Weise die Standardisierung erleichtert wird.

Wir können somit nicht ohne weiteres die Schlußfolgerung ziehen, der einzelne Mitarbeiter in einer großen Einheit sei einer strikten Steuerung und Kontrolle automatisch entzogen. Dies mag auf die Kontrolle durch den Vorgesetzten zutreffen, nicht aber unbedingt auf die Kontrolle, die durch die Systeme der Technostruktur – oder auch durch die frühere Berufsausbildung beziehungsweise Indoktrination des Mitarbeiters – ausgeübt wird. In Wirklichkeit ist es sogar so, daß die am strengsten kontrollierten Organisationsmitglieder gerade in den größten Einheiten anzutreffen sind: die ungelernten Arbeiter im betrieblichen Kern in ausgesprochen bürokratischen Organisationen. Selbst deren Vorgesetzte bekommen diese Kontrolle zu spüren. Ich habe einmal acht Filialleiter großer kanadischer Bankunternehmen auf Managementaufgaben schlechthin angesprochen; die anschließende Diskussion war von einem einzigen Thema beherrscht – von der extremen Frustration dieser Filialleiter, die sich aufgrund der Vorschriften, die ihren Filialen von der Technostruktur ihrer Unternehmen auferlegt wurden, daran gehindert sahen, wie vollwertige Führungskräfte zu handeln.

Unsere zweite Aussage betrifft die gegenseitige Abstimmung:

> Anders als bei Standardisierung und häufig sogar auch bei persönlicher Weisung muß die Arbeitseinheit um so kleiner sein, je stärker gegenseitige Abstimmung (aufgrund von Inderdependenzen bei komplexen Aufgaben) als Koordinationsmechanismus eingesetzt wird.

Der Zusammenhang zwischen komplexen, miteinander verflochtenen Arbeitsaufgaben einerseits und kleinen Arbeitseinheiten andererseits läßt sich mit zwei Argumenten begründen. Zum einen ist es offensichtlich so, daß bei gleichbleibenden Koordinationsmechanismen (insbesondere bei Standardisierung) der Kontakt zwischen Führungskraft und Mitarbeitern hinsichtlich der Koordinierung ihrer Arbeit um so intensiver sein muß, je stärker die Arbeitsaufgaben (ob komplex oder nicht) voneinander abhängig sind. Der Vorgesetzte muß verstärkt zur Beaufsichtigung und Kontrolle der Aktivitäten in seiner Einheit in Erscheinung treten und zwecks Besprechung und Beratung schnell erreicht werden können. Folglich darf die Leitungsspanne nicht zu groß sein. Dies verweist auf einen weiteren Aspekt bezüglich der Situation bei Sears und bei der Bank of America – auf die Tatsache, daß in diesen Unternehmen keine Interdependenzen zu berücksichtigen sind. Geographisch weit auseinander liegende Filialen mit jeweils eigenem Kundenkreis weisen weder reziproke noch sequentielle Interdependenzen auf; folglich kann eine Leitungsspanne eine weitaus größere Anzahl solcher Einheiten umfassen, als dies beispielsweise bei sequentiell interdependenten Abteilungen in einer Fabrik möglich wäre. Dies hat auch Urwick veranlaßt, sein Prinzip der Leitungsspanne mit dem Zusatz »verflochtene Arbeitsgänge« zu qualifizieren.

Doch es gibt noch eine zweite, weniger offenkundige Erklärung für den angenommenen Zusammenhang zwischen komplexen interdependenten Aufgaben und kleinen Arbeitseinheiten. Solche Aufgaben sind schwer zu beaufsichtigen, so daß anstelle einer verstärkten persönlichen Weisung eine verstärkte gegenseitige Abstimmung erfolgt. Die Mitarbeiter selbst müssen unmittelbar miteinander sprechen, um ihre Arbeit zu koordinieren. Doch wenn eine solche Kommunikation gut funktionieren soll, muß die Arbeitseinheit klein sein – klein genug, um zweckmäßige, häufige und informelle Interaktionen der Mitglieder untereinander zu fördern. So ist in einer Untersuchung festgestellt worden, daß Gruppen mit mehr als zehn Mitgliedern die Cliquenbildung begünstigen und leicht in kleinere Gruppen zerfallen, und eine andere Studie hat eine für die gegenseitige Abstimmung optimale Anzahl von fünf bis sieben Mitgliedern pro Arbeitseinheit ermittelt. Jede dieser Einheiten – sei sie auch noch so klein – bekommt einen Leiter, einen »Manager«, und dieses für Organisationen typische Verfahren wird selbst dann beibehalten, wenn die betreffende Person kaum mehr als den offiziellen Sprecher der Einheit darstellt. Wenn nun die Leitungsspanne bei Einheiten mit interdependenten, komplexen Arbeitsgängen zu bemessen ist, dann, siehe da, erweisen sich diese als klein.

Wir wollen bei unserer Schlußfolgerung noch einen Augenblick verweilen. Oberflächlich gesehen erscheint sie keineswegs einleuchtend, zumal man auch wie folgt argumentieren könnte: Je mehr auf persönliche Weisung (zugunsten gegenseitiger Abstimmung) verzichtet wird, desto kleiner ist die Leitungsspanne der Führungskraft. Die Verwirrung ist aber nur sprachlicher Art, denn Leitungsspanne hat hier nicht unbedingt mit »Leitung« und »Kontrolle« als solcher zu tun; vielmehr soll lediglich darauf hingewiesen werden, daß Arbeitsgruppen mit komplexen und interdependenten Arbeitsaufgaben so klein sein müssen, daß persönliche Kontakte zur gegenseitigen Abstimmung gefördert werden. Mit anderen Worten: Obgleich die Umformulierung der zweiten Aussage technisch korrekt sein mag, ist die Verwendung von Termini wie »Leitungsspanne« und »Kontrolle« in diesem Zusammenhang irreführend. Unsere Schlußfolgerung sollte daher besser lauten: Aufgrund der Notwendigkeit einer »gegenseitigen Abstimmung« sind »kleine« Einheiten erforderlich.

Wir lernen daraus zweierlei: Zum einen sind die Zusammenhänge im Bereich der Organisationsstrukturen (ich möchte fast behaupten, im Managementbereich generell) nicht immer so, wie sie zunächst scheinen. Auch ein Sessel braucht durchaus nicht so bequem zu sein, wie er aussieht. Wir müssen uns schon die Mühe machen, den Dingen auf den Grund zu gehen; sorgfältige Beobachtung hält so manche Überraschung bereit. Zum zweiten sollten wir in der Wahl unserer Fachausdrücke (wie »Leitung«

und »Kontrolle«) sehr vorsichtig sein und genaue Vorstellungen davon haben, was wir messen, wenn wir empirische Untersuchungen durchführen.

Noch ein letzter Aspekt verdient Erwähnung. Ein großer Teil der Beweise dafür, daß komplexe, interdependente Aufgaben am besten in kleinen Einheiten zu bewältigen sind, stammt aus Untersuchungen in Gruppen mit fachlich hochqualifizierten Mitarbeitern. Wie können wir dies aber mit der ersten Aussage in Einklang bringen, derzufolge Professionalismus (d.h. Standardisierung von Qualifikationen) die Bildung großer Einheiten zuläßt? Die Antwort hängt mit der Frage der Interdependenzen zusammen: Professionelle Arbeit ist (unserer Definition zufolge) immer komplex, aber keineswegs immer interdependent.

Es gibt zwei Arten von professioneller Arbeit, wobei die eigenständigen, nach außen hin abgegrenzten Aufgaben ganz andere Strukturformen verlangen als interdependente Aufgaben.

Im einen Fall sind die Interdependenzen großenteils mit der Standardisierung der Qualifikationen zu bewältigen, so daß kaum eine Notwendigkeit zu gegenseitiger Abstimmung besteht; die einzelnen Mitarbeiter können unabhängig voneinander in großen Einheiten arbeiten. Diese Situation treffen wir bei den meisten Revisionsfirmen und Ausbildungssystemen an, wo die einzelnen Experten ihre Leistungen für die eigene Klientel erbringen. Im anderen Fall verbleiben Interdependenzen, die sich mit der Standardisierung von Qualifikationen nicht erfassen lassen, so daß ein erhebliches Maß an gegenseitiger Abstimmung erforderlich ist: Die Mitarbeiter müssen kooperativ in kleinen, informellen Einheiten arbeiten. Beispiele für eine solche Situation sind Forschungslabors oder Planungs- und Beratungsunternehmen.

Indem wir die Größe der Einheiten im Zusammenhang mit allen Koordinationsmechanismen beurteilen, können wir einen Teil der Verwirrung vermeiden. Wir wollen unsere Ausführungen zu diesem Thema aber nicht abschließen, ohne noch auf einige Ergebnisse aus anderen Untersuchungen hinzuweisen – insbesondere auf die in sozialpsychologischen Forschungsarbeiten vielfach thematisierte Unterscheidung zwischen steilen und flachen Strukturen; solche Untersuchungen lassen weitere Faktoren erkennen, die ebenfalls einen Einfluß auf die Größe der Einheiten haben. So ist festgestellt worden, daß steile Strukturen (mit kleinen Einheiten pro Ebene und somit einer in entsprechend viele Ebenen unterteilten Hierarchie) dem Bedürfnis des Individuums nach Sicherheit entgegenkommen, da stets eine Führungskraft in der Nähe ist; andererseits können solche Strukturen im Widerspruch zu den Bedürfnissen nach Selbständigkeit und Selbstverwirklichung stehen. Spitzenführungskräfte scheinen in steilen Strukturen größere Zufriedenheit zu erfahren – schließlich sind sie es, die von oben nach unten leiten und kontrollieren; dagegen haben Führungskräfte der unteren Ebenen in einigen Studien zu erkennen gegeben, sie fühlten sich in flachen Strukturen (mit großen Einheiten und einer geringeren Anzahl von Führungsebenen in der Hierarchie) wohler, zumal sie dann gegenüber den eigenen Vorgesetzten einen größeren Freiraum haben. Sowohl Worthy als auch Pfiffner und Sherwood führen dies als Begründung für die Existenz der großen Einheiten bei Sears und bei der Bank of America an. So heißt es bei Pfiffner und Sherwood im Zusammenhang mit der mehr als 600 Mitarbeiter umfassenden Leitungsspanne:

Wenn leitende Bankangestellte zu diesem scheinbar unorthodoxen Aufbau befragt werden, geben sie zur Antwort, sie wollten nicht das Risiko einer zusätzlichen Führungsebene eingehen, die den Filialleitern Autorität wegnimmt. Vielmehr sollen diese als eigenständige lokale Geschäftsleute ein Maximum an Möglichkeiten haben, ihre Entscheidungen selbst zu treffen (Pfiffner/Sherwood 1960, S. 161).

Des weiteren haben Untersuchungen von steilen im Vergleich zu flachen Strukturen zu der Erkenntnis geführt, daß steile Strukturen den vertikalen Informationsfluß nach oben häufig behindern, was Mißverständnissen Vorschub leistet; flache Strukturen hingegen können bei der Entscheidungsfindung ein höheres Maß an Diskussion und Konsultation erforderlich machen. Schließlich haben solche Studien auch erkennen lassen, daß steile Strukturen (mit kleinen Einheiten) keineswegs die Wahrnehmung der persönlichen Weisung unterstützen, sondern die Führungskraft vielmehr hinsichtlich der Ausübung von Kontrollfunktionen entlasten und ihr so die Möglichkeit geben, sich anderen Aufgaben (beispielsweise der Entscheidungsfindung und der Aufnahme von Kontakten zu externen Institutionen) zu widmen.

Unsere allgemeinen Ausführungen zur Größe der Einheiten können wir nunmehr wie folgt zusammenfassen:

Größere Einheiten bieten sich an, wenn
(1) alle drei Formen der Standardisierung vorliegen,
(2) die in einer bestimmten Einheit auszuführenden Aufgaben ähnlich geartet sind,
(3) die Mitarbeiter das Bedürfnis nach Selbständigkeit und Selbstverwirklichung haben und
(4) die Notwendigkeit gegeben ist, Mißverständnisse aufgrund von Hindernissen bei der Informationsübermittlung von unten nach oben zu reduzieren.

Kleinere Einheiten bieten sich an, wenn
(1) die Notwendigkeit einer straffen persönlichen Weisung gegeben ist,
(2) komplexe, interdependente Aufgaben gegenseitige Abstimmung erfordern,
(3) die Führungskraft einer Einheit vergleichsweise viele Aufgaben neben ihrer Kontrollfunktion wahrzunehmen hat und
(4) die Mitglieder der Einheit - möglicherweise aus Sicherheitsbedürfnissen heraus - häufigen Zugang zu ihrem Vorgesetzten suchen, um sich von ihm beraten zu lassen.

Größe der Einheiten in den verschiedenen Organisationsteilen

Wie verhält es sich nun mit der Größe der Einheiten in den verschiedenen Teilen der Organisation? Verallgemeinerungen sind in diesem Zusammenhang etwas riskant, zumal die Größe der Einheiten von vielen Faktoren abhängig ist. Dennoch sind einige allgemeine Überlegungen durchaus angebracht.

Die größten Einheiten finden wir erwartungsgemäß im betrieblichen Kern.

In diesem Teil der Organisation wird Koordination vornehmlich durch Standardisierung – insbesondere durch Standardisierung der Arbeitsprozesse – erreicht.

Die Aufgaben von Führungskräften sind gewöhnlich komplex, so daß die Größe der Einheiten in der administrativen Struktur vor allem davon abhängt, inwieweit Interdependenzen auf den verschiedenen Führungsebenen zu berücksichtigen sind. Wie bereits an früherer Stelle in diesem Kapitel erwähnt, werden häufig marktorientierte Gruppierungen vorgenommen, weil diese die Interdependenzen beim Arbeitsablauf innerhalb der einzelnen Einheiten erfassen (und weil die mit dem Arbeitsprozeß verbundenen Interdependenzen von untergeordneter Bedeutung sind); funktionsorientierte Gruppierungen vermögen dies vielfach nicht zu leisten – entweder muß eine Führungskraft von einer höheren Ebene aus die Arbeitsabläufe in den verschiedenen Einheiten koordinieren, oder die Führungskräfte beziehungsweise Mitglieder in den einzelnen Einheiten müssen dies in gegenseitiger Abstimmung tun. In beiden Fällen ist das Ergebnis dasselbe:

Nur wenige funktionsorientierte Gruppen lassen sich in einer übergeordneten Einheit zusammenfassen, während dies bei marktorientierten Einheiten normalerweise in weitaus höherem Maß möglich ist.

So können viele autonome Sparten einem einzigen Vorstandsvorsitzenden verantwortlich sein, und ein Oberschulrat ist unter Umständen für eine große Anzahl von Schulen zuständig. Dagegen kann der Geschäftsführer einer integrierten Herstellerfirma oder der Direktor eines Fernsehsenders nur einige wenige interdependente, nach Funktionen gegliederte Abteilungen beaufsichtigen. (Vergessen wir nicht, daß es sich sowohl bei den Sears-Geschäften als auch bei den Filialen der Bank of America um marktorientierte Einheiten handelt.) Und da Organisationen auf den verschiedenen Ebenen in der administrativen Hierarchie häufig unterschiedliche Gruppierungsalternativen berücksichtigen, können wir nicht erwarten, daß die Mittellinie in großen Organisationen durchweg steil oder flach ist; vielmehr weist sie eine wellenförmige Gestalt auf – flach, wo die Gruppierung nach Märkten erfolgt, und steil, wo die Gruppen nach Funktionen gegliedert sind.

Wir haben bereits darauf hingewiesen, daß Managemententscheidungen auf den höheren Führungsebenen zunehmend komplexer werden und feste Verfahrensrichtlinien immer weniger greifen. Bei gleichbleibender Interdependenz ist daher zu erwarten, daß auf den oberen Rängen ein höheres Maß an gegenseitiger Abstimmung und folglich die Bildung kleinerer Einheiten erforderlich ist.

> Die gesamte Führungshierarchie sollte daher die - wenn auch wellenförmige - Gestalt eines Kegels aufweisen, der zur Spitze hin immer steiler wird.

Bei einer solcherart gestalteten Organisation hat der geschäftsführende Direktor die durchschnittlich kleinste Leitungsspanne aufzuweisen. Doch werden durchaus unterschiedliche Gestaltungsalternativen gewählt. Wie bereits erwähnt, wird im oberen Bereich der Mittellinie häufig eine marktorientierte Gruppierung vorgenommen. Wo dies der Fall ist und die dem geschäftsführenden Direktor unmittelbar unterstellten Führungskräfte selbst funktionsorientierte Einheiten beaufsichtigen, ist davon auszugehen, daß der geschäftsführende Direktor für eine größere Leitungsspanne zuständig ist als die ihm unterstellten Führungskräfte.

Ein weiterer Faktor, der einen Einfluß auf die Leitungsspanne der Führungskräfte der Mittellinie hat, ist deren Beziehung zu den Stabseinheiten. Die Koordinierung von Linien- und Stabsaktivitäten setzt in aller Regel gegenseitige Abstimmung und damit flexible Kommunikation außerhalb der formalen Autoritätshierarchie voraus. Dies erfordert natürlich erheblichen Zeitaufwand, so daß die Linienführungskraft entsprechend weniger Gelegenheit hat, Kontrollfunktionen im Rahmen der persönlichen Weisung wahrzunehmen. Erwartungsgemäß sind die Leitungsspannen in der Mittellinie bei hoher Interdependenz zwischen Linie und Stab entsprechend kleiner.

> Organisationen mit umfangreichen Aktivitäten seitens der technokratischen Einheiten und der Hilfsstabseinheiten sollten in der Mittellinie vergleichsweise kleine Einheiten bevorzugen.

Dies führt uns zu einer interessanten Schlußfolgerung hinsichtlich ausgeprägt bürokratischer Organisationen, die zwecks Formalisierung der betrieblichen Arbeit in hohem Maß auf technokratische Stabsgruppen angewiesen sind: Obgleich die Leitungsspannen der Aufsichtsführenden auf der untersten Ebene infolge der umfassenden Standardisierung im betrieblichen Kern groß sein können, sind auf den höheren Führungsebenen aufgrund der erforderlichen gegenseitigen Abstimmung mit den Stabsmitgliedern vergleichsweise kleine Leitungsspannen zu bevorzugen. Dies entspricht auch dem Ergebnis der Woodward-Studie (1965): Unternehmen mit Massenfertigung, bei denen die Verfasserin bürokratische Strukturen ermittelte, ließen genau dieses Schema erkennen. Dagegen hatten Unternehmen mit Prozeßfertigung, die organische Strukturen und eine größere Anzahl von Stabseinheiten aufwiesen, sehr kleine Leitungsspannen – sowohl bei den Aufsichtsführenden der untersten Ebene als auch bei den Linienführungskräften der mittleren Ebenen.

Wie steht es nun mit der Größe der Stabseinheiten selbst? Wie viele Stabsmitglieder kann eine Stabsführungskraft beaufsichtigen? In Hilfsstabseinheiten, die wie die Betriebskantine und die Poststelle fachlich vergleichsweise weniger qualifizierte Arbeiten zu verrichten haben, sind die Strukturen eher bürokratisch und die Einheiten folglich größer. Und die übrigen Einheiten in der Technostruktur und im Hilfsstab?

Aufgrund der oben erörterten Faktoren erweist es sich in den meisten Fällen als zweckmäßig, bei professionellen Stabseinheiten kleine Gruppen zu bilden.

Die Arbeit in diesen Einheiten ist komplex und führt infolge ihrer Projektorientierung in der Regel zu Interdependenzen unter den hochqualifizierten Mitarbeitern. Mit anderen Worten: Diese Stabsmitglieder sind Experten der zweiten Kategorie, wie sie weiter oben diskutiert wurde: Bei ihnen handelt es sich um Mitarbeiter, die in kleinen, interdependenten Einheiten kooperativ arbeiten sollen; sie zählen nicht zu den Individuen mit selbständigen, nach außen hin abgegrenzten Aufgabenbereichen, die größeren Einheiten zuzuordnen sind. Außerdem müssen die Führungskräfte der technokratischen Einheiten viel Zeit aufbringen, um die Vorschläge ihrer Einheiten in der Mittellinie zu »verkaufen«. In ähnlicher Weise arbeiten auch die Spezialisten der Hilfsstabseinheiten nicht in einem »Vakuum«, sondern erbringen ihre Leistung für die übrigen Teile der Organisation; entsprechend ist bei den Führungskräften des Hilfsstabs ebenfalls erheblicher Zeitaufwand für Kontakte innerhalb der Organisation erforderlich. In beiden Fällen bedeutet dies eine Reduzierung der Anzahl von Mitarbeitern, die Stabsführungskräfte beaufsichtigen können, so daß sich auch die durchschnittliche Größe der Stabseinheiten in Grenzen hält.

Insgesamt ist somit davon auszugehen, daß der betriebliche Kern der Organisation flach geformt ist, die Mittellinie die Gestalt eines nach oben hin zunehmend steileren Kegels aufweist und die technokratischen Einheiten sowie die professionelleren Hilfsstabseinrichtungen eine steile Struktur erkennen lassen. Wie ein schneller Blick zurück auf Abbildung 1-2 bestätigt, ist unser Logo in genau dieser Weise gestaltet.

Anmerkungen

1. Anm. d. Übers.: Die im Originaltext angeführten Definitionen aus dem Random House Dictionary entsprechen den zitierten Passagen aus der Brockhaus Enzyklopädie (1966-1974). 20 Bände. Siebzehnte völlig neubearbeitete Auflage des Großen Brockhaus (Wiesbaden: F.A. Brockhaus), Bd. 3 bzw. Bd. 6.

2. Die Verwendung des Begriffs Markt schließt ausdrücklich sowohl Geschäftsunternehmen als auch nicht-geschäftliche Organisationen ein. Jede Organisation ist dazu da, irgendeinen »Markt« zu bedienen, ob dieser nun wie bei der Polizei die Bürger, beim Schulsystem die Schüler oder bei Herstellerfirmen die Kunden umfaßt.

Kapitel 4

Ausbau der Rahmenstruktur

Planungs- und Kontrollsysteme
Leistungskontrolle
Aktionsplanung
Hierarchie der Aktionsplanungs- und Leistungskontrollsysteme
Planungs- und Kontrollsysteme in den verschiedenen Organisationsteilen

Kontaktinstrumente
Kontaktpositionen
Arbeitskreise und ständige Ausschüsse
Projektleiter
Matrixstrukturen
Ein Kontinuum von Kontaktinstrumenten
Kontaktinstrumente im Zusammenhang mit den anderen Gestaltungsparametern
Kontaktinstrumente in den verschiedenen Organisationsteilen

Mit der Einrichtung der einzelnen Positionen und der Festlegung der Rahmenstruktur ist die Gestaltung von Organisationen noch keineswegs abgeschlossen. Zu früheren Zeiten war die organisationstheoretische Literatur hier am Ende. Doch die zeitgenössische Forschung hat deutlich gezeigt, daß eine organisatorische Rahmenstruktur unbedingt mit lateralen – im Gegensatz zu streng vertikalen – Verbindungsstrukturen zu ergänzen ist. Vor allem zwei Kategorien von Verbindungsstrukturen werden in der Gegenwartsliteratur zur Organisationsgestaltung besonders ausführlich behandelt – zum einen Planungs- und Kontrollsysteme, die eine Standardisierung der Arbeitsprodukte ermöglichen, und zum anderen Kontaktinstrumente, die eine reibungslose gegenseitige Abstimmung gewährleisten. Diese lateralen Verbindungsstrukturen sollen im vorliegenden Kapitel erörtert werden.

Planungs- und Kontrollsysteme

Der Sinn eines Planes besteht darin, ein irgendwann in der Zukunft zu erzielendes Arbeitsprodukt – einen Standard – festzulegen. Mit Hilfe der Kontrolle ist dann zu beurteilen, ob dieser Standard erreicht worden ist oder nicht. Planung und Kontrolle gehören somit zusammen wie Henne und Ei: Ohne vorherige Planung kann es keine Kontrolle geben, und Pläne verlieren ihre Bedeutung, wenn keine Kontrollen folgen. In Kombination aber regulieren Pläne und Kontrollen somit Arbeitsprodukte und indirekt auch das Verhalten der Organisationsmitglieder.

Pläne können Quantität, Qualität, Kosten und Zeitpunkt der Arbeitsprodukte sowie deren spezifische Merkmale (wie Größe und Farbe) festlegen (standardisieren): Budgets sind Pläne, in denen die Kosten der Arbeitsprodukte für bestimmte Perioden aufgestellt werden; Terminpläne legen den zeitlichen Rahmen für die Erstellung der Arbeitsprodukte fest; Zielvorgaben spezifizieren den in bestimmten Perioden zu erstellenden quantitativen Umfang der Arbeitsprodukte; Betriebspläne weisen verschiedene Standards, gewöhnlich die quantitativen und finanziellen Vorgaben, aus. In aller Regel werden Planungssysteme wie auch das Berichtswesen (Feedback von Kontrollinformationen) in der Technostruktur entwickelt – von Analytikern, die vielfach als Planer, Budgetanalytiker, Chef des Rechnungswesens, Leiter des Management-Informationssystems (MIS), Produktionsplaner oder auch als Analytiker für die Qualitätskontrolle bezeichnet werden.

Wir können zwei gänzlich verschiedene Arten von Planungs- und Kontrollsystemen unterscheiden: Die eine ist auf die Regulierung organisatorischer Gesamtleistungen ausgerichtet, die andere auf die Regulierung spezifischer Aktionen. Da das erstgenannte Planungs- und Kontrollsystem vornehmlich mit der nachträglichen Überprüfung von Ergebnissen befaßt ist, wollen wir in diesem Zusammenhang von Leistungskontrolle sprechen. Das andere Planungs- und Kontrollsystem zielt auf die Festlegung von künftigen Aktivitäten ab und soll daher als Aktionsplanung bezeichnet werden. Mit anderen Worten: Wie Abbildung 4-1 zeigt, kann die Organisation ihre Arbeitsprodukte auf zweierlei Weise regulieren. Zum einen kann sie die Leistungskontrolle einsetzen, um die Ergebnisse einer ganzen Aktionsserie zu messen, und diese Information nutzen, um Änderungen vorzunehmen: »Die Ertragsrate soll von 7 Prozent auf 10 Prozent erhöht werden« oder »Die Tagesleistung beim Bohren soll von fünzig auf sechzig Löcher gesteigert werden«. Zum anderen kann mit der Aktionsplanung im voraus bestimmt werden, welche spezifischen Entscheidungen oder Aktionen erforderlich sind: »Produkt A soll an die Kunden X, Y und Z verkauft werden« oder »Das Loch soll eine Bohrung von 1,108 Zentimetern haben«. Wie wir noch sehen werden, ist die Leistungskontrolle ausschließlich ein Mittel zur Standardisierung von Arbeitsprodukten, während die Aktionsplanung aufgrund der Tatsache, daß sie bestimmte Aktionen spezifiziert, in gewisser Weise dem Gestaltungsparameter der Verhaltensformalisierung vergleichbar ist.

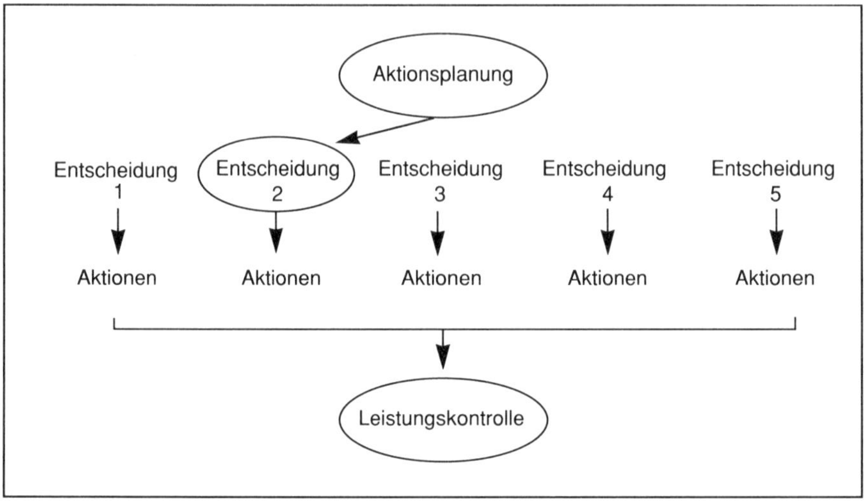

Abb. 4-1: Zusammenhang zwischen Entscheidungen, Aktionsplanung und Leistungskontrolle

Leistungskontrolle

Ziel der Leistungskontrolle ist die Regulierung der Gesamtergebnisse in einer gegebenen Einheit.

Erst werden Zielvorgaben, Budgets, Betriebspläne und andere allgemeine Standards für die Einheit aufgestellt, und später wird die Leistung dieser Einheit daran gemessen, inwieweit die über das Management-Informationssystem zu den höheren Hierarchieebenen übermittelten Ergebnisse (Feedback) mit diesen Standards übereinstimmen. Zwei wichtige Aspekte sind hervorzuheben: Erstens entsprechen die Leistungskontrollsysteme der in einer Organisation vorgenommenen Gruppierung. Das

Planungssystem legt für jede Einheit bestimmte Standards für die jeweiligen Arbeitsprodukte fest, und anhand des Kontrollsystems wird ermittelt, ob diese Standards erfüllt worden sind oder nicht. Zweitens gilt die Leistungskontrolle den Gesamtergebnissen für bestimmte Perioden, nicht aber spezifischen Entscheidungen oder Aktionen zu bestimmten Zeitpunkten. So kann ein Leistungsplan im Juni eine Produktion von 70 000 Zubehörteilen oder im Juli eine Kostensenkung um 3 Prozent vorsehen; er enthält aber keinerlei Vorgaben etwa für die Umstellung von blauen Zubehörteilen auf grüne derselben Art oder für die Erzielung einer Kostensenkung durch den Erwerb einer leistungsstärkeren Maschine. Leistungskontrollsysteme nehmen auf die Entscheidungsfindung und die Durchführung von Aktionen nur insoweit indirekten Einfluß, als sie allgemeine Ziele vorgeben, die der Entscheidungsfinder erst dann berücksichtigen muß, wenn er spezifische Entscheidungen zu treffen hat.

An welcher Stelle in der Organisation werden Leistungskontrollen eingesetzt? Bis zu einem gewissen Grad überall. Weil die Kostenkontrolle immer von ganz entscheidender Bedeutung ist und weil sich Kosten – zumindest die Herstellungskosten – leicht messen lassen, wird praktisch jeder Organisationseinheit ein Budget, d.h. ein Leistungsplan zur Standardisierung ihres Kostenaufwands, zugewiesen. Und wo die Produktion der Einheit leicht zu bemessen ist, wird der Leistungsplan auch spezifische Vorgaben dazu enthalten: Die Anlage soll diesen Monat 400 000 Zubehörteile produzieren; vom Vertrieb wird erwartet, daß 375 000 Stück verkauft werden.

Am häufigsten werden Leistungskontrollsysteme jedoch dort eingesetzt, wo zwischen den Einheiten in erster Linie gepoolte Interdependenzen entstehen – dort, wo die Einheiten nach Märkten gruppiert sind.

Hier gilt das Hauptinteresse der adäquaten Leistung der Einheit insgesamt: Sie soll einen angemessenen Beitrag zur zentralen Organisation leisten, ohne ihre Ressourcen zu verschwenden. Mit anderen Worten: Da zwischen den Einheiten nur geringe Interdependenzen zu berücksichtigen sind, erfordert die Koordination die Regulierung von Leistung, nicht von Aktionen. Und dies läßt sich in einer marktorientierten Struktur dadurch erleichtern, daß jede Einheit ihre eigenen spezifischen Arbeitsprodukte erstellt. Somit wird das Gesamtverhalten durch Leistungskontrollen reguliert; die Aktionsplanung bleibt den Einheiten selbst überlassen.

In aller Regel sind solche Leistungskontrollen für marktorientierte Einheiten von entscheidender Bedeutung. Da sie autonome Gruppen darstellen, wird ihnen gewöhnlich erhebliche Handlungsfreiheit eingeräumt. Im vorigen Kapitel ist bereits darauf hingewiesen worden, daß sehr viele solcher Einheiten einer einzigen Führungskraft unterstellt sein können. Ohne ein Leistungskontrollsystem wäre die Führungskraft nicht in der Lage, schwerwiegende Probleme aufzufangen, bevor es zu spät ist. Andernfalls könnte die Tatsache, daß eine Sears-Filiale oder eine Zweigstelle der Bank of America aus den roten Zahlen nicht herauskommt, jahrelang unbemerkt bleiben, da der entsprechende Teil der Organisation zu klein ist, um aus sonstigen Gründen Beachtung zu finden. Und aus der Sicht der marktorientierten Einheit selbst dient das Leistungskontrollsystem dazu, die persönliche Weisung von oben überflüssig zu machen und ihr so die Freiheit zu gewährleisten, die sie braucht, um selbständig entscheiden und handeln zu können. Somit konzipiert ein Großkonzern sämtliche marktorientierten Bereiche (seine »Sparten«) als Einheiten mit eigener Gewinn- und Investitionsverantwortung und zieht sie für die jeweilige Finanzgebarung zur Rechenschaft.[1]

Leistungskontrollsysteme verfolgen zwei Zielsetzungen: Leistungsmessung und Leistungsmotivation.

Auf der einen Seite werden Leistungskontrollsysteme ganz einfach eingesetzt, um rechtzeitig erkennen zu können, wann eine Einheit in ihrer Leistung nachläßt. Auf der anderen Seite dienen Leistungskontrollsysteme auch als Anreiz zur Leistungssteigerung: Leistungsstandards sind der Köder, den die Unternehmensleitung dem Leiter einer Einheit vorhält, um ihn zur Erzielung besserer Ergebnisse zu motivieren. Sobald dieser »angebissen« hat, wird der Köder wieder ein bißchen höher gehängt, und das Spiel beginnt von neuem. Zielorientierte Führungssysteme (Management by Objectives, MBO) sind in der Absicht entwickelt worden, den Führungskräften solcher Einheiten ein Mitspracherecht bei der Festlegung von Leistungsstandards zu geben, damit sie – so die Theorie – diesen verpflichtet sind und sich für ihre Einhaltung um so stärker einsetzen.

Doch dieser Aspekt der Motivation ist mit verschiedenen Problemen behaftet. Zum ersten hat der Leiter einer Einheit, der an der Festlegung von Leistungsstandards beteiligt ist, ein starkes Interesse daran, diese Standards niedrig genug anzusetzen, um sicherzustellen, daß er sie ohne weiteres einhalten kann. Auch ist er versucht, die im Rahmen des Management-Informationssystems nach oben weiterzuleitende Feedback-Information zu entstellen, um den Eindruck zu erwecken, seine Einheit sei einem Standard gerecht geworden, den sie in Wirklichkeit nicht erfüllt hat. Zum zweiten ergibt sich das Problem, eine geeignete Planungsperiode zu bestimmen. Wie bereits erwähnt, besteht zwischen den Leistungsstandards und den im Einzelfall zu treffenden spezifischen Entscheidungen keine direkte Verbindung. Es ist lediglich zu hoffen, daß der Leiter die Standards bei seiner Entscheidungsfindung berücksichtigt. Lange Planungszeiträume lockern den Zusammenhalt, kurze stehen im Widerspruch zum vorrangigen Anliegen des Systems, der Führungskraft Handlungsfreiheit einzuräumen. Die »Vorabberichte« (»flash reports«), die einige Unternehmen jeweils am 10. eines Monats verlangen, halten mit Sicherheit den Leiter der entsprechenden Einheit auf Trab, um kurzfristige Erfolgsergebnisse melden zu können. Aber sind sie dazu angetan, sein Denken auf mehr als dreißig Tage auszurichten? Zum dritten stellt sich bei dieser Art von Motivation das Problem, daß Standards möglicherweise nicht zu erfüllen sind – aus Gründen, die wie der Bankrott eines wichtigen Kunden der Führungskraft nicht angelastet werden können. Soll die Organisation nun auf buchstabengetreuer Einhaltung des Leistungsstandards bestehen und den Leiter der Einheit zur Rechenschaft ziehen? Oder soll sie das Leistungskontrollsystem abändern, was den Motivationseffekt des Systems allerdings erheblich schwächen würde?

Aktionsplanung

Wie wir gesehen haben, ist die Leistungskontrolle ein sehr wichtiger Gestaltungsparameter in den marktorientierten Strukturen. Was aber geschieht in funktionsorientierten Strukturen? Bei einer Gruppierung nach Funktionen weisen die Arbeitsabläufe sequentielle und reziproke Interdependenzen auf, so daß die verschiedenen organisatorischen Zielsetzungen nicht ohne weiteres mit einzelnen Einheiten in Zusammenhang gebracht werden können. Von Budgets und ähnlichen Vorgaben zur Ausgabenkontrolle einmal abgesehen, sind Leistungskontrollsysteme nicht dazu angetan, die Interdependenzen zwischen funktionsorientierten Einheiten wirklich aufzufangen. Dazu bedarf es anderer Mittel.

Wie wir in Kapitel 3 gesehen haben, erweisen sich die in der Rahmenstruktur verankerte persönliche Weisung sowie die Standardisierung von Arbeitsprozessen durch Verhaltensformalisierung als die wichtigsten Mechanismen zur Koordinierung der Arbeitsabläufe in funktionsorientierten Strukturen. Sie werden eingesetzt, weil sie die striktesten Koordinationsmechanismen darstellen, die es gibt. Doch auch sie können zuweilen nicht alle auftretenden Interdependenzen erfassen. Die Organisation muß daher zur Standardisierung von Arbeitsprodukten auf Planungs- und Kontrollsysteme, insbesondere auf die Aktionsplanung, zurückgreifen. Simon führt ein dramatisches Beispiel an, was geschehen kann, wenn selbst die Aktionsplanung die noch verbleibenden Interdependenzen im Arbeitsablauf nicht zu koordinieren vermag:

Im ersten Abschnitt des Waterloo-Feldzugs war Napoleons Armee in zwei Hälften geteilt. Der rechte Flügel, vom Kaiser selbst befehligt, stand Blücher bei Ligny gegenüber; der linke Flügel unter der Befehlsgewalt von Marschall Ney hatte gegen Wellington bei Quatre Bras zu kämpfen. Sowohl Ney als auch der Kaiser bereiteten sich auf den Angriff vor; beide hatten hervorragende Pläne für ihre jeweiligen Operationen ausgearbeitet. Unglücklicherweise sahen beide Pläne den Einsatz des Korps unter Erlon für den endgültigen Schlag an der Flanke des Feindes vor. Da sie sich aber über diese Pläne nicht abgestimmt hatten und zudem die Befehle am Tag der Schlacht nicht eindeutig waren, verbrachte das Erlon-Korps den ganzen Tag damit, zwischen den beiden Schlachtfeldern hin und her zu marschieren, ohne auf der einen oder der anderen Seite einzugreifen. Etwas weniger brillante, dafür aber koordinierte taktische Pläne hätten zu größeren Erfolgen geführt (Simon 1957, S. 193).

Zur Aktionsplanung ist zweierlei anzumerken. Zum einen wird die Autonomie der Einheiten bei der Aktionsplanung – anders als bei der Leistungskontrolle – nicht notwendigerweise eingehalten, und die Aktionsplanung stimmt auch nicht zwangsläufig mit dem System der organisatorischen Gruppierung überein. Aktionspläne spezifizieren Entscheidungen, die spezifische Aktionen nach sich ziehen – zum Beispiel die Vermarktung neuer Produkte, den Aufbau neuer Fabriken, den Verkauf alter Maschinen. Einige der vorgeschlagenen Aktionen lassen sich innerhalb einzelner Einheiten durchführen, andere können aber durchaus über die Grenzen solcher Einheiten hinausgreifen.

Zum anderen erweist sich die Aktionsplanung durch Vorgabe spezifischer Entscheidungen als eine nicht ganz »lupenreine« Form der Standardisierung von Arbeitsprodukten; genauer gesagt, die Aktionsplanung steht mitten zwischen der Standardisierung von Arbeitsprodukten einerseits und Arbeitsprozessen andererseits. Dies läßt sich am besten in Form eines Kontinuums mit zunehmend strikterem Regulativcharakter verdeutlichen:

- Die Leistungskontrolle gibt allgemeine Leistungsstandards für eine bestimmte Periode vor, ohne Angaben zu spezifischen Aktionen zu machen.
- Die Aktionsplanung gibt spezifische Entscheidungen und Aktionen vor, die zu spezifischen Zeitpunkten zu realisieren sind.
- Die Verhaltensformalisierung gibt vor, wie Entscheidungen und Aktionen zu realisieren sind.

Bei der Leistungskontrolle heißt es: »Steigerung der diesjährigen Umsätze um 10 Prozent (wie, bleibt Ihnen überlassen).« Dagegen lautet die Aktionsplanung: »Sie erreichen diese Umsatzsteigerung durch Aufnahme blauer Zubehörteile in Ihr Programm.« Somit werden einerseits Arbeitsprodukte spezifiziert, und zwar hinsichtlich der Art und Weise, in der sie erstellt werden. Doch andererseits rückt die Aktionsplanung auch in die Nähe der Verhaltensformalisierung – dann nämlich, wenn Arbeitsabläufe spezifiziert werden: »... Der Plan kann ein gesamtes komplexes Verhaltensmuster bis ins kleinste Detail steuern und kontrollieren. So wird der vollständige Plan zum Bau eines Schlachtschiffs die Auslegung des Schiffs bis zum letzten Nagel bestimmen. Die Arbeit der Baumannschaft ist durch diese Gestaltung minutiös festgelegt.« (Simon 1957, S. 231).

> Die Aktionsplanung erweist sich als das Instrument, mit dem die nicht zur Routine zählenden Entscheidungen und Aktionen einer – in der Regel nach Funktionen gegliederten – Gesamtorganisation im Rahmen eines integrierten Systems gestaltet werden können.

All dies erfolgt im voraus, sozusagen auf dem Reißbrett. Die Verhaltensformalisierung gestaltet die Organisation ebenfalls als integriertes System, doch nur für Routineaktivitäten. Die Aktionsplanung ist somit das Gegenstück für die nicht zur Routine gehörenden Aktivitäten – für die Veränderungen. Sie bestimmt, wer was wann und wo tun muß, damit eine Änderung wie gewünscht stattfindet.

Hierarchie der Aktionsplanungs- und Leistungskontrollsysteme

Wie sind diese beiden Planungs- und Kontrollsysteme in die Rahmenstruktur einzuordnen, und in welcher Beziehung stehen sie zueinander? Abbildung 4-2 zeigt die Leistungskontrolle und die Aktionsplanung als zwei getrennte hierarchische Systeme, die gewisse »Querverbindungen« aufweisen. Demnach ist die Leistungskontrolle ein System, in dem aus allgemeinen Zielvorgaben an der strategischen Spitze Teilziele, Budgets und andere Arbeitsproduktstandards abgeleitet werden, die ihrerseits zu immer detaillierter ausgearbeiteten Teilzielen, Budgets und Standards führen, bis schließlich am unteren Ende der Struktur Betriebspläne vorliegen. Als Resultat sind letztlich die organisatorischen Aktionen anzusehen; die Verbindung zwischen den

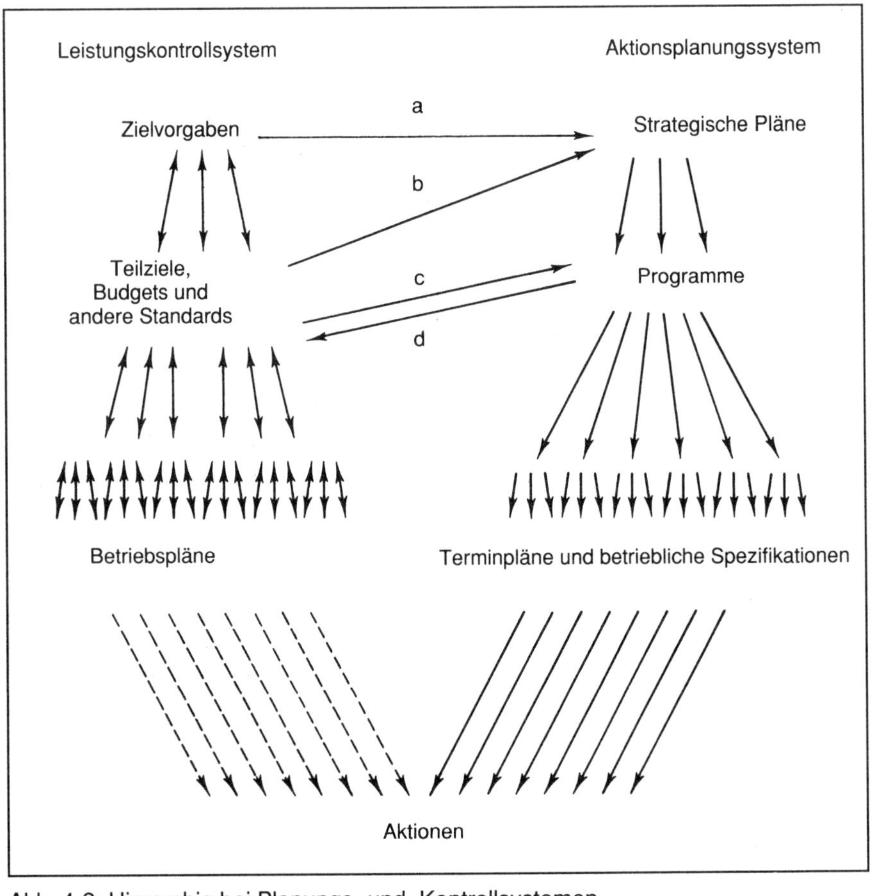

Abb. 4-2: Hierarchie bei Planungs- und Kontrollsystemen

Plänen und den Aktionen ist allerdings nur mit gestrichelten Linien dargestellt, um zu verdeutlichen, daß diese Verbindung indirekter Art ist.

Die Pfeile in der Abbildung weisen in zwei Richtungen. Damit soll gezeigt werden, daß das Leistungskontrollsystem nicht nur von oben nach unten wirkt – mit Zielvorgaben, über die an der strategischen Spitze entschieden wird und die auf jeder nachfolgenden Hierarchieebene zu immer detaillierteren Leistungsstandards ausgearbeitet werden; das Leistungskontrollsystem wirkt auch von unten nach oben – mit Einheiten, die am unteren Ende der Hierarchie eigene Leistungsstandards festlegen, die ihrerseits in den Einheiten auf den nächsthöheren Ebenen der Hierarchie immer stärker komprimiert werden, bis sie schließlich an der strategischen Spitze als kollektive Standards und somit als Zielvorgaben für die gesamte Organisation vorliegen. Doch in der Praxis funktioniert das Leistungskontrollsystem in aller Regel nicht ausschließlich von oben nach unten oder umgekehrt von unten nach oben; vielmehr arbeitet es in beiden Richtungen zugleich. Einige Leistungsstandards werden in der Hierarchie abwärts immer detaillierter ausgearbeitet, andere erfahren in der Hierarchie aufwärts eine immer stärkere Verdichtung. Auf allen Ebenen in der Hierarchie sind Führungskräfte bemüht, ihren Mitarbeitern vergleichsweise hohe Standards vorzugeben, während diese ihrerseits gemäßigte Standards dagegenhalten. Durch diese Art der Verhandlungsführung sind Leistungsstandards auf allen Ebenen sowohl in kollektiver als auch in detaillierter Form anzutreffen.

Das Aktionsplanungssystem erfolgt im wesentlichen von oben nach unten. Theoretisch beginnt es mit der strategischen Planung, wobei die Organisation ihre Stärken und Schwächen systematisch im Hinblick auf die Entwicklungen in der Umwelt abschätzt und dann einen expliziten, integrierten Katalog von Strategien formuliert, die in der Zukunft verfolgt werden sollen. Diese Strategien werden dann in »Programme«, d.h. in spezifische Projekte, umgesetzt und betreffen beispielsweise die Einführung eines neuen Produktsortiments, den Bau einer neuen Fabrik oder die Reorganisation der Struktur. Diese Programme werden ihrerseits inhaltlich und terminlich weiter ausgearbeitet und führen schließlich zu betrieblichen Spezifikationen (zum Beispiel Durchführung eines Kundenbesuchs, Vergießen von Beton, Drucken eines Organigramms), die unmittelbare spezifische Aktionen nach sich ziehen.

Wie Abbildung 4-2 zeigt, können diese beiden Systeme auch miteinander verbunden sein. An der Spitze (Linie a) besteht eine Querverbindung zwischen Zielvorgaben und strategischen Plänen. Der Fachliteratur zufolge muß der gesamte Aktionsplanungsprozeß mit der Spezifikation der Zielvorgaben der Organisation beginnen. Dabei liegt die Überzeugung zugrunde, daß strategische Pläne nur in Kenntnis der allgemeinen, quantitativ operationalisierten Zielvorstellungen der Organisation erarbeitet werden können. Die Querverbindung zwischen den Teilzielen oder Budgets und den strategischen Plänen (Linie b) ist ähnlich begründet. Wo, wie bei marktorientierten Strukturen, die Einheiten autonom arbeiten, kann die strategische Spitze Zielvorgaben entwickeln und mit den einzelnen Einheiten entsprechende Teilziele und Budgets aushandeln. Diese wiederum stellen dann die Zielvorgaben dar, die den Aktionsplanungsprozeß in den verschiedenen Einheiten auslösen.

Eine direkte Querverbindung besteht auch zwischen Teilzielen und Budgets einerseits und Aktionsprogrammen andererseits (Linie c). Eine solche Verbindung findet sich häufig in funktionsorientierten Strukturen, wo das einer Abteilung zugewiesene Budget weniger die Gesamtstrategien als vielmehr spezifische Programme betrifft. Wenn somit der Forschungsabteilung eines Unternehmens für das kommende Jahr eine Budgeterhöhung um 300 000 Dollar bewilligt wird, entwickelt diese als nächstes Pläne zum Bau des neuen Labors, das sie schon lange hatte anschaffen wollen.

Die letzte Querverbindung (Linie d) zwischen Aktionsplanung und Leistungskontrolle verläuft von den Programmen zu den Budgets und letztlich auch zu den Betriebsplänen. Damit soll verdeutlicht werden, daß die Einheit die Auswirkungen sämtlicher geplanter Aktionen – die Vermarktung von Produkten, den Kauf von Maschinen usw. – auf ihre Kapitalströme (ihre Budgets), die realisierbaren Teilziele, den Personalbedarf usw. abschätzen muß. Mit anderen Worten: Es gilt zu beurteilen, wie sich die spezifischen Aktionen auf die Gesamtergebnisse auswirken.

Es gibt noch eine Querverbindung, die vielleicht die wichtigste von allen ist, in unserer Abbildung aber nicht dargestellt werden kann: das Feedback von der Leistungskontrolle zur Aktionsplanung. Die organisatorische Leistungsbeurteilung führt zur Erarbeitung neuer Aktionspläne, in denen eventuell aufgetretene Probleme korrigiert werden.

Planungs- und Kontrollsysteme in den verschiedenen Organisationsteilen

Auf allen Ebenen der Hierarchie sind verschiedene Formen von Aktionsplanung und Leistungskontrolle anzutreffen. Bei der Aktionsplanung finden wir die strategische Planung und die Finanzplanung an der strategischen Spitze und auf den oberen Führungsebenen der Mittellinie, die Verfahren und Methoden der Netzplantechnik wie PERT (Program Evaluation and Review Technique) oder CPM (Critical Path Method) zur Terminplanung auf den mittleren Ebenen und die Produktionsplanung auf der Ebene des betrieblichen Kerns. Bei der Leistungskontrolle haben wir bereits gesehen, daß die Festlegung von Zielen, Budgets und Standards für Einheiten und Positionen auf allen Ebenen – von der strategischen Spitze bis zum betrieblichen Kern – erfolgen können. An der Spitze werden die allgemeinen Zielvorgaben der Organisation festgelegt; auf den oberen Führungsebenen in der Mittellinie sind gewöhnlich die Systeme der Rechnungslegung anzutreffen, in deren Rahmen die wichtigsten marktorientierten Einheiten als Gruppen mit eigener Gewinn- und Investitionsverantwortung behandelt werden; an anderen Stellen in der Mittellinie finden sich die Systeme der Normalkostenrechnung zur integrierten Leistungskontrolle und die zielorientierten Führungssysteme (MBO-Systeme) zur Motivation der Linienführungskräfte; unten in der Hierarchie gibt es dann noch die Betriebspläne und die Qualitätskontrollsysteme.

Doch unsere Ausführungen haben deutlich gezeigt, daß es in den verschiedenen Organisationsteilen auch wichtige Unterschiede gibt. So kann zwar die Leistungskontrolle auch einzelne Positionen betreffen – beispielsweise im Zusammenhang mit Verkaufsquoten für die Mitarbeiter im Vertrieb oder mit Qualitätskontrollstandards für Maschinenarbeiter; im allgemeinen aber betrifft die Leistungskontrolle eher die Einheiten (und natürlich die jeweiligen Führungskräfte). Bei der Aktionsplanung ist dies anders: Erwartungsgemäß gilt die Aktionsplanung den einzelnen Mitarbeitern – beispielsweise einem Maschinenschlosser, dem Spezifikationen für die von ihm herzustellenden Produkte vorgegeben werden.

Auf den oberen Führungsebenen ist die Situation umgekehrt.

Je globaler die Verantwortungen einer Einheit sind, desto größer ist die Tendenz, ihre Gesamtleistung und nicht ihre spezifischen Aktionen zu kontrollieren.

Bei marktorientierten Einheiten ist das Leistungskontrollsystem bereits als entscheidendes Kontrollinstrument dargestellt worden, während der Aktionsplanung keine besondere Bedeutung beizumessen ist. Und da eine Gruppierung nach Märkten auf den höheren Ebenen in der Struktur häufiger anzutreffen ist als auf den unteren Ebenen (s. Kapitel 2), erkennen wir nunmehr einen weiteren Grund, warum die Leistungskontrolle auf den höheren Rängen der Mittellinie der Aktionsplanung vorgezogen wird. Natürlich werden Aktionsplanungssysteme auch insoweit auf diesen Ebenen eingesetzt, als eine funktionsorientierte Gruppierung vorliegt. Sofern die Führungsspitze einer externen Institution (beispielsweise einem individuellen Eigentümer) verantwortlich ist, kann auch sie einem Leistungskontrollsystem unterliegen. Und wo die Einheiten auf den höchsten Ebenen nach Funktionen gruppiert sind, kann die Aktionsplanung auch schon an der Führungsspitze beginnen.

Die Technostruktur ist zwar für die Gestaltung all dieser Planungs- und Kontrollsysteme weitgehend verantwortlich, doch bedeutet dies nicht, daß auch ihre eigene Arbeit solcherart geregelt wäre. In Anbetracht der Tatsache, daß die Resultate oder Leistungen bei einer analytischen Arbeit – einer Tätigkeit, die gewöhnlich auf Projekt- oder Ad-hoc-Basis verrichtet wird – nur schwer zu standardisieren sind, ist in der Technostruktur kaum mit Leistungskontrollen zu rechnen. Auch an der Aktionsplanung sind die technokratischen Einheiten in erheblichem Umfang beteiligt, aber selbst nur unwesentlich betroffen.

In den Hilfsstabseinrichtungen werden Planungs- und Kontrollsysteme in unterschiedlichem Umfang eingesetzt. Nur solche Einheiten, die relativ autonom arbeiten und wie die Betriebskantine oder der Universitätsbuchladen leicht meßbare Arbeitsprodukte liefern, können vorrangig durch Leistungsstandards kontrolliert werden. In einigen Stabseinheiten, die wie die Forschungsabteilung eines Großunternehmens wichtige Interdependenzen mit anderen Teilen der Organisation aufweisen, kann auch die Aktionsplanung eine Rolle spielen – zumindest insoweit, als diese die Linienabteilungen betrifft, die ihre Dienste in Anspruch nehmen. Andere Einheiten wie die Rechtsabteilung wiederum haben so gut wie gar nichts mit einem Planungs- und Kontrollsystem zu tun.

Kontaktinstrumente

Häufig reichen weder die persönliche Weisung noch die drei Formen der Standardisierung aus, um die in einer Organisation erforderliche Koordinierung zu gewährleisten. Mit anderen Worten: Es verbleiben immer noch wichtige Interdependenzen – auch nach der Gestaltung der einzelnen Positionen, dem Aufbau der Rahmenstruktur und der Einrichtung der Planungs- und Kontrollsysteme. Die Organisation muß dann zwecks Koordinierung auf die gegenseitige Abstimmung zurückgreifen. So kann eine Kundenbeschwerde über schlechten Service beispielsweise erforderlich machen, daß sich der Verkaufsleiter und der Produktionsleiter zusammensetzen, um neue Liefervereinbarungen auszuarbeiten.

Bis vor kurzem blieb diese Art der gegenseitigen Abstimmung weitgehend dem Zufall überlassen; die Koordinierung erfolgte bestenfalls auf informellem Weg – außerhalb der formalen Organisationsstruktur.

Doch in den letzten Jahren haben Organisationen ein ganzes Instrumentarium zur Förderung von Arbeitskontakten zwischen einzelnen Mitarbeitern entwickelt, das sich in die formale Struktur einbinden läßt.

Diese Kontaktinstrumente stellen die derzeit wohl wichtigste Entwicklung in der Organisationsgestaltung dar – die einzige wirklich große Errungenschaft seit der Einführung von Planungs- und Kontrollsystemen vor ein bis zwei Jahrzehnten.

Seit den 60er Jahren hat die populärwissenschaftliche Managementliteratur jedes neue Kontaktinstrument als große Entdeckung gefeiert. Erst waren es die »Arbeitskreise« (task forces), dann die »Matrixstruktur« (matrix structure) und später die »Integrationsmechanismen« (integrators). Doch der Leser war verunsichert: Waren dies lediglich unterschiedliche Bezeichnungen für ein und dasselbe Phänomen, oder handelte es sich tatsächlich jedesmal um einen neuen Beitrag? Und wenn dies so war, ließen solche Entwicklungen einen größeren Zusammenhang erkennen? Die Veröffentlichungen von Jay Galbraith (1973) haben viele dieser Probleme gelöst. Galbraith ordnete all diese Kontaktinstrumente in einem Kontinuum an – von den ganz simplen Möglichkeiten bis hin zu höchst komplizierten Techniken: direkte Kontakte zwischen Führungskräften, Kontaktrollen, Arbeitskreise und Teams, Integrationsmechanismen, Management-Partizipationsmodell und Matrixorganisation. Zum Zweck unserer Ausführungen soll das Schema von Galbraith auf vier grundlegende Kontaktinstrumente reduziert werden: Kontaktpositionen, Arbeitskreise und ständige Ausschüsse, Projektleiter und Matrixstrukturen.

Kontaktpositionen

Wenn die Koordinierung der Arbeitsabläufe in zwei Einheiten ein hohes Maß an Kommunikationskontakten erfordert, bietet sich die formale Einrichtung einer Kontaktposition an, über die eine direkte Kommunikation unter Umgehung der vertikalen Kanäle erfolgen kann.

Die Position ist mit keiner formalen Autorität verbunden, doch da beim Positionsinhaber alle Kommunikationskanäle zusammenlaufen, stellt er dennoch eine organisatorische »Schaltzentrale« mit erheblichem Einfluß dar. Dieser Einfluß ist jedoch stets informeller Art und beruht auf Wissen, nicht auf Status. Einige Kontaktpositionen sorgen für Kontakte zwischen verschiedenen Linieneinheiten; dies trifft beispielsweise zu auf den Kontaktingenieur, der zwar Mitglied der Konstruktionsabteilung ist, seinen Arbeitsplatz aber in der Werksanlage hat, oder auf den Kontaktverkäufer, der zwischen dem Außendienst und dem Werk vermittelt, oder auch auf die Sachbearbeiter im Einkauf, in deren Verantwortungsbereich sowohl Kaufaktivitäten als auch technische Aufgaben fallen. Letztere sind »sofort verfügbar, um Ingenieuren Informationen bereitzustellen, wenn diese Unterstützung bei der Wahl von Komponenten benötigen. Sie helfen bei der Erstellung von Angeboten (und bringen diese in eine realitätsbezogene und lesbare Form) und tragen zur beschleunigten Auslieferung von Laborausstattungen und Materialien für Prototypmodelle bei« (Strauss 1962, S.180-181). Andere Kontaktpositionen sind Linien- und Stabsgruppen angeschlossen – zum Beispiel die Personalsachbearbeiter und Bilanzbuchhalter, die zwar weiterhin ihrer Stabseinheit in der Technostruktur verantwortlich sind, ihre Beratungsfunktion aber in den Dienst von Linienabteilungen stellen.

Arbeitskreise und ständige Ausschüsse

Die Besprechung oder Sitzung ist die wichtigste Einrichtung in der Organisation zur Förderung gegenseitiger Abstimmung. Einige Sitzungen sind improvisiert: Man trifft sich zufällig auf dem Flur und führt eine »Besprechung«. Andere Sitzungen werden je nach Bedarf ad hoc angesetzt. Wenn die Organisation dazu übergeht, eine Sitzung oder Besprechung zu institutionalisieren, d.h., den Teilnehmerkreis formal zu bestimmen und vielleicht auch regelmäßige Termine anzuberaumen, ist die Sitzung als Bestandteil der formalen Struktur anzusehen. Dies ist dann der Fall, wenn – zumindest für eine gewisse Zeit – umfassende und ziemlich regelmäßige Kontakte zwischen den Mitgliedern verschiedener Einheiten zwecks Diskussion gemeinsamer Interessen erforderlich sind. Zur Institutionalisierung solcher Sitzungen oder Besprechungen werden zwei wichtige Kontaktinstrumente eingesetzt.

Der Arbeitskreis ist ein Ausschuß, der zur Durchführung einer bestimmten Aufgabe gebildet wird und sich danach wieder auflöst. Dagegen ist der ständige Ausschuß eine eher permanente Einrichtung, der Vertreter aus verschiedenen Abteilungen angehören; die Sitzungen eines ständigen Ausschusses zur Diskussion gemeinsamer Probleme und Interessen finden regelmäßig statt.

Viele ständige Ausschüsse finden sich auf den mittleren Führungsebenen der Organisation, während andere, beispielsweise der Vorstand, an der strategischen Spitze gebildet werden.

Projektleiter

Wenn ein höheres Maß an Koordination durch gegenseitige Abstimmung erforderlich ist, als Kontaktpositionen, Arbeitskreise und ständige Ausschüsse zu leisten vermögen, kann die Organisation einen Projektleiter bestimmen und so eine Kontaktposition mit formaler Autorität einrichten.

Eine zunächst unbeteiligte Führungskraft, unter Umständen auch mit der ihr unterstellten Einheit, wird der bestehenden Abteilungsstruktur vorangestellt und übernimmt einen Teil der Machtbefugnisse, die zuvor von den verschiedenen Abteilungen wahrgenommen wurden. Um solche Projektleiter handelt es sich beispielsweise bei Produktmanagern in Konsumgüterfirmen, die für die Produktion und den Vertrieb bestimmter Markenprodukte verantwortlich sind, bei Programmleitern in Raumfahrtbehörden, deren Aufgabe die Integration gewisser funktioneller Aktivitäten ist, oder bei leitenden Angestellten in Krankenhäusern, denen die Integration der Tätigkeiten von Ärzten, Pflegepersonal und Mitarbeitern des Hilfsstabs auf bestimmten Stationen obliegt.

Die formalen Machtbefugnisse des Projektleiters berühren stets einige Aspekte der Entscheidungsprozesse, die in den Bereich der betroffenen Abteilungen fallen, umfassen aber (definitionsgemäß) niemals die formale Autorität über die Mitarbeiter in diesen Abteilungen.

(Dann wäre der Betreffende Abteilungsleiter und nicht Projektleiter.) Um das Verhalten der zu koordinierenden Mitarbeiter steuern zu können, muß der Projektleiter vielmehr seine Entscheidungsautorität und vor allem seine Überzeugungskraft und sein Verhandlungsgeschick unter Beweis stellen. Galbraith unterscheidet drei Stufen bei den Entscheidungsbefugnissen eines Projektleiters. Als erstes kann dem Projektleiter die Befugnis übertragen werden, bereits getroffene Entscheidungen – zum Beispiel die Budgets der Abteilungen – zu überprüfen und zu genehmigen. Zweitens kann er autorisiert werden, sich schon zu einem früheren Stadium in den Entscheidungsprozeß einzuschalten – beispielsweise zwecks Mitarbeit an der Aufstellung des Budgets, das dann von den Abteilungen zu genehmigen ist. Und drittens kann er beauftragt werden, den Entscheidungsprozeß zu steuern; in einem solchen Fall legt er beispielsweise das Budget fest und sorgt in den Abteilungen für finanziellen Ausgleich.

Nehmen wir als Beispiel den Produktmanager in einer Konsumgüterfirma. Er ist eine Art Mini-Generaldirektor und für den Erfolg eines einzigen Produkts verantwortlich. Seine Leistung wird danach bemessen, wie gut sich dieses Produkt auf dem Markt verkauft. Er muß Einblick in Einkauf, Fertigung, Verpackung, Preisbildung, Vertrieb, Verkauf, Verkaufsförderung, Werbung und Marketing haben und Pläne für das Produkt aufstellen – einschließlich der Verkaufsprognosen, Budgets und Produktionsziele. Doch der Produktmanager besitzt keine direkte Weisungsbefugnis gegenüber der Marketingabteilung beziehungsweise der Produktionsabteilung. Vielmehr besteht seine Aufgabe darin, zusammen mit allen anderen Produktmanagern in seiner Firma mit der Produktion über die Fertigung und mit dem Marketing über den Vertrieb des von ihm betreuten Produkts zu verhandeln. Wenn er jedoch befugt ist, das Budget für sein Produkt zu kontrollieren und über dieses nach eigenem Ermessen (beispielsweise zugunsten einer Fertigung in verschiedenen Werken) zu entscheiden, kann er beträchtlichen Einfluß entwickeln.

Während der Produktmanager ein vorhandenes oder bereits laufendes Produkt betreut, hat der Projekt- oder Programmleiter die Aufgabe, ein neues oder noch in den Anfängen steckendes Unternehmen – zum Beispiel ein neues Produkt oder eine neue Anlage – zum Laufen zu bringen. In beiden Fällen werden marktorientierte Projektleiter funktionsorientierten Strukturen vorangestellt, um die Koordinierung von Arbeitsabläufen sicherzustellen. Doch umgekehrt können auch funktionsorientierte Projektleiter marktorientierten Strukturen vorangestellt werden, um die Spezialisierung zu fördern. Letzteres ist beispielsweise dann der Fall, wenn eine für die Qualität der Programmierung verantwortliche Führungskraft einer formal auf Projektbasis organisierten Datenverarbeitungsabteilung vorgeschaltet wird.

Der Projektleiter hat keine leichte Aufgabe: Seine größte Schwierigkeit besteht darin, Einfluß auf das Verhalten von Leuten zu nehmen, über die er keine formale Autorität hat. So muß der Produktmanager die Produktionsabteilung überzeugen, daß der Produktion seines Produktes Priorität einzuräumen ist, und die Verkaufsabteilung muß dazu gebracht werden, sein Produkt – und kein anderes – zu fördern; in ähnlicher Weise muß die für die Programmierung verantwortliche Führungskraft die Programmierer, die formal den eigenen Programmleitern unterstehen, zur Verbesserung der Qualität ihrer Arbeit anregen. Wie Galbraith feststellt, kann sich der zwischen verschiedenen Gruppen und Einheiten vermittelnde Projektleiter nur auf Kontakte, auf Informationen, die er kraft seines Amtes aus verschiedenen Kanälen erhält, verlassen und auf seine Fähigkeit, Vertrauen zu schaffen und aufgrund seines größeren Überblicks die Entscheidungsfindung effizienter zu gestalten. Der effektive Projektleiter zeichnet sich durch großes Zugehörigkeitsbedürfnis und durch die Fähigkeit aus, zwischen Konfliktgruppen zu vermitteln und von beiden Seiten akzeptiert, aber von keiner absorbiert zu werden.

Matrixstrukturen

Keine der genannten Gruppierungsalternativen vermag allen Interdependenzen gleichermaßen gerecht zu werden: Funktionsorientierte Gruppierungen führen zu Pro-

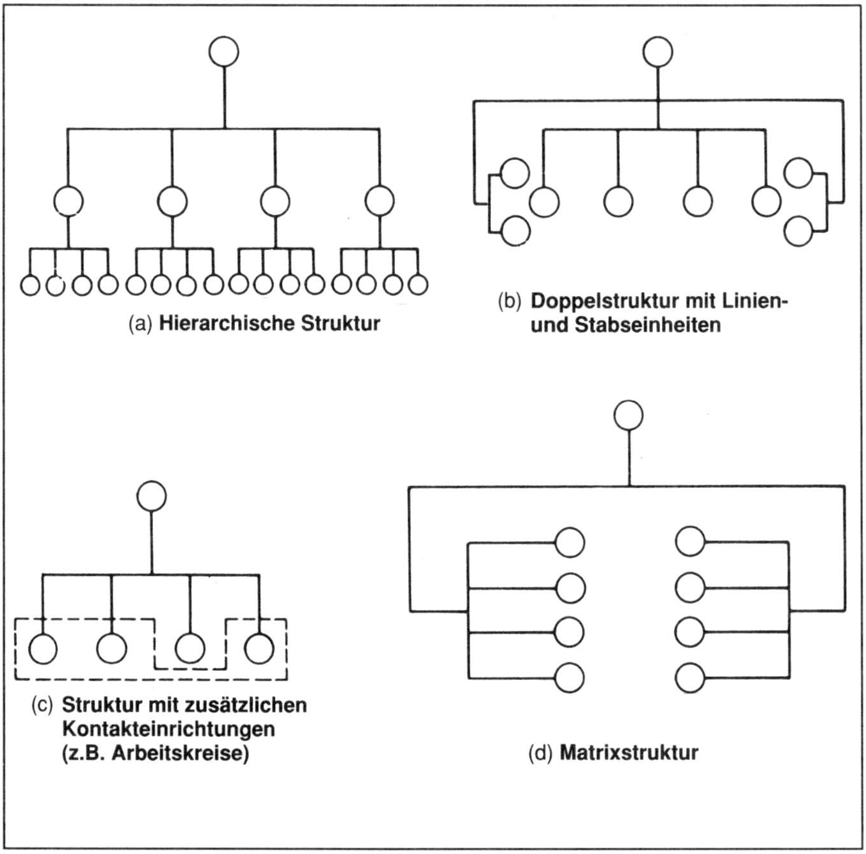

Abb. 4-3: Strukturen zur Erfassung ungeklärter Interdependenzen

blemen bei den Arbeitsabläufen, marktorientierte Gruppierungen verhindern Kontakte unter den Spezialisten usw. Standardisierung durch Verhaltensformalisierung, Ausbildung und Indoktrination mögen das Problem lindern, aber häufig bleiben dennoch wichtige Interdependenzfragen ungeklärt.

In unseren bisherigen Ausführungen haben wir bereits drei grundlegende Möglichkeiten aufgezeigt, wie Organisationen dieses Problem angehen können. Abbildung 4-3 vermittelt einen Überblick. Die erste Möglichkeit besteht darin, die verbliebenen Interdependenzen auf der nächsthöheren Hierarchieebene zu klären. Die zweite Möglichkeit ist die Erfassung der noch ungelösten Interdependenzen in Stabseinheiten. (Dabei entsteht eine Doppelstruktur: Die eine ist eine Linienstruktur mit formaler Entscheidungsbefugnis, in der die Hauptinterdependenzen berücksichtigt sind, die andere eine Stabsstruktur, die hinsichtlich der verbliebenen Interdependenzen berät. Zum Beispiel berät ein Marktforscher oder ein Finanzexperte die verschiedenen Produktmanager bei der funktionalen Koordinierung ihrer Aktivitäten.) Die dritte Möglichkeit betrifft den Einsatz der bereits erörterten Kontaktinstrumente, wobei die Organisation ihre traditionelle Autoritätsstruktur beibehält, darüber hinaus aber beispielsweise Arbeitskreise einsetzt, um die ungeklärten Interdependenzen aufzufangen.

Bei jeder dieser drei Lösungsmöglichkeiten wird eine bestimmte Gruppierungsalternative bevorzugt. Zuweilen kann es in einer Organisation aber auch erforderlich sein, ein ausgewogenes Verhältnis zwischen zwei (oder sogar drei) Gruppierungsalternativen anzustreben. So mag ein internationales Unternehmen weder eine nach geographischen Bereichen noch eine nach Produkten gegliederte Gruppierung in seiner Struktur begünstigen wollen, oder im Fall einer Datenverarbeitungsabteilung oder einer Werbeagentur erweist es sich als unzweckmäßig, zwischen einer Projektorientierung einerseits und einer besonderen Schwerpunktbildung durch Spezialisierung andererseits zu entscheiden. Galbraith führt in diesem Zusammenhang das Beispiel eines High-Tech-Unternehmens an, dessen Produkte einem ständigen Wandel unterlagen. Einige Führungskräfte argumentierten zugunsten der Produktsparten, um die komplexen Probleme der Terminplanung, des Produktwechsels und der Betreuung der neuen Produkte zu lösen, doch andere brachten Einwände vor. So befürchtete der Leiter der Konstruktionsabteilung, dieser Konflikt könnte den Einfluß seiner Mitarbeiter gerade dann schmälern, wenn er mit Disziplin- und Fluktuationsproblemen zu kämpfen habe. Was die Unternehmensleitung brauchte, war sowohl Produktorientierung als auch eine Verbesserung der Arbeitsmoral bei den wichtigsten Spezialisten, und zwar auf ein und derselben hierarchischen Ebene. In solchen Fällen bietet sich das vierte Kontaktinstrument an – die Matrixstruktur.

Durch den Einsatz der Matrixstruktur vermeidet die Organisation eine Entscheidung zwischen den zwei grundlegenden Gruppierungsalternativen – sie entscheidet sich für beide.

»Ganz einfach gesagt, ist die Matrixstruktur nichts anderes als der Versuch einer Organisation, ›zwei Fliegen mit einer Klappe zu schlagen‹« (Sayles 1976, S.5).

Doch dabei entsteht eine doppelte Autoritätsstruktur, so daß in einer Matrixstruktur das Prinzip der Alleinverantwortung beziehungsweise der einheitlichen Auftragserteilung aufgegeben werden muß.

Wie Abbildung 4-3d zeigt, verläuft die formale Autoritätsstruktur zunächst abwärts in der Hierarchie, um sich dann aufzuteilen, und dies führt zu gemeinsamen Verantwortungen und zur Unterbrechung der sonst lückenlosen Autoritätskette. Den klassischen Theoretikern war das Konzept der Doppelautorität ein Greuel; es verletzte die Prinzipien und zerstörte die wohlgeordnete Struktur.[2] Doch wie Galbraith feststellt, kann uns Doppelautorität kaum fremd vorkommen: »Wir sind fast alle im dualen Autoritätssystem der Familie aufgewachsen...« (Galbraith 1973, S. 144). Genauso sind verschiedene Linienführungskräfte in der Matrixstruktur gleichermaßen und gemeinsam für dieselben Entscheidungen verantwortlich und somit gezwungen, eventuell auftretende Konflikte selbst zu lösen. Auf diese Weise wird ein hochempfindliches Gleichgewicht der Kräfte geschaffen. Rufen wir uns noch einmal das Beispiel von der Werbeagentur in Erinnerung: Wenn die Spezialisten projektorientiert arbeiten sollen, aber darauf bestehen, von ihresgleichen beurteilt zu werden, bestünde in einer Matrixstruktur die Möglichkeit, daß eine Beurteilung durch die Projektleiter und die funktionalen Führungskräfte gemeinsam erfolgt.

Dieses ausgewogene Verhältnis der formalen Machtbefugnisse ist es, was die Matrixstruktur von den anderen Möglichkeiten zur Bewältigung noch verbliebener Interdependenzen unterscheidet – einschließlich der übrigen Kontaktinstrumente. Im einen Fall haben wir vier Produktmanager, jeder verantwortlich für je eine Führungskraft in Fertigung, Vertrieb, Konstruktion und Personalbüro, oder vier Projektleiter, jeder um Koordination der Arbeit von vier funktionsorientierten Führungskräften mit der Linienautorität bemüht oder gar mit der Aufgabe betraut, letztere in marktorientierten Arbeitskreisen zusammenzubringen. Im anderen Fall stehen sich Produktionsleiter einerseits und funktionsorientierte Führungskräfte andererseits mit gleichen formalen Machtbefugnissen gegenüber (Abbildung 4-3d).

Allerdings stellt Sayles (1976) in seinem Übersichtsartikel zur Matrixstruktur fest, die entsprechenden Alternativen seien in vielen derzeitigen Organisationen einfach zu verwirrend:

Es gibt bei weitem zu viele Verbindungen und Interdependenzen – einschließlich all der diagonalen, gestrichelten und sonstigen »informellen« Linien zur Kontrolle, Kommunikation und Kooperation – unter den verschiedenen Linien- und Stabsführungskräften, als daß eine einfache und bequeme Anpassung an die traditionelle Hierarchie, sei sie flach oder steil, erfolgen könnte...

Viele Unternehmen machen geradezu semantische Klimmzüge, um herauszufinden, welche ihrer wichtigsten Gruppen denn nun zur »Linie« beziehungsweise zum »Stab« gehören (Sayles 1976, S. 3, 15).

Sayles führt weiter aus, die Matrixstruktur sei für solche Organisationen geeignet, die bereit seien, ihre Konflikte durch informelles Aushandeln zwischen Gleichgestellten und nicht durch Rückgriff auf formale Autorität, d.h. auf die formalen Machtbefugnisse der Vorgesetzten über die Untergebenen und der Linie über den Stab, zu lösen. Er scheint uns damit – in Analogie zu Galbraiths Argument bezüglich der Familie – sagen zu wollen, daß die Matrixstruktur eine Option für »reifere« Organisationen ist. Seiner Überzeugung nach haben bereits viele Organisationen die eine oder andere Form der Matrixstruktur eingeführt, auch wenn sie diese nicht als solche bezeichnet haben.

Zwei Arten von Matrixstrukturen sind zu unterscheiden:
(1) eine permanente Form, bei der die Interdependenzen und infolgedessen auch die Einheiten und die zugehörigen Mitarbeiter mehr oder weniger stabil bleiben; und
(2) eine alternierende, projektorientierte Form, bei der die Interdependenzen, die marktorientierten Einheiten und die zugehörigen Mitarbeiter häufig wechseln.

Ein Beispiel für die permanente Matrixstruktur bieten die Verwaltungsbehörden in einigen Städten, wo sich die funktionalen städtischen Abteilungen für Parks, Polizei, Gesundheitswesen usw. mit den Verwaltungsinstanzen in spezifischen Bezirken koordinativ abstimmen, um in gemeinsamer Verantwortung die Qualität der städtischen Dienste für die Stadtbevölkerung sicherzustellen. Auch einige internationale Unternehmen sind zu dieser Strukturform übergegangen, indem sie die Führungskräfte für geographische Bereiche (Bereichsleiter) den Führungskräften für weltweite Produktlinien (Produktleiter) gegenüberstellen: Beiden gemeinsam ist ein regionaler Produktmanager unterstellt, der seinerseits Vorgesetzter von funktionsorientierten Führungskräften ist (Abbildung 4-4). Ein charakteristisches Merkmal der permanenten Matrixstruktur ist somit die Tatsache, daß sich die Autoritätskette nach ihrer Teilung wieder schließt, so daß eine Führungskraft durchaus zwei Vorgesetzte haben kann, dagegen für die eigene Einheit alleinverantwortlich ist.

Die alternierende Matrixstruktur wird für Projektarbeiten eingesetzt, bei denen die Arbeitsprodukte wie in Raumfahrtunternehmen, Forschungslabors sowie Planungs- und Beratungsstäben häufig wechseln. In solchen Fällen richtet die Organisation eine Reihe von Projektteams (im Prinzip marktorientierte Einheiten auf Zeit) ein, die sich aus Mitgliedern der funktionsorientierten Abteilungen zusammensetzen und verschiedenen »internen« Zwecken dienen. Die amerikanische Raumfahrtbehörde NASA (National Aeronautics and Space Administration) ist ein bekanntes Beispiel hierfür. Grundlegendes Merkmal der in einer alternierenden Matrixstruktur eingesetzten Teams ist die Tatsache, daß ihre Leiter hauptamtliche Führungskräfte (der marktorientierten Einheiten) sind, die formale Autorität (in gemeinsamer Verantwortung mit den Führungskräften der funktionsorientierten Einheiten) über die Mitglieder ihres Teams ausüben. Dies unterscheidet sie von den Leitern der Arbeitskreise und den Projektleitern, wie sie an früherer Stelle beschrieben worden sind. Derartige Kontaktinstrumente werden einer traditionellen Linienstruktur lediglich hinzugefügt. Dagegen entsteht eine Matrixstruktur gerade dadurch, daß die Leiter der Arbeitskreise mit den funktionsorientierten Führungskräften auf gleiche Höhe gestellt werden und die Machtbefugnisse mit diesen zu gleichen Teilen wahrnehmen.

Doch auch die Matrixstruktur hat ihre Probleme. Sie scheint zwar die effektivste Option für die Entwicklung neuer Aktivitäten und für die Koordinierung komplexer und multipler Interdependenzen zu sein, ist aber in keiner Weise für Organisationen geeignet, in denen Sicherheit und Stabilität geboten sind. Wenn das Prinzip der Alleinverantwortung aufgegeben wird, kann dies ein beträchtliches Verwirrungs-, Streß- und Konfliktpotential zur Folge haben und allen Beteiligten großes Geschick im Umgang mit Menschen und sehr viel Toleranz abverlangen. Zudem erweist es sich als

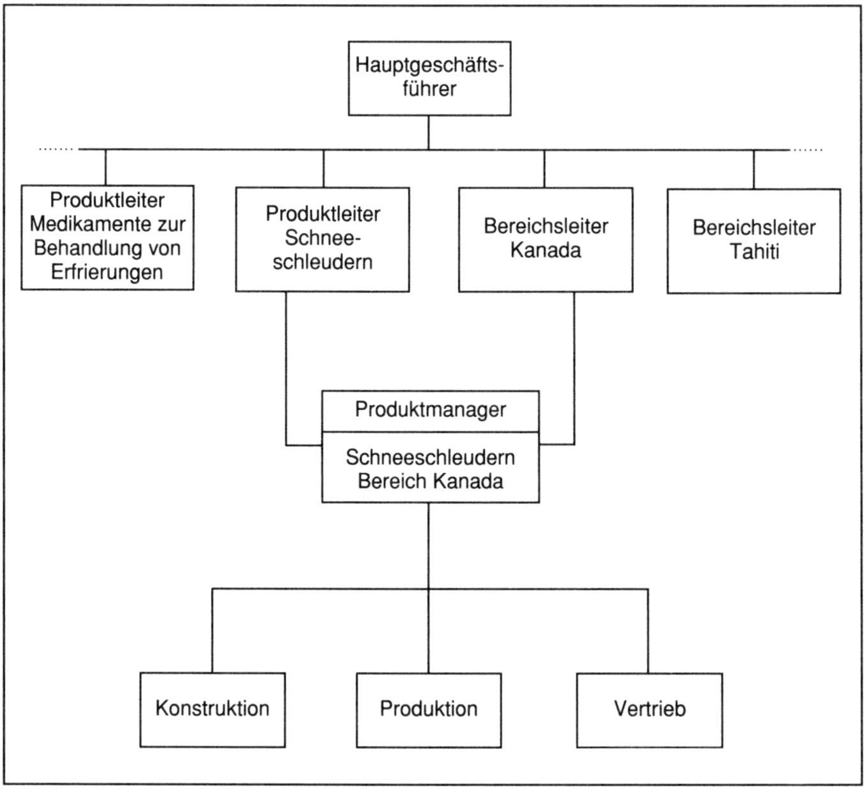

Abb. 4-4: Permanente Matrixstruktur in einem internationalen Unternehmen

problematisch, das hochempfindliche Gleichgewicht zwischen den Machtbefugnissen der verschiedenartigen Führungskräfte aufrechtzuerhalten. Eine Schwerpunktverlagerung in die eine oder andere Richtung kommt der Rückkehr zu einer traditionellen Ein-Linien-Hierarchie gleich, wodurch die Vorteile der Matrixstruktur verlorengehen. Doch auch ein perfektes Gleichgewicht ohne Kooperation zwischen den verschiedenen Führungskräften kann zu so vielen, nur auf den höheren Rängen der Hierarchie beizulegenden Unstimmigkeiten führen, daß die Führungsspitze überlastet wird. Problematisch sind in diesen Strukturen auch die mit Administration und Kommunikation verbundenen Kosten. »Im Gegensatz zu einfacheren Autoritätsstrukturen verlangt das System, daß die Mitarbeiter weitaus mehr Zeit für Sitzungen aufbringen, um über die Arbeit zu diskutieren, anstatt diese zu verrichten. Es muß einfach mehr Kommunikation stattfinden, mehr Mitarbeiter müssen mehr Informationen erhalten...« (Knight 1976, S.126). Und wie wir noch sehen werden, sind in einer Matrixstruktur sehr viel mehr Führungskräfte erforderlich als in traditionellen Strukturen, wodurch die administrativen Kosten erheblich steigen.

Ein Kontinuum von Kontaktinstrumenten

In Abbildung 4-5 sind unsere Ausführungen zu den vier Kontaktinstrumenten – Kontaktpositionen, Arbeitskreise und ständige Ausschüsse, Projektleiter sowie Matrixstruktur – zusammengefaßt. Auch diese Darstellung stammt von Galbraith (1973), ist aber in modifizierter Form wiedergegeben. Abbildung 4-5 zeigt ein Kontinuum mit einer rein funktionalen Struktur am einen Ende (d.h. eine funktionale Struktur als einzige Kette der Linienautorität) und eine ausschließlich nach Märkten orientierte Struktur am anderen Ende. (Genausogut könnten an den Enden auch andere Gruppierungsstrukturen stehen.) Die erste und geringfügigste Modifikation der reinen Strukturformen ist die zusätzliche Einrichtung von Kontaktpositionen, die bei der funktionalen Struktur eine leichte Marktorientierung und bei der marktorientierten Struktur eine leichte funktionale Ausrichtung bewirken. Auf diese Weise werden die informellen Machtbefugnisse der Linienführungskräfte (in der Abbildung durch die diagonal verlaufende Linie verdeutlicht) etwas reduziert. Eine stärkere Modifikation ist die Hinzufügung von Arbeitskreisen oder ständigen Ausschüssen zu den reinen Strukturformen; die eingreifendste Modifikation, die fast einer Aufgabe des Prinzips der Alleinverantwortung gleichkommt, ist jedoch die Einführung von Projektleitern. Wie wir gesehen haben, besitzen solche Führungskräfte gewisse formale Entscheidungsbefugnisse – beispielsweise im Hinblick auf den Einsatz wichtiger Ressourcen – und entwickeln beträchtlichen informellen Einfluß. Dennoch behalten sowohl die funktionsorientierten als auch die marktorientierten Führungskräfte ihre traditionelle Linienautorität bei – einschließlich der Weisungsbefugnisse gegenüber dem Personal. In der Mitte zwischen den beiden reinen Strukturformen ist in Abbildung 4-5 die Matrixstruktur dargestellt, die ein ausgewogenes Machtverhältnis zwischen der funktionsorientierten Struktur und der marktorientierten Struktur bewirkt. Anstelle der Alleinverantwortung steht die Doppelautorität.

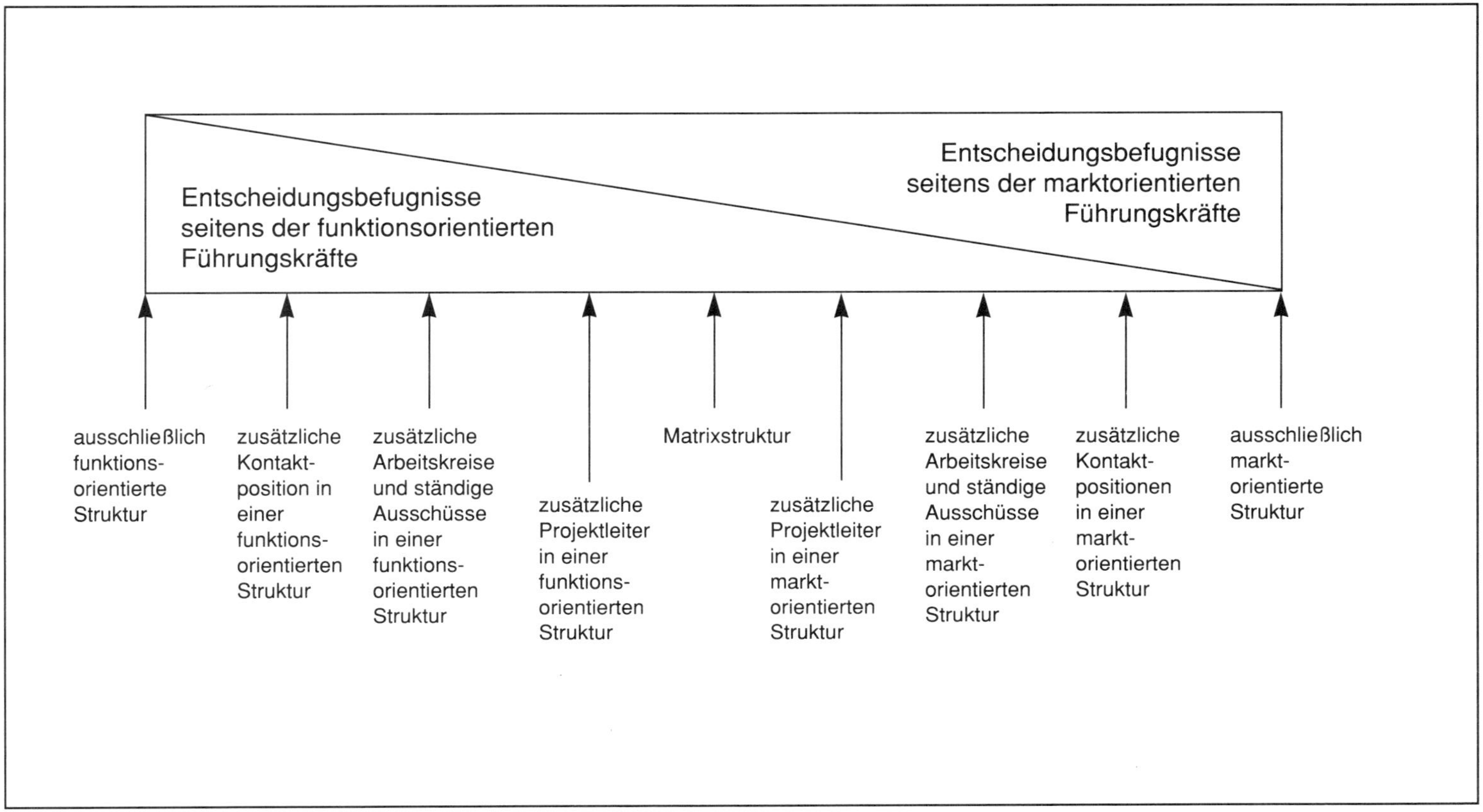

Abb. 4-5: Ein Kontinuum von Kontaktinstrumenten (nach Galbraith 1973, S. 114)

Kontaktinstrumente im Zusammenhang mit den anderen Gestaltungsparametern

Verschiedentlich ist in unseren Ausführungen auf die Zusammenhänge zwischen den Kontaktinstrumenten und den bereits erörterten Gestaltungsparametern hingewiesen worden. Wir wollen uns nun ausführlicher mit diesen Zusammenhängen befassen und zunächst die Rahmenstruktur und dann die Einzelpositionen hinzuziehen.

Kontaktinstrumente lassen sich selbstverständlich in jeder Gruppierungsalternative einsetzen, zumal sie gerade so angelegt sind, daß sie die mit der Verwendung ausschließlich einer Gruppierungsalternative verbundenen unvermeidlichen Grenzen durchbrechen. Dennoch läßt eine Überprüfung der in der Literatur angeführten Beispiele erkennen, daß solche Instrumente am häufigsten in funktionsorientierten Gruppierungen eingesetzt werden, um eine zusätzliche Ausrichtung auf die jeweiligen Marktbereiche zu erreichen.

Im Hinblick auf die Größe der Einheiten ist festzustellen, daß Kontaktinstrumente eingesetzt werden, um die gegenseitige Abstimmung durch informelle Kommunikation zu fördern; wie in Kapitel 3 erörtert wurde, erfordern solche Kommunikationen direkte Kontakte zwischen kleinen Arbeitsgruppen.

Wir können somit davon ausgehen, daß organisatorische Einheiten im Durchschnitt um so kleiner sind, je mehr Gebrauch von Kontaktinstrumenten gemacht wird.

Dies trifft besonders zu für Arbeitskreise und ständige Ausschüsse sowie für die »Matrixstruktur auf Zeit«, wo die Arbeit im wesentlichen in Gruppen ausgeführt wird. Stünde nicht die Größe der Einheiten, sondern die Anzahl der Führungskräfte zur Diskussion, träten die Auswirkungen der Kontaktinstrumente noch deutlicher zutage: Die Hinzufügung von Projektleitern vergrößert den Anteil der Führungskräfte gegenüber den Nicht-Führungskräften ganz erheblich; die Umstellung auf eine Matrixstruktur erfordert etwa doppelt so viele Führungskräfte[3], zumal manche Mitarbeiter nun zwei Vorgesetzte haben.

Somit haben bestimmte Kontaktinstrumente, insbesondere die Matrixstruktur, eine starke Erhöhung der Anzahl an Führungskräften in der Organisation zur Folge.

Wenn wir uns nun der Gestaltung von Positionen zuwenden, so erwarten wir den Einsatz von Kontaktinstrumenten dort, wo sich das Verhalten der Organisationsmitglieder nicht standardisieren läßt und zur Koordinierung der Aktivitäten statt dessen gegenseitige Abstimmung erfolgen muß. Mit anderen Worten:

In bürokratischen Strukturen besteht ein geringerer Bedarf an informeller Kommunikation, was nichts anderes bedeutet, als daß Kontaktinstrumente in erster Linie in organischen Strukturen benötigt werden.

Kontaktinstrumente sind flexible Mechanismen, die ungebundene, informelle Beziehungen fördern. Sicher werden die nicht so eingreifenden Kontaktinstrumente wie Kontaktpositionen, Arbeitskreise und ständige Ausschüsse, wie sie in Abbildung 4-5 an den Enden des Kontinuums dargestellt sind, zuweilen auch in bürokratischen Strukturen eingesetzt, um die dort vorherrschende Inflexibilität stellenweise aufzulockern. Doch der Einsatz der einflußreicheren Kontaktinstrumente – die Hinzufügung von Projektleitern und die Einrichtung einer Matrixstruktur – bringen die traditionellen Muster formalisierten Verhaltens derart ins Wanken, daß die daraus folgende Struktur nicht mehr als bürokratisch anzusehen ist.

Kontaktinstrumente kommen ganz allgemein dort zum Einsatz, wo die Arbeit zugleich
(1) horizontal spezialisiert,
(2) komplex und
(3) in hohem Maße interdependent ist.

Wenn Arbeitsaufgaben nicht zugleich horizontal spezialisiert und interdependent sind, ist eine sorgfältige Koordination nicht vordringlich, so daß sich auch Kontaktinstrumente erübrigen. Und wo Arbeitsaufgaben nicht komplex sind, läßt sich die erforderliche Koordination weitgehend durch persönliche Weisung oder durch Standardisierung von Arbeitsprozessen oder Arbeitsprodukten erreichen. Komplexe Arbeitsaufgaben können natürlich auch durch Standardisierung der dazu erforderlichen Qualifikationen koordiniert werden, doch nur so lange, wie keine größeren Interdependenzen auftreten. Wird hingegen ein gewisses Maß an Interdependenzen zwischen spezialisierten komplexen Aufgaben überschritten, erweist sich gegenseitige Abstimmung zur Erzielung von Koordination als unumgänglich, und dann erfolgt auch der Einsatz von Kontaktinstrumenten.

Natürlich handelt es sich bei spezialisierten komplexen Aufgaben um professionelle Tätigkeiten, deren Verrichtung eine bestimmte Berufsausbildung voraussetzt. Entsprechend ist auch ein Zusammenhang zwischen Professionalität (sowie Ausbildung) einerseits und dem Einsatz von Kontaktinstrumenten andererseits festzustellen. In der Tat betreffen viele der in diesem Kapitel angeführten Beispiele gerade solche Organisationen, in denen hochqualifizierte Fachleute arbeiten – Raumfahrtunternehmen, Forschungslabors und andere. Wie an früherer Stelle bereits erwähnt wurde, könnte es zwei Kategorien von professionellen Organisationen geben: In der einen Organisation erledigen die Spezialisten ihre Arbeit selbständig als Individuen, während in der anderen Gruppenarbeit geleistet wird. Nun erkennen wir, daß in dieser zweiten

Kategorie professioneller Organisationen die Kontaktinstrumente die wichtigsten Gestaltungsparameter sind.

Bezüglich des Zusammenhangs zwischen Kontaktinstrumenten einerseits und Planungs- und Kontrollsystemen andererseits ist festzustellen, daß sich der gleichzeitige Einsatz dieser beiden Formen lateraler Verbindungsstrukturen zumindest bis zu einem gewissen Grad verbietet. Eine Organisation, in der die mit den verschiedenen Aufgaben verbundenen Interdependenzen weder durch die Gestaltung von Einzelpositionen noch durch die Gestaltung der Rahmenstruktur aufzufangen sind, wird entweder auf die Standardisierung der Arbeitsprodukte oder auf den Einsatz von Instrumenten der gegenseitigen Abstimmung zurückgreifen. Sayles beispielsweise beschreibt eine Organisation, die sich für die Matrixstruktur entschieden hat: Die Einführung multipler Autoritätsquellen in der Organisation bedeutete zwangsläufig, daß die organisatorischen Entscheidungen »nicht von einem wohlprogrammierten Computer oder von Fachleuten in kleinen Planungsstäben getroffen werden können« (Sayles 1976, S.15); ihre »Ziele sind zugleich multipler Art, weisen ein hohes Konfliktpotential auf und unterliegen häufigem Wandel« (S. 16); die mit den organisatorischen Arbeitsabläufen verbundenen Interdependenzen sind so beschaffen, daß »kein Bilanzierungsmodell« (S. 15) die gesamte Reichweite aller Einflußfaktoren zu erfassen vermag. »Die Matrixstruktur läßt die Entscheidungsfindung zwangsläufig zu einem konstanten Prozeß des Austauschs und des Ausgleichs werden, nicht nur zwischen dem Gesamtsystem und seinen einzelnen Komponenten und Interessengruppen, sondern auch zwischen den Spezialisten in den Interessengruppen selbst« (S. 17). Planungs- und Kontrollsysteme können in einer solchen Organisation nicht viel ausrichten. Insbesondere sind Leistungskontrollsysteme insoweit unangemessen, als sie stabile Ziele und Einheiten mit ausschließlich gepoolten Interdependenzen voraussetzen. Bei bestimmten Formen der Aktionsplanung können zwar auch Interdependenzen zwischen mehreren Einheiten berücksichtigt werden, doch muß die Aktionsplanung dann so allgemein gefaßt sein, daß immer noch ein erhebliches Maß an Anpassung durch gegenseitige Abstimmung möglich ist. Die NASA setzte zunächst die Aktionsplanung zur Festlegung des grundsätzlichen Terminplans für das Apollo-Projekt ein, doch war in der Folgezeit so viel zusätzliche Koordination und gegenseitige Abstimmung erforderlich, daß die Raumfahrtbehörde am Ende des Projekts als Vorbild für den Einsatz von Kontaktinstrumenten gelten konnte.

Kontaktinstrumente in den verschiedenen Organisationsteilen

Kontaktinstrumente sind besonders geeignet im Zusammenhang mit Arbeitsaufgaben auf den mittleren Strukturebenen, wo viele der Linienführungskräfte und Stabsexperten beteiligt sind.

So versammelt sich ein ständiger Ausschuß einmal wöchentlich, damit der Betriebsleiter, der Verkaufsleiter und der Leiter des Einkaufs die anfallenden Probleme besprechen können; oder ein Ingenieur wird für eine Kontaktposition bestimmt, um zwischen einer Stabsgruppe in der Forschung und der Linienabteilung für den Vertrieb zu vermitteln; oder es wird ein Arbeitskreis eingerichtet, in dem Mitglieder der mittleren Führungsebene aus Buchhaltung, Produktion, Konstruktion und Einkauf gemeinsam untersuchen, inwieweit die Anschaffung neuer Ausrüstungen sinnvoll und möglich ist. Die Einrichtung einer Matrixstruktur, insbesondere in ihrer permanenten Form, ist dort angebracht, wo ein Ausgleich zwischen den Machtbefugnissen von Führungskräften der Mittellinie erzielt werden muß, die jeweils unterschiedlichen Gruppierungsalternativen zuzuordnen sind.

Unter Berücksichtigung der Tatsache, daß die Arbeitsaufgaben der mittleren Führungskräfte weitgehend ad hoc auftreten, in gewisser Weise aber auch strukturorientiert sind, ist das Kontaktinstrumentarium als ein ausgesprochen wichtiger Gestaltungsparameter der Mittellinie anzusehen. Zumindest gibt es in diesem Teil der Organisation sehr viele Besprechungen und Sitzungen, wobei häufig auch Arbeitskreise und ständige Ausschüsse zusammenarbeiten. In ähnlicher Weise gelten die Kontaktinstrumente in Stabseinheiten mit spezialisierten, komplexen und ausgesprochen interdependenten Arbeitsabläufen als vorrangiger Gestaltungsparameter – sowohl in der Technostruktur als auch auf den oberen Ebenen des Hilfsstabs. Arbeitskreise und die alternierende Matrixstruktur sind besonders zweckmäßig bei Projektarbeiten, wie sie vielfach in der Technostruktur anfallen. So kann eine betriebswirtschaftliche Abteilung ihre Spezialisten in homogenen Gruppen (Kostenanalytiker, Statistiker, Wirtschaftswissenschaftler usw.) zusammenfassen, sie zur Durchführung ihrer Untersuchungen aber jeweils unterschiedlichen Projektteams zuordnen. Und wie wir später noch sehen werden, kann in Organisationen, wo viele Stabsgruppen in engem Kontakt mit Einheiten der Mittellinie stehen, so stark von den Kontaktinstrumenten Gebrauch gemacht werden, daß die Unterscheidung zwischen Stab und Linie hinfällig wird und die jeweiligen Mittelteile schließlich eine durch die Beziehungen gegenseitiger Abstimmung geprägte amorphe Masse darstellen.

Wie bereits mehrfach erwähnt wurde, erfolgt dagegen die Koordinierung der Arbeit im betrieblichen Kern in erster Linie durch Standardisierung und in zweiter Linie durch persönliche Weisung. In solchen Fällen jedoch, wo die Mitarbeiter im betrieblichen Kern hochqualifizierte Fachleute sind, deren Interdependenzen Teamarbeit wie in Forschungszentren und kreativen Filmgesellschaften erfordern, ist die gegenseitige Abstimmung der wichtigste Koordinationsmechanismus, wobei Arbeitskreise und alternierende Matrixstrukturen die wichtigsten Gestaltungsparameter darstellen.

In gewissem Umfang wird auch an der strategischen Spitze von Kontaktinstrumenten Gebrauch gemacht. Wie wir gesehen haben, sind ständige Ausschüsse auf den höheren Führungsebenen häufig anzutreffen; auch Arbeitskreise werden vielfach eingesetzt, um die Führungsspitze mit den Führungskräften der Mittellinie und den höheren Stabsführungskräften zusammenzubringen; in ähnlicher Weise dienen Kontaktpositionen dazu, die Führungsspitze mit anderen Teilen der Organisation zu verbinden – zum Beispiel kann ein Vorstandsassistent beauftragt werden, mit einer neu hinzugekommenen Tochtergesellschaft in ständigem Kontakt zu bleiben. Doch ein umfangreicherer Einsatz der Kontaktinstrumente an der Organisationsspitze verbietet sich schon aufgrund der wechselhaften und nicht programmierbaren Art der dort anfallenden Arbeitsaufgaben. Selbst die flexiblen Kontaktinstrumente sind immer noch in zu hohem Maße strukturiert. Wie ich bei meinen Untersuchungen selbst festgestellt habe, ziehen Spitzenführungskräfte häufig das informelle Telefongespräch oder eine spontan angesetzte Besprechung einem Arbeitskreis mit festen Mitgliedern oder einem ständigen Ausschuß mit regelmäßigen Sitzungsterminen vor.

Anmerkungen

1. Dies heißt natürlich nicht, daß ein Leistungskontrollsystem nicht auch sehr regulativ sein kann. So werden vielleicht derart viele detaillierte Leistungsstandards aufgestellt, daß der Einheit nur wenig Bewegungsspielraum bleibt. (Beispiele dazu folgen an späterer Stelle.) Doch meist werden Leistungskontrollen in marktorientierten Strukturen eingesetzt, um die Erstellung von Arbeitsprodukten nur in sehr allgemeiner Form zu regeln.

2. Frederick Taylor stellt eine bemerkenswerte Ausnahme dar: Seine Forderungen nach funktionaler Autorität des Stabspersonals sind in diesem Zusammenhang als geradezu prophetisch anzusehen.

3. Dabei gehen wir davon aus, daß alle anderen Faktoren unverändert bleiben. Unter Berücksichtigung der Tatsache, daß die beiden Führungskräfte sehr viel Zeit für die Kommunikation miteinander aufbringen müssen, die sie sonst der Beaufsichtigung ihrer Mitarbeiter hätten widmen können, werden vielleicht sogar mehr als doppelt so viele Führungskräfte benötigt. Bedenkt man hingegen, daß dieselben Kontrollaufgaben nunmehr von zwei Führungskräften gemeinsam wahrgenommen werden, könnte der erforderliche Mehraufwand an Führungskräften eher niedriger angesetzt werden. Noch undurchsichtiger wird der Zusammenhang, wenn berücksichtigt wird, daß die Matrixstruktur mit Arbeitsabläufen verbunden ist, die kaum eine persönliche Weisung, dafür aber enge Kontakte zwischen den Führungskräften und ihren Mitarbeitern voraussetzen. Wir werden an späterer Stelle sowie in Kapitel 12 darauf zurückkommen.

Kapitel 5

Klärung des Konzepts »Dezentralisation«

Gründe für die Dezentralisierung von Strukturen

Präzisierung der Begriffe »Zentralisation/Dezentralisation«
Drei Bedeutungen des Begriffs Dezentralisation

Vertikale Dezentralisation

Horizontale Dezentralisation
Macht und Machtbefugnisse bei den Analytikern
Macht und Machtbefugnisse bei den Experten
Macht und Machtbefugnisse bei allen Organisationsmitgliedern

Fünf Arten von Dezentralisation
Dezentralisation im Zusammenhang mit den anderen Gestaltungsparametern
Dezentralisation in den verschiedenen Organisationsteilen

Von Zentralisation und Dezentralisation ist seit jeher in der organisationstheoretischen Literatur die Rede. Und doch stellt dieses Gegensatzpaar das wohl undurchsichtigste Konzept im Managementbereich dar. Die Begriffe sind in so vielen unterschiedlichen Zusammenhängen benutzt worden, daß sie kaum noch irgendeine sinnvolle Bedeutung haben.

Im vorliegenden Kapitel wollen wir das Konzept der Zentralisation beziehungsweise Dezentralisation ausschließlich im Zusammenhang mit organisatorischen Entscheidungsbefugnissen erörtern.

Wenn sämtliche Entscheidungsbefugnisse an einer einzigen Stelle in der Organisation – letztlich auf eine einzige Person – konzentriert sind, wollen wir von einer zentralisierten Struktur sprechen; in dem Maß, wie diese Entscheidungsbefugnisse auf viele Organisationsmitglieder verteilt sind, wollen wir die Struktur als dezentralisiert bezeichnen.

Logisch gesehen, gehört die Thematik der Dezentralisation eigentlich zur Erörterung der Gestaltung der Rahmenstruktur: Nachdem die Einheiten zugeordnet worden sind, wäre an sich die Frage angebracht, für welche Entscheidungen die verschiedenen Einheiten zuständig sind. Doch der Leser sollte inzwischen erkannt haben, daß diese ganze Logik – einleitende Darstellung der Grundmission, Bestimmung der Positionen, Spezialisierung, Formalisierung sowie Festlegung der Ausbildungs- und Indoktrinationserfordernisse, sodann Gruppierung der Positionen zum Aufbau der Rahmenstruktur und schließlich Ausbau dieser Rahmenstruktur mit lateralen Verbindungsstrukturen – kaum etwas mit der Praxis der Organisationsgestaltung zu tun hat; die Beziehungen zwischen den Gestaltungsparametern sind eindeutig reziproker, nicht sequentieller Art.

Die Gestaltungsparameter bilden ein integriertes System, wobei alle untereinander verbunden sind: Verändert man einen dieser Gestaltungsparameter, bedeutet dies unweigerlich Veränderungen auch bei allen anderen Gestaltungsparametern.

Die Dezentralisation wird an letzter Stelle diskutiert, weil sie den komplexesten aller Gestaltungsparameter darstellt. Ein Verständnis dieses Gestaltungsparameters setzt das Verständnis aller übrigen Gestaltungsparameter voraus.

Gründe für die Dezentralisierung von Strukturen

Was veranlaßt eine Organisation zur Zentralisierung oder Dezentralisierung ihrer Struktur? Wie bei den meisten strukturbezogenen Problemen geht es auch hier um die Frage der Arbeitsteilung einerseits und der Koordination von Einzelaufgaben andererseits.

Die Zentralisation ist das sicherste Mittel zur Koordinierung der Entscheidungsfindung in der Organisation.

Alle Entscheidungen werden von einer Person – in einem Kopf – getroffen und dann über den Koordinationsmechanismus der persönlichen Weisung vollzogen. Für die Zentralisierung von Strukturen sind auch noch andere Begründungen angeführt worden, doch abgesehen von dem wohlbekannten Argument der Machtgier, geht es in den meisten Fällen um den Koordinationsbedarf.

Warum sollte sich eine Organisation dennoch für eine Dezentralisierung entscheiden? Ganz einfach, weil nicht alle organisatorischen Entscheidungen in einer zentralen Instanz, sozusagen in einem Kopf, verarbeitet werden können.

So ist es zuweilen nicht möglich, die erforderlichen Informationen an diese zentrale Instanz weiterzuleiten: Vielleicht ist ein Großteil dieser Informationen nur schwer in Worte zu fassen und zu übermitteln. Wie beispielsweise kann ein Verkäufer aus Bagdad dem Leiter in Birmingham die Eigenart seiner Kunden verständlich machen? In anderen Fällen kann die Information zwar an eine zentrale Instanz weitergeleitet werden, ist dort aber nicht zu verarbeiten: Wie soll sich der Vorstandsvorsitzende eines Großkonzerns gleichzeitig über 100 verschiedene Produktlinien informieren? Selbst wenn für jede dieser Produktlinien ein Bericht geschrieben würde, hätte er nicht die Zeit, alle zu lesen. Manchmal vermittelt ein kompliziertes Management-Informationssystem (MIS) die Illusion von Wissen ohne die Kapazität, dieses Wissen auch aufzunehmen. Simon zitiert eine alltägliche Geschichte aus einem Zeitungsbericht:

Das Außenministerium der USA versinkt in einer Flut von Wörtern – schätzungsweise 15 Millionen Wörter werden monatlich zwischen 278 diplomatischen Vertretungen in der ganzen Welt ausgetauscht – und will nun Computer einsetzen. Zur Zeit finden abschließende Untersuchungen zur Einrichtung von Computern, Hochleistungsdruckern und anderen elektronischen Geräten im Wert von insgesamt 3,5 Millionen Dollar statt. Von offizieller Seite ist zu erfahren, daß diese Einrichtungen die Engpässe des Systems beseitigen werden, insbesondere zu Krisenzeiten, wenn sich die Kabelnachrichten von den Krisenherden aus aller Welt überstürzen.

Wenn das neue System im kommenden Herbst voll in Betrieb geht, sollen die Computer die Kabelnachrichten elektronisch mit einer Geschwindigkeit von 1200 Zeilen pro Minute verarbeiten können. Die alten Teleschreibmaschinen können Nachrichten nur mit einer Geschwindigkeit von 100 Wörtern pro Minute aufnehmen (Simon 1968, S. 622).

Simon gibt dazu den folgenden Kommentar:

Welch rührende Naivität – als ob größere Wassermassen vor dem Ertrinken bewahren könnten! Hoffentlich fühlen sich die Außenminister nicht verpflichtet, diese 1200

Zeilen Nachricht pro Minute auch zu verarbeiten, nur weil diese nun einmal da sind (Simon 1968, S. 622).

Der wohl häufigste Fehler bei der Gestaltung von Organisationen ist die Zentralisierung der Entscheidungsfindung in Anbetracht solcher Beschränkungen. Die zur Gestaltung der Struktur befugten Spitzenführungskräfte sehen die weiter unten in der Hierarchie begangenen Fehler und glauben, alles besser machen zu können – entweder halten sie sich für klüger oder sind der Meinung, sie könnten Entscheidungen leichter koordinieren. Doch unter komplexen Bedingungen führt dies unweigerlich zu einem Zustand, der mit »Informationsüberlastung« zu bezeichnen ist: Je mehr Information das Gehirn aufzunehmen versucht, desto weniger Information wird tatsächlich verarbeitet. Die Mitarbeiter ganz unten in der Hierarchie, die über das erforderliche Wissen verfügen, müssen letztlich die Entscheidungen den Führungskräften an der Spitze überlassen, die von der Realität der Situation weit entfernt sind.

Ein weiterer Grund für eine Dezentralisierung ist die damit zusammenhängende Tatsache, daß eine dezentralisierte Organisation schnell auf lokale Veränderungen reagieren kann.

Die Übermittlung von Informationen zur Zentrale und von dort zurück erfordert Zeit, und die kann entscheidend sein. So hat die Bank of America einmal damit geworben, daß ihre (vermutlich mit Entscheidungsbefugnissen ausgestatteten) »Leute vor Ort« ihren Kunden besseren Service bieten können.

Als letzter Grund für eine Dezentralisierung ist anzuführen, daß auf diese Weise ein Motivationsanreiz gegeben ist.

Kreative und intelligente Leute brauchen viel Handlungsspielraum. Eine Organisation kann solche Mitarbeiter nur dann auf Dauer für sich gewinnen und ihre Initiative nutzen, wenn sie ihnen erhebliche Entscheidungsbefugnisse einräumt. Eine solche Motivation ist für professionell ausgerichtete Positionen von entscheidender Bedeutung, und da mit diesen Positionen komplexe Aufgaben verbunden sind, hat die professionelle Organisation gleich zwei gute Gründe für eine Dezentralisierung. Motivation ist darüber hinaus bei den meisten Führungspositionen ohnehin ein Schlüsselfaktor, so daß eine gewisse Dezentralisierung in der Mittellinie immer gerechtfertigt ist. Im übrigen werden die Führungskräfte der Mittellinie durch rechtzeitige Übertragung von Befugnissen in der Kunst der Entscheidungsfindung geschult, so daß der eine oder andere von ihnen eines Tages die Aufgabe des Vorstandsvorsitzenden übernehmen kann, der die schwierigsten Entscheidungen zu treffen hat.

Präzisierung der Begriffe Zentralisation/Dezentralisation

So weit scheint alles klar zu sein – doch nur deshalb, weil wir noch nicht in die Black

Box – die Dezentralisation – hineingeschaut haben. Tatsache ist, daß es kein Wort gibt, das ein so komplexes Phänomen wie die Verteilung von Macht und Einfluß in einer Organisation zu beschreiben vermöchte. Betrachten wir die folgenden Fragen:

- Welche Bibliothek ist stärker zentralisiert: eine »Zentralbibliothek«, die sich an nur einem Ort befindet, obgleich der größte Teil der Entscheidungsbefugnisse auf die Abteilungsleiter übertragen worden ist, oder ein »dezentralisiertes« Bibliothekssystem mit weit verstreuten Satelliten-Bibliotheken, in denen der leitende Bibliothekar jeweils volle Entscheidungsbefugnisse besitzt und diese mit keinem der anderen Angestellten teilt?

- Wie steht es mit einer Organisation, in der die Entscheidungsbefugnisse zwar auf eine große Anzahl von Mitarbeitern aufgeteilt sind, in der aber eine zentrale Einzelperson die Entscheidungen dieser Mitarbeiter, die von heute auf morgen entlassen werden können, genau kontrolliert, so daß die »Entscheidungsträger« ihre Entscheidungen sorgfältig auf die Wünsche der betreffenden Einzelperson abstimmen? Oder nehmen wir den Fall eines Jesuitenpaters oder eines CIA-Agenten, der in seinem Vorgehen völlig autonom ist – bis auf die Tatsache, daß er, bevor er die Zentrale verläßt, hinsichtlich seiner Entscheidungsfindung mit äußerster Sorgfalt indoktriniert wurde? Sind solche Organisationen dezentralisiert?

- In den Vereinigten Staaten gelten nach Sparten gegliederte Konzerne, in denen Leistungskontrollsysteme zur Koordination eingesetzt werden, als »dezentralisiert«, während die Amerikaner die kommunistischen Volkswirtschaften gewöhnlich als »zentralisiert« bezeichnen, obgleich auch sie wie riesige Spartenkonzerne mit Leistungskontrollsystemen zur Erzielung von Koordination organisiert sind. Was ist nun zentralisiert, was dezentralisiert?

- Bewirkt die Standardisierung des Arbeitsprozesses Zentralisation oder Dezentralisation? Wenn ein Arbeiter aufgrund der Tatsache, daß ihm sehr viele Vorschriften bei seiner Arbeit gemacht werden, keiner persönlichen Weisung unterliegt, kann man dann behaupten, er sei befugt, selbst Entscheidungen zu treffen? Oder ganz allgemein gesagt: Sind Bürokratien zentralisiert oder dezentralisiert? Wie verhält es sich in dem von Crozier beschriebenen Fall, wo die Arbeiter Regeln durchsetzen, die zwar Macht und Einfluß ihrer Vorgesetzten reduzieren, letztlich aber beide Seiten in eine Zwangssituation manövrieren?

- Was ist davon zu halten, wenn eine Linienführungskraft zwar entscheidungsbefugt ist, die zuständigen Berater aber aufgrund ihres höheren Fachwissens bestimmte Entscheidungen nahelegen? Oder betrachten wir den Fall, daß eine Führungskraft zwar entscheidet, die unterstellten Mitarbeiter bei der Durchführung jedoch dafür sorgen, daß das Ergebnis ihren eigenen Wünschen entspricht? Sind solche Organisationen aufgrund der Verteilung der formalen Machtbefugnisse als zentralisiert oder aufgrund der Verteilung der informellen Machtbefugnisse als dezentralisiert zu bezeichnen?

- Als was schließlich ist eine Organisation anzusehen, in der einige Entscheidungen – etwa Finanz- und Personalentscheidungen – vom Vorstandsvorsitzenden getroffen werden, andere hingegen – zum Beispiel Entscheidungen in den Bereichen Produktion und Marketing – auf Führungskräfte weiter unten in der Hierarchie verteilt sind? Ist eine solche Organisation zentralisiert oder dezentralisiert?

Die Antwort auf diese Fragen kann nur lauten: Es gibt keine simple Antwort, und bei unqualifizierter Verwendung der Begriffe Zentralisation oder Dezentralisation ist stets Vorsicht geboten. Dennoch sind diese Begriffe in Forschungsarbeiten und in der Diskussion zum Thema Organisationsstruktur immer wieder in dieser Weise verwendet worden.

Mit der Dezentralisation haben wir uns auf morastigen Untergrund begeben. Doch anstatt aufzugeben, sollten wir Ausschau halten, ob es nicht doch hier und da noch festen Boden gibt.

Unsere Fragenliste weist auf zwei wichtige Aspekte hin:

Zum einen sollten Zentralisation und Dezentralisation nicht als absolute Begriffe, sondern vielmehr als zwei Enden eines Kontinuums aufgefaßt werden.

Die sowjetische Wirtschaft ist nicht »zentralisiert«, sondern lediglich zentralisierter als eine kapitalistische Wirtschaft; die Spartenorganisation ist nicht »dezentralisiert«, sondern nur dezentralisierter als manche Unternehmen mit funktionalen Strukturen.[1] Zum anderen scheint ein Großteil der Verwirrung daher zu rühren, daß sich verschiedene Konzepte unter derselben Bezeichnung verbergen. Vielleicht war der feste Boden gerade wegen all des darüber liegenden Morasts nicht zu erkennen?

Im folgenden werden wir drei Bedeutungen des Begriffs Dezentralisation untersuchen und zwei davon für unsere Zwecke beibehalten. Diese beiden Bedeutungen sollen dann ausführlich erörtert werden, um abschließend einen konzeptuellen Rahmen für fünf grundlegende, in Organisationen häufig anzutreffende Dezentralisationsformen zu entwickeln.

Drei Bedeutungen des Begriffs Dezentralisation

Der Begriff Dezentralisation scheint in der Literatur in drei grundverschiedenen Bedeutungen verwendet zu werden:

1. Als erstes wird unter Dezentralisation die Weitergabe formaler Machtbefugnisse an nachgeordnete Instanzen in der Autoritätskette verstanden. Im Prinzip ist sämtliche Macht auf die erste Instanz an der strategischen Spitze – den Vorstandsvor-

sitzenden oder Hauptgeschäftsführer – konzentriert. Entweder verbleibt sie dort, oder der Vorstandsvorsitzende trifft die Entscheidung, sie auf nachgeordnete Ebenen in der vertikalen Hierarchie zu verteilen. Im Zusammenhang mit dieser Art der Dezentralisation wird häufig auch von Delegation gesprochen.

Die Verteilung formaler Machtbefugnisse entlang der Kette der Linienautorität soll als vertikale Dezentralisation bezeichnet werden.

2. Die Entscheidungsbefugnisse – in diesem Fall primär informeller Art – können in einem System formaler Autorität bei den Linienführungskräften verbleiben oder auch an Organisationsmitglieder außerhalb der Linienstruktur – an Analytiker, Hilfsstabsexperten und Mitarbeiter im betrieblichen Kern – weitergeleitet werden.

Horizontale Dezentralisation ist insoweit gegeben, als Nicht-Führungskräfte für Entscheidungsprozesse verantwortlich sind.[2]

3. Schließlich wird der Begriff Dezentralisation verwendet, um auf die konkrete Lokalisierung von Dienstleistungen zu verweisen. Bibliotheken, Kopiereinrichtungen und Polizeitruppen sind »zentralisiert«, wenn sie sich an einem Ort befinden, hingegen »dezentralisiert«, wenn sie auf viele Orte in Benutzernähe verteilt sind. Doch diese »Dezentralisation« hat als solche nichts mit der Befugnis zur Entscheidungsfindung zu tun. (Die Satelliten-Bibliothek trifft wie die einzelne Kopiereinrichtung vermutlich nicht solche Entscheidungen, die sie am meisten betreffen.) Diese dritte Bedeutung des Begriffs Dezentralisation kann hier nur verwirren. In Kapitel 3 ist der entsprechende Zusammenhang bereits erörtert worden, doch war bewußt von Konzentration und Verteilung oder Streuung, nicht aber von Zentralisation und Dezentralisation die Rede. Im vorliegenden Buch soll der Begriff Dezentralisation nicht zur Lokalisierung von Orten verwendet werden.

Mit der vertikalen und der horizontalen Dezentralisation verfügen wir über zwei wichtige, konzeptuell unterschiedliche Gestaltungsparameter. Macht kann entlang der Autoritätskette delegiert werden und doch bei den Linienführungskräften verbleiben. Im Extremfall dieser vertikalen Dezentralisation und zugleich horizontalen Zentralisation wären alle Machtbefugnisse auf die Aufsichtsführenden der untersten Ebene konzentriert. Ebenso könnten sämtliche Machtbefugnisse bei den leitenden Stabsexperten zusammenlaufen. Vertikale und horizontale Zentralisation liegt vor, wenn die strategische Spitze sämtliche Machtbefugnisse auf sich vereinigt; Dezentralisation in beiden Richtungen ist gegeben, wenn alle Machtbefugnisse die Autoritätskette entlang weitergegeben und schließlich auf die ausführenden Mitarbeiter im betrieblichen Kern verteilt werden.

Doch die Machtbefugnis für die gesamte Entscheidungsfindung muß nicht auf ein und dieselbe Instanz weitergeleitet werden. Vielmehr sind zwei weitere Arten von Dezentralisation zu unterscheiden.

Bei der selektiven Dezentralisation werden die Machtbefugnisse für verschiedene Arten von Entscheidungen auf verschiedene Stellen in der Organisation verteilt.

So können Finanzentscheidungen an der strategischen Spitze, Marketingentscheidungen in den Einheiten des Hilfsstabs und Produktionsentscheidungen ganz unten in der Mittellinie (von den Aufsichtsführenden der untersten Ebene) getroffen werden.

Die parallele Dezentralisation bezieht sich dagegen auf die Weiterleitung von Machtbefugnissen für viele Arten von Entscheidungen an ein und dieselbe Instanz.

In einem solchen Fall würden Finanzentscheidungen, Marketingentscheidungen und Produktionsentscheidungen von den Spartenleitern der Mittellinie getroffen.

Doch bevor wir mit unserer Erörterung der in Organisationen anzutreffenden Dezentralisationsformen beginnen können, müssen wir noch einen weiteren Aspekt berücksichtigen. Selbst innerhalb eines einzigen Entscheidungsprozesses kann die von verschiedenen Leuten ausgeübte Macht unterschiedlich sein. Wir brauchen einen Bezugsrahmen, um verstehen zu können, was es wirklich bedeutet, den Entscheidungsprozeß zu steuern und zu kontrollieren.

Ausschlaggebend ist natürlich nicht die Verantwortung für die Entscheidungen als solche, sondern letztlich die Steuerung und Kontrolle von Aktionen: Wie geht eine Organisation effektiv vor – beispielsweise beim Vertrieb eines neuen Produkts, beim Aufbau einer neuen Fabrik, bei der Einstellung eines neuen Mechanikers usw. Dabei umfaßt die Kontrolle solcher Aktionen mehr als nur die Auswahl von Optionen. In gewisser Weise wirkt sich die Macht über jeden einzelnen Schritt im Entscheidungsprozeß, von der Einbringung der ursprünglichen Idee bis hin zum letzten Handgriff bei der Umsetzung der Entscheidung in die Praxis, auf den gesamten Prozeß aus.

Paterson verdeutlicht diesen Zusammenhang mit einem übersichtlichen Schema. Er stellt den Entscheidungsprozeß als eine Abfolge von Schritten dar, wie sie in modifzierter Form in Abbildung 5-1 wiedergegeben ist:
(1) Sammeln von Informationen, um diese ohne Kommentar an den Entscheidungsträger weiterzuleiten und ihn darüber zu unterrichten, was getan werden kann;
(2) Verarbeitung dieser Informationen zur Beratung des Entscheidungsträgers hinsichtlich dessen, was getan werden sollte;

(3) Auswahl einer Option (Wahlakt) und damit Festlegung, was getan werden soll;
(4) Autorisierung durch eine andere Instanz zur Durchführung dessen, was getan werden darf; und
(5) Durchführung der konkreten Aktionen. Die Macht des einzelnen Mitarbeiters ist nun danach zu bemessen, welche Kontrolle er über diese verschiedenen Schritte ausübt. Eine Maximierung seiner Macht – und damit die stärkste Zentralisation des Entscheidungsprozesses – ist dann gegeben, wenn er alle Schritte kontrolliert: Er holt seine eigenen Informationen ein, analysiert diese persönlich, trifft selbst eine Entscheidungswahl, bedarf zu ihrer Durchführung keiner Autorisierung und nimmt dann auch noch selbst die Durchführung vor. In dem Maß, wie andere an diesen Schritten beteiligt sind, verliert er an Macht: Der Prozeß wird dezentralisiert.

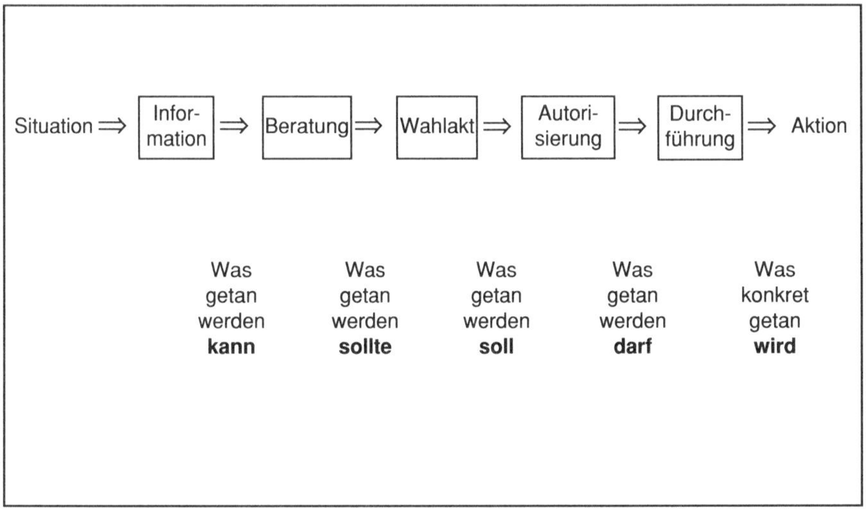

Abb. 5-1: Kontinuierliche Abfolge von Schritten bei der Kontrolle des Entscheidungsprozesses (nach Paterson 1969, S. 150)

Die Kontrolle über die Input-Informationen überläßt einem anderen die Wahl, welche Faktoren im Entscheidungsprozeß berücksichtigt werden sollen und welche nicht. Wenn Informationen in hohem Maße gefiltert sind, kann eine solche Kontrolle einer Kontrolle über den Wahlakt als solchen gleichkommen. Noch wichtiger ist die mit der Beratung verbundene Macht, zumal die Überlegungen des Entscheidungsträgers in eine bestimmte Richtung gelenkt werden. Trotz der klassischen Trennung in Linie und Stab gibt es immer wieder Situationen, wo die Beratung kaum von der eigentlichen Entscheidungsfindung zu unterscheiden ist. Aus der Geschichte kennen wir Könige, die nur Repräsentationsfiguren darstellten, während ihre Berater – ein Richelieu in Frankreich, ein Rasputin in Rußland – die Geschicke des Staates lenkten. Die Kontrolle über die Schritte nach dem eigentlichen Wahlakt kann gleichfalls Macht bedeuten. So kann das Recht zur Autorisierung eines Wahlakts auch das Recht beinhalten, die damit verbundene Entscheidung zu blockieren oder gar zu modifizieren. Und das Recht, eine bestimmte Entscheidung in die Tat umzusetzen, leistet häufig auch Manipulationen Vorschub. So berichten die Zeitungen täglich von Fällen, in denen »Bürokraten« die Intentionen der Politiker verdrehen und schließlich das tun, was sie von Anfang an für richtig gehalten haben. Letzlich waren es somit ihre Entscheidungen.

Ein Entscheidungsprozeß ist am stärksten dezentralisiert, wenn der Entscheidungsträger nur den Wahlakt kontrolliert (und damit den geringsten Beitrag leistet, um noch als Entscheidungsträger bezeichnet werden zu können): Hierarchisch gesehen, muß er einen gewissen Teil seiner Macht abgeben an die Informationssammler und die Berater an seiner Seite, an die für die Autorisierung zuständigen Instanzen über ihm und an die mit der Durchführung beauftragten Mitarbeiter unter ihm.

Mit anderen Worten: Kontrolle über den Wahlakt bedeutet im Gegensatz zur Kontrolle über den gesamten Entscheidungsprozeß nicht notwendigerweise eine straffe Zentralisation. Eingedenk dieser Vorbemerkungen wollen wir uns nun der vertikalen und der horizontalen Dezentralisation zuwenden.

Vertikale Dezentralisation

Die vertikale Dezentralisation betrifft die Delegation der Entscheidungsbefugnisse entlang der Autoritätskette von der strategischen Spitze bis in die Mittellinie. Der Schwerpunkt liegt hier auf den formalen Machtbefugnissen – dem Wahlakt und seiner Autorisierung – und nicht auf der informellen Macht, die mit der Beratung des Entscheidungsträgers und der Durchführung der konkreten Aktionen verbunden ist. Bei der vertikalen Dezentralisation stellen sich drei gestaltungsrelevante Fragen:

1. Welche Entscheidungsbefugnisse sollen entlang der Autoritätskette delegiert werden?

2. Bis auf welche Führungsebene soll delegiert werden?

3. Wie soll die Wahrnehmung dieser Entscheidungsbefugnisse koordiniert (oder kontrolliert) werden?

Diese drei Fragen stehen in einem engen Zusammenhang. Betrachten wir zunächst einige Fälle von selektiver Dezentralisation entlang der Autoritätskette. Dale (zitiert in Pfiffner/Sherwood 1960, S.201) und Khandwalla (1973a) stellten fest, daß große Unternehmen dazu tendieren, die Entscheidungsbefugnisse für die Bereiche Produktion und Marketing auf niedrigere Ebenen in der Autoritätshierarchie zu delegieren als die entsprechenden Befugnisse für finanzielle und juristische Entscheidungen. Lawrence und Lorsch (1967) ermittelten, daß die Machtbefugnisse für einen Entscheidungsprozeß in den meisten Fällen auf der Ebene anzutreffen sind, wo die besten Informationen zugänglich sind. Beispielsweise erforderte die Entscheidungsfindung in Abteilungen für Forschung & Entwicklung in Unternehmen der kunststoffverarbeitenden Industrie detaillierte Kenntnisse, über die der einzelne Wissenschaftler oder Gruppenleiter im Labor verfügte, die aber nur schwer auf die höheren Ebenen der Hierarchie zu übermitteln waren. Folglich wurden solche Entscheidungen auf relativ niedrigen Hierarchieebenen getroffen. Dagegen erfolgten Produktionsentscheidungen in der Regel auf höheren Ebenen (Werksleiter), da dort die entsprechenden Informationen leicht eingeholt werden konnten. Marketingentscheidungen lagen etwa in der Mitte.

Solche Ergebnisse kennzeichnen die Organisation als ein System von Arbeitskonstellationen (s. Kapitel 1, Abbildung 1-4d). Jede Konstellation befindet sich auf der Ebene in der Hierarchie, auf der die Informationen bezüglich der Entscheidungen für einen funktionalen Bereich am effektivsten zusammenzutragen sind. Wenn wir diese Ergebnisse miteinander kombinieren (Abbildung 5-2), erhalten wir vier Arbeitskonstellationen in unserem Logo – eine Finanzkonstellation an der Spitze, eine Produktionskonstellation darunter, dann eine Marketingkonstellation und schließlich eine Konstellation für Forschung & Entwicklung.

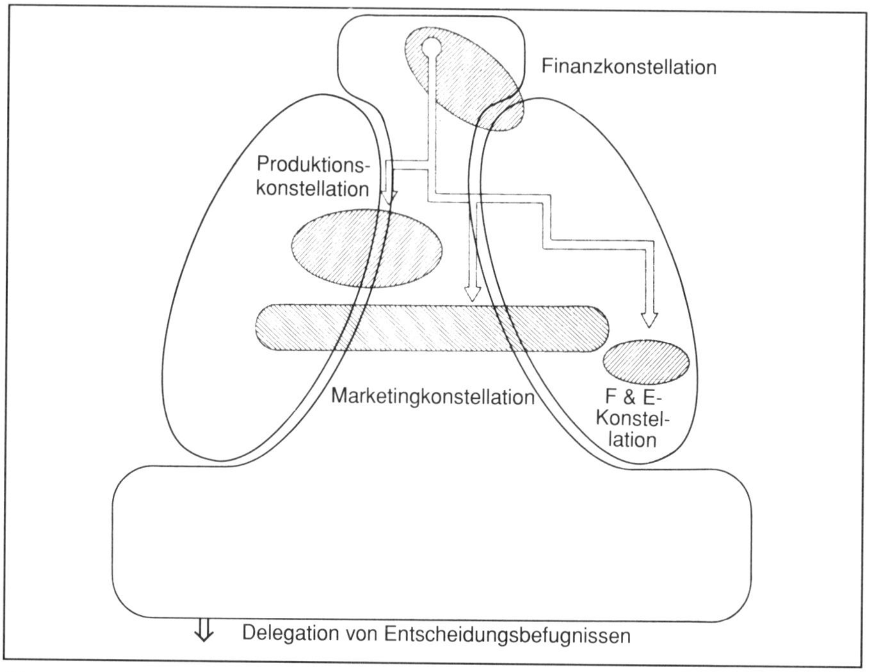

Abb. 5-2: Selektive Dezentralisation bei funktionalen Arbeitskonstellationen

Die selektive vertikale Dezentralisation steht somit in logischem Zusammenhang mit funktional gruppierten Arbeitskonstellationen.

(Zu beachten ist, daß hierbei sowohl eine horizontale als auch eine vertikale Dezentralisation vorliegen kann; in den drei oberen Konstellationen sind Stabsgruppen auf verschiedenen hierarchischen Ebenen beteiligt, und bei der vierten Konstellation handelt es sich ausschließlich um eine Stabseinheit.)

Doch bei einer solchen selektiven Dezentralisation bleiben viele wichtige Interdependenzen ungeklärt, und dies wiederum macht Koordination und Kontrolle erforderlich. Bis zu einem gewissen Umfang kann persönliche Weisung erfolgen – insbesondere dergestalt, daß die Entscheidungen in den Arbeitskonstellationen einer Autorisierung bedürfen und somit von den Führungskräften an der strategischen Spitze koordiniert werden. Doch ein zu hohes Maß an derart zustandgekommener Koordination käme einer Rezentralisierung der Entscheidungsprozesse und damit einem Verzicht auf die Vorteile der selektiven Dezentralisation gleich. Dasselbe trifft für die Standardisierung von Arbeitsprozessen oder Arbeitsprodukten als Koordinationsmechanismus zu, da dann die Macht über die Entscheidungsprozesse weg von den Konstellationen auf die Technostruktur übertragen wird, so daß aus der vertikalen Dezentralisation letztlich eine horizontale Dezentralisation wird.

So mag eine Organisation zwar in gewissem Umfang auch die Planung von Aktivitäten vorsehen, doch eine in vertikaler Richtung selektiv dezentralisierte Organisation koordiniert ihre Entscheidungsfindung weitgehend durch gegenseitige Abstimmung.

Insbesondere wird in hohem Maß von Kontaktinstrumenten Gebrauch gemacht.

Für die parallele Dezentralisation in vertikaler Richtung sieht die Situation ganz anders aus. Bei dieser Dezentralisationsform gibt es keine entscheidungsbezogenen Interdependenzen: Die verschiedenen funktionalen Entscheidungsbefugnisse sind sämtlich auf eine einzige Hierarchieebene konzentriert und insbesondere den nach Märkten gruppierten Einheiten vorbehalten. Diese Struktur wird bei Wirtschaftsunternehmen als »Spartenstruktur« (divisionalized form) bezeichnet. Jede Einheit oder Sparte ist von den anderen unabhängig und verfügt über die erforderlichen Befugnisse, um sämtliche Entscheidungen hinsichtlich der eigenen Produkte, Dienstleistungen oder geographischen Bereiche selbst treffen zu können. Mit anderen Worten:

Die parallel-vertikale Dezentralisation ist die einzige Möglichkeit, um marktorientierten Einheiten die Befugnisse zu erteilen, die sie für quasiautonomes Vorgehen benötigen.

(Natürlich muß eine vertikale Dezentralisation in gewisser Weise auch selektiv sein: Eine gewisse Entscheidungsbefugnis verbleibt immer bei der strategischen Spitze. Die in Sparten strukturierte Organisation delegiert in der Regel Marketingentscheidungen und Produktionsentscheidungen an die Sparten, behält aber Finanzentscheidungen und Akquisitionsentscheidungen der strategischen Spitze vor.)

In Anbetracht der weitgehenden Autonomie einer jeden marktorientierten Einheit besteht keine Notwendigkeit, gegenseitige Abstimmung oder Aktionsplanung zur Koordinierung der spartenübergreifenden Arbeitsabläufe zu fördern. Hingegen sollte sichergestellt sein, daß die Autonomie in positivem Sinn genutzt wird und daß jede marktorientierte Einheit zu den von der strategischen Spitze als wichtig erachteten Zielen beiträgt. Der strategischen Spitze kommt somit die heikle Aufgabe zu, das Vorgehen der marktorientierten Einheiten zu kontrollieren, ohne ihre Autonomie zu stark einzuschränken. In einer solchen Situation bieten sich drei Koordinationsmechanismen an – die persönliche Weisung, die Standardisierung von Qualifikationen und die Standardisierung von Arbeitsprodukten. (Die Standardisierung von Arbeitsprozessen wäre ganz offensichtlich zu restriktiv.)

Es ergeben sich durchaus Situationen, in denen persönliche Weisung angebracht ist; insbesondere kann sich die Führungsspitze die Genehmigung größerer Ausgaben, die in den Einheiten getätigt werden, vorbehalten oder einschreiten, wenn sich Einheiten nicht mehr »linientreu« verhalten. Doch zu starkes Eingreifen durch persönliche Weisung steht im Widerspruch zur Dezentralisation als solcher: Schließlich kommt es so weit, daß die strategische Spitze anstelle der eigentlich verantwortlichen Führungskraft die Leitung der Einheit übernimmt. Auch die Standardisierung von Qualifikationen durch Ausbildung und Indoktrination bietet die Möglichkeit, das Verhalten der Führungskräfte in marktorientierten Einheiten zu kontrollieren. So kann eine Führungskraft zunächst sorgfältig indoktriniert werden, um später die eigene Einheit mit beträchtlicher Autonomie zu leiten. Doch in aller Regel bedarf es dennoch einer Verhaltenskontrolle, um festzustellen, wann abweichendes Verhalten vorliegt. Gewöhnlich wird dies durch ein Leistungskontrollsystem erreicht.

Eine in vertikaler Richtung parallele Dezentralisation (bei marktorientierten Einheiten) wird in erster Linie durch Leistungskontrollsysteme geregelt.

Den Einheiten werden Leistungsstandards vorgegeben, und solange sie diese erreichen, bleibt ihre Autonomie erhalten.

Doch handelt es sich bei der parallel-vertikalen Dezentralisation im Hinblick auf marktorientierte Einheiten wirklich um »Dezentralisation«? In der Sprache der Unternehmer sind die Begriffe »Divisionalisierung« und »Dezentralisierung« als Synonyme verwendet worden, seit Alfred P. Sloan in den 20er Jahren eine Reorganisation des Konzerns General Motors nach der Maxime »dezentralisierte Funktionen und

Verantwortungen bei koordinierter Kontrolle« vornahm (Chandler 1962, S.160; s. auch Sloan 1963). William C. Durant hatte das Rechtsgebilde nach und nach durch Akquisitionen zusammengesetzt, aber niemals zu einer einheitlichen Organisation verfestigt. In Anbetracht dieser chaotischen strukturellen Hinterlassenschaft richtete Sloan Produktsparten mit gewisser funktionaler Autonomie ein, behielt jedoch straffe Finanzkontrollen durch die Unternehmensspitze bei. Eine Reihe von Großkonzernen verfuhren genauso, und heute gilt die Spartenstruktur bei den größten amerikanischen Konzernen als die beliebteste Strukturform. Doch ist Divisionalisierung tatsächlich mit Dezentralisierung gleichzusetzen? Keineswegs: In einem nach Sparten strukturierten Unternehmen werden beträchtliche Entscheidungsbefugnisse auf einige wenige Leute übertragen – auf die gewöhnlich weit oben in der Hierarchie angesiedelten Führungskräfte der marktorientierten Einheiten in der Mittellinie.

Somit erweist sich die Spartenstruktur als eine eher eingeschränkte Form der vertikalen Dezentralisation.

Die jeweiligen Führungskräfte in den Sparten können ihre Entscheidungsbefugnisse natürlich entlang der Autoritätskette delegieren oder an Stabsexperten weiterleiten. Aber dazu sind sie in keiner Weise verpflichtet. Man könnte Mason Haire (1964, S.226) dahingehend paraphrasieren, »Dezentralisation« verleihe einer Führungskraft die Autonomie, eine »zentralisierte« Show abzuziehen![3] Es sollte uns daher nicht überraschen, wenn dieselbe Struktur in einem anderen Kontext – nämlich in der kommunistischen Volkswirtschaft – als zentralisiert bezeichnet wird. Eine Struktur, ob nun kapitalistisch oder kommunistisch, in der einige wenige »Spartenleiter« zu Entscheidungen befugt sind, die Tausende oder gar Millionen von Menschen betreffen, kann kaum als »dezentralisiert« bezeichnet werden, auch wenn sie in etwas höherem Maß »de-zentralisiert« ist als eine Struktur, in der dieselben Entscheidungen von einer noch geringeren Zahl von Führungskräften an der strategischen Spitze getroffen werden.

Horizontale Dezentralisation

Wenden wir uns nun der Frage der horizontalen Dezentralisation zu – der Verlagerung von Macht und Einfluß von den Führungskräften auf Nicht-Führungskräfte (genauer gesagt, von Linienführungskräften auf Stabsführungskräfte, Analytiker, Hilfsstabsexperten und ausführende Mitarbeiter). Bei der Erörterung der vertikalen Dezentralisation sind wir davon ausgegangen, daß Macht – insbesondere formale Machtbefugnisse oder Autorität – bei der Linienstruktur der Organisation und in erster Instanz bei der strategischen Spitze liegt. Vertikale Dezentralisation bedeutete die Delegation dieser Macht auf nachgeordnete Ebenen in der Autoritätshierarchie – auf Beschluß der Spitzenführungskräfte.

Wenn wir von horizontaler Dezentralisation sprechen, erweitern wir die Diskussion in zweierlei Hinsicht. Zum einen gelangen wir bei der Erörterung der Machtübertragung über die Grenzen der Linienstruktur hinaus in den Bereich der informellen Macht, wobei insbesondere die Kontrolle über das Sammeln von Informationen, über die Beratung von Linienführungskräften sowie über die Durchführung der von ihnen gewählten Entscheidungen – im Gegensatz zum Wahlakt selbst und zur Autorisierung dieser Entscheidungen – eine Rolle spielt. Zum anderen lassen wir bei der Erörterung der horizontalen Dezentralisation die Annahme fallen, daß formale Machtbefugnisse notwendigerweise bei der Linienstruktur und in erster Instanz bei der strategischen Spitze liegen. Nunmehr können formale Machtbefugnisse auch an anderer Stelle ausgeübt werden – beispielsweise von ausführenden Mitarbeitern, die zur Wahl der Führungskräfte an der strategischen Spitze bevollmächtigt sind.

Unter der Voraussetzung, daß es in einer Organisation Führungskräfte, Analytiker, Hilfsstab und ausführende Mitarbeiter gibt, können wir uns das folgende Kontinuum einer vier Stufen umfassenden horizontalen Dezentralisation vorstellen:

1. Die Macht obliegt einer Einzelperson – im allgemeinen kraft der jeweiligen Position (d.h. einer Führungskraft).

2. Die Macht verlagert sich auf die wenigen Analytiker der Technostruktur – kraft des Einflusses, die ihre Standardisierungssysteme auf die Entscheidungen anderer haben.

3. Die Macht geht über an die Experten (die analytischen Spezialisten und Hilfsstabsexperten oder die ausführenden Mitarbeiter, sofern es sich um professionelle Fachkräfte handelt) – kraft ihres Fachwissens.

4. Die Macht geht auf jeden Mitarbeiter über – kraft seiner Mitgliedschaft in der Organisation.

Somit hält in der ausgesprochen horizontal zentralisierten Organisation eine einzelne Person alle Macht in Händen – in der Regel die Führungskraft an der Spitze. Natürlich sind selbst dann noch Variationen möglich, je nachdem, wie empfänglich sich die Führungsspitze für Ratschläge zeigt. So besteht durchaus ein Unterschied zwischen dem »allmächtigen, einsamen, kaiserlichen Herrscher« im Byzantinischen Reich und der »allmächtigen, aber sehr aufgeschlossenen und zugänglichen Führerpersönlichkeit« eines John F. Kennedy (Kochen/Deutsch 1973, S. 843). Danach aber sind ganz unterschiedliche Grade von horizontaler Dezentralisation anzutreffen: Zunächst sind nur einige wenige Analytiker eingeschlossen, deren Systeme das Verhalten anderer steuern, dann alle Experten mit Fachwissen und schließlich sämtliche Mitarbeiter aufgrund der Tatsache, daß ein jeder Organisationsmitglied ist. Der erste Fall bedarf keiner weiteren Erörterung; wir wollen uns daher im folgenden den drei anderen Dezentralisationsstufen zuwenden.

Macht und Machtbefugnisse bei den Analytikern

Wenn eine Organisation Standardisierungssysteme zur Koordination einsetzt, muß ein Teil der Macht von den Linienführungskräften auf die Gestalter dieser Systeme, normalerweise auf die Analytiker der Technostruktur, übergehen.

Wie groß dieser Machtanteil ist, hängt natürlich von Art und Umfang der Standardisierung ab. Offensichtlich ist die Macht der Analytiker um so größer, je stärker eine Organisation zur Koordinierung auf Standardisierungssysteme zurückgreift. Sowjetische Regierungsplaner haben mehr Macht und Einfluß als ihre amerikanischen Kollegen; die Arbeitsstudienanalytiker bei einem Automobilhersteller sind einflußreicher als diejenigen in einem Krankenhaus. Je straffer die Standardisierung ist, desto mehr Macht üben die Analytiker aus. So gesehen, haben die Gestalter von Positionen und die Arbeitsstudienanalytiker – jene Leute, die den ausführenden Mitarbeitern durch Standardisierung ihrer Arbeitsprozesse vorschreiben, wie sie zu produzieren haben – mehr Macht und Einfluß als die Produktionsplaner – diejenigen, die den ausführenden Mitarbeitern durch Standardisierung ihrer Arbeitsprodukte vorschreiben, was sie wann zu produzieren haben. Und Ausbilder – diejenigen also, die den (künftigen) Mitarbeitern durch Standardisierung von Qualifikationen die Erzielung ihrer Arbeitsprodukte beibringen – haben noch weniger Macht. Normalerweise sieht sich daher ein Fabrikarbeiter in seiner Autonomie am stärksten vom Arbeitsstudienanalytiker bedroht, gefolgt vom Produktionsplaner und dann vom Ausbilder.[4]

Woher beziehen die Analytiker ihre Macht? Offensichtlich doch von denjenigen, deren Arbeit standardisiert wird – beispielsweise vom ausführenden Mitarbeiter, der nicht länger befugt ist, seinen Arbeitsprozeß zu wählen, oder von der Führungskraft, die nicht mehr über die in der eigenen Einheit erstellten Arbeitsprodukte zu entscheiden hat. Doch dasselbe trifft auf die Vorgesetzten dieser Mitarbeiter zu; wie bereits ausgeführt, erfuhren ihre Jobs eine Institutionalisierung, indem technokratische Standardisierung an die Stelle ihrer Machtbefugnis zur persönlichen Weisung trat.

Dies führt uns zu zwei wichtigen Schlußfolgerungen.

Zum einen stellt die Weiterleitung von Macht an die Analytiker nur eine eingeschränkte horizontale Dezentralisation dar.

Lediglich einige wenige Nicht-Führungskräfte – die Gestalter der technokratischen Systeme – gewinnen eine gewisse informelle Macht, und dies auf Kosten der vielen ausführenden Mitarbeiter und anderer Organisationsmitglieder, deren Verhalten und Arbeitsprodukte standardisiert werden.

Zum anderen dient diese Art eingeschränkter horizontaler Dezentralisation in Wirklichkeit dazu, die Organisation in vertikaler Richtung zu zentralisieren, indem die Machtbefugnisse der unteren Linienführungskräfte im Vergleich zu denen der höheren Linienführungskräfte reduziert werden. Mit anderen Worten: Organisationen, in denen technokratische Standardisierung zur Erzielung von Koordination eingesetzt wird, sind noch als relativ zentralisiert anzusehen, vor allem in vertikaler, in gewissem Umfang aber auch in horizontaler Richtung.

Sind Bürokratien zentralisiert? Dies ist eine in der Forschungsliteratur umstrittene Frage. Wie wir gesehen haben, hält die Forschung keine eindeutige Antwort bereit. Einige Forscher argumentieren, bürokratische Arbeitsstandards seien dazu angetan, die ausführenden Mitarbeiter mit mehr Macht auszustatten, indem sie die Machtbefugnis des Vorgesetzten im Rahmen der persönlichen Weisung einschränken. Die Arbeit von Crozier legt einen ganz anderen Schluß nahe: Sowohl die Führungskraft als auch die Mitarbeiter sehen sich letztlich in einer Zwangslage, wobei die Entscheidungsbefugnis zu einer von der realen Situation weit entfernten zentralen Führungsspitze zurückfließt.

Wir können einen Großteil dieser Verwirrung klären, wenn wir das Konzept der Zentralisation im Zusammenhang mit unseren fünf Koordinationsmechanismen erörtern. Diejenigen, die Arbeitsvorschriften als Auslöser von Dezentralisierung ansehen, scheinen Zentralisation mit persönlicher Weisung gleichzusetzen: Eine Organisation gilt als zentralisiert, wenn straffe persönliche Weisung erfolgt; in dem Maß, wie Arbeitsstandards die persönliche Weisung ablösen, wird die Organisation als dezentralisiert angesehen. Doch eine Bürokratie als dezentralisiert zu bezeichnen, weil Arbeitsvorschriften anstelle von Vorgesetzten die Arbeiter kontrollieren, wäre genauso, als ob man Marionetten einen eigenen Willen zuschriebe, sobald sie an Fäden tanzen, die von Computern und nicht mehr von Menschenhand gesteuert werden.

Die persönliche Weisung ist wohl der strikteste organisatorische Koordinationsmechanismus überhaupt, und entsprechend mag straffe Steuerung und Kontrolle durch Führungskräfte die strikteste Art von horizontaler Zentralisation darstellen. Mit jedem Schritt kann sich ein Mitarbeiter die Rüge seines Vorgesetzten einfangen: »So hätten Sie das aber nicht machen sollen.« Im Prinzip gestattet die Standardisierung von Arbeitsprozessen dem Mitarbeiter größere Autonomie, zumal dieser dann selbst weiß, was er tun und lassen kann. Doch das bedeutet keineswegs, daß die Standardisierung von Arbeitsprozessen ein lockerer Koordinationsmechanismus ist. Zwar hat der Mitarbeiter bei nur wenigen Vorschriften noch erheblichen Ermessensspielraum. Doch hier ist von Organisationen die Rede, in denen es zahlreiche Vorschriften gibt – von Bürokratien, die bewußt Regeln und Verfahrensrichtlinien zur Erzielung von Koordination einsetzen. Tatsache ist, daß der Einsatz aller übrigen Koordinationsmechanismen in der Organisation den Mitarbeitern größere Freiheit bei ihrer Arbeit gewähren würde. So könnten die Arbeitsprodukte standardisiert werden, während die Wahl der Arbeitsprozesse den Mitarbeitern selbst überlassen bliebe. Noch mehr Freiraum entstünde, wenn die Arbeitsabläufe durch Standardisierung von Qualifikationen koordiniert würden; dann nämlich würden die künftigen Mitarbeiter ausgebildet und indoktriniert, noch bevor sie ihre Arbeit aufnehmen, so daß sie am Arbeitsplatz frei wären, ihre Arbeitsprozesse selbst zu wählen und ihre Arbeitsprodukte nach eigenem Gutdünken zu bestimmen. Am besten wäre natürlich, wenn auf Standardisierung und persönliche Weisung ganz verzichtet würde; in einem solchen Fall hätten die Mitarbeiter die Möglichkeit, sich durch gegenseitige Abstimmung selbst um die Koordination ihrer Arbeit zu bemühen.

Wie Abbildung 5-3 zeigt, stellen die Koordinationsmechanismen somit ein Kontinuum dar, in dem die persönliche Weisung die stärkste horizontale Zentralisation und die gegenseitige Abstimmung die geringste horizontale Zentralisation bewirkt, während die drei Standardisierungsformen – Standardisierung erst der Arbeitsprozesse, dann der Arbeitsprodukte und schließlich der Qualifikationen – dazwischen liegen.

Und da die Standardisierung von Arbeitsprozessen der persönlichen Weisung unmittelbar folgt als derjenige Koordinationsmechanismus, der die zweitstärkste Zentralisierung bewirkt, ziehen wir daraus den Schluß, daß Organisationen, die diesen Mechanismus zur Erzielung von Koordination einsetzen, relativ zentralisiert sind. Insbesondere übertragen solche Organisationen einen gewissen Machtanteil an ihre Analytiker, damit diese die Standards entwickeln; wie wir gerade gefolgert haben, bedeutet eine solche Macht auf seiten der Analytiker eine vertikale Zentralisation, verbunden mit einer nur eingeschränkten horizontalen Dezentralisation.

Dennoch können wir nicht einfach behaupten, alle Bürokratien seien zentralisiert. Diese besonderen Bürokratien sind es tatsächlich – solche nämlich, die eine Standardisierung von Arbeitsprozessen zur Koordinierung der Arbeit ihrer ungelernten

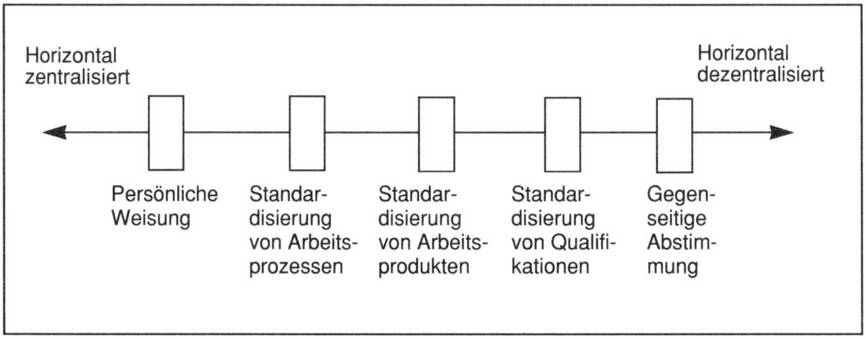

Abb. 5-3: Die Koordinationsmechanismen in einem Kontinuum horizontaler Dezentralisation

Mitarbeiter an der Basis einsetzen. Doch wir haben weiter oben bereits eine zweite Kategorie von Bürokratien kennengelernt, in der die ausführenden Mitarbeiter hochqualifizierte Fachkräfte sind, deren Arbeit durch Standardisierung ihrer Qualifikationen koordiniert wird. Da diese Koordinationsmechanismen in unserem Kontinuum in Abbildung 5-3 nahe bei der Dezentralisation eingeordnet sind, folgern wir, daß diese zweite Kategorie von Bürokratien in horizontaler Richtung relativ dezentralisiert ist. Wir werden noch darauf zurückkommen.

Macht und Machtbefugnisse bei den Experten

Auf dieser Stufe horizontaler Dezentralisation ist die Organisation auf spezialisiertes Fachwissen angewiesen. Folglich muß sie Macht dort ansiedeln, wo dieses Fachwissen vorhanden ist – bei den Experten, ob nun in der Technostruktur, im Hilfsstab, im betrieblichen Kern oder auch in der Mittellinie. »In der Welt der Blinden ist der Einäugige König.« Der Chirurg beherrscht den Operationssaal, die »Wernher-von-Braun-Regel« die Raumfahrtbehörden. In der bisherigen Diskussion gab es nur einen anerkannten Experten, den Analytiker, und seine Macht war informeller Art. Doch in diesem Zusammenhang ist die Organisation vom Fachwissen einer größeren Anzahl von Experten abhängig und beginnt, die Machtbefugnisse, die diesen Experten übertragen werden, immer mehr zu formalisieren. Die Experten werden nicht mehr lediglich zur Beratung hinzugezogen; sie nehmen jetzt aktiv an der Entscheidungsfindung teil.

Das Ausmaß der Abhängigkeit der Organisation von ihren Experten und deren Stellung in der Organisationsstruktur sind ausschlaggebend dafür, wieviel Macht und Machtbefugnisse Experten haben können. Wir können mindestens drei Formen der Expertenmacht unterscheiden.

1. Informelle Expertenmacht in einer traditionellen Autoritätsstruktur

In den am wenigsten horizontal dezentralisierten Organisationen bleibt das System der formalen Autorität unangetastet, d.h., die formalen Machtbefugnisse verbleiben in der Hierarchie der Linienführungskräfte.

> Doch in dem Maß, in dem die Organisation eines speziellen Fachwissens bedarf, um bestimmte fachlich kompetente Entscheidungen treffen zu können, gewinnen bestimmte Experten beträchtliche informelle Macht.

So hatten die Wartungsmannschaften in den von Crozier (1964) untersuchten Tabakfabriken das Sagen, weil nur sie den einen großen Faktor der Ungewißheit in den Griff bekommen konnten.

Diese Experten trafen Entscheidungen. Andere Experten erlangen informelle Macht kraft der Ratschläge, die sie den Führungskräften erteilen, bevor Entscheidungen getroffen werden – besonders dann, wenn es sich um fachlich-technische Fragestellungen handelt, für die den Führungskräften das notwendige Fachwissen fehlt. Der Schritt der Autorisierung der Entscheidungsfindung, der häufig im Rahmen der Investitionsplanung erfolgt, führt ebenfalls zur Einflußnahme seitens der Experten auf die Führungskräfte. Der Urheber einer Entscheidung oder eines Projekts – diejenige Person, die als erste den gesamten Prozeß ins Bewegung gesetzt hat – verfügt über das erforderliche Fachwissen, hat aber gleichzeitig auch starkes Interesse daran, das Vorhaben autorisiert zu sehen. Die übergeordnete Führungskraft, die für die Autorisierung zuständig ist, kann in ihrer Beurteilung des Projekts objektiver vorgehen, verfügt aber nicht über das erforderliche Fachwissen und hat auch nicht die Zeit, sich ein solches anzueignen. Wieder entsteht eine Situation, in der manipuliert werden kann. Investitionsplanungssysteme scheitern deshalb so häufig, weil die formalen Machtbefugnisse zur Autorisierung nicht dort konzentriert sind, wo die erforderliche Fachkompetenz für ein Vorhaben vorhanden ist.

2. Expertenmacht in Verbindung mit formaler Autorität

Je mehr Bedeutung das Fachwissen in der Entscheidungsfindung erlangt, desto künstlicher wird die Unterscheidung zwischen Linie und Stab – zwischen der formalen Autorität zur Entscheidung auf der einen Seite und dem Fachwissen zur Beratung auf der anderen.

Schließlich entfällt die Trennung ganz, und Linienführungskräfte und Stabsexperten sitzen vereint in Arbeitskreisen und ständigen Ausschüssen, um gemeinsam an der Entscheidungsfindung zu arbeiten. Ein gutes Beispiel ist die Gruppe für Neuentwicklungen, in der Mitarbeiter aus Marketing, Produktion, Konstruktion und Forschung & Entwicklung, aus Technostruktur, Mittellinie und Hilfsstab an einem Tisch sitzen. Macht und Einfluß innerhalb der Gruppe sind nicht positionsgebunden, sondern beruhen auf der jeweiligen Fachkompetenz; jeder Teilnehmer bringt sein spezielles Fachwissen in den Prozeß der Entscheidungsfindung ein. Diese Situation von Expertenmacht in Verbindung mit formaler Autorität kommt somit der selektiven Dezentralisation in horizontaler Richtung gleich, wobei die Experten zu ganz bestimmten Entscheidungen befugt sind. Wenn wir uns noch einmal Abbildung 5-2 zuwenden, wo unser Logo mit verschiedenen funktionalen Arbeitskonstellationen dargestellt ist, so erkennen wir auch eine Verbindung mit der selektiven Dezentralisation in vertikaler Richtung. Mit anderen Worten:

Selektive Dezentralisation scheint zugleich in horizontaler wie auch in vertikaler Richtung zu erfolgen.

3. Expertenmacht bei den ausführenden Mitarbeitern

In diesem dritten und am stärksten dezentralisierten Fall von Expertenmacht sind die ausführenden Mitarbeiter an der Basis selbst die Fachleute. Dieses Fachwissen verleiht ihnen erhebliche Macht, die ihrerseits die Organisation in beide Richtungen dezentralisiert: Die Macht ist auf den betrieblichen Kern konzentriert – auf die Ebene der Nicht-Führungskräfte ganz unten in der Hierarchie. Natürlich handelt es sich bei diesen ausführenden Mitarbeitern um professionelle, hochqualifizierte Fachkräfte, und dies verweist auf einen sehr wichtigen und in der Forschung gut belegten Zusammenhang:

Je professioneller eine Organisation ist, desto stärker ist ihre Struktur in beiden Richtungen dezentralisiert.

Damit wird auch die Beziehung zwischen Bürokratie und Zentralisation klarer: Wir können nunmehr die zwei Kategorien von Bürokratien deutlich unterscheiden – die eine ist relativ zentralisiert, die andere dezentralisiert. Die Organisationsstruktur im ersten Fall ist bürokratisch aufgrund der von der eigenen Technostruktur vorgegebenen Arbeitsstandards. Die Arbeit der ausführenden Mitarbeiter im betrieblichen Kern ist zwar spezialisiert, erfordert aber keine qualifizierte Berufsausbildung. Sie ist sowohl vertikal als auch horizontal relativ zentralisiert, da der größte Teil der Entscheidungsbefugnisse bei den höheren Führungskräften und der kleinen Anzahl von Analytikern liegt, die das Verhalten aller anderen Organisationsmitglieder formalisieren. Im zweiten Fall sind die Mitarbeiter im betrieblichen Kern professionelle, hochqualifizierte Fachkräfte. Diese Organisationsstruktur ist bürokratisch aufgrund der extern vorgegebenen Standards, wie sie von den Berufsverbänden festgelegt sind, die für die jeweilige Ausbildung und später für die Einhaltung gewisser Regeln bei der Berufsausübung Sorge tragen. Doch da diese professionellen Fachkräfte für ihre Arbeit erhebliche Autonomie brauchen und die Koordinierung in erster Linie über die Standardisierung von Qualifikationen – einen im Kontinuum in Abbildung 5-3 nahe am Dezentralisationsende dargestellten Koordinationsmechanismus – erfolgt, ist diese zweite Bürokratie in beiden Richtungen relativ dezentralisiert. Die Macht konzentriert sich auf die ausführenden Mitarbeiter ganz unten in der Hierarchie.

Macht und Machtbefugnisse bei allen Organisationsmitgliedern

In unseren bisherigen Ausführungen ist folgendes deutlich geworden: Macht in den Händen der Führungskräfte bewirkt horizontale Zentralisation; Bürokratisierung durch Verhaltensformalisierung überträgt gewisse Macht an die Technostruktur und bewirkt auf diese Weise eine eingeschränkte Form der horizontalen Dezentralisation; und je mehr diese Macht auf Fachwissen beruht und nicht positionsabhängig ist, desto stärker wird die Struktur horizontal dezentralisiert, bis schließlich die professionelle Organisation erreicht ist, in der die ausführenden Mitarbeiter einen Großteil der Entscheidungsfindung übernehmen.

Zumindest theoretisch ist damit aber noch nicht volle Dezentralisation erreicht. Professionelle Organisationen mögen meritokratisch sein, sind aber keineswegs demokratisch. Solange Fachwissen nicht gleichmäßig verteilt ist, werden auch Macht und Einfluß nicht gleich verteilt sein. Man braucht nur Krankenpfleger (oder erst recht Krankenschwestern) eines Krankenhauses nach ihrem Status gegenüber den Ärzten zu befragen.

Volle Dezentralisation ist erst erreicht, wenn Macht nicht an Positionen oder an Fachwissen, sondern an die Mitgliedschaft in einer Organisation gebunden ist. Jeder nimmt gleichberechtigt an der Entscheidungsfindung teil. Die Organisation ist demokratisch.

Gibt es eine solche Organisation? Die perfekt demokratisch strukturierte Organisation müßte alle Probleme etwa in Form von Wahlen oder Meinungsumfragen klären. Führungskräfte könnten gewählt werden, um für die Realisierung der von den Mitgliedern getroffenen Entscheidungen zu sorgen, hätten auf die Entscheidungsfindung als solche aber keinen besonderen Einfluß. Alle wären gleich. Bestimmte freiwillige Organisationen – zum Beispiel Kibbuze in Israel oder Privatklubs – kommen diesem Ideal nahe, doch ist dies auch bei konventionelleren Organisationen möglich?

»Demokratie im Betrieb« hat in letzter Zeit in Europa große Beachtung gefunden. In Jugoslawien besitzen Arbeiter zahlreiche Betriebe und wählen die eigenen Führungskräfte. In Frankreich ist viel von »autogestion« (Arbeiterselbstverwaltung) die Rede gewesen. In Deutschland ist die Hälfte der Sitze in den Aufsichtsräten großer Konzerne per Gesetz den Vertretern der Arbeitnehmer vorbehalten.

Allerdings ist immer wieder zu erkennen, daß solche Bemühungen auch nicht annähernd zu einer reinen Form der Demokratisierung führen. So stellen auch Strauss und Rosenstein in ihrem hervorragenden Überblick über die Beteiligung der Arbeitnehmer in acht Ländern Europas, Asiens und des Mittleren Ostens fest:

1. In vielen Fällen ist die Partizipation der Arbeitnehmer als symbolischer Ausgleich für ideologische Widersprüche von oben angeordnet worden.

2. Das Konzept der Partizipation spricht insoweit an, als es sowohl mit der sozialistischen Theorie als auch mit der »Human Relations«-Theorie in Einklang steht.

3. In der Praxis hat das Konzept nur zu vereinzelten Erfolgen geführt, vor allem im Personal- und Sozialbereich, weniger im Produktionsbereich.

4. Der größte Wert des Konzepts ist wohl darin zu sehen, daß Partizipation ein weiteres Forum für die Konfliktlösung sowie ein weiteres Mittel zur Durchsetzung der Weisungen seitens des Managements bereitstellt (Strauss/Rosenstein 1970, S.171).

Diese und andere Autoren bringen damit zum Ausdruck, daß die Arbeitnehmer kaum an Problemen interessiert sind, die nicht unmittelbar ihre Arbeit betreffen. Überraschenderweise haben einige Untersuchungen gezeigt, daß Partizipation die Durchsetzungskraft der Führungsspitze auf Kosten anderer Gruppen stärkt, »die mittleren Führungsebenen umgeht, die Stabsfunktion schwächt und die Entwicklung von Professionalismus verhindert« (Strauss/Rosenstein 1970, S.286). Paradoxerweise scheint betriebliche Demokratie die Organisation sowohl in vertikaler als auch in horizontaler Richtung zu zentralisieren. (Eine einleuchtende Begründung wird im nächsten Kapitel erörtert.)

Crozier (1964) beschreibt eine andere Art von betrieblicher Demokratie, die ähnliche Auswirkungen zu haben scheint. Wie bereits mehrfach erwähnt, führen die Arbeitnehmer in diesem Fall Regeln ein, um Macht und Einfluß der jeweiligen Vorgesetzten einzuschränken. Auf diese Weise sind beide Seiten – Vorgesetzte und Untergegebene – gleichermaßen in derselben Zwangslage (mit Ausnahme der Wartungsmannschaften in den Tabakfabriken, die diesen letzten Rest an Ungewißheit auch ausnutzen). Die Macht der Entscheidungsfindung kehrt wieder zurück zur Organisationszentrale. Die daraus resultierende Struktur ist gewissermaßen in doppelter Hinsicht bürokratisch – es existieren sowohl die üblichen Vorschriften zur Koordinierung der Arbeitsabläufe als auch spezielle Regeln zum Schutz der Arbeitnehmer. Und doppelte Bürokratie bedeutet hier gleichermaßen doppelte Zentralisation. Insgesamt entsteht somit eine perverse Art von Demokratie, wobei die Organisation bürokratischer und zentralisierter ist als je zuvor und sich aufgrund ihrer extremen Starrheit einmal weniger in der Lage sieht, ihren Kunden oder Klienten gerecht zu werden oder die höherrangigen Bedürfnisse ihrer Arbeitnehmer zu befriedigen.

Diese Entwicklungen im Hinblick auf betriebliche Demokratie haben die Vereinigten Staaten bisher kaum erreicht. Erhebliche Beachtung findet dort vielmehr das »partizipative Management«. Bei der Diskussion dieses Konzepts sollten zwei Aspekte deutlich unterschieden werden. Der erste betrifft die (nachweisbare) Tatsache, daß Partizipation die Produktivität steigert: »Beziehen Sie Ihre Angestellten aktiv ein – sie werden dann mehr produzieren.« Dies ist dem Management eine ganze Generation lang von Betriebspsychologen eingetrichtert worden. Der zweite Aspekt gilt eher einem Werturteil und läßt sich daher nicht verifizieren. Partizipation wird als Wert an sich verstanden: »In einer ›demokratischen‹ Gesellschaft haben Arbeitnehmer das Recht, an den Organisationen, in denen sie beschäftigt sind, zu partizipieren.« Die Diskussion in Amerika über partizipatives Management gilt fast ausschließlich dem erstgenannten faktischen Aspekt (obgleich es so scheint, als ob sich die Befürworter im Grunde genommen dem an zweiter Stelle genannten Wertaspekt verpflichtet fühlen). In Anbetracht dieser einseitigen Diskussion ist die Feststellung interessant, daß der faktische Aspekt in wissenschaftlichen Arbeiten kaum belegt ist. Untersuchungen von Fiedler (1966) und anderen haben sogar erkennen lassen, daß Partizipation nicht notwendigerweise mit größerer Zufriedenheit oder Produktivität korreliert. Ausschlaggebend war vielmehr die jeweilige Arbeitssituation.

Wie dem auch sei: Partizipatives Management ist kaum als Demokratisierungsmodell zu begreifen, denn es basiert lediglich darauf, daß die Linienführungskraft die formalen Machtbefugnisse besitzt und gewillt ist, diese mit den Mitarbeitern zu teilen. Die Führungskraft holt den Rat der Mitarbeiter ein und fordert sie vielleicht auch auf, sich an der Entscheidungsfindung zu beteiligen. Doch Demokratie ist nicht auf die Großzügigkeit derjenigen angewiesen, die im Besitz der formalen Macht sind; vielmehr ist diese Macht in einer Demokratie verfassungsmäßig über die gesamte Organisation verteilt.

Bisher gibt es kaum ein Argument, das die Befürworter der »Demokratie im Betrieb« zu unterstützen vermag. Betriebsdemokratie mag in freiwilligen Organisationen funktionieren, aber Versuche, dieses Konzept auch in den konventionelleren Organisationen einzuführen, scheinen lediglich ein höheres Maß an Zentralisation zu bewirken.

Abschließend wollen wir noch eine andere Forschungsrichtung erwähnen, die ebenfalls einen klärenden Beitrag geleistet hat. So haben Sozialpsychologen eine Reihe von Studien zur Untersuchung von »Kommunikationsnetzen« durchgeführt, in denen sie Versuchspersonen (häufig fünf) in Kommunikationsnetze mit mehr oder weniger eingeschränkten Kommunikationskanälen stellten, ihnen einfache Aufgaben zuteilten und dann beobachteten, was geschah. Bei einigen Versuchen mußten alle Versuchsteilnehmer ihre Mitteilungen über eine Person laufen lassen (hierarchische Struktur); bei anderen bildeten sie einen Ring und durften nur mit den benachbarten Teilnehmern kommunizieren; in wieder anderen Versuchen konnte jeder mit jedem frei kommunizieren (größte Annäherung an eine demokratische Struktur) usw. Mit vielen Ergebnissen hatte man gerechnet – zum Beispiel erfolgte die Kommunikation in den hierarchischen Strukturen schneller und enthielt weniger Fehler, aber die Teilnehmer an der Peripherie hatten weniger Spaß an der Aufgabe als diejenigen im Zentrum. Nicht zu erwarten hingegen war das Ergebnis zumindest in einer Studie (Guetzkow/Simon 1954-55): Die Netze mit einer offenen Kettenstruktur entwickelten von sich aus Hierarchien (in 17 von 20 Fällen).

Diese Ergebnisse legen interessante Schlußfolgerungen hinsichtlich der horizontalen Dezentralisation nahe. Zum einen erweist sich die zentralisierte Organisation unter bestimmten Umständen, besonders in frühen Arbeitsphasen, als effizienter. Dagegen scheint die horizontal dezentralisierte Organisation – die demokratische Organisation – für die Arbeitsmoral zuträglicher zu sein. Doch eine solche Organisation wird zuweilen instabil und kehrt dann letzten Endes zu einer noch hierarchischeren – und zentralisierteren – Struktur zurück, um ihre Aufgaben bewältigen zu können. Genau dies ist es, was die Feldstudien nachweisen: Demokratisierung führt paradoxerweise zu Zentralisation.

Die Antwort auf unsere Frage nach mehr Demokratie scheint somit negativ auszufallen. Alle Bemühungen um eine demokratischere Gestaltung zentralisierter Organisationen – sei es, daß die Arbeitnehmer ihre Direktoren wählen und zur Beteiligung an der Entscheidungsfindung aufgefordert werden, sei es, daß Regeln zur Einschränkung der Machtbefugnisse der jeweiligen Führungskräfte institutionalisiert werden, sei es, daß uneingeschränkte Kommunikationskanäle eingerichtet werden – scheinen in der einen oder anderen Weise zur Zentralisation zurückzuführen. Bemerkenswerterweise sind alle Experimente in Organisationen vorgenommen worden, in denen einfache, repetitive, fachlich nicht qualifizierte Arbeitsaufgaben verrichtet werden. Man kann von einer Laborgruppe kaum verlangen, einen Kernreaktor zu entwerfen – oder gar einem Baby auf die Welt zu helfen. Umgekehrt ist auch »Demokratie im Betrieb« in Forschungslabors oder Krankenhäusern kein aktuelles Thema. Zielgruppen für das Konzept der betrieblichen Demokratie waren vielmehr Automobilwerke, Tabakfabriken und vergleichbare Betriebe – Organisationen, in denen der betriebliche Kern fachlich weniger qualifizierte oder ungelernte Mitarbeiter umfaßt. In diesen Organisationen besitzen die ausführenden Mitarbeiter an der Basis die geringsten Entscheidungsbefugnisse, und gerade sie sind mit ihrer Arbeit in höchstem Maß unzufrieden. Ausgerechnet hier scheinen die Versuche, mit dem Machtsystem zwecks Demokratisierung zu »experimentieren«, in höchst dramatischer Weise gescheitert zu sein.

Andere Organisationen kommen dem demokratischen Ideal schon näher – Organisationen, in denen es sich bei den ausführenden Mitarbeitern wie in Forschungslabors und Krankenhäusern um professionelle, hochqualifizierte Fachkräfte handelt. Solche Organisationen lassen eine umfassende Verteilung der Machtbefugnisse zu. Dies geschieht aber nicht, weil irgend jemand beschlossen hätte, Partizipation sei eine gute Sache. Und die Machtverteilung geht auch nicht so weit, daß jedes Organisationsmitglied gleichberechtigt wäre. In diesen Organisationen richten sich Macht und Einfluß nach dem jeweiligen Fachwissen, und dieses ist zwar weit gestreut, aber ungleichmäßig verteilt.

Somit haben wir wohl bestenfalls die Möglichkeit, in unseren nichtfreiwilligen, konventionelleren Organisationen eine Meritokratie, nicht aber eine Demokratie, einzurichten – und dies auch nur dann, wenn sie durch professionelle Arbeitsaufgaben gerechtfertigt ist.

Fünf Arten von Dezentralisation

Aus unseren Ausführungen sind fünf verschiedene Arten von vertikaler und horizontaler Dezentralisation abzuleiten, die sich in einem Kontinuum anordnen lassen – von einer in beiden Richtungen erfolgenden Zentralisation am einen Ende bis zur ebenfalls in beiden Richtungen erfolgenden Dezentralisation am anderen Ende. Abbildung 5-4 verdeutlicht diese fünf Arten von Dezentralisation als verzerrte Darstellungen unseres Logos, wobei zu beachten ist, daß der jeweils vergrößerte und schraffierte Teil den Umfang der jeweiligen speziellen Entscheidungsbefugnisse, nicht aber die Anzahl der beschäftigten Mitglieder kennzeichnet. Wir wollen diese fünf Arten oder Typen von Dezentralisation im folgenden kurz erörtern.

Typ A: Vertikale und horizontale Zentralisation. Die Entscheidungsbefugnisse sind auf eine einzige Führungskraft an der Spitze der Linienhierarchie – den Vorstandsvorsitzenden oder Hauptgeschäftsführer – konzentriert. Macht und Einfluß sind in Abbildung 5-4A an der strategischen Spitze vergrößert dargestellt. Der Vorstandsvorsitzende oder Hauptgeschäftsführer verfügt über alle formale und informelle Macht, trifft alle wichtigen Entscheidungen selbst und koordiniert ihre Durchführung mittels persönlicher Weisung. Aus seiner Sicht besteht kaum eine Notwendigkeit, seine Macht mit Stabsexperten, Führungskräften der Mittellinie oder ausführenden Mitarbeitern zu teilen.

Typ B: Eingeschränkte horizontale Dezentralisation (selektiv). Bei dieser Dezentralisationsart finden wir die bürokratische Organisation mit fachlich wenig qualifizierten Arbeitsaufgaben, in der mittels Standardisierung der Arbeitsprozesse koordiniert wird. (Dies sind die Organisationen, in denen die meisten Demokratisierungsexperimente vorgenommen worden sind.) Die Analytiker spielen eine führende Rolle in dieser Organisation, indem sie das Verhalten der anderen Organisationsmitglieder formalisieren; besonders betroffen sind die ausführenden Mitarbeiter, die folglich nahezu machtlos sind. Die Standardisierung der Arbeitsprozesse verringert die Bedeutung der persönlichen Weisung als Koordinationsmechanismus und reduziert dadurch die Macht der Führungskräfte der Mittellinie besonders auf den unteren Ebenen. Infolgedessen ist die Struktur in vertikaler Richtung zentralisiert; die formale Macht ist auf die oberen Ränge der Linienhierarchie, besonders an der strategischen Spitze, konzentriert. (Sollten Versuche unternommen werden, diese Macht im Rahmen eines Demokratisierungsprogramms auf den betrieblichen Kern zu verlagern, kehrt sie aufgrund der Wahlverfahren umgehend zur strategischen Spitze zurück.) Aufgrund ihrer Bedeutung bei der Verhaltensformalisierung gelingt den Analytikern jedoch die Erlangung einer gewissen informellen Macht, und dies bedeutet eine eingeschränkte horizontale Dezentralisation. Da die Zahl der Analytiker im Vergleich zu allen anderen Nicht-Führungskräften nur gering ist und ihre Aktionen dazu dienen, die Macht der anderen Nicht-Führungskräfte, insbesondere der ausführenden Mitarbeiter, zu reduzieren, liegt hier eine besonders eingeschränkte Form von horizontaler Dezentralisation vor. Sie ist in jedem Fall selektiv, denn die Analytiker sind nur an Entscheidungen bezüglich der Formalisierung des Arbeitsablaufs beteiligt. Abbildung 5-4B zeigt eine deutliche Machtkonzentration an der strategischen Spitze und in geringerem Umfang auch in der Technostruktur.

Typ C: Eingeschränkte vertikale Dezentralisation (parallel). Hier finden wir die nach Markteinheiten oder Sparten strukturierte Organisation, an deren Führungskräfte ein Großteil der formalen Macht delegiert wird, damit diese die für ihre Markteinheiten erforderlichen Entscheidungen treffen können. Doch da solche Macht nicht auf niedrigere Ebenen in der Autoritätskette weiter delegiert zu werden braucht, ist die vertikale Dezentralisation eingeschränkt. Und da die Spartenleiter ihre Macht nicht notwendigerweise mit dem Stabspersonal oder mit den ausführenden Mitarbeitern zu teilen brauchen, kann die Organisation genauso auch als horizontal zentralisiert gelten. Natürlich behält sich die strategische Spitze die letzte formale Macht über die Sparten vor. Da sie das Verhalten der Sparten mittels Standardisierung von Arbeitsprodukten in Form von Leistungskontrollsystemen koordiniert, wie sie in der Technostruktur entwickelt werden, ist eine gewisse Machtkonzentration auch bei einigen hochrangigen technokratischen Planern festzustellen. Somit zeigt Abbildung 5-4C die größte Machtansammlung im oberen Bereich der Mittellinie und kleinere Machtkonzentrationen an der strategischen Spitze und ganz oben in der Technostruktur.

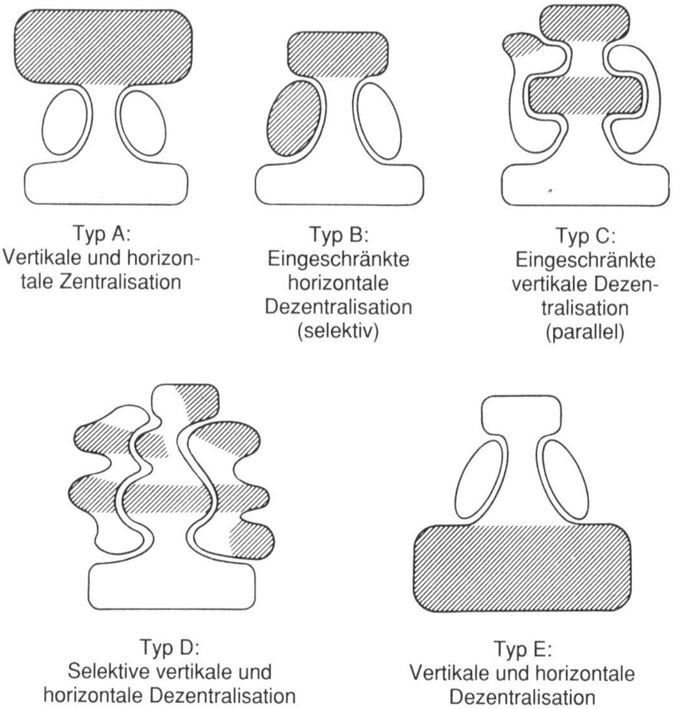

Anmerkung: Die jeweils schraffierten Teile sollen den Umfang der speziellen Entscheidungsbefugnisse kennzeichnen, lassen aber keine Rückschlüsse auf die Zahl der Mitarbeiter zu.

Abb. 5-4: Fünf Arten von Dezentralisation

Typ D: Selektive vertikale und horizontale Dezentralisation. In diesem Fall sind unsere Ergebnisse über die selektive Dezentralisation in beiden Richtungen zusammengefaßt: In vertikaler Richtung wird die Macht für verschiedene Arten von Entscheidungen an Arbeitskonstellationen auf unterschiedlichen hierarchischen Ebenen delegiert; in horizontaler Richtung machen diese Konstellationen selektiven Gebrauch von den Diensten der Stabsexperten – je nachdem, wie fachgebunden die zu treffenden Entscheidungen sind. Bei einigen Entscheidungen werden die Experten nur zur Beratung der Linienführungskräfte herangezogen; bei anderen arbeiten sie mit den Führungskräften in Teams und Arbeitskreisen zusammen und sind in manchen Fällen auch selbst für den Wahlakt maßgeblich. Die Koordination sowohl innerhalb der Konstellationen als auch zwischen den Konstellationen wird in erster Linie durch gegenseitige Abstimmung erzielt. In Abbildung 5-4D wird an verschiedenen Stellen eine Machtansammlung gezeigt (entsprechend Abbildung 5-2), vornehmlich (und anders als bei den anderen vier Dezentralisationsarten) im Hilfsstab, wo ein großer Teil des in der Organisation erforderlichen Fachwissens anzutreffen ist.

Typ E: Vertikale und horizontale Dezentralisation. Die Macht zur Entscheidungsfindung ist weitgehend auf den betrieblichen Kern konzentriert – die einzige vergrößerte und schraffierte Fläche in Abbildung 5-4E; in diesem Fall sind die Mitarbeiter an der Basis professionelle, hochqualifizierte Mitarbeiter, deren Arbeit weitgehend durch die Standardisierung von Qualifikationen koordiniert wird. Die Organisation ist in vertikaler Richtung stark dezentralisiert, weil hier alle Macht ganz unten in der Hierarchie angesammelt ist. Zudem ist die Organisation in horizontaler Richtung stark dezentralisiert, weil diese Macht auf eine große Anzahl von Nicht-Führungskräften aufgeteilt ist – auf die ausführenden Mitarbeiter. Wenn ein weiteres Machtzentrum ermittelt werden sollte, so müßte es außerhalb der Organisation liegend dargestellt werden: Die Organisation ist gezwungen, einen großen Teil ihrer Kontrolle über Entscheidungsprozesse abzugeben an die professionellen Institutionen, die für die Ausbildung der Mitarbeiter sorgen, und an die Berufsverbände, die auf die Einhaltung ihrer Standards achten.

Dezentralisation im Zusammenhang mit den anderen Gestaltungsparametern

Der Zusammenhang zwischen unseren beiden grundlegenden Dezentralisationsformen und den anderen sieben Parametern ist schon im Verlauf des Kapitels erörtert worden, so daß wir im folgenden nur noch einmal die Ergebnisse kurz zusammenfassen wollen.

Dezentralisation steht in engem Zusammenhang mit der Gestaltung von Positionen.

Die Verhaltensformalisierung entzieht den ausführenden Mitarbeitern und den Führungskräften, die ihre Arbeit beaufsichtigen, formale Macht und konzentriert sie ganz oben an der Spitze der Linienhierarchie und in der Technostruktur, und dies führt zur Zentralisierung der Organisation in beiden Richtungen.

Das Resultat ist eine Dezentralisation vom Typ A. Ausbildung und Indoktrination bewirken genau das Gegenteil: Sie entwickeln Fachwissen unterhalb der Mittellinie und führen so zu einer Dezentralisierung der Struktur in beiden Richtungen (Typ E). Wenn wir diese beiden Schlußfolgerungen miteinander verbinden, stellen wir fest, daß eine Spezialisierung der fachlich nicht qualifizierten Arbeitsaufgaben die Struktur in beiden Richtungen zentralisiert, während eine Spezialisierung der fachlich qualifizierten oder professionellen Arbeitsaufgaben eine Dezentralisierung in beiden Richtungen bewirkt.

Wir haben auch eine Reihe von Zusammenhängen zwischen Dezentralisation und der Gestaltung der Rahmenstruktur kennengelernt.

Eine Strukturierung nach Markteinheiten führt zu einer eingeschränkten vertikalen Dezentralisierung paralleler Art (Typ C).

Ein Großteil der Macht verbleibt bei den Führungskräften der Markteinheiten. Für eine funktionale Gruppierung ist eine solch definitive Schlußfolgerung nicht möglich. Sowohl Typ B als auch Typ D sind charakteristische funktionale Strukturen: Die erste ist bürokratisch strukturiert und in beiden Richtungen eher zentralisiert, die zweite ist organisch strukturiert (d.h., sie erzielt Koordinierung durch gegenseitige Abstimmung) und in beiden Richtungen selektiv dezentralisiert. Dagegen werden Typ A und Typ E an den beiden Enden unseres Kontinuums häufig als funktional beschrieben.

Wir kommen somit zu der Schlußfolgerung, daß eine funktionale Struktur Dezentralisation in nahezu jeder Erscheinungsart zuläßt, und zwar in beiden Richtungen.

Dieselbe Schlußfolgerung trifft auf die Größe der Einheiten beziehungsweise auf die Leitungsspanne zu. Hier spielen zu viele andere Faktoren eine Rolle. Beispielsweise kann die Tatsache, daß eine Organisation große Einheiten hat, ein Hinweis auf umfassenden Einsatz von Maßnahmen zur Verhaltensformalisierung sein, so daß eine in beiden Richtungen noch ziemlich zentralisierte Struktur (Typ B) anzunehmen wäre.

Dieselbe Tatsache kann aber auch auf umfassenden Einsatz von Ausbildung und Indoktrination schließen lassen, und dann wäre die Struktur in beiden Richtungen dezentralisiert (Typ E). Schließlich kann auch eine marktorientierte Gruppierung vorliegen, was eine eingeschränkte vertikale Dezentralisation (Typ C) bedeuten würde. Umgekehrt kann die Tatsache, daß eine Organisation kleine Einheiten hat, einerseits auf straffe persönliche Weisung und Zentralisation (Typ A) hinweisen, andererseits aber auch auf die Existenz kleiner autonomer Arbeitsgruppen und selektive Dezentralisation (Typ D) zurückzuführen sein.

Hinsichtlich der lateralen Verbindungsstrukturen haben wir gesehen, daß Leistungskontrollsysteme vor allem eingesetzt werden, um quasiautonome Markteinheiten zu kontrollieren; somit sind diese Verbindungsstrukturen im Zusammenhang mit der eingeschränkten vertikalen Dezentralisation (Typ C) zu sehen. Aktionsplanung versetzt die strategische Spitze in die Lage, die wichtigen organisatorischen Entscheidungen zu kontrollieren, auch wenn sie einen Teil ihrer Macht an die Stabsplaner abgeben muß, was eine Dezentralisation vom Typ B zur Folge hat. Im allgemeinen sind Planungs- und Kontrollsysteme daher Gestaltungsparameter, die einer mehr oder weniger ausgeprägten Zentralisation Vorschub leisten. Und schließlich kommen Kontaktinstrumente vor allem zur Koordinierung der Arbeitsabläufe sowohl innerhalb der selektiv dezentralisierten Arbeitskonstellationen als auch zwischen diesen Konstellationen (Typ D) zum Einsatz.

Dezentralisation in den verschiedenen Organisationsteilen

Bei der Erörterung der übrigen Gestaltungsparameter im Hinblick auf ihre Verwendung in den verschiedenen Organisationsteilen sind wir bisher kaum auf Schwierigkeiten gestoßen. Doch auf die beiden grundlegenden Dezentralisationsformen trifft dies nicht zu, denn die Verteilung von Macht ist ein die gesamte Organisation erfassendes Phänomen. Dennoch sind einige Schlußfolgerungen angemessen.

Definitionsgemäß betrifft die vertikale Dezentralisation ausschließlich die Autoritätshierarchie, d.h. die strategische Spitze und die Mittellinie. Insoweit sind alle Arten von Machtverteilung möglich. In einigen Organisationen verbleibt die Macht an der strategischen Spitze; in anderen wird sie auf verschiedene Ebenen der Mittellinie delegiert – manchmal selektiv, manchmal auch in paralleler Verteilung; in anderen Fällen wiederum geht die Macht direkt über an die unterste Ebene der Mittellinie und vielleicht sogar darüber hinaus an den betrieblichen Kern. Wenn eine Verallgemeinerung zulässig ist, so ist dies die Aussage, daß klassische Autoritätsmuster auch weiterhin die organisatorischen Machtsysteme beherrschen: Die formale Macht verbleibt in erster Instanz beim Vorstandsvorsitzenden oder Hauptgeschäftsführer an der Spitze der Hierarchie. Er entscheidet darüber, inwieweit diese Macht delegiert wird. Hinzu kommt, daß im Vergleich zur informellen Macht die formalen Machtbefugnisse in Organisationen immer noch eine große Rolle spielen. Die Strukturen sind daher sowohl vertikal als auch horizontal vielfach stärker zentralisiert, als dies in Anbetracht der jeweiligen Situationen eigentlich erforderlich wäre. Mit anderen Worten:

Organisationen neigen dazu, mehr Macht als notwendig in der Linienstruktur, besonders an der strategischen Spitze, zu belassen.

Die horizontale Dezentralisation bezieht definitionsgemäß die anderen drei Teile der Organisation in das Machtsystem ein – die Technostruktur, den Hilfsstab und den betrieblichen Kern. Wiederum haben wir alle Arten der Machtverteilung kennengelernt – von den relativ unbedeutenden Stabsgruppen bis hin zu einflußreichen Stabsgruppen, vom schwachen betrieblichen Kern bis zur dominanten Basis. Doch eines steht fest: Die Verteilung von Macht erfolgt in dem Maß, wie Fachkompetenz vorhanden ist. Stabsgruppen leisten mehr als nur die Beratung von Führungskräften, wenn sie über das Fachwissen verfügen, das erforderlich ist, um fachbezogene Entscheidungen treffen zu können; ausführende Mitarbeiter sammeln Macht an, wenn sie entweder das erforderliche Fachwissen haben, um die von den Führungskräften getroffenen Entscheidungen auszuführen, oder aber als hochqualifizierte Fachkräfte Arbeitsaufgaben verrichten, die komplexe Kenntnisse und Qualifikationen voraussetzen. Abschließend ist noch darauf hinzuweisen, daß innerhalb der technokratischen Einheiten und der höherrangigen Einheiten des Hilfsstabs, wo im wesentlichen professionelle Arbeiten verrichtet werden, ein beträchtliches Maß an Dezentralisation – von den Stabsführungskräften zu den Stabsspezialisten selbst – zu erwarten ist.

Wir haben nun unsere Gestaltungsparameter in einiger Ausführlichkeit erörtert. Wir haben gesehen, welche verschiedenen Formen sie in der Organisationsstruktur sowie im Zusammenhang mit den verschiedenen Koordinationsmechanismen annehmen können. Persönliche Weisung ergibt sich durch die Gestaltung der Rahmenstruktur, besonders durch die Gruppierung in Einheiten, mit der eine Hierarchie von Führungspositionen geschaffen wird. Darüber hinaus wird persönliche Weisung auch von der Gestaltung des Systems der Entscheidungsfindung – von der horizontalen und vertikalen Dezentralisation – stark beeinflußt. Dagegen werden die Standardisierung von Arbeitsprozessen durch die Verhaltensformalisierung, die Standardisierung von Qualifikationen durch die Einrichtung von Ausbildungs- und Indoktrinationsprogrammen sowie die Standardisierung von Arbeitsprodukten durch den Einsatz von Planungs- und Kontrollsystemen erreicht. Die gegenseitige Abstimmung schließlich wird durch den Einsatz von Kontaktinstrumenten gefördert.

Wir haben auch erste grundlegende Wechselbeziehungen zwischen den Gestaltungsparametern festgestellt. Einige schließen sich gegenseitig aus. So wird sich eine Organisation entweder auf die berufliche Ausbildung vor Antritt einer Stelle oder aber auf die Verhaltensformalisierung in Form von Vorschriften am Arbeitsplatz entscheiden; selten werden beide Parameter zugleich in größerem Umfang eingesetzt.

Andere Gestaltungsparameter kommen dagegen gleichzeitig zur Anwendung – zum Beispiel Leistungskontrollsysteme und marktorientierte Gruppierung oder die Kontaktinstrumente und die organische Struktur. Wichtiger noch ist die Erkenntnis, daß wir die Strukturierung von Organisationen erst dann richtig verstehen lernen, wenn wir eine Vielzahl dieser Gestaltungsparameter gruppieren oder konfigurieren und nicht nur die Wechselbeziehung zwischen zwei einzelnen Gestaltungsparametern betrachten. Doch bevor wir uns einer solchen Konfigurierung zuwenden können, müssen wir die Gestaltungsparameter noch in den situativen Kontext der Organisation stellen.

Anmerkungen

1. Wie wir noch sehen werden, ist häufig sogar das Gegenteil der Fall.

2. Zu Zwecken unserer Definition zählen die Führungskräfte der Stabseinheiten zu den Nicht-Führungskräften. Dabei ist zu beachten, daß der Begriff horizontal diese Weitergabe von Macht an Analytiker und Hilfsstabsexperten, wie sie in unserem Logo angeordnet sind, korrekt beschreibt. Die Mitarbeiter im betrieblichen Kern sind natürlich unterhalb der vertikalen Autoritätskette dargestellt, sollen aber im vorliegenden Zusammenhang ebenfalls in unsere Definition der horizontalen Dezentralisation einbezogen werden.

3. Doch dies bedeutet ein Dilemma für den Manager an der Spitze, der mehr Dezentralisation vorzieht. »Kann er die Autonomie zurückziehen und den Unterstellten anweisen, die Dezentralisation auf untere Instanzen auszudehnen? Oder könnte dieses zentralisierte Einschreiten zwecks Förderung der Dezentralisierung die Dezentralisation zunichte machen?« (Haire 1964, S.226).

4. Allerdings können Planer und Ausbilder größeren Einfluß gewinnen, je mehr ihre Bemühungen den Mitarbeitern auf den höheren Strukturebenen gelten. Auch sollten wir nicht vergessen, daß ein großer Teil der Ausbildung außerhalb der Organisation stattfindet. Wir werden auf diesen Punkt weiter unten noch einmal zurückkommen.

Kapitel 6

Organisationsgestaltung im Kontext situativer Bestimmungsfaktoren

Effektivität von Organisationen aus zwei Perspektiven

Alter und Größe
Verschiedene Stadien in der strukturellen Entwicklung

Technisches System
Untersuchung von Einzelfertigung, Massenfertigung und Prozeßfertigung (Woodward)
Einzelfertigung
Massenfertigung
Prozeßfertigung

Umwelt
Je ein Organisationstyp für vier verschiedene Umweltbedingungen

Macht

Dem Organisationsgestalter stehen verschiedene Gestaltungsparameter zur Verfügung. Welche davon soll er auswählen? Wie soll er entscheiden, wann eine marktorientierte, wann eine funktionsorientierte Gruppierung in der Mittellinie angemessen ist, wann im betrieblichen Kern Verhaltensformalisierung erforderlich wird und wann sich Ausbildung oder die Verwendung von Kontaktinstrumenten zur Förderung der gegenseitigen Abstimmung als die beste Lösung erweisen, wann horizontal und wann vertikal zu dezentralisieren ist?

Die gegenwärtigen Forschungsarbeiten zur Strukturierung von Organisationen sind größtenteils auf solche Fragestellungen ausgerichtet. Als Ergebnis dieser Forschung sind eine Reihe von sogenannten situativen Faktoren oder Kontingenzfaktoren ermittelt worden – organisatorische Gegebenheiten oder Bedingungen, die mit der Verwendung bestimmter Gestaltungsparameter verbunden sind. In den folgenden Ausführungen wollen wir die verschiedenen Faktoren in vier Gruppen zusammenfassen und der Reihe nach erörtern: Alter und Größe der Organisation; das im betrieblichen Kern verwendete technische System; verschiedene Aspekte der organisatorischen Umwelt, insbesondere Stabilität, Komplexität, Diversität und Hostilität; und schließlich bestimmte Machtbeziehungen. Doch zuvor gilt es zu klären, was Effektivität bei der Gestaltung von Organisationsstrukturen bedeutet.

Effektivität von Organisationen aus zwei Perspektiven

Eine Reihe von Wissenschaftlern haben den Zusammenhang zwischen Struktur und Leistung untersucht, indem sie die Strukturen von Unternehmen mit hohen beziehungsweise niedrigen Leistungen miteinander verglichen. Dabei wurde festgestellt, daß die Effektivität der Organisationen tendenziell darauf zurückzuführen war, inwieweit eine Übereinstimmung zwischen bestimmten Gestaltungsparametern und einigen situativen Faktoren – beispielsweise dem Alter der Organisation, dem verwendeten technischen System oder den dynamischen Eigenschaften ihrer Umwelt – vorlag. Eine von Khandwalla (1971, 1973b, 1974) durchgeführte Studie hat jedoch gezeigt, daß organisatorische Effektivität von den Wechselbeziehungen zwischen den Gestaltungsparametern abhängig war. Mit anderen Worten: Ausschlaggebend war der Einsatz von verschiedenen Gestaltungsparametern in konsistenter oder integrierter Weise.

Diese Untersuchungen lassen zwei wichtige und unterschiedliche Schlußfolgerungen bezüglich der strukturellen Effektivität zu. Die erste wollen wir als Kongruenzhypothese bezeichnen:

> Effektive Strukturierung setzt gute Übereinstimmung zwischen den situativen Faktoren und den Gestaltungsparametern voraus.

Eine erfolgreiche Organisation gestaltet ihre Struktur so, daß diese mit der Situation, in der sie tätig ist, im Einklang steht. Die zweite Schlußfolgerung wollen wir als Konfigurationshypothese bezeichnen:

Effektive Strukturierung setzt interne Konsistenz unter den Gestaltungsparametern voraus. Eine erfolgreiche Organisation entwickelt aus ihren Gestaltungsparametern eine logische Konfiguration.

Stehen diese beiden Hypothesen im Widerspruch zueinander? Nicht unbedingt. Zumindest nicht, solange die wichtigsten situativen Faktoren wie die Größe der Organisation einerseits und das verwendete technische System andererseits nicht Gestaltungsparameter erforderlich machen, die nicht miteinander zu kombinieren sind. Sollte dies der Fall sein, müßte die Organisation zugunsten der Konsistenz ihrer internen Struktur auf Übereinstimmung mit ihrer Situation verzichten. Andernfalls hat die Organisation lediglich diejenige strukturelle Konfiguration auszuwählen, die am besten zur Situation der Organisation paßt. Natürlich liegt auch diese Situation nicht außerhalb des organisatorischen Einflußbereichs. Die Organisation kann nicht nur ihre Gestaltungsparameter, sondern auch gewisse Aspekte ihrer Situation bestimmen: Sie gestaltet ihr eigenes technisches System, entscheidet darüber, ob die Organisation größer werden soll oder nicht, bevorzugt eine stabile oder auch eine dynamische Umwelt usw. Auf diese Weise lassen sich auch die situativen Faktoren in Gruppen erfassen. Diese Erkenntnis ermöglicht uns die Kombination der beiden obengenannten Hypothesen zu einer einzigen Hypothese von der erweiterten Konfiguration:

Effektive Strukturierung setzt Konsistenz unter den Gestaltungsparametern und den Kontingenzfaktoren voraus.

Wir geben der Hypothese von der erweiterten Konfiguration eindeutig den Vorzug. Doch bevor wir diese Hypothese erläutern können, müssen wir noch etwas näher auf die Kongruenzhypothese eingehen, denn die diesbezügliche Forschung hat erheblich zur Klärung der Zusammenhänge zwischen Gestaltung und Situation beigetragen. Ihre Ergebnisse werden uns die Entwicklung unserer Konfigurationen erleichtern und uns helfen, die situativen Faktoren einzubeziehen.[1]

Bei der Erörterung dieser Zusammenhänge wollen wir im folgenden die situativen Faktoren als unabhängige (d.h. vorgegebene) Variablen und die Gestaltungsparameter als abhängige (d.h. noch zu bestimmende) Variablen auffassen. Diese Annahmen werden wir natürlich aufgeben, wenn wir zu den Konfigurationen kommen: Da es sich bei Konfigurationen um Systeme handelt, kann keiner ihrer Teile unabhängig oder vorgegeben sein; vielmehr sind alle Teile miteinander integriert und somit voneinander abhängig.

Darüber hinaus wollen wir in diesem Kapitel noch sogenannte intervenierende Variablen berücksichtigen, durch welche die situativen Faktoren Einfluß auf die Gestaltungsparameter nehmen. Diese intervenierenden Variablen betreffen die in der Organisation verrichtete Arbeit und schließen folgende Aspekte ein: die Verständlichkeit der Arbeit (mit dem größten Einfluß auf Spezialisierung und Dezentralisierung); die Vorhersagbarkeit der Arbeit (mit dem größten Einfluß auf Standardisierung in ihren drei Verwendungsformen, d.h. die Gestaltungsparameter der Verhaltensformalisierung, der Planungs- und Kontrollsysteme sowie der Ausbildung und Indoktrination); die Diversität der Arbeit (mit dem größten Einfluß auf die Wahl der grundlegenden Alternativen zur Gruppierung von Einheiten sowie auf Verhaltensformalisierung und Verwendung von Kontaktinstrumenten); und schließlich die Geschwindigkeit, mit der eine Organisation auf ihre Umwelt reagieren muß (mit dem größten Einfluß auf Dezentralisation, Verhaltensformalisierung und Gruppierung von Einheiten).

Im vorliegenden Kapitel erörtern wir Alter und Größe, das technische System und die Umwelt einer Organisation unter zwei Gesichtspunkten. Zum einen konzentrieren wir uns auf eine Reihe von Hypothesen, in denen jeweils ein spezifischer situativer Faktor zu einem oder mehreren Gestaltungsparametern in Beziehung gesetzt wird; zum anderen entwickeln wir auf der Grundlage dieser Hypothesen einen Überblick über verschiedene Organisationstypen. (Die Machtfaktoren werden wir nur unter dem Gesichtspunkt der Hypothesen behandeln.) Wie wir noch sehen werden, verstärken diese Organisationstypen die Ergebnisse aus den vorangegangenen Kapiteln, die uns den Weg zu unseren Konfigurationen weisen.

Alter und Größe

Wir verfügen über umfangreiches Belegmaterial darüber, wie sich Alter und Größe auf die Organisationsstruktur auswirken. Die meisten dieser empirischen Ergebnisse lassen sich in fünf Hypothesen – zwei das Alter und drei die Größe von Organisationen betreffend – zusammenfassen. Nachdem wir diese Hypothesen einzeln erörtert haben, werden wir sehen, daß wir sie klären und miteinander verbinden können, indem wir das Altern und Wachsen von Organisationen nicht als lineare Progressionen, sondern als eine Abfolge von Übergängen zwischen verschiedenen »Entwicklungsstadien« auffassen.

Hypothese 1:

Je älter die Organisation ist, desto formalisierter ist ihr Verhalten.[2]

Hier stoßen wir auf das »Ist alles schon mal dagewesen«-Syndrom – wie im Fall des auf Lebenszeit angestellten Professors, dessen Studenten die Vorlesung Wort für

Wort in den Notizen eines früheren Kommilitonen verfolgen können, oder des Regierungsbeamten, der Sie darüber aufklärt, daß Ihr scheinbar einmaliges Problem in Band XXII, Seite 691, Paragraph 14, in einem 1915 registrierten Vorfall schon einmal erwähnt worden ist. Mit zunehmendem Alter der Organisation und bei sonst gleichbleibenden Bedingungen wiederholen sich die Aktivitäten, und infolgedessen wird die Arbeit in stärkerem Maß vorhersagbar und damit leichter und logisch formalisierbar.

Hypothese 2:

Die Organisationsstruktur läßt die Gründungszeit der jeweiligen Industrie erkennen.

Diese eigenartige Hypothese basiert auf den Arbeiten von Arthur Stinchcombe (1965), der zeitgenössische Organisationen in Industrien untersuchte, die in vier verschiedenen Epochen gegründet worden waren. Er stellte einen Zusammenhang fest zwischen dem Alter der Industrie einerseits und der Aufgabenspezialisierung sowie der Besetzung von Stabspositionen mit gut ausgebildeten professionellen Fachkräften andererseits. So tendieren Organisationen aus der Zeit vor Einführung der Fabriken – zum Beispiel Farmen, Konstruktionsfirmen, Einzelhandelsgeschäfte usw. – heute dazu, mehr als andere Organisationen Familienmitglieder zu beschäftigen und dabei eine Struktur beizubehalten, wie sie für Handwerksbetriebe charakteristisch ist; dagegen beschäftigen Organisationen aus dem frühen 19. Jahrhundert – Konfektionsware, Textilien usw. – so gut wie keine unbezahlten Familienmitglieder, sondern viele Büroangestellte (ein Hinweis auf Bürokratismus). Organisationen, die in der darauf folgenden Epoche – Eisenbahnen und Kohlenbergbau – gegründet wurden, haben in der Regel professionelle Führungskräfte an die Stelle der geschäftsleitenden Eigentümer gesetzt, was nach Stinchcombes Auffassung eine zweite Phase der »Bürokratisierung der Wirtschaft« bedeutet. Organisationen schließlich, deren Industrien aus der nächsten Epoche – Kraftfahrzeuge, Chemikalien, elektrische Geräte usw. – stammen, sind an der Größe ihrer Stabsabteilungen und am Einsatz von professionellen Fachkräften in ihrer Verwaltungsstruktur zu erkennen. Stinchcombe hört an dieser Stelle auf, aber ganz offensichtlich ist nun nach den Industrien unserer Zeit zu fragen – Raumfahrt, Elektronik, Filmproduktion. Lassen auch sie besondere Struktureigenschaften erkennen? Wie wir später noch eindeutig unter Beweis stellen werden, ist dies tatsächlich der Fall.

Hypothese 3:

Je größer die Organisation ist, desto stärker ist sie strukturiert, d.h., desto spezialisierter sind die Arbeitsaufgaben, desto differenzierter sind die Einheiten und desto mehr ist die administrative Komponente entwickelt.

Dieser Zusammenhang scheint durch die Aufgabenspezialisierung bedingt zu sein – durch die zunehmende Möglichkeit einer Organisation, die Arbeit um so stärker aufteilen zu können, je mehr Mitarbeiter beschäftigt werden und je größer der Umfang der Arbeitsprodukte wird. So wurde in einer Untersuchung festgestellt, daß »Opa« in seinem Lebensmittelgeschäft noch sämtliche Tätigkeiten selbst verrichten konnte, doch als sich der Familienbetrieb zu einem Supermarkt entwickelte, wurde Spezialisierung erforderlich: »... ›Opa‹ war für den Einkauf der Lebensmittel zuständig. ›Oma‹ beaufsichtigte die Arbeiten im Geschäft. ›Vater‹ sorgte für die Beschaffung der restlichen Ware, und ›Mutter‹ bediente die Kasse.«[3] In ähnlicher Weise können bei größerer Arbeitsteilung auch die Einheiten stärker unterteilt sein. Mit anderen Worten: Mit zunehmender Organisationsgröße nimmt die Homogenität der Arbeitsabläufe innerhalb der Einheiten zu, während die Arbeitsabläufe zwischen den Einheiten immer größere Diversität zeigen. Doch je differenzierter die Struktur ist, desto mehr Bedeutung ist der Koordinierung beizumessen. Infolgedessen muß eine größere Organisation mehr und auch kompliziertere Koordinationsinstrumente einsetzen – zum Beispiel eine größere Hierarchie zur Koordinierung mittels persönlicher Weisung, mehr Verhaltensformalisierung zur Koordinierung mittels Standardisierung der Arbeitsprozesse, detailliertere Planungs- und Kontrollsysteme zur Koordinierung mittels Standardisierung der Arbeitsprodukte oder mehr Kontaktinstrumente zur Koordinierung mittels gegenseitiger Abstimmung. All dies verlangt eine komplizierte administrative Komponente mit einer schärferen administrativen Arbeitsteilung. Entsprechend ist zu erwarten, daß auch eine schärfere Trennung zwischen den ausführenden Mitarbeitern an der Basis, den für die Gestaltung und Planung der Arbeitsabläufe zuständigen Analytikern und den für die Koordinierung verantwortlichen Führungskräften gezogen wird. So kann es in einem kleinen Unternehmen durchaus vorkommen, daß der Hauptgeschäftsführer die Ärmel aufrollt und selbst eine Maschine repariert oder die Funktion eines Analytikers bei der Entwicklung eines Lagerhaltungssystems übernimmt; in einem großen Unternehmen wäre dies von einem Hauptgeschäftsführer kaum zu erwarten.

Eine Industriefirma mit Massenfertigung entwickelt mit zunehmender Größe zunächst die grundlegenden Betriebsfunktionen in Produktion, Marketing usw. An zweiter Stelle folgt der Ausbau der administrativen Hierarchie, insbesondere der Technostruktur. Später entschließt sich die Firma zur vertikalen Integration und übernimmt einen Teil der Aktivitäten ihrer Anbieter und Kunden; auf diese Weise erfährt die Struktur eine weitere funktionsorientierte Differenzierung. Und schließlich erfolgt die Einführung neuer Produktsortimente und damit eine marktorientierte Diversifikation: Das Unternehmen erweitert seine geographischen Märkte erst im Inland und dann auch im Ausland. Dieser letzte Schritt verlangt eine weitere Differenzierung der Unternehmensstruktur, doch nunmehr erfolgt eine marktorientierte Gruppierung: Der traditionellen funktionalen Struktur wird eine nach Produkten und/oder geographischen Bereichen gegliederte Struktur überlagert.

Diese Abfolge von Schritten beim Ausbau der Organisationsstruktur ist nicht nur für einzelne Unternehmen, sondern für die gesamte Industriegesellschaft charakteristisch. Um die Jahrhundertwende war die typische amerikanische Firma ein kleiner, funktional strukturierter Betrieb mit einer kaum differenzierten Verwaltungshierarchie; heute wird die Industrie der Vereinigten Staaten von riesigen, viele Sparten umfassenden Konzernen mit sehr komplizierten administrativen Strukturen beherrscht. In gleicher Weise erfolgen Wachstum und strukturelle Differenzierung in ganzen Gesellschaften von Organisationen. Dies entspricht auch der Argumentation von Stinchcombe: Die Kräfte der wirtschaftlichen und technologischen Entwicklung haben zur Entstehung neuer Industrien mit neuen Strukturen geführt und die Organisationen immer größer werden lassen; all diese Veränderungen haben eine immer stärkere Differenzierung der Organisationsstrukturen zur Folge gehabt.

Hypothese 4:

Je größer die Organisation ist, desto größer sind im Durchschnitt auch ihre Einheiten.

Wenn eine Organisation immer mehr neue Mitarbeiter einstellt, muß sie schließlich neue Einheiten mit jeweils einer neuen Führungskraft bilden und diesen neuen Führungskräften wiederum ranghöhere Führungskräfte voranstellen. Mit anderen Worten: Die Organisation muß ihre administrative Hierarchie weiter ausbauen. Nicht ganz so offensichtlich ist die Tatsache, daß diese strukturelle Differenzierung gemäßigt wird, wenn die durchschnittliche Größe der Einheiten zunimmt. Je größer eine Organisation wird, desto mehr werden ganz offensichtlich die Führungskräfte durch die Beaufsichtigung einer immer größeren Anzahl von Mitarbeitern in Anspruch genommen. Wir können dies im Hinblick auf den oben erläuterten Zusammenhang zwischen Größe und Spezialisierung erklären. Wenn die Aufgaben in der Organisation spezialisierter und die Einheiten differenzierter werden, sind sie jeweils leichter zu handhaben. So ist die Beaufsichtigung von zwanzig Arbeiterinnen, die alle rote Sweatshirts nähen, oder auch von zwanzig Filialleitern in identischen Supermärkten etwas ganz anderes als die Führung und Kontrolle von zwanzig Couturiers, die jeweils andere Kleider fertigen, oder derselben Anzahl von Leitern unterschiedlicher Kaufhäuser mit verschiedenen und häufig überlappenden Produktsortimenten. Hinzu kommt, daß die von Spezialisten gleicher Art durchgeführte Arbeit nicht nur leichter zu beaufsichtigen, sondern auch leichter zu standardisieren ist. Infolgedessen kann der »Manager-Job« teilweise institutionalisiert, d.h. durch technokratische Systeme der Verhaltensformalisierung oder Aktionsplanung ersetzt werden, so daß die damit verbundene Arbeitsbelastung reduziert und so die Beaufsichtigung einer größeren Zahl von Mitarbeitern ermöglicht wird. Aus diesem Grund bedeutet die mit zunehmender Organisationsgröße verbundene Spezialisierung auch zunehmend größere Organisationseinheiten.

Hypothese 5:

Je größer die Organisation ist, desto formalisierter ist ihr Verhalten.

So wie die ältere Organisation das formalisiert, was »schon immer so gewesen ist«, so neigt die größere Organisation zur Formalisierung dessen, was »häufig vorkommt«. (»Hören Sie, Ihre Geschichte habe ich heute mindestens schon fünfmal gehört. Bitte füllen Sie dieses Formular aus.«) Formal ausgedrückt: Je größer die Organisation ist, desto mehr Abläufe wiederholen sich, desto voraussagbarer werden sie und desto eher erfolgt eine Formalisierung. Außerdem entsteht mit zunehmender Organisationsgröße leicht größere interne Verwirrung, und unter der zunehmend unpersönlichen Arbeitsatmosphäre kann auch die Arbeitsmoral leiden. Die Organisationsleitung muß Mittel und Wege finden, das Verhalten der Organisationsmitglieder in höherem Maß voraussagbar zu machen, und infolgedessen führt sie Regeln, Verfahrensrichtlinien, Stellenbeschreibungen und andere Instrumente zur Verhaltensformalisierung ein. Die Ergebnisse der letzten zwei Hypothesen lassen mit zunehmender Organisationsgröße eine verstärkte Formalisierung erkennen. Mit ihrem höheren Maß an Spezialisierung, zunehmender Differenzierung in Einheiten, größerem Bedarf an Koordination (insbesondere über formale Mittel), stärker ausgebauten Verwaltungshierarchien und schärferer Trennung zwischen ausführenden Mitarbeitern, Analytikern und Führungskräften werden größere Organisationen somit verstärkt durch Vorschriften und Verfahrensrichtlinien geregelt und machen mehr Gebrauch von formaler Kommunikation.

Die in den letzten drei Hypothesen erörterten Zusammenhänge sind in Abbildung 6-1 graphisch zusammengefaßt.

Verschiedene Stadien in der strukturellen Entwicklung

Die meisten dieser Wechselbeziehungen (einschließlich der in Abbildung 6-1 dargestellten Zusammenhänge, aber ausschließlich der Argumentation von Stinchcombe) implizieren eine Art Kontinuität – stetiges Wachstum und entsprechend kontinuierliche Veränderungen in der Struktur. Doch andere empirische Forschungsergebnisse legen teilweise abweichende Rückschlüsse nahe, auch wenn eine gewisse Übereinstimmung mit den oben genannten Schlußfolgerungen festzustellen ist. Eingreifende Strukturveränderungen scheinen plötzlich aufzutreten – in unregelmäßigen Übergängen, die wie Revolutionen längere Perioden relativer Stabilität in den Gestaltungsparametern ablösen.

William Starbuck hat diesen Aspekt schon 1965 in seinen »Metamorphose-Modellen« überzeugend dargestellt. Seinen Ausführungen zufolge ist Wachstum nicht »ein reibungsloser kontinuierlicher Prozeß«, sondern eine hinsichtlich Bedingungen und

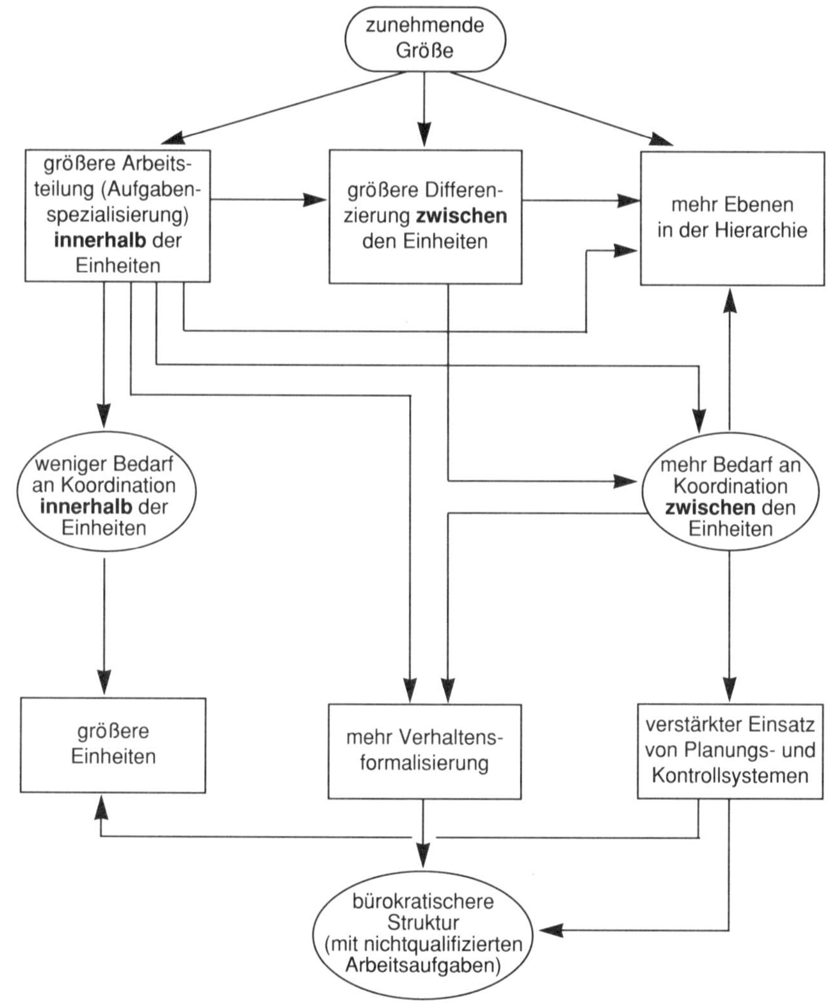

Anmerkung: Nach Blau/Schoenherr (1971); unter der Annahme sonst gleichbleibender Bedingungen im Hinblick auf das eingesetzte technische System und die organisatorische Umwelt.

Abb. 6-1: Zusammenhänge zwischen Organisationsgröße und Struktur

Struktur »durch abrupte und einschneidende Veränderungen markierte« Entwicklung (Starbuck 1965, S. 486). Diese Übergänge sind eher qualitativer als quantitativer Art und haben grundlegend neue Formen der organisatorischen Arbeitsteilung und Koordination zur Folge. So wie die Puppe ihren Kokon abwirft und sich in einen Schmetterling verwandelt, so löst sich auch die organische Struktur von ihren informellen Beziehungen und entwickelt sich zu einer Bürokratie (eine weitaus weniger bezaubernde Metamorphose). Solche Darstellungen werden gewöhnlich als Modelle der Wachstums- oder Entwicklungsstadien bezeichnet.

In der Literatur sind verschiedene Modelle vorgeschlagen worden, doch alle scheinen unterschiedliche Aspekte ein und desselben Ablaufs zu beschreiben. Organisationen beginnen ihr Leben gewöhnlich mit unkomplizierten, organischen Strukturen. Manche haben ihre ersten Anfänge im handwerklichen Stadium und gehen dann mit zunehmendem Wachstum ins unternehmerische Stadium über; die meisten Organisationen scheinen allerdings schon im Unternehmensstadium zu beginnen und setzen von Anfang an mit Macht ausgestattete Vorstandsvorsitzende oder Hauptgeschäftsführer an die Spitze, die weitgehend mittels persönlicher Weisung für Koordination im Unternehmen sorgen.

Mit zunehmendem Alter und Wachstum im Unternehmensstadium gehen die Organisationen zur Formalisierung ihrer Strukturen über und vollziehen schließlich den Übergang zu einem neuen Stadium – zum Stadium der bürokratischen Struktur. Die Arbeitsaufgaben sind spezialisiert, es werden Autoritätshierarchien errichtet, und zur Koordination mittels Standardisierung werden Technostrukturen hinzugefügt.

Weiteres Wachstum und zunehmendes Alter veranlaßt solche Bürokratien häufig zur Diversifikation, um sich dann wie die zu groß gewordene Amöbe in marktorientierte Einheiten oder Sparten aufzuspalten, die der vorhandenen traditionellen funktionalen Struktur überlagert werden und wiederum den Eintritt in ein neues Stadium – ins Stadium der Spartenstruktur – bedingen.

Nun scheinen in jüngster Zeit Hinweise vorzuliegen, daß es noch ein weiteres Entwicklungsstadium für Organisationen – die Matrixstruktur – geben könnte, die über die Spartenstruktur hinausgeht und eine partielle Rückkehr zur organischen Struktur bewirkt.

Natürlich müssen nicht alle Organisationen sämtliche der genannten Stadien durchlaufen. Doch in vielen Organisationen scheint sich die Entwicklung in der oben beschriebenen Abfolge zu vollziehen und bleibt dann möglicherweise in irgendeinem Zwischenstadium hängen. Der Leser möge sich an Frau Hafners Ceramico-Unternehmen erinnern – die auf den ersten Seiten dieses Buches eingeführte Geschichte beschreibt eine zwar apokryphe, aber typische Unternehmensentwicklung.

Technisches System

In unseren bisherigen Ausführungen haben wir die Diskussion der Technologie als Bestimmungsfaktor in der Organisationsgestaltung bewußt vermieden. Ganz offensichtlich steht die verwendete Technologie in engem Zusammenhang mit der Struktur. Doch bevor wir diesen Zusammenhang näher betrachten, müssen wir klären, was wir unter den verwendeten Termini verstehen wollen.

Technologie ist ein sehr weitgefaßter Begriff, der in vielen Zusammenhängen gebraucht – und mißbraucht – wird. Wir möchten auf diesen Begriff verzichten. Für seine umfassendere Bedeutung – im wesentlichen ist dies die Wissensbasis der Organisation – werden wir den Begriff Komplexität verwenden und im Zusammenhang mit der organisatorischen Umwelt erörtern. Hier wollen wir uns auf die engere Bedeutung von Technologie konzentrieren und den Begriff technisches System als Oberbegriff für alle Instrumente verstehen, die eine Organisation im betrieblichen Kern bei der Verarbeitung des Input (Qualifikationen und Kenntnisse) zum Output (Produkte und Leistungen) einsetzt. Diese beiden Konzepte sind durchaus voneinander zu unterscheiden. Buchhalter beispielsweise bedienen sich einer relativ komplexen Technologie (d.h. Wissensbasis), aber eines einfachen technischen Systems – häufig ist dies nichts anderes als ein gespitzter Bleistift. Umgekehrt fahren die meisten Leute Auto, ohne jemals zu verstehen, was sich da unter der Motorhaube tut; sie benutzen somit ein relativ komplexes technisches System, ohne auch nur das geringste technologische Verständnis dafür zu besitzen.

Bei der Erörterung der Auswirkungen, die das technische System auf die Strukturparameter haben kann, halten wir es für zweckmäßig, mit den Organisationstypen zu beginnen und dann erst mit den Hypothesen fortzufahren.

Untersuchung von Einzelfertigung, Massenfertigung und Prozeßfertigung (Woodward)

Die bahnbrechende Analyse von Joan Woodward im Hinblick auf die strukturellen Auswirkungen verschiedener Formen des in der Industrie verwendeten technischen Systems ist bereits an früherer Stelle erwähnt worden. Ihre Untersuchungen waren auf drei grundlegende Produktionssysteme ausgerichtet – Einzelfertigung (vor allem Kundenaufträge), Massenfertigung (von vielen Standardprodukten) und Prozeßfertigung (unterbrochener oder kontinuierlicher Strom flüssiger Substanzen). Diese Systeme sind ebenfalls im Zusammenhang mit Stadien und Epochen zu sehen, wobei die Einzelfertigung vor allem aus der Zeit vor der Industriellen Revolution stammt, die Massenfertigung größtenteils mit der Industriellen Revolution als solcher verbunden ist und die Prozeßfertigung weitgehend ein Phänomen des 20. Jahrhunderts darstellt. Woodward beobachtete zwischen diesen drei Produktionssystemen und verschiedenen Gestaltungsparametern einige deutliche Zusammenhänge. So zeichneten sich beim Übergang von der Einzelfertigung über die Massenfertigung bis zur Prozeßfertigung die folgenden Entwicklungen ab:

- Die Leitungsspanne der Spitzenführungskräfte nahm zu.
- Die Leitungsspanne der mittleren Führungskräfte nahm ab.
- Das Verhältnis zwischen Führungskräften und Nicht-Führungskräften erhöhte sich (von durchschnittlich 1 zu 23 über 1 zu 16 auf 1 zu 8); die Qualifikationen

stiegen (Organisationen mit Prozeßfertigung beschäftigten mehr Hochschulabsolventen, hatten besser ausgebildete Führungskräfte und nahmen mehr Beförderungen innerhalb des Unternehmens vor).

- Das Verhältnis zwischen Büro- und Verwaltungspersonal zur Belegschaft in der Produktion (indirekte Gehälter zu Stundenlohn) erhöhte sich (von 1 zu 1 über 4 zu 1 auf 9 zu 1).

- Die Zahl der Führungsebenen in der Produktionsabteilung nahm zu.

Hinzu kamen folgende Feststellungen:

- Die Leitungsspanne der Aufsichtsführenden auf der untersten Führungsebene war in den Firmen mit Massenfertigung am höchsten (etwa 48 gegenüber 13 in Unternehmen mit Prozeßfertigung und 23 in Betrieben mit Einzelfertigung).

- Die Firmen mit Massenfertigung hatten den kleinsten Anteil an qualifizierten Arbeitskräften.

- Die Firmen mit Massenfertigung wiesen eine bürokratische Struktur auf, während die Unternehmen mit Prozeßfertigung und die Betriebe mit Einzelfertigung eher organisch strukturiert waren.

Was diese Studie von anderen Untersuchungen unterscheidet, sind jedoch nicht solche eher zufälligen Beobachtungen, sondern die Art und Weise, in der Woodward ihre Ergebnisse zu einem Gesamtbild von drei deutlich verschiedenen Organisationsstrukturen im Kontext dieser drei technischen Systeme zusammenfügt.

Einzelfertigung

Betriebe, die Einzelstücke, Prototypen und große Ausrüstungen in mehreren Produktionsstufen fertigen, ließen eine Reihe gemeinsamer Merkmale erkennen. Insbesondere bestand der jeweilige Output in Arbeitsprodukten, die ad hoc und ohne Standardisierung erstellt worden waren, so daß auch die Arbeit der Produktionsarbeiter nicht standardisiert oder formalisiert werden konnte; entsprechend waren die Betriebe organisch strukturiert. Alle Koordinationsprobleme, die nicht durch gegenseitige Abstimmung unter den Arbeitern selbst geregelt werden konnten, wurden durch persönliche Weisung seitens der Aufsichtsführenden der untersten Führungsebene gelöst. Da diese Aufsichtsführenden der untersten Ebene direkt für die Produktion verantwortlich waren, arbeiteten sie eng mit den Arbeitern an der betrieblichen Basis – meist in kleinen Arbeitsgruppen – zusammen. Auf diese Weise ergaben sich auf der ersten Ebene der Hierarchie kleine Leitungsspannen. (Die Leitungsspannen für die drei verschiedenen Strukturen auf drei Ebenen in der Hierarchie sind symbolisch in Abbildung 6-2 dargestellt.) Woodward bezeichnet die Einzelfertigung als dem Handwerk vergleichbar, wo sich die Struktur nach den Qualifikationen der Arbeitskräfte im betrieblichen Kern richtet.

Dies bedeutete, daß die administrative Struktur kaum ausgebaut war. Da der größte Teil der Koordinationsprobleme ad hoc auftrat und entweder mittels gegenseitiger Abstimmung unter den Arbeitern oder mittels persönlicher Weisung durch die Aufsichtsführenden der untersten Ebene geregelt wurde, bestand weder größerer Bedarf an einer weiter ausgebauten Managementhierarchie oberhalb dieser Ebene noch an einer seitlich beigeordneten Technostruktur. Daher wiesen die Betriebe mit Einzelfertigung von allen drei Produktionsformen den kleinsten Anteil an Führungskräften und, wie Abbildung 6-2 zeigt, die größte Leitungsspanne auf den mittleren Ebenen auf. An der strategischen Spitze war die Leitungsspanne jedoch in der Regel klein, was auf den Ad-hoc-Charakter der Produktionsarbeiten zurückzuführen sein könnte. In Anbetracht der Tatsache, daß sich solche Betriebe im Gegensatz zu Firmen mit Routineproduktion niemals einer kontinuierlichen Auftragslage sicher sein können, mußten die Spitzenführungskräfte mehr Zeit mit Kunden verbringen und konnten daher nicht so viele Mitarbeiter beaufsichtigen.

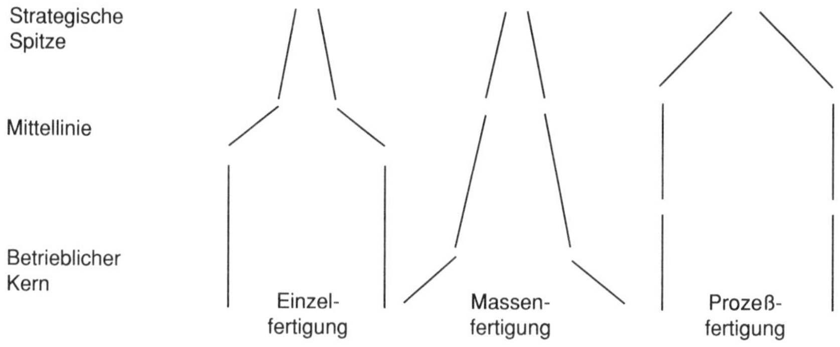

Anmerkung: Die drei Graphiken stellen nach der Beschreibung von Woodward (1965) kleine, mittlere und große Leitungspannen dar.

Abb. 6-2: Leitungspannen auf drei Hierarchieebenen in drei technischen Systemen (nach den Ergebnissen vor Woodward (1965))

Massenfertigung

Waren die Strukturen der Betriebe mit Einzelfertigung dadurch gekennzeichnet, daß ihre technischen Systeme keine Standardisierung zuließen, so waren Firmen mit Massenfertigung gerade durch die Art und Weise geprägt, in der die verwendeten technischen Systeme standardisiert wurden. Hier bewirkte die standardisierte Massenfertigung eine Verhaltensformalisierung, die ihrerseits alle Merkmale der klassischen

Bürokratie nach sich zog. Die im betrieblichen Kern zu verrichtenden Arbeiten waren Routinetätigkeiten, erforderten keine spezielle Fachausbildung und wiesen einen hohen Grad an Formalisierung auf. Eine solche Arbeit erforderte kaum persönliche Weisung, so daß die Leitungsspannen der Aufsichtsführenden auf der untersten Führungsebene recht groß waren. Die Verwaltung umfaßte eine voll ausgebaute Technostruktur zur Formalisierung der Arbeit. Woodward stellt fest, daß die Firmen mit Massenfertigung im Gegensatz zu den Betrieben und Unternehmen mit den anderen beiden Produktionsformen alle Aspekte aufwiesen, wie sie in der traditionellen Literatur beschrieben werden: klar definierte Arbeitsaufgaben, Schwerpunkt auf der schriftlichen Kommunikation, Einheit der Auftragserteilung, Leitungspannen auf den oberen Führungsebenen zwischen 5 und 7 Mitarbeitern, strenge Trennung zwischen Linie und Stab und ein beträchtliches Maß an Aktionsplanung – langfristig an der strategischen Spitze (infolge der langen Zyklen der Produktionsentwicklung) und kurzfristig auf den unteren Ebenen (in erster Linie zum Ausgleich von Umsatzschwankungen).

Darüber hinaus stellte Woodward fest, daß die Strukturen der mit Massenfertigung befaßten Firmen von allen drei Produktionsformen die stärkste Hierarchisierung und den höchsten Grad an Feindseligkeiten und Mißtrauen aufwiesen. Sie ermittelte drei große Konfliktpotentiale:
(1) Konflikte zwischen dem technischen und dem sozialen System des betrieblichen Kerns, die Woodward zufolge selbst in gutgeführten Massenfertigungsfirmen grundsätzlich nicht auszugleichen sind;
(2) Konflikte zwischen der kurzfristigen Ausrichtung der Führungskräfte der unteren Ebenen und der langfristigen Ausrichtung der höheren Führungskräfte; und
(3) Konflikte zwischen den Linien- und Stabsgruppen in der administrativen Struktur, von denen die einen die Autorität, die anderen die erforderliche Fachkompetenz besitzen.

Hunt (1970, S.171-171) ordnet dieser zweiten der von Woodward eingeführten Gruppen die »Leistungsorganisationen« zu, während die anderen beiden Gruppen die »Problemlösungsorganisationen« umfassen. Hunt zufolge sind sowohl Betriebe mit Einzelfertigung als auch Unternehmen mit Prozeßfertigung lediglich mit Ausnahmefällen befaßt; demgegenüber sind bei der Massenfertigung weniger Ausnahmen zu berücksichtigen, die zudem von nicht so entscheidender Bedeutung sind und vielfach mit formalen Routinevorgängen erledigt werden können. Diese auf Massenfertigung spezialisierten »Leistungsorganisationen« wenden viel Zeit auf, um die Komponenten ihrer bürokratischen Maschinerie besonders gut aufeinander abzustimmen.

Prozeßfertigung

In Unternehmen, die auf die kontinuierliche Produktion von Flüssigsubstanzen spezialisiert sind, stellte Woodward eine noch anders geartete Struktur fest. Worin unterscheiden sich diese Unternehmen von den Firmen mit Massenfertigung? Und warum beschreibt Hunt solche Unternehmen als »Problemlösungsorganisationen«, die sich nur mit Ausnahmen befassen?

Offensichtlich vollzieht sich eine strukturelle Metamorphose, sobald ein technisches System so regulativ wird, daß es sich dem Status der Automatisierung nähert. Auch Massenfertigung ist häufig in hohem Maß mechanisiert, doch wenn die Ergebnisse aus den Untersuchungen von Woodward zutreffen, wird volle Automatisierung dort nur selten erreicht. Infolgedessen ist die Arbeit – simpel, monoton und stupide – sehr stark geregelt und erfordert eine große Belegschaft an ungelernten Arbeitern. Dies wiederum führt dazu, daß die Steuerung und Kontrolle in der administrativen Struktur vorrangige Beachtung findet: Aufsichtspersonal insbesondere aus der Technostruktur ist erforderlich, um die Arbeit desinteressierter Arbeitskräfte zu beaufsichtigen und zu standardisieren. Mit der Automatisierung, die Woodwards Ergebnissen zufolge bei der Prozeßfertigung häufiger vorkommt, wird eine ganz erhebliche Reduzierung in der Anzahl der unmittelbar mit dem Produktionsablauf verbundenen Arbeitskräfte erreicht. So lassen sich riesige Ölraffinerien von nur sechs Leuten betreiben, und auch diese sind lediglich zur Überwachung da; das technische System regelt sich von allein.

Mit dieser Veränderung in der Belegschaft des betrieblichen Kerns ist eine dramatische strukturelle Veränderung verbunden: Der betriebliche Kern überschreitet den Status einer Bürokratie; in gewisser Weise ist eine totale Bürokratie – totale Standardisierung, aber ohne menschliche Arbeitskräfte – erreicht. Die Verwaltung muß sich völlig umstellen. Alle Regeln, Vorschriften und Standards gelten nun für Maschinen, nicht mehr für Arbeiter. Und Maschinen werden niemals unzufrieden, mag die Arbeit auch noch so entwürdigend sein. Entsprechend besteht kein Bedarf mehr an persönlicher Weisung und technokratischer Standardisierung, so daß auch die frühere Ausrichtung auf Steuerung und Kontrolle ihre Bedeutung verliert. Statt dessen tritt ein Heer von technischen Spezialisten auf, die das technische System gestalten und dann für reibungslosen Ablauf sorgen sollen. Mit anderen Worten: Die Automatisierung bedeutet eine Ablösung der direkt mit dem technischen System verbundenen ungelernten Arbeiter im betrieblichen Kern durch die zu seiner Wartung erforderlichen Fachleute, und auf den mittleren Strukturebenen werden die Führungskräfte und die technokratischen Stabsmitglieder, die die Arbeit der anderen kontrollieren, durch einen Hilfsstab von professionellen Gestaltern abgelöst, die ihre Arbeit selbst kontrollieren. Mit solchen Veränderungen lassen sich viele der in Firmen mit Massenfertigung auftretenden Konflikte lösen. Es gibt keine unzufriedenen Arbeitskräfte mehr, die gegen ein auf Steuerung und Kontrolle ausgerichtetes Management rebellieren. Selbst an der strategischen Spitze »sind die Führungskräfte des Unternehmens zunehmend damit befaßt, weniger die Fabriken von heute am Laufen zu erhalten, als vielmehr die Fabriken von morgen zu gestalten« (Simon 1977, S. 22-23). Und auch zwischen Stab und Linie gibt es keine Reibereien mehr. Die klassische Unterscheidung zwischen Beratern einerseits und Entscheidungsträgern andererseits wird irrelevant, da es nunmehr um die Steuerung von Maschinen geht. Wer erteilt einer Maschine Anweisungen – der Stabsexperte oder die Linienführungskraft? Logischerweise werden Entscheidungen von demjenigen getroffen, der das dafür erforderliche Fachwissen hat, und dabei spielt die Unterscheidung zwischen Linie und Stab keine Rolle mehr.

Vor dem Hintergrund dieser Erläuterungen sind die Ergebnisse aus Woodwards Untersuchungen in Unternehmen mit Prozeßfertigung durchaus einleuchtend, zumindest unter der Annahme, daß es sich um hochautomatisierte Betriebe handelt.[4] Woodward stellte fest, daß die Strukturen der auf Prozeßfertigung spezialisierten Unternehmen im allgemeinen organischer Natur waren. Der betriebliche Kern dieser Unternehmen bestand größtenteils aus hochqualifizierten, indirekten Arbeitskräften wie Wartungsexperten. Wie in den Betrieben mit Einzelfertigung waren die Leitungsspannen der Führungskräfte auf der untersten Führungsebene klein, was wiederum ein Hinweis darauf ist, daß hochqualifizierte Mitarbeiter in »kleinen primären Arbeitsgruppen« arbeiten müssen. Dies führte zu einer »vertrauteren und informelleren« Beziehung zwischen Mitarbeitern und Vorgesetzten, als dies in Firmen mit Massenfertigung der Fall ist, und diese Beziehung »trug vermutlich zu einem besseren Betriebsklima bei« (Woodward 1965, S. 60).

Von den drei Produktionsformen machten die Unternehmen mit Prozeßfertigung den stärksten Gebrauch von Ausbildung und Indoktrination und wiesen den höchsten Proporz zwischen Verwaltungspersonal und ausführenden Mitarbeitern auf, wobei letzteres auf den umfassenden Einsatz von Hilfsstabsexperten zur Gestaltung der technischen Systeme und zur Durchführung von Funktionen wie Forschung und Entwicklung zurückzuführen ist. Auch sie arbeiteten zumeist in kleinen Gruppen, zum Beispiel in Teams und Arbeitskreisen, so daß auch auf den mittleren Führungsebenen kleine Leitungsspannen ermittelt wurden. Darüber hinaus stellte Woodward eine Verwischung der Unterscheidung zwischen Linie und Stab in den Unternehmen mit Prozeßfertigung fest, so daß »zwischen Ausführungs- und Beratungsverantwortung nur äußerst schwierig zu unterscheiden« war (Woodward 1965, S. 65). In einigen Unternehmen waren die Stabsexperten in die Linienstruktur integriert; in anderen »schien sich die Weisungskette aufzulösen, wobei die Führungsverantwortung auf den Expertenstab überging« (Woodward 1965, S. 65). Doch dies machte kaum einen Unterschied: Die Linienführungskräfte waren den Stabsexperten hinsichtlich Ausbildung und Fachwissen durchaus vergleichbar und tauschten häufig sogar regelmäßig die Arbeitsplätze.

Die von Woodward untersuchten Unternehmen ließen auch eine deutliche Trennung zwischen Produktentwicklung einerseits und ausführenden Arbeiten im betrieblichen Kern andererseits erkennen, was eine Struktur mit zwei voneinander unabhängigen Teilen zur Folge hatte: Ein Innenring umfaßte die ausführenden Arbeiten mit festen Aggregaten, kurzfristiger Ausrichtung und strikter Kontrolle in der gesamten Maschinerie; der anschließende äußere Ring betraf die Produkt- und Verfahrensentwicklung mit sehr langfristiger Ausrichtung, geringer Kontrolle und einem Schwerpunkt auf den sozialen Beziehungen. Diese zweigeteilte Struktur diente zur Konfliktreduzierung: Zum einen bewirkte sie eine Trennung zwischen dem technischen System und dem sozialen System – ganz im Gegensatz zur direkten Konfrontation beider Systeme bei der Massenfertigung. (Nunmehr waren die Mitarbeiter frei; nur die Maschinen unterlagen strikter Kontrolle.) Zum anderen fand eine »Entkopplung« zwischen langfristiger und kurzfristiger Ausrichtung statt. Ein weiteres Konfliktpotential in Firmen mit Massenfertigung konnte durch die Verwischung der Trennung zwischen Linie und Stab abgebaut werden.

An der strategischen Spitze der Unternehmen mit Prozeßfertigung ermittelte Woodward einerseits eine Tendenz, die Entscheidungsfindung nicht einzelnen Entscheidungsträgern, sondern kollektiven, verschiedene Instanzen umfassenden Ausschüssen (»management by committee«) zu überlassen. Bei Betrieben mit Einzelfertigung und Firmen mit Massenfertigung war dies weitaus seltener der Fall. Andererseits stellte sie große Leitungsspannen an der strategischen Spitze fest, was möglicherweise darauf zurückzuführen ist, daß die Spezialisten weiter unten in der Hierarchie bereits viele wichtige Entscheidungen selbst treffen; entsprechend sind die Spitzenführungskräfte so weit entlastet, daß sie eine große Zahl von Mitarbeitern beaufsichtigen können. Vielleicht dienten die Ausschüsse auf den höheren Ebenen in erster Linie dazu, Koordination durch Genehmigung der weiter unten getroffenen Entscheidungen zu gewährleisten.

Der dominante Faktor bei den von Woodward untersuchten Unternehmen mit Prozeßfertigung scheint letztlich die Automatisierung der verwendeten technischen Systeme zu sein. Die Automatisierung versetzt eine Organisation offensichtlich in einen »postbürokratischen« Zustand: Das technische System ist in vollem Umfang regulativ, aber nicht mehr auf Menschen, sondern auf Maschinen ausgerichtet; und das soziale System – weitgehend außerhalb des betrieblichen Kerns – braucht nicht mehr durch Vorschriften gesteuert zu werden, so daß eine organische Struktur entsteht, in der die erforderliche Koordination unter den Experten durch gegenseitige Abstimmung und zusätzlichen Einsatz von Kontaktinstrumenten sichergestellt wird. Der eigentliche Unterschied zwischen den von Woodward ermittelten Firmen mit Massenfertigung einerseits und Prozeßfertigung andererseits scheint somit darin zu bestehen, daß zwar in beiden Fällen eine Regulierung der betrieblichen Arbeit angestrebt wurde, daß aber nur die Unternehmen mit Prozeßfertigung zur Automatisierung im betrieblichen Kern übergehen konnten. Durch die Notwendigkeit bedingt, Menschen regulieren zu müssen, entwickelten die Firmen mit Massenfertigung eine Kontrollmentalität, die allen möglichen Konflikten Vorschub leistete; in Unternehmen mit Prozeßfertigung, in denen Maschinen reguliert wurden, war das Konfliktpotential weitaus geringer.

Auf der Grundlage dieser Ergebnisse können wir nunmehr drei grundlegende Hypothesen über den Zusammenhang zwischen Struktur und technischem System aufstellen.

Hypothese 6:

Je regulativer das technische System ist, desto formalisierter ist die betriebliche Arbeit und desto bürokratischer ist die Struktur des betrieblichen Kerns.

In dem Maß, wie das technische System regulativer, d.h. in einfache, von den Ausführenden nicht mehr selbst zu bestimmende spezialisierte Arbeitsaufgaben aufgeteilt wird, in dem Maß wird die betriebliche Arbeit auch zur voraussagbaren Routinearbeit; folglich läßt sie sich auch leichter spezialisieren und formalisieren. Die Steuerung und Kontrolle wird immer unpersönlicher und schließlich sogar mechanisch, je mehr die Stabsanalytiker, die den Arbeitsablauf gestalten, den ausführenden ungelernten Arbeitskräften und den diese beaufsichtigenden Führungskräften an Macht und Einfluß nehmen. Wir haben all diese Zusammenhänge in den von Woodward untersuchten Firmen mit Massenfertigung gesehen. Wie aber verhält es sich in den Unternehmen mit Prozeßfertigung? Der Beschreibung von Woodward zufolge war das dort eingesetzte technische System nahezu in vollem Umfang regulativ, d.h. automatisiert. Und dennoch charakterisierte sie die Strukturen in diesen Unternehmen als organisch. Doch damit meinte sie die administrativen Strukturen mit den menschlichen Arbeitskräften. Der betriebliche Kern war in gewissem Sinn nahezu perfekt bürokratisch: Bei der Produktion (wenn auch nicht bei der Wartung) war die betriebliche Arbeit vollkommen standardisiert – nur waren daran keine Menschen beteiligt.

Hypothese 7:

Je komplizierter (und undurchschaubarer) das technische System ist, desto stärker ist die nicht-betriebliche Struktur ausgebaut – desto größer und professioneller ist der Hilfsstab, desto größer ist die selektive Dezentralisation (auf diesen Stab) und desto größer ist der Einsatz von Kontaktinstrumenten (zur Koordinierung der Arbeit in diesem Stab).

Wenn eine Organisation eine komplexe Maschinerie verwenden muß, braucht sie auch Stabsexperten, die diese maschinellen Anlagen verstehen und sie gestalten, anschaffen und modifizieren können; entsprechend muß sie den Stabsexperten beträchtliche Entscheidungsbefugnisse hinsichtlich der maschinellen Anlagen übertragen, und diese wiederum müssen zum Zweck der Entscheidungsfindung in Teams und Arbeitskreisen zusammenarbeiten. Wir können daher erwarten, daß Organisationen mit komplizierten technischen Systemen einen hohen Anteil an Hilfsstabsexperten haben, auf den mittleren Führungsebenen verstärkt Kontaktinstrumente einsetzen, dort kleine Einheiten bevorzugen und selektiv dezentralisieren, d.h. dem Hilfsstab Entscheidungsbefugnisse in technischen Fragen übertragen. Alle diese Schlußfolgerungen sind aus der Untersuchung von Woodward abzuleiten: In Betrieben mit Einzelfertigung, die im allgemeinen die am wenigsten komplizierten technischen Systeme aufweisen, ist die Stabsstruktur nicht sonderlich entwickelt, während in Unternehmen mit Prozeßfertigung, die wohl die kompliziertesten technischen Systeme einsetzen, alle genannten Merkmale vorliegen.

Hypothese 8:

Die Automatisierung des betrieblichen Kerns bewirkt einen Übergang von einer bürokratischen administrativen Struktur zu einer organischen Struktur.

Wir haben diese Hypothese im Zusammenhang mit Woodwards Untersuchung der Unternehmen mit Prozeßfertigung bereits ausführlich erörtert. Organisationen, in denen eine zahlenmäßig dominierende Belegschaft von ungelernten Arbeitskräften Routinearbeit verrichtet, haben mit einem hohen interpersonellen Konfliktpotential zu kämpfen. Wie Woodward feststellt, sind diese Konflikte weitgehend auf die inhärente Unvereinbarkeit des sozialen Systems mit dem technischen System zurückzuführen: Was gut für die Produktion ist, ist für die Produktionskräfte noch lange nicht gut. Dies hat zur Folge, daß Firmen mit Massenfertigung verstärkt zur Beaufsichtigung und Kontrolle übergehen – in der festen Überzeugung, die Arbeitskräfte müßten konstant beaufsichtigt und angetrieben werden, damit sie ihre Arbeit tun. Hinzu kommt, daß diese Kontrollmentalität über den betrieblichen Kern hinausgreift und alle Ebenen der Hierarchie – von der untersten Ebene der Aufsichtsführenden bis hin zur strategischen Spitze – erfaßt. Kontrolle wird zur Parole der Organisation. Spitzenführungskräfte bewachen die mittleren Führungskräfte, die mittleren Führungskräfte bewachen die ausführenden Mitarbeiter und die Stabsexperten, und die Stabsexperten entwickeln Systeme, mit denen jeder einzelne bewacht werden kann. Die Automatisierung bewirkt nicht nur eine stärkere Regulierung der Aktivitäten im betrieblichen Kern; wie wir gesehen haben, beseitigt sie auch den Ursprung vieler sozialer Konflikte innerhalb der gesamten Organisation.[5] In Übereinstimmung mit unserer letzten Hypothese kommt hinzu, daß automatisierte technische Systeme als die kompliziertesten Systeme überhaupt die vergleichsweise größte Anzahl von Stabsexperten benötigen. Diese Mitarbeiter kommunizieren in der Regel informell miteinander; Koordination wird durch den Einsatz von Kontaktinstrumenten erzielt, die natürlich die flexibelsten Gestaltungsparameter darstellen. Somit bewirkt die Automatisierung des betrieblichen Kerns alle möglichen Veränderungen in der administrativen Struktur, die letztlich zum organischen Zustand zurückführen.

Dieser Zusammenhang weist auf eine interessante soziale Implikation hin: Eine ganz offensichtliche Lösung der durch unpersönliche Bürokratie bedingten Probleme besteht nicht in einem geringeren Maß an Reglementierung der betrieblichen Arbeit, sondern umgekehrt in verstärkter Regulierung bis hin zur Automatisierung. Die Automatisierung scheint eine Humanisierung der traditionellen bürokratischen Struktur zu bewirken – ein Ziel, das die Demokratisierung offensichtlich nicht zu erreichen vermag.[6]

Umwelt

In unseren bisherigen Ausführungen haben wir den Einfluß der strukturellen Bestimmungsfaktoren erörtert, die unmittelbar mit der Organisation selbst verbunden sind – ihr Alter, ihre Größe und das im betrieblichen Kern verwendete technische System. Doch jede Organisation sieht sich auch in ein Milieu gestellt, das sie bei der Gestaltung ihrer Struktur zu berücksichtigen hat. Wir wollen im folgenden die mit diesem Milieu verbundenen situativen Faktoren betrachten – zunächst die Merkmale der allgemeinen Umwelt und dann die spezifischen Aspekte des Machtsystems, mit dem sich die Organisation konfrontiert sieht.

Was ist mit dem Wort Umwelt wirklich gemeint? Die Definition im Nachschlagewerk ist genauso vage wie die Managementliteratur: »die gesamte Umgebung eines Organismus« beziehungsweise »die Gesamtheit der existenzbestimmenden Faktoren« (Brockhaus Enzyklopädie).[7] Zur Umwelt gehört also buchstäblich alles außerhalb der Organisation – ihre »Technologie« (die erforderliche Wissensbasis), die Art ihrer Produkte, Kunden und Konkurrenten, ihre geographische Lage, das wirtschaftliche, politische und sogar meteorologische Klima, in dem sie tätig ist, usw. Immerhin konzentriert sich die Literatur auf vier bestimmte Dimensionen der organisatorischen Umwelt:

1. Stabilität:
Die Umwelt einer Organisation kann stabil bis dynamisch sein und von der Umwelt eines Holzschnitzers, dessen Kunden jahrzehntelang dieselben Holzschnitzereien anfordern, bis zur Umwelt des Detektivbüros reichen, das nie weiß, was als nächstes zu erwarten ist. Eine Vielzahl von Faktoren kann zur Dynamik dieser Umwelt beitragen – zum Beispiel instabile Regierungen, unvorhersehbare Kräfteverschiebungen in der Wirtschaft, unerwartete Veränderungen in der Kundennachfrage oder im Konkurrenzangebot, Kundenwünsche hinsichtlich gesteigerter Kreativität oder Innovation beispielsweise in Werbeagenturen, schnell wechselnde Technologien wie auf dem Gebiet der Elektronik und selbst das nicht vorhersagbare Wetter, das Freilichttheatern Probleme bereiten könnte. Dynamisch bedeutet hier also unvorhersagbar, nicht variabel; Variabilität kann wie im Fall einer ständig wachsenden Nachfrage durchaus vorhersagbar sein.

2. Komplexität:
Die Umwelt einer Organisation (hier ihre »Technologie«) kann einfach bis komplex sein und reicht beispielsweise vom Hersteller von Faltkartons, der seine einfachen Produkte mit einfachem Wissen produziert, bis hin zur Raumfahrtbehörde, die zur Produktion äußerst komplexer Leistungen Wissen aus einer ungeheuren Vielzahl fortschrittlichster Wissenschaftsbereiche zur Anwendung bringen muß. Natürlich beeinflußt die Dimension der Komplexität die Struktur über die intervenierende Variable der Verständlichkeit der zu leistenden Arbeit. Rationalisiertes Wissen, so komplex es im Prinzip auch sein mag, wird hier nur deshalb herangezogen, weil es in leicht

verständliche Teile aufgeschlüsselt worden ist. Daher sehen sich Automobilhersteller dank ihres akkumulierten Wissens über die von ihnen produzierten Maschinen mit relativ einfachen Produktumwelten konfrontiert.

3. Marktdiversität:
Die Märkte einer Organisation können integriert bis diversifiziert sein: Sie reichen von der Eisenhütte, die ihre einzige Ware an ein einziges Stahlwerk verkauft, bis zur Handelskommission, die für sämtliche Industrieprodukte einer Nation überall in der Welt Absatzmärkte sucht. Marktdiversität nimmt Einfluß auf die Struktur über die intervenierende Variable der Diversität der zur verrichtenden Arbeit.

4. Hostilität:
Schließlich kann die Umwelt einer Organisation liberal bis feindselig sein. So mögen die Patienten eines Modearztes »handverlesen« sein, eine Konstruktionsfirma sieht sich möglicherweise gezwungen, bei allen Verträgen Zugeständnisse zu machen, und einer Armee bleibt keine andere Wahl, als Krieg zu führen. Hostilität wird beeinflußt durch die Konkurrenz, durch die Beziehungen der Organisation zu den Gewerkschaften, zur Regierung und zu anderen externen Gruppen sowie durch die Verfügbarkeit der erforderlichen Ressourcen. Zwar ist eine feindselige Umwelt in aller Regel eine dynamische Umwelt. Doch extreme Hostilität wirkt sich in einer Weise auf die Organisationsstruktur aus, die wir vermeiden möchten. Hostilität beeinflußt die Struktur insbesondere über die intervenierende Variable der Geschwindigkeit, mit der eine organisatorische Anpassung zu erfolgen hat.

Ausschlaggebend sind die spezifischen Auswirkungen der Umwelt auf die Gestaltung der Organisationsstruktur. Mit anderen Worten: Es ist nicht die Umwelt als solche, die zählt, sondern die Fähigkeit der Organisation, mit dieser Umwelt umzugehen – sie vorherzusagen, sie zu verstehen, ihrer Diversität Rechnung zu tragen und sich ihren Veränderungen rasch anzupassen. Aus diesem Grund haben wir beispielsweise bei der Diskussion der Dimension Komplexität darauf hingewiesen, die Produktumwelt einer Organisation, die in der Lage ist, ein scheinbar komplexes Produkt in ein System einfacher Komponenten rational zu unterteilen, könne als einfach bezeichnet werden. Obgleich es zweckmäßig ist, die Umwelt einer Organisation einheitlich – als eine Einheit – zu erörtern, hat sich doch jede Organisation mit multiplen Umwelten auseinanderzusetzen. Die Produkte können komplex, aber die Marketingkanäle einfach sein, die wirtschaftlichen Bedingungen dynamisch, die politischen hingegen stabil. Oft erweist sich allerdings eine »Näherungslösung« als sinnvoll, nach der die Umwelt für jede ihrer Dimensionen als einheitlich angesehen wird, weil entweder einige der weniger vordringlichen Aspekte der Umwelt keinen wirklichen Einfluß auf die Organisation haben oder umgekehrt ein aktiver Teil der Umwelt so dominant ist, daß die gesamte Organisation betroffen ist. Wir wollen uns unter dieser Annahme den nächsten vier Hypothesen zuwenden: Jede von ihnen ist einer der genannten Umweltdimensionen gewidmet. In der fünften Hypothese greifen wir dann alle widersprüchlichen Anforderungen seitens der Umwelt auf.

Hypothese 9:

Je dynamischer die Umwelt ist, desto organischer ist die Struktur.

In Friedenszeiten oder weit hinter der Front zu Kriegszeiten sind Armeen in der Regel äußerst bürokratische Institutionen, die ausgesprochen hohen Wert auf Planung, auf formale Übungen, auf Zeremonien und ganz besonders auf Disziplin legen. An der Front selbst – zumindest an modernen Kriegsschauplätzen – besteht Bedarf nach größerer Flexibilität, so daß die Struktur an Starre verliert. Dies trifft ganz besonders zu auf die dynamischen Bedingungen einer Guerrilla-Kriegsführung. Entsprechend ist zu argumentieren, daß eine Organisation in einer stabilen Umwelt ihre künftigen Bedingungen vorhersagen und somit – unter sonst gleichbleibenden Kontextfaktoren – in der Lage sein sollte, ihren betrieblichen Kern zu isolieren und durch Einführung von Regeln, durch Formalisierung der Arbeit sowie durch Aktionsplanung die dort verrichteten Aktivitäten beziehungsweise die erforderlichen Qualifikationen zu standardisieren. Doch dieser Zusammenhang wirkt über den betrieblichen Kern hinaus: In einer sehr stabilen Umwelt nimmt die gesamte Organisation die Form eines geschützten oder ungestörten Systems an, das seine Verfahren von oben bis unten standardisieren kann. Sieht sich eine Organisation dagegen mit ungewissen Lieferquellen, unvorhersagbarer Kundennachfrage, häufigem Produktwechsel, hoher Arbeitskräftefluktuation, instabilen politischen Verhältnissen oder schnell wechselnden Technologien (Fachwissen) konfrontiert, kann sie ihre Zukunft nicht ohne weiteres vorhersagen und darf sich zur Erzielung von Koordination nicht mit der Standardisierung begnügen. Sie muß vielmehr einen flexibleren, weniger formalen Koordinationsmechanismus einsetzen – die persönliche Weisung oder die gegenseitige Abstimmung. Mit anderen Worten: Die Organisation muß eine organische Struktur haben.

Zu beachten ist die Formulierung von Hypothese 9, derzufolge eine dynamische Umwelt organische Strukturen bewirkt; es hieß dagegen nicht, eine stabile Umwelt führe zu bürokratischen Strukturen. Diese Formulierung in Hypothese 9 wurde gewählt, um die asymmetrische Natur der Beziehung zum Ausdruck zu bringen: Dynamische Bedingungen haben größeren Einfluß auf die Struktur als statische Bedingungen. Insbesondere hat sich gezeigt, daß eine dynamische Umgebung die Struktur trotz solcher Einflußfaktoren wie Organisationsgröße und regulatives technisches System, die in die entgegengesetzte Richtung arbeiten, in einen organischen Zustand überführt, während eine stabile Umwelt die übrigen situativen Faktoren nicht überwiegen kann – die Struktur wird immer so bürokratisch sein, wie dies in Anbetracht dieser anderen Faktoren geboten erscheint.

Hypothese 10:

Je komplexer die Umwelt ist, desto dezentralisierter ist die Struktur.

Bevor wir diese Hypothese näher diskutieren, ist es hilfreich, den Unterschied zwischen Stabilität und Komplexität der organisatorischen Umwelt zu klären.

Begrifflich ist die Unterscheidung dieser zwei Umweltdimensionen nicht schwierig. Der Würfelspieler begreift sein Spiel durchaus, kann aber dennoch das Resultat nicht vorhersagen. Seine Umwelt ist einfach, aber dynamisch. Genauso verhält es sich bei einem Kleiderfabrikanten, der seine Märkte und Technologien zwar gut kennt, aber keine Möglichkeit hat, Stil und Modefarben der nächsten Saison vorherzusagen. Demgegenüber absolviert ein Chirurg seine jahrelange Ausbildung, um eine komplizierte Leistung erbringen zu können, begibt sich aber erst dann an die Arbeit, wenn er sich der Konsequenzen seines Vorgehens einigermaßen sicher ist. Seine Umwelt ist komplex, aber stabil. Doch weil viele Organisationen mit einer Umwelt zu tun haben, die entweder einfach und stabil oder aber komplex und dynamisch ist, sind diese beiden Dimensionen oft miteinander vermischt worden. Wir werden allerdings bald sehen, daß wichtige Organisationstypen sehr wohl einerseits einfache und dynamische und andererseits komplexe und stabile Umweltbedingungen zu bewältigen haben. Wieder können wir unsere Koordinationsmechanismen zur Klärung heranziehen.

Unsere zehnte Hypothese besagt, daß die Dimension der Komplexität einen ganz anderen Einfluß auf die Struktur hat als die Dimension der Stabilität. Während letztere die Bürokratisierung betrifft, bewirkt erstere Dezentralisierung. Abgesehen davon, daß die beiden Variablen häufig gekoppelt auftreten, besteht ein Problem bei der Entflechtung der Hypothesen 9 und 10 darin, daß der in höchstem Maß bürokratisierende Koordinationsmechanismus – die Standardisierung der Arbeitsprozesse – gleichzeitig auch eine Zentralisierung bewirkt, während einer der organischsten Koordinationsmechanismen – die gegenseitige Abstimmung – besonders dezentralisierenden Einfluß hat. Der Zusammenhang zwischen den fünf Koordinationsmechanismen und der Bürokratisierung ist in Kapitel 2, der Zusammenhang zwischen diesen Mechanismen und der Dezentralisierung in Kapitel 5 erörtert worden. Abbildung 6-3 faßt diese beiden Argumentationen zusammen: Die Koordinationsmechanismen mit zunehmender Bürokratisierungswirkung sind auf der Ordinate aufgetragen, während die eine zunehmende Dezentralisierung bewirkenden Koordinationsmechanismen auf der Abszisse dargestellt sind (vgl. Abbildung 6-3).

Wir greifen ein Argument von Galbraith auf und benutzen die in Abbildung 6-3 dargestellten Koordinationsmechanismen, um die beiden Hypothesen zu entflechten und gleichzeitig jede für sich genommen zu unterstützen. Galbraith argumentiert, Koordination sei am einfachsten »in einem Kopf« zu erzielen. In Anbetracht einer einfachen Umwelt wird die Organisation dementsprechend die wichtigsten Entscheidun-

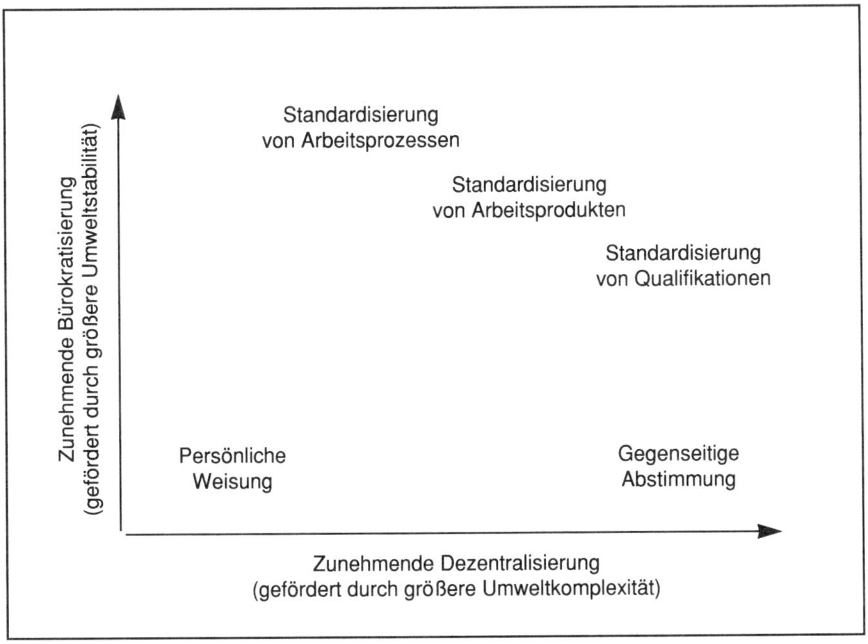

Abb. 6-3: Koordinationsmechanismen mit zunehmend dezentralisierender beziehungsweise bürokratisierender Wirkung

gen einer einzigen Spitzenführungskraft überlassen: Die Organisation weist eine zentralisierte Struktur auf. Sollte diese Umwelt auch stabil sein, liegt es Hypothese 9 zufolge im Interesse der Organisation, Standardisierung als Koordinationsmechanismus einzusetzen, d.h., eine bürokratische Struktur zu wählen. Wie aus Abbildung 6-3 ersichtlich ist, wird sich die Organisation für die Standardisierung der Arbeitsprozesse entscheiden – für den Koordinationsmechanismus, der sie in die Lage versetzt, die größte Zentralisation innerhalb einer bürokratischen Struktur zu gewährleisten. Sollte diese einfache Umwelt hingegen nicht stabil, sondern dynamisch sein, kann die Organisation nicht länger eine bürokratische Struktur verkraften, sondern muß flexibel – organisch – bleiben. Wie Abbildung 6-3 zeigt, wird sie die persönliche Weisung als Koordinationsmechanismus einsetzen, denn dies ist der einzige der fünf Koordinationsmechanismen, der eine zentralisierte und zugleich organische Struktur zuläßt.

Wie aber verhält sich die Organisation in einer komplexen Umwelt? Hier stoßen wir auf Verständnisprobleme. Galbraiths Argumentation zufolge vermag ein Kopf nicht mehr alle Informationen zu verarbeiten, die bei den Entscheidungen zu berücksichtigen sind; Überlastung ist die Folge. Entsprechend muß die Organisation dezentralisieren: Der »Erste Mann« an der Spitze muß einen guten Teil seiner Machtbefugnisse an andere Organisationsmitglieder abgeben – an andere Führungskräfte, Stabsexperten und zuweilen auch an ausführende Mitarbeiter. Sollte diese komplexe Umwelt nun stabil sein, läßt Hypothese 9 eine bürokratische Struktur erwarten, in der Standardisierung zur Erzielung von Koordination eingesetzt wird. In einem solchen Fall tritt das Problem auf, einen Koordinationsmechanismus zu finden, der eine Standardisierung mit dezentralisierender Wirkung ermöglicht. Die Lösung ist mit einem schnellen Blick auf Abbildung 6-3 zu erkennen: Die Organisation entscheidet sich für die Standardisierung der Qualifikationen. Sollte die komplexe Umwelt dagegen nicht stabil, sondern dynamisch sein, wählt die Organisation einen Koordinationsmechanismus, der sowohl dezentralisierend wirkt als auch organisch ist – die gegenseitige Abstimmung.

Aus dieser Diskussion geht eindeutig hervor, daß es zwei Arten von bürokratischen Strukturen und zwei Arten von organischen Strukturen gibt – jeweils eine zentralisierte Variante für einfache Umweltbedingungen und eine dezentralisierte Variante für komplexe Umweltbedingungen.

Dies entspricht genau der Schlußfolgerung, die in unseren Ausführungen zu den Gestaltungsparametern wiederholt angesprochen worden ist. Dort hatten wir es mit zwei gänzlich verschiedenen Bürokratien zu tun – einer zentralisierten Bürokratie für ungelernte Arbeit und einer dezentralisierten Bürokratie für professionelle Arbeit. Nun sehen wir, daß erstere in einer einfachen Umwelt, letztere hingegen in einer komplexen Umwelt tätig ist. In beiden Fällen ist diese Umwelt stabil. Wir werden auf die vier Strukturtypen in Kürze zurückkommen.

Hypothese 11:

Je diversifizierter die Märkte der Organisation sind, desto größer ist die Tendenz, die Organisationseinheiten (bei gegebenen wirtschaftlichen Größenverhältnissen) nach Märkten zu gruppieren.

Hier stellen wir einen Zusammenhang zwischen einer dritten Umweltvariablen – der Marktdiversität – und einem dritten Gestaltungsparameter – der Gruppierung von Einheiten – auf. Hypothese 11 besagt nun, daß eine Organisation, die deutlich unterschiedliche Märkte (Produkte oder Dienstleistungen, geographische Bereiche oder Kunden beziehungsweise Klienten) zu bedienen hat, zu einer strukturellen Aufteilung in entsprechende, hierarchisch hoch angesiedelte Einheiten tendiert und jeder dieser Einheiten beträchtliche Entscheidungsbefugnisse bezüglich des eigenen Marktes überläßt. Damit liegt eine Struktur vor, die wir in Kapitel 5 als eingeschränkte vertikale Dezentralisation bezeichnet haben und in der ein großer Teil der Entscheidungsbefugnisse an die Führungskräfte der Markteinheiten delegiert wird. Mit anderen Worten: Diversifikation führt zur Divisionalisierung, d.h. zur Bildung von Sparten.

Es gibt aber ein wichtiges Hindernis, das der Spartenbildung selbst dann entgegensteht, wenn Marktdiversität gegeben ist: die Existenz eines gemeinsamen technischen

Systems oder einer kritischen Funktion, die keine Aufteilung zuläßt. Bei der Spartenbildung erfordert jede Markteinheit einen eigenen betrieblichen Kern. Dies verbietet sich aber in solchen Fällen, in denen aufgrund der Größen- und Auslastungsverhältnisse nur ein einziges einheitliches technisches System möglich ist. Einige technische Systeme lassen sich auch bei kleinen Betriebsgrößen aufteilen, andere wiederum müssen trotz ihrer Größe als Einheit bestehen bleiben. So kann in den USA ein Bäckereiunternehmen, das in zwei Staaten mit einem Gesamtumsatz von vielleicht 2 Millionen Dollar tätig ist, die Einrichtung von Sparten mit jeweils eigener Backanlage für sinnvoll erachten, während ein Aluminiumhersteller mit einem 100mal höheren Umsatz trotz Kundendiversität in allen fünfzig Staaten und trotz einer Vielzahl von Endprodukten (Folien, Bleche, Bauteile usw.) eine funktionale Struktur beibehält, weil er sich nur eine Schmelzerei leisten kann.

Genauso ist eine für alle Märkte gleichermaßen kritische Funktion ein Hindernisgrund für echte Spartenbildung – beispielsweise der Einkauf in einer Einzelhandelskette oder die Investition im Versicherungsgeschäft. Die Organisation nimmt auch in diesen Fällen eine Gruppierung ihrer Einheiten nach Märkten vor, aber die kritische Funktion ist in der Unternehmenszentrale konzentriert. Dies schränkt die Autonomie der Markteinheiten ein und führt zu einer unvollständigen Form der Spartenstruktur. Wie wir in Kapitel 11 sehen werden, ist dies vor allem dann der Fall, wenn die Diversität nicht Produkte oder Dienstleistungen, sondern Kunden/Klienten oder Bereiche betrifft, da gemeinsame Arbeitsprodukte erhebliche Interdependenzen zwischen den verschiedenen Klienten oder Bereichen zur Folge haben können.

Wir können nun Hypothese 11 auf ähnliche Weise wie Hypothese 10 erklären. Eine Organisation, die Informationen über viele verschiedene Aspekte ihrer Marktumwelt verarbeiten muß, wird es schließlich für zweckmäßig halten, diese Umwelt nach Möglichkeit in verschiedene Märkte zu segmentieren und jeder der marktorientierten Einheiten entsprechende Entscheidungsbefugnisse zu übertragen. Damit wird die zwischen den Einheiten erforderliche Koordination der Entscheidungsfindung auf ein Minimum beschränkt. Allerdings müssen wir hier deutlich zwischen Diversität und Komplexität der Umwelt unterscheiden, auch wenn in beiden Fällen die Informationslast der Entscheidungsträger erhöht und dadurch eine gewisse Dezentralisation gefördert wird. Eine einfache Umwelt kann wie im Fall eines Mischkonzerns mit einer Reihe von einfachen Betrieben sehr divers sein; umgekehrt kann eine komplexe Umwelt auch durchaus auf einen integrierten Markt ausgerichtet sein, wie dies bei der NASA in den 60er Jahren der Fall war: Die NASA hatte nur den einzigen großen Auftrag, noch vor 1970 einen Menschen auf den Mond zu befördern.[8] Aus Gründen, die wir in Kapitel 11 erörtern werden, scheint die Spartenbildung für einfache, diversifizierte Märkte eine bessere Lösung zu sein als für komplexe Märkte.

Hypothese 12:

Extreme Hostilität in ihrer Umwelt veranlaßt jede Organisation zu einer vorübergehenden Zentralisierung ihrer Struktur.[9]

Auch hier können wir die Koordinationsmechanismen zur Erklärung heranziehen. Die persönliche Weisung ist der schnellste und direkteste Koordinationsmechanismus – nur ein Kopf ist beteiligt. Alle Organisationsmitglieder wissen genau, wohin die Informationen fließen sollen; mit Diskussionen wird keine Zeit verschwendet; die Handlungsbefugnisse sind eindeutig geklärt; eine einzige Führungskraft trifft und koordiniert alle Entscheidungen. Wie wir in Kapitel 5 gesehen haben, organisierten sich die zentralisierteren Kommunikationsnetze schneller und benötigten ein geringeres Maß an Kommunikation zur Entscheidungsfindung. Wenn eine Organisation mit extremer Hostilität – etwa dem plötzlichen Verlust ihres Hauptkunden oder ihrer wichtigsten Lieferquelle oder auch einer schwerwiegenden Auflage seitens der Regierung – konfrontiert wird, ist ihre Existenz in Gefahr: Da die Organisation schnell und auf integrierte Weise reagieren muß, bestimmt der »Erste Mann« die weitere Ausrichtung.

Wie aber verhält sich die Organisation in einer komplexen Umwelt, wenn sie mit extremer Hostilität konfrontiert wird? Komplexität veranlaßt die Organisation zur Dezentralisierung, um die Umwelt angemessen erfassen zu können, während Hostilität die Schnelligkeit und Koordination einer zentralisierten Reaktion verlangt. Die solcherart in Bedrängnis geratene Organisation wird vermutlich alle Machtbefugnisse vorübergehend zentralisieren, um überleben zu können. Sie reagiert damit auf die Krisensituation, auch wenn der Komplexität ihrer Umwelt auf diese Weise nicht hinreichend Rechnung getragen wird. Mit etwas Glück wird sie die Zwangslage meistern können. Sollte die Krise jedoch anhalten, könnte sich die Organisation schlichtweg als unfähig erweisen, die beiden gegensätzlichen Kräfte miteinander zu vereinbaren. Dies würde dann ihr Ende bedeuten.

Hypothese 13:

Disparitäten in der Umwelt veranlassen die Organisation zu selektiver Dezentralisierung zugunsten von unterschiedlichen Arbeitskonstellationen.

Keine Organisation hat je die Erfahrung einer Umwelt gemacht, die in allen Bereichen gleichermaßen dynamisch, komplex, divers oder feindselig wäre. Umgekehrt braucht eine Organisation auch nicht auf jede Veränderung in ihrer Umwelt zu reagieren. So gibt es durchaus Situationen, die keinen Aufschub dulden und eine sofortige Reaktion verlangen; andere sind weniger vordringlich, so daß die Organisation möglicherweise gar nicht zu reagieren braucht. Dynamische Wirtschaftsbedingungen können eine organische Struktur erforderlich machen, obgleich die politische Umwelt stabil ist; Hostilität von seiten der Gewerkschaft in einer sonst liberalen Umwelt könnte Anlaß zu vorübergehender Zentralisisierung und nachfolgender Rückkehr zur Dezentralisation sein. Doch was geschieht, wenn keiner der situativen Faktoren dominiert, sondern die Disparitäten in der Umwelt vielmehr unterschiedliche Reaktionen hinsichtlich der Gestaltung der Organisationsstruktur erforderlich machen? Betrachten wir den Fall einer heterogenen Konkurrenzsituation in einem großen Ölkonzern:

Mobil Oil und Exxon liefern sich an einer Straßenkreuzung irgendwo in einer amerikanischen Stadt einen erbitterten Konkurrenzkampf, doch keines der Unternehmen ist durch diese Wettbewerbssituation wirklich bedroht. Vielmehr kooperieren beide eng miteinander im Hinblick auf die wichtige Frage der Ölkontingentierung, unsere Außenpolitik gegenüber dem Mittleren Osten, die Steuerpolitik des Bundes, die Umweltproblematik und die Unterscheidung zwischen Privatautos und öffentlichen Verkehrsmitteln.... Wo aber wird dieser erbitterte Konkurrenzkampf dann ausgetragen? Auf den unteren Ebenen der Organisation – auf der Ebene des Bezirksleiters, der die Preise geringfügig erhöhen oder senken kann, und auf der Ebene des Tankstellenleiters, der die Windschutzscheiben putzt und die Toiletten sauberhält (Perrow 1974, S. 41).

Dieses Beispiel zeigt, daß Disparitäten in der Umwelt eine Organisation veranlassen, ihre Struktur zu differenzieren und Nischen – wir haben sie an früherer Stelle als Arbeitskonstellationen bezeichnet – zu schaffen, um verschiedene Aspekte der Umwelt (verschiedene »Umweltsegmente«) bewältigen zu können.[10] Dabei werden die Konstellationen je nach Auswirkung der entsprechenden Umweltsegmente unterschiedlichen Organisationsebenen zugeordnet – der Organisationsspitze, wenn die Auswirkungen globaler Natur sind, hingegen nachgeordneten Ebenen, wenn es sich um lokale Auswirkungen handelt. Die Führungskräfte an der Spitze eines Ölkonzerns können kooperativ arbeiten, während auf Bereichsebene eine Konkurrenzsituation gegeben ist. Jede Arbeitskonstellation erhält die für ihr Umweltsegment relevanten Entscheidungsbefugnisse und kann die Struktur entwickeln, die ihren Entscheidungsprozessen angemessen ist. Beispielsweise kann in einer Organisation die eine Konstellation organisch strukturiert sein, um dynamischen Bedingungen Rechnung zu tragen, während andere Konstellationen, deren Umweltsegment durch stabile Bedingungen geprägt ist, bürokratische Strukturen aufweisen können. Wir haben dies bereits an früherer Stelle bei den Teams für Neuentwicklungen gesehen, die ebenfalls von der jeweiligen Organisationsstruktur ausgenommen waren und eine eigene Einheit bildeten. Disparitäten in der Umwelt veranlassen somit eine Organisation, ihre Struktur zu differenzieren und sowohl vertikal als auch horizontal eine selektive Dezentralisierung vorzunehmen. Mit anderen Worten: Eine Organisation kann gleichzeitig zentralisieren und dezentralisieren.

Dies geht eindeutig aus einer Untersuchung hervor, die in der kanadischen Tochtergesellschaft einer europäischen Schallplattenfirma durchgeführt wurde.[11] Es gab dort zwei deutlich voneinander getrennte Konstellationen. Die eine Konstellation an der strategischen Spitze bestand aus hochrangigen Führungskräften, die von der europäischen Firmenleitung nach Kanada geschickt worden waren: Sie stellten die notwendigen Kontakte her, regelten die Finanzangelegenheiten und lösten einige der anfallenden Produktionsprobleme; insgesamt hatten sie somit relativ stabile und einfache Aufgabenstellungen zu bewältigen. Doch die Marketingentscheidungen – insbesondere hinsichtlich der Frage, welche kanadischen Stars mit welchen Songs aufgenommen werden sollten – erforderten große Vertrautheit mit der lokalen Szene, mit dem Geschmack der kanadischen (englisch- wie französischsprachigen) Konsumenten und der kanadischen Unterhaltungskünstler. Auch war der Ansatz bei der Entscheidungsfindung völlig anders. Wenn ein Produkt einen Lebenszyklus von drei Monaten hat (»nichts ist so tot wie der Hit Nr. 1 auf der Hitparade von gestern«) und die Anbietermärkte äußerst dynamisch sind (Aufnahmen mit Künstlern sind »ein notorisch hartes Geschäft«), setzt das Marketing einen freiheitlich-eigenwilligen Stil der Entscheidungsfindung voraus, der im krassen Widerspruch zum Entscheidungsstil der eher konservativen europäischen Führungskräfte steht. Daher wurde unterhalb der ersten Arbeitskonstellation eine zweite eingeführt, der eine in keiner Weise eingeschränkte Entscheidungsbefugnis in sämtlichen Marketingangelegenheiten übertragen wurde. Diese Konstellation arbeitete mit einer Struktur, für die das Wort »organisch« eher noch eine Untertreibung war.

Je ein Organisationstyp für vier verschiedene Umweltbedingungen

Unsere Ausführungen zur organisatorischen Umwelt haben erneut gezeigt, daß wir von einer Ausrichtung auf verschiedene Strukturtypen, wie sie unter bestimmten Bedingungen anzutreffen sind, mehr lernen als durch die Ermittlung kontinuierlicher Zusammenhänge zwischen strukturellen und situativen Variablen. Die Hypothesen 9 und 10 wurden zwar zunächst im Rahmen solcher kontinuierlichen Zusammenhänge formuliert, erweisen sich aber als aussagekräftiger, wenn aus ihnen bestimmte Strukturtypen abgeleitet werden, wie sie in spezifischen Umweltsituationen vorkommen. Insbesondere können wir vier grundlegende Organisationstypen unterscheiden, die in Tabelle 6-1 in Matrixform dargestellt sind.

Eine einfache, stabile Umwelt führt zu zentralisierten, bürokratischen Strukturen – zum klassischen Organisationstyp, bei dem Koordination durch Standardisierung der Arbeitsprozesse (sowie durch den Gestaltungsparameter der Verhaltensformalisierung) erzielt wird. Beispiele sind die Massenfertigungsfirmen in der Untersuchung von Woodward und das Tabakunternehmen bei Crozier. Lawrence und Lorsch beschreiben in dieser Weise bestimmte Containerfirmen, die unter einfachen, stabilen Umweltbedingungen tätig waren: Diese Firmen standardisierten ihre Produkte und Prozesse, führten Veränderungen nur langsam ein und koordinierten ihre Aktivitäten

	Stabile Umwelt	Dynamische Umwelt
Komplexe Umwelt	dezentralisiert bürokratisch (Standardisierung von Qualifikationen)	dezentralisiert organisch (gegenseitige Abstimmung)
Einfache Umwelt	zentralisiert bürokratisch (Standardisierung von Arbeitsprozessen)	zentralisiert organisch (persönliche Weisung)

Tab. 6-1: Vier Organisationstypen unter vier Umweltbedingungen

an der Spitze der Hierarchie, wo die Informationen leicht zu komprimieren und zu überschauen waren. Eine Containerfirma versuchte das Gegenteil: Sie setzte auf den unteren Führungsebenen Kontaktinstrumente zur Erzielung von Koordination durch gegenseitige Abstimmung ein und konnte dann gegenüber den anderen Firmen nur mit vergleichsweise schwachen Leistungen aufwarten. Offensichtlich machte die Firma damit lediglich eine an sich einfache Situation kompliziert – so als ob die vier Insassen eines Autos einzeln entscheiden wollten, wie sie in die Stadt fahren.

Eine komplexe, stabile Umwelt führt zu Strukturen, die bürokratisch, aber dezentralisiert sind und zur Erzielung von Koordination die Qualifikationen der Mitarbeiter standardisieren. Da die organisatorischen Arbeitsabläufe vorhersagbar sind, kann die Organisation standardisieren; und da diese Arbeitsabläufe schwer zu erfassen sind, muß die Organisation dezentralisieren. Die Machtbefugnisse müssen an die fachlich hochqualifizierten Mitarbeiter im betrieblichen Kern abgegeben werden, die sich auf ihre komplexe, aber routinemäßige Arbeit verstehen. Typische Beispiele für diesen Organisationstyp sind Krankenhäuser und Universitäten.[12]

Ist eine Umwelt dynamisch, aber dennoch einfach, bedarf die Organisation der Flexibilität einer organischen Struktur, während die Machtbefugnisse zentralisiert bleiben können. Die persönliche Weisung stellt den wichtigsten Koordinationsmechanismus dar. Dies trifft besonders zu auf die unternehmerische Firma, die nach einer Nische auf einem Markt sucht, der zwar einfach zu durchschauen ist, aber so viel Dynamik besitzt, daß Bürokratien nicht entstehen können. In einer solchen Situation kann der Unternehmer eine enge persönliche Steuerung und Kontrolle seiner Mitarbeiter übernehmen und braucht Macht und Einfluß nicht einmal mit einer Technostruktur zu teilen.

Wenn eine dynamische Umwelt komplex ist, muß die Organisation zugunsten von Führungskräften und Spezialisten dezentralisieren, die den erforderlichen Sachverstand haben, ihnen gleichzeitig aber auch eine flexible Interaktion in einer organischen Struktur ermöglichen, so daß sie auf nicht vorausschaubare Veränderungen reagieren können. In erster Linie wird die gegenseitige Abstimmung als Koordinationsmechanismus verwendet, unterstützt durch den Einsatz von Kontaktinstrumenten. Wissenschaftliche Untersuchungen in der NASA während des Apollo-Projekts, in der Boeing Company und in Firmen der Kunststoffindustrie haben dies bestätigt. (Unter Bezugnahme auf die von Stinchcombe verwendete Terminologie handelt es sich bei allen Unternehmen um Organisationen unserer Zeit.)

Marktdiversität, wie sie in Hypothese 11 diskutiert wurde, ist als eine dritte Dimension anzusehen, die unserer zweidimensionalen Matrix noch hinzuzufügen ist: In der Tendenz sind die vier Organisationstypen in Tabelle 6-1 funktional strukturiert, wenn ihre Märkte integriert sind, hingegen marktorientiert gegliedert (zumindest auf den höchsten Gruppierungsebenen), wenn sie diversifiziert sind (bei gegebenen wirtschaftlichen Größenverhältnissen und Fehlen kritischer Funktionen). Wie wir in Kapitel 4 gesehen haben, wird Koordination in der marktorientierten Struktur mittels Standardardisierung von Arbeitsprodukten erzielt, deren Einhaltung durch Leistungskontrollsysteme sichergestellt wird; somit können wir für diese dritte Dimension unseren fünften und letzten Koordinationsmechanismus ansetzen.

In ähnlicher Weise ist aus Hypothese 12 eine weitere spezielle Bedingung für unsere zweidimensionale Matrix abzuleiten: Extreme Hostilität veranlaßt jeden der vier Organisationstypen zu vorübergehender Zentralisierung der Struktur – unabhängig davon, inwieweit Dezentralisation vorliegt. (Zwei dieser Organisationstypen sind ohnehin schon relativ zentralisiert.)

Bei all diesen Bedingungen wird eine einheitliche Umwelt angenommen – zumindest aber eine Umwelt, die aufgrund der Dominanz eines einzigen Merkmals als einheitlich gelten kann. Diese Umwelt ist entweder komplex oder einfach, stabil oder dynamisch, integriert oder diversifziert, extrem feindselig oder nicht feindselig. Diese Einheitlichkeit bewirkt ihrerseits eine konsistente Verwendung der strukturellen Gestaltungsparameter. In Hypothese 13 wird die Annahme der Einheitlichkeit aufgegeben, denn dieser Hypothese zufolge veranlassen Disparitäten in der Umwelt die Organisation zu einer Anpassung in Form von differenzierten Strukturen. Die Organisation führt Arbeitskonstellationen ein, nimmt eine entsprechende selektive Dezentralisierung vor, ordnet jede dieser Konstellationen der organisatorischen Ebene zu, die von ihren Entscheidungen am meisten betroffen ist, und überläßt ihnen die Gestaltung ihrer internen Struktur, damit sie den Anforderungen des sie betreffenden Umweltsegments gerecht werden können.

Macht

Organisationen wählen nicht immer die Strukturen, die der situative Kontext – Alter und Größe des Unternehmens, das verwendete technische System sowie Stabilität, Komplexität, Diversität und Hostilität ihrer jeweiligen organisatorischen Umwelt –

eigentlich nahelegen würde. Auch eine Reihe von Machtfaktoren nehmen Einfluß auf die Gestaltung der Struktur, insbesondere die Existenz einer externen Kontrollinstanz, die persönlichen Bedürfnisse der verschiedenen Organisationsmitglieder sowie aktuelle Modeerscheinungen als Teil der Kultur, in die sich die Organisation gestellt sieht (Macht der sozialen Normen). Drei Hypothesen fassen einige Ergebnisse hinsichtlich dieser Machtfaktoren zusammen:

Hypothese 14:

Je größer die von außen auf die Organisation ausgeübte Kontrolle ist, desto zentralisierter und formalisierter ist ihre Struktur.

Eine Reihe von Untersuchungen sowohl in öffentlichen als auch in privatwirtschaftlichen Organisationen belegen, daß eine externe Kontrolle – direkt durch spezifische Eigentümer oder indirekt durch einen maßgeblichen Hauptanbieter – die Konzentration der Entscheidungsbefugnisse an der Spitze der Organisationshierarchie sowie einen verstärkten Einsatz von Regeln und Vorschriften zwecks interner Steuerung und Kontrolle bewirkt. All dieses leuchtet auch ein. Die zwei effektivsten Möglichkeiten zur Kontrolle einer Organisation von außen bestehen darin,
(1) den Entscheidungsträger mit den größten Machtbefugnissen – den Hauptgeschäftsführer oder den Vorstandsvorsitzenden – für die Aktionen der Organisation verantwortlich zu machen und
(2) klar definierte Standards vorzugeben, die dann in Regeln und Vorschriften umgesetzt werden. Die erste Möglichkeit zentralisiert die Struktur; die zweite bewirkt eine Formalisierung.

Hinzu kommt, daß eine externe Kontrolle die Organisation zu besonders umsichtigem Vorgehen zwingt: Da die Organisation ihr Verhalten gegenüber Außenstehenden rechtfertigen muß, ist die Tendenz zur Verhaltensformalisierung besonders ausgeprägt. Formale, schriftliche Kommunikationen können als Unterlagen herangezogen werden, wenn Entscheidungen in Frage gestellt werden. Regeln bedeuten sowohl für die Kunden oder Klienten als auch für die beschäftigten Mitarbeiter gleichermaßen eine Absicherung hinsichtlich fairer Behandlung. Externe Kontrolle kann auch zur Bürokratisierung der Struktur führen, indem sie drastischere Forderungen erhebt, als dies zum Zweck der Rationalisierung erforderlich wäre. Beispielsweise kann eine autonome Firma mit ihren Anbietern und Kunden auf dem freien Markt handeln; eine Tochtergesellschaft hingegen könnte seitens der zentralen Geschäftsführung die Auflage bekommen, ihre Hilfs- und Betriebsstoffe von einer Schwestergesellschaft zu kaufen und obendrein gemeinsam mit dem Leiter dieser Schwestergesellschaft auch noch die Transfergeschäfte vorauszuplanen, so daß keine Gewinne oder Verluste entstehen. Genauso kann eine Mutterorganisation oder die Regierung auf der Einhaltung von Standards in sämtlichen Organisationen bestehen, die zum jeweiligen Einflußbereich gehören. Davon könnte alles mögliche betroffen sein – von der Verwendung eines gemeinsamen Logos oder unternehmenseigenen Symbols bis hin zur Einrichtung eines gemeinsamen Management-Informationssystems oder eines Vorschriftenkatalogs für den Einkauf. Unternehmen mit organischen Strukturen, die von größeren Konzernen aufgekauft werden, sehen sich häufig gezwungen, Organigramme zu entwickeln, Stellenbeschreibungen und Subordinationsverhältnisse genauer auszuführen und Aktionsplanung zu betreiben sowie eine Flut weiterer Systeme zu übernehmen, die eine Bürokratisierung ihrer Strukturen zur Folge haben.

Hypothese 14 besagt also folgendes:

Wenn zwei Organisationen gleichen Alters und gleicher Größe dasselbe technische System benutzen und in derselben Umwelt tätig sind, ist die Struktur der Organisation mit dem größeren Maß an externer Kontrolle – seitens der Regierung, einer Mutterorganisation, der Gewerkschaften oder anderer Instanzen – zentralisierter und formalisierter.

Dies wirft natürlich alle möglichen interessanten Fragen in Gesellschaften auf, in denen die autonomen Organisationen in immer größeren Zahlen von riesigen Konglomeraten – Großindustrie, Vater Staat, Gewerkschaftslobby – geschluckt werden. Dabei bedeutet der Verlust an Autonomie nicht nur die Abtretung von Machtbefugnissen an die externe Kontrollinstanz, sondern auch signifikante Veränderungen in der Organisationsstruktur ohne Rücksicht auf die Bedürfnisse innerhalb der Organisation selbst – mehr Machtkonzentration an der strategischen Spitze, strengere Handhabung des Personalwesens, verstärkte Standardisierung der Arbeitsprozesse, ein höheres Maß an formaler Kommunikation, schärfer definierte Subordinationsverhältnisse, mehr Planung und weniger Anpassung. Mit anderen Worten: Machtkonzentration auf der Ebene der Gesellschaft als solcher bewirkt Machtzentralisation auf der Ebene der Organisation sowie verstärkte Bürokratisierung bei der Ausübung dieser Macht.

Hypothese 15:

Die Machtbedürfnisse der Organisationsmitglieder haben leicht übermäßig zentralisierte Strukturen zur Folge.

Gewöhnlich streben alle Mitglieder der Organisation Macht an – wenn nicht zur Lenkung und Kontrolle anderer, so doch immerhin, um Entscheidungen, die die eigene Arbeit betreffen, selbst bestimmen zu können. Die Führungskräfte der strategischen Spitze fördern die Zentralisation sowohl in vertikaler als auch in horizontaler Richtung; die Führungskräfte der Mittellinie fördern die vertikale Dezentralisation, zumindest bis zur jeweils eigenen Führungsebene, und die horizontale Zentralisation, um die Machtbefugnisse innerhalb der Linienstruktur zu halten; die Analytiker und der Hilfsstab bevorzugen die horizontale Dezentralisation, um Macht und Einfluß der Linienführungskräfte zu reduzieren; die ausführenden Mitarbeiter schließlich streben vertikale und horizontale Dezentralisation an, und zwar bis hin zum betrieblichen Kern.

Doch in diesem Machtspiel rollen die Würfel nicht unbeschwert. Um effektiv funktionieren zu können, benötigen Organisationen in der Regel hierarchische Strukturen und ein gewisses Maß an formaler Kontrolle. So fällt den Linienführungskräften – im Gegensatz zu den Stabsexperten oder den ausführenden Mitarbeitern – von vornherein Macht zu, die dann ganz oben in der Hierarchie bei den Führungskräften der strategischen Spitze konzentriert ist. Wir haben gesehen, daß verschiedene situative Faktoren wie ein sehr kompliziertes technisches System und eine komplexe Umwelt eine Verteilung dieser zentralen Machtbefugnisse erforderlich machen. Doch insoweit, als Linienführungskräfte insbesondere auf den höheren Führungsebenen ihre Macht genießen, tendiert die Struktur schnell zu übermäßiger Zentralisation: An der Spitze ist mehr Macht konzentriert, als dies in Anbetracht der situativen Faktoren – Alter und Größe der Organisation, technisches System und organisatorische Umwelt – normalerweise erforderlich wäre (zumindest, solange die daraus resultierenden Effizienzprobleme noch auszugleichen sind).

Hypothese 16:

Strukturen können aktuellen (und kulturellen) Modeerscheinungen unterliegen, zuweilen auch dann, wenn diese unangemessen sind.

Den Forschungsergebnissen von Stinchcombe zufolge, wie sie in Hypothese 2 diskutiert worden sind, gibt es so etwas wie »die Struktur des Tages« – eine Struktur, die von Industrien, die in derselben Zeitepoche gegründet wurden, gleichermaßen bevorzugt wird. Doch die Untersuchungen von Stinchcombe zeigen auch, daß Strukturen Zeitspannen überdauern können – einige Organisationen behalten ihre Strukturen aus früheren Zeiten bei. Umgekehrt bedeutet dies folgendes: Wenn eine neue Struktur in Mode kommt, so ist diese für manche Organisationen geeignet, für andere nicht.

Dieser Aspekt ist bei vielen Organisationen schlichtweg übersehen worden, zumal Modeerscheinungen – die Macht der kulturellen Normen, mit denen sich die Organisation konfrontiert sieht – bei der strukturellen Gestaltung eine wichtige Rolle zu spielen scheint. Es wäre schön, wenn Organisationen ausschließlich von Faktoren wie Alter, Größe, technischem System und Umwelt beeinflußt würden und nicht darauf schielten, was die Konkurrenz in der Nachbarschaft treibt. Leider ist allzu häufig das Gegenteil zu beobachten.

Teilweise geht das Problem wohl auf das Konto von Wirtschaftsmagazinen und Beratungsunternehmen, die darauf bedacht sind, den »letzten Schrei« unter das Volk zu bringen. »Nach wie vor kann man mit dem Verhökern von Universalrezepten zu Geld und Ruhm gelangen. Wirtschaftlich gesehen, besteht immer noch eine Nachfrage auf seiten von Führungskräften, die das Evangelium, die einfache Wahrheit, die optimale Methode suchen« (Whistler 1975, S. 4). Paris hat seine Salons der Haute Couture; New York unterhält seine Büros der »Haute Structure«, die Beratungsunternehmen, die ihren Klienten die neuesten Struktur-Kollektionen vorführen – Langfristplanung, Management-Informationssysteme (MIS), zielgesteuertes Management (Management by Objectives, MBO), Organisationsentwicklung.

In den 60er Jahren kündigten die Managementmedien »das nahe Ende der Bürokratie« an, wie die Überschrift eines Artikels von Warren Bennis (1966) lautete. Viele Organisationen nahmen die Prophezeiung ernst, auch wenn sie dies später bedauern sollten. Wenn Lawrence und Lorsch von der leistungsschwachen Containerfirma berichten, in der Integrationsmechanismen – eine ganz moderne Entwicklung – in einer einfachen, stabilen Umwelt eingesetzt wurden, so zeigt sich deutlich, wie Modetorheit ihren Tribut in unangemessener Strukturgestaltung fordert. Seit dem Artikel von Bennis steht fest, daß es immer Bürokratien geben wird – zumindest so lange, wie Organisationen älter und größer werden, Massenfertigung betreiben und einfache, stabile Umweltbedingungen vorfinden, in denen sie ihre Standards hegen und pflegen können. Man würde solche Artikel doch gar nicht veröffentlichen und Vorträge auf Konferenzen halten, um »die optimale Methode« zu verkünden, wenn Verlage und Fluglinien eben nicht bürokratisch strukturiert wären. Heute würde wohl kaum jemand in Abrede stellen, daß Bürokratien existieren, und zwar recht gut.

In unserem Jahrhundert pendeln die Strukturen zwischen Zentralisation und Dezentralisation an der Spitze großer amerikanischer Konzerne auf und nieder wie die Rocksäume in der modebewußten Damenwelt. Doch der Trend zur Divisionalisierung hat sich gehalten, seitdem Du Pont und General Motors dieses Konzept in den 20er Jahren salonfähig machten. So ermittelte Rumelt in einer Untersuchung der 500 größten amerikanischen Unternehmen nicht nur aussagekräftige Beweise für Chandlers (1962) populär gewordene Behauptung, »die Struktur folgt der Strategie«, sondern auch für die These, »die Struktur folgt der Mode« (Rumelt 1974, S. 149). Die Bevorzugung der Spartenstruktur erhöhte sich von 20 Prozent im Jahr 1949 auf 76 Prozent im Jahr 1969; doch nicht immer war die Divisionalisierung mit einer Diversifikation des Marktes zu begründen, wie wir Hypothese 11 zufolge hätten annehmen sollen: »Bis in die frühen 60er Jahre war die Strukturierung nach Produktsparten stark abhängig von den administrativen Zwängen, die sich durch die Diversifikation ergaben, doch ... in den letzten Jahren ist die Divisionalisierung zur Norm erhoben worden, und die Unternehmensleitungen richten sich in ihrer spartenorientierten Reorganisation nach der normativen Theorie und nicht nach den administrativen Erfordernissen« (Rumelt 1974, S. 77).

Natürlich muß eine »Mode-Struktur« nicht immer unangemessen sein. Diese Modeerscheinungen sind Ausdruck von Neuentwicklungen auf dem Gebiet der Organisationsgestaltung, und manche der Entwicklungen sind für einige Organisationen mit älteren Strukturen durchaus angemessen. Nachdem sich die Spartenstruktur durchgesetzt hatte, wurde sie von stark diversifizierten Unternehmen, die bis dahin nach Funktionen gegliedert gewesen waren, zu Recht übernommen.[13] Es war sogar so, daß sich solche Organisationen, die sich nicht zur Divisionalisierung hatten entschließen können, letztlich mit Strukturen belastet sahen, die plötzlich aus der Mode gekommen waren und weniger effektiv schienen als die neue Alternative. Wie die Matrone, die immer noch die Kleider aus ihren jungen Jahren trägt, hält auch manche Organisation an einer Struktur fest, die längst vergangenen Tagen angehört. So wurde in einer Untersuchung festgestellt, daß einige europäische Unternehmen (in Abwesenheit von Konkurrenzdruck) trotz vorhandener Diversifizierung keine Spartenstruktur annahmen (Franko 1974).

Dieses Ergebnis zeigt auch, daß strukturelle Moden in gewisser Weise kulturspezifisch sind. Was bei den Fortune 500 (den 500 größten Konzernen in den Vereinigten Staaten) große Mode ist, löst bei den Fortune 200 (den 200 größten Konzernen außerhalb der Vereinigten Staaten) unter Umständen nur Achselzucken und Verwunderung aus. West-Virginier und Westfalen haben wohl unterschiedliche Strukturpräferenzen. Wieder bedeutet dies nichts anderes, als daß die Kultur mit ihren Modeerscheinungen ein weiterer Faktor ist, der die Gestaltung von Organisationsstrukturen beeinflußt.

Die Literatur hält auch hierfür Belege bereit. So sind bestimmte europäische Gesellschaften, zum Beispiel die Deutschen, für bürokratische Strukturen nachweislich besser geeignet als die Amerikaner. Auch konnte gezeigt werden, daß der Indoktrination in Japan eine weitaus höhere Bedeutung beigemessen wird als andernorts.

In der heutigen amerikanischen Kultur können wir ganz unterschiedliche Trends bei den Organisationsstrukturen erkennen. Unmittelbar nach der Spartenstruktur kam die Projektstruktur in Mode, die von Bennis und Slater (1964) und später von Toffler (1970) als »Adhokratie« bezeichnet wurde und bei der es sich im wesentlichen um eine selektiv dezentralisierte organische Struktur handelt, die umfangreichen Gebrauch von Kontaktinstrumenten macht. Man kann kaum ein Managementjournal durchblättern, ohne nicht sofort etwas über Arbeitskreise, Projekt- oder Gruppenleiter und Matrixstruktur zu lesen. Sicher paßt diese Struktur gut zu den Unkenrufen nach dem nahen Niedergang der Bürokratie, zu den in der amerikanischen Gesellschaft vorherrschenden demokratischen Normen und zu ihrem immer besser ausgebildeten Arbeitspotential. Doch selbst wenn dies die Struktur unserer Zeit sein sollte, hervorragend geeignet für neue, zukunftsorientierte Industrien wie Raumfahrt und hochkarätige Beratungsdienste – für die meisten älteren Industrien könnte sich diese Struktur als gänzlich ungeeignet erweisen. Und sie ist kein Allheilmittel. Wie alle vorangegangenen Strukturen, die auch einmal modern waren, ist sie für manche Organisationen zweckmäßig, für andere nicht. Es ist zu hoffen, daß sich diese »anderen« nicht für eine Projektstruktur entschließen, nur weil sie gerade modern ist. (Man erinnere sich an die von Lawrence und Lorsch untersuchten Containerfirmen, von denen eine aufgrund unzweckmäßiger Strukturwahl in ihren Leistungen zurückblieb.)

Wir wollen unsere Ausführungen zu den situativen Bestimmungsfaktoren abschließen mit der Feststellung, daß sich verschiedene Faktoren in aller Regel auf unterschiedlichen Strukturebenen auswirken, auch wenn mehrere Faktoren denselben Gestaltungsparameter gleichzeitig beeinflussen. (Dies ist beispielsweise der Fall bei der Verhaltensformalisierung, die je nach Alter, Größe, technischem System, Stabilität der Umwelt und Kultur unterschiedlich gestaltet sein kann.) Alter und Größe sind Kontextfaktoren, die zwar auf allen Ebenen signifikant sind, sich aber am stärksten in der Mitte der Struktur auswirken, wo sie durch Veränderungen in den bevorzugt angewendeten Koordinationsmechanismen umfassende strukturelle Maßnahmen auslösen. Das technische System ist im betrieblichen Kern untergebracht und zeigt dort die größte Wirkung. Doch auch an anderen Stellen hat es wichtige selektive Effekte – beispielsweise auf den mittleren Führungsebenen, die bei komplexen technischen Systemen auf die Unterstützung des Hilfsstabs angewiesen sind. Die situativen Bestimmungsfaktoren scheinen in umgekehrter Richtung zu wirken: Hier sind es die Führungskräfte und Stabsexperten an und nahe der strategischen Spitze, die am meisten von den Umweltdimensionen beeinflußt werden, da sie sich ständig an der Peripherie der Organisation bewegen. Die Dimensionen der Umwelt haben auch einen wesentlichen Einfluß auf die Struktur in der Mitte, doch auf den betrieblichen Kern, den alle anderen Teile der Organisationsstruktur gegen direkte Umwelteinflüsse abzuschotten versuchen, wirken sie sich nur selektiv aus. Machtbeziehungen hingegen spielen auf allen Strukturebenen eine – wenn auch selektive – Rolle: Externe Kontrolle, die Machtbedürfnisse der Organisationsmitglieder, Modeerscheinungen und kulturelle Einflüsse bewirken eine Modifizierung der Strukturen, die bei ausschließlicher Berücksichtigung der anderen situativen Faktoren (Alter, Größe, technisches System und Umwelt) entstehen würden.

Anmerkungen

1. Wie zu Beginn des Buches in der »Vorrede an den Leser« bereits ausgeführt worden ist, werden wir hier nicht das Belegmaterial zur Unterstützung der Argumentation, sondern nur die Ergebnisse als solche anführen. Der interessierte Leser findet solche Belege in Mintzberg, H. (1979) The Structuring of Organizations. A Synthesis of the Research (Englewood Cliffs, N.J.: Prentice-Hall), vor allem in den Kapiteln 13-16, wo die vier Gruppen von situativen Faktoren unter denselben Gesichtspunkten wie hier in großer Ausführlichkeit erörtert werden.

2. Wir formulieren diese Hypothesen als Fakten so, wie sie als Forschungsergebnisse vorliegen. In Anbetracht der Tatsache, daß diese Hypothesen vielfach auch auf Analysen zur Effektivität von Organisationen basieren, hätte man sie auch präskriptiv formulieren können – zum Beispiel »Je älter die Organisation ist, desto mehr sollte ihr Verhalten formalisiert sein« oder »Die Organisation ist effektiver, wenn ihr Verhalten formalisiert ist«. (Dabei wird natürlich immer vorausgesetzt, daß unabhängig von der Formalisierung alle anderen Faktoren gleich bleiben – eine Annahme, die bei der Erörterung der Konfigurationen von Bedeutung sein wird.)

3. Diese Untersuchungsergebnisse einer Arbeitsgruppe von der McGill University, Montreal, wurden dem Autor im November 1969 vorgelegt von Selin Anter, Gilles Bonnier, Dominique Egre und Bill Freeman (Management Policy 701).

4. Die Annahme scheint nicht immer zutreffend zu sein. Beispielsweise ist in Stahlunternehmen mit Prozeßfertigung eine große Arbeiterbelegschaft im betrieblichen Kern erforderlich. Wir wir später sehen werden, sind die entsprechenden Strukturen denen in Firmen mit Massenfertigung vergleichbar. Im

Prinzip gelten Woodwards Ergebnisse somit für die automatische Fertigung und nicht für die Prozeßfertigung als solche, auch wenn die Automatisierung bei dieser Produktionsform besonders häufig anzutreffen ist.

5. Allerdings werden wir später noch sehen, daß in einer Organisation mit einem automatisierten betrieblichen Kern insbesondere zwischen den verschiedenen Spezialisten neue Konflikte entstehen können. Doch diese Konflikte beleben nicht etwa die frühere Kontrollmentalität, sondern entstehen gerade deswegen, weil es diese nicht mehr gibt.

6. Immerhin aber wäre die Frage zu stellen, ob sich die Automatisierung nicht für Kunden und Klienten gegenteilig auswirken könnte, wenn die Produkte und Dienstleistungen, die sie erhalten, noch standardisierter und unpersönlicher werden.

7. Anm. d. Übers.: Die im Originaltext angeführte Definition aus dem Random House Dictionary entspricht der zitierten Definition aus der Brockhaus Enzyklopädie (1966-1974). 20 Bände. Siebzehnte völlig neubearbeitete Auflage des Großen Brockhaus (Wiesbaden: F.A. Brockhaus), Bd. 19.

8. Natürlich hatte die NASA auch andere Aufträge; zum Beispiel sollten Wettersatelliten im Weltraum ausgesetzt werden. Doch in den 60er Jahren dominierte das Apollo-Projekt.

9. Es erscheint sinnvoll, die Hypothese dahingehend zu erweitern, daß extreme Hostilität die Organisation auch insoweit zu einer organischen Struktur veranlaßt, als eine feindselige Umwelt nicht vorhersagbar ist und flexible Anpassung erforderlich macht. Doch konnten für diesen Zusammenhang keine empirischen Belege ermittelt werden.

10. Ein solches Vorgehen entspricht der Tendenz zur Spartenbildung, wenn diverse Märkte vorhanden sind; nur betreffen die Disparitäten in diesem Fall verschiedene Dimensionen der Umwelt, wobei als Reaktion keine strukturelle Differenzierung nach Marktbereichen (horizontal), sondern eine strukturelle Differenzierung nach Funktionsbereichen (häufig vertikal) erfolgt.

11. Die hier dargestellten Untersuchungsergebnisse wurden dem Autor im November 1972 im Rahmen einer Veranstaltung (Management Policy 276-661) an der McGill University, Montreal, vorgelegt von Alain Berranger und Philip Feldman.

12. Wir wollen in diesem Zusammenhang die Schlußfolgerung von Beyer und Lodahl aufgreifen: »Wenn das an der Universität vermittelte Wissen eine unveränderliche Handelsware wäre, die sich von Jahr zu Jahr kaum verändert, wären eine zentralisierte Autoritätsstruktur und eine bürokratische Entscheidungsfindung für Universitäten genauso effizient und effektiv wie für andere Organisationen mit stabilen Umweltbedingungen und Technologien« (Beyer/Lodahl 1876, S.109). Bürokratisch ja, zentralisiert nein. Selbst wenn eine Universität ausschließlich Latein, Altgriechisch und Sanskrit unterrichten würde, käme eine Zentralisierung nicht in Frage. Diese drei Wissenschaftsdisziplinen sind stabil, aber in ihrer Gesamtheit übersteigen sie das Fassungsvermögen der Mitarbeiter in einer Zentralverwaltung. Insoweit also, wie Universitäten stabile Wissensbereiche vermitteln (in den meisten Fällen bleibt sogar naturwissenschaftliches Wissen relativ stabil), entscheiden sie sich für Bürokratisierung und Dezentralisation.

13. Es besteht sogar Grund zu der Annahme, daß die Strategie der Diversifizierung die eigentliche Modeerscheinung war; die Divisionalisierung war lediglich die angemessene strukturelle Reaktion.

Kapitel 7

Gestaltung als Konfiguration

Seit Einführung der fünf Koordinationsmechanismen auf den ersten Seiten dieses Buches haben wir ständig zunehmende Konvergenzen in unseren Ergebnissen feststellen können. So erkannten wir in Kapitel 1, daß beispielsweise die Standardisierung der Arbeitsprozesse besonders eng mit der Sichtweise von der Organisation als einem System von geregelten Abläufen verbunden ist. In Kapitel 2 führte die Kombination dieser beiden Aspekte zum Gestaltungsparameter der Verhaltensformalisierung im besonderen und zur bürokratischen Struktur traditioneller Art im allgemeinen, in der die betriebliche Arbeit zwar hochspezialisiert, aber fachlich nicht qualifiziert ist. Im nächsten Kapitel wurde deutlich, daß solche Strukturen große betriebliche Einheiten aufweisen und daß diese wie die darüberliegenden Einheiten der Mittellinie in aller Regel nach Funktionen gruppiert sind. In Kapitel 5 gelangten wir zu der Schlußfolgerung, daß in diesen Strukturen eine in horizontaler Richtung eingeschränkte Dezentralisation anzutreffen ist, wobei die Macht in erster Linie an der strategischen Spitze und in zweiter Linie in der Technostruktur konzentriert ist, die für die Formalisierung der Arbeit aller anderen Organisationsmitglieder sorgt. Im letzten Kapitel konnten wir dann feststellen, daß diese Kombination von Gestaltungsparametern vor allem auf bestimmte Arten von Organisationen zutrifft: große, »gereifte« Organisationen, die sich in ihrem zweiten Entwicklungsstadium befinden; Organisationen, die regulative, aber nicht automatisierte technische Systeme zur Massenfertigung einsetzen; Organisationen, die unter einfachen, stabilen Umweltbedingungen arbeiten; und schließlich Organisationen, die einer externen Kontrollinstanz unterliegen. In unseren bisherigen Ausführungen haben sich auch andere Konvergenzen dieser Art ergeben.

Die Elemente unserer Studie – die Koordinationsmechanismen, die Gestaltungsparameter und die situativen Faktoren – scheinen natürliche Cluster oder Konfigurationen zu bilden.

Bei der Erörterung der effektiven Strukturierung von Organisationen im letzten Kapitel haben wir zwei Hypothesen aufgestellt. Die Kongruenzhypothese, derzufolge effektive Organisationen ihre Gestaltungsparameter in Übereinstimmung mit ihren situativen Bestimmungsfaktoren wählen, ist in Kapitel 6 ausführlich behandelt worden. Wir wollen nun die Konfigurationshypothese aufgreifen, die darauf hinausläuft, daß effektive Organisationen sowohl interne Konsistenz unter ihren Gestaltungsparametern als auch Kompatibilität mit ihren situativen Bestimmungsfaktoren erzielen und somit Konfigurationen bilden. Dies sind die Konfigurationen, die sich aus den Konvergenzen des vorliegenden Buches ableiten lassen.

Wie viele Konfigurationen brauchen wir, um alle Organisationen zu beschreiben? Der Mathematiker sagt uns, daß p Elemente, die jeweils die Form n annehmen können, zu p^n möglichen Kombinationen führen. Bei unseren zahlreichen Gestaltungsparametern würden sich ziemlich viele Kombinationsmöglichkeiten ergeben. Dennoch könnten wir mit der Aufstellung einer umfassenden Matrix beginnen und versuchen, alle Kästchen gewissenhaft auszufüllen. Aber die Wirklichkeit sieht doch an-

Strukturelle Konfiguration	Vorrangiger Koordinationsmechanismus	Wichtigster Organisationsteil	Art der Dezentralisation
Einfachstruktur	persönliche Weisung	strategische Spitze	vertikale und horizontale Zentralisation
Maschinenbürokratie	Standardisierung der Arbeitsprozesse	Technostruktur	eingeschränkte horizontale Dezentralisation
Profibürokratie	Standardisierung der Qualifikationen	betrieblicher Kern	vertikale und horizontale Dezentralisation
Spartenstruktur	Standardisierung der Arbeitsprodukte	Mittellinie	eingeschränkte vertikale Dezentralisation
Adhokratie	gegenseitige Abstimmung	Hilfsstab*	selektive Dezentralisation

* In Kapitel 12 werden wir zwei Arten von Adhokratien kennenlernen. In der zweiten Variante, die der Profibürokratie ähnlicher ist, kommt auch der betriebliche Kern als wichtiger Organisationsteil hinzu.

Tab. 7-1: Eins-zu-Eins-Entsprechung in fünf Konfigurationen

ders aus. Die Welt weist durchaus eine gewisse Ordnung auf, doch diese Ordnung ist von einer weitaus tiefgründigeren Art – vielmehr eine Wahrnehmung von Einheit und Harmonie, wie sie aus der natürlichen Anordnung von Elementarteilchen erwächst, seien diese nun Sterne, Ameisen oder die Beschreibungsmerkmale von Organisationen.

Die Zahl FÜNF ist in unseren Ausführungen wiederholt genannt worden. Zunächst hatten wir fünf grundlegende Koordinationsmechanismen, dann fünf grundlegende Teile einer Organisation und später fünf grundlegende Arten von Dezentralisation. Die FÜNF ist natürlich keine gewöhnliche Zahl: »Sie ist das Zeichen der Einheit, die Zahl der Ehe bei den Pythagoreern; auch die Zahl der Mitte, der Harmonie und des Gleichgewichts.« Im Dictionnaire des Symboles heißt es weiter, die FÜNF sei »das Symbol des Menschen ... wie des Universums ..., das Symbol göttlichen Willens, der nichts als Ordnung und Vollkommenheit anstrebt«. Für die Philosophen der Antike war die FÜNF die Quintessenz der universellen Gesetzmäßigkeiten; es gab »fünf Farben, fünf Geschmäcker, fünf Töne, fünf Metalle, fünf Eingeweide, fünf Planeten, fünf Oriente, fünf Raumgebilde, vor allem fünf Sinne«, ganz zu schweigen von den »fünf Farben des Regenbogens«. Unser bescheidener Beitrag zu dieser eindrucksvollen Aufzählung sind fünf situativ-strukturelle Konfigurationen. Sie sind wiederholt in unseren Ausführungen vorgekommen; sie sind es auch, die in der Literatur am häufigsten beschrieben werden.[1]

Die ständige Wiederholung der Zahl FÜNF bei unseren Erörterungen scheint nicht zufällig zu sein, denn es stellt sich heraus, daß bei allen fünf Konfigurationen eine Eins-zu-Eins-Entsprechung vorliegt: Bei allen Konfigurationen sind jeweils verschiedene Koordinationsmechanismen dominant, spielen verschiedene Teile der Organisation die größte Rolle, liegen verschiedene Arten von Dezentralisation vor.[2] Diese Eins-zu-Eins-Entsprechungen sind in Tabelle 7-1 zusammengefaßt.

Wir können diese Entsprechungen erklären, indem wir uns vorstellen, daß die fünf Teile der Organisation jeweils in fünf verschiedene Richtungen drängen. (Die fünf divergierenden Tendenzen sind in Abbildung 7-1 veranschaulicht.) Die meisten Organisationen sind diesen unterschiedlichen Kräften ständig und zur gleichen Zeit ausgesetzt; insoweit aber, als die Bedingungen die eine oder andere Richtung begünstigen, tendiert die Organisation dazu, sich als eine der fünf Konfigurationen zu strukturieren.

- Die strategische Spitze drängt zur Zentralisierung, die ihr die Kontrolle über den Entscheidungsprozeß sichert. Zur Erreichung von Koordination wird persönliche Weisung eingesetzt. In dem Maß, wie die Bedingungen diese Tendenz begünstigen, entsteht eine als Einfachstruktur bezeichnete Konfiguration.

- Die Technostruktur übt Druck zur Standardisierung insbesondere in ihrer striktesten Form – zur Standardisierung der Arbeitsprozesse – aus, da die Gestaltung von Standards ihre Existenzberechtigung darstellt. So entsteht eine Tendenz zur eingeschränkten horizontalen Dezentralisation. In dem Maß, wie die Bedingungen diese Tendenz begünstigen, strukturiert sich die Organisation als eine Maschinenbürokratie.

- Dagegen sind die Mitglieder des betrieblichen Kerns bemüht, den Einfluß der Administratoren – der Führungskräfte wie der Analytiker – auf ihre Arbeit zu minimieren. Sie fördern die horizontale und vertikale Dezentralisation. Haben sie Erfolg, arbeiten sie relativ autonom und erzielen die erforderliche Koordination durch die Standardisierung von Qualifikationen. Die Mitarbeiter des betrieblichen Kerns drängen somit zur Professionalisierung – zur Verlagerung von Macht und Einfluß auf eine externe Ausbildung, die ihnen die erforderlichen Kenntnisse und Qualifikationen vermittelt. In dem Maß, wie die Bedingungen diese Tendenz begünstigen, entsteht die Struktur einer Profibürokratie.

- Die Führungskräfte der Mittellinie sind ebenfalls um Autonomie bemüht, müssen aber in ganz anderer Weise vorgehen: Sie versuchen, Macht von der strategischen Spitze herunter- und notfalls auch vom betrieblichen Kern heraufzuholen, um sie in ihren eigenen Einheiten zu konzentrieren. Sie streben nach eingeschränkter vertikaler Dezentralisation. Die Folge ist eine Tendenz zur »Balkanisierung« der Struktur – zur Aufteilung in marktorientierte Einheiten mit eigener Entscheidungsverantwortung – sowie zur ausschließlichen Erzielung von Koordination durch Standardisierung der Arbeitsprodukte. In dem Maß, wie die Bedingungen diese Tendenz begünstigen, ergibt sich die Spartenstruktur.

- Der Hilfsstab schließlich gewinnt den größten Einfluß in der Organisation nicht dann, wenn seine Mitglieder autonom sind, sondern wenn eine kollektive Zusammenarbeit bei der Entscheidungsfindung aufgrund ihrer Fachkompetenz gefragt ist. Dies ist dann der Fall, wenn die Organisation in Arbeitskonstellationen strukturiert ist, wobei Macht und Einfluß selektiv dezentralisiert sind und die Koordination nicht nur intern, sondern auch zwischen den einzelnen Konstellationen durch gegenseitige Abstimmung erfolgt. In dem Maß, wie die Bedingungen diese Tendenz zur Kollektivierung begünstigen, nimmt die Organisation die Konfiguration der Adhokratie an (s. Kapitel 12).

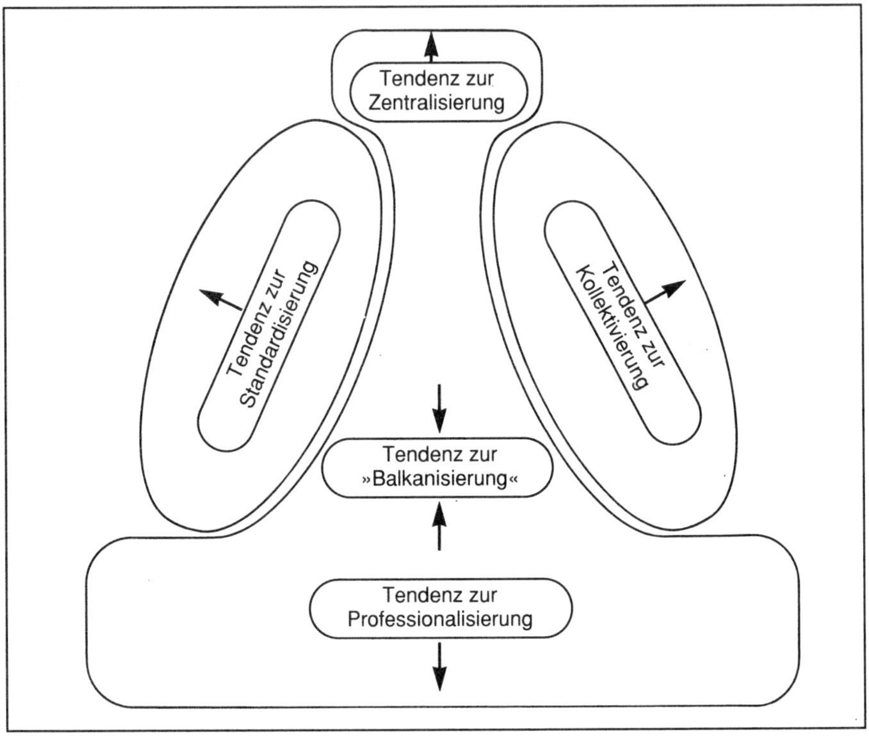

Abb. 7-1: Fünf divergierende Tendenzen in der Organisation

Betrachten wir beispielsweise den Fall einer Filmproduktionsgesellschaft. Wenn ein starker Direktor an der Spitze der Gesellschaft steht, wird er die Tendenz zur Zentralisierung begünstigen und die Einfachstruktur fördern. Sollten mehrere starke Direktoren die Gesellschaft leiten, wird ein jeder nach Autonomie streben, so daß eine »Balkanisierung« erfolgt, die zur Spartenstruktur führt. Wenn die Gesellschaft statt dessen hochqualifizierte Schauspieler und Kameraleute zur Produktion komplexer, aber standardisierter Industriefilme beschäftigt, ist ein starker Anreiz gegeben, noch weiter zu dezentralisieren und die Struktur einer Profibürokratie zu wählen. Sollte die Gesellschaft dagegen relativ geringqualifiziertes Personal beschäftigen, um etwa Wildwestfilm-Serien am laufenden Band zu produzieren, neigt sie dazu, sich als Maschinenbürokratie zu strukturieren. Wird indessen Innovation angestrebt, was in besonders hohem Maß bedeutet, daß alle Mitarbeiter – Direktor, Entwerfer, Schauspieler und Kameraleute – kollektiv zusammenarbeiten müssen, so steht die Gesellschaft vor der Herausforderung, sich für die Konfiguration der Adhokratie zu entscheiden.

Diese fünf Konfigurationen sind das Thema der zweiten Hälfte dieses Buches. Mit unseren Ausführungen in den nächsten fünf Kapiteln verfolgen wir jeweils zwei Ziele. Zum einen bietet uns die Beschreibung der fünf Konfigurationen eine grundlegende Möglichkeit zur Kategorisierung von Organisationen; die oben bereits angesprochenen Entsprechungen unterstützen uns in der Annahme, daß es sich dabei tatsächlich um eine grundlegende Kategorisierung handelt. Zum anderen können wir bei der Beschreibung dieser Konfigurationen auf das gesamte Material aus den ersten sechs Kapiteln zurückgreifen und so die Ergebnisse des Buches nicht nur in hervorragender Weise zusammenfassen, sondern vor allem zu einem Gesamtbild zusammenfügen.

Wenn wir nun im folgenden die verschiedenen Konfigurationen beschreiben, lassen wir unsere bisherige Annahme fallen, daß es sich bei den situativen Faktoren um die unabhängigen, für die Wahl der Gestaltungsparameter maßgeblichen Variablen handelt. Wir wollen statt dessen einen »systemanalytischen« Ansatz verfolgen und unsere Konfigurationen aus Kontingenz- und Strukturparametern als »Gestalt« – als Cluster mit eng verflochtenen Beziehungen – auffassen: Es gibt keine abhängigen oder unabhängigen Variablen in einem System; jedes Element ist von allen anderen abhängig. Die Größe einer Einheit mag zur Bürokratisierung einer Struktur führen, aber Bürokratien haben auch die Tendenz, sich zu vergrößern; dynamische Umweltbedingungen mögen organische Strukturen erforderlich machen, aber Organisationen mit organischen Strukturen suchen sich auch ihrerseits eine dynamische Umwelt, in der sie sich wohler fühlen. Organisationen – zumindest effektive Organisationen – scheinen nach Kräften bestrebt zu sein, sämtliche Parameter, situative wie strukturelle, in einer Weise zu verändern, daß die Kohärenz ihrer jeweiligen »Gestalt« gesichert ist.

Jedes der nun folgenden fünf Kapitel stellt eine der Konfigurationen vor und greift dabei auf die bisherigen Kapitel des Buches zurück. Alle Kapitel beginnen mit einer Beschreibung der grundlegenden Struktur der Konfiguration, wobei nicht nur die Verwendungsweise der Koordinationsmechanismen und der Gestaltungsparameter, sondern auch die Funktionsabläufe in den fünf Organisationsteilen (Autorität, Material, Informationen und Entscheidungsprozesse) skizziert werden. Daran anschließend werden die Bedingungen der Konfiguration – die für die jeweilige Konfiguration typischen Bestimmungsfaktoren im Hinblick auf Alter, Größe, technisches System, Umwelt und Machtbeziehungen – erörtert. (Sämtliche Dimensionen unserer Schlußfolgerungen sind in Tabelle 12-1 zusammengefaßt.) Dabei wollen wir auch bekannte Beispiele für die jeweiligen Konfigurationen anführen und auf einige der häufiger vorkommenden Mischformen mit anderen Konfigurationen eingehen. Alle Kapitel schließen ab mit der Erörterung wichtiger sozialer Aspekte, die mit der dargestellten Konfiguration verbunden sind. In diesen Schlußbetrachtungen gestatte ich mir jeweils die einem Autor üblicherweise zugestandene Freiheit, meine persönliche Meinung kundzutun.

Noch eine letzte Bemerkung, bevor wir beginnen: Die folgenden Ausführungen vermitteln teilweise den Eindruck einer Endgültigkeit, die nicht immer zutreffend ist. Wie wir im 13. und abschließenden Kapitel feststellen werden, sind die fünf Konfigurationen nicht immer definitiv gegeneinander abgegrenzt und auch nicht dazu angetan, die gesamte organisatorische Wirklichkeit zu erfassen. Bis zu diesem dreizehnten Kapitel tut der Leser gut daran, von der Annahme auszugehen, daß jeder Satz in den nun folgenden Ausführungen eine Übertreibung ist (dieser Satz eingeschlossen!). Es gibt Situationen, in denen wir die Realität karikieren oder stereotypieren müssen, um Unterschiede deutlicher hervortreten zu lassen und sie auf diese Weise besser verstehen zu lernen. So ist auch die Beschreibung einer jeden Konfiguration in dem Sinne »übertrieben«, daß ihre Merkmale verdeutlicht werden; damit soll aber nicht gesagt sein, daß jede – wirklich jede – Organisation genau zu einer der beschriebenen Konfigurationen passen muß. Jede Konfiguration ist ein reiner Typ (in Webers Terminologie ein »Idealtypus«), eine theoretisch konsistente Kombination aus Kontingenz- und Gestaltungsparametern. Zusammengenommen bilden die fünf Konfigurationen gewissermaßen ein Pentagon, in dessen Rahmen sich die realen Organisationen wiederfinden. Unser kurzes Kapitel zum Schluß des Buches stellt ein solches Pentagon vor und zeigt, welche Mischformen zwischen den fünf Konfigurationen vorkommen können und welcher Art die damit verbundenen Übergänge sind. Doch können wir das Innere eines Raumes nur dann erfassen, wenn wir ihn nach außen abgrenzen. Wenden wir uns somit der Erörterung der Konfigurationen zu.

Anmerkungen

1. Die zitierten Passagen stammen ursprünglich aus dem Dictionnaire des Symboles, sous la direction de Jean Chevalier avec la collaboration de Alain Gheerbrant (Editions Robert Laffont, 1969), S. 208. Daß die meisten dort erwähnten Fünfer-Einheiten altertümlich anmuten, braucht uns hier nicht zu interessieren. Das Zitat soll uns lediglich ein Hinweis sein, daß wir häufig mit Fünfer-Gruppierungen (»Quintetten«) beginnen, bevor wir unsere Typologien weiter ausarbeiten.

2. Auch auf die Gefahr hin, unglaubwürdig zu erscheinen, möchte ich betonen, daß diese Eins-zu-Eins-Entsprechung nicht künstlich herbeigeführt worden ist. Erst nachdem ich mich auf die fünf Konfigurationen festgelegt hatte, drängten sich mir die Entsprechungen zwischen den fünf Koordinationsmechanismen und den fünf Organisationsteilen auf. Lediglich eine geringfügige Modifikation in der Typologie der Dezentralisation erwies sich im Zusammenhang mit den fünf Konfigurationen als sinnvoll (und durchaus logisch).

Kapitel 8

Die Einfachstruktur

Beschreibung der grundlegenden Struktur

Bedingungen der Einfachstruktur

Weitere Überlegungen zur Einfachstruktur

Vorrangiger Koordinationsmechanismus:	Persönliche Weisung
Wichtigster Organisationsteil:	Strategische Spitze
Wesentliche Gestaltungsparameter:	Zentralisation, organische Struktur
Situative Faktoren:	Jung, klein; unkompliziertes technisches System; einfache, dynamische Umwelt; eventuell extreme Hostilität oder starke Machtbedürfnisse der Spitzenführungskräfte; nicht zeitgemäß

Betrachten wir einen Autovertrieb mit einem energischen Eigentümer, ein brandneues Ministerium, ein Einzelhandelsgeschäft mittlerer Größe, einen von einem aggressiven Unternehmer geleiteten Konzern, eine Regierung mit einem autokratischen Politiker an der Spitze, ein Schulsystem in einer Krisensituation. Die genannten Organisationen unterscheiden sich in fast jeglicher Hinsicht. Dennoch zeigt sich, daß sie eine Reihe von gemeinsamen grundlegenden Struktureigenschaften aufweisen. Wir bezeichnen die Konfiguration dieser Eigenschaften als Einfachstruktur.

Beschreibung der grundlegenden Struktur

Die Einfachstruktur ist vor allem durch das gekennzeichnet, was nicht entwickelt ist. Typischerweise hat sie eine kaum oder gar nicht ausgebaute Technostruktur, nur wenige Hilfsstabsexperten, eine lose Arbeitsteilung, eine minimale Differenzierung unter ihren Einheiten und eine kleine Führungshierarchie. Verhaltensformalisierung ist kaum vorhanden, und von Planung, Ausbildung und Kontaktinstrumenten wird nur in sehr geringem Umfang Gebrauch gemacht. Die Struktur ist in erster Linie organisch.

Doch in gewisser Weise ist die Einfachstruktur »strukturlos«: Sie vermeidet die Anwendung aller formalen Strukturmittel und bewahrt soweit wie möglich ihre Unabhängigkeit von Stabsexperten. Letztere werden typischerweise nur nach Bedarf unter Vertrag gestellt und gehören der Organisation nicht als ständige Mitglieder an.

Koordination wird in der Einfachstruktur weitgehend durch persönliche Weisung erzielt. Insbesondere sind alle wichtigen Entscheidungsbefugnisse auf den Vorstandsvorsitzenden oder Hauptgeschäftsführer zentralisiert. Damit erweist sich die strategische Spitze als der wichtigste Organisationsteil; häufig ist es sogar so, daß die Struktur kaum mehr als den »Ersten Mann« an der strategischen Spitze und einen organischen betrieblichen Kern umfaßt.

Die Führungsposition an der strategischen Spitze verfügt in aller Regel über eine große Leitungsspanne; auch ist es keineswegs ungewöhnlich, daß die Organisationsmitglieder der Führungsspitze direkt unterstellt sind. Wenn überhaupt eine Gruppierung in Einheiten vorgenommen wird, so erfolgt sie zumeist auf einer losen funktionalen Basis, wobei die Koordination zwischen den Einheiten der Spitzenführungskraft überlassen bleibt. Genauso werden Kommunikationen in dieser Struktur informell weitergeleitet, meistenteils auf direktem Weg zwischen der Führungsspitze und allen anderen Mitarbeitern. So machte eine Studentengruppe angehender Betriebswirtschaftler bei ihrer Untersuchung in einer kleinen Pumpenfabrik die folgende Beobachtung: »Es ist keineswegs ungewöhnlich, den Hauptgeschäftsführer des Unternehmens im zufälligen Gespräch mit einem Werkstattmechaniker zu sehen. So kommt es, daß der Hauptgeschäftsführer über einen Maschinenschaden informiert ist, noch bevor der Werkmeister benachrichtigt wurde.«[1] Auch der Arbeitsablauf ist in aller Regel flexibel, die Arbeitsaufgaben im betrieblichen Kern sind vergleichsweise wenig spezialisiert und somit austauschbar.

Die Entscheidungsfindung wird ebenfalls flexibel gehandhabt, wobei die Zentralisation der Machtbefugnisse schnelle Reaktionen ermöglicht. Die Formulierung der Strategie ist ausschließlich Aufgabe des Hauptgeschäftsführers. Der Prozeß ist ausgesprochen intuitiv und nicht analytisch, beruht vielfach auf Unsicherheit und ist auf aggressive Suche nach günstigen Gelegenheiten ausgerichtet. Es kann daher kaum überraschen, daß die so zustande gekommene und zudem selten explizit verkündete Strategie die implizite Auffassung des Hauptgeschäftsführers von der Stellung der Organisation in ihrer Umwelt widerspiegelt. Eine solche Strategie ist häufig eine direkte Extrapolation seiner persönlichen Überzeugungen – eine Extension seiner Persönlichkeit.

Die Bewältigung von Störungen sowie innovatives, unternehmerisches Vorgehen sind wohl die wichtigsten Aspekte der Arbeit an der Führungsspitze. Doch erhebliche Beachtung finden auch der Führungsstil – in Anerkennung der vorrangigen Bedeutung der persönlichen Weisung – sowie die Beschaffung von Informationen. Dagegen sind die formaleren Aspekte des »Manager-Jobs« wie Repräsentationspflichten von ebenso untergeordneter Bedeutung wie die Notwendigkeit, Informationen weiterzuleiten und eine interne Ressourcenverteilung vorzunehmen, da Macht und Information in der Einfachstruktur an der strategischen Spitze verbleiben.

Abbildung 8-1 stellt die Einfachstruktur symbolisch im Sinne unseres Logos dar – mit einer großen Leitungsspanne an der strategischen Spitze, dem Fehlen von Stabseinheiten und einer unbedeutenden Mittellinie.

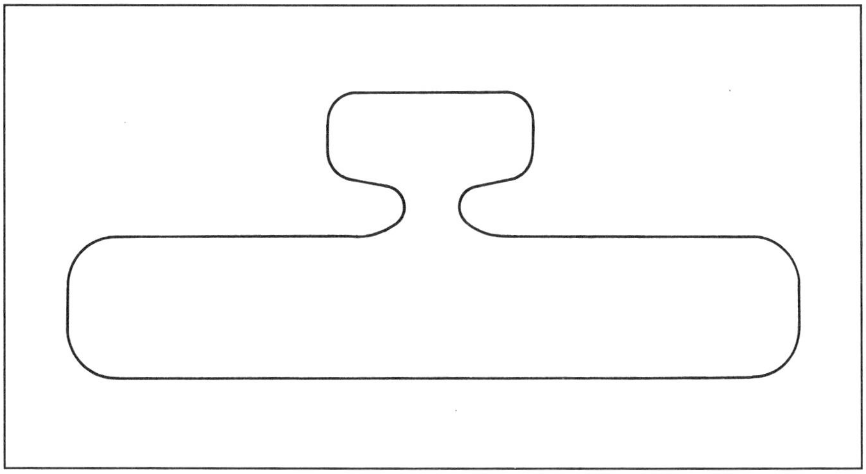

Abb. 8-1: Die Einfachstruktur

Bedingungen der Einfachstruktur

Vor allem ist die Umwelt der Einfachstruktur meist einfach und dynamisch zugleich.

Eine einfache Umwelt kann von einer Einzelperson erfaßt werden, so daß die gesamte Entscheidungsfindung von dieser einen Person zu kontrollieren ist. Eine dynamische Umwelt bedeutet eine organische Struktur: Da die künftige Entwicklung der Umwelt nicht vorhersagbar ist, kann die Organisation die erforderliche Koordination nicht durch Standardisierung bewirken. Eine weitere, in Einfachstrukturen häufig anzutreffende Bedingung ist die Verwendung eines sowohl unkomplizierten als auch nicht-regulativen technischen Systems. Komplizierte technische Systeme erfordern sorgfältig ausgebaute Hilfsstabsstrukturen, an die technische Entscheidungsbefugnisse zu delegieren sind, und regulative technische Systeme verlangen eine Bürokratisierung des betrieblichen Kerns.

Bedingungen, die zur Bildung von Varianten der Einfachstruktur führen, betreffen in erster Linie das Entwicklungsstadium der Organisation. Die neue Organisation tendiert zur Einfachstruktur, unabhängig von ihrer Umwelt oder von ihrem technischen System, weil sie noch nicht die Zeit hatte, ihre administrative Struktur auszubauen. Sie ist gezwungen, der Führung des »Ersten Mannes« zu folgen, damit der Betrieb überhaupt funktioniert.

Wir können somit davon ausgehen, daß die meisten Organisationen in ihren Gründungsjahren vorübergehend Einfachstrukturen aufweisen.
Viele kleine Organisationen halten aber auch nach dieser Zeit an der Einfachstruktur fest.

Für sie ist die informelle Kommunikation weiterhin angemessen und effektiv. Zudem sind die Arbeitsaufgaben im betrieblichen Kern kleiner Organisationen weniger repetitiv und damit weniger standardisierbar. Natürlich können Organisationen auch so klein sein, daß Koordination durch gegenseitige Abstimmung zu erreichen ist und persönliche Weisung durch die Führungskräfte nahezu völlig fehlt. Solche Organisationen stellen eine Mischform dar, die wir als Einfachststruktur bezeichnen können – eine Einfachstruktur mit den offenen lateralen Kommunikationskanälen der Adhokratie.

Eine andere Variante, die Krisenorganisation, tritt auf, wenn extreme Hostilität eine Organisation ungeachtet ihrer bisherigen Struktur zur Zentralisierung zwingt.

Die Notwendigkeit einer schnellen, koordinierten Reaktion läßt sowohl eine Machtkonzentration beim Vorstandsvorsitzenden oder Hauptgeschäftsführer als auch eine Einschränkung der Bürokratisierung erforderlich werden. (Natürlich schaffen hochentwickelte Organisationen ihre Technostrukturen und Mittellinien nicht gleich ab, wenn sie mit einer Krisensituation konfrontiert werden. Aber vielleicht setzen sie deren Entscheidungsbefugnisse vorübergehend außer Kraft.) James D. Thompson (1967) beschreibt den Sonderfall einer Krisenorganisation, den er als synthetische Organisation bezeichnet. Es handelt sich dabei um eine vorübergehende organisatorische Einrichtung zur Bewältigung von Naturkatastrophen: Die Situation ist neu, und die Umwelt ist durch extreme Hostilität geprägt, so daß vor allem Führungsqualitäten gefragt sind. (Dagegen ist zu erwarten, daß permanente Organisationen, die sich wie das Rote Kreuz auf Katastropheneinsätze spezialisiert haben, durchaus standardisierte Verfahren entwickeln und somit eine bürokratischere Strukturform aufweisen.)

Persönliche Machtbedürfnisse führen zu einer weiteren Variante, die wir als autokratische Organisation bezeichnen wollen. Wenn der »Erste Mann« an der Spitze Macht hortet und die Verhaltensformalisierung als einen Eingriff in sein Vorrecht ansieht, Anordnungen kraft seines Amtes zu treffen, wird er eine Einfachstruktur für seine Organisation wählen. Dieselbe Situation trifft auf die charismatische Organisation zu, wo die Führungspersönlichkeit ebenfalls an Macht und Einfluß gewinnt – doch nicht aus eigenem Machtstreben, sondern weil ihr die Macht von seiten ihrer Anhänger im Übermaß angetragen wird. In beiden Fällen spielt die Kultur eine große Rolle. Die in geringerem Maß industrialisierten Gesellschaften, die nicht über genügend ausgebildete Arbeitskräfte verfügen, um die administrativen Stabspositionen bürokratischer Strukturen besetzen zu können, sind in stärkerem Maß geneigt, ihre Organisationen starken Führungskräften zu überlassen, die mittels persönlicher Weisung für Koordination sorgen. Doch die Triebkräfte der Autokratie beziehungsweise des Charismas können zuweilen selbst sehr große Organisationen in industriell entwickelten Gesellschaften zur Einfachstruktur veranlassen, wie dies beim Gründer der Ford Motor Company in seinen späteren Jahren der Fall war.

Ein weiterer Faktor, der eine Einfachstruktur begünstigt, ist dann gegeben, wenn der Unternehmer gleichzeitig Eigentümer ist, denn dies schließt eine externe Kontrolle, die ihrerseits eine Bürokratisierung begünstigen würde, von vornherein aus. Der klassische Fall einer Organisation mit einer solchen Eigentümer-/Unternehmer-Kombination ist die unternehmerisch aktive Firma – das Pionierunternehmen.

Pionierunternehmen erweisen sich geradezu als Paradebeispiel für die Einfachstruktur, indem sie fast alle ihrer Eigenschaften – sowohl die strukturellen als auch die situativen – in einer deutlich abgegrenzten »Gestalt« vereinen.

Das klassische Pionierunternehmen ist aggressiv und innovativ, ständig auf der Suche nach einer risikoreichen Umwelt, in die sich Bürokratien nicht vorwagen. Doch zugleich ist das Pionierunternehmen sorgfältig darauf bedacht, seine Marktnischen, die der Unternehmer in vollem Umfang abdeckt, zu behalten. Mit anderen Worten: Das Pionierunternehmen sucht sich eine Umwelt, die zugleich dynamisch und einfach ist. In ähnlicher Weise ist das Pionierunternehmen bemüht, ein unkompliziertes, nicht-regulatives technisches System zu verwenden, das ihm die Beibehaltung seiner organischen und zentralisierten Struktur ermöglicht. Gewöhnlich handelt es sich um ein kleines Unternehmen, so daß die Struktur organisch bleiben und der Unternehmer weiterhin Lenkungs- und Kontrollfunktionen ausüben kann. Vielfach ist das Pionierunternehmen auch ein junges Unternehmen: Zum einen ist die natürliche Schwundrate unter Pionierunternehmen recht hoch, und zum anderen tendieren die überlebenden Unternehmen mit zunehmendem Alter zur einer bürokratischeren Konfiguration. Der Unternehmer ist in aller Regel eine autokratische und zuweilen auch charismatische Persönlichkeit; typischerweise hat er gerade deswegen ein eigenes Unternehmen gegründet, weil er die Kontrollen nicht ertragen konnte, die ihm die Bürokratien, in denen er arbeitete, auferlegten. Innerhalb der Organisation des Pionierunternehmens dreht sich alles um den Unternehmer. Ihre Ziele sind seine Ziele, ihre Strategie ist Ausdruck seiner Vorstellung von ihrem Platz in der Welt. Die meisten Unternehmer hassen bürokratische Verfahren – und die damit verbundenen Technostrukturen – als Beeinträchtigung ihrer Flexibilität. Ihre unberechenbaren Manöver halten die organisatorischen Strukturen pragmatisch, flexibel und organisch.

Weitere Überlegungen zur Einfachstruktur

In der Einfachstruktur liegen alle Entscheidungen bezüglich der Strategie und der betrieblichen Aktivitäten beim Vorstandsvorsitzenden oder Hauptgeschäftsführer.

Zentralisation hat den wesentlichen Vorteil, daß strategische Reaktionen immer in voller Kenntnis der Vorgänge im betrieblichen Kern getroffen werden. Auch werden Flexibilität und Anpassungsfähigkeit bei der strategischen Reaktion gefördert: Nur eine einzige Person braucht zu handeln. Aber Zentralisation kann auch zu Schwierigkeiten bei der Unterscheidung zwischen strategischen und operativen Problemstellungen führen.

Der »Erste Mann« an der Spitze kann derart in betriebliche Probleme verwickelt sein, daß er die strategischen Überlegungen aus dem Auge verliert. Umgekehrt mag er von seinen strategischen Möglichkeiten so begeistert sein, daß er die routinemäßigeren Vorgänge vernachlässigt und damit letztlich der gesamten Organisation schadet. Beide Probleme sind in Pionierunternehmen recht häufig.

Die Einfachstruktur ist auch insofern die riskanteste Konfiguration, als sie gänzlich von der Gesundheit und den Launen eines einzelnen abhängig ist.

Eine Herzattacke kann buchstäblich den vorrangigen Koordinationsmechanismus der Organisation ausschalten.

Wie alle Konfigurationen, die auf die ihnen angemessene Situation beschränkt sind, funktioniert auch die Einfachstruktur gewöhnlich recht effektiv. Ihre Flexibilität paßt gut zu einfachen, dynamischen Umwelten, zu Hostilität in der Umwelt (zumindest eine Zeitlang) sowie zu jungen und kleinen Organisationen. Doch das Fehlen einer ausgebauten Administration macht sich außerhalb dieser engen Bedingungen nachteilig bemerkbar. Der organische Status der Einfachstruktur hindert die Organisation an der Bereitstellung standardisierter Arbeitsprodukte, wie sie von einer inzwischen stabilisierten Umwelt oder einer größer gewordenen Organisation verlangt werden, und die zentralisierte Struktur läßt die Organisation im Umgang mit einer komplex gewordenen Umwelt ineffektiv werden. Doch gerade dann, wenn strukturelle Veränderungen geboten sind, leistet häufig die einzige Person an der Spitze, die dazu befugt wäre, Widerstand. Die große Stärke der Einfachstruktur – ihre Flexibilität – gerät der Organisation zum größten Nachteil.

Ein großer Vorteil der Einfachstruktur ist ihr Sendungsbewußtsein.

Viele Leute arbeiten gern in einer kleinen, vertrauten Organisation, wo die Führungspersönlichkeit – häufig mit charismatischer Ausstrahlung – weiß, in welche Richtung die Organisation zu lenken ist. Infolgedessen tendiert die Organisation zu schnellem Wachstum, denn alle Welt liegt ihr sozusagen zu Füßen. Die Mitarbeiter können sich mit einer solchen Organisation persönlich identifizieren.

Andere Leute halten die Einfachstruktur hingegen für ausgesprochen restriktiv.

Da nur eine einzige Person das Sagen hat, fühlen sie sich nicht wie Weggefährten auf einer aufregenden Reise, sondern wie Vieh, das im Interesse und zum Nutzen eines anderen auf den Markt getrieben wird.

Doch insgesamt hat die Ausweitung demokratischer Normen über den politischen Bereich hinaus in den Bereich der Organisationen dazu geführt, daß die Einfachstruktur in unserer zeitgenössischen Gesellschaft unmodern geworden ist. Die Einfachstruktur wird zunehmend als patriarchalisch und zuweilen auch als autokratisch beschrieben und einer unangemessenen Verteilung der organisatorischen Machtbefugnisse bezichtigt. Sicher wird die Einfachstruktur auch in unserem Zusammenhang als Eigentum einer Einzelperson dargestellt, ob dies nun tatsächlich zutrifft oder nur im Endeffekt auf dasselbe hinausläuft. Es gibt eben keine Gegenkräfte in dieser Konfiguration, so daß der »Erste Mann« seine Autorität leicht mißbrauchen kann.

Einfachstrukturen gibt es, seit es Organisationen gibt. Vermutlich war die Einfachstruktur die einzige Struktur, die denjenigen zu Gebote stand, die als erste die Vorteile einer irgendwie formal gearteten Koordination ihrer Aktivitäten entdeckten. Doch gewissermaßen hat die Einfachstruktur ihre besten Jahre zur Zeit der großen amerikanischen Konzerne des späten 19. Jahrhunderts erlebt, als mächtige Unternehmer in eigener Person riesige Imperien lenkten und kontrollierten. Seither hat die Einfachstruktur zumindest in den westlichen Gesellschaften an Bedeutung verloren. So ist einer Untersuchung zufolge der Anteil der Unternehmer in der amerikanischen Industrie zwischen 1895 und 1950 deutlich zurückgegangen, während die »Bürokraten« im besonderen und die Administratoren im allgemeinen ständig auf dem Vormarsch sind (sinngemäß zitiert aus Pugh et al., 1963-64, S. 296).

Heute wird die Einfachstruktur vielfach als ein Anachronismus in Gesellschaften betrachtet, die sich ihrerseits als Demokratien verstehen. Dennoch stellt sie nach wie vor eine geläufige und wichtige Konfiguration dar, und dies wird auch so bleiben – solange neue Organisationen gegründet werden, solange einige Organisationen bewußt klein und informell bleiben wollen und andere trotz ihrer Größe einer starken Führung bedürfen, solange die Gesellschaft unternehmerischen Pioniergeist honoriert und solange viele Organisationen entweder vorübergehend mit extrem feindlichen Umweltbedingungen konfrontiert werden oder aber permanent in einer zugleich einfachen und dynamischen Umwelt tätig sind.

Anmerkung

1. Die zitierten Sätze sind einer Arbeit entnommen, die dem Autor im Rahmen einer Veranstaltung an der McGill University, Montreal, im Jahr 1970 vorgelegt wurde von S. Genest und S. Darkanzanli (Management Policy 701).

Kapitel 9

Die Maschinenbürokratie

Vorrangiger Koordinationsmechanismus:	Standardisierung der Arbeitsprozesse
Wichtigster Organisationsteil:	Technostruktur
Wesentliche Gestaltungsparameter:	Verhaltensformalisierung, vertikale und horizontale Aufgabenspezialisierung, üblicherweise funktionale Gruppierung, große Betriebseinheiten, vertikale Zentralisation und eingeschränkte horizontale Dezentralisation, Aktionsplanung
Situative Faktoren:	Alt, groß; regulatives, nicht-automatisiertes technisches System; einfache, stabile Umwelt; externe Kontrolle; nicht zeitgemäß

Eine nationale Postverwaltung, eine Wach- und Schließgesellschaft, ein Stahlunternehmen, eine Haftanstalt, eine Fluggesellschaft, ein riesiger Automobilkonzern: Für all diese Organisationen scheinen bestimmte strukturelle Eigenschaften gleichermaßen zuzutreffen. Vor allem handelt es sich bei den Arbeiten im jeweiligen betrieblichen Kern um routinemäßige, zum größten Teil vergleichsweise simple und repetitive Routineaufgaben; infolgedessen sind die Arbeitsprozesse in solchen Organisationen in hohem Maß standardisiert. Diese Eigenschaften rufen die Maschinenbürokratien unserer Gesellschaft ins Leben, wo die Strukturen so fein aufeinander abgestimmt sind, daß sie wie integrierte, geregelte Maschinen funktionieren.

Die Maschinenbürokratie ist die Organisation, die der von Max Weber zuerst beschriebenen Struktur am nächsten kommt – mit standardisierten Verantwortlichkeiten, Qualifikationen, Kommunikationskanälen und Arbeitsvorschriften sowie einer klar definierten Autoritätshierarchie. Dies ist auch die Struktur, die Stinchcombe (1965) zufolge aus der Zeit der Industriellen Revolution stammt und die Woodward (1965) in den Firmen mit Massenfertigung, Crozier (1964) im Tabak-Monopol und Lawrence und Lorsch (1967) in der Container-Firma vorfanden.

Beschreibung der grundlegenden Struktur

In der Forschungsliteratur wird immer wieder auf eine ganz bestimmte Konfiguration von Gestaltungsparametern verwiesen: hochspezialisierte betriebliche Routineaufgaben; äußerst formalisierte Verfahren im betrieblichen Kern; ein Ausufern von Regeln, Vorschriften und formalisierter Kommunikation innerhalb der gesamten Organisation; große Einheiten auf der betrieblichen Ebene; Gruppierung von Aufgaben auf funktionaler Basis; relativ zentralisierte Entscheidungsbefugnisse und eine stark ausgebaute administrative Struktur mit einer scharfen Trennung zwischen Linie und Stab.

Der betriebliche Kern

Als Ausgangspunkt bietet sich der betriebliche Kern mit seinem hochrationalisierten Arbeitsablauf an. Die betrieblichen Aufgaben sind simpel und repetitiv und setzen gewöhnlich nur ein Minimum an Qualifikationen und kaum eine Ausbildung voraus; oft reichen Stunden und allenfalls einige Wochen Anlernzeit am Arbeitsplatz aus. Dies führt zu einer ausgeprägten Arbeitsteilung im betrieblichen Kern – zu eng definierten, sowohl vertikal als auch horizontal spezialisierten Arbeitsaufgaben – sowie zu einem umfangreichen Einsatz der Standardisierung von Arbeitsprozessen zwecks Erzielung von Koordination. Entsprechend ist die Verhaltensformalisierung der wesentliche Gestaltungsparameter. Da den Arbeitern bei ihrer Arbeit nur wenig Handlungsspielraum bleibt, bestehen im betrieblichen Kern kaum Möglichkeiten zur gegenseitigen Abstimmung. Die persönliche Weisung durch die Aufsichtsführenden der untersten Führungsebene wird dadurch eingeschränkt, daß die Standardisierung den größten Teil der auftretenden Koordinationsprobleme regelt. Somit können im betrieblichen Kern sehr große Einheiten gebildet werden. (Wie wir weiter unten sehen werden, besteht jedoch Bedarf an einer persönlichen Weisung anderer Art.)

Die administrative Komponente

Die strikte Regulierung der betrieblichen Arbeit, die geradezu einer Abschottung des betrieblichen Kerns gegen störende Einflüsse aus der situativen Umwelt gleichkommt, verlangt eine stark entwickelte administrative Struktur. An erster Stelle steht die Mittellinie, die besonders oberhalb des betrieblichen Kerns voll ausgebaut und deutlich in funktionale Einheiten gegliedert ist. Die Führungskräfte dieser Mittellinie haben drei Hauptaufgaben: Erstens müssen sie alle Störungen regeln, die bei den hochspezialisierten Mitarbeitern des betrieblichen Kerns auftreten. Obgleich die Standardisierung den größten Teil der betrieblichen Interdependenzen auffängt, kommt es zwangsläufig immer wieder zu Unstimmigkeiten, die dann zu Konflikten führen. Solche Konflikte aber lassen sich nicht ohne weiteres durch gegenseitige Abstimmung unter den Mitarbeitern beilegen, da eine informelle Kommunikation durch die umfassende Standardisierung erschwert wird. Vielmehr können sie zumeist nur durch persönliche Weisung seitens der Aufsichtsführenden der untersten Führungsebene gelöst werden. Da viele dieser Konflikte zwischen Mitarbeitern entstehen, die im Arbeitsablauf unmittelbar aufeinander folgen, ergibt sich die natürliche Tendenz,

»benachbarte« Mitarbeiter einer gemeinsamen Leitung zu unterstellen. Mit anderen Worten: Die Mitarbeiter im betrieblichen Kern werden in Einheiten gruppiert, wie sie den verschiedenen Teilen des Arbeitsablaufs entsprechen, und dies wiederum hat eine funktionale Gruppierung der betrieblichen Einheiten zur Folge. Entsprechend wird in der gesamten Hierarchie eine Gruppierung nach Funktionen beibehalten – von den Abteilungen für Fertigung und Wartung, die die Werksleiter koordinieren und viele der dort entstandenen Konflikte lösen, bis zu den Produktions- und Vertriebsleitern, die vielfach das gleiche von der Führungsspitze erwarten.

Eine zweite Aufgabe der Führungskräfte der Mittellinie, die auch eine Erklärung für ihre funktionale Gruppierung bietet, gilt den Kontakten und der Zusammenarbeit mit den Analytikern der Technostruktur, um deren Standards in den betrieblichen Einheiten zu verankern. Die dritte Aufgabe der Führungskräfte besteht darin, die vertikalen Informationsflüsse in der Struktur zu fördern – die Komprimierung der Feedback-Informationen zu den nächsthöheren Hierarchieebenen und die Detaillierung der alle hierarchischen Ebenen von oben nach unten durchlaufenden Aktionspläne. Sämtliche Aufgaben der Führungskräfte der Mittellinie verlangen eine persönliche Kontaktaufnahme zu Mitarbeitern, Analytikern und eigenen Vorgesetzten, so daß die Anzahl der zu beaufsichtigenden Mitarbeiter begrenzt bleiben muß. Aus diesem Grund sind die Einheiten oberhalb des betrieblichen Kerns vergleichsweise klein, so daß die administrative Hierarchie insgesamt eine recht steile Form annimmt.

Die Technostruktur muß gleichfalls stark ausgebaut sein. So nimmt Stinchcombe (1965) an, daß der Ursprung dieser Struktur in den Textilindustrien und den Bankunternehmen des frühen 19. Jahrhunderts im Zusammenhang mit dem Aufkommen von technokratischem Personal zu sehen ist.

Da die Maschinenbürokratie die erforderliche Koordination in erster Linie durch die Standardisierung ihrer betrieblichen Arbeitsprozesse erzielt, erweist sich die Technostruktur, deren Analytiker die Standardisierung erarbeiten, als der wichtigste Organisationsteil.

Daran ändert auch die Tatsache nichts, daß die Maschinenbürokratie deutlich zwischen Linie und Stab unterscheidet. Doch ohne diese »Standardisierer« – ohne all die Arbeitsstudienanalytiker, Stellenbeschreiber, Prozeßplaner, Ingenieure für die Qualitätskontrolle, Projektierer, Finanzplaner, Experten für Management-Informationssysteme, Buchhalter, Unternehmensforscher und viele, viele andere – könnte die Struktur einfach nicht funktionieren. Daher kommt den Analytikern der Technostruktur, die für alle anderen die Arbeit standardisieren, erhebliche informelle Macht zu, auch wenn sie keine formale Autorität besitzen.

Der informelle Machtzuwachs in der Technostruktur erfolgt weitgehend auf Kosten der ausführenden Mitarbeiter im betrieblichen Kern, deren Arbeit durch die Analytiker in hohem Maß formalisiert ist, sowie der Aufsichtsführenden der untersten Führungsebene, die ohne diese Formalisierung die ausführenden Mitarbeiter direkt beaufsichtigen würden. Eine solche Formalisierung institutionalisiert den »Manager-Job« dieser Führungskräfte auf der untersten Ebene, indem sie ihnen einen großen Teil ihrer Machtbefugnisse zur Erzielung von Koordination wegnimmt und in die von den Analytikern entwickelten Systeme steckt. Auf der untersten Führungsebene kann der »Manager-Job« daher kaum noch als echte Führungsaufgabe verstanden werden, bei deren Wahrnehmung die Führungskraft für eine organisatorische Einheit verantwortlich ist. Ein klassischer Fall ist der Werksmeister am Fließband, doch wir hatten auch schon das Beispiel der Filialleiter in den großen kanadischen Banken; Jay (1970, S.66) beschreibt dasselbe Phänomen für seine Position als Leiter einer Programmproduktionsabteilung bei der British Broadcasting Corporation (BBC).

Die vorrangige Bedeutung der Standardisierung reicht weit über den betrieblichen Kern der Maschinenbürokratie hinaus; entsprechend nimmt auch der Einfluß der Analytiker zu. Mit anderen Worten:

Regeln und Vorschriften durchdringen die gesamte Struktur der Maschinenbürokratie; auf allen Ebenen wird formale Kommunikation gefördert; die Entscheidungsfindung erfolgt zumeist im Einklang mit der formalen Autoritätshierarchie.

In keiner anderen Konfiguration entsprechen Informationsfluß und Entscheidungsprozesse in so deutlicher Form dem System geregelter Abläufe, wie es in Kapitel 1 in Abbildung 1-4 dargestellt ist: Die Anweisungen von oben verzweigen sich entlang der vertikalen Kette, während die Feedback-Informationen nach oben hin immer komprimierter werden. (Damit soll nicht gesagt sein, die Arbeit der Führungskräfte auf den oberen Ebenen der Hierarchie sei rigide und formalisiert; vielmehr soll zum Ausdruck gebracht werden, daß auf jeder hierarchischen Ebene das Verhalten in der Maschinenbürokratie vergleichsweise stärker formalisiert ist als in den anderen Konfigurationen.)

Eine weitere Konsequenz dieser Formalisierung ist die ausgeprägte Arbeitsteilung in der gesamten Maschinenbürokratie. Wir haben bereits die Aufgabenspezialisierung im betrieblichen Kern und die scharfe Unterscheidung zwischen Linie und Stab erörtert. Hinzu kommt die deutliche Trennung zwischen administrativer Struktur und betrieblichem Kern. Anders als bei der Einfachstruktur arbeiten hier die Führungskräfte nur selten Seite an Seite mit den ausführenden Mitarbeitern. Die Arbeitsteilung unter den Analytikern, die die Arbeit strukturieren, und den Mitarbeitern, die sie ausführen, ist genauso strikt.

Von allen fünf Konfigurationen ist die Maschinenbürokratie diejenige, in der Arbeitsteilung und Differenzierung in Einheiten in all ihren Erscheinungsformen – vertikal, horizontal, linienorientiert/stabsorientiert, funktional, hierarchisch und statusbedingt – besonders stark ausgeprägt sind.

Im allgemeinen funktioniert die Maschinenbürokratie somit eindeutig im Einklang mit den klassischen Managementprinzipien: Die formale Autorität verläuft entlang einer klar definierten Hierarchie, bei der das Prinzip der einheitlichen Auftragserteilung ebenso sorgfältig eingehalten wird wie die starre Trennung zwischen Linie und Stab. Somit lag der eigentliche Irrtum der klassischen Theoretiker nicht in ihren Prinzipien als solchen, sondern in ihrem Anspruch, daß diese universal seien; vielmehr treffen sie nur auf die Maschinenbürokratie und auf eine weitere der fünf Konfigurationen zu.[1]

Kontrollmentalität

All dies deutet darauf hin, daß die Maschinenbürokratie eine kontrollbesessene Struktur ist. Diese Kontrollmentalität durchzieht die Organisation von oben bis unten. Drei Zitate, jeweils aus der Perspektive einer anderen hierarchischen Ebene gesehen, sollen dies verdeutlichen. Lesen wir als erstes, wie ein in der Hierarchie noch recht weit unten stehender Obermeister der Ford Assembly Division seine Arbeit beschreibt:

Ich gucke dauernd auf die Uhr. Ich muß auf verschiedene Dinge aufpassen. Stündlich etwa mache ich meine Runde. Um halb sieben überprüfe ich die Belegschaft, um festzustellen, wer fehlt. Um sieben bin ich am Ende des Fließbands angekommen. Dann kontrolliere ich Farbe, Kratzer und andere Schäden. Um zehn fange ich an, mit allen Werksmeistern zu reden. Ich muß dafür sorgen, daß die alle wach und auf dem Posten sind. Dann können wir das Band um zwei Uhr abstellen, und alles ist aufgeräumt. Freitag abend bekommt jeder seinen Lohn ausgezahlt, und dann wollen alle so schnell wie möglich raus hier. Ich muß die aber bei der Stange halten. Kann ich mir nicht leisten, die Leute früher gehen zu lassen. Ausfälle können wir uns keine leisten, das geht nicht (als englisches Original zitiert in Terkel 1972, S. 186).

Auf der mittleren Ebene mögen die Probleme anders liegen, aber die Kontrollmentalität ist dieselbe: »... ein Projektingenieur leistet nur dann die Arbeit, für die er bezahlt wird, wenn er an seinem Zeichenbrett steht und zeichnet usw. Die weiter oben im Management ... können ihren Mitarbeitern nur so lange trauen, wie diese physisch sichtbar an ihrem Arbeitsplatz sind« (Burns 1971, S. 52-53). Und an der strategischen Spitze sieht das so aus:

Als ich Hauptgeschäftsführer dieses großen Konzerns war, lebten wir in einer Kleinstadt in Ohio, wo sich das Hauptwerk befand. Der Konzern bestimmte, mit wem und auf welcher Ebene man gesellschaftlichen Kontakt pflegen konnte. (Seine Frau wirft ein: »Und mit welchen Frauen man Bridge spielen durfte.«) Die Frau des Hauptgeschäftsführers kann tun und lassen, was sie will, solange dies mit Würde und Anstand geschieht. In einer Kleinstadt brauchen die keine Aufpasser. Da kennt jeder je-

den. Es gibt bestimmte Vorschriften (als englisches Original zitiert in Terkel 1972, S. 406).

Die Kontrollmentalität läßt zwei zentrale Aspekte solcher Strukturen erkennen:

Zum einen wird der Versuch unternommen, alle möglichen Ungewißheiten zu beseitigen, so daß die bürokratische Maschine reibungslos, ohne Unterbrechung, funktionieren kann.

Der betriebliche Kern muß gegen externe Einflüsse geschützt werden, so daß die Standard-Arbeitsprodukte kontinuierlich vom Fließband genommen werden können – daher der Bedarf an Regeln von oben bis unten.

Zum anderen sind Maschinenbürokratien gerade wegen ihrer strukturellen Gestaltung häufigen Konflikten ausgesetzt; die Kontrollsysteme sind erforderlich, um diese Konflikte in Grenzen zu halten.

Die verstärkte Arbeitsteilung sowohl in horizontaler als auch in vertikaler Richtung, die starke Differenzierung in den Abteilungen, die starre Trennung zwischen Linie und Stab, die Motivationsprobleme infolge der routinemäßigen Arbeit im betrieblichen Kern – all dies führt überall in der Struktur zu Konflikten. Wie Woodward feststellte, ist es in diesen Organisationen einfach nicht möglich, das ideale soziale System und das technische System miteinander in Einklang zu bringen:

Konfliktsituationen und die Ausübung von Druck dienen vielleicht sogar dazu, die Erreichung technischer Ziele zu verfolgen. Viele der Konflikte, die in den untersuchten Firmen auftraten, schienen einen konstruktiven Beitrag zu den Endresultaten zu leisten; es konnte keineswegs behauptet werden, daß die Firmen mit dem besten Arbeitsklima und der stärksten Identifikation der Belegschaft mit dem Unternehmen zugleich auch die erfolgreichsten Firmen waren (Woodward 1965, S. 45).

So hat sich überall in der Maschinenbürokratie eine Kontrollmentalität breitgemacht. Das Problem in einer solchen Organisation besteht nicht darin, eine offene Atmosphäre zu schaffen, in der die Leute über ihre Konflikte reden können, sondern vielmehr eine abgeschottete, streng kontrollierte Umgebung durchzusetzen, in der die Arbeit trotz dieser Konflikte geleistet werden kann.

Die Kontrollmentalität liefert auch eine Erklärung dafür, daß in diesen Strukturen der Hilfsstab besonders stark vertreten ist. Viele Stabsdienste könnten extern erstellt werden. Doch dies würde die Maschinenbürokratie den Ungewißheiten des freien Marktes aussetzen und zu Unterbrechungen in den Systemen der Abläufe führen, auf deren Regulierung die Organisation in so hohem Maß bedacht ist. Die Maschinenbürokratie will eher »selber machen« als »kaufen«: Sie schafft sich so viele Hilfsdienste wie möglich innerhalb ihrer eigenen Grenzen, um diese dann kontrollieren zu können – alles, von der Werkskantine bis zum Anwaltsbüro in der Unternehmenszentrale.

Die strategische Spitze

Die Führungskräfte an der strategischen Spitze dieser Organisationen sind weitgehend damit befaßt, ihre bürokratischen Maschinen sorgfältig aufeinander abzustimmen.

Wie bereits an früherer Stelle erwähnt wurde, bezeichnete Hunt (1970) diese Organisationen – im Gegensatz zu »Problemlösungsorganisationen« – als »Leistungsorganisationen«. Sie sind auf der ständigen Suche nach effizienteren Möglichkeiten, bestimmte Arbeitsprodukte zu erzeugen. Die unternehmerische Funktion an der strategischen Spitze ist daher sehr eingeschränkt.

Aber nicht alles dient der Leistungsverbesserung.

Schon das Zusammenhalten der Struktur in Anbetracht der dort herrschenden Konflikte zehrt zu einem erheblichen Teil an der Energie der Führungsspitze.

Wie bereits erwähnt, werden Konflikte in der Maschinenbürokratie nicht gelöst; sie werden lediglich unterdrückt, damit die Arbeit weitergehen kann. So sind es letztlich die Führungskräfte auf den oberen Rängen, die in Wahrnehmung ihrer Ausgleichsfunktion all die Konflikte abfangen und eindämmen müssen.

Eine weitere wichtige Aufgabe der Führungsspitze ist die persönliche Weisung. Eine Formalisierung kann auf den mittleren Ebenen, wo die Arbeit komplexer und unkalkulierbarer als im betrieblichen Kern ist, nicht so viel ausrichten. Die Koordination zwischen den stark differenzierten Einheiten auf der mittleren Ebene – zum Beispiel zwischen Konstruktion, Vertrieb und Produktion in den Firmen mit Massenfertigung – setzt einen flexiblen Mechanismus voraus. Die beste Lösung wäre eindeutig die gegenseitige Abstimmung. Doch der Einsatz dieses Koordinationsmechanismus wird durch die zahlreichen, einer informellen Kommunikation hinderlichen Barrieren erschwert – durch Statusunterschiede zwischen Linie und Stab sowie zwischen den Führungskräften auf den verschiedenen hierarchischen Ebenen, durch die scharfe Trennung zwischen den Einheiten auf ein und derselben Ebene der Hierarchie und durch die generelle Betonung formaler Kommunikation und vertikaler Subordinationsverhältnisse. (Im Hinblick auf das in Abbildung 4-5 gezeigte Kontinuum ist festzustellen, daß in diesen Strukturen nur die schwächsten Kontaktinstrumente zur Anwendung kommen – Kontaktpositionen und gegebenenfalls ständige Ausschüsse, aber auf keinen Fall Matrixstrukturen und dergleichen. Letztere würde die Autoritätskette und das Prinzip der einheitlichen Auftragserteilung durchbrechen, und gerade dies sind Elemente, die für die grundlegende Konfiguration von zentraler Bedeutung sind.) So besteht an der Führungsspitze nach wie vor ein erheblicher Bedarf an persönlicher Weisung: Insbesondere die Führungskräfte an der strategischen Spitze müssen häufig in die Aktivitäten der Mittellinie eingreifen, um dort Koordination zu erzielen. Die Spitzenführungskräfte sind die einzigen »Generalisten« in der Struktur, die einzigen Führungskräfte, deren Sicht weit genug reicht, um alle Funktionen in ihrem Beitrag zur Erreichung des Gesamtziels überblicken zu können. Alle anderen Mitglieder der Struktur sind »Spezialisten«: Sie sind mit einem einzigen Glied in der Kette der Aktivitäten befaßt, die letztlich zur Bereitstellung der Arbeitsprodukte führt.

Aus all dem folgt, daß in der Maschinenbürokratie erhebliche Macht bei den Führungskräften der strategischen Spitze konzentriert ist.

Dabei sind diese Machtstrukturen vergleichsweise zentralisiert; nur in der Einfachstruktur liegt noch stärkere Zentralisation vor. Die formalen Machtbefugnisse liegen eindeutig an der Spitze; Hierarchie und Autoritätskette sind die vorherrschenden Konzepte. Doch auch ein großer Teil der informellen Macht sammelt sich dort an, denn informelle Macht beruht auf Fachkompetenz, und das in den Einheiten auf der mittleren Ebene segmentierte Fachwissen wird erst an der Spitze der Hierarchie zusammengetragen. Die Führungskräfte der Mittellinie sind relativ schwach, und die ausführenden Mitarbeiter des betrieblichen Kerns haben fast überhaupt keine Macht. (Mit einer Ausnahme: Wie wir später noch sehen werden, können sie den Betriebsablauf stören.) Die einzigen, die allenfalls die informelle Macht mit den Spitzenführungskräften teilen, sind die Analytiker der Technostruktur kraft ihrer Funktion, die Arbeit aller anderen Organisationsmitglieder zu standardisieren. Somit ist die Maschinenbürokratie in vertikaler Richtung zentralisiert, weist aber in horizontaler Richtung eine eingeschränkte Dezentralisation auf.

Strategieentwicklung

Die Strategie geht in diesen Strukturen eindeutig von der strategischen Spitze aus, wo der größte Überblick und die größte Machtkonzentration anzutreffen sind.

Eine solche Strategieentwicklung ist ein »top-down«-Prozeß mit dem Schwerpunkt auf der Aktionsplanung.

Bei dieser vertikal verlaufenden Strategieentwicklung werden alle relevanten Informationen zunächst der strategischen Spitze zugeleitet, wo sie zu einer integrierten

Strategie verarbeitet werden. Diese wird dann zwecks Implementierung entlang der Autoritätskette nach unten weitergeleitet, wobei eine Ausarbeitung zunächst in Programme und dann in Aktionspläne erfolgt.

Abschließend sind noch zwei Merkmale dieses Systems der Strategieentwicklung zu erwähnen. Zum einen ist ein voll rationalisiertes System beabsichtigt, wie es in Kapitel 1 im zweiten Teilbild von Abbildung 1-4 dargestellt ist: Alle Entscheidungen der Organisation sollen in ein in hohem Maß integriertes System eingebunden sein. Ausnahmen werden auf höhere Ebenen in der Hierarchie weitergeleitet, bis sie dort angelangt sind, wo sie in einer einzigen Einheit erfaßt werden können; letztlich kann dies auch die strategische Spitze sein, sofern mehrere wichtige Funktionen betroffen sind. Umgekehrt werden die daraus folgenden Entscheidungen die Autoritätskette abwärts geleitet, bis sie in den entsprechenden Kontextsituationen weiter ausgearbeitet werden können. Die daraus folgende Struktur ist aber nicht der Struktur von Arbeitskonstellationen vergleichbar, wo Gruppen auf verschiedenen Ebenen unterschiedliche Entscheidungen treffen; hier handelt es sich um eine hierarchische Struktur, die ganz bestimmte Mittel zur Erreichung ganz bestimmter Ziele vorgibt und in der die Führungskräfte auf den jeweils nachgeordneten Ebenen gleichgeartete Entscheidungen lediglich in unterschiedlicher Ausführlichkeit zu treffen haben. Beispielsweise sind auf der Ebene der Produktionsleitung Entscheidungen darüber gefällt worden, wieviel Geld für die Anschaffung neuer Maschinen ausgegeben werden soll; auf Werksleiterebene wird dann entschieden, welche Maschinen gekauft werden; und schließlich wird auf der Ebene der Werksmeister entschieden, wie diese Maschinen zu montieren sind. Zum anderen ist für diese Art von Strategieentwicklung eine deutliche Dichotomie zwischen Formulierung und Implementierung charakteristisch: Die strategische Spitze formuliert die Strategie, während die Mittellinie und der betriebliche Kern für die Implementierung sorgen. Zumindest in der Theorie. Zur Praxis werden wir sogleich kommen.

Abbildung 9-1 ist eine symbolische Verdeutlichung der Maschinenbürokratie auf der Basis unseres Logos: Die Maschinenbürokratie ist gekennzeichnet durch eine voll ausgebaute Technostruktur und einen voll ausgebauten Hilfsstab – beide Stabsteile sind auf den betrieblichen Kern ausgerichtet – sowie durch große Einheiten im betrieblichen Kern, aber kleinere Einheiten in der Mittellinie. Insgesamt ergibt sich somit eine steile Autoritätshierarchie.

Bedingungen der Maschinenbürokratie

Wir sind bei unserer Diskussion der grundlegenden Struktur davon ausgegangen, daß der Arbeitsablauf in der Maschinenbürokratie in hohem Maß rationalisiert ist und daß es sich um simple und repetitive Arbeitsaufgaben handelt.

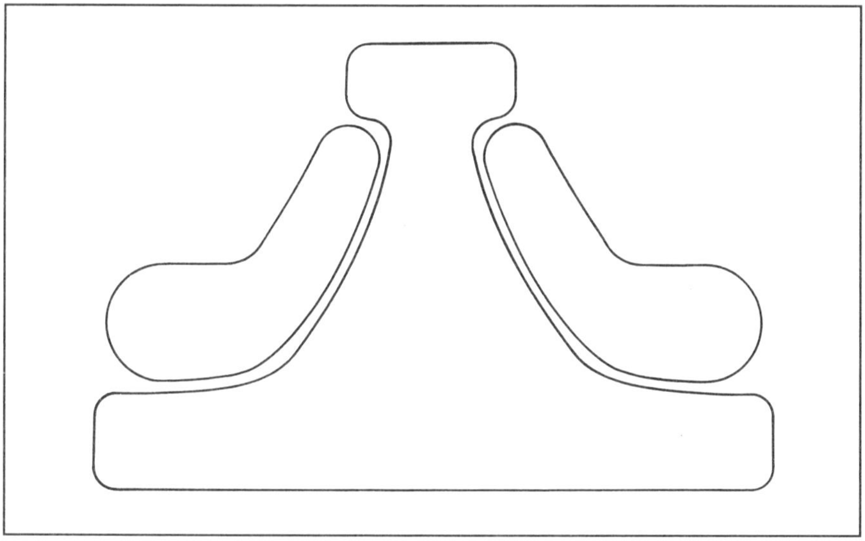

Abb. 9-1: Die Maschinenbürokratie

Nun erkennen wir, daß die für die Maschinenbürokratie charakteristischen Arbeiten vor allem unter einfachen und stabilen Umweltbedingungen anzutreffen sind.

Arbeiten in einer komplexen Umwelt lassen sich nicht in simple Aufgaben rationalisieren, und Arbeiten in einer dynamischen Umwelt lassen sich nicht vorhersagen, repetitiv gestalten und standardisieren.

Außerdem ist die Maschinenbürokratie die typische Struktur einer »gereiften« Organisation, die groß genug ist, um über das für repetitive und standardisierte Arbeiten erforderliche Arbeitsvolumen zu verfügen, und alt genug, um die Standards ihrer Wahl fest etabliert zu haben.

Eine solche Organisation hat alles schon einmal erlebt und geeignete Standardverfahren entwickelt. Maschinenbürokratien befinden sich eindeutig im zweiten Stadium der strukturellen Entwicklung, wie wir sie in Kapitel 6 beschrieben haben: Sie sind die Konsequenz von Einfachstrukturen, die ständig gewachsen und älter geworden sind.

Maschinenbürokratien werden oft auch mit regulativen technischen Systemen in Verbindung gebracht, da diese routinemäßige Arbeitsabläufe bewirken und so eine Formalisierung der Arbeit ermöglichen.

Solche technischen Systeme reichen von sehr einfachen Systemen bis hin zu relativ komplizierten Systemen, aber nicht darüber hinaus. Hochkomplizierte technische Systeme setzen voraus, daß erhebliche Macht an die Stabsexperten delegiert wird; dies aber führt zu einer Form der Dezentralisation, die mit einer Maschinenbürokratie nicht vereinbar ist. Das technische System kann auch nicht automatisiert sein, denn dann würden die Routinearbeiten im betrieblichen Kern entfallen, und wir hätten es mit einer ganz anderen Konfiguration zu tun. So kann die Organisation aufgrund der standardisierten Arbeitsabläufe zwar ihren Betrieb mechanisieren und Computer einsetzen, aber sie bleibt nur so lange eine Maschinenbürokratie, wie mechanische Produktionseinrichtungen nicht an die Stelle einer von ungelernten Arbeitern dominierten Belegschaft treten.

Die auf Massenfertigung spezialisierten Firmen sind die wohl bekanntesten Maschinenbürokratien. Ihre betrieblichen Arbeitsabläufe bilden integrierte Ketten, die am einen Ende offen sind, um den Input an Rohmaterialien aufzunehmen, danach aber als geschlossene Systeme arbeiten, bei denen die Inputs in einer Abfolge von standardisierten Arbeitsgängen verarbeitet werden, bis am anderen Ende die vertriebsfertigen Arbeitsprodukte herauskommen. Diese horizontalen betrieblichen Ketten sind normalerweise in Glieder segmentiert, von denen ein jedes eine funktionale Abteilung bildet, die der nächsthöheren Einheit in der vertikalen Autoritätskette untersteht. Selbst in einigen sehr großen Firmen mit Massenfertigung sind die wirtschaftlichen Größenverhältnisse dergestalt, daß funktionale Strukturen bis an die Spitze der Hierarchie beibehalten werden. Genauso wird eine Firma mit Prozeßsteuerung, die ihre betrieblichen Arbeiten nicht automatisieren kann, sondern ihre Arbeitsprodukte von einer großen Belegschaft produzieren lassen muß, zu einer funktionalen Maschinenbürokratie-Struktur tendieren.[2] Abbildung 9-2 zeigt das Organigramm eines großen Stahlkonzerns, der bis zur Spitze in funktionsorientierte Einheiten gegliedert ist.

Im Fall der Riesen-Maschinenbürokratie findet eine interessante Verlagerung in der Beziehung zwischen Umweltstabilität und struktureller Formalisierung statt: Erstere entwickelt sich zur abhängigen Variablen. Solche Organisationen haben ein unabdingbares Interesse an der Stabilität ihrer Umwelt; ohne diese Stabilität können sie ihre enormen technischen Systeme nicht aufrechterhalten. Hatten sie zu früheren Zeiten einmal eine bürokratische Form angenommen, weil ihre Umweltbedingungen stabil waren, so müssen sie mit zunehmender Größe ihre Umwelt stabilisieren, weil sie bürokratisch strukturiert sind. Bei Worthy (1959) heißt es dazu: »... auf das Unternehmen selbst wurde von außen Druck ausgeübt, den es zu organisieren und zu kontrollieren galt, bevor die wissenschaftliche Betriebsführung etwas ausrichten konnte« (Worthy 1959, S. 76). Riesenkonzerne etwa im Verkehrsgewerbe, in der Tabakbranche oder in der Metallindustrie sind hinlänglich bekannt für ihre Versuche, die Kräfte von Angebot und Nachfrage zu steuern – durch den gezielten Einsatz von Werbung, durch die Entwicklung langfristiger Liefervereinbarungen, zuweilen durch Kartellabsprachen und, wie bereits erwähnt, durch die Einrichtung von Hilfsdiensten im eigenen Unternehmen. Zudem setzen solche Konzerne Strategien zur »vertikalen Inte-

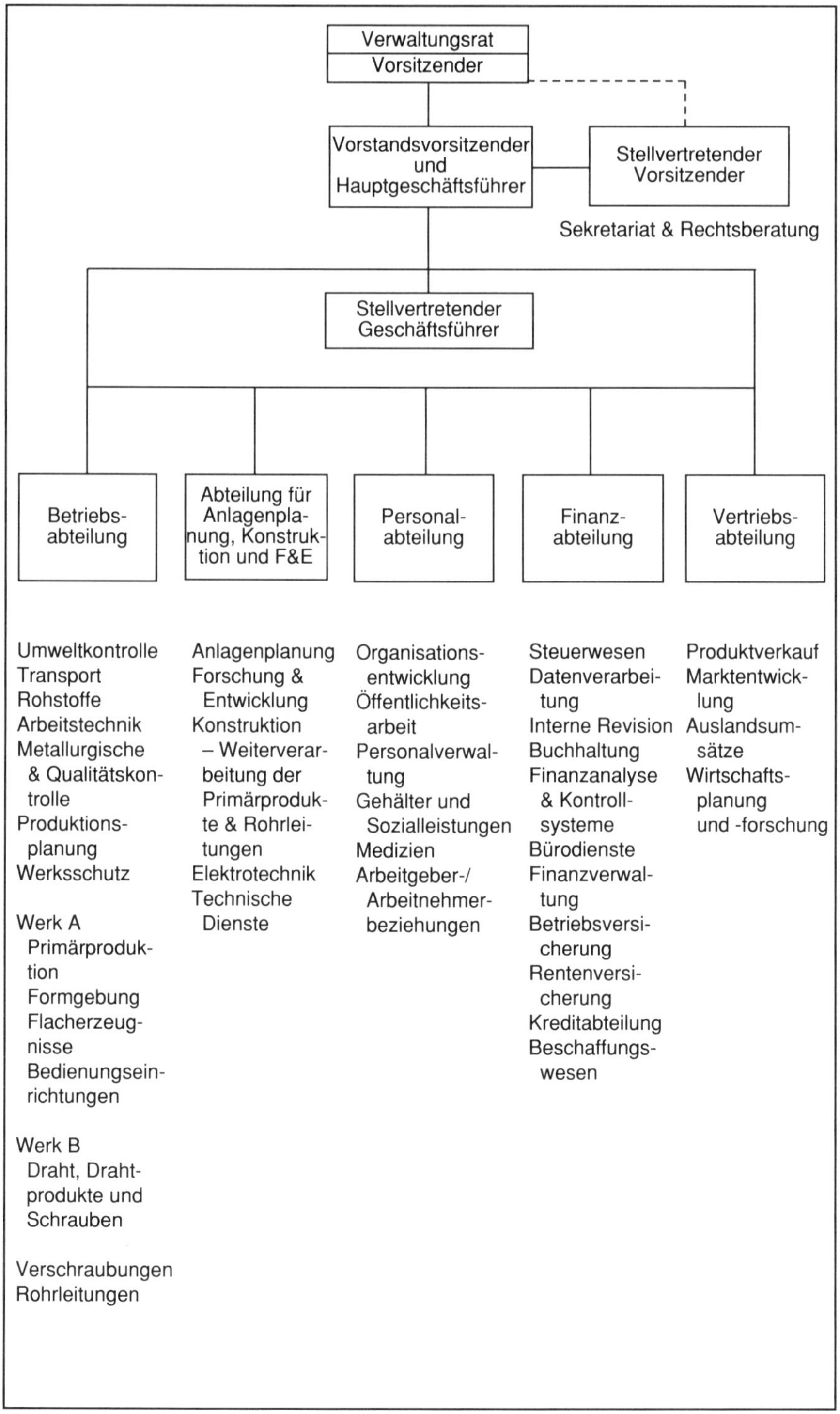

Abb. 9-2: Organigramm eines großen Stahlkonzerns

gration« ein, d.h., sie erweitern ihre Produktionsketten an beiden Enden und schaffen sich so ihre hauseigenen Lieferanten und Kunden. Auf diese Weise sind sie in der Lage, einige der Angebot und Nachfrage bestimmenden Faktoren in die eigenen Planungsprozesse einzubeziehen und damit zu regulieren. Wenn die Maschinenbürokratie groß genug wird, kann sie ihre Kontrolle sogar auf die Umwelt ausdehnen und versuchen, alle Einflüsse unter Kontrolle zu bringen, die ihren Routinebetrieb stören könnten.

Natürlich ist die Konfiguration der Maschinenbürokratie nicht auf große Unternehmen, auf Herstellerfirmen oder gar auf privatwirtschaftliche Organisationen beschränkt. Auch kleine Hersteller, beispielsweise einige Fabrikanten von Billigmöbeln und Papierprodukten, ziehen diese Struktur vor, weil ihre betriebliche Arbeit simpel und repetitiv ist. Viele Dienstleistungsunternehmen, die wir als Angestelltenbürokratien (white-collar bureaucracies) bezeichnen können, entscheiden sich aus demselben Grund für eine bürokratische Struktur, obgleich ihre Betriebsabläufe nicht in einzelne Ketten integriert sind: Anstelle der Reihen von Fließbandarbeitern gibt es im Versicherungsunternehmen das verzweigte Netz von Sachbearbeitern, bei der Telefongesellschaft die Vermittlungszentralen und in der Bank die Bankbeamten an ihren Schaltern. Die Arbeitsprodukte solcher Dienstleistungsunternehmen mögen sich von den Arbeitsprodukten in den Fabriken beträchtlich unterscheiden, aber ihr betrieblicher Arbeitsablauf, soweit er wie die Produktion in der Fabrik routinemäßige und nicht-professionelle Arbeiten umfaßt, ist genauso wie diese für eine Formalisierung geeignet. In einem großen Hotel beispielsweise bietet sich eine maschinenbürokratische Strukturierung an, weil seine Struktur unmittelbar mit seinen permanenten physischen Einrichtungen verbunden ist: Wenn das Hotel erst einmal steht, liegen Ort und Größe sowie die Räumlichkeiten (seine Produkt-Marktstrategie) weitgehend fest. Danach hängt der Erfolg des Hotels in erster Linie von der Effektivität ab, mit der es seinen Betrieb zur Zufriedenheit der Hotelgäste zu führen versteht. Diese Hotelgäste stellen ganz bestimmte Ansprüche – sie erwarten keineswegs Überraschungen, sondern Stabilität. Vor einigen Jahren startete eine der riesigen Hotelketten eine Serie von Zeitungswerbungen unter dem Motto »In jedem Holiday Inn ist die beste Überraschung keine Überraschung.« So sah sich auch ein Betriebsversicherungsberater in seinem Hotelkommentar zu der Bemerkung veranlaßt: »Das Zimmer war sauber. Der Fernseher lief. Alles funktionierte. Erstaunlich.« Nach weiteren Lobessprüchen fügte er hinzu: »Das muß doch etwas mit den 152 Standards in jedem Holiday Inn zu tun haben ...« Maschinenbürokratien »verbürgen« sich dafür, daß nichts schiefläuft.

Eine Studentengruppe angehender Betriebswirtschaftler von der McGill University in Montreal untersuchte eine Wach- und Schließgesellschaft mit 1200 Teilzeit-Wächtern und neun hauptamtlichen Führungskräften. Das Wachpersonal erhielt kaum mehr als den tariflichen Mindestlohn und bestand in erster Linie aus älteren Pensionären. Die Männer hatten ausgesprochen routinemäßige und einfache Aufgaben zu erfüllen – beispielsweise die Verkehrsregelung an Übergängen für Schulkinder und Streifengänge in Gebäuden nach Feierabend. Entsprechend verlief alles nach

Routine, und die Struktur war bemerkenswert bürokratisch. Die Wachmannschaften trugen Uniformen, verschiedene Dienstgrade waren eingeführt, es galt eine strenge Disziplinarordnung, ein Handbuch regelte die allgemeinen Richtlinien bis ins kleinste Detail, und selbst jeder einzelne Job unterlag noch ganz spezifischen Vorschriften. Dabei war diese Verhaltensformalisierung keineswegs auf das Wachpersonal beschränkt. Als die Gesellschaft eine Akquisitionskampagne in Angriff nahm, wurde ein Verfahren zur Beurteilung der Kandidaten aufgestellt, wie es auch dem Betriebshandbuch hätte entnommen sein können.

Diese Organisation war keine Maschinenbürokratie im reinen Sinne, denn ihre administrative Hierarchie war nicht voll ausgebaut. Es gab nur einige wenige mittlere Führungskräfte und so gut wie keine Analytiker. Die Aufgaben der Organisation waren so simpel und stabil, daß das Management die Verfahren allein entwickeln und diese dann – nahezu auf unbegrenzte Dauer – sich selbst überlassen konnte. Folglich bestand kein Bedarf an einer Technostruktur. In Wirklichkeit handelte es sich um eine Mischform aus Einfachstruktur und Maschinenbürokratie, die wir als Einfachbürokratie bezeichnen könnten: zentralisiert, in hohem Maß bürokratisch, aber ohne ausgebaute administrative Struktur.

Unter extrem einfachen und so gut wie stabilen Arbeitsbedingungen kann die Maschinenbürokratie somit auf eine administrative Komponente größtenteils verzichten.
Eine andere, bei Maschinenbürokratien vielfach anzutreffende Bedingung ist die externe Kontrolle.

Hypothese 14 (Kapitel 6) besagt folgendes: Je stärker die Organisation einer externen Kontrolle unterliegt, desto zentralisierter und formalisierter ist ihre Struktur – desto mehr Bedeutung wird somit den beiden wichtigsten Gestaltungsparametern der Maschinenbürokratie beigemessen. Externe Kontrolle ist besonders ausgeprägt in Regierungsbehörden, und dies führt zu einer weiteren Variante dieser Konfiguration, die wir als öffentliche Maschinenbürokratie bezeichnen wollen. Viele öffentliche Behörden wie Postverwaltungen und Finanzämter sind bürokratisch nicht allein deshalb, weil ihr Betriebsablauf aus Routinearbeiten besteht, sondern auch deshalb, weil sie gegenüber der Öffentlichkeit für ihr Handeln rechenschaftspflichtig sind. Die Angemessenheit ihres Tuns muß über jeden Vorwurf erhaben sein, ganz besonders im Umgang mit Kunden und bei der Einstellung beziehungsweise Beförderung von Angestellten. Folglich neigen solche Behörden dazu, ihr Handeln möglichst durch Regeln abzusichern.

Da Kontrolle in der Maschinenbürokratie groß geschrieben ist, liegt es nahe, daß sich Organisationen, die wie Ordnungsämter, Haftanstalten oder Polizeidienststellen kraft ihres Amtes mit Kontrolle befaßt sind, ebenfalls zu dieser Konfiguration hingezogen sehen, selbst wenn andere Bedingungen dem entgegenstehen.[3] Dies führt zu einer Variante, die wir Kontrollbürokratie nennen wollen. Eine weitere Bedingung, die eine Organisation veranlaßt, eine maschinenbürokratische Struktur anzunehmen, ist ein spezielles Sicherheitsbedürfnis. Fluggesellschaften oder Organisationen, die auf Löscheinsätze bei Großbränden spezialisiert sind, müssen ihr Risiko so weit wie möglich reduzieren. In Anbetracht dieser Situation ermöglichen Sicherheitsbürokratien eine umfassende Formalisierung ihrer Verfahren, um sicherzustellen, daß diese auch bis ins kleinste Detail befolgt werden. Nur wenig Passagiere würden sich einer organisch strukturierten Fluglinie anvertrauen wollen, wo die Wartungsleute nicht genau nach Checklisten vorgehen und statt dessen das tun, was ihnen gerade interessant erscheint, oder wo die Piloten die Einzelheiten eines Landeanflugs im Nebel erst bei Bedarf ausarbeiten. Genauso kann auch eine Feuerwehrmannschaft bei Ankunft an einem brennenden Haus nicht lange darauf warten, daß der Vorgesetzte Anordnungen erteilt oder sich die Kameraden untereinander abstimmen, wer den Wasserschlauch anschließt und wer die Leiter hochklettert. Die Umwelt dieser Organisationen mag dynamisch erscheinen, aber in Wirklichkeit sind die meisten Notsituationen oder Kontingenzen vorhersagbar beziehungsweise schon so oft dagewesen, daß die Verfahren zu ihrer Bewältigung formalisiert worden sind. (Natürlich zwingt eine unerwartete Kontingenz die Mannschaft, zur organischen Struktur zurückzukehren.) Wir können Organisationen wie beispielsweise eine Feuerwehr auch als Kontingenzbürokratien bezeichnen. Ihre Aufgabe besteht nicht darin, Routinedienstleistungen bereitzustellen, sondern gerade dann einsatzbereit zu sein, wenn Notsituationen eintreten. Doch da diese Dienstleistungen von ganz entscheidender Bedeutung sind, müssen die Organisationen Verfahren planen und ausarbeiten, um schnell und effizient auf jeden nur denkbaren Kontingenzfall reagieren zu können. Die Mitglieder solcher Organisationen setzen viel Zeit ein, um diese Verfahren und Vorgehensweisen zu üben und für einen tatsächlichen Notfall – hoffentlich einen der solcherart vorbereiteten Kontingenzen – gerüstet zu sein.

Abschließend ist darauf hinzuweisen, daß die Maschinenbürokratie nicht gerade zu den modernen Konfigurationen zählt. Die maschinenbürokratische Struktur stammt aus der Zeit der Industriellen Revolution. Im Laufe der letzten zwei Jahrhunderte, besonders um die Jahrhundertwende, scheint sie die dominante Konfiguration gewesen zu sein. Doch heute erweist sich die Maschinenbürokratie als nicht mehr zeitgemäß. Wie wir bald sehen werden, wird sie von allen Seiten angegriffen.

Weitere Überlegungen zur Maschinenbürokratie

Keine Struktur hat hitzigere Debatten ausgelöst als die Maschinenbürokratie. Crozier, der diese Organisationsstruktur besonders eingehend untersucht hat, schreibt dazu:

Auf der einen Seite betrachten die meisten Autoren die bürokratische Organisation als die Verkörperung der Rationalität in der modernen Welt und als solche allen anderen möglichen Organisationsformen überlegen. Auf der anderen Seite halten viele

Autoren – oft sogar dieselben – die Bürokratie für eine Art Leviathan, der sich anschickt, die menschliche Rasse zu versklaven (Crozier 1964, S. 176).

Weber ging es natürlich um die Rationalität dieser Struktur; das Wort Maschine wird in seinen Schriften direkt erwähnt:[4]

Der entscheidende Grund für das Vordringen der bürokratischen Organisation war von jeher ihre rein technische Überlegenheit über jede andere Form. Ein voll entwickelter bürokratischer Mechanismus verhält sich zu diesen genau wie eine Maschine zu den nicht mechanischen Arten der Gütererzeugung. Präzision, Schnelligkeit, Eindeutigkeit, Aktenkundigkeit, Kontinuierlichkeit, Diskretion, Einheitlichkeit, straffe Unterordnung, Ersparnisse an Reibungen, sachlichen und persönlichen Kosten sind bei streng bürokratischer ... Verwaltung ... auf das Optimum gesteigert.

Eine Maschine ist präzise; sie ist zuverlässig und leicht zu kontrollieren; und sie ist effizient – zumindest dann, wenn sie für den Zweck eingesetzt wird, für den sie entwickelt worden ist. Dies sind auch die Gründe, warum viele Organisationen als Maschinenbürokratien strukturiert sind. Diese Strukturen sind Ausdruck dafür, wie weit die Spezialisierung in unserer Gesellschaft fortgeschritten ist; darüber hinaus leisten sie den größten Beitrag zu unserem hohen materiellen Lebensstandard. Ohne Maschinenbürokratien könnten sich nur reiche Leute Autos leisten, und Reisende müßten auf eigene Gefahr fliegen. Keine Struktur ist im Hinblick auf Massenfertigung und Konsistenz der Arbeitsprodukte besser geeignet, keine vermag Arbeit effizienter zu regulieren. Unsere Gesellschaft könnte so, wie sie derzeit ist, ohne diese Strukturen einfach nicht funktionieren.

Wenn eine integrierte Abfolge simpler, repetitiver Aufgaben präzise und konsistent von menschlichen Arbeitskräften geleistet werden muß, ist die Maschinenbürokratie die effizienteste Struktur – die einzig denkbare Struktur.

Doch gerade die Vorteile einer »maschinellen« Effizienz gereichen diesen Strukturen auch zum Nachteil. Maschinen bestehen nur aus mechanischen Teilen; Organisationsstrukturen umfassen darüber hinaus menschliche Arbeitskräfte – und hier hört die Analogie auf. Als erstes werden wir die menschlichen Probleme erörtern, die im betrieblichen Kern auftreten, wenn sich die Mitarbeiter nicht nur als mechanische Produktionsfaktoren verstehen. Zweitens werden wir auf die Koordinationsprobleme eingehen, die im administrativen Zentrum entstehen, wenn sich Konflikte nicht durch Standardisierung lösen lassen. Doch in einem anderen Sinn trifft die Analogie mit der Maschine zu und führt uns zur Definition eines dritten Problembereichs, der die Anpassungsfähigkeit an der strategischen Spitze betrifft. Maschinen sind für spezifische Zwecke entwickelt worden; sie lassen sich nur schwer anpassen, wenn sich die Bedingungen ändern.

Menschliche Probleme im betrieblichen Kern

Als Führungskraft bei Sears, Roebuck, kritisierte James Worthy die Maschinenbürokratie in seinem Buch »Big Business and Free Men« (1959) mit eindringlichen und scharfen Worten. Worthy führt die menschlichen Probleme in diesen Strukturen auf die »Scientific Management«-Bewegung zurück, die im ersten Drittel unseres Jahrhunderts mit ihren Grundsätzen der wissenschaftlichen Betriebsführung zunächst Amerika und später auch die Sowjetunion[5] erfaßte. Er betrachtet Frederick W. Taylor, den Begründer dieser Bewegung, als Inbegriff einer Persönlichkeit, die sich zur Maschinenbürokratie hingezogen fühlt:

Seine buchstäbliche Besessenheit, die gesamte Umgebung zu kontrollieren, zeigte sich in allem, was er tat: in seinem häuslichen Leben, seiner Gartenarbeit, seinem Golfspiel; selbst sein nachmittäglicher Spaziergang war keine zwanglose Angelegenheit, sondern mußte sorgfältig geplant und plangemäß ausgeführt werden. Nichts blieb dem Zufall überlassen, wo immer der Zufall auf irgendeine Weise auszuschalten war...

Seine Schriften und seine Biographie vermitteln den Eindruck einer rigiden, unsicheren Persönlichkeit, voller Furcht vor dem Unbekannten und Unvorhergesehenen, nur dann in der Lage, der Welt einigermaßen gleichmütig zu begegnen, wenn alles Mögliche getan war, diese Welt in ihre Schranken zu verweisen und sich gegen alles zu schützen, was seine sorgfältigen, gewissenhaften Pläne durcheinanderbringen könnte (Worthy 1959, S. 74-75).

Worthy erkennt Taylors Verdienste um die Erzielung einer eng definierten Effizienz durchaus an. Doch der Arbeiter kam in dieser Effizienzgleichung nicht vor. Taylor »betrachtete die Rolle der Menschen innerhalb der Organisation in genau derselben Weise, wie er die Teile eines Mechanismus betrachtete. ›Eine komplizierte und präzise eingestellte Maschine‹ war eine seiner Redewendungen« (Worthy 1959, S. 65-66). So wurden effiziente Organisationen schließlich als »reibungslos funktionierende Maschinen«, Organigramme als »Blaupausen« und die Funktion der Zeit- und Bewegungsstudienanalytiker als «Human Engineering» [Arbeitsplatzgestaltung, Anm. d. Übers.] beschrieben (Worthy 1959, S 66-67). Problematisch war nur, daß »die Methoden der Technik nicht für die menschliche Organisation geeignet sind« (Worthy 1959, S. 67). Die Annahme, daß »wir eine unmittelbare und einfache Integration des sozialen Systems in das technische System erreichen könnten« (Emery 1971, S. 186), hat zu Schwierigkeiten besonderer Art geführt. Taylors Plädoyer für die Beseitigung »jedweder Kopfarbeit« (Worthy 1959, S. 67) im Produktionsbetrieb hat zugleich auch jede Initiative seitens der dort arbeitenden Leute beseitigt: »... die Maschine hat keinen eigenen Willen. Ihre Teile drängen nicht nach selbständigem Handeln. Denken, Richtungsweisung – und sogar Zweckgebung – müssen von außen oder von oben erfolgen« (Worthy 1959, S. 79).

Die Behandlung der Mitarbeiter als »Mittel«, als »Status- und Funktionskategorien und nicht als Individuen«, hatte die »Vernichtung des Wertes der Arbeit als solchen zur Folge«.

Dies aber hat sich als »ungeheure Verschwendung für Wirtschaft und Gesellschaft« (Worthy 1959, S. 70) erwiesen. Die Organisationen haben für solche Einstellungen teuer bezahlen müssen und verschiedene Formen des Widerstands seitens der Arbeiter erfahren: häufiges Fernbleiben vom Arbeitsplatz, hohe Fluktuationsraten, nachlässige Ausführung der Arbeit, Streiks, sogar direkte Sabotage.

Studs Terkels faszinierendes Buch »Working« (1972), in dem »die Leute über das reden, was sie den ganzen Tag lang tun und wie sie darüber denken«, enthält auch Kapitel, in denen die Reaktionen der Arbeiter auf Maschinenbürokratien belegt sind. Das folgende Zitat ist der Kommentar eines Stahlarbeiters zu seiner Arbeit:

Ich weiß nicht, wer das mal gesagt hat, es gäbe nichts Schöneres als eine unvollendete Symphonie. Wie ein unvollendetes Gemälde oder ein unvollendetes Gedicht. Wer so etwas einmal schafft – sagen wir, Michelangelos Sixtinische Kapelle. Dafür hat er lange Zeit gebraucht, für dieses wundervolle Kunstwerk. Was aber, wenn er diese Sixtinische Kapelle hätte tausendmal im Jahr erschaffen müssen? Glauben Sie nicht, das wäre selbst Michelangelo auf den Geist gegangen? Oder wenn da Vinci seine anatomischen Zeichnungen dreißig-, vierzig-, fünfzig-, sechzig-, achtzig-, neunzig-, hundertmal am Tag hätte produzieren sollen? Meinen Sie nicht auch, daß dies selbst einen da Vinci anöden würde? (Terkel 1972, S. XXXVII)

Zweifellos. Es sei denn, er besäße die Mentalität einer Babe Secoli, die als Kassiererin in einem Supermarkt in Chicago eine ganz andere Einstellung zur Maschinenbürokratie erkennen läßt:

Wir verkaufen alles hier, Millionen von Artikeln. Von Kartoffelchips und Schampus bis ... sogar 'ne echte Perle in einer Dose Austern haben wir hier. Die kostet zwei Dollar und'n paar Kleine. Schnecken mit Schneckenhäusern, die man auf den Tisch bringt, eine Delikatesse. Artikel gibt's, die kannte ich gar nicht, die haben wir hier. Ich habe alle Preise im Kopf. Manchmal kommt der Chef und fragt mich, super ist das....

Irgendwie speichert man die Preise im Kopf. Das hat man einfach so drin. Ich weiß halt, ein Viertelliter Milch vierundsechzig Cents; ein halber Liter ein Dollar zehn. Sie gucken auf die Preisschilder. Eine kleine Dose Erbsen, Raggedy Ann. Green Giant ist ein paar Pennies teurer. Ich weiß das: Green Giant kostet achtzehn und Raggedy Ann vierzehn. ... Das hat man einfach im Kopf. Auf der Liste stehen einige Preise, für die Teilzeitkräfte. Da gucke ich nie drauf.

Ich brauch' auch nicht auf die Tastatur zu gucken. Ich bin wie 'ne Sekretärin, die sich auf ihrer Schreibmaschine auskennt. Eine Berührung, und die Hand paßt. Die Neun ist mein großer Mittelfinger. Der Daumen ist die Nummer eins, zwei und drei. Der Handrücken ist für die Summentaste da und so.

Ich benutze meine drei Finger – Daumen, Zeigefinger und Mittelfinger. Die rechte Hand. Und meine linke Hand ist auf der Ware. Die Leute legen ihre Waren hin. Ein Druck mit den Hüften, und dann purzelt alles aufs Band. Wenn ich genug Ware vor mir habe, lasse ich los. Ich bin immer in Bewegung – Hüften, Hand und Tastatur, Hüften, Hand und Tastatur. ... (Während sie das vormacht, bewegen sich ihre Hände und Hüften wie bei einer orientalischen Tänzerin.) Wie von selbst geht das, eins, zwei, eins, zwei. Wenn man den Rhythmus drin hat, ist man schnell an der Kasse. Die Füße stehen fest auf dem Boden, und der Kopf geht hin und her...

Ich bin kaum ein paar Tage weg, dann sehne ich mich danach. Wenn ich Urlaub habe, kann ich es nicht erwarten, wegzukommen, aber nach zwei oder drei Tagen werde ich kribbelig. Ich kann nicht einfach rumstehen und nichts tun. Ich muß immer was zu tun haben. Ich freu' mich halt, wenn ich wieder zur Arbeit kann. Das ist echt gut. Ich hab da'n unheimlichen Spaß dran (Terkel 1972, S. 282, 286).

Der Unterschied zwischen den da Vincis in den Stahlfabriken und den Secolis in den Supermärkten besteht eben darin, daß manche Menschen Routinearbeit gern erledigen, andere sie jedoch verabscheuen. Die einen mögen gerade das Regelmäßige an ihrer Arbeit, weil sie – wie eine Babe Secoli – darin die Möglichkeit sehen, ihre Aufgaben wirklich gut zu beherrschen, oder weil auf diese Weise ihrem Bedürfnis nach Ordnung und Sicherheit Rechnung getragen wird. Andere dagegen haben entweder das Bedürfnis, kreative Arbeit zu leisten und sich selbst zu verwirklichen, oder sie wollen nicht von anderen gesagt bekommen, was sie zu tun haben: Solche Menschen können Arbeitsplätze, wie sie ihnen die Maschinenbürokratien zu bieten haben, nicht ertragen.

Solange jeder die Arbeit findet, die ihm liegt, gibt es keine Probleme. Doch ganz offensichtlich ist dies nicht der Fall. In den Maschinenbürokratien unserer Gesellschaft scheinen mehr Arbeitsplätze vorhanden zu sein, als es Leute gibt, die gern dort arbeiten, und umgekehrt stehen in den beliebteren Strukturen zu wenig Arbeitsplätze zur Verfügung. So ist in einer Untersuchung im Montagewerk eines Automobilherstellers festgestellt worden, daß 69 Prozent der Arbeiter über Monotonie klagten und 87 Prozent einen Arbeitsplatz mit höheren Qualifikationsansprüchen und mehr Verantwortung, Abwechslung und Selbstbestimmung suchten. Die meisten gaben an, aufgrund ihrer Verdienstmöglichkeiten zu bleiben, und nur 6 Prozent äußerten sich positiv über ihre Arbeit (zitiert in Melcher 1976, S. 859).

Und auch die Zeit spricht nicht für die Maschinenbürokratie. Mit dem allgemein höheren Ausbildungsniveau wachsen auch die Ansprüche an die berufliche Arbeit:

Das Bedürfnis nach Selbstverwirklichung steigt auf Kosten des Bedürfnisses nach Sicherheit. Hinzu kommt, daß sich der Wohlfahrtsstaat gewisser Sicherheitsbedürfnisse angenommen hat und dem »Arbeitnehmer« die Möglichkeit gibt, nichts zu tun und dennoch nicht zu verhungern. All diese Entwicklungen führen dazu, daß die heutigen Maschinenbürokratien mehr und mehr Widerstand von Leuten erleben, die dort nicht arbeiten wollen, am wenigsten in Gesellschaften wie der amerikanischen. Ob es dasselbe Phänomen auch in Ländern wie der Schweiz gibt, wo die Menschen Ordnung und Regelmäßigkeit lieben, ist nicht geklärt. (Das Problem ist keineswegs auf den betrieblichen Kern beschränkt: Auch erfolgreiche amerikanische Führungskräfte in ihren mittleren Jahren können die Kontrollmentalität nicht mehr ertragen und scheinen in immer größerer Zahl »auszusteigen« – nach all den Jahren, in denen sie sich ihre jetzige Position mühsam erkämpft haben.) Jedenfalls steht eindeutig fest, daß immer weniger Arbeitnehmer bereit sind, die Maschinenbürokratie als den Arbeitsplatz zu akzeptieren, wo sie ihr Berufsleben verbringen möchten.

Taylor hat sich gern in folgender Weise geäußert: »Früher stand der Mensch an erster Stelle; in Zukunft muß das System an erster Stelle stehen« (englisches Original zitiert in Worthy 1959, S. 73). Wahrlich prophetische Worte. Der moderne Mensch scheint für seine Systeme zu leben; viele der Organisationen, die er zu seinen Diensten geschaffen hat, sind ihm über den Kopf gewachsen. Der Verbraucher scheint nur dann preiswerte Ware bei seinem Samstagseinkauf vorfinden zu können, wenn er bereit ist, von Montag bis Freitag seine Fähigkeiten in den Dienst der Produktion zu stellen. Massenkonsum als Gegenleistung für stumpfsinnige Produktion.

Doch selbst der Konsum ist von einem Phänomen betroffen, das unter der Bezeichnung »Büropathologie« (Thompson 1961) Funktionsstörungen in Maschinenbürokratien beschreibt, die höhere Preise, schludrige Arbeitsausführung und Gleichgültigkeit oder Unhöflichkeit im Umgang mit Kunden zur Folge haben. Manchmal können die Konsequenzen geradezu bizarre Formen annehmen. Ein Beitrag im Time Magazine vom 17. Dezember 1971 schildert, was geschehen kann, wenn Spezialisierung unter den Arbeitern dazu führt, daß »die Mittel als Zweck geheiligt« werden. So legten Feuerwehrleute in Genoa, Texas, Brände in verlassenen Gebäuden, weil sie Langeweile hatten. Einer erklärte dieses Verhalten mit den folgenden Worten: »Wir hängen hier auf der Nachtschicht nur so herum und haben überhaupt nichts zu tun. Wir wollten einfach mal wieder mit Blaulicht und Tatütata losfahren.«

Die verschiedenen Büropathologien ziehen die Maschinenbürokratien immer tiefer in den Teufelskreis hinein. Die Umkehrung von Mittel und Zweck, unangemessene Behandlung von Kunden oder Klienten, die verschiedenen Manifestationen von Unzufriedenheit auf seiten der Arbeitnehmer – all dies führt nur zu einer Verschärfung der Verhaltenskontrollen. Das implizite Motto der Maschinenbürokratie scheint zu lauten: »Im Zweifelsfall Kontrolle.« Alle Probleme sind zu lösen – die technokratischen Schrauben müssen nur eng genug angezogen werden. Doch gerade dies hat die Büropathologien überhaupt erst ausgelöst, so daß eine Verschärfung der Situation zu noch größeren Problemen führt, die ihrerseits weitere Kontrollen zur Folge haben usw. Wie weit dies gehen kann, zeigt das Beispiel eines Unternehmens, das der Entwicklung Einhalt gebot und den Prozeß umkehrte: Als die britische Einzelhandelskette Marks & Spencer auf Inventurzettel, Verkaufsbelege, Stechuhren und andere Kontrollverfahren verzichtete, rechneten die Eigentümer aus, daß im Unternehmen 8 000 der insgesamt 28 000 Arbeitsplätze und jährlich rund 26 Millionen Belegzettel eingespart werden konnten (Becker/Gordon 1966-67, S. 331-332).

Aber nicht jede Organisation kann sich mit einem Schlag nahezu ihres gesamten Kontrollsystems entledigen. So muß auf andere Weise – auf seiten der Organisation wie auf seiten der Arbeitnehmer – versucht werden, den Teufelskreis zu durchbrechen; alles kommt in Frage, von der Erweiterung des Aufgabenbereichs bis zur direkten Demokratisierung. Wie in Kapitel 2 erörtert wurde, scheint die Aufgabenerweiterung (beziehungsweise die »Arbeitsbereicherung«), bei der den Arbeitern eine größere Vielzahl von Aufgaben und gegebenenfalls auch Verantwortung für die Gestaltung dieser Aufgaben übertragen wird, kaum eine Verbesserung der Arbeitssituation zu versprechen. Zweifellos hat die technische Orientierung in vielen Fällen zu übermäßiger Spezialisierung geführt. Wenn nun der menschliche Faktor letztlich wieder in die Leistungsgleichung einbezogen wird und damit die Initiative der Arbeiter Berücksichtigung findet, lohnt es tatsächlich, viele Aufgabenbereiche zu erweitern. Die Frage ist nur, wie weit? Und die Antwort scheint zu lauten: nicht sehr. Wie wir in diesem Kapitel mehrfach hervorgehoben haben, ist die Arbeit in der Maschinenbürokratie vor allem Ausdruck der regulierenden Eigenschaft des in der Organisation verwendeten technischen Systems sowie der Stabilität und Einfachheit ihrer Umwelt. Die Kontrollmentalität der Maschinenbürokratie ist eine – wenn auch häufig übertriebene – Reaktion auf diese Bedingungen.

Solange diese Bedingungen anhalten, solange also in unserer Gesellschaft eine Nachfrage nach preiswerten, massengefertigten Waren und Dienstleistungen besteht, werden viele Arbeitsplätze mehr oder weniger unverändert bleiben, d.h. von einer Aufgabenerweiterung kaum betroffen sein.

Braverman (1974) findet für diese Situation recht brutale Worte: »Der Taylorismus dominiert die Welt der Produktion; die ›Human Relations‹-Experten und die Arbeitspsychologen stellen die Wartungsmannschaft für die menschliche Maschinerie dar« (Braverman 1974, S. 87).

Wenn die menschlichen Probleme im betrieblichen Kern der Maschinenbürokratie nicht durch Aufgabenerweiterung zu lösen sind, wie steht es dann mit einer Demokratisierung? Auch hier sind die Aussichten nicht ermutigend (vgl. Kapitel 5), und zwar aus demselben Grund:

Die Demokratisierung beseitigt nicht den fundamentalen Konflikt in der Maschinenbürokratie zwischen der technischen Effizienz einerseits und der individuellen Zufriedenheit andererseits.

Das Zugeständnis an die Arbeiter, in regelmäßigen Zeitabständen ihre Direktoren wählen zu dürfen, ändert nichts an den Realitäten ihrer alltäglichen Arbeit. (Allerdings könnte sich die Einstellung der Arbeiter zu ihrer Arbeit in gewisser Weise dadurch ändern, daß ein Schuß Ideologie die im übrigen utilitaristische Situation mildert. Ein Bewußtsein des Besitzstandes könnte die Gefühle der Unzufriedenheit verringern.) Wie wir in Kapitel 5 gesehen haben, scheint eine solche Demokratisierung jedoch eine weitere Zentralisierung der Struktur zur Folge zu haben. Diese Konsequenz ist auch aus Hypothese 14 abzuleiten, denn durch die Wahl der Direktoren schaffen die Arbeiter die Grundlage für externe Kontrolle. Die Hypothese besagt nun, daß eine externe Kontrolle eine Struktur nicht nur zentralisiert, sondern auch bürokratisiert.

Nirgends ist diese Konsequenz deutlicher zu erkennen als in Croziers (1964) Beschreibung einer weiteren – judikatorischen – Art von Demokratie, bei der die Arbeiter Regeln aufstellen, um die Kontrolle, die ihre Vorgesetzten über sie ausüben, zu reduzieren. Wir haben bereits weiter oben darauf hingewiesen, daß es sich dabei eigentlich um eine perverse Form von Demokratie handelt. Da die Vorgesetzten in ihrem Handeln durch Regeln eingeschränkt sind, geht die Macht an hierarchisch höhere Instanzen über, so daß die Struktur eine erhebliche Zentralisierung erfährt. Und da den Regeln der Arbeiter die Regeln der Führungskräfte entgegenstehen, wird die Struktur – zu Lasten aller – noch bürokratischer. Die Arbeiter stecken letzten Endes in einer noch engeren Zwangsjacke, obgleich sie die Entwicklung selbst initiiert haben. Auch die Kunden und Klienten sind »Verlierer«. Die Mitglieder der gewöhnlichen Maschinenbürokratie können sich zumindest damit trösten, daß die Regeln ihnen zum Vorteil gereichen – zur Förderung einer effizienten Produktion. Die zusätzlichen Regeln in den Bürokratien, wie Crozier sie beschreibt, haben hingegen nichts mit Effizienz zu tun; sie dienen nur zum Schutz der Arbeiter. Wie wir bald sehen werden, tendieren sie wie alle Regeln dazu, Innovation und Anpassung zu erschweren. Wenn Arbeiter sich organisieren, um die Einflußnahme der Führungskräfte zu bekämpfen, ist ein Wandel nahezu ausgeschlossen. Wo eine solche judikatorische Demokratisierung erfolgt, gerät der Kunde in das Tauziehen zwischen Arbeiter und Führungskraft. Die Organisation verbraucht mehr Energie zur Bewältigung ihrer internen Konflikte, so daß weniger übrigbleibt, um den Kunden Arbeitsprodukte bereitzustellen.

Die entmutigende Schlußfolgerung lautet somit, daß die Maschinenbürokratie schwerwiegende menschliche Probleme im betrieblichen Kern schafft, für die keine Lösungen in Sicht sind. Joan Woodward argumentierte zu Recht, daß in diesen Strukturen der Konflikt zwischen dem technischen System und dem sozialen System prinzipiell nicht beizulegen ist. Was für die Produktion gut ist, ist für die Arbeiter nicht gut. Ein grundlegender Wandel kann offensichtlich nicht auf dem direkten Weg einer Konfrontation oder Gesetzgebung, sondern nur durch die Hintertür veränderter Bedingungen erfolgen, die entsprechende Reaktionen seitens der Organisation verlangen. Nur die Automatisierung des technischen Systems (oder die Entwicklung einer komplexeren beziehungsweise dynamischeren Umwelt) scheint die sozialen Probleme der Maschinenbürokratie mildern zu können.

Wir haben als Gesellschaft allerdings noch eine ganz andere Option: die Verringerung unserer Nachfrage nach preiswerten, massengefertigten Waren und Dienstleistungen. Wie wir in Kapitel 10 sehen werden, können handwerkliche, als Profibürokratien strukturierte Organisationen unter Umständen dieselben Arbeitsprodukte bereitstellen wie die Maschinenbürokratien, und das mit weniger sozialen Unruhen und viel höherer Qualität. Die Frage ist nur, ob wir bereit sind, den Preis zu zahlen: Steingutgeschirr, das eine Generation lang halten muß, anstelle von Plastikgeschirr, das jedes Jahr neu angeschafft wird; gelegentlich ein neues Kleid, handgewebt in einer Atelierwerkstatt, anstelle häufiger Kleiderkäufe »von der Stange«; ein Ferrari alle zwanzig Jahre anstelle eines Fords alle zwei Jahre. Doch sollte der Teufelskreis erst so eng und das Leben in der Maschinenbürokratie derart unerträglich werden, daß niemand mehr dort arbeiten will, haben wir gar keine andere Wahl mehr. Dann könnte es vielleicht dazu kommen, daß das System letzten Endes dem Menschen dient.

Koordinationsprobleme im administrativen Zentrum

Da der betriebliche Kern der Maschinenbürokratie nicht dazu angetan ist, Konflikte zu bewältigen, greifen viele der menschlichen Probleme, die dort entstehen, auf die administrative Struktur über. Wieder findet Worthy (1959) die treffendsten Worte:

Die Organisation war wie eine Maschine aufgebaut und mußte wie eine Maschine gehandhabt werden. Doch da ihre Komponenten aus Menschen und nicht aus mechanischen Teilen bestand, stellte die Aufgabe der Kontrolle und Steuerung des Betriebs im Sinne der wissenschaftlichen Betriebsführung hohe Ansprüche an die Erfindungskraft der Führungskräfte. Die komplizierten Einrichtungen der modernen Betriebsorganisation, die Papierflut und das Bürokratentum, die Hierarchie der Führungsebenen, die üppige Ausdehnung des Personals – all diese Entwicklungen sind ein Beweis dafür, wie schwer es ist, menschliche Organisationen im Rahmen mechanistischer Prinzipien zu lenken und zu kontrollieren (Worthy 1959, S. 72).

Es gehört zu den Ironien der Maschinenbürokratie, daß sie die erforderliche Kontrolle nur leisten kann, wenn die enge Spezialisierung ihres betrieblichen Kerns ihr Gegenstück in der administrativen Struktur hat. »Mit seiner radikalen Umverteilung der Arbeit zwischen Arbeitern und Führungskräften hat Taylor den Führungskräften so viel Last aufgebürdet, daß innerhalb der Führungsstruktur eine weitere beträchtliche

Arbeitsteilung erforderlich wurde« (Worthy 1959, S. 67-68). Und diese administrative Arbeitsteilung führt ihrerseits zu einer scharfen Trennung zwischen der administrativen Struktur einerseits und den engen funktionalen Ausrichtungen andererseits. Dies wiederum hat Kommunikations- und Koordinationsprobleme zur Folge. So beschreibt Bennett (1977), wie sich General Motors drei Jahre lang vergeblich abmühte, die Anschaffung von Arbeitshandschuhen in den verschiedenen Einheiten des Unternehmens zu koordinieren.

Wie bereits mehrfach erwähnt, ist die administrative Struktur der Maschinenbürokratie für die Praktizierung gegenseitiger Abstimmung schlecht geeignet. Alle Kommunikationsbarrieren in diesen Strukturen – horizontale, vertikale, statusbedingte sowie die mit der Trennung zwischen Linie und Stab verbundenen Hindernisse – stehen einer informellen Kommunikation entgegen. »Jede Einheit wacht eifersüchtig auf ihre eigenen Vorrechte und ersinnt Mittel und Wege, sich gegen den Druck oder gegen Übergriffe seitens der anderen zu schützen« (Worthy 1950, S. 176).

Enger Funktionalismus erschwert nicht nur die Koordinierung, sondern fördert auch das Entstehen privater Imperien. In solchen Strukturen ist es schwierig, einen Bezug zwischen einer bestimmten Funktion und der Gesamtleistung der Organisation herzustellen. Wenn somit eine Führungskraft mehr Personal – mehr Kostenanalytiker, mehr Büroangestellte, mehr Verkaufsleiter – einstellen möchte, kann niemand mit Gewißheit sagen, ob dieser Anspruch gerechtfertigt ist. Infolgedessen entsteht zwischen den Führungskräften eine Art Wettbewerb um immer größere und immer mächtigere Einheiten, der noch durch die bürokratische Regelung gefördert wird, daß die Gehälter mit einer zunehmenden Zahl an unterstellten Mitarbeitern steigen. Dies führt dazu, daß die Organisationen kopflastig werden und vielfach mehr an ihren politischen Schachzügen als an der Zufriedenstellung ihrer Kunden interessiert sind. Eine Maschinenbürokratie ohne Marktkräfte – beispielsweise eine staatliche Aufsichtsbehörde mit festem Budget und vagen Leistungszielen – kann sich zu einem wahrhaft geschlossenen System entwickeln, das niemandem verantwortlich und in keinen Produktionsablauf eingebunden ist, dessen administrative Räder sich aber nichtsdestoweniger unaufhörlich drehen.

Doch wenn gegenseitige Abstimmung nicht funktioniert und eher politische Kontroversen anheizt als Kooperation bewirkt, wie kann dann die Maschinenbürokratie ihre Koordinationsprobleme in der Administration lösen? Instinktiv versucht sie es mit der Standardisierung – beispielsweise mit straffer gefaßten Stellenbeschreibungen oder noch zahlreicheren Regeln. Doch Standardisierung ist nicht dazu angetan, die nichtroutinemäßigen Probleme des administrativen Zentrums zu bewältigen. Im Gegenteil: Sie macht sie nur noch schlimmer, indem sie den Einfluß der Linienführungskräfte untergräbt und den Konflikt schürt.

Um also die Koordinationsprobleme in ihrem administrativen Zentrum zu lösen, verbleibt der Maschinenbürokratie nur ein einziger Koordinationsmechanismus – die persönliche Weisung.

Besonders nicht-routinemäßige Koordinationsprobleme zwischen den Einheiten werden auf hierarchisch höhere Ebenen abgeschoben, bis schließlich die Ebene erreicht ist, der die konfligierenden Einheiten gemeinsam unterstellt sind. Dies führt natürlich zur Zentralisation der Entscheidungsbefugnisse auf den oberen Ebenen der Hierarchie und letztlich an der strategischen Spitze, was erneut Probleme aufwirft.

So wie die menschlichen Probleme im betrieblichen Kern zu Koordinationsproblemen im administrativen Zentrum führen, so lösen Koordinationsprobleme im administrativen Zentrum Anpassungsprobleme an der strategischen Spitze aus.

Anpassungsprobleme an der strategischen Spitze

Solange die Umwelt absolut stabil bleibt, kennt die Maschinenbürokratie keine größeren Anpassungsschwierigkeiten: Ihre Standardverfahren regeln die routinemäßigen Koordinationsprobleme, und nicht-routinemäßige Probleme treten nicht auf.

Doch keine Organisation kann mit einer solchen Stabilität rechnen. Die organisatorische Umwelt unterliegt unweigerlich einem Wandel und wird somit auch zu neuen, nicht-routinemäßigen Problemen führen. Kommt es aber in der Maschinenbürokratie häufig zu solchen Problemen, sind die Führungskräfte an der strategischen Spitze schnell überlastet. Jedes Organigramm – auch unser Logo – zeigt eine immer deutlichere Verengung der Mittellinie, je mehr es auf die strategische Spitze zugeht. Die Tendenz, nicht-routinemäßige Probleme auf die jeweils nächsthöhere Ebene in der Linienhierarchie abzuschieben, führt in Zeiten des Wandels zu einem Engpaß an der Spitze, der die Führungskräfte der oberen Führungsebenen zu schnellen Entscheidungen zwingt. Wie aber können sie dies leisten, wenn es sich um Entscheidungen handelt, die an ganz anderen Stellen in der Organisation entstanden sind, zu denen die Spitzenführungskräfte keinen persönlichen Kontakt haben?

Theoretisch ist die Maschinenbürokratie so gestaltet, daß sie diesem Problem gerecht wird: Sie verfügt über ein Management-Informationssystem (MIS), das die Informationen aufwärts in der Hierarchie komprimiert und den Führungskräften an der Spitze knappe und präzise Zusammenfassungen von den Vorgängen weiter unten in der Hierarchie bietet – die perfekte Lösung für die überlastete Führungsspitze. Nur ist ein großer Teil der Informationen nicht zu gebrauchen.

Das Management-Informationssystem ist mit einer Reihe von Problemen behaftet. Zum einen müssen die Informationen in der steilen administrativen Struktur der Maschinenbürokratie viele Ebenen durchlaufen, bevor sie die Führungsspitze erreichen. Dabei entstehen auf jeder Ebene Informationsverluste, und zwar keineswegs nur natürliche Verluste. Die Tatsache, daß die Informationsübermittlung vertikal – zwischen Mitarbeitern auf hierarchisch unterschiedlichen Statusebenen – erfolgt, führt dazu, daß Informationen auch absichtlich entstellt werden. Gute Nachrichten werden hervorgehoben, schlechte eher zurückgehalten. Vermutlich aber besteht ein noch größeres Problem darin, daß das Management-Informationssystem auf »harte« (quantitative), komprimierte Informationen ausgerichtet ist. Die Praxis hat immer wieder gezeigt, daß dies nicht die Art von Informationen ist, die Spitzenführungskräfte für ihre strategischen Entscheidungen benötigen – nämlich »weiche«, spezifische Informationen.

Häufig kommen die Informationen auch zu spät. So vergeht einige Zeit, bis Ereignisse als offizielle »Fakten« weitergegeben werden, mehr Zeit, bis die Fakten zu Berichten verarbeitet sind, und noch mehr Zeit, bis die Berichte auf die höheren Hierarchieebenen geleitet werden, um schließlich auf dem Schreibtisch der Spitzenführungskraft zu landen. In der absolut stabilen Umwelt kann die Führungsspitze vielleicht noch darauf warten, in einer sich wandelnden Umwelt aber nicht. Ein Militärkommandant möchte über die Truppenbewegungen des Feindes unterrichtet sein, noch während sie stattfinden – nicht später, wenn offizielle Richtmaße wie die Zahl der in einer Schlacht gefallenen Soldaten vorliegen. Genauso wünscht der Konzernchef, mitgeteilt zu bekommen, daß sein wichtigster Kunde gestern beim Golfspiel mit seinem ärgsten Konkurrenten gesehen worden ist; das will er nicht erst sechs Monate später in Form von negativen Abweichungen im Verkaufsbericht feststellen müssen. Klatsch, Gerüchte, Spekulationen – die weichste Art von Information – warnen die Führungskraft, daß Probleme ins Haus stehen; allzu oft hingegen hält das Management-Informationssystem für die Nachwelt fest, daß solche Probleme längst eingetreten sind. Außerdem gelangt ein beträchtlicher Teil wichtiger Informationen gar nicht erst ins Management-Informationssystem hinein. Die Stimmung in der Fabrik, der Konflikt zwischen zwei Führungskräften, die Gründe für einen verlorengegangenen Geschäftsabschluß – diese Art reichhaltiger Information ist niemals ein »Faktum«, mit dem das Management-Informationssystem umzugehen weiß.

Bis die Informationen des Management-Informationssystems – gefiltert und komprimiert durch die Ebenen der administrativen Hierarchie – die strategische Spitze erreicht haben, sind sie vielfach so unverbindlich und nichtssagend, daß die Führungsspitze sie nicht gebrauchen kann.

In einer sich wandelnden Umwelt sieht sich der Mann an der Spitze nicht mehr auf dem laufenden.

Ganz offensichtlich besteht die beste Lösung für die Spitzenführungskräfte darin, das Management-Informationssystem zu umgehen und eigene informelle Informationssysteme einzurichten, damit diese ihnen die wertvollen, greifbaren Informationen, die sie benötigen, schnell und zuverlässig liefern. So neigen sie dazu, ihr eigenes Netz an Kontakten und Informanten einzurichten, sowohl innerhalb als auch außerhalb der Organisation, und sich so viele Informationen wie möglich aus erster Hand zu verschaffen. Doch dies braucht Zeit. Und Zeitmangel war das ursächliche Problem gewesen – der Engpaß an der strategischen Spitze der Maschinenbürokratie in Anbetracht einer veränderten Umwelt.

Somit sehen sich die Spitzenführungskräfte der Maschinenbürokratie infolge der Zentralisation der Struktur und der Bedeutung der Berichterstattung entlang der Autoritätskette mit einem grundlegenden Dilemma konfrontiert. Gerade in Zeiten größerer Veränderungen, wenn sie am dringlichsten Zeit brauchen, um sich die »konkreten Details« zu beschaffen, sind sie mit Entscheidungen überlastet, die ihnen von den unteren hierarchischen Ebenen zugeleitet worden sind. Es bleibt ihnen somit gar nichts anderes übrig, als oberflächlich vorzugehen – auf der Grundlage unzureichender, abstrakter Informationen.

Das Hauptproblem hängt mit einem der wichtigsten Prinzipien der Maschinenbürokratie zusammen, demzufolge die Formulierung der Strategie von deren Implementierung scharf zu trennen ist. Die Formulierung fällt in den Verantwortungsbereich der Führungsspitze; die Implementierung wird in hierarchischer Abfolge von den übrigen Instanzen geleistet. Nirgendwo in der Praxis ist diese Dichotomie schärfer ausgeprägt als beim Militär, wo die »Strategie« auf die allgemeine Armeeführung und die »Taktiken« auf den speziellen Einsatz von Menschen und Material abzielen. Und nirgendwo haben sich die damit verbundenen Gefahren deutlicher gezeigt als in der berüchtigten Schlacht von Passchendaele im 1. Weltkrieg, als 300 000 britische Soldaten über die Schützengräben in den Tod liefen: »Kein hochrangiger Offizier von der Obersten Heeresleitung hat, so wurde behauptet, jemals das Schlachtfeld von Passchendaele in dem vier Monate währenden Kampf betreten (oder besichtigt). Die täglichen Berichte über die Vorgänge auf dem Schlachtfeld wurden zunächst nicht zur Kenntnis genommen und dann auf Befehl eingestellt. Erst nach der Schlacht erfuhr der Chef des Generalstabs, daß er Soldaten in Schlamm und Verderben geschickt hatte« (Feld 1959, S. 21).

Die Dichotomie zwischen Formulierung und Implementierung setzt zwei grundlegende Bedingungen voraus, um effektiv zu funktionieren:
(1) Der Formulator ist in vollem Umfang informiert oder verfügt zumindest über so gute Informationen wie der Implementator.
(2) Die Situation ist hinreichend stabil oder voraussagbar, um sicherzustellen, daß während der Implementierung nicht die Notwendigkeit einer Reformulierung eintritt.

Ist eine dieser Bedingungen nicht gegeben, führt dies zum Zusammenbruch der Dichotomie, so daß Formulierung und Implementierung nunmehr gleichzeitig erfolgen, und zwar in Form von Anpassung, nicht von Planung.

Die Spitzenführungskraft, die nicht über die erforderlichen Informationen verfügt, vermag keine vernünftige Strategie zu formulieren. Die Maschinenbürokratie beruht auf der fragwürdigen Annahme, daß das Management-Informationssystem selbst zu Zeiten des Wandels die erforderlichen Informationen bis zur Führungsspitze gelangen läßt. Der »Schlamm« im obengenannten Fall ist nur ein besonders eindringliches Beispiel für das Unvermögen des Management-Informationssystems, weiche Informationen zu verarbeiten. Der Beschreibung von Crozier zufolge besteht das Problem in diesen Strukturen darin, daß die Macht zur Strategieformulierung nicht an der Stelle verankert ist, wo die dafür erforderlichen Informationen vorliegen.

Die Gestaltung der Maschinenbürokratie basiert auch auf der Annahme, es sei stets möglich, eine an der Führungsspitze formulierte Strategie später an einer anderen Stelle zu implementieren. Dies ist unter Stabilitätsbedingungen eine durchaus vernünftige Annahme – solange die Welt während der Implementierung des Plans stillhält (oder zumindest vorhergesagte Veränderungen erfährt). Doch erfahrungsgemäß hält die Welt allzu oft eben nicht still, sondern wandelt sich in unvorhergesehener Weise. Dies aber bedeutet die Notwendigkeit einer Anpassung, einer Änderung der Strategie, noch während sich diese in der Phase der Implementierung befindet.

Unter solch fließenden Bedingungen gibt es nur zwei Möglichkeiten: Entweder muß der Formulator seine eigene Strategie implementieren, so daß er sie dabei noch reformulieren kann – wie in der Einfachstruktur, die mit einer einfachen, dynamischen Umwelt konfrontiert ist –, oder die Implementatoren müssen für die Formulierung Verantwortung übernehmen und dabei adaptiv vorgehen – wie in der Adhokratie, die in Anbetracht einer komplexen, dynamischen Umwelt die Machtbefugnisse zur Entwicklung von Strategien dezentralisiert.

Aus dieser Diskussion sind zwei Schlußfolgerungen abzuleiten:

Zum einen müssen Strategien außerhalb der maschinenbürokratischen Struktur formuliert werden, wenn sie realistisch sein sollen. Zum zweiten verliert die Dichotomie zwischen Formulierung und Implementierung ihre Relevanz in Zeiten nicht vorhersehbaren Wandels. Insgesamt bedeutet dies, daß Maschinenbürokratien grundsätzlich anpassungsunfähige Strukturen sind, die sich kaum in der Lage sehen, ihre Strategien zu ändern.

Doch sollte dies nicht überraschen. Letzten Endes sind Maschinen für spezielle und nicht für allgemeine Anwendungszwecke entwickelt worden. Das gleiche gilt für Maschinenbürokratien.

Maschinenbürokratien sind, wie Hunt beobachtete, keine Problemlösungsorganisationen, sondern Leistungsorganisationen. Strategische Diagnosen zählen nicht zu ihrem Repertoire an betrieblichen Standardverfahren. Maschinenbürokratien funktionieren am besten unter stabilen Umweltbedingungen, weil sie für spezifische, vorbestimmte Missionen entwickelt worden sind. Effizienz ist ihre Stärke, nicht Innovation. Eine Organisation kann nicht dem Personal die Scheuklappen aufsetzen und dann Weitblick und Vorausschau erwarten. Die Führungskräfte der Maschinenbürokratie werden dafür belohnt, daß sie die betriebliche Effizienz steigern, die Kosten reduzieren sowie die Kontrollen und Standards verbessern, nicht aber dafür, risikofreudig zu sein, neue Verhaltensweisen zu testen und Innovation zu fördern. Wandel bringt Unordnung in diese betrieblichen Standardverfahren. Doch in der Maschinenbürokratie muß alles ordentlich, überschaubar und sorgfältig koordiniert sein. Wird ein Glied in der Kette verändert, muß die gesamte betriebliche Kette neu ausgerichtet werden; wird ein Element in einer integrierten Strategie verändert, fällt sie auseinander.

Stahlkonzerne und Postverwaltungen sind nicht gerade für ihre Innovationsfreudigkeit bekannt, und die heutige Automobilindustrie unterscheidet sich kaum von jener zur Zeit eines Henry Ford. Betrachten wir nur einmal die Generationen von Computern oder Flugzeugen der letzten dreißig Jahre (Produkte mit, wie wir noch sehen werden, gänzlich anderen Strukturen) im Vergleich zu den Automobilen der letzten fünfzig Jahre.

Wenn Maschinenbürokratien ihre Strategien nicht nur kosmetisch aufbessern, sondern essentiell verändern müssen, tendieren die Spitzenführungskräfte zu recht eigenwilligem Vorgehen; sie sind es nicht gewohnt, derartige Veränderungen vorzunehmen, ihre Management-Informationssysteme haben den eigentlich erforderlichen Wandel gewissermaßen verschleiert, und ihre Strukturen sind schlecht darauf vorbereitet, Änderungen, gleich welcher Art, aufzufangen. Die Spitzenführungskräfte scheinen nur dann Erfolg zu haben, wenn sie stark genug sind, sich all ihrer bürokratischen Informationen und Kontrollsysteme zu entledigen und die Dinge selbst in die Hand zu nehmen. Mit anderen – ironischen – Worten:

> Die Herbeiführung eines Wandels in der Maschinenbürokratie gelingt den Spitzenführungskräften nur dann, wenn sie vorübergehend zur pragmatischeren, flexibleren Einfachstruktur zurückkehren.

Die Maschinenbürokratie erweist sich somit als eine inflexible Konfiguration. Als Maschine ist sie nur zu einem ganz bestimmten Zweck ausgelegt. Sie ist effizient innerhalb ihrer eigenen Grenzen, kann sich aber nicht ohne weiteres an veränderte Bedingungen anpassen. Vor allem ist sie nicht in der Lage, eine dynamische oder komplexe Umwelt zu bewältigen. Dennoch ist die Maschinenbürokratie nach wie vor eine dominante Konfiguration – vermutlich sogar die dominante Konfiguration in unseren spezialisierten Gesellschaften. Solange wir standardisierte, preiswerte Waren und Dienstleistungen in Anspruch nehmen wollen und solange diese durch – auch weiterhin bereitwillige – Menschen effizienter bereitzustellen sind als durch automatisierte Maschinen, so lange wird es auch die Maschinenbürokratie mit all ihren Problemen geben.

Anmerkungen

1. Bei dieser anderen Konfiguration handelt es sich um die Spartenstruktur. Doch gerechterweise muß darauf hingewiesen werden, daß zu der Zeit, als Fayol seine Ansichten erstmals veröffentlichte (1916), zumindest eine, vielleicht auch zwei der übrigen drei Konfigurationen noch gar nicht existierte(n). Die Adhokratie ist eindeutig eine nach dem 2. Weltkrieg entstandene strukturelle Innovation, während sich die Profibürokratie im Verlauf dieses Jahrhunderts entwickelte. Wir können Fayol lediglich vorwerfen, er habe die Einfachstruktur nicht berücksichtigt; dagegen müssen sich seine Anhänger (in einigen Fällen bis zum heutigen Tag) den viel stärkeren Vorwurf gefallen lassen, wichtige strukturelle Innovationen in ihrer unmittelbaren Umgebung nicht berücksichtigt zu haben.

2. Der hier offensichtliche Widerspruch zu Woodward (1965), die den Unternehmen mit Prozeßsteuerung eine organische Struktur zuordnet, scheint an der von ihr getroffenen Annahme zu liegen, technische Systeme zur Prozeßfertigung seien stets weitgehend automatisiert.

3. In Kapitel 10 werden wir sehen, daß viele Polizeibehörden, die aus anderen Gründen eher als Profibürokatien strukturiert werden sollten, aufgrund ihrer Kontrollorientierung und ihrer Rechenschaftspflicht gegenüber der Öffentlichkeit tatsächlich zur Maschinenbürokratie neigen.

4. Anm. d. Übers.: Der deutsche Originaltext ist zitiert aus: WEBER, M. (51976, 1922) Wirtschaft und Gesellschaft. Grundriß der verstehenden Soziologie. 5., rev. Aufl., mit textkritischen Erläuterungen herausgegeben von Johannes Winckelmann, 2. Halbband (Tübingen: J.C.B. Mohr), 561-562.

5. Dort erreichte sie ihre »volle Blüte«, von Lenin gefördert »als ein Mittel zur Beschleunigung der Industrieproduktion« (Worthy 1959, S. 77). Worthy geht des weiteren ein auf die »interessanten Parallelen zwischen Kommunismus und wissenschaftlicher Betriebsführung. In beiden Fällen werden die Arbeiter als Mittel zum Zweck aufgefaßt, als Ausführende und nicht als Planende oder als Initiatoren; sie gilt es – durch Überzeugung, soweit möglich, durch Zwang, soweit nötig – zu manipulieren, und zwar zur Wahrnehmung von Interessen und Bedürfnissen, die nicht die ihren sind« (Worthy 1959, S. 78). Worthy stellt auch eine Verbindung in der anderen Richtung her, d.h. von der geregelten Struktur zur zentralisierten Regierung. In seinem Kommentar bezüglich des Mißtrauens der Amerikaner gegenüber staatlicher Planung heißt es: »Doch wenn es mit den Unternehmen bergab geht, wenn die derzeit reibungslos funktionierenden Märkte unter dem Einfluß widriger wirtschaftlicher Bedingungen zusammenbrechen, überträgt sich die Vorstellung vom Unternehmen als einer mechanistischen Organisation leicht auf die gesamte Wirtschaft, die dann gleichfalls als eine mechanistische Organisation aufgefaßt wird« (Worthy 1959, S. 79).

Kapitel 10

Die Profibürokratie

Vorrangiger Koordinationsmechanismus:	Standardisierung der Qualifikationen
Wichtigster Organisationsteil:	Betrieblicher Kern
Wesentliche Gestaltungsparameter:	Ausbildung, horizontale Aufgabenspezialisierung, vertikale und horizontale Dezentralisation
Situative Faktoren:	Komplexe, stabile Umwelt; nicht-regulative, nicht-komplizierte technische Systeme; zeitgemäß

Wir haben an verschiedenen Stellen des Buches Hinweise darauf gefunden, daß Organisationen bürokratisch sein können, ohne zentralisiert zu sein. Die betriebliche Arbeit in solchen Organisationen ist stabil, was ein »vorbestimmtes oder voraussagbares und damit standardisiertes« Verhalten (unsere Definition der Bürokratie in Kapitel 2) zur Folge hat. Doch da die betriebliche Arbeit auch komplex ist, muß sie direkt von den ausführenden Mitarbeitern in eigener Verantwortung kontrolliert werden. Aus diesem Grund setzt die Organisation den einzigen Koordinationsmechanismus ein, der Standardisierung und zugleich Dezentralisation zuläßt – die Standardisierung der von den ausführenden Mitarbeitern erwarteten Qualifikationen. So entsteht eine strukturelle Konfiguration, die als Profibürokratie zu bezeichnen ist und häufig in Universitäten, Krankenhäusern, Schulsystemen, öffentlichen Wirtschaftsprüfungsgesellschaften, Sozialeinrichtungen und Handwerksbetrieben angetroffen wird. Alle diese Organisationen funktionieren dank der Qualifikationen und Kenntnisse ihrer professionellen Mitarbeiter im betrieblichen Kern; in allen Fällen werden Standardprodukte oder -dienstleistungen bereitgestellt.

Beschreibung der grundlegenden Struktur

Die Arbeit im betrieblichen Kern

Wieder haben wir es mit einer Konfiguration zu tun, in der die Gestaltungsparameter eng miteinander verbunden sind.

Insbesondere setzt die Profibürokratie zur Erreichung von Koordination die Standardisierung von Qualifikationen und den damit verbundenen Gestaltungsparameter der Ausbildung und Indoktrination ein. Sie beschäftigt für die Ausführung der Arbeiten im betrieblichen Kern professionelle Mitarbeiter mit entsprechender Ausbildung und Indoktrination und gesteht ihnen dann ein erhebliches Maß an Kontrolle über die eigene Arbeit zu.

Die Arbeitsaufgaben sind in horizontaler Richtung hochspezialisiert, in vertikaler Richtung hingegen erweitert.

Kontrolle über die eigene Arbeit bedeutet, daß der professionelle Mitarbeiter relativ unabhängig von seinen Kollegen, aber in engem Kontakt zu den von ihm betreuten Klienten arbeitet.

Zum Beispiel »arbeitet der Lehrer allein im Klassenzimmer, wo er dem Einblick seitens seiner Kollegen und Vorgesetzten weitgehend entzogen ist, so daß er innerhalb seines Unterrichts erhebliche Ermessensfreiheit hat« (Bidwell 1965, S. 976). Ähnlich verhält es sich bei vielen Ärzten im Hinblick auf die Betreuung ihrer Patienten sowie bei Wirtschaftsprüfern, die persönliche Kontakte zu den Firmen unterhalten, deren Bilanzen sie prüfen.

Der größte Teil der erforderlichen Koordination zwischen den professionellen Mitarbeitern im betrieblichen Kern wird somit durch die Standardisierung der Qualifikationen und Kenntnisse gewährleistet: Dank ihrer Ausbildung wissen die Mitarbeiter, was sie von ihren Kollegen erwarten können. Während einer so langen und komplexen Operation wie einem Eingriff am offenen Herzen »brauchen vor der Öffnung des Brustkorbs und auch während der Operation am Herzen selbst nur sehr wenig Worte (zwischen dem Anästhesisten und dem Chirurgen) gewechselt zu werden: Die optische und akustische Anzeige der Geräte ist Hinweis genug, welche Handgriffe von jedem einzelnen zu erwarten sind; die Operationen werden unter absolutem Schweigen durchgeführt, besonders nach Öffnung des Brustkorbs« (Gosselin 1978). Treffend wird dieser Zusammenhang in einer Karikatur verdeutlicht, wo sich sechs Chirurgen über einen Patienten auf dem Operationstisch beugen und einer sagt: »Wer fängt an?« In ähnlicher Weise können auch die Veranstaltungen im Rahmen einer Managementausbildung, beispielsweise unternehmenspolitische Seminare und Marketingkurse, aufeinander abgestimmt sein, ohne daß sich die beiden zuständigen Professoren jemals auch nur gesehen haben. Solange es sich um Standardkurse handelt, weiß jeder mehr oder weniger genau, welchen Stoff der andere in seiner Veranstaltung bringt.

Wie standardisiert komplexe professionelle Arbeit sein kann, wurde in einem Vortrag deutlich, den Spencer (1976) anläßlich einer Fachtagung für Herz-Kreislauf-Erkrankungen der International Cardiovascular Society hielt. Spencer wies darauf hin, »daß ein guter Chirurg eine lange Ausbildung von fünf und mehr Jahren braucht« (Spencer 1976, S. 1178). Ein wichtiges Merkmal dieser Ausbildung ist die »repetitive Praxis«, die »einen automatischen Reflex« auslösen soll (Spencer 1976, S. 1179). So automatisch soll dieser Reflex sein, daß Spencer in seinen »Kochbüchern für Chirurgen« selbst für »komplexe« Operationen die wesentlichen Schritte als Ketten von dreißig bis vierzig Symbolen auf einem einzigen Blatt Papier auflistet, die man zu irgendeinem Zeitpunkt am Tag vor der Operation etwa sechzig bis 120 Sekunden lang mental abruft« (Spencer 1976, S. 1182). Doch unabhängig davon, wie standardisiert die Kenntnisse und Qualifikationen sind – ihre Komplexität hat zur Folge, daß bei ihrer Anwendung immer noch erhebliche Ermessensfreiheit besteht. Keine zwei Experten – weder Chirurgen, Lehrer noch Sozialarbeiter – setzen ihre Qualifikationen in exakt derselben Weise in die Praxis um. Es bleiben immer noch viele Entscheidungen zu treffen.

Ausbildung und Indoktrination sind in der Profibürokratie eine komplizierte Angelegenheit. Die Grundausbildung findet normalerweise über Jahre hinweg an einer Universität oder an einer speziellen Ausbildungsinstitution statt, wo den angehenden Experten die beruflichen Qualifikationen und Kenntnisse vermittelt werden. Doch in vielen Fällen ist dies nur der erste, wenn auch wichtigste Schritt. Danach folgt normalerweise eine lange Zeit der Ausbildung am Arbeitsplatz, beispielsweise als Assistenzarzt in der Medizin und als Praktikant bei Wirtschaftsprüfern. In dieser praktischen Ausbildung werden die formalen Kenntnisse angewendet und erste berufliche Erfahrungen gesammelt – unter der strengen Aufsicht von Mitgliedern des jeweiligen Berufsstandes. Die Ausbildung am Arbeitsplatz vervollständigt auch den Prozeß der Indoktrination, der bereits während des formalen Unterrichts begann. Nachdem dieser Prozeß abgeschlossen ist, unterzieht der Berufsverband den Kandidaten gewöhnlich einer Prüfung, um festzustellen, ob er über die erforderlichen Kenntnisse, Qualifikationen und Normen verfügt, um in den Beruf eintreten zu können. Dies bedeutet jedoch nicht, daß der Betreffende damit »zum letzten Mal in seinem Leben geprüft wird und als mit Wissen vollgestopft gilt«, so daß »danach keine neuen Ideen mehr in seinen Kopf hineinzubekommen sind«, wie der Humorist Stephen Leacock, selbst Akademiker, einmal den Dr.-Titel (Ph.D.) als erste Hürde für den Beruf des Hochschullehrers kommentierte. Mit der Eingangsprüfung werden lediglich die grundlegenden Anforderungen zu einem bestimmten Zeitpunkt überprüft; der Prozeß der Ausbildung geht weiter. Die berufliche Kompetenz wächst, je mehr neue Kenntnisse und neue Qualifikationen erworben werden: Der professionelle Mitarbeiter liest Fachzeitschriften, besucht Konferenzen und nimmt vielleicht auch regelmäßig an formalen Fortbildungsmaßnahmen teil.

Die bürokratische Beschaffenheit der Struktur

Die gesamte Ausbildung ist auf ein Ziel ausgerichtet – die Internalisierung von Standards, die dem Klienten Rechnung tragen und die professionelle Arbeit koordinieren. Mit anderen Worten:

Die Struktur der Organisationen ist im wesentlichen bürokratisch, wobei die erforderliche Koordination – wie in der Maschinenbürokratie – durch Gestaltung, d.h. durch ganz bestimmte Ausführungsstandards, erzielt wird.

So liest man bei Perrow (1970, S. 74):

Die Geburtshilfe und Gynäkologie ist eine relativ routinemäßig orientierte Abteilung, die sogar insoweit eine gewisse Ähnlichkeit mit der Fließbandproduktion hat, als die werdende Mutter im absehbaren Geburtsablauf von Zimmer zu Zimmer und von einer Schwester zur nächsten gereicht wird. Diese Abteilung ist auch eine derjenigen Einheiten im Krankenhaus, die sich am häufigsten dem Vorwurf der Unpersönlichkeit und Entpersönlichung ausgesetzt sieht. Für die Mutter ist die Geburt ein einzigartiges Ereignis, nicht aber für den Arzt und all die anderen Mitarbeiter, die solches viele Male am Tag erleben.

Doch die beiden Bürokratien unterscheiden sich ganz erheblich hinsichtlich des Ursprungs ihrer Standardisierung.

Die Maschinenbürokratie erzeugt ihre eigenen Standards – ihre Technostruktur gestaltet die Arbeitsstandards für die ausführenden Mitarbeiter, und die Linienführungskräfte setzen sie durch; dagegen werden die Standards der Profibürokratie weitgehend außerhalb der eigenen Struktur entwickelt – in den sich selbst verwaltenden Berufsverbänden, denen ihre professionellen Mitarbeiter im betrieblichen Kern ebenso wie deren Kollegen aus anderen Profibürokratien angehören.

Diese Berufsverbände legen allgemeingültige Standards fest und tragen dafür Sorge, daß diese an den Universitäten vermittelt und in allen Bürokratien dieser Berufsrichtung eingehalten werden.

Während also die Maschinenbürokratie ihre Existenzgrundlage in der hierarchischen Autorität von Führungskräften »kraft ihres Amtes« sieht, betont die Profibürokratie die professionelle Autorität der Mitarbeiter »kraft ihrer Fachkompetenz«.

Die übrigen Formen der Standardisierung sind in der Profibürokratie nur schwer einzusetzen. Die Arbeitsprozesse als solche sind zu komplex, als daß sie sich unmittelbar von Analytikern standardisieren ließen. Man stelle sich nur einen Arbeitsstudienanalytiker vor, der einen Kardiologen bei seiner Visite begleitet oder einen Lehrer beim Unterricht beobachtet, um dann die jeweiligen Arbeitsprozesse zu programmieren. Auch die Produkte professioneller Arbeit lassen sich nicht ohne weiteres messen und sind infolgedessen für eine Standardisierung nicht geeignet. Wie soll ein Planer beispielsweise eine Therapie in der Psychiatrie definieren, den Lernerfolg beim Unterricht bestimmen oder die Qualität der Arbeit eines Wirtschaftsprüfers beurteilen? Profibürokratien können daher von der Formalisierung der professionellen Arbeit oder von entsprechenden Planungs- und Kontrollsystemen kaum Gebrauch machen.

Dasselbe trifft weitgehend für die beiden übrigen Koordinationsmechanismen zu: Sowohl die persönliche Weisung als auch die gegenseitige Abstimmung behindern den engen Kontakt zwischen dem professionellen Mitarbeiter und seinen Klienten. Dieser Kontakt ist nur möglich, wenn ein hohes Maß an professioneller Autonomie gegeben ist – wenn also nicht Anordnungen »von oben« zu befolgen oder umfassende Absprachen mit Kollegen vorzunehmen sind. Ohnehin erübrigt sich die Verwendung der anderen vier Koordinationsmechanismen insoweit, als mit der Standardisierung der Qualifikationen bereits ein großer Teil der erforderlichen Koordination im betrieblichen Kern gewährleistet ist.

Die Kategorisierung

Den Funktionsablauf des betrieblichen Kerns in einer Profibürokratie kann man am besten verstehen, wenn man sich dort ein Repertoire an Standardverfahren – die Palette all der zu Gebote stehenden professionellen Qualifikationen – vorstellt, die in vorbestimmten, auch als »Kontingenzen« bezeichneten und somit standardisierten Situationen zur Anwendung kommen.

Weick (1976, S. 8) stellt diesbezüglich treffend fest: »Schulen fallen unter die Rubrik «Bau und Instandhaltung». In diesem Zusammenhang ist häufig auch von Kategorisierung die Rede.

Somit hat der professionelle Mitarbeiter zwei grundlegende Aufgaben:
(1) Kategorisierung der Bedürfnisse des Klienten im Hinblick auf eine Kontingenz, die den Einsatz eines bestimmten Standardverfahrens vorgibt – die Diagnose;
(2) die Anwendung oder Durchführung des jeweiligen Verfahrens.

Eine solche Kategorisierung vereinfacht die Zusammenhänge ganz erheblich. »Die Leute werden kategorisiert und in ›Schubfächer‹ gepackt, weil es einen enormen Aufwand bedeuten würde, jeden Fall als einmalig zu betrachten und einer gründlichen Analyse zu unterziehen. Wie Stereotype verschaffen uns Kategorien die Möglichkeit, uns in der Welt zu bewegen, ohne in jedem Augenblick kontinuierlich Entscheidungen treffen zu müssen« (Perrow 1970, S. 58). So untersucht ein Psychiater den Patienten, diagnostiziert ihn als manisch-depressiv und leitet eine Psychotherapie ein. Oder ein Professor stellt fest, daß sich 100 Studenten für seine Veranstaltung angemeldet haben, und trägt den Stoff im Rahmen einer Vorlesung vor; hat er dagegen nur zwanzig Studenten, wird er sich für ein Seminar entscheiden. Genauso zaubert der Unternehmensberater seine Standard-Akronyme aus dem Aktenkoffer hervor – MBO, MIS, LRP, PERT, OD. Der Kunde mit Projektarbeit bekommt mit PERT (Program Evaluation and Review Technique) die Netzplantechnik verordnet; bei Führungskonflikten verspricht OD (Organization Development) »Hilfe zur Selbsthilfe«. Natürlich leisten die Klienten auch einen eigenen Kategorisierungsbeitrag. Wie bereits erwähnt, sucht der Patient mit dem eingewachsenen Zehennagel keinen Kardiologen auf; und wenn ein Student später einmal Manager werden will, studiert er an der Universität betriebswirtschaftliche Fächer.

Simon nimmt zu diesem Kategorisierungsverhalten wie folgt Stellung: »Das Vergnügen, das der gute Fachmann bei seiner Arbeit empfindet, ist nicht nur das Vergnügen, mit einer schwierigen Materie umgehen zu können; es ist auch das Vergnügen, ausreichendes und brauchbares Handwerkszeug geschickt einzusetzen, um Probleme zu bewältigen, die in ihrer Tiefenstruktur durchaus verständlich, im Detail aber unbekannt sind« (Simon 1977, S. 98).

Dieser Kategorisierungsprozeß versetzt die Profibürokratie in die Lage, ihre verschiedenen betrieblichen Aufgaben zu sortieren und einzelnen, relativ autonomen professionellen Mitarbeitern zuzuweisen. Anstatt Zeit und Energie für die Koordinierung der Arbeit mit den Kollegen aufwenden zu müssen, kann sich der professionelle Mitarbeiter auf die Perfektionierung seiner Qualifikationen konzentrieren. Dies bedeutet nicht, daß alle Ungewißheiten im Hinblick auf seine Arbeitsleistung beseitigt wären; es geht lediglich darum, daß die noch verbliebenen Ungewißheiten bezüglich der Arbeitsaufgaben einzelner professioneller Mitarbeiter so weit wie möglich eingeschränkt werden. Ein solches Verhalten in Anbetracht von Ungewißheit ist einer der Gründe, warum der professionelle Mitarbeiter beträchtliche Ermessensfreiheit bei seiner Arbeit benötigt.

Im Zusammenhang mit dem Kategorisierungsprozeß stellen wir grundsätzliche Unterschiede zwischen der Maschinenbürokratie, der Profibürokratie und der Adhokratie fest. Die Maschinenbürokratie ist eine auf einen einzigen Zweck ausgerichtete Struktur; sofern ein entsprechender Anreiz gegeben ist, setzt die Organisation ihre einzige Standardabfolge von Programmen ein – so wie ein gezielter Schlag auf das Knie einen Reflex auslöst. Eine Diagnose ist nicht erforderlich. In der Profibürokratie ist die Diagnose hingegen eine grundlegende, wenn auch noch fest umrissene Aufgabe. Die Organisation ist bemüht, eine vorbestimmte Kontingenz mit einem Standardprogramm in Einklang zu bringen. Eine Diagnose mit völlig ungewissem Ergebnis, bei der es um eine kreative Lösung für ein einmaliges Problem geht, erfordert eine dritte Konfiguration, die wir als Adhokratie bezeichnen. Standardkontingenzen oder -programme sind bei dieser Konfiguration nicht gegeben.

Ein interessantes Merkmal der Profibürokratie besteht darin, daß ihr Kategorisierungsprozeß eine strukturelle Äquivalenz zwischen einer Gruppierung nach Funktionen und der Gruppierung nach Märkten schafft.

Da die Klienten im Hinblick auf die sie betreuenden Experten kategorisiert sind oder sich selbst entsprechend kategorisieren, ist die Struktur der Profibürokratie zugleich funktionsorientiert und marktorientiert.

Zwei Beispiele mögen diesen Zusammenhang verdeutlichen: Die gynäkologische Abteilung in einem Krankenhaus und das chemische Institut an einer Universität sind einerseits als funktionsorientiert anzusehen, weil sie ihre Spezialisten nach Kenntnissen, Qualifikationen und Arbeitsprozessen gruppieren; andererseits können sie als marktorientiert gelten, weil jede Einheit mit einer ganz bestimmten Art von Klienten zu tun hat – im ersten Fall mit Frauen, im zweiten Fall mit Chemiestudenten. Auf diese Weise wird die Unterscheidung zwischen funktionsorientierter und marktorientierter Gruppierung im besonderen Fall der Profibürokratie aufgehoben.

Schwerpunkt auf dem betrieblichen Kern

Alle bisher erörterten Gestaltungsparameter – insbesondere die Ausbildung der Mitarbeiter im betrieblichen Kern, ihre vertikal erweiterten Aufgaben und der geringe Einsatz von Verhaltensformalisierung sowie Planungs- und Kontrollsystemen – lassen darauf schließen, daß der betriebliche Kern der wichtigste Organisationsteil der Profibürokratie ist. Darüber hinaus ist nur noch der Hilfsstab voll ausgebaut, doch auch dieser ist in erster Linie auf die Bedürfnisse des betrieblichen Kerns ausgerichtet.

In Anbetracht des hohen Kostenaufwands, den die professionellen Mitarbeiter verursachen, erweist es sich als sinnvoll, ihnen so viel Unterstützung und Hilfe wie möglich zu bieten und alle formalisierbaren Routinearbeiten abzunehmen. So richten Universitäten eigene Kopierdienste, Klubs, Alma-Mater-Fonds, Verlage, Archive, Sportzentren, Bibliotheken, Rechenzentren und viele andere Hilfseinheiten ein.

Die Technostruktur und die Hierarchie in der Mittellinie sind in der Profibürokratie nicht stark entwickelt. In anderen Konfigurationen (mit Ausnahme der Adhokratie) sind sie es, die die Arbeit im betrieblichen Kern koordinieren. Doch in der Profibürokratie können sie zur Koordination der betrieblichen Arbeit kaum beitragen. Da nur ein geringer Bedarf an Planung und an der Formalisierung der Arbeit der professionellen Mitarbeiter besteht, ist auch eine Technostruktur kaum gefragt. (Wie wir noch sehen werden, bildet lediglich der nicht-professionelle Hilfsstab eine Ausnahme.) An der McGill University in Montreal, einer Institution mit 17 000 Studenten und

1 200 Professoren, konnte der Autor nur zwei kleine Abteilungen finden, die als technokratisch anzusehen sind: ein winziges Planungsbüro und ein hochschuldidaktisches Zentrum, wo die Professoren ihre pädagogischen Fähigkeiten weiterentwickeln können. (Beide Abteilungen haben kontinuierlich um ihre Anerkennung von oben zu kämpfen.) Auch die Mittellinie in der Profibürokratie ist nicht ausgebaut. Da kaum Bedarf an persönlicher Weisung der professionellen Mitarbeiter im betrieblichen Kern oder an gegenseitiger Abstimmung besteht, können die betrieblichen Einheiten sehr groß sein; entsprechend klein ist die Zahl der Führungskräfte auf der hierarchischen Ebene, zu der diese Einheiten gehören. Wie bereits an früherer Stelle erwähnt worden ist, funktionierte die Fakultät für Betriebswirtschaftslehre an der McGill University zu der Zeit, als dieses Buch entstand, reibungslos mit sechzig Professoren und einem Dekan als einziger Führungskraft.

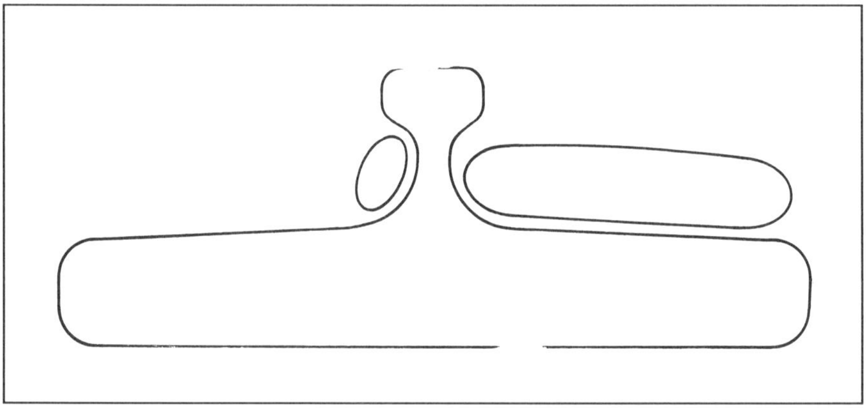

Abb. 10-1: Die Profibürokratie

Abbildung 10-1 zeigt die Profibürokratie im Sinne unseres Logos als eine Struktur mit einer dünnen Mittellinie, einer verschwindend kleinen Technostruktur und einem voll ausgebauten Hilfsstab. Alle diese Merkmale kommen auch im Organigramm der McGill University zum Ausdruck (Abbildung 10-2).

Dezentralisation in der Profibürokratie

Aus den bisherigen Ausführungen wird deutlich, daß die Profibürokratie sowohl in vertikaler als auch in horizontaler Richtung eine stark dezentralisierte Struktur ist.

Ein großer Teil der Macht über den betrieblichen Arbeitsablauf ist unten in der Struktur verankert – bei den professionellen Mitarbeitern des betrieblichen Kerns. Häufig arbeitet ein jeder von ihnen mit seinen eigenen Klienten und ist allenfalls der kollektiven Kontrolle seiner Kollegen unterworfen, die ihn zunächst ausgebildet und in-

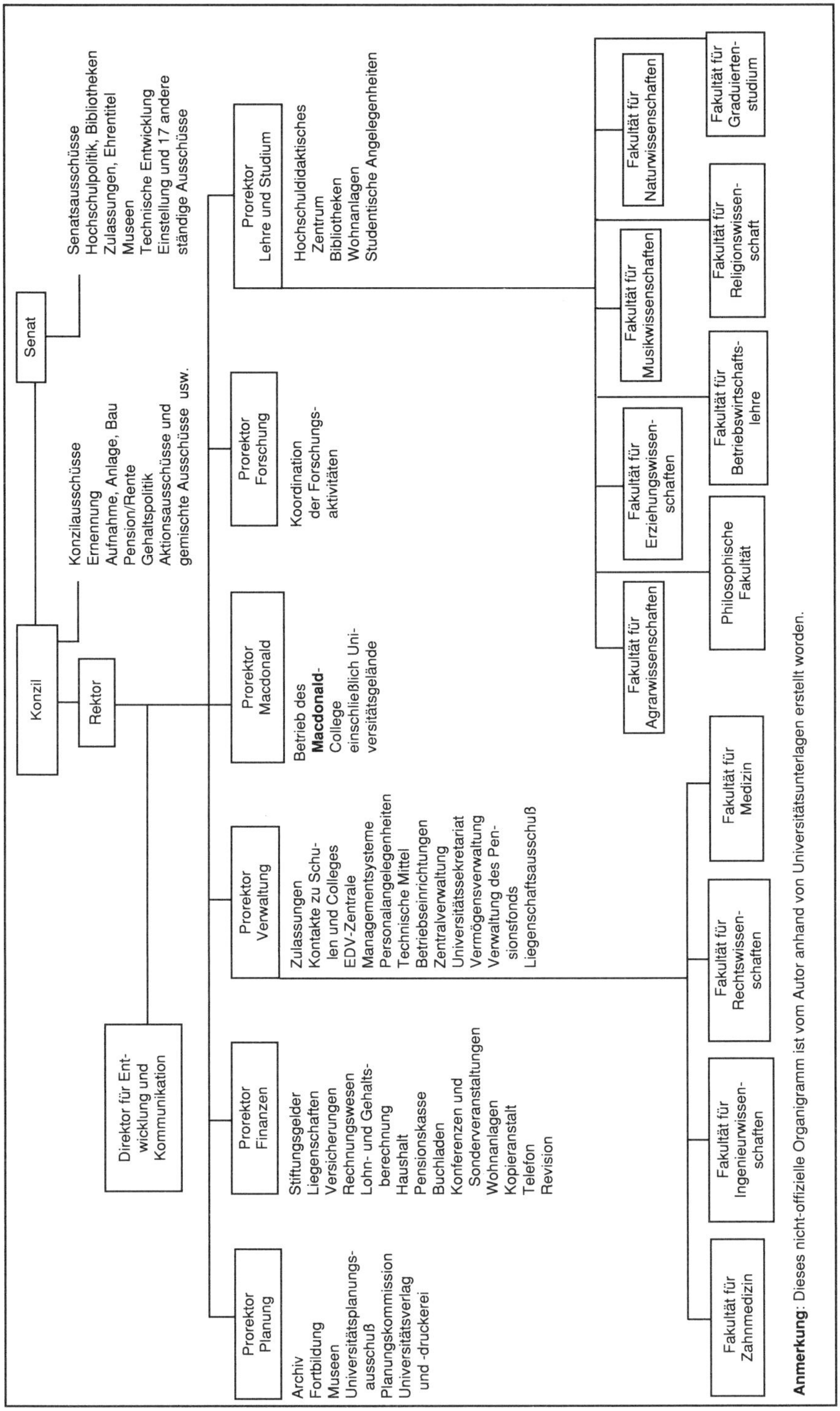

Abb. 10-2: Organigramm der McGill University Montreal (um 1978)

doktriniert haben und sich das Recht vorbehalten, ihn später im Fall der Vernachlässigung seiner beruflichen Sorgfaltspflicht zur Rechenschaft zu ziehen.

Die Macht des professionellen Mitarbeiters beruht auf zwei Gründen: Nicht nur ist seine Arbeit zu komplex, als daß sie von Führungskräften beaufsichtigt oder von Analytikern standardisiert werden könnte, sondern seine Dienste sind gewöhnlich auch sehr gefragt. Dies verschafft dem professionellen Mitarbeiter eine Mobilität, die es ihm gestattet, auf erheblicher Autonomie bei seiner Arbeit zu bestehen: Wenn der professionelle Mitarbeiter nicht die Autonomie erhält, die er für sich beansprucht, kann er sich durchaus überlegen, ob er mitsamt seinen Qualifikationen weiterziehen soll.

Man mag sich nun fragen, warum professionelle Mitarbeiter überhaupt in Organisationen arbeiten wollen. Dafür gibt es natürlich eine Reihe guter Gründe. Zum einen können professionelle Mitarbeiter in einer gemeinsamen Organisation bestimmte Ressourcen, einschließlich Hilfsdienste, gemeinsam in Anspruch nehmen: Ein Chirurg kann sich keinen eigenen Operationsraum mit sämtlichen Einrichtungen leisten und nutzt ihn daher zusammen mit anderen, so wie Professoren Labors, Vorlesungsräume, Bibliotheken und Kopiereinrichtungen gemeinsam benutzen. Durch den Zusammenschluß in Organisationen ist auch die Möglichkeit gegeben, daß die professionellen Mitarbeiter voneinander lernen und professionellen Nachwuchs heranziehen. Manche Vertreter der professionellen Berufe müssen sich auch einer Organisation anschließen, um Kunden oder Klienten zu bekommen. So haben einige Ärzte zwar ihre Privatpatienten, aber in anderen Fällen werden ihnen auch Patienten von den Krankenhäusern zur Fortsetzung einer ambulanten oder bis dahin stationär erfolgten Behandlung überwiesen. Ein weiterer Grund, warum sich professionelle Mitarbeiter zu Organisationen zusammenschließen, besteht darin, daß die Klienten häufig die Dienste von mehr als einem solcher Mitarbeiter in Anspruch nehmen müssen. Eine Operation verlangt in jedem Fall einen Chirurgen, einen Anästhesisten und eine Krankenschwester; ein Studium der Betriebswirtschaftslehre läßt sich nur mit mindestens einem Dutzend verschiedener Spezialisten sinnvoll gestalten. Schließlich bietet der Zusammenschluß von Vertretern verschiedener Professionen die Möglichkeit, daß Klienten an einen Kollegen weiterverwiesen werden können, wenn sich die zunächst gestellte Diagnose als falsch herausstellen sollte oder sich die Bedürfnisse des Klienten während der Betreuung durch einen der professionellen Mitarbeiter ändern. Wenn bei einem Nierenpatienten Herz-Kreislauf-Probleme auftreten, ist dies nicht der Zeitpunkt, ihn zu einem Kardiologen in ein anderes Krankenhaus zu verlegen. Und wenn ein Wirtschaftsprüfer feststellt, daß sein Klient eine Beratung in Steuerangelegenheiten benötigt, ist es gut zu wissen, daß andere Abteilungen in derselben Organisation in der Lage sind, die erforderlichen Dienste zu leisten.

Die administrative Struktur

Nach allem, was wir bisher gesehen haben, ist die Profibürokratie eine in hohem Maße demokratische Struktur, zumindest für die professionellen Mitarbeiter des betrieblichen Kerns.

> Die professionellen Mitarbeiter sind nicht nur für ihre eigene Arbeit verantwortlich, sondern streben auch die kollektive Kontrolle über die ihre Arbeit betreffenden administrativen Entscheidungen an – beispielsweise Entscheidungen hinsichtlich der Einstellung und Beförderung von Kollegen oder der Verteilung von Ressourcen.

Kontrolle über diese Entscheidungen setzt Kontrolle über die Mittellinie der Organisation voraus, und dies erreichen die professionellen Mitarbeiter, indem sie dafür sorgen, daß die Mittellinie mit »ihresgleichen« besetzt wird. Einen Teil der administrativen Arbeit erledigen die professionellen Mitarbeiter des betrieblichen Kerns selbst. So ist jeder Universitätsprofessor Mitglied im einen oder anderen Ausschuß, um sich eine gewisse Kontrolle über die Entscheidungen, die seine Arbeit betreffen, zu sichern. Hinzu kommt, daß hauptamtliche Administratoren, sofern sie in diesen Strukturen überhaupt zu Macht und Einfluß kommen wollen, anerkannte Mitglieder des jeweiligen Berufsstandes sein müssen und nach Möglichkeit von den professionellen Mitarbeitern im betrieblichen Kern gewählt oder zumindest mit deren Zustimmung ernannt werden. Auf diese Weise entsteht eine vergleichsweise demokratische administrative Struktur.

In einer solchen administrativen Struktur wird Koordination weitgehend durch gegenseitige Abstimmung erzielt. Aus diesem Grund sind Kontaktinstrumente in der Mittellinie, wenn auch in geringerem Maß im betrieblichen Kern, wichtige Gestaltungsparameter. Arbeitskreise und insbesondere ständige Ausschüsse gibt es zur Genüge; in Abbildung 10-2 kommt dies deutlich zum Ausdruck. Zwecks Integration der administrativen Vorgänge werden bestimmte Positionen eingerichtet – beispielsweise die Stelle eines Stationsleiters im Krankenhaus. Einige Profibürokratien setzen in ihrer Administration sogar eine Matrixstruktur ein.

Aufgrund der Macht der Mitarbeiter im betrieblichen Kern werden Profibürokratien zuweilen auch als »kollegiale« Organisationen bezeichnet. So beschreiben sich einige professionelle Organisationen gern als eine auf den Kopf gestellte Pyramide, in der die betrieblichen Mitarbeiter oben stehen, während die Administratoren darunter ihnen zu Diensten sind – damit etwa der Operationsraum mit all seinen Einrichtungen stets sauber ist und im Klassenzimmer immer Kreide liegt. Eine solche Beschreibung ist natürlich eine Untertreibung von Macht und Einfluß seitens des professionellen Administrators, aber auf den nicht-professionellen Administrator, der die Hilfseinheiten leitet, scheint sie zuzutreffen. Für den Hilfsstab, der häufig dem professionellen Kern zahlenmäßig weit überlegen ist, der aber größtenteils nicht-professionelle Arbeit leistet, gibt es keine Demokratie in der Profibürokratie. Hilfseinheiten wie die Hausmeisterfunktion oder die Küche im Krankenhaus oder auch die universitätseigene Kopiereinrichtung werden kaum von der administrativen Spitze aus geleitet. Sie existieren vielmehr als maschinenbürokatische Konstellationen innerhalb der Profibürokratie.

Häufig entstehen in Profibürokratien parallele administrative Hierarchien – eine demokratische »bottom-up«-Hierarchie für die professionellen Mitarbeiter und eine maschinenbürokratische »top-down«-Hierarchie für den Hilfsstab.

In der professionellen Hierarchie beruht alle Macht auf der Fachkompetenz; Einfluß verdankt der professionelle Mitarbeiter seinen Kenntnissen und Qualifikationen. Mit anderen Worten: Ein Großteil der Macht verbleibt unten in der Hierarchie bei den professionellen Mitarbeitern im betrieblichen Kern. Dies schließt natürlich keineswegs eine gewisse »Hackordnung« unter den professionellen Mitarbeitern aus. Doch diese »Hackordnung« ergibt sich zwangsläufig, zumal sie Ausdruck der unterschiedlich ausgeprägten professionellen Erfahrungen und Kompetenzen ist. So entwickelt sich der wissenschaftliche Nachwuchs mit zunehmender Erfahrung und steigendem Ansehen von der wissenschaftlichen Hilfskraft zum Assistenten, dann eventuell zum Assistenzprofessor und schließlich zum ordentlichen Professor; auch Ärzte kommen als junge Assistenzärzte ins Krankenhaus und müssen erst die Approbation erlangen, bevor sie zum sogenannten medizinischen Stab zählen. In vielen Krankenhäusern untersteht dieser Stab nicht einmal dem Verwaltungsdirektor als dem Hauptgeschäftsführer, sondern unmittelbar dem Kuratorium. (Charns (1976) hat sogar berichtet, daß 41 Prozent der befragten Ärzte in Lehrkrankenhäusern der Meinung waren, überhaupt niemandem verantwortlich zu sein!) In der nicht-professionellen Hierarchie verbleiben Macht und Status dagegen in der Administration; gegrüßt wird die Uniform, nicht der Soldat. Anders als in der professionellen Struktur sind hier administrative Aufga-

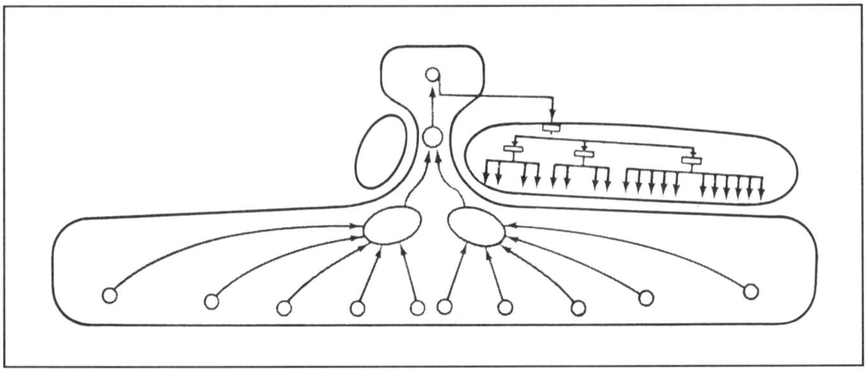

Abb. 10-3: Parallele Hierarchien in der Profibürokratie

ben und keine spezialisierten Funktionen der Organisation wahrzunehmen, um einen gewissen Status zu erlangen. Doch »die Forschung zeigt, daß eine professionelle Orientierung in Richtung Hilfsdienste und eine bürokratische Orientierung in Richtung disziplinierter Verfahrenseinhaltung gegensätzliche Arbeitsansätze darstellen, die in Organisationen häufig zu Konflikten führen« (Blau 1967-68, S. 456). Wie Abbildung 10-3 verdeutlicht, hält man die beiden parallelen Hierarchien aus diesem Grund voneinander getrennt.

Die Funktionen des professionellen Administrators

Und was ist mit den Administratoren der professionellen Hierarchie – den Verwaltungsdirektoren und Leitern in den Krankenhäusern, den Rektoren und Dekanen in den Universitäten? Besitzen sie gar keine Macht? Im Vergleich zu entsprechenden Positionen in Einfachstrukturen und Maschinenbürokratien sind ihre Machtbefugnisse sicher erheblich eingeschränkt. Dennoch: Der professionelle Administrator mag nicht befugt sein, die professionellen Mitarbeiter direkt zu lenken und zu kontrollieren, aber er hat eine Reihe von Funktionen zu erfüllen, die ihm beträchtliche indirekte Macht in der Struktur verleihen.

Zum einen verbringt der professionelle Administrator einen großen Teil seiner Zeit mit der Bewältigung von Störungen in der Struktur.

Der weiter oben erörterte Kategorisierungsprozeß bietet eine bestenfalls unzureichende Hilfestellung und führt unter den professionellen Mitarbeitern zu allen möglichen Zuständigkeitsstreitereien, die einer Lösung bedürfen. Wer soll die Statistikveranstaltung im Rahmen des betriebswirtschaftlichen Studiums durchführen – das Institut für Mathematik oder das Institut für Betriebswirtschaftslehre? Wer soll im Krankenhaus Brustamputationen vornehmen – Chirurgen, die sich auf Operationen spezialisiert haben, oder Gynäkologen, die sich auf Frauenkrankheiten spezialisiert haben? Doch nur selten kann ein hochrangiger Administrator den konfligierenden professionellen Mitarbeitern oder Einheiten eine Lösung aufdrängen. Vielmehr müssen sich die Führungskräfte der betroffenen Einheiten – Institutsleiter, Dekane oder wer immer – zusammensetzen und eine Lösung für ihre Verantwortungsbereiche aushandeln. Auch zwischen den beiden parallelen Hierarchien entstehen häufig Koordinationsprobleme, deren Lösung vielfach den professionellen Administratoren überlassen bleibt.

Zum anderen fällt besonders den hochrangigen professionellen Administratoren die wichtige Aufgabe zu, an der Peripherie der Organisation tätig zu werden und zwischen den professionellen Mitarbeitern innerhalb der Organisation und den interessierten Parteien – Regierungen, Interessenverbänden usw. – außerhalb der Organisation zu vermitteln.

Auf der einen Seite wird von den Administratoren erwartet, daß sie die Autonomie der professionellen Mitarbeiter schützen und diese nach außen hin abschirmen. Auf der anderen Seite sollen die Administratoren die externen Interessenten für eine sowohl moralische als auch finanzielle Unterstützung der Organisation gewinnen. Die externen Funktionen der Führungskräfte – Kontaktpflege, Repräsentationspflichten und Öffentlichkeitsarbeit sowie Verhandeln mit externen Instanzen – erweisen sich somit als äußerst wichtige Aufgaben in der professionellen Administration.

Gelegentlich werden die von den professionellen Administratoren wahrzunehmenden Funktionen und Pflichten als Zeichen der Schwäche gewertet: Die Administratoren gelten als Stiefelknechte der professionellen Mitarbeiter – als Schachfiguren, die Zug um Zug in allen möglichen Auseinandersetzungen zwischen zwei professionellen Mitarbeitern, zwischen einem Mitarbeiter des Hilfsstabs und einem professionellen Mitarbeiter oder zwischen einer externen Instanz und einem professionellen Mitarbeiter verschoben werden. Macht entsteht letztlich auf dem Boden der Ungewißheit. Und genau dort befinden sich die professionellen Administratoren: Wem es gelingt, Sondermittel für seine Organisation aufzutreiben, der wird auch mitreden können, wenn es um die Verteilung dieser Mittel geht; wer Konflikte zugunsten seiner Einheit beilegen kann oder die professionellen Mitarbeiter wirksam gegen externe Einflüsse abzuschirmen versteht, entwickelt sich zu einem angesehenen – und damit »mächtigen« – Organisationsmitglied.

Ironischerweise gerät der professionelle Mitarbeiter im Laufe der Zeit in die Abhängigkeit des effektiven Administrators.

Der professionelle Mitarbeiter sieht sich mit einem grundsätzlichen Dilemma konfrontiert. Häufig hegt er eine Abneigung gegen Verwaltungsaufgaben und möchte in Ruhe seinem Beruf nachgehen können. Doch diese Freiheit gewinnt er nur um den Preis administrativer Bemühungen – Kapitalbeschaffung, Konfliktlösung, Abschirmung gegen Anforderungen von außen. Dem professionellen Mitarbeiter bleibt nur die Wahl zwischen zwei Alternativen: Entweder muß er die administrative Arbeit selbst leisten und hat dann entsprechend weniger Zeit für seine professionellen Aufgaben, oder er überläßt die administrative Arbeit den Administratoren und muß entsprechend einen Teil seiner Entscheidungsbefugnisse preisgeben. Und diese Macht muß obendrein Administratoren übertragen werden, die, gemessen an der Tatsache, daß sie den Beruf als solchen nicht ausüben wollen, vermutlich andere Ziele verfolgen. Beide Alternativen sind ihm gleichermaßen zuwider. Betrachten wir den Fall eines Universitätsprofessors, dem die Forschung am Herzen liegt. Um eine bestmögliche Unterstützung der Forschungsarbeiten in seinem Institut sicherzustellen, müßte er aktiv in Ausschüssen mitarbeiten, in denen über Fragen des Lehrdeputats im Gegensatz zu wissenschaftlicher Forschung entschieden wird. Doch diese Ausschußarbeit nimmt Zeit in Anspruch, die insbesondere der Forschung gewidmet werden könnte. Warum Zeit aufbringen, um etwas zu schützen, wozu man hinterher doch keine

Zeit hat? Der Professor sieht sich notgedrungen veranlaßt, die Verwaltungsaufgaben hauptamtlichen Administratoren zu überlassen, die ihr mangelndes Interesse an der Forschung gerade dadurch zum Ausdruck gebracht haben, daß sie die Aufgaben eines hauptamtlichen Administrators vorziehen.

Wir können somit abschließend feststellen, daß in Profibürokratien sehr wohl solchen professionellen Mitgliedern Macht zuwächst, die sich für die Durchführung administrativer Aufgaben anstelle von professionellen Aufgaben einsetzen, besonders dann, wenn sie sich auf solche Aufgaben gut verstehen. Allerdings ist dies keine »Laissez-faire«-Macht: Der professionelle Administrator behält seinen Einfluß nur so lange, wie die professionellen Mitarbeiter den Eindruck haben, daß er ihre Interessen wirksam vertritt.

Die Führungskräfte der Profibürokratie mögen die vergleichsweise geringste Macht in den fünf Konfigurationen besitzen, aber sie sind keineswegs machtlos. Abgesehen vom Hauptgeschäftsführer, der als Einzelperson die größte Macht in der Profibürokratie besitzt, sind sie individuell gewöhnlich mächtiger als einzelne professionelle Mitarbeiter, auch wenn ihre Macht durch die kollektive Macht der professionellen Mitarbeiter leicht zu überbieten ist.

Strategieentwicklung in der Profibürokratie

Eine Beschreibung des Prozesses der Strategieentwicklung in der Profibürokratie ist vielleicht die beste Möglichkeit, die beiden Aspekte von Macht und Einfluß eines professionellen Administrators zu verdeutlichen. Vorab ist allerdings darauf hinzuweisen, daß es sich in Organisationen mit profibürokratischen Strukturen um Strategien ganz besonderer Art handelt. Da ihre Arbeitsprodukte nur schwer zu messen sind, lassen sich auch ihre Ziele nicht leicht formulieren.

Das Konzept einer Strategie – eines einzigen integrierten und für die gesamte Organisation gültigen Entscheidungsmusters – büßt somit in der Profibürokatie einen Großteil seiner Bedeutung ein.

In Anbetracht der Autonomie eines jeden professionellen Mitarbeiters – seiner engen Arbeitskontakte zu seinen Klienten und seiner losen Arbeitsbeziehungen zu seinen Kollegen – ist es nur logisch, wenn man von einer für jeden professionellen Mitarbeiter persönlich entwickelten Strategie ausgeht. In vielen Fällen wählt jeder Mitarbeiter seine eigenen Kunden oder Klienten und seine eigenen Methoden im Umgang mit ihnen – er wählt sozusagen seine eigene Produktmarkt-Strategie. Doch professionelle Mitarbeiter suchen sich ihre Klienten und Methoden nicht zufällig aus. Vielmehr sind sie durch professionelle Standards und die erworbenen Qualifikationen erheblich eingeschränkt: Die Berufsverbände und die Ausbildungsinstitutionen außerhalb der Organisation spielen eine wichtige Rolle bei der Festlegung der Strategien, die die professionellen Mitarbeiter verfolgen. Insoweit lassen alle Organisationen einer bestimmten Berufsrichtung ähnliche, von außen auferlegte Strategien erkennen. Diese Strategien bezüglich Auswahl und Art der Betreuung von Kunden beziehungsweise Klienten werden den angehenden professionellen Mitarbeitern während ihrer formalen Ausbildung eingetrichtert und nach Bedarf modiziert, wenn neue Anforderungen gestellt und von den Berufsverbänden neue Methoden zu ihrer Erfüllung anerkannt werden. Diese externe Kontrolle über die Entwicklung von Strategien kann zuweilen von sehr direkter Art sein. So wurde in einer an der McGill University in Montreal durchgeführten Untersuchung der folgende Sachverhalt festgestellt: Ein Krankenhaus, das die Übernahme einer neuen Behandlungsmethode verweigert hatte, wurde von einem der medizinischen Berufsverbände mit der Veröffentlichung einer Resolution gemaßregelt, in der es hieß, die Nichtanwendung dieser Behandlungsmethode komme einer Vernachlässigung der beruflichen Sorgfaltspflicht gleich.

Wir können daraus schließen, daß es sich bei den Strategien der Profibürokratie weitgehend um die Strategien der individuellen professionellen Mitarbeiter innerhalb der Organisation sowie um die Strategien der Berufsverbände außerhalb der Organisation handelt.

Weitgehend, aber nicht ausschließlich. Es gibt immer noch Freiheitsgrade, die es jeder einzelnen Organisation einer bestimmten Berufsrichtung gestatten, die grundlegenden Strategien an ihre eigenen Erfordernisse und Interessen anzupassen. So gibt es Nervenheilanstalten, Frauenkliniken und Militärhospitäler; alle Einrichtungen entsprechen den in der medizinischen Behandlung üblichen Standards, aber jede einzelne richtet diese Standards auf den jeweils gewählten speziellen »Markt« aus.

Wie kommen nun diese organisatorischen Strategien zustande?

Allem Anschein nach sind die eigenen Strategien der Profibürokratie nichts anderes als die kumulative Wirkung all der Projekte oder strategischen »Initiativen«, deren Durchführung die Organisationsmitglieder im Laufe der Zeit haben durchsetzen können – beispielsweise die Anschaffung neuer Apparaturen in einem Krankenhaus, die Zulassung einer neuen Studienrichtung an einer Universität, die Einrichtung einer neuen Spezialabteilung in einer Wirtschaftsprüfungsgesellschaft.

Die meisten dieser Initiativen gehen von den professionellen Mitarbeitern im betrieblichen Kern aus – von den »Profipionieren«, die keine Mühe scheuen, die Anerkennung neuer Projekte bei der komplexen administrativen Struktur (und im Falle neuer und kontroverser Methoden auch bei den externen Berufsverbänden) auszuhandeln.

Dabei bleibt auch der professionelle Administrator nicht passiv. Wie bereits erwähnt, sind Verwaltungsaufgaben nicht gerade das Steckenpferd des professionellen Mitarbeiters. So verläßt er sich auf den hauptamtlichen Administrator, damit dieser sein Projekt bei den Verhandlungen mit allen beteiligten Instanzen unterstützt. Zum einen hat der Administrator die Zeit, sich um derartige Dinge zu kümmern. Schließlich ist dies sein Job – seinen einst erlernten Beruf übt er nicht mehr aus. Zum anderen kennt er sich im System der administrativen Ausschüsse bestens aus und pflegt auch viele persönliche Kontakte; beides ist für die Durchsetzung eines Projekts erforderlich. Der Administrator hat jeden Tag mit dem System zu tun; der »Profipionier« kämpft in seiner ganzen Berufskarriere vielleicht nur ein einziges Mal für ein neues Projekt. Letzten Endes verfügt der Administrator auch mit größerer Wahrscheinlichkeit über die erforderlichen Managementfähigkeiten – beispielsweise über die Fähigkeit, Verhandlungen zu führen und überzeugend aufzutreten.

Doch die Einflußnahme eines effektiven Administrators auf die Entwicklung von Strategien reicht über die Unterstützung der professionellen Mitarbeiter im betrieblichen Kern hinaus: Jede gute Führungskraft ist bemüht, die Organisation nach eigenen Vorstellungen zu verändern und durch Modifizierung ihrer Strategien effektiver zu gestalten. In der Profibürokratie bedeutet dies, daß auch der Administrator strategische Initiativen ergreifen möchte. Doch in diesen prinzipiell »bottom-up«-strukturierten Organisationen kann der Administrator seinen Willen nicht den professionellen Mitarbeitern im betrieblichen Kern aufdrängen. Vielmehr muß er auf seine informelle Macht zurückgreifen und diese mit Bedacht einsetzen. Wohl wissend, daß die professionellen Mitarbeiter nichts sehnlicher wünschen, als in Ruhe gelassen zu werden, geht der Administrator behutsam vor – in ganz kleinen, kaum wahrnehmbaren Schritten. Auf diese Weise vermag er im Laufe der Zeit Veränderungen zu erreichen, die von den professionellen Mitarbeitern spontan abgelehnt worden wären, hätte man sie auf einmal damit konfrontiert.

Bedingungen der Profibürokratie

Die Konfiguration einer Profibürokratie ist immer dann gegeben, wenn der betriebliche Kern einer Organisation überwiegend aus hochqualifizierten, professionellen Mitarbeitern besteht, die schwer zu erlernende, aber gut zu definierende Verfahren anwenden. Dies bedeutet eine sowohl komplexe als auch stabile Umwelt: komplex genug, um den Einsatz schwieriger Verfahren erforderlich zu machen, die nur in umfassenden formalen Ausbildungsgängen zu erlernen sind, zugleich aber so stabil, daß die von den Mitarbeitern zu erwartenden Qualifikationen gut zu definieren und folglich auch zu standardisieren sind.

Somit erweist sich die Umwelt als der wichtigste situative Bestimmungsfaktor für den Betrieb der Profibürokratie.

Dagegen sind die beiden Faktoren Alter und Größe von geringerer Bedeutung. Größere professionelle Organisationen sind in der Tendenz formalisierter und haben stärker entwickelte Hilfsstabsstrukturen. Doch es gibt auch kleine beziehungsweise junge Profibürokratien. Die Maschinenbürokratie braucht eine längere Anlaufzeit, weil sie die Standards innerhalb der Organisation erst ausarbeiten muß. Sie durchläuft somit erst die Phase der Einfachstruktur, bevor ihre Verfahren zur Routine geworden sind. In der Profibürokratie hingegen bringen hochqualifizierte Mitarbeiter die Standards bei ihrem Eintritt in die Organisation mit, so daß nur eine kurze Anlaufzeit nötig ist. Man stelle in einem neuen Krankenhaus eine Gruppe von Ärzten ein oder richte eine neue Kanzlei mit einem Juristenteam ein – in kürzester Zeit funktionieren die Betriebe, als ob sie schon seit Jahren existierten. Die Größe der Organisation erweist sich aus demselben Grund als ein vergleichsweise unwichtiger Faktor; hinzu kommt, daß die professionellen Mitarbeiter weitgehend unabhängig voneinander arbeiten. Ein selbständiger Wirtschaftsprüfer hält sich an dieselben professionellen Standards wie seine 2000 Kollegen in einer riesigen Wirtschaftsprüfungsgesellschaft. Die Profibürokratie läßt somit die Phase der Einfachstruktur in ihren Gründungsjahren schnell hinter sich.

Das technische System ist allenfalls insoweit ein wichtiger situativer Faktor, als es in der Profibürokratie keine in hohem Maße regulative, komplizierte oder gar automatisierte technische Systeme gibt.

Die professionellen Mitarbeiter dieser Konfiguration beanspruchen erhebliche Entscheidungsfreiheit bei ihrer Arbeit. Sie sind es, die Kunden und Klienten unmittelbar und persönlich betreuen. Das technische System darf daher nicht sonderlich regulativ und ganz sicher nicht automatisiert sein. Der professionelle Mitarbeiter widersetzt sich der Rationalisierung seiner Qualifikationen – ihrer Aufteilung in einfach auszuführende Schritte – in der berechtigten Annahme, daß diese seine Arbeit im Sinne der Technostruktur programmierbar machen, die Grundlage seiner Autonomie zerstören und die Struktur maschinenbürokratisch gestalten würde.

Das technische System darf auch nicht kompliziert sein. Der Chirurg benutzt ein Skalpell, der Wirtschaftsprüfer einen Bleistift. Beide Instrumente müssen funktionsfähig sein, stellen ansonsten aber einfaches und alltägliches Werkzeug dar. Und doch gestatten sie ihren Benutzern die unabhängige Ausführung von möglicherweise ausgesprochen komplexen Funktionen. Kompliziertere Instrumente wie der Computer in der Wirtschaftsprüfungsgesellschaft oder das Koronarzentrum in der Klinik schränken die Autonomie des professionellen Mitarbeiters ein, indem sie ihn zwingen, wie in der Adhokratie in multidisziplinären Teams zu arbeiten. Diese Teams befassen sich großenteils mit der Gestaltung, Modifizierung und Instandhaltung der Einrichtungen; ihr Einsatz führt aufgrund des meist regulativen und häufig automatisierten Betriebsablaufs dazu, daß die Beziehung zwischen dem professionellen Mitarbeiter und seinen Kunden beziehungsweise Klienten unpersönlicher wird.

In der reinen Form der Profibürokratie ist die Technologie der Organisation (ihre Wissensbasis) kompliziert, aber ihr technisches System (die zur Anwendung dieser Wissensbasis eingesetzten Instrumente) ist unkompliziert.

Das Paradebeispiel der Profibürokratie ist die auf persönliche Dienstleistungen spezialisierte Organisation mit komplexen, stabilen Arbeitsaufgaben. Schulen und Universitäten, Unternehmensberatungsfirmen, Anwaltsbüros und Wirtschaftsprüfungsgesellschaften sowie Sozialeinrichtungen zählen zu dieser Konfiguration, solange sie schwerpunktmäßig nicht auf die innovative Lösung neuer Probleme, sondern auf die Anwendung von Standardprogrammen bei wohldefinierter Problemstellung ausgerichtet sind. Dasselbe gilt für Krankenhäuser zumindest insoweit, als einfache technische Systeme verwendet werden. (Vor allem in Lehrkrankenhäusern, in denen zunehmend der Einsatz komplizierterer Ausrüstungen erforderlich wird, entwickelt sich die Struktur des Krankenhauses zu einer Mischstruktur mit den Merkmalen der Adhokratie. Doch diese Tendenz wird durch das vorrangige Sicherheitsbestreben des Krankenhauses wieder abgeschwächt. Nur erprobte und für gut befundene Vorgehensweisen dürfen bei Normalpatienten zur Anwendung kommen. Institutionen, denen das Leben von Patienten anvertraut ist, haben eine natürliche Aversion gegen die vergleichsweise lockeren, organischen Strukturen einer Adhokratie.) Ein großer Teil des Dienstleistungssektors unserer derzeitigen Gesellschaft wendet Standardprogramme zur Lösung wohldefinierter Probleme an. In Anbetracht des enormen Wachstums, den dieser Sektor in den letzten Jahrzehnten erfahren hat, ist die Profibürokratie zu einer bedeutsamen Konfiguration geworden.

Bisher sind alle unsere Beispiele dem Dienstleistungssektor entnommen. Doch Profibürokratien gibt es auch in Produktionsunternehmen, vor allem dann, wenn die Umwelt komplexe, aber stabile Arbeitsaufgaben verlangt und das eingesetzte technische System weder regulativ noch kompliziert ist. Dies gilt für den Handwerksbetrieb, der eine wichtige Variante der Profibürokratie darstellt. Die Organisation basiert auf hochqualifizierten Handwerkern, die relativ einfaches Werkzeug zur Herstellung von Standardprodukten einsetzen. Schon der Begriff Handwerker impliziert eine Art Professionalität, die das Erlernen traditioneller Qualifikationen im Verlauf einer langen Lehrlingsausbildung und danach deren praktische Anwendung ohne jegliche persönliche Weisung voraussetzt. Handwerksbetriebe haben in aller Regel eine verschwindend kleine administrative Komponente – keine Technostrukturen und nur wenige Führungskräfte, die zudem vielfach Seite an Seite mit den Handwerkern arbeiten.

Viele Handwerker verloren in der Industriellen Revolution ihre Arbeit. Die Arbeitsaufgaben – zum Beispiel die Herstellung von Schuhen – wurden rationalisiert, so daß die Kontrolle von den ausführenden Handwerkern auf die rationalisierenden Analytiker überging. Aus kleinen Handwerksbetrieben wurden große Maschinenbürokratien. Doch einige handwerklich orientierte Gewerbe gibt es immer noch – zum Beispiel die Herstellung von feingeschliffenem Kristallglas und handgefertigter Keramikware, Fotoateliers, die sich auf Portraitaufnahmen spezialisiert haben, oder auch die Gastronomie. Wie diese Beispiele zeigen, wird der Begriff Handwerk heute mit funktionaler Kunst in Verbindung gebracht – mit handgefertigten Produkten, die eine Funktion erfüllen, aber aufgrund ihres ästhetischen Wertes gekauft werden. Auch eine wichtige Industrie, die Baubranche, ist nachweislich noch weitgehend handwerklich orientiert.

Die Märkte der Profibürokratie sind häufig diversifiziert. Wie bereits erwähnt, bringen diese Organisationen vielfach Gruppen von professionellen Mitarbeitern verschiedener Fachrichtungen zusammen, die unterschiedliche Arten von Kunden oder Klienten betreuen. So gibt es im Krankenhaus Gynäkologen zur Behandlung von Frauen, Kinderärzte zur Behandlung von Kindern usw.; die Universität hat ihre Philosophieprofessoren, die interessierten Studenten zu guter Allgemeinbildung verhelfen, und ihre ingenieurwissenschaftlich ausgerichteten Professoren, die ihren Studenten die Qualifikationen für eine bestimmte Berufskarriere vermitteln. Hypothese 11 zufolge sollten wir annehmen, daß eine solche Marktdiversität eine marktorientierte Gruppierung der professionellen Mitarbeiter nahelegt (vgl. Kapitel 6). Wie wir gesehen haben, trifft dies tatsächlich zu. (Allerdings haben wir auch festgestellt, daß die Gruppierung nach Märkten in Profibürokratien infolge der Art und Weise, in der professionelle Dienste in Anspruch genommen werden, auf dasselbe hinausläuft wie die Gruppierung nach Funktionen.)

Manchmal sind die Märkte der Profibürokratien auch geographisch diversifiziert, was zu einer Variante führt, die wir als regional strukturierte Profibürokratie bezeichnen wollen. Hier stellt sich verstärkt das Problem, daß die Loyalität gegenüber der Organisation gewahrt bleibt, denn die professionellen Mitarbeiter leisten ihre autonome Arbeit an Orten, die von der administrativen Struktur weit entfernt sein können. Zum Beispiel kommen die Förster der amerikanischen staatlichen Forstbehörde überall in den Vereinigten Staaten zum Einsatz; sie alle arbeiten selbständig, wie auch CIA-Agenten und manche Gutachter oder Berater. Infolgedessen müssen ihre Organisationen in hohem Maße auf Ausbildung und vor allem auf Indoktrination zurückgreifen. Die Mitarbeiter werden – häufig von der Organisation selbst – sorgfältig ausgewählt, umfassend geschult und stark indoktriniert, bevor sie zu ihren Arbeitsplätzen in weit entfernte Gegenden geschickt werden. Später ruft man sie dann zwecks Auffrischung der Indoktrination in die Organisationszentrale zurück, und vielfach wird auch ein Arbeitsplatzwechsel vorgenommen, um sicherzustellen, daß die Loyalität der Mitarbeiter nach wie vor der Organisation gilt und nicht auf die betreuten geographischen Bereiche übertragen wird.

Die Profibürokratie tritt gelegentlich auch als Mischstruktur auf. Bei unseren Ausführungen im Zusammenhang mit Krankenhäusern haben wir weiter oben bereits auf eine mögliche Kombination mit den Merkmalen der Adhokratie hingewiesen, die wir als Profibüro-Adhokratie bezeichnen könnten. Eine andere Mischform – die einfache Profibürokratie – liegt dann vor, wenn hochqualifizierte professionelle Mitarbeiter

Standardqualifikationen einsetzen, aber dennoch wie in der Einfachstruktur Anweisungen von einer starken, zuweilen sogar autokratischen Führungspersönlichkeit erhalten. Ein Beispiel hierfür ist das Symphonieorchester – eine Organisation, in der hochqualifizierte Musiker Standardrepertoires spielen. Einige Leute brandmarken sie als Dirigentendiktatur. Wie dem auch sei: Es ist nicht zu bezweifeln, daß ein Bedarf an starker Führung auf der Basis einer persönlichen Weisung besteht. Nach ihrer Revolution haben die Russen es mit einem Orchester ohne Dirigenten versucht, aber es hat nur wenige Jahre gedauert, bis Konflikte unter den Musikern die Wiedereinführung einer zentralen Führungspersönlichkeit erforderlich machten.

Abschließend sollten wir noch kurz die Auswirkungen der situativen Machtfaktoren, besonders die Mode und den Einfluß der betrieblichen Mitarbeiter, erwähnen. Professionalität ist bei Spezialisten aller möglichen Fachrichtungen heutzutage ein beliebter Ausdruck.

Daher ist auch die Profibürokratie eine ausgesprochen zeitgemäße Struktur – und dies aus gutem Grund, zumal sie weitgehend demokratisch strukturiert ist.

So gereicht es jedem Mitarbeiter zum Vorteil, seinen Arbeitsplatz zu »professionalisieren« – die erforderlichen Qualifikationen zu verbessern, die Analytiker der Technostruktur von der Rationalisierung dieser Qualifikationen abzuhalten sowie Berufsverbände einzurichten, die industrieweite Standards zum Schutz der Qualifikationen aufstellen. Auf diese Weise erreicht der Mitarbeiter im betrieblichen Kern, was ihm in der Maschinenbürokratie versagt bleibt – die Kontrolle über seine Arbeit und über die diesbezüglichen Entscheidungen.

Weitere Überlegungen zur Profibürokratie

Die Profibürokratie ist die einzige der fünf Konfigurationen, die zwei vorrangigen Bedürfnissen des modernen Menschen Rechnung trägt: Sie ist demokratisch, indem sie die Macht direkt an ihre betrieblichen Mitarbeiter (zumindest an die professionellen Mitarbeiter) weitergibt; und sie gestattet umfassende Autonomie, indem sie ihre Mitarbeiter sogar von der Notwendigkeit, sich mit ihren Kollegen zwecks Koordinierung abzustimmen, befreit und die damit damit verbundenen Zwangssituationen und politischen Auseinandersetzungen vermeidet.

Der professionelle Mitarbeiter findet somit einen optimalen Arbeitsplatz vor: Er ist einer Organisation angeschlossen, aber dennoch frei, seine Kunden oder Klienten in eigener Verantwortung zu betreuen, wobei er lediglich an die für seinen Beruf festgelegten Standards gebunden ist.

Professionelle Mitarbeiter sind daher meist verantwortungsbewußte und hochmotivierte Individuen, die sich ihrer Arbeit und den von ihnen betreuten Kunden und Klienten verpflichtet wissen. Im Gegensatz zur Maschinenbürokratie, die Barrieren zwischen dem ausführenden Mitarbeiter und dem Klienten aufbaut, baut die Profibürokratie solche Schranken ab und ermöglicht so die Entwicklung einer persönlichen Beziehung. Hier stehen das technische System und das soziale System in völligem Einklang.

Darüber hinaus gestattet die Autonomie den professionellen Mitarbeitern die Perfektionierung ihrer Qualifikationen, frei von äußeren Einflüssen.

Die Mitarbeiter wiederholen dieselben komplexen Programme wieder und wieder, wobei die noch verbliebenen Ungewißheiten immer kleiner werden, bis nahezu Perfektion in der Durchführung der Arbeit erreicht ist – wie beim provençalischen Keramikkünstler, der im Laufe seiner Karriere die Glasuren, die er auf völlig identische Tonkrüge aufträgt, perfektioniert hat. Die Gedankengänge des professionellen Mitarbeiters sind »konvergent«. Der Chirurg Spencer (1976) spricht in diesem Zusammenhang von einem »Deduktionsschluß« und zitiert einen Bridge-Fan, der während eines dreitägigen Turniers hinter Champion Charles Goren stand und dann zu der Erkenntnis kam: »Er hat nichts getan, was ich nicht hätte auch tun können, nur hat er eben keine Fehler gemacht« (Spencer 1976, S. 1181). Dies bringt sehr schön die zuversichtliche Einstellung der professionellen Mitarbeiter und ihrer Klienten in Profibürokratien zum Ausdruck. Der provençalische Keramikkünstler rechnet kaum mehr mit Überraschungen, wenn er seinen Ofen aufmacht; das gleiche gilt für Dr. Spencers Patienten, wenn sie sich auf seinen Operationstisch legen. Sie wissen, daß solche Operationen schon viele Male durchgeführt worden sind – von diesem Chirurgen wie auch von vielen seiner Kollegen, über deren Erfahrungen er in Fachzeitschriften gelesen hat; die Möglichkeit, daß Fehler gemacht werden, ist auf ein Minimum beschränkt. Krankenhäuser führen neue Behandlungsmethoden bei Normalpatienten erst dann durch, wenn diese vom Berufsverband eingehend geprüft und genehmigt worden sind. So kann sich der Klient der Profibürokratie darauf verlassen, daß der ihn betreuende professionelle Mitarbeiter über sehr viel Erfahrung und hohe Qualifikationen verfügt, diese in einem perfektionierten und nicht in einem experimentellen Verfahren zur Anwendung bringt und bei der Ausführung seiner Arbeit vermutlich hochmotiviert ist.

Doch ausgerechnet die beiden Merkmale der Profibürokratie – Demokratie und Autonomie – leisten erheblichen Problemen Vorschub.

Denn abgesehen von der Kontrolle des Berufsverbandes als solchem besteht keine Möglichkeit, die Arbeit der professionellen Mitarbeiter zu kontrollieren und Unzulänglichkeiten zu korrigieren, die dieser geflissentlich übersieht: Koordinationsprobleme, Ermessensprobleme und Innovationsprobleme.

Koordinationsprobleme

Die Profibürokratie kann in ihrem betrieblichen Kern effektive Koordination nur durch die Standardisierung der von den Mitarbeitern erwarteten Qualifikationen erzielen: Persönliche Weisung und gegenseitige Abstimmung werden als direkte Eingriffe seitens der Administratoren beziehungsweise der Kollegen in die Autonomie des professionellen Mitarbeiters zurückgewiesen, und die Standardisierung der Arbeitsprozesse und der Arbeitsprodukte erweist sich in Anbetracht der komplexen Arbeitsaufgaben mit unzureichend definierten Arbeitsprodukten als ausgesprochen ineffektiv.

> Doch die Standardisierung der Qualifikationen ist bestenfalls ein weicher Koordinationsmechanismus, mit dem viele der in der Profibürokratie anfallenden Erfordernisse nicht zu bewältigen sind.

Vor allem besteht die Notwendigkeit einer Koordination zwischen den professionellen Mitarbeitern und dem Hilfsstab. Für den professionellen Mitarbeiter ist die Situation recht einfach: Er erteilt Anweisungen. Dagegen gerät der Mitarbeiter des Hilfsstabes zwischen zwei Machtsysteme, die ihn auf unterschiedliche Weise unter Druck setzen: Die Linienautorität über ihm bedeutet vertikale Machtausübung, die professionelle Kompetenz neben ihm horizontale Machtausübung.

Vielleicht noch schwieriger sind die Koordinationsprobleme der professionellen Mitarbeiter untereinander zu lösen. Im Gegensatz zu Maschinenbürokratien stellen Profibürokratien keine integrierten Institutionen dar, sondern eine Ansammlung von Individuen, die sich zwecks gemeinsamer Nutzung von Ressourcen und Hilfsdiensten zusammentun, im übrigen aber in Ruhe gelassen werden möchten. Solange der Kategorisierungsprozeß effektiv funktioniert, soll ihnen dies unbelassen bleiben. Doch dieser Prozeß kann niemals so gut sein, als daß nicht doch die einen oder anderen Bedürfnisse der Klienten in den Standardprogrammen unberücksichtigt wären. Die Welt ist ein kontinuierliches, auf komplizierteste Weise vernetztes System. Indem wir dieses Netz aufschneiden, um die Realität überhaupt erfassen zu können, erhalten wir unweigerlich ein Zerrbild. (Auch dieses Buch bildet keine Ausnahme.) Grenzfälle oder Bedürfnisse, die eigentlich zwei Kategorien betreffen, werden – künstlich – der einen oder anderen Kategorie zugeordnet. So wird der menschliche Körper in unserer derzeitigen Medizin weniger als ein integriertes System mit wechselseitig abhängigen Teilen behandelt, sondern eher als eine Ansammlung lose miteinander verbundener Organe gesehen, die den verschiedenen Spezialdisziplinen entsprechen. Für den Patienten, dessen Krankheit genau auf eine dieser Disziplinen zutrifft, entstehen keine Koordinationsprobleme. Für andere jedoch, beispielsweise für den Patienten, der zugleich ein Fall für den Psychiater wie für den Internisten ist, bedeutet die Suche nach der geeigneten Station wiederholte Überweisungen – ein zeitraubender Vorgang, wenn die Zeit drängt. An Universitäten kann der Kategorisierungsprozeß genauso künstlich sein. Dies zeigt sich am Fall des Professors, der mit seinem Interesse an der Struktur von Produktionssystemen in seiner betriebswirtschaftlichen Fakultät sowohl in den Bereich der Unternehmensforschung als auch in den des Organisationsverhaltens fiel – und daraufhin keine Professur erhielt.

Der Kategorisierungsprozeß in der Profibürokratie birgt somit hohes Konfliktpotential: Bei der kontinuierlichen Neueinschätzung unzureichend erfaßter und im Hinblick auf die Anwendung von Standardprogrammen künstlich kategorisierter Kontingenzen gilt es so manchen politischen Kampf auszutragen.

Ermessensprobleme

Der Gestaltung der Profibürokratie liegt die Annahme zugrunde, mit dem Kategorisierungsprozeß könnten alle Ungewißheiten im Zusammenhang mit den Arbeitsbereichen der einzelnen professionellen Mitarbeiter erfaßt werden. Wie wir oben gesehen haben, erweist sich diese Annahme – zum Schaden der Leistung der gesamten Organisation – häufig als falsch. Doch selbst dort, wo die Kategorisierung mit Erfolg angewendet wird, können Probleme auftauchen. Alle Entscheidungen liegen im Ermessen einzelner professioneller Mitarbeiter, deren komplexe Qualifikationen, so standardisiert sie auch sein mögen, beträchtliches Urteilsvermögen voraussetzen. Eine solche Ermessensfreiheit mag für kompetente und gewissenhafte professionelle Mitarbeiter angemessen sein, doch ist dies keineswegs selbstverständlich.

Dennoch kann die Profibürokratie nicht ohne weiteres in die Belange inkompetenter, nachlässiger Mitarbeiter eingreifen.

Professionelle Mitarbeiter sind in keinem Fall gleichermaßen qualifiziert. So sieht sich der Klient, der in seiner Unwissenheit – in Ermanglung des Spezialwissens, sich selbst zu helfen – professionelle Hilfe sucht, einer Art russischem Roulette ausgesetzt; fast wörtlich zu nehmen ist dieser Vergleich in der Medizin, wo eine einzige Entscheidung Leben oder Tod bedeuten kann. Dennoch ist daran nichts zu ändern; abgesehen von optimalen Verfahren beim Aussieben der Kandidaten in den Ausbildungsinstitutionen ist nicht viel auszurichten.

Ein größeres Problem ist der nachlässige, verantwortungslose professionelle Mitarbeiter, der es versäumt, sich auch nach Abschluß seiner formalen Ausbildung weiterzubilden, dem mehr an seinem Einkommen als an seinen Kunden und Klienten gelegen ist oder der sich derart an seinen eigenen Qualifikationen begeistert, daß er darüber die wirklichen Bedürfnisse seiner Klienten vergißt. Dieser letzte Fall stellt eine Umkehrung der Abfolge von Mittel und Zweck dar, wie sie in Profibürokratien häufig zu finden ist; sie ist anders bedingt als bei der Maschinenbürokratie, aber genauso problematisch. Hier vermischt der professionelle Mitarbeiter die Bedürfnisse seiner Klienten mit den Qualifikationen, die er ihnen anzubieten hat. Er konzentriert sich auf eine einzige Methode, die er dann ausschließlich anwendet – vielleicht, weil er sie besonders gut beherrscht oder weil sie ihm am meisten zusagt. Dies ist so lange in Ordnung, wie er mit Klienten zu tun hat, für die gerade diese bevorzugte Methode geeignet ist. Doch bei anderen Klienten kommt es zu Schwierigkeiten. Nehmen wir als Beispiel den Psychiater, der davon ausgeht, daß alle Patienten (im Grunde genommen alle Menschen) einer Psychoanalyse bedürfen; oder eine Unternehmensberatungsfirma, die allen Klienten stets dasselbe Planungssystem anbietet, unabhängig davon, wie dynamisch die situative Umwelt dieser Unternehmen ist; oder Professoren, die immer nur Vorlesungen halten, bei 500 Zuhörern genauso wie bei fünf; oder Sozialarbeiter, die sich dazu berufen fühlen, Leuten auch dann Macht aufzudrängen, wenn diese gar nicht daran interessiert sind.

Angemessenes Vorgehen in Anbetracht einer solchen Umkehrung von Mittel und Zweck wird noch dadurch erschwert, daß sich die Arbeitsprodukte professioneller Arbeit kaum messen lassen. Wenn Psychiater nicht einmal die Wörter Heilung oder Gesundheit definieren können, wie sollen sie dann unter Beweis stellen, daß die Psychoanalyse für manisch-depressive Menschen geeigneter ist als eine Chemotherapie? Wenn noch niemand den Lernerfolg beim Unterricht hat messen können, wie läßt sich dann zuverlässig nachweisen, daß Vorlesungen besser oder schlechter sind als Seminare oder auch als das Lesen im stillen Kämmerlein? Dies ist einer der Gründe, warum die offensichtliche Lösung von Ermessensproblemen – die Maßregelung durch den Berufsverband – nur selten zur Anwendung kommt. Ein weiterer Grund ist der, daß sich die Vertreter eines Berufsstandes bekanntlich scheuen, gegen ihresgleichen vorzugehen und sozusagen in aller Öffentlichkeit schmutzige Wäsche zu waschen. In Extremfällen werden sie dies tun; gewisse Verhaltensweisen sind einfach nicht zu dulden. Doch solche Fälle sind eher die Ausnahme. Sie stellen allenfalls die Spitze des Eisbergs an mißbrauchter Ermessensfreiheit dar.

Ermessensfreiheit kann professionelle Mitarbeiter nicht nur dazu verführen, die Bedürfnisse ihrer Klienten außer acht zu lassen; sie läßt viele Mitarbeiter auch die Erfordernisse der Organisation vergessen.

Die professionellen Mitarbeiter in Profibürokratien verstehen sich im allgemeinen nicht als Teammitglieder. Für viele ist die Organisation vielmehr eine Zufallswahl – ein angemessener Ort, an dem sie ihre Qualifikationen in die Praxis umsetzen. Sie empfinden Loyalität gegenüber ihrem Berufsstand, nicht aber gegenüber der Organisation, in der sie zufällig arbeiten. Doch auch die Organisation bedarf dieser Loyalität – zur Unterstützung ihrer eigenen Strategien, zur Besetzung ihrer administrativen Ausschüsse mit fähigen Leuten, zur Wahrnehmung ihrer Interessen in Konflikten mit Berufsverbänden. Wie wir gesehen haben, ist Kooperation für den Funktionsablauf der administrativen Struktur von entscheidender Bedeutung. Doch wir haben auch gesehen, daß sich professionelle Mitarbeiter einer solchen Kooperation geflissentlich entziehen. Professoren hassen es, bei Besprechungen von Lehrplänen erscheinen zu müssen; sie wollen einfach nicht von ihren Kollegen abhängig sein. Man kann wohl sagen, sie kennen sich untereinander nur zu gut!

Innovationsprobleme

In Profibürokratien sind auch Innovationen in größerem Umfang auf Kooperation angewiesen. Vorhandene Methoden oder Programme lassen sich von einzelnen Spezialisten perfektionieren. Doch neue Verfahren passen gewöhnlich nicht in das vorhandene Kategorisierungsschema, so daß interdisziplinäre Zusammenarbeit erforderlich ist. Infolgedessen führt die Zurückhaltung der professionellen Mitarbeiter im Hinblick auf kooperative Zusammenarbeit mit den Kollegen zu Innovationsproblemen.

Wie die Maschinenbürokratie ist die Profibürokratie eine inflexible Struktur – gut geeignet für die Produktion ihrer Standardprodukte, aber schlecht geeignet, sich auf die Produktion neuer Produkte umzustellen.

Alle Bürokratien sind auf stabile Umweltbedingungen ausgerichtet: Sie sind als Leistungsstrukturen dazu angetan, Verfahren für voraussagbare Kontingenzen zu perfektionieren; sie sind keine Problemlösungsstrukturen, die neue Verfahren zur Bewältigung bislang nicht in Erscheinung getretener Anforderungen entwickeln.

Die Innovationsprobleme in der Profibürokratie haben ihren Ursprung im konvergenten Denken, im Deduktionsschluß des professionellen Mitarbeiters, der die spezifische Situation einem generellen Konzept zuordnet. In der Profibürokratie hat dies zur Folge, daß neue Probleme in alte Kategorien gepreßt werden. Ein Doktorand, der sich um die Erlangung eines interdisziplinären Abschlusses bemüht, sieht sich unweigerlich in das alte Fakultätswesen zurückgedrängt. Sollte nicht aber gerade der höchste Universitätsabschluß die Mehrung neuen Wissens fördern? Offensichtlich nicht: »Es muß schon ein Dr. rer. pol. oder ein Dr. phil. sein; wir bieten hier keine Betriebswirtschaft für pädagogische Einrichtungen an.« Nirgends kommen die Auswirkungen eines solchen Deduktionsschlusses deutlicher zum Ausdruck als in Spencers (1976) Kommentaren: »Alle Patienten in unseren drei Krankenhäusern, bei denen signifikante Komplikationen oder der Tod eintreten, ... werden einer Verwaltungszentrale gemeldet, wobei die Berichte von ein Drittel bis einer ganzen Seite Länge die Abfolge der Ereignisse schriftlich festhalten«. Sechs bis acht dieser Fälle werden in den wöchentlich stattfindenden einstündigen Konferenzen zum Thema »Mortalität-Morbidität« erörtert, einschließlich einer Erläuterung aus der Sicht des Chirurgen sowie »Fragen und Kommentaren« seitens der Zuhörerschaft (Spencer 1976, S. 1181). Eine »ganze« Seite und zehn Minuten Diskussion für Fälle mit »signifikanten Komplikationen«! Vielleicht gerade genug, um die Symptome aufzulisten und zu kategorisieren, aber kaum ausreichend, um mit dem Nachdenken über kreative Lösungen überhaupt anzufangen. Wie hat doch Lucy einmal zu Charlie Brown gesagt: Große Kunstwerke kann man nicht in einer halben Stunde machen; dafür braucht man mindestens fünfundvierzig Minuten!

Tatsache ist, daß große Kunstwerke und innovative Problemlösungen eines Induktionsschlusses bedürfen: Neue generelle Konzepte oder Programme werden aus Einzelerfahrungen abgeleitet. Ein solches Denken ist divergent – es löst sich von alten Routinen oder Standards, anstatt das Vorhandene zu perfektionieren. Dies aber stellt alles auf den Kopf, was eine Profibürokratie eigentlich zu leisten hat.

Es sollte daher nicht überraschen, daß Profibürokratien und die über ihre Verfahren wachenden Berufsverbände in aller Regel konservative Institutionen sind, die eingefahrene Gleise nur zögernd aufgeben. Wann immer ein »Profipionier« die Fackel der Innovation ergreift, kommt es unweigerlich zu großen politischen Auseinandersetzungen. Selbst in der Maschinenbürokratie sind die Führungskräfte der strategischen Spitze in der Lage, den einmal als notwendig erkannten Wandel auf den nachgeordneten Hierarchieebenen durchzusetzen. In der Profibürokratie mit ihren autonomen Mitarbeitern und der Entscheidungsfindung im betrieblichen Kern einerseits und im Berufsverband mit seinen eigenen demokratischen Verfahren andererseits ist alle Macht zur Herbeiführung eines strategischen Wandels diffus. Alle, nicht nur ein paar Führungskräfte oder Vertreter des Berufsstandes, müssen diesem Wandel zustimmen. Infolgedessen kommen Veränderungen nur langsam und mühsam zustande, nach vielen politischen Intrigen und diplomatischen Tricks – auf Drängen der professionellen und administrativen Pioniere.

Solange die Umwelt stabil bleibt, kennt die Profibürokratie keine Probleme. Sie perfektioniert weiterhin ihre Qualifikationen und ihr Kategorisierungssystem, in dem sie diese fein säuberlich unter Dach und Fach hält. Doch dynamische Bedingungen erfordern Wandel – neue Qualifikationen, neue Kategorisierungsmuster und kreative, kooperative Zusammenarbeit in multidisziplinären »Profiteams«. Und dazu bedarf es, wie wir in Kapitel 12 noch sehen werden, einer anderen Konfiguration.

Dysfunktionale Reaktionen

Zu welchen Reaktionen führen die genannten Koordinations-, Ermessens- und Innovationsprobleme? Gewöhnlich ist es so, daß Leute, die wie Klienten, nicht-professionelle Administratoren, Mitglieder der Gesellschaft schlechthin sowie ihre Regierungsvertreter nicht dem betroffenen Berufsstand angehören, solche Probleme als Folge eines Mangels an externer Kontrolle über den professionellen Mitarbeiter und seinen Berufsstand ansehen. Sie verhalten sich aus ihrer Sicht folgerichtig: Sie versuchen, einen der anderen Koordinationsmechanismen zur Kontrolle der Arbeit einzusetzen. Insbesondere versuchen sie es mit der persönlichen Weisung, der Standardisierung der Arbeitsprozesse oder der Standardisierung der Arbeitsprodukte.

Persönliche Weisung bedeutet normalerweise die Einrichtung einer hierarchischen Zwischenebene mit vorzugsweise kleiner »Leitungsspanne« im Sinne der klassischen Autoritätskonzepte, der die Beaufsichtigung der professionellen Mitarbeiter übertragen wird. Im Fall grober Versäumnisse mag dies gerechtfertigt sein: Der nachlässige Chirurg oder ein Professor, der allzu häufig seine Veranstaltungen ausfallen läßt, kann durchaus »angesprochen« und letztlich auch entlassen werden. Aber spezifische professionelle Aktivitäten – komplex in der Durchführung und vage in den Ergebnissen – sind nur schwer von irgendeinem anderen als den betroffenen professionellen Mitarbeitern selbst zu kontrollieren. Einem Administrator, der keinen Einblick in die professionelle Arbeit hat und dennoch auf persönliche Weisung erpicht ist, bleibt somit nichts anderes übrig, als zu unangenehmen Praktiken zu greifen. So geschehen im Fall eines Bereichsleiters, der zwischen einer Schulbehörde in Montreal und den zugehörigen Schulen vermittelt und den Berichten zahlreicher Schuldirektoren zufolge die Zeit aufbringt, Freitag nachmittags um 16.49 Uhr in der Schule anzurufen, um zu kontrollieren, wer eventuell schon vorzeitig ins Wochenende gefahren ist. Die Zwischenschaltung solcher Führungsebenen beruht auf der Annahme, professionelle Arbeit ließe sich wie jede andere Arbeit von oben nach unten kontrollieren; doch dies hat sich immer wieder als Fehlschluß erwiesen.

Auch die anderen Standardisierungsformen bewirken keineswegs eine Kontrolle der professionellen Arbeit, sondern dienen oft lediglich dazu, die professionellen Mitarbeiter in ihrer Arbeit zu behindern und zu frustrieren. Die Gründe sind dieselben – Komplexität der Arbeit und Vagheit der Ergebnisse. Komplexe Arbeitsprozesse lassen sich nicht mit Regeln und Vorschriften formalisieren, und vage Arbeitsprodukte können nicht durch Planungs- und Kontrollsysteme standardisiert werden. Solche Maßnahmen können nur Schaden anrichten – falsche Verhaltensweisen programmieren und falsche Ergebnisse messen, die professionellen Mitarbeiter zwingen, das maschinenbürokratische Spiel mitzumachen und Standards zu erfüllen, anstatt Kunden und Klienten zu betreuen. Zurück zur altbekannten Umkehrung von Mittel und Zweck. So hat einmal ein Polizist aus Chicago Studs Terkel gegenüber die Auswirkungen verschiedener solcher Standards auf seine Arbeit wie folgt beschrieben:

Mein Vorgesetzter würde sagen: »Wir brauchen noch zwei Versicherungsarreste, dann sind wir genauso gut wie die anderen Bezirke.« Also gehen wir los und machen Razzia auf dunkle Versicherungsgeschäfte...

So viele Punkte für Raubüberfall, so viele Punkte für einen Mann mit Waffe. Wenn sie dann am Ort des Geschehens angelangt sind und der Mann mit der Waffe weg ist, gibt es immer noch welche, die sie hinter Schloß und Riegel bringen können. Im Protokoll steht dann etwa: »Zwei Leute verhaftet wegen unerlaubten Waffenbesitzes.« Im Klartext heißt das: »Als wir hinkamen, trafen wir die beiden Burschen an, und die sahen uns verdächtig aus.« Sie kriegen ihren Punkt trotzdem, selbst wenn der Fall nicht vor Gericht kommt. Nur die Verhaftung zählt (Terkel 1972, S. 137, 139-140).

Dies führt uns eindringlich vor Augen, wie vergeblich es ist, eine Arbeit kontrollieren zu wollen, die im wesentlichen professioneller Art ist. Ähnlich verhält es sich, wenn Wirtschaftsprüfer versuchen, sich in die Managementangelegenheiten der von ihnen betreuten Firmen einzumischen: »Dienstgehorsam gilt als Zweck in sich, weil der öffentlich bestellte Wirtschaftsprüfer als Administrator nicht in der Lage ist, den für ihn fachfremden Experten im Hinblick auf dessen Kenntnisse zu beurteilen« (Montagne 1968, S. 144). Genauso auch in Schulsystemen, wenn die Regierungstechnostruktur meint, die Arbeit des Lehrers programmieren zu können: Dem Autor wurde von einem Regierungsplaner der (ehemaligen) DDR stolz berichtet, wie jeden Tag jedes Kind im Land angeblich dasselbe Buch auf derselben Seite aufschlägt. Die individuellen Bedürfnisse der Schüler – der eine lernt langsam, der andere schnell, der eine kommt vom Land, der andere lebt in der Stadt – sowie der individuell unterschiedliche Unterrichtsstil der Lehrer fallen dem Kategorisierungssystem zum Opfer.

Tatsache ist, daß komplexe Arbeit nur dann effektiv geleistet werden kann, wenn sie vom ausführenden Mitarbeiter selbst kontrolliert wird.

Die Gesellschaft mag die Gesamtausgaben ihrer Profibürokratien kontrollieren und in Grenzen halten müssen und gegen allzu offensichtliche Fälle professionellen Fehlverhaltens gesetzlich vorgehen. Doch zuviel externe Kontrolle über professionelle Arbeit als solche führt Hypothese 14 zufolge zur Zentralisierung und Formalisierung der Struktur: Aus der Profibürokratie wird letztlich eine Maschinenbürokratie. Die Entscheidungsbefugnis fließt von den betrieblichen Mitarbeitern zu den Führungskräften und weiter zu den Analytikern der Technostruktur. Doch allzu scharf macht schartig. Technokratische Kontrollen können professionelle Arbeit weder verbessern noch zwischen verantwortlichem und unverantwortlichem Verhalten unterscheiden – sie bedeuten in beiden Fällen gleichermaßen eine Einschränkung. Dies mag in Organisationen, in denen verantwortliches Verhalten eine Seltenheit ist, angemessen sein.

In den anderen – und vermutlich meisten – Fällen sind technokratische Kontrollen lediglich dazu angetan, den Mitarbeitern ihre professionelle Gewissenhaftigkeit zu verleiden.

Kontrollen können auch das empfindliche Vertrauensverhältnis zwischen dem professionellen Mitarbeiter und seinem Kunden oder Klienten, das ungehinderte persönliche Kontakte voraussetzt, erheblich stören. So stellt Cizanckas, selbst ein Polizeichef, fest, der Polizeibeamte ganz unten in der Hackordnung der »paramilitärischen Struktur« sei nur allzu bereit, seinerseits »seine Frustration am Gesetzesbrecher auszulassen« (wiedergegeben in Hatvany 1976, S. 73). Die Kontrollen entziehen dem professionellen Mitarbeiter die Verantwortung für seinen Dienst und weisen sie der administrativen Struktur zu, wo sie dem Klienten überhaupt nicht nutzt. Es ist nicht die Regierung, die den Schüler unterrichtet, nicht einmal das Schulsystem oder die Schule selbst; es ist nicht das Krankenhaus, das ein Baby zur Welt bringt; nicht die Polizei, die den Verbrecher faßt; nicht die Sozialabteilung, die der in Not geratenen Familie hilft. Vielmehr ist es der einzelne Vertreter seines Berufsstandes, der sich einsetzt. Ist der Betreffende inkompetent, können ihn keine von der Technostruktur ersonnenen Pläne oder Regeln, keine Befehle von einem Administrator kompetent machen. Doch solche Pläne, Regeln und Befehle können den kompetenten Mann durchaus daran hindern, seinen Dienst effektiv zu leisten. In der Maschinenbürokratie führt Rationalisierung wenigstens dazu, daß der Kunde preiswerte Arbeitsprodukte angeboten bekommt. Im Falle professioneller Arbeit erfährt er nur den Nachteil einer unpersönlichen, ineffektiven Betreuung.

Hinzu kommt, daß der Anreiz zur Perfektion oder gar zur – in Profibürokratien bestenfalls schwach ausgeprägten – Innovation durch externe Kontrollen verringert werden kann.

Der Verlust der Kontrolle über die eigene Arbeit läßt die professionellen Mitarbeiter wie die betrieblichen Mitarbeiter in der Maschinenbürokratie passiv werden. Selbst der ohnehin nicht einfache Job des professionellen Administrators wird äußerst schwierig, wenn externe Kontrolle angesagt ist. In Schulsystemen beispielsweise erwartet die Regierung von den nachgeordneten Schulbehörden, daß diese ihre Standards in den Schulen durchsetzen, und die Lehrerschaft versucht, sich diesen von oben vorgeschriebenen Standards standhaft zu widersetzen. Die strategische Spitze sieht sich gefangen zwischen einer kontrollbegierigen Regierungstechnostruktur und einem um jeden Preis an seiner Autonomie festhaltenden betrieblichen Kern. Aus einem solchen Prozeß geht keiner als Gewinner hervor.

Hat eine Gesellschaft, die sich in Anbetracht ihrer Profibürokratien beunruhigt zeigt, somit gar keine Möglichkeiten einer Einflußnahme? Die finanzielle Kontrolle der Profibürokratien und das gesetzliche Vorgehen gegen verantwortungsloses Verhalten professioneller Mitarbeiter sind offensichtlich notwendige Maßnahmen. Doch muß sie dem professionellen Mitarbeiter darüber hinaus einen »Blankoscheck« ausstellen, der ihn von jeglicher Rechenschaftspflicht gegenüber der Öffentlichkeit befreit? Es gibt schon noch Möglichkeiten, aber sie alle resultieren aus der Anerkennung der professionellen Arbeit als das, was sie ist.

Veränderungen in der Profibürokratie »greifen« weder mit dem Amtsantritt neuer Administratoren, die wichtige Reformen ankündigen, noch mit Maßnahmen von Regierungstechnostrukturen, die darauf bedacht sind, die professionellen Mitarbeiter unter ihre Kontrolle zu bringen. Veränderungen »reifen« vielmehr mit allmählichem Wandel beim professionellen Nachwuchs – mit veränderten Vorstellungen darüber, wer dem Berufsstand angehören soll, was in den Ausbildungsinstitutionen zu vermitteln ist (Normen sowie Qualifikationen und Kenntnisse) und inwieweit gestandene Vertreter eines Berufsstandes zur Weiterbildung ihrer Qualifikationen bereit sind.

Wo ein solcher Wandel auf Widerstand stößt, tut die Gesellschaft gut daran, an das Verantwortungsbewußtsein des einzelnen zu appellieren, seine professionelle Arbeit in den Dienst der Öffentlichkeit zu stellen; gelingt dies nicht, sollte eher Druck auf die Berufsverbände als auf die Profibürokratien ausgeübt werden.

Kapitel 11

Die Spartenstruktur

Beschreibung der grundlegenden Struktur
Die Gestaltungsparameter
Die Struktur der Sparten
Die Machtverteilung zwischen Sparten und Unternehmensleitung

Bedingungen der Spartenstruktur
Marktdiversität
Technisches System
Umwelt
Alter und Größe
Macht

Stadien beim Übergang zur Spartenstruktur
Integrationsstruktur
Struktur mit Nebenprodukten
Struktur mit verwandten Produkten
Konzernstruktur

Weitere Überlegungen zur Spartenstruktur
Wirtschaftliche Vorteile der Divisionalisierung
Beitrag der Unternehmungsleitung
Sozialverantwortung und Leistungskontrollsystem
Probleme der Machtkonzentration
Schlußfolgerung: eine Struktur am Rande des Abgrunds

Vorrangiger Koordinationsmechanismus:	Standardisierung der Arbeitsprodukte
Wichtigster Organisationsteil:	Mittellinie
Wesentliche Gestaltungsparameter:	Gruppierung nach Märkten, Leistungskontrollsystem, eingeschränkte vertikale Dezentralisation
Situative Faktoren:	Diversifizierte Märkte (insbesondere Produkte oder Dienstleistungen); alt, groß; Machtbedürfnisse der mittleren Führungskräfte; zeitgemäß

Wie die Profibürokratie ist die Spartenstruktur weniger eine integrierte Organisation als vielmehr ein Konglomerat quasi-autonomer »Gebilde«, die von einer zentralen administrativen Struktur zusammengehalten werden. Doch während diese »lose miteinander verbundenen Gebilde« in der Profibürokratie Individuen – professionelle Mitarbeiter im betrieblichen Kern – sind, handelt es sich bei der Spartenstruktur um Einheiten in der Mittellinie. Diese Einheiten werden allgemein als Sparten und die zentrale Administration als Unternehmungsleitung bezeichnet; Macht und Einfluß werden nicht von unten nach oben, sondern von oben nach unten ausgeübt.

Die Spartenstruktur ist die auf dem privatwirtschaftlichen Sektor am häufigsten angewendete Strukturform; die meisten der 500 größten amerikanischen Konzerne weisen die eine oder andere Form der Spartenstrukturierung auf. Doch Spartenstrukturen finden sich auch auf anderen Sektoren: So verwendet eine regional aufgeteilte Mammutuniversität wie die University of California ebenso eine Variante dieser Konfiguration wie ein Kliniksystem, das eine Vielzahl von spezialisierten Krankenhäusern umfaßt; desgleichen sind die staatlichen Betriebe in der sozialistischen Wirtschaft als »Sparten« und die Wirtschaftsbehörden der Zentralregierung als »Unternehmungsleitung« aufzufassen.

Die Spartenstruktur unterscheidet sich von den anderen vier Konfigurationen in einem wichtigen Punkt: Sie stellt keine von der strategischen Spitze bis zum betrieblichen Kern in sich geschlossene Struktur dar, sondern entsteht vielmehr durch die Überlagerung anderer Strukturen. Mit anderen Worten: Jede Sparte behält ihre eigene Struktur. Wie wir noch sehen werden, wirkt sich die Divisionalisierung allerdings auf die Gestaltung der verschiedenen Spartenstrukturen aus; insbesondere erfolgt eine maschinenbürokratische Ausrichtung. Doch die übergeordnete Konfiguration der Spartenstruktur als solche betrifft in erster Linie die strukturelle Beziehung zwischen der Unternehmungsleitung und den Sparten, d.h. zwischen der strategischen Spitze und der obersten Führungsebene der Mittellinie. Alles Weitere bleibt zunächst unberücksichtigt.

Beschreibung der grundlegenden Struktur

Die Gestaltungsparameter

Vor allem sind in der Spartenstruktur die Einheiten an der Spitze der Mittellinie nach Märkten gruppiert.

Die Sparten werden nach den jeweils betreuten Märkten gebildet und erhalten dann die Kontrolle über alle betrieblichen Funktionen, die zur Betreuung dieser Märkte erforderlich sind. In Abbildung 11-1, einem typischen Organigramm einer Herstellerfirma mit Spartenstruktur, weist jede Sparte ihre eigenen Funktionen auf: Einkauf, Konstruktion, Produktion und Vertrieb.

Diese Verteilung (und Duplizierung) der betrieblichen Funktionen reduziert die Abhängigkeit der Sparten untereinander auf ein Minimum, so daß jede Sparte ihre Aktivitäten als quasi-autonome Einheit – ohne die Notwendigkeit gegenseitiger Koordination – regeln kann. Dies wiederum hat zur Folge, daß die Unternehmungsleitung eine große Anzahl von Sparten zu beaufsichtigen vermag, so daß die Leitungsspanne an der strategischen Spitze der Spartenstruktur häufig recht groß ist.

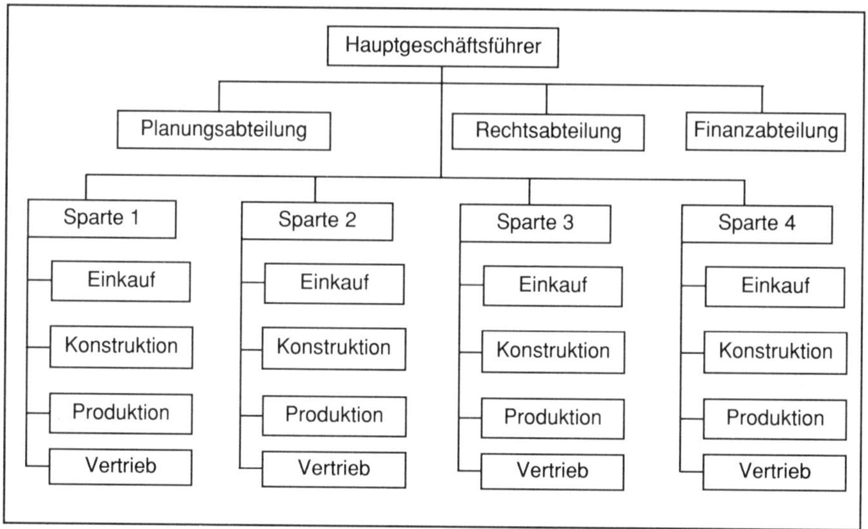

Abb. 11-1: Typisches Organigramm einer Herstellerfirma mit Spartenstruktur

Eine solche Strukturierung führt zu einer ausgeprägten, von der Unternehmungsleitung ausgehenden Dezentralisierung: An jede Sparte werden die Machtbefugnisse delegiert, die diese für ihre eigenen betrieblichen Entscheidungen benötigt.

Doch die spartenstrukturell bedingte Dezentralisation ist eng umrissen und bedeutet unter Umständen nicht mehr, als daß Machtbefugnisse von den wenigen Führungskräften in der Unternehmungsleitung an die zahlenmäßig etwas stärker vertretenen Führungskräfte der Sparten delegiert werden. Mit anderen Worten: Bei der Dezentralisation in der Spartenstruktur handelt es sich um eine parallele, vertikal eingeschränkte Dezentralisation.

Spartenstrukturen können sogar recht zentralisiert sein, wenn die Spartenleiter den Löwenanteil der Machtbefugnisse für sich behalten und eine weitere vertikale Dezentralisation (entlang der Autoritätskette) oder eine horizontale Dezentralisation (zugunsten betrieblicher Mitarbeiter) unterbinden. So hat der Hauptgeschäftsführer eines großen Konzerns – einer Organisation, die immer eine Spartenstruktur aufweist – den folgenden Kommentar abgegeben:

Unsere gesamte Philosophie dreht sich um die gewinnverantwortliche Instanz – den Spartenleiter. Ich möchte niemanden in dieser Organisation darüber im Zweifel lassen, daß der Spartenleiter der Chef ist. Mit ihm beginnt die unternehmerische Atmosphäre (zitiert in: Lorsch/Allen 1973, S. 55).

Theoretisch schließt eine Divisionalisierung die weitere Dezentralisation von Macht innerhalb der Sparten keineswegs aus. Doch wie wir bald sehen werden, veranlassen andere Eigenschaften dieser Struktur die Sparten eher zu stärkerer Machtkonzentration, als ob sie eigenständige Organisationen wären.

Würde die Unternehmungsleitung alle Macht an die Spartenleiter delegieren, verlöre sie ihre Existenzgrundlage, und dann wären die Sparten tatsächlich getrennte, eigenständige Organisationen. Eine gewisse Form der Kontrolle oder Koordination ist zwischen der Unternehmungsleitung und den Sparten somit erforderlich. Dann aber stellt sich die Frage: Wie kann die Unternehmungsleitung Kontrolle behalten und dennoch jeder Sparte genügend Autonomie zur Leitung der eigenen Geschäfte zugestehen? Die Lösung ist in einem ganz bestimmten Gestaltungsparameter zu sehen – im Leistungskontrollsystem.

In aller Regel ermöglicht die Unternehmungsleitung den Sparten nahezu vollständige Autonomie, ihre eigenen Entscheidungen zu treffen, überprüft dann aber die Ergebnisse dieser Entscheidungen.

Diese Überprüfung erfolgt im nachhinein, indem spezifische quantitative Größen – bei Geschäftsunternehmen Gewinn, Umsatzsteigerung und Rentabilität – gemessen werden. So heißt es bei Ackerman: »Bilanzberichte sind gegen Fehlinterpretation nicht gefeit, aber sie entbinden den Prüfer von der Notwendigkeit, betriebliche Daten aus diversen Geschäftsbereichen durchsehen und verstehen zu müssen« (Ackerman 1975, S. 49).

Der vorrangige Koordinationsmechanismus in der Spartenstruktur ist somit die Standardisierung der Arbeitsprodukte, und der wesentliche Gestaltungsparameter ist das Leistungskontrollsystem.

Dieser Koordinationsmechanismus und die drei bisher erörterten Gestaltungsparameter bestimmen die grundlegende Struktur: nach Märkten gruppierte Einheiten an der Spitze der Mittellinie, parallele vertikale Dezentralisation zugunsten dieser Einheiten (aber nicht notwendigerweise innerhalb der Einheiten) sowie Standardisierung der Arbeitsprodukte in diesen Einheiten durch Anwendung von Leistungskontrollsystemen, mit denen die Unternehmungsleitung ihre Kontrolle über die Sparten sicherstellt. Auf diese Weise entsteht eine ideale Konfiguration: Die Gruppierung nach Märkten sieht eine Spartenautonomie vor, die ihrerseits die Dezentralisierung der Machtbefugnisse an die Sparten fördert, führt gleichzeitig aber auch dazu, daß sich die Arbeitsprodukte der Sparten leicht ermitteln und mit Hilfe von Leistungskontrollsystemen koordinieren lassen.

Doch auch anderen Koordinationsmechanismen und Gestaltungsparametern kommt in dieser Konfiguration eine gewisse, wenn auch nicht vorrangige Bedeutung zu.

Die Standardisierung der Arbeitsprozesse wird von der Unternehmungsleitung deshalb nicht als Koordinationsmechanismus eingesetzt, weil dies mit der Autonomie der Sparten nicht zu vereinbaren wäre. Entsprechend sind die Sparten in ihrem Verhalten durch eine Formalisierung seitens der Unternehmensleitung kaum eingeschränkt. Ebenso wird eine Aktionsplanung vermieden, da auch sie den Sparten Entscheidungen aufdrängen würde, die diese selbst treffen müssen. Gegenseitige Abstimmung zwischen den Sparten sowie Kontaktinstrumente zur Unterstützung der Beziehungen untereinander erübrigen sich in der Spartenstruktur, da es zwischen den Sparten keine Interdependenzen gibt.

Doch den beiden anderen Koordinationsmechanismen – der Standardisierung von Qualifikationen einerseits und der persönlichen Weisung andererseits – ist eine gewisse Bedeutung zuzumessen. Der Erfolg der Spartenstruktur steht und fällt mit der Kompetenz der Spartenleiter, an die ein Großteil der Entscheidungsbefugnisse delegiert ist. Während die Führungskräfte an der Spitze der Mittellinie in den anderen Konfigurationen eher funktional ausgerichtet sind und nur beschränkten Handlungsspielraum haben, sind die Spartenleiter «Mini-Generaldirektoren», die ihre eigenen Betriebe leiten. Aus diesem Grund ist die Mittellinie der wichtigste Teil der Spartenstruktur. Doch entsprechend sieht sich die Unternehmungsleitung verpflichtet, diese Spartenleiter so gut wie möglich auszubilden (und damit ihre Managementfähigkeiten zu standardisieren). Auch Indoktrination soll sicherstellen, daß die Spartenleiter die umfassenderen Ziele der Unternehmungsleitung und nicht nur die engen Ziele ihrer eigenen Sparten verfolgen. So werden die Spartenleiter regelmäßig zu Konferenzen und Besprechungen mit den zentralen Administratoren der Unternehmungsleitung eingeladen, und zuweilen müssen sie auch die Sparte wechseln, um einen breiteren Überblick über die Organisation zu gewinnen. Der Koordinationsmechanismus der persönlichen Weisung wird in der Spartenstruktur nur zur Unterstützung herangezogen. Wenn eine Sparte in Schwierigkeiten gerät, müssen die Führungskräfte der Unternehmungsleitung unter Umständen eingreifen und den Spartenleiter möglicherweise ablösen. Eine gewisse sachliche Vertrautheit mit den betrieblichen Angelegenheiten der Sparte ist daher erforderlich, damit die Unternehmungsleitung zumindest weiß, wann und in welcher Form sie sich einschalten muß. Dieser Bedarf an persönlicher Weisung hat zur Folge, daß die Leitungsspanne der Führungskräfte in der Unternehmungsleitung begrenzt bleiben muß.

Die Struktur der Sparten

Nachdem wir nun wissen, in welcher Weise die Unternehmungsleitung mit Hilfe von Leistungskontrollen und zusätzlich durch Managementausbildung, Indoktrination und persönliche Weisung Kontrolle über die Sparten ausübt, können wir zur Frage der Dezentralisation innerhalb der Sparten zurückkehren. Theoretisch läßt sich die Spartenstruktur jeder anderen Konfiguration überlagern. So umfassen die Spartenstrukturen einer Mammutuniversität oder einer öffentlichen Wirtschaftsprüfungsgesellschaft mit regionalen Niederlassungen verschiedene Profibürokratien; eine in Sparten strukturierte Zeitungskette besteht aus Adhokratien; und ein Risikokapitalgeber mit Kapitalkontrolle über Privatunternehmen könnte eine Reihe von Einfachstrukturen in die Spartenstruktur einbringen. Die einzelnen Sparten in einer solchen Organisation können auch unterschiedlich strukturiert sein. Beispielsweise unterhält eine Kommunalbehörde mit vier »Sparten« ein kleines Programm zur Armutsbekämpfung in Form einer Einfachstruktur, eine maschinenbürokratisch strukturierte Müllabfuhr, Polizeikräfte mit profibürokratischer Strukturierung und eine als Adhokratie strukturierte Gruppe, die sich mit der Städteplanung befaßt.

> Doch am besten funktioniert eine Spartenstruktur, wenn ihre Sparten als Maschinenbürokratien strukturiert sind; entsprechend drängt sie ihre Sparten, ungeachtet der dort vorhandenen natürlichen Präferenzen, zu maschinenbürokratischer Strukturierung.

Die Erklärung hierfür ist in der für den Erfolg der Spartenstruktur maßgeblichen Standardisierung der Arbeitsprodukte zu sehen. Die einzige Möglichkeit der Unternehmungsleitung, Kontrolle zu behalten und dennoch die Autonomie der Sparten zu wahren, ist die nachträgliche Überprüfung der Spartenleistung. Dies aber erfordert die Einführung klar definierter Leistungsstandards, wobei zwei wichtige Voraussetzungen erfüllt sein müssen:

Zum einen muß jede Sparte als ein in sich geschlossenes, integriertes System mit einer abgegrenzten, konsistenten Zielsetzung behandelt werden.

Mit anderen Worten: Obgleich die verschiedenen Sparten lose miteinander verbunden sein mögen, stellt jede einzelne eine in sich fest gefügte Einheit dar.[1]

Zum anderen muß die Zielsetzung in den Sparten operationalisierbar sein und somit an den quantitativen Maßstäben der Leistungskontrolle gemessen werden können.

In den unter dynamischen Umweltbedingungen tätigen organischen Konfigurationen der Einfachstruktur und der Adhokratie lassen sich solche Leistungsstandards nur schwer aufstellen. Eine Profibürokratie, wie sie im vorigen Kapitel beschrieben wurde, kann aufgrund der Komplexität der professionellen Arbeit keine Leistungsstandards entwickeln; zudem ist die Profibürokratie kein integriertes System, sondern ein Zusammenschluß von Individuen mit einer Vielzahl unterschiedlicher Zielsetzungen. So bleibt nur eine Konfiguration, die beide Voraussetzungen erfüllt: die Maschinenbürokratie. Daher läßt sich die Spartenstruktur am erfolgreichsten der Maschinenbürokratie – der einzigen integrierten Struktur mit operationalisierbaren Zielsetzungen – überlagern.

Was aber geschieht, wenn die Spartenstruktur einer der übrigen drei Konfigurationen überlagert wird? Wenn eine solche Struktur erfolgreich funktionieren soll, gilt es, die beiden obengenannten Voraussetzungen zu erfüllen: Jede Einheit muß als in sich geschlossenes, integriertes System arbeiten, auf das sich ein bestimmtes Paket von Leistungsmaßstäben anwenden läßt. Der Spartenleiter, an den entsprechende Machtbefugnisse von der Unternehmungsleitung delegiert worden sind, muß in der Lage sein, diese Maßstäbe in seiner Sparte durchzusetzen. Mit anderen Worten: Er kann seine Sparte nur als ein von oben nach unten geregeltes System leiten. Der Profibürokratie und der Adhokratie – großenteils von unten nach oben strukturierten, nicht-regulativen Organisationen – wird auf diese Weise eine gewisse Zentralisierung aufgezwungen. Wenn die Sparte dann noch eine funktionale Struktur aufweist, wie dies typischerweise bei der Einfachstruktur, der Maschinenbürokratie und der Adhokratie der Fall ist, sieht sich der Spartenleiter außerdem gezwungen, ein Aktionsplanungssystem durchzusetzen, um sicherzustellen, daß sich das Spartenpersonal an die vorgegebenen Leistungsziele hält. Eine solche Aktionsplanung bindet das nachgeordnete Linienpersonal an immer spezifischere Standards bezüglich der betrieblichen Entscheidungen und Aktionen. Damit aber wird eine Formalisierung (und Bürokratisierung) der bisherigen Struktur der Sparte erzwungen – insbesondere im Fall von Einfachstrukturen und Adhokratien als ursprünglich organischen Strukturen. Auf diese Weise veranlaßt die übergeordnete Spartenstruktur die einzelnen Sparten zu stärkerer Zentralisierung und strengerer Formalisierung, als dies erforderlich würde, wenn die Sparten eigenständige Organisationen wären. (Dies ist genau der von Hypothese 14 vorausgesagte Effekt, denn die Unternehmungsleitung ist für die Sparte nichts anderes als eine spezifische Form von externer Kontrolle.) Und Formalisierung und Zentralisierung sind die beiden Unterscheidungsmerkmale der Maschinenbürokratie. Wir können somit festhalten, daß eine Divisionalisierung die Strukturen in den einzelnen Sparten – ungeachtet der dort vorhandenen Präferenzen – maschinenbürokratisch ausrichtet. Das Leistungskontrollsystem der Spartenstruktur schwächt den organischen Funktionsablauf in der Einfachstruktur und in der Adhokratie und steht im Widerspruch zur Autonomie des professionellen Mitarbeiters in der Profibürokratie.[2] Nur in der Maschinenbürokratie erfordert eine Divisionalisierung keinen grundlegenden Strukturwandel.

Wie kommt es dann aber, daß »Divisionalisierung« in der Literatur häufig mit »Dezentralisierung« (und implizit mit Entbürokratisierung) gleichgesetzt wird? Vermutlich ist die Erklärung in den Ursprüngen der Konfiguration zu suchen. Als zu Anfang dieses Jahrhunderts gewisse maschinenbürokratisch strukturierte Unternehmen in Amerika größer wurden und ihre Märkte diversifizierten, wurden die Organisationen immer schwerfälliger – zu zentralisiert und zu bürokratisch. Die Entwicklung der Spartenstruktur (bei Du Pont im Jahr 1921) kam wie gerufen: Anstelle einer einzigen, integrierten funktionalen Struktur wurden verschiedene Strukturen eingesetzt, die jeweils auf einen ganz bestimmten Markt ausgerichtet waren. Dies milderte den Engpaß an der strategischen Spitze, so daß die Organisation mit weniger Zentralisierung und weniger Formalisierung auskam. Im Vergleich zur maschinenbürokratischen Struktur – d.h. im Vergleich zu einer einzigen, für alle Märkte gleichermaßen bestimmenden Maschinenbürokratie – bewirkte die Spartenstruktur durch Einrichtung vieler kleiner, marktspezifischer Maschinenbürokratien insgesamt eine Reduzierung der Zentralisation in der Struktur.

Doch ist die Spartenstruktur eine inhärent dezentralisierte Konfiguration – oder zumindest dezentralisierter als die übrigen Konfigurationen? Mit Sicherheit im Vergleich zur Einfachstruktur, bei der die gesamte Macht auf eine einzige Instanz konzentriert ist. Im Fall der (normalerweise auf nicht mehr als einem Markt tätigen) Maschinenbürokratie ist der Sachverhalt nicht eindeutig: Wer will schon sagen, in welcher Struktur Macht und Einfluß stärker verteilt sind – in der Struktur mit der horizontalen Dezentralisation, bei der sich die wenigen Analytiker der Technostruktur die Macht mit den Führungskräften der strategischen Spitze teilen, oder in der Struktur mit der eingeschränkten vertikalen Dezentralisation, bei der einige wenige Führungskräfte an der Spitze der Mittellinie die Macht innehaben? Ganz sicher aber ist die Spartenstruktur nicht dezentralisierter als die Profibürokratie oder die Adhokratie mit einer umfassender Dezentralisation, die tief in die Linienstruktur hineinreicht und darüber hinaus eine große Anzahl von professionellen Mitarbeitern beziehungsweise Stabsexperten einbezieht.

Zudem gibt es eine andere, logischere Alternative zur Spartenstruktur: die vollständige Fragmentierung der Organisation. Dies würde in jedem Fall eine noch größere Dezentralisation bedeuten. Es ist nur ein kleiner Schritt von den quasi-autonomen Sparten, die einer zentralen Unternehmungsleitung unterstehen, bis zu vollständig autonomen Organisationen mit jeweils eigenem Verwaltungsrat. Umgekehrt entsteht die Spartenstruktur vielfach nicht aus der »Dezentralisierung« einer auf vielen Märkten tätigen Maschinenbürokratie, sondern vielmehr als Folge einer »Zentralisierung« von eigenständigen, auf verschiedenen Märkten tätigen Organisationen. Diese Organisationen konsolidieren sich zu einem »Unternehmensverband« mit der Konfiguration einer Spartenstruktur und treten dabei einen Teil ihrer Machtbefugnisse an eine neue zentrale Unternehmungsleitung ab.

Ironischerweise war dies die Entwicklung in dem wohl berühmtesten und zudem besonders häufig als »Dezentralisierung« ausgegebenen Beispiel für Divisionalisierung: Ausgerechnet die Restrukturierung von General Motors in den 20er Jahren durch Alfred P. Sloan löste die ersten Divisionalisierungswellen unter den 500 größten amerikanischen Unternehmen aus. Und doch läßt kein Beispiel deutlicher erkennen, daß die Annahme »Divisionalisierung gleich Dezentralisierung« ein Trugschluß ist. Denn Sloan mag General Motors zwar divisionalisiert haben, aber er hat das Unternehmen auf gar keinen Fall dezentralisiert. Dies bestätigt auch der folgende sachkundige Kommentar: »Wenn ein Wort die Managementstruktur von General Motors nach der Umstrukturierung durch Sloan und seinen brillanten Mitarbeiterstab beschreiben soll, dann lautet dieses Wort nicht Dezentralisation, sondern Zentralisation« (Harold Wolff, zitiert in; Perrow 1974, S. 38). Wie Chandler (1962) und sogar Sloan (1963) selbst feststellen, baute William C. Durant General Motors als eine Holding-Gesellschaft auf, vermochte sie aber nicht zu einer einheitlichen Organisation zu konsolidieren. Damit wurde Sloan beauftragt. Er führte zentrale Kontrollen ein, wobei die Leistungskontrollen in den verschiedenen Einheiten die Machtbefugnisse der jeweiligen Führungskräfte einschränkten. Mit anderen Worten: Sloan konsolidierte die Struktur zu einer Spartenstruktur und bewirkte dadurch eine Zentralisierung. (Wir werden später im Kapitel noch sehen, daß sich dieser Prozeß der Machtzentralisierung bei General Motors offensichtlich das ganze Jahrhundert hindurch so weit fortsetzte, daß die derzeitige Struktur der Automobilkomponente des Unternehmens nicht mehr als divisionalisiert zu bezeichnen ist.

Die Machtverteilung zwischen Sparten und Unternehmungsleitung

Sowohl die Kommunikationswege als auch die Entscheidungsprozesse in der Spartenstruktur lassen einen zentralen Aspekt erkennen:

Zwischen der Unternehmungsleitung und den Sparten besteht scharfe Arbeitsteilung. Die Kommunikation zwischen Unternehmungsleitung und Sparten ist fest umrissen und weitgehend formaler Art; zu einem großen Teil beschränkt sie sich auf die Vorgabe von Leistungsstandards an die Sparten einerseits und die Berichterstattung der Sparten über ihre Leistungsergebnisse andererseits. Hinzu kommen persönliche Kontakte zwischen den jeweiligen Führungskräften, doch diese sind mit Bedacht gewählt und begrenzt. Zu viel Detailwissen auf der Ebene der Unternehmungsleitung kann einer Einmischung in die Entscheidungen der Sparten Vorschub leisten und damit den eigentlichen Zweck der Divisionalisierung - die Spartenautonomie - verfehlen.
In einer Spartenstruktur sind die Sparten befugt, ihre geschäftlichen Angelegenheiten selbständig wahrzunehmen. Sie kontrollieren den Betriebsablauf und bestimmen die Strategien für die Märkte in ihrem Verantwortungsbereich.

Welche Machtbefugnisse verbleiben dann noch in der Unternehmungsleitung? Wir werden insgesamt sechs solcher Machtbefugnisse erörtern. Erstens ist die Entwicklung einer für die gesamte Organisation gültigen Produktmarkt-Strategie zu nennen. Während die Sparten die Strategien für bestimmte Produktmärkte entwickeln, entscheidet die Unternehmungsleitung darüber, um welche Produktmärkte es sich handeln soll.

Die Unternehmungsleitung verwaltet das strategische Portefeuille.

Sie richtet Sparten ein, erwirbt, verkauft oder gibt sie auf, um so die Zusammensetzung ihrer Produkte und Märkte zu verändern. Dies ist in der Tat einer der Hauptgründe für den Einsatz der Spartenstruktur und liefert, Untersuchungen bei Du Pont in den 20er Jahren zufolge, auch eine Erklärung dafür, wie es überhaupt zur Spartenstruktur gekommen ist:

Ohne die Last betrieblicher Pflichten hatten die leitenden Angestellten im Generalsekretariat nunmehr Zeit, Informationen und eine mehr psychologisch motivierte Verpflichtung, die unternehmerischen Aktivitäten voranzubringen und die erforderlichen strategischen Entscheidungen zu treffen, um das Gesamtunternehmen lebenskräftig zu erhalten und die Arbeit der Sparten zu koordinieren, zu beurteilen und zu planen (Chandler 1962, S. 111).

Zweitens ist die Unternehmungsleitung für die Zuteilung der finanziellen Ressourcen insgesamt zuständig.

Unter den Sparten besteht nur eine gepoolte Verbindung: Sie unterhalten keinerlei Arbeitsbeziehungen, teilen sich aber gemeinsame finanzielle Ressourcen. Es gehört eindeutig zum Verantwortungsbereich der Unternehmungsleitung, diese Ressourcen zu verwalten, d.h., überschüssige Mittel aus Sparten, die diese nicht benötigen, abzuziehen, erforderlichenfalls zusätzliche Mittel auf den Kapitalmärkten zu beschaffen und vorhandene Mittel solchen Sparten, die diese Mittel brauchen, zuzuteilen. Die Macht der Unternehmungsleitung über die Ressourcen-Allokation schließt auch die Genehmigung von Kapitalvorhaben in den Sparten ein, wenn diese Vorhaben so groß sind, daß sie sich auf den gesamten Investitionsetat der Organisation auswirken. Die Verpflichtung, eine solche Genehmigung einzuholen, mag einen gewissen Eingriff in die Autonomie der Sparten darstellen, doch ist ein solcher Eingriff erforderlich, um eine ausgewogene Zuteilung der finanziellen Ressourcen sicherzustellen. Im allgemeinen beschränkt sich die Unternehmungsleitung bei ihrer Beurteilung der von den Sparten beantragten Kapitalvorhaben allerdings auf rein finanzielle Aspekte wie Risikoabwägung und Kapitalverfügbarkeit, ohne sich in Fragen der Produktmarkt-Strategie einzumischen.

Schlüssel zur Kontrolle der Sparten in dieser Konfiguration ist das Leistungskontrollsystem.

Als dritte Machtbefugnis obliegt daher der Unternehmungsleitung die Entwicklung des Leistungskontrollsystems.

Mit Unterstützung seitens ihrer Technostruktur erarbeiten die Führungskräfte der Unternehmungsleitung die Leistungsmaßstäbe und Berichtsperioden, legen Formate für Pläne und Budgets fest und entwickeln ein Management-Informationssystem, mit dem die Leistungsergebnisse von den Sparten an die Unternehmungsleitung zu übermitteln sind. Dann sorgen sie für die Durchführung des Systems, indem sie – eventuell gemeinsam mit den Spartenleitern – Ziele für jede Berichtsperiode aufstellen und die vom Management-Informationssystem übermittelten Ergebnisse überprüfen.

Was geschieht nun, wenn das Management-Informationssystem zu erkennen gibt, daß eine Sparte in Schwierigkeiten geraten ist und ihre Leistungsziele nicht länger erfüllen kann? Die Führungskräfte in der Unternehmungsleitung müssen zunächst entscheiden, inwieweit das Problem durch Entwicklungen bedingt ist, die von der Sparte zu verantworten sind. Sind Entwicklungen wie beispielsweise ein wirtschaftlicher Abschwung oder die Aktivitäten einer neuen Konkurrenz von der Sparte nicht zu verantworten, hat die Unternehmungsleitung grundsätzlich die Wahl, die Sparte abzustoßen oder sie zur Überwindung der Schwierigkeiten finanziell zu stützen. Mit anderen Worten: Die Unternehmungsleitung handelt im Sinne ihrer beiden ersten Machtbefugnisse – der Verwaltung des strategischen Portefeuilles beziehungsweise der Zuteilung der finanziellen Ressourcen. Ist das Problem hingegen auf Mißstände in der Sparte selbst zurückzuführen, greift die Unternehmungsleitung zu ihrer vierten Machtbefugnis:

Die Unternehmungsleitung entläßt und ernennt die Spartenleiter.

Dies ist in der Spartenstruktur eine ganz entscheidende Machtbefugnis, denn die Struktur schließt eine direkte Einmischung der Führungskräfte der Unternehmungsleitung in die betrieblichen Angelegenheiten der Sparten aus; die Unternehmungsleitung kann nur insoweit Einfluß nehmen, als sie bestimmt, wer die Sparten leiten soll. Ganz wesentlich hängt daher der Erfolg der Spartenstruktur von dieser vierten Machtbefugnis ab, die richtigen Leute auszuwählen – Führungskräfte, die quasi-autonome Betriebe effektiv zu leiten verstehen und zugleich den Zielen der Gesamtorganisation Rechnung tragen.

Das Leistungskontrollsystem mag zwar ein Spartenproblem aufdecken, trägt aber kaum zur Klärung der Frage bei, ob dieses Problem auf ungünstige Bedingungen oder inkompetentes Management zurückzuführen ist. Zudem weist auch die Berichterstattung im Rahmen des Leistungskontrollsystems Probleme nicht immer zuverlässig aus. Da das Management-Informationssystem auf quantitative Daten bezüglich einer zurückliegenden Periode angewiesen ist, gehen Nuancen, die unmittelbar bevorstehende Probleme erkennen lassen, zuweilen verloren. Auch kann das Management-Informationssystem von der Spartenleitung manipuliert werden: Beispielsweise wird ein Werbe- oder Forschungsetat gekürzt, um höhere kurzfristige Gewinne auf Kosten langfristiger Rentabilität vorzeigen zu können. Obgleich also die Unternehmungsleitung bei ihrer Überprüfung der Spartenaktivitäten auf das Management-Informationssystem angewiesen ist, kann sie sich nicht ausschließlich auf dieses System verlassen. Dies führt zur fünften Funktion:

Die Unternehmungsleitung überprüft die Aktivitäten der Sparten auf persönlicher Basis.

Hier wird zur Koordination teilweise auf persönliche Weisung zurückgegriffen – in Ergänzung der Standardisierung der Arbeitsprodukte. Die Führungskräfte der Unternehmungsleitung, zuweilen als »Gruppenleiter« bezeichnet und für eine Reihe von Sparten zuständig, suchen regelmäßig ihre Sparten auf, um »in Kontakt zu bleiben« und sie so gut kennenzulernen, daß Probleme rechtzeitig erkannt werden können. Die entsprechenden Informationen versetzen die Führungskräfte der Unternehmungsleitung auch in die Lage, Anträge seitens der Sparten für große Kapitalaufwendungen zu beurteilen und die Personalsituation in den Sparten bei eventuell erforderlichen Ablösungen richtig einzuschätzen.

Wie bereits erwähnt wurde, steht jedoch ein zu hohes Maß an persönlicher Weisung im Widerspruch zum eigentlichen Zweck der Spartenstruktur – zur Gewährung von

Autonomie in den Einheiten der Mittellinie. Zu normalen Zeiten sind die Führungskräfte der Unternehmungsleitung daher zu einer Art Drahtseilakrobatik verurteilt: Entweder kennen sie die Spartenprobleme nicht gut genug, oder sie sind so damit vertraut, daß sie versucht sind, sich zu früh einzumischen. In manchen Spartenstrukturen versucht man das richtige Gleichgewicht zu finden, indem man die Größe der Unternehmungsleitung beschränkt. So gab es bei Textron im Jahr 1970 mit einem Umsatz von mehr als 1,5 Milliarden Dollar aus dreißig verschiedenen Sparten nur dreißig Führungskräfte und Administratoren in der Unternehmungsleitung, wobei die stellvertretenden Geschäftsführer weder Assistenten noch ihnen persönlich zugeordnete technokratische Stabsmitglieder, sondern nur jeweils eine Sekretärin hatten.

Als sechste und letzte Machtbefugnis stellt die Unternehmungsleitung bestimmte Hilfsdienste für alle Sparten bereit.

Die Lokalisierung dieser Hilfsdienste – ihre Konzentration in der Unternehmungsleitung beziehungsweise ihre Aufteilung auf die Sparten – ist ein wichtiges Gestaltungsproblem in der Spartenstruktur. Dienstleistungen, die auf die Bedürfnisse der einzelnen Sparten ausgerichtet und an günstigen Standorten untergebracht werden müssen und/oder – wie Marketingforschung, Kantine oder Öffentlichkeitsarbeit – vergleichsweise leicht mehrfach einzurichten sind, werden normalerweise auf die Sparten verteilt (und zuweilen zusätzlich in der Unternehmungsleitung eingerichtet). Dagegen werden koordinierte Dienstleistungen, die viele Sparten gleichermaßen treffen oder nur an der gemeinsamen strategischen Spitze bereitgestellt werden können, in einmaligen Einheiten in der Unternehmungsleitung konzentriert. So gibt es eine zentrale Finanzeinheit zur Unterstützung der Unternehmungsleitung bei der Ressourcen-Allokation und zur Bearbeitung von Fragen bezüglich Einkommenssteuern, Versicherungen, Pensionsangelegenheiten und dergleichen, wie sie in allen Sparten auftreten; auch die Unterbringung der technokratischen Stabsmitglieder, die sich um das Leistungskontrollsystem kümmern, kann in einer solchen zentralen Einheit erfolgen. Wiederum muß eine Organisation, die Divisionalisierung anstrebt, die Anzahl der in der Unternehmungsleitung bereitgestellten Dienstleistungen deutlich beschränken: Jede von ihnen drängt den Sparten Entscheidungen auf und beschneidet somit ihre Autonomie.

Abbildung 11-2 schließt die Erörterung der grundlegenden Struktur mit der symbolischen Darstellung der Spartenstruktur im Sinne unseres Logos ab. Die Unternehmungsleitung läßt drei Teile erkennen: eine kleine strategische Spitze mit hochrangigen Führungskräften; eine kleine Technostruktur auf der linken Seite, die mit der Entwicklung und Durchführung des Leistungskontrollsystems sowie eines Teils der Managementfortbildungsprogramme befaßt sind; und eine etwas größere Hilfsstabsgruppe auf der rechten Seite. Der Unternehmungsleitung nachgeordnet sind vier Sparten dargestellt, wobei die Ebene der Spartenleiter leicht hervorgehoben ist, um zu verdeutlichen, daß die Mittellinie der wichtigste Organisationsteil ist. Alle vier

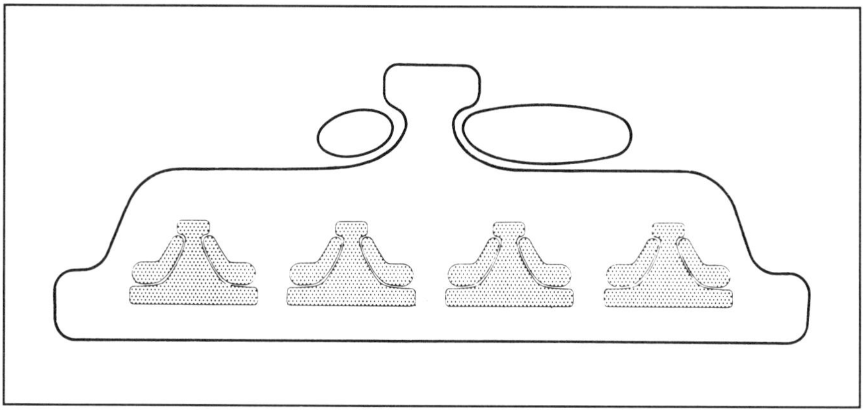

Abb. 11-2: Die Spartenstruktur

Sparten haben die Form von Maschinenbürokratien: Auf diese Weise soll daran erinnert werden, daß eine Divisionalisierung die maschinenbürokratische Strukturierung in den Sparten fördert.

Bedingungen der Spartenstruktur

Marktdiversität

Vor allem ein situativer Faktor veranlaßt die Organisation zur Annahme einer Spartenstruktur - die Marktdiversität.

Eine Organisation, die auf einem einzigen integrierten Markt tätig ist, kann sich nicht in autonome Sparten aufteilen; für eine Organisation mit unterschiedlichen Märkten hingegen besteht der Anreiz, für jeden dieser Märkte eine eigene Einheit zu schaffen. Auf diese Weise hat die Organisation die Möglichkeit, ihr strategisches Portefeuille zentral zu verwalten und dennoch jeder Komponente in diesem Portefeuille die ungeteilte Aufmerksamkeit einer Einheit zu sichern.

Dieser Zusammenhang zwischen Diversifizierung und Divisionalisierung ist in der Literatur vielfach bestätigt worden. Die Forschung weist verstärkte strukturelle Divisionalisierung als eine direkte Reaktion auf Produktdiversifizierung aus. Diese Entwicklung hat sich, besonders seit dem 2. Weltkrieg, in Wellen vollzogen und zunächst die meisten der 500 größten amerikanischen Unternehmen, in der Folge aber auch große Konzerne in England, Deutschland, Frankreich und Italien erfaßt.

Bei der Erörterung der Bedingungen für die anderen Konfigurationen haben wir festgestellt, daß nicht nur die situativen Faktoren die Wahl der Gestaltungsparameter beeinflussen; umgekehrt beeinflussen auch die Gestaltungsparameter die »Wahl« der situativen Faktoren. Mit anderen Worten: Die situativen Faktoren sind von den zur Diskussion stehenden Konfigurationen nicht zu trennen. Dafür gibt es ein hervorragendes Beispiel. Chandler argumentierte, daß die Struktur der Strategie folgt und somit strukturelle Divisionalisierung aus strategischer Diversifizierung resultiert. Doch auch die umgekehrte Beziehung hat sich in einigen Untersuchungen bestätigt:

Divisionalisierung fördert weitere Diversifizierung.

Die Leichtigkeit, mit der die Unternehmungsleitung neue Sparten in die Struktur aufnehmen kann, fordert zu einem solchen unternehmerischen Vorgehen geradezu auf; zudem kommen mit der Divisionalisierung ständig weitere Führungskräfte auf den Plan, die an der Leitung zusätzlicher und noch größerer Sparten interessiert sind.

...Die Spartenstruktur wird zu einer internen »Managementschule«, in der die mittleren Führungskräfte hinsichtlich der Probleme und Möglichkeiten wirtschaftlicher Verantwortung geschult werden. Infolgedessen stellt diese Organisationsform einen Pool an ausgebildeten fähigen Leuten bereit, aus denen sich in wenigen Tagen oder Wochen eine neue Gruppe zur Übernahme und Leitung einer neuen Aktivität rekrutieren läßt. Sowohl die Struktur als auch die interne »Schulung« erleichtern die rasche und gewinnbringende Nutzung neuer Ideen, ein Schlüsselelement in den Wachstumsstrategien der (divisionalisierten) Unternehmen (Scott 1971, S. 14).

Dies scheint auch das Ergebnis einer Untersuchung zu erklären, demzufolge die im Inlandsgeschäft stärker diversifizierten amerikanischen Firmen am ehesten internationale Geschäftsbeziehungen aufbauten: Wenn es auf dem inländischen Markt keine neuen Produkte abzusetzen gab, ließen sich aggressive junge Führungskräfte mit der Leitung ausländischer Tochtergesellschaften zufriedenstellen.

In Kapitel 3 haben wir drei Aspekte der Marktdiversität erörtert – Produkt (und Dienstleistung), Kunde sowie Ort. Theoretisch können alle drei Aspekte zur Divisionalisierung führen. Geographisch weit auseinanderliegende Märkte beispielsweise leisten Kommunikationsproblemen Vorschub, die eine Organisation zu der Überlegung veranlassen, regionale Sparten einzurichten, um den jeweiligen geographischen Bereichen gerecht zu werden; Beispiele hierfür sind Einzelhandelsketten, Postverwaltungen und umfangreiche Eisenbahnnetze. Hinzu kommen – wie im Fall des Zementherstellers – hohe Transportkosten, die einen weiteren Anreiz zur Divisionalisierung auf regionaler Basis darstellen.

Doch eine ausschließlich nach Kundenbedürfnissen oder regionalen Aspekten vorgenommene Diversifizierung ohne gleichzeitige Diversifizierung von Produkten oder Dienstleistungen erweist sich häufig als unvollständig.

Wenn für jeden geographischen Bereich oder für jede Kundengruppe identische Produkte oder Dienstleistungen bereitgestellt werden, sieht sich die Unternehmungsleitung darin unterstützt, die Entscheidungsfindung großenteils zu zentralisieren und die Hilfsdienste in erheblichem Umfang in der Unternehmungsleitung zu konzentrieren, um für alle Sparten gemeinsame betriebliche Standards sicherzustellen. Diese Zentralisation und Konzentration gewisser Funktionen, die teilweise von entscheidender Bedeutung bei der Entwicklung von Produktmarkt-Strategien sind, schränken die Autonomie der Sparten erheblich ein. Letztlich entwickelt sich die Struktur sogar zu einer integrierten Maschinenbürokratie, wenn auch mit einem Unterschied: Ihre Betriebe und geschäftlichen Aktivitäten sind in verschiedenen marktorientierten Einheiten zusammengefaßt. So ist in einer Untersuchung festgestellt worden, daß Versicherungsgesellschaften die ganz entscheidende Investitionsfunktion und Einzelhändler den Einkauf in der Unternehmungsleitung konzentrierten. Im letztgenannten Fall behält sich somit die Unternehmungsleitung die Kontrolle über Lieferquellen, Produktprogramm, Preisbildung und Angebotsmenge vor. Die Tagesgeschäfte der Einzelhandelsläden bleiben den Geschäftsleitern überlassen, die ihrerseits in eine regionale Hierarchie eingebunden sind.

Wir wollen diese Mischform aus Spartenstruktur und Maschinenbürokratie als Duplikatbürokratie bezeichnen: Eine solche Struktur entsteht, wenn eine Organisation identische regionale Sparten einrichtet und dann gewisse entscheidende Funktionen in der Unternehmungsleitung konzentriert. Jede Sparte ist eine Reproduktion – ein Duplikat – aller anderen, die dieselben Aktivitäten in derselben Weise, nur an einem anderen Ort, ausführt. Die Duplikatbürokratie findet sich mehr oder weniger in allen obengenannten Beispielen für regionale Divisionalisierung, ist aber am weitesten im Einzelhandel verbreitet – bei Supermarktketten mit fünfzig identischen Geschäften, bei der Postverwaltung mit vergleichbaren Postämtern in allen Städten des Landes oder auch bei einheitlich verwalteten Motels oder Schnellgaststätten, in denen der Gast hinsichtlich Interieur und Service kaum zu unterscheiden weiß, ob er sich nun in Driggs, Idaho oder im irischen Dublin befindet.

Die Duplikatbürokratie ist auch auf dem Herstellungssektor zu finden, in dem einerseits einfache und stabile Umweltbedingungen und Standardprodukte die Struktur maschinenbürokratisch ausrichten, andererseits aber geographisch weit auseinanderliegende Märkte in Verbindung mit hohen Transportkosten oder verderblichen Waren die Organisation veranlassen, die gleichen Produktionsanlagen in verschiedenen Regionen einzurichten. Bekannte Beispiele sind Bäckereien, Brauereien, Zementhersteller und Vertreiber alkoholfreier Getränke. Sie alle produzieren und vermarkten ihre Produkte in jeder Stadt jedweder Größe und unterliegen dabei strengen, von der zentralen Unternehmungsleitung entwickelten und durchgesetzten Standards. (Der kürzlich erfolgte Einbau eines kleinen Ofens in unserem hiesigen Brotladen als Teil einer ausschließlich im Bereich von Montreal tätigen Kette zeigt, daß es Hersteller-Duplikatbürokratien auch in Kleinformat geben kann.)

Auch der multinationale Großkonzern mit identischen Produktprogrammen auf verschiedenen nationalen Märkten hat häufig Ähnlichkeit mit einer Duplikatbürokratie: Auf jedem Markt wird eine Sparte oder »Tochtergesellschaft« gegründet, um die von der zentralen Konzernleitung diktierten Produkte herzustellen und zu vertreiben. Mit anderen Worten: Gewisse entscheidende Funktionen, vor allem die Produktentwicklung, sind der zentralen Administration vorbehalten. Doch je »fremdländischer« die Tochtergesellschaft ist, desto flexibler muß sie in der Anpassung von Produkten und Marketingtechniken an die lokalen Bedingungen sein und desto größer ist ihr Drang nach reiner Divisionalisierung. Der multinationale Konzern kann diesem Drang entgegenwirken, indem er sich entweder auf Produkte konzentriert, die sich überall in der Welt standardisieren lassen (Coca-Cola ist das klassische Beispiel), oder aber Märkte meidet, die zu fremdländisch erscheinen. Aus diesem Grund sind die amerikanischen Großkonzerne zunächst auf den kanadischen Markt – nahebei, bequem und kaum fremd – und dann nach Europa expandiert; später sind hier und da auch andere Märkte einbezogen worden, doch meist handelt es sich dabei um keine für den Westen ausgesprochen fremdländische Kulturen.

In Kanada ist das Phänomen der »kopflosen« Tochtergesellschaft – einer Einheit ohne Kontrolle über die eigenen Hauptstrategien – derart häufig, daß eine Spezialbezeichnung angebracht ist: Miniaturduplikat. Miniaturduplikate werden in Kanada eingerichtet, um Produkte zu verkaufen, die in den Vereinigten Staaten nach amerikanischen Spezifikationen in amerikanisch- technokratisch konstruierten Produktprogrammen entwickelt worden sind. Es ist interessant zu sehen, wie häufig diese Firmen auf Angriffe seitens kanadischer Nationalisten mit der Behauptung kontern, alle ihre Angestellten seien bis auf eine Ausnahme kanadische Staatsbürger. Diese eine Ausnahme ist natürlich der Hauptgeschäftsführer, der als Empfehlsempfänger der Gehirnzentrale in New York der Tochtergesellschaft im Nacken sitzt.

Technisches System

Welche Rolle spielen nun außer der Marktdiversität die anderen situativen Faktoren in der Spartenstruktur? In gewissem Sinne ist das technische System ein Faktor, besonders im Hinblick auf seine wirtschaftlich optimale Größe und damit rationale Auslastung.

> Eine Divisionalisierung ist nur dann möglich, wenn sich das technische System der Organisation effizient segmentieren und auf die einzelnen Sparten aufteilen läßt.

Während beispielsweise eine geographisch diversifizierte Zementfabrik ihre Verarbeitungsanlagen überall im Land in gleicher Ausfertigung einrichten kann, mag sich eine ähnlich diversifizierte Aluminiumgesellschaft mit demselben Umsatzvolumen außerstande sehen, eine Divisionalisierung vorzunehmen, solange sie sich nicht mehr als eine Hütte leisten kann. Also behält die Aluminiumgesellschaft ihre funktionale Struktur bei. (Selbst für den Zementhersteller mag die Divisionalisierung unvollständig sein: Wie bereits erwähnt, fördert eine geographische Diversifizierung die Entwicklung einer funktional-divisionalen Mischform bis hin zur Duplikatbürokratie.) Wenn nicht die geographischen Regionen, sondern die Produktprogramme diversifiziert sind, ergibt sich eine Aufteilung des technischen Systems gewöhnlich von allein, unabhängig von allen Überlegungen bezüglich seiner rationellen Auslastung; unterschiedliche Produktprogramme erfordern ohnehin unterschiedliche technische Systeme.

Dennoch ist auf einen sehr wichtigen, wenn auch indirekten Zusammenhang zwischen der rationellen Auslastung des technischen Systems und der Divisionalisierung hinzuweisen. Organisationen, die wie Stahl- und Aluminiumproduzenten sowie andere Großkonzerne in der amerikanischen Industrie riesige Kapitalmittel für technische Systeme mit sehr hohen Fixkosten aufbringen müssen, tendieren dazu, erst gar nicht zu diversifizieren und somit auch nicht zu divisionalisieren: Sie zeigen wenig Interesse an einer »horizontalen« Diversifikation in parallele oder nicht-verwandte Produktprogramme. Wohl aber diversifizieren sie »vertikal«, indem sie die Produktprogramme an den beiden Enden ihrer Produktionsketten vertiefen und sich auf diese Weise ihre eigenen Lieferanten und Kunden sichern. Wie wir jedoch später im Kapitel noch sehen werden, führen die starken Interdependenzen zwischen Produktprogrammen in ein und derselben Produktionskette zu einer unvollständigen Form der Spartenstruktur.

Umwelt

Hinsichtlich der Umweltfaktoren unterscheidet sich die Spartenstruktur grundlegend von den übrigen vier Konfigurationen. Jede dieser anderen Konfigurationen ist unter ganz besonderen Umweltbedingungen tätig, wie sie in Kapitel 6 in einer Matrix mit den Dimensionen statisch-dynamisch und einfach-komplex (Tabelle 6-1) erörtert worden sind. Mit anderen Worten:

> Während für die anderen Konfigurationen in erster Linie die umfassenden Umweltdimensionen Stabilität und Komplexität maßgeblich sind, ist die Spartenstruktur durch eine andere, restriktivere Umweltdimension - Marktdiversität, insbesondere Produktdiversität - bedingt. Dies schränkt ihren Anwendungsbereich im Vergleich zu den anderen vier Konfigurationen erheblich ein.

Dennoch ist auch die Spartenstruktur bevorzugt in einer Umwelt tätig, die gleichermaßen der Maschinenbürokratie zuträglich ist. Grund hierfür ist eine andere Bedingung, die es bei Verwendung einer Spartenstruktur zu erfüllen gilt: Die Arbeitsprodukte (insbesondere die Leistungskriterien) müssen standardisiert werden können. Wie wir im letzten Kapitel gesehen haben, führen komplexe Umweltbedingungen zu Arbeitsprodukten, die sich nicht messen oder standardisieren lassen. Auch unter dynamischen Umweltbedingungen sind Arbeitsprodukte und Leistungsstandards nicht ohne weiteres festzulegen.

Somit funktioniert die Spartenstruktur am erfolgreichsten unter Umweltbedingungen, die weder sehr komplex noch sehr dynamisch sind; dieselben Umweltbedingungen sind der Maschinenbürokratie zuträglich.

Dies führt zu einer recht präzisen Bestimmung der Bedingungen, unter denen eine Spartenstruktur gewöhnlich anzutreffen ist:

Die Spartenstruktur ist die strukturelle Reaktion auf die Entwicklung einer Maschinenbürokratie, die unter einfachen, stabilen Umweltbedingungen (typischerweise ohne größere Auslastungsprobleme in ihrem technischen System) eine horizontale Diversifizierung ihrer Produkt- oder Dienstleistungsprogramme vorgenommen hat.

Wenn eine Organisation versucht, die Divisionalisierung solchen Einheiten aufzudrängen, die unter anderen – komplexen oder dynamischen – Umweltbedingungen tätig sind und somit eine Messung der Arbeitsprodukte durch Leistungskontrollen nicht zulassen, entsteht normalerweise eine Mischstruktur. In einem solchen Fall muß die Unternehmungsleitung zur Kontrolle der Sparten einen anderen Mechanismus als die Standardisierung der Arbeitsprodukte einsetzen. Greift sie auf Regeln und Vorschriften,mit dem Ziel der Durchsetzung von Standards, zur direkten Kontrolle von Entscheidungen und Arbeitsprozessen in den Sparten zurück, entwickelt sich eine maschinenbürokratische Mischform, die der Duplikatbürokratie ähnlich ist. Verstärken die Führungskräfte der Unternehmungsleitung hingegen durch häufigere Kontakte mit den Spartenleitern ihren persönlichen Zugriff auf die Sparten, entsteht eine Mischform, die der Einfachstruktur nahekommt: die personenorientierte Spartenstruktur. Alternativ dazu hat die Unternehmungsleitung die Möglichkeit, die Leistung in den Sparten in erster Linie durch Sozialisation zu kontrollieren: Sie setzt nur solche Führungskräfte ein, die ihr volles Vertrauen genießen, weil diese entweder ein umfassendes Indoktrinationsprogramm absolviert haben oder sich aus anderen Gründen stark mit dem Unternehmen identifizieren. In einem solchen Fall entsteht eine Mischform mit einigen Merkmalen der Profibürokratie, die wir als sozialisationsorientierte Spartenstruktur bezeichnen wollen.

Auch der Wettbewerb ist als ein Umweltfaktor dargestellt worden, der die Spartenstruktur prägt. Insbesondere hat Franko (1974) in einer Untersuchung multinationaler Konzerne in Europa festgestellt, daß das Fehlen von Konkurrenz die Entscheidung zugunsten einer Spartenstruktur trotz vorhandener Produktdiversifikation hinauszögert. Seinen Ergebnissen zufolge tendierten europäische Unternehmen, die an Kartelle und ähnliche Formen der Verhaltensabstimmung gebunden waren, noch lange nach ihrer Diversifizierung zur Beibehaltung ihrer funktionalen Strukturen. Dem entspricht auch die Beobachtung von Scott (1973, S. 141), daß die schnellste Ausbreitung der Divisionalisierung in Amerika zu Zeiten erfolgte, zu denen der Konkurrenzdruck durch Kartellgesetzgebung sowie günstige Wirtschaftsbedingungen aufrechterhalten wurde, während die Spartenbildung in Europa vor allem in den 60er Jahren aufkam, als mit dem Gemeinsamen Markt neuer Konkurrenzdruck entstand und die Unternehmen der gesteigerten Nachfrage mit einem erhöhten Angebot nachkommen mußten.

Diese Argumentation ist sicher richtig, trifft aber nicht ausschließlich auf die Spartenstruktur zu. Es ist immer ein Bedürfnis nach Effizienzsteigerung, das Organisationen zur Anpassung ihrer Strukturen an die jeweilige Situation veranlaßt. (So lautete auch die Aussage der Kongruenzhypothese in Kapitel 6.) Struktureller Wandel erfolgt immer erst nach einer situativen Veränderung: Wie lange er auf sich warten läßt, hängt von der Dringlichkeit der Effizienzsteigerung ab. Der Konkurrenzdruck spielt hier eine besonders wichtige Rolle: Er erzwingt nicht nur eine Umstellung auf die Spartenstruktur, sobald eine Produktdiversifizierung erfolgt ist, sondern läßt vermutlich ebenso schnell eine Rückkehr zur funktionalen Struktur erforderlich werden, sollte die Organisation ihre Produktprogramme zu einem späteren Zeitpunkt konsolidieren.

Alter und Größe

Und wie verhält es sich mit den situativen Faktoren Alter und Größe? Zwar bewirkt die Größe eines Unternehmens als solche keine Divisionalisierung, aber sicher ist es kein Zufall, daß die Mehrzahl der größten amerikanischen Konzerne die eine oder andere Form der Spartenstruktur aufweist.

Wenn Organisationen größer werden, entwickeln sie eine Tendenz zur Diversifizierung und damit zur Divisionalisierung.

Ein Grund ist das Bedürfnis nach Absicherung. Große Herstellerfirmen neigen zu maschinenbürokratischen Organisationsstrukturen, die darauf ausgerichtet sind, Risiken zu meiden (vgl. Kapitel 9). Mit der Diversifizierung wird das unternehmerische Risiko verteilt. Und je größer ein Unternehmen im Vergleich zu seinen Konkurrenten wird, desto dominierender wird seine Position auf dem traditionellen Markt. Schließlich sind dort die Expansionsmöglichkeiten erschöpft (weil es keinen Marktanteil mehr zu erobern gibt oder weil die eigene marktbeherrschende Position an die Grenzen der Kartellgesetzgebung stößt); folglich muß sich das Unternehmen nach anderen Wachstumsmöglichkeiten umsehen. So kommt es zur Diversifizierung und später zur Divisionalisierung. Wie bereits erwähnt, ruft überdies die Divisionalisierung ihrerseits einen Kader aggressiver Spartenleiter auf den Plan, die nach weiterer Diversifizierung und weiterem Wachstum drängen. Wir müssen also festhalten, daß zwischen Größe und Divisionalisierung tatsächlich ein wichtiger Zusammenhang besteht, wobei die Diversifizierung die intervenierende Variable darstellt. Mit Ausnahme der wenigen Unternehmungen, die aufgrund ihrer technischen Systeme mit enorm hohen Fixkosten auch weiterhin in nur einem Geschäftsbereich tätig sind, machen die Riesenkonzerne nicht nur eine Divisionalisierung erforderlich, sondern haben ihre Größe überhaupt erst aufgrund ihrer Spartenstruktur erreichen können.

Viele Konzerne sind schließlich so groß und diversifiziert geworden, daß die einfache Spartenstruktur für sie nicht mehr ausreicht. Sie nehmen eine Organisationsform an, die wir als Mehrfach-Spartenstruktur bezeichnen wollen: Einer ersten Spartenstruktur sind noch weitere Spartenstrukturen überlagert. So können regionale Sparten noch über Produktsparten angeordnet sein, oder umfassendere Produktsparten (»Gruppen«) werden kleineren Produktsparten übergeordnet, wie dies bei General Electric der Fall ist (s. auch Abbildung 11-5).

Wie die Größe der Unternehmung spielt auch ihr Alter bei der Spartenstruktur eine Rolle.

In größeren Organisationen hat die Unternehmungsleitung zunehmend geringere Expansionsmöglichkeiten auf den traditionellen Märkten; in älteren Organisationen werden diese der Unternehmungsleitung im Laufe der Zeit so langweilig, daß Abwechslung durch Diversifizierung angestrebt wird. In anderen Fällen drängen neue Konkurrenten in alte Marktnischen vor und zwingen die Unternehmungsleitung zur Suche nach neuen Nischen mit besserem Potential. Da somit die Divisionalisierung unter den größten und ältesten Konzernen besonders häufig anzutreffen ist, wurde die Spartenstruktur in Kapitel 6 als drittes Stadium der strukturellen Entwicklung in unmittelbarer Nachfolge der Maschinenbürokratie dargestellt.

Doch die Spartenstruktur ist nicht immer eine Nachfolgestruktur vorangegangener Konfigurationen. Einige Organisationen haben von Anfang an eine Spartenstruktur. Sie divisionalisieren sozusagen aus dem Nichts heraus, d.h., sie entstehen durch Agglomeration und nicht durch Diversifikation. Eigenständige Organisationen, die sich zu neuen Verbindungen zusammenschließen, um beispielsweise finanzielle Ressourcen oder Hilfsdienste gemeinsam zu nutzen, ansonsten aber soviel ihrer bisherigen Autonomie wie möglich bewahren wollen, ziehen eine Variante der Spartenstruktur vor. Ein solcher Zusammenschluß oder Verband tritt in Erscheinung, wenn Bauern Kooperativen zur Vermarktung ihrer Produkte schaffen oder sich kleine Baufirmen zusammentun, um gegen große Gewerkschaften oder größere Konkurrenten antreten zu können. Allerdings sind nicht alle Agglomerationen freiwillige Zusammenschlüsse: Börsenspekulanten erwerben Unternehmen in Stimmrechtskämpfen und zwingen sie in Verbände, so wie Regierungen Firmen verstaatlichen, um ihre Ressourcen zwecks nationaler Planung oder Schaffung eines ausreichenden Gegengewichts gegen ausländische Konkurrenz zu poolen. Wenn dann die Einheiten der Verbandsorganisation gemeinsame Produkte oder Dienstleistungen bereitstellen, entstehen starke, natürliche Bestrebungen, die Aktivitäten in einer strafferen Struktur zu konsolidieren und insbesondere die entscheidenden Funktionen in der zentralen administrativen Leitung zu konzentrieren. In einem solchen Fall entwickelt sich die Spartenstruktur allmählich zu einer integrierten Maschinenbürokratie.

Macht

Damit kommen wir zur letzten Gruppe der situativen Faktoren – zu den Machtbeziehungen, die auch in der Konfiguration der Spartenstruktur eine Rolle spielen. Wir haben im vorigen Abschnitt gesehen, daß Machtbeziehungen für die Verbandsbildung ausschlaggebend sein können. Kleine Organisationen müssen sich zu Verbänden zusammenschließen, um ein Gegengewicht zur Macht der größeren Organisationen zu bilden, und Regierungen oder Eigentümer nutzen ihre Macht, um verbandsunwillige Partner zum Zusammenschluß zu zwingen. An früherer Stelle sind wir bereits auf die Rolle der Macht innerhalb der Struktur zu sprechen gekommen – auf das Bestreben der Spartenleiter, Wachstum, Diversifizierung und Divisionalisierung zur Stärkung der eigenen Position zu fördern. Selbst in der funktional strukturierten Organisation bedeutet das Streben einer aggressiven mittleren Führungskraft nach mehr Autonomie einen Drang zur Divisionalisierung auf der entsprechenden Hierarchieebene. Für die Spitzenführungskraft ist die Spartenstruktur erst recht die effektivste Struktur zur Steigerung von Macht und Einfluß der gesamten Organisation, denn dieser Struktur können neue Einheiten relativ leicht und ohne größere Störungen hinzugefügt werden. (Intern gesehen muß die Spitzenführungskraft diesen Machtzuwachs natürlich mit den Spartenleitern teilen.) Die Wellen der Diversifizierung in den Großkonzernen der amerikanischen Industrie sind gewissermaßen ein Machtspiel riesigen Ausmaßes, in dem die Konzernleiter um den Aufbau des größten Imperiums wetteifern.

Dieselben Machtfaktoren zeigen auch in anderen Bereichen ihre Wirkung und erklären somit die Tatsache, daß sich die Spartenstruktur in Gewerkschaften, Schulsystemen und Universitäten sowie vor allem in Regierungen zunehmender Beliebtheit erfreut. Wir kennen beispielsweise die Geschichte vom Präsidenten einer Mammutuniversität (einer von sechs staatlichen Universitäten in einer kanadischen Provinz), der seinen Versuch, sich die zwei kleinsten dieser Universitäten einzuverleiben, mit dem Argument begründete, es sei doch für die Regierung »bequemer«, anstelle von sechs Administrationen nur mit vier Instanzen verhandeln zu müssen. Keine Rede von seinem Machtzuwachs, keine Rede davon, daß die Übernahme von zwei weiteren Universitäten mitsamt ihren Einrichtungen zusätzliche Verwaltungskosten bedeuten würde, keine Rede von den Auswirkungen, die die Einführung einer neuen, zwischengeschalteten Führungsebene auf die beiden betroffenen kleinen Profibürokratien hätte.

Mit zunehmender Größe, die häufig durch ähnliches Machtstreben gefördert wird, sieht sich auch eine Regierung schließlich gezwungen, eine Art Spartenstruktur anzunehmen: Die zentralen Administratoren sind nicht mehr in der Lage, alle Behörden und Ministerien (Sparten) direkt zu kontrollieren; folglich gehen sie dazu über, ihren Führungskräften beträchtliche Autonomie zu gewähren, sind dann aber bemüht, deren Leistung zu kontrollieren. In diesem Sinne ist auch die gesamte Regierung als eine riesige Spartenstruktur aufzufassen (zugegebenermaßen eine grobe Vereinfachung, zumal unter den Ministerien alle möglichen Interdependenzen bestehen). Dabei entsprechen die drei wichtigsten koordinativen Instanzen den drei wichtigsten Kontrollfunktionen, wie sie von der Unternehmungsleitung der divisionalisierten Organisation wahrgenommen werden: Die Finanzbehörde ist technokratisch orientiert und befaßt sich mit der Leistungskontrolle der Ministerien; die Verwaltungsbehörde für den öffentlichen Dienst, ebenfalls teilweise technokratisch orientiert, widmet sich der Auswahl und Schulung der öffentlich Bediensteten; und die vollziehende Instanz (Exekutive beziehungsweise Staatsrat) prüft die wichtigsten Vorschläge und Initiativen der Ministerien. Die wohl natürlichste Entsprechung findet dieses Konzept von der Regierung als Spartenstruktur riesigen Ausmaßes im kommunistischen Staat, in dem öffentliche Betriebe und andere Behörden durch straffe, von einer mächtigen zentralen Technostruktur verwaltete Planungs- und Kontrollsysteme reglementiert werden.

Letztlich spielt auch die Mode keine unbedeutende Rolle in der Popularität der Spartenstruktur. Unsere Ausführungen lassen deutlich erkennen, daß diese Strukturform sowohl auf dem öffentlichen als auch auf dem institutionellen Sektor immer beliebter wird. Auf dem Privatsektor kam die Divisionalisierung nach der Umstrukturierung von Du Pont und General Motors in den 20er Jahren in Mode. Seither haben die amerikanischen Unternehmen verschiedene Wellen eines solchen Strukturwandels erfahren. Wie wir gesehen haben, war häufig eine Diversifizierung der Auslöser. Doch nicht ausschließlich, denn bei der Untersuchung der 500 größten amerikanischen Unternehmen im Zusammenhang mit der Divisionalisierung ist ermittelt worden, daß die Struktur auch der Mode folgt (Rumelt 1974, S. 149): In den letzten Jahren haben einige Unternehmungsleitungen eine Umstrukturierung »als Reaktion auf die normative Theorie und nicht auf tatsächlich vorhandenen administrativen Druck« (Rumelt 1974, S. 77) vorgenommen. Bis vor kurzem war die Spartenstruktur in Europa nicht modern; viele diversifizierte Konzerne weigerten sich, eine solche Struktur anzunehmen. Doch inzwischen schwingt das Pendel zur anderen Seite aus, und zweifellos haben sich auch einige Unternehmen mit integrierten Märkten mitreißen lassen. Sie werden es noch bedauern.

Stadien beim Übergang zur Spartenstruktur

Hinsichtlich des Übergangs von der funktionalen Struktur zur Spartenstruktur verfügen wir über reichliches Forschungsmaterial – nicht zuletzt dank der Harvard Business School, die besonderes Interesse an der Struktur der Großunternehmen gezeigt hat. Auf der Grundlage dieser Forschungsergebnisse sollen in der folgenden Diskussion vier Stadien beim Übergang zur Spartenstruktur beschrieben werden (s. auch Abbildung 11-3).

Wir beginnen mit dem Großunternehmen, das alle Produkte in einer Produktionskette herstellt und somit eine Struktur aufweist, die wir als Integrationsstruktur bezeichnen wollen - eine rein funktionale Struktur, eine Maschinenbürokratie oder vielleicht eine Adhokratie. Indem das Unternehmen beginnt, einige der Nebenprodukte seiner Produktionsprozesse zu vermarkten, macht es den ersten Schritt in Richtung einer Divisionalisierung (Struktur mit Nebenprodukten). Wird diese Tendenz so weit fortgesetzt, daß die Nebenprodukte wichtiger werden als die Endprodukte, auch wenn es in der Produktmarkt-Strategie noch einen "roten Faden" gibt, so führt dies zu einer Struktur, die einer Divisionalisierung noch näher kommt (Struktur mit verwandten Produkten). Wenn schließlich die Produktionskette gänzlich unterbrochen ist und die verschiedenen Produkte in keinerlei Beziehung mehr zueinander stehen, nimmt das Unternehmen die rein divisionale Konzernstruktur an. Einige Unternehmen durchlaufen der Reihe nach alle vier Stadien; doch wie wir noch sehen werden, verbleiben andere auch in einem der Übergangsstadien, wenn sie ein technisches System mit sehr hohen Fixkosten einsetzen (typischer Fall bei Integrationsstrukturen), wenn die Produktionstätigkeiten auf einem einzigen Rohstoff basieren (typischer Fall bei Strukturen mit Nebenprodukten) oder wenn die betrieblichen Aktivitäten auf eine zentrale Technologie oder einen speziellen Markt ausgerichtet sind (typischer Fall bei Strukturen mit verwandten Produkten).

Integrationsstruktur

Ganz oben in Abbildung 11-3 ist die Integrationsstruktur als rein funktionale Struktur dargestellt, wie sie für Unternehmen kennzeichnend ist, deren Produktionsaktivitäten eine integrierte, lückenlose Kette bilden: Nur das Endprodukt wird an den Kunden verkauft. Die starken Interdependenzen zwischen den verschiedenen Aktivitäten lassen nicht zu, daß solche Unternehmen den Einheiten, die irgendwelche Zwischenschritte in der Kette ausführen, die im Rahmen einer Spartenstruktur erforderliche Autonomie gewähren; infolgedessen strukturieren sie sich als funktionale Maschinenbürokratien (oder als Adhokratien unter komplexen, dynamischen Umweltbedingungen). Typischerweise stellen sie ein einziges Produktprogramm her oder konzentrieren sich zumindest auf ein dominierendes Produktprogramm. Große Firmen mit einer solchen Struktur tendieren auch zu vertikaler Integration und zu Kapitalintensität. Die für verschiedene Schritte in der Produktionskette verantwortlichen Einheiten werden gelegentlich als »Sparten« bezeichnet, doch da sie keine andere Wahl haben, als ihre Ein- und Verkäufe mit ihrer Schwestereinheit in demselben Unternehmen abzuwickeln, sind sie im wesentlichen funktionale Abteilungen und somit nichts anderes als Mittel zum Zweck, einen ganz bestimmten Markt zu bedienen; ihnen fehlt die Autonomie echter Sparten.

Ironischerweise paßt General Motors trotz seines Rufes als Paradebeispiel für Divisionalisierung besonders gut in diese Kategorie: Abgesehen von seinen Aktivitäten außerhalb der Automobilherstellung, die mit weniger als 10 Prozent vom Gesamtumsatz eine relativ unbedeutende Rolle spielen, scheint das Unternehmen nicht im wirklichen Sinne des Wortes divisionalisiert zu sein, auch wenn es dies für sich in Anspruch nimmt. Wir haben an früherer Stelle bereits darauf hingewiesen, daß Sloan die

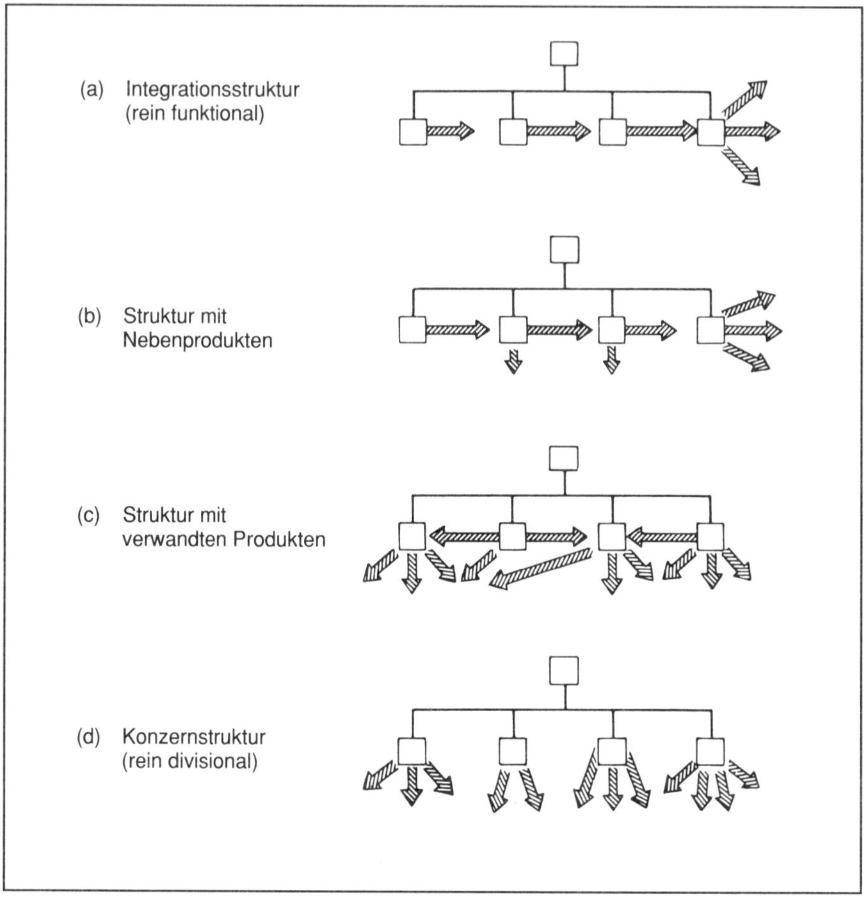

Abb. 11-3: Vier Stadien beim Übergang zur Spartenstruktur

Struktur von General Motors in den 20er Jahren konsolidierte, indem er eine Holding-Gesellschaft in ein divisionalisiertes Unternehmen umwandelte. Tatsache ist, daß er diese Konsolidierung auch während der gesamten Zeit, in der er Hauptgeschäftsführer des Unternehmens war, fortsetzte, und genauso scheinen seine Nachfolger bis zum heutigen Tag zu verfahren. In einer Studie über General Motors (Wrigley 1970) wird der dortige Prozeß der Automobilproduktion als ein integriertes, »geschlossenes System« beschrieben: Weder können der Montagebetrieb oder Fisher Body ihre Dienste auf dem freien Markt verkaufen, noch dürfen die Automobil-«Sparten« (Chevrolet, Buick usw.) die benötigten Dienste vom freien Markt beziehen. Die zentrale Kontrolle über Forschung, Formgebung, Konstruktion, Anlagenbau, Produktionspläne, Qualitätskontrolle, Preisbildung sowie Arbeitgeber/Arbeitnehmer-Beziehungen und Händlerkontakte richten die Struktur ausgesprochen funktional aus, wobei die Sparten in gewisser Weise die Funktion von Vertriebsabteilungen wahrnehmen (und auch diesbezüglich in ihren Machtbefugnissen eingeschränkt sind).

Struktur mit Nebenprodukten

Auf ihrer Suche nach größeren Märkten kann ein integriertes Unternehmen die Entscheidung treffen, seine Endproduktprogramme zu diversifizieren und sofort den

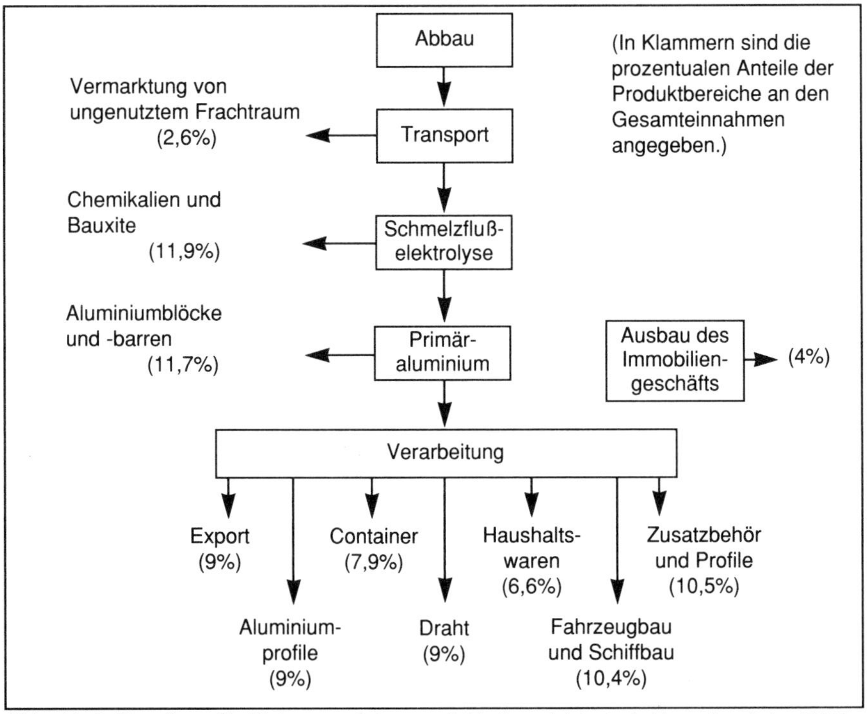

Abb. 11-4: Umsätze für Nebenprodukte und Endprodukte bei Alcoa im Jahr 1969 (nach Rumelt 1974, S. 21; zusammengestellt nach Angaben aus den Jahresberichten des Unternehmens)

Sprung zur reinen Spartenstruktur zu wagen. Eine weniger riskante Alternative besteht jedoch darin, zunächst die eigenen Nebenprodukte auf dem freien Markt zu verkaufen. Auf diese Weise wird die Verarbeitungskette hier und dort unterbrochen, was eine gewisse Divisionalisierung in der Unternehmensstruktur erforderlich macht (Struktur mit Nebenprodukten). Jedem Glied in der Verarbeitungskette kann nun zur Vermarktung seiner Nebenprodukte eine gewisse Autonomie zugestanden werden, obgleich dies unter der Voraussetzung erfolgt, daß der größte Teil seiner Arbeitsprodukte betriebsintern an das nächste Glied in der Kette geliefert wird. Da in diesem Fall die Verarbeitungskette mehr oder weniger intakt bleibt, behält die Unternehmungsleitung nach wie vor beträchtliche Kontrolle sowohl über die Strategieentwicklung als auch über bestimmte Aspekte des betrieblichen Ablaufs. Insbesondere wird Aktionsplanung eingesetzt, um die Interdependenzen zwischen den Sparten zu bewältigen.

Viele Organisationen, die in diese Kategorie fallen, sind vertikal integriert und verwenden für ihre Produktionsbetriebe ein einziges Grundmaterial (z.B. Holz, Öl oder Aluminium), das sie zu einer Vielzahl von Endverbrauchsgütern verarbeiten. Abbildung 11-4 zeigt die Verarbeitungskette für Alcoa (Aluminum Company of America) aus dem Jahr 1969, in dem das Unternehmen 69 Prozent seiner Einnahmen mit der Fertigung von Aluminium-Endprodukten wie Haushaltswaren und Autozubehör und 27 Prozent mit Nebenprodukten einschließlich Frachtraum, Chemikalien, Bauxite sowie Aluminiumblöcken und -barren erzielte. (Der Ausbau des Immobiliengeschäfts – einer horizontal diversifizierten Dienstleistung – trug die restlichen 4 Prozent bei.)

Struktur mit verwandten Produkten

Einige Unternehmen setzen die Diversifizierung ihrer Nebenprodukt-Märkte fort, indem sie ihre Verarbeitungskette so weit aufbrechen, bis die Produkte, die die Sparten auf dem freien Markt absetzen, größere Bedeutung erlangen als das, was sie sich untereinander liefern: Die Organisation entwickelt sich zu einer Struktur mit verwandten Produkten. Zum Beispiel kann ein Hersteller von Waschmaschinen eine Sparte einrichten, die Motoren produziert. Letzten Endes kann die Motorensparte dann so große eigene Erfolge erzielen, daß die Waschmaschinensparte nicht mehr der Hauptkunde ist. In einem solchen Fall bedarf es einer ausgeprägteren Form der Divisionalisierung, die der größeren Selbständigkeit der Sparten Rechnung trägt.

Die Sparten solcher Unternehmen werden gewöhnlich noch durch eine Art »roten Faden« zusammengehalten, der alle Produktprogramme verbindet: Manchmal handelt es sich um eine zentrale Qualifikation oder Technologie, manchmal auch um einen zentralen Marktbereich. Zudem verkaufen die Sparten häufig an dieselben externen Kunden. Somit verfolgt das Unternehmen immer noch eine Art integrierter Produktmarkt-Strategie.

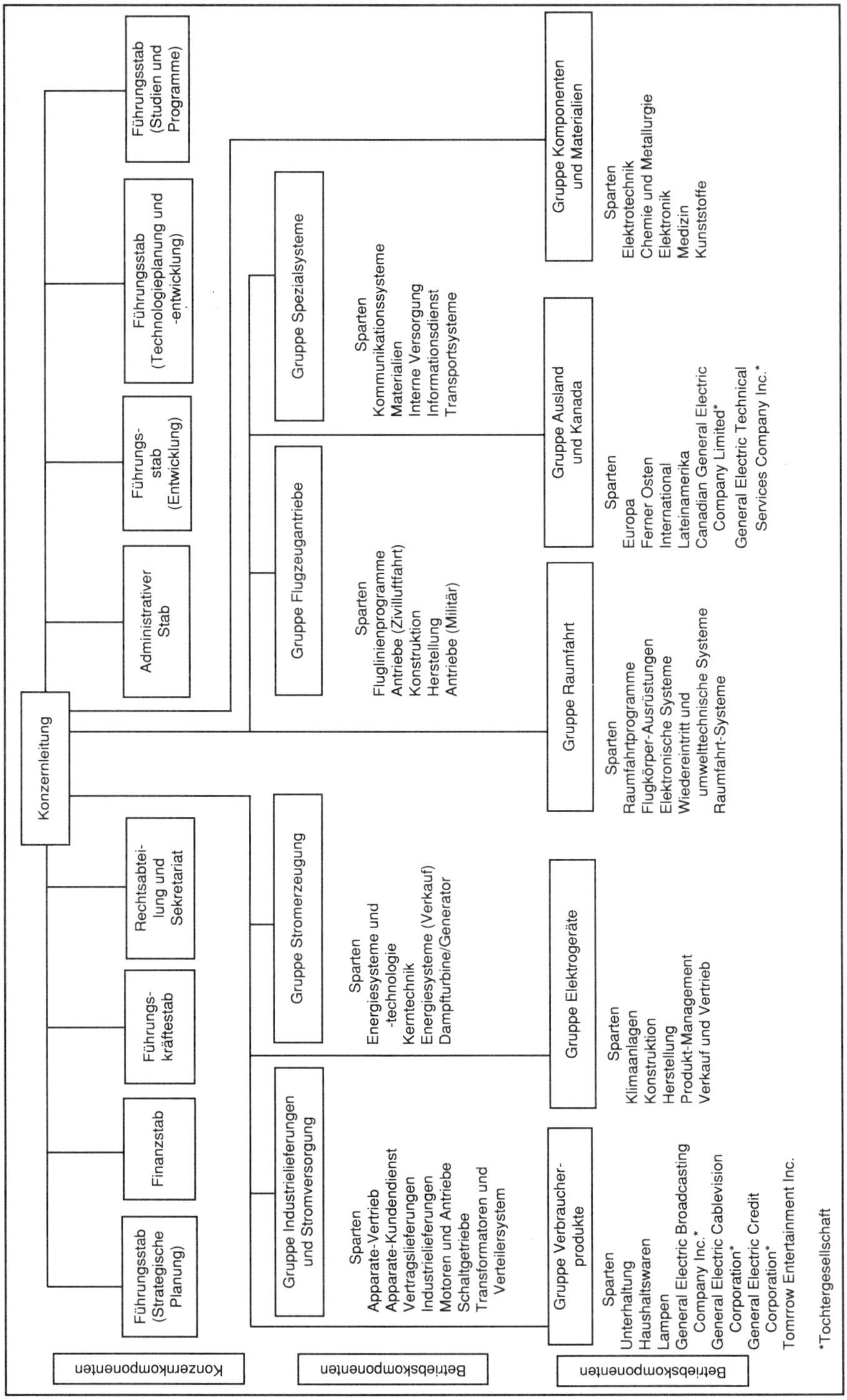

Abb. 11-5: Organigramm von General Electric (um 1975, mit freundlicher Genehmigung)

Die zentrale Planung in der Unternehmungsleitung muß in Strukturen mit verwandten Produkten weniger restriktiv sein als in Strukturen mit Nebenprodukten und sich stärker darauf konzentrieren, Leistungen zu messen, als Aktionen vorzuschreiben. Ein Großteil der Kontrolle über die spezifischen Produktmarkt-Strategien muß den Sparten übertragen werden. Doch die Interdependenzen im Zusammenhang mit dem zentralen Produktmarkt-Bereich unterstützen die Unternehmungsleitung darin, sich bestimmte, für alle Sparten gemeinsame Funktionen – zum Beispiel die Forschung und Entwicklung im Fall einer zentralen Technologie – vorzubehalten. Diese zentralen Funktionen sind natürlich die »kritischen« Funktionen im Unternehmen; entsprechend zählen zu dieser Kategorie die funktional-divisionalen Mischformen, insbesondere solche mit Produkt- oder Dienstleistungssparten, die wie Versicherungsgesellschaften die entscheidende Investitionsfunktion zentralisieren.

Auch ein Unternehmen wie General Electric, dessen Organigramm (um 1975) in Abbildung 11-5 wiedergegeben ist, zählt dazu. Der Beschreibung von Wrigley (1970) zufolge wurden einige Produkte des Unternehmens wie synthetische Diamanten hauptsächlich an externe Abnehmer verkauft, während andere, zum Beispiel Kleinmotoren, sowohl an interne als auch an externe Verbraucher geliefert wurden. Das Unternehmen wies eine typische Spartenstruktur auf – Abbildung 11-5 läßt eine Mehrfach-Spartenstruktur erkennen; lediglich in der Unternehmungsleitung gab es eine größere Anzahl an Hilfsdiensteinrichtungen, als wir sie weiter oben für die grundlegende Struktur beschrieben haben. Wrigley ermittelte Einheiten für Arbeitnehmer-/Arbeitgeber-Beziehungen (mit Linienverantwortung für wichtige Verhandlungen), Börsenprognose, Konstruktion und Vertrieb (beide mit Beratungsfunktion) sowie die »Speerspitze« des Unternehmens in Form einer massiv betriebenen Forschung und Entwicklung. Er stellte auch fest, daß den Spartenleitern nur wenig Kontrolle über die Entwicklung des Führungskräftepotentials oder über die Auswahl von Lieferanten, zwei offenbar ebenfalls als kritisch erachtete Funktionen, zugestanden wurde. Im übrigen aber hatten die Spartenleiter sowohl bei der Abwicklung ihrer Geschäfte als auch bei der Entwicklung ihrer Produktmarkt-Strategien beträchtlichen Handlungsspielraum.

Konzernstruktur

Wenn ein Unternehmen in neue Märkte expandiert oder andere Unternehmen akquiriert und dabei eine zentrale strategische Zielsetzung zunehmend aufgibt, entwickelt sich die Organisation zu einer Konzernstruktur mit ausgeprägter Divisionalisierung, wie wir sie weiter oben in diesem Kapitel als grundlegende Struktur beschrieben haben. Jede Sparte beliefert ihre Märkte mit eigenen Produktprogrammen, die in keiner Beziehung zueinander stehen: Die erste Sparte produziert Heftzwecken, die zweite Dampflöffelbagger, und die dritte bietet Bestattungsdienste an. In einem Mischkonzern gibt es keine wesentlichen Interdependenzen zwischen den Sparten, sondern lediglich die Nutzung gepoolter Ressourcen. Infolgedessen ist das Planungs- und

Kontrollsystem der Unternehmungsleitung nichts weiter als ein Mittel zur Regulierung insbesondere finanzieller Leistungen. Der Stab in der Unternehmungsleitung wird verschwindend klein und umfaßt vielleicht nur noch ein paar Generaldirektoren oder Gruppenleiter, die ihrerseits von einigen wenigen Finanzanalytikern und Mitarbeitern des Hilfsstabs unterstützt werden. Ein Hauptgeschäftsführer von Textron, wo ein dreißigköpfiger Zentralstab dreißig Sparten mit Umsätzen von mehr als 1,5 Milliarden Dollar beaufsichtigte, kommentierte die Situation in der Unternehmungsleitung wie folgt:

Ein wichtiges Prinzip ist, daß wir einen ganz kleinen zentralen Mitarbeiterstab haben. Er besteht fast ausschließlich aus Linienführungskräften und Büroangestellten, wobei die Linienführungskräfte so gut wie keine Stabsmitarbeiter haben. Wir haben weder eine F&E-Abteilung noch eine Produktions- oder Vertriebsabteilung. Was sollten sie bei der Vielzahl unserer Geschäfte auch ausrichten? Wir haben auch keine Beratungsstelle für Arbeitskonflikte. Wir wollen, daß die Gewerkschaften mit unseren Sparten einzeln verhandeln, und daher entsenden wir auch keine Vertreter des Gesamtkonzerns zu irgendwelchen Lohn- und Tarifverhandlungen (zitiert in: Wrigley 1970, Band V, S. 76-77).

In einem Aspekt können sich die Konzernstrukturen jedoch sehr unterscheiden – in der Striktheit, mit der das Leistungskontrollsystem, wenn auch stets auf den finanziellen Bereich beschränkt, gehandhabt wird. Im einen Extremfall haben wir das strenge ITT-System, das mit seinen »Vorabberichten« jeweils zum 10. eines Monats und ähnlichen Kontrollmaßnahmen in den 70er Jahren in Mode kam. Im anderen Extremfall stellt die Holding-Gesellschaft eine so lose Dachorganisation dar, daß sie kaum noch als einheitliches Gebilde aufzufassen ist. Die Holding-Gesellschaft hat in aller Regel keine zentrale Unternehmungsleitung und kein echtes Kontrollsystem, wenn man einmal von gelegentlichen Zusammenkünften der verschiedenen Vorstandsvorsitzenden beziehungsweise Hauptgeschäftsführer absieht. Dies ist das logische Finale in unserer Diskussion der vier Stadien beim Übergang zur Spartenstruktur – die Fragmentierung der Struktur bis zu dem Punkt, an dem von einer Organisation nicht mehr die Rede sein kann.

Weitere Überlegungen zur Spartenstruktur

Wir beginnen unsere weiteren Überlegungen zu dieser Konfiguration mit der Auflistung einiger Vorteile, die der Spartenstruktur im Vergleich zu den integrierteren funktionalen Formen traditionsgemäß zugeschrieben wird. Sodann wollen wir aus der Sicht der Gesellschaft untersuchen, ob es nicht logischer wäre, die Spartenstruktur mit einer anderen Alternative – mit der Strukturierung der Sparten als eigenständige Organisationen – zu vergleichen. In solchem Zusammenhang werden wir die genannten Vorteile neu beurteilen. Allerdings finden bei diesen Überlegungen nur die administrativen und wirtschaftlichen Konsequenzen der Divisionalisierung Berücksichtigung. Als nächstes wenden wir uns daher den sozialen Konsequenzen zu, indem wir uns insbesondere mit den Problemen befassen, die eine Spartenstruktur im Hinblick auf die Sozialverantwortung des Unternehmens und die Machtzentralisation in der Gesellschaft verursacht. Alle diese Überlegungen betreffen den Konzern in der Privatwirtschaft: Zum einen ist die Konzernstruktur die reinste Form der Divisionalisierung, bei der die Zusammenhänge am deutlichsten zu erkennen sind, und zum anderen wird sich gegen Ende unserer Erörterung zeigen, daß die reine Konzernstruktur für andere Sektoren als die Privatwirtschaft nicht geeignet ist. Wir schließen unsere Überlegungen ab, indem wir die Spartenstruktur als die von allen fünf Konfigurationen am stärksten gefährdete Struktur beschreiben – als eine Struktur, die – symbolisch gesehen – am Rande des Abgrunds steht.

Wirtschaftliche Vorteile der Divisionalisierung

Die Spartenstruktur hat gegenüber der funktionalen Struktur mit integriertem Betriebsablauf vier grundlegende Vorteile zu bieten. Erstens fördert die Spartenstruktur die effiziente Zuteilung der finanziellen Ressourcen. Die Unternehmungsleitung kann entscheiden, wo sie Geld investieren will; sie kann sich somit auf ihre stärksten Märkte konzentrieren, indem sie die Überschüsse aus einigen Sparten zugunsten anderer abzieht. Dagegen setzt die funktionale Struktur sozusagen alles auf eine einzige strategische Karte. Zweitens trägt die Spartenstruktur zur Ausbildung künftiger Generaldirektoren bei, indem sie ihnen die Möglichkeit zur Leitung eigener Geschäftsbetriebe eröffnet. Dagegen sind die Führungskräfte der Mittellinie in funktionalen Strukturen untereinander so abhängig, daß individuelle Verantwortung und Autonomie von vornherein ausgeschlossen sind. Drittens verteilt die Spartenstruktur ihr Risiko auf verschiedene Märkte, während ein zerbrochenes Glied in der betrieblichen Kette der funktionalen Struktur das gesamte System zu knirschendem Stillstand bringt. Viertens kann die Spartenstruktur strategisch reagieren, und dies ist vielleicht ihr wichtigster Vorzug: Die Sparten können ihre bürokratischen Maschinen entsprechend anpassen, und die Unternehmungsleitung konzentriert sich auf ihr strategisches Portefeuille. Sie kann neue Geschäftszweige übernehmen oder sich von alten, ineffektiven Einheiten trennen.

Doch ist die funktionale Struktur die richtige Vergleichsbasis? Stellt sie die eigentliche Alternative zur Spartenstruktur dar? Sicher ist dies der Fall, wenn man diversifizierte Organisationen mit nicht-diversifizierten Organisationen vergleichen will.

Da strategische Diversifizierung zur strukturellen Divisionalisierung führt, fördert sie die effiziente Kapitalzuteilung innerhalb der Organisation; sie ermöglicht die Schulung des Managementnachwuchses, reduziert Risiken und erhöht die strategische Reaktionsfähigkeit. Mit anderen Worten: Sie löst viele der wirtschaftlichen Probleme, die in der Maschinenbürokratie entstehen.

Aus der Perspektive der Organisation weist die Diversifizierung mit nachfolgender Divisionalisierung gegenüber den nicht-diversifizierten Organisationen eine Reihe von Vorteilen auf.

Doch wenn eine Organisation erst einmal diversifiziert und dann divisionalisiert ist, besteht sehr wohl Anlaß, die Vergleichsbasis zu ändern. Die wirkliche Alternative, zumindest aus der Sicht der Gesellschaft, besteht darin, noch einen Schritt weiter zu gehen und an den Punkt zu gelangen, an dem die Unternehmungsleitung aufgelöst wird und die Sparten als eigenständige Organisationen funktionieren können.

Der von Wrigley (1970) untersuchte Konzern Textron umfaßte dreißig Sparten in ebenso vielen verschiedenen Geschäftszweigen; Beatrice Foods wurde in einem Artikel im Magazin Fortune aus dem Jahr 1976 mit 397 Sparten beschrieben. Hier stellt sich die Frage, ob diese beiden Konzerne wirklich noch effizienter waren als 30 beziehungsweise 397 Einzelunternehmen. Damit steht nicht mehr die Perspektive der Organisation im Vordergrund, sondern vielmehr die Sichtweise der Gesellschaft. Aus dieser Sicht wollen wir die vier obengenannten Aspekte noch einmal betrachten.

In der divisionalisierten Organisation teilt die Unternehmungsleitung die Kapitalressourcen auf 30 beziehungsweise 397 Sparten auf. Im Fall von 30 beziehungsweise 397 unabhängigen Einzelunternehmen übernehmen die Kapitalmärkte diese Aufgabe. Wer kann es besser? Wie die beiden nachfolgend beschriebenen Untersuchungen zeigen, fällt die Antwort nicht leicht.

Williamson (1975) argumentiert, die Spartenstruktur könne der Aufgabe der Ressourcenzuteilung besser gerecht werden. Er stellt die Spartenstruktur dar als administrative Reaktion auf die Ineffizienz der Kapitalmärkte – auf idiosynkratisches Wissen, opportunistisches Verhalten und dergleichen. Dank ihrer sorgfältig ausgearbeiteten Leistungskontrollsysteme und ihrer persönlichen Kontakte seien die Führungskräfte der Unternehmungsleitung eher als Investoren in der Lage, sich über das Potential zumindest bestimmter Geschäftszweige zu informieren. Zudem könnten die Führungskräfte der Unternehmungsleitung Kapital schneller von einer Sparte zur anderen transferieren, als dies über die entsprechenden Marktmechanismen möglich wäre. Somit habe die Spartenstruktur »die Schwächen des Kapitalmarktes durch Übertragung der traditionsgemäß dem Kapitalmarkt zugewiesenen Funktionen auf das Unternehmen zum Teil ausgeglichen« (Williamson 1975, S. 136).

Die von Williamson vorgebrachten Argumente bieten tatsächlich eine Erklärung dafür, warum einige Konzerne im Wirtschaftssystem haben überleben und gedeihen können. Doch weist Moyer in einem Beitrag aus dem Jahr 1970 darauf hin, daß diese Vorteile ihren Preis haben und daß vor allem der durch Akquisition entstandene, besonders häufig anzutreffende Großkonzern kostenintensiver und gegenüber den Marktmechanismen in gewisser Hinsicht auch weniger flexibel ist.

Ein akquirierendes Unternehmen zahlt normalerweise eine 15%ige Prämie auf den Marktpreis des übertragenden Unternehmens, um eine Fusion zu erreichen. Vollständig diversifizierte Kapitalanlagegesellschaften können gegen Verkaufsgebühren von 7-9% im Fall von Investmentfonds erworben werden. ... Darüber hinaus kann ein einzelner Aktionär sein eigenes Portefeuille bei einer Gebühr von durchschnittlich nur 1,5% bis 3,5% des Wertes der erworbenen Aktie diversifizieren. ...

Da Großkonzerne bisher nicht verpflichtet waren, ihre Einnahmen für die zum Konzerneigentum gehörenden Sparten oder Tochtergesellschaften zu veröffentlichen, ...ist der Aktionär nicht in der Lage zu entscheiden, ob die Tochtergesellschaften, deren Akquisition die Unternehmungsleitung für sinnvoll gehalten hat, seine Ertragsposition wirklich verbessern. Ein individuell diversifiziertes Portefeuille ist erheblich flexibler als ein Konzernportefeuille. Der einzelne Aktionär kann mit minimalem Aufwand je nach Leistung der einzelnen Aktien kaufen und verkaufen. Für einen Großkonzern ist die Entscheidung, ob er sich von einer oder mehreren seiner Tochtergesellschaften trennen soll, viel schwieriger (Moyer 1970, S. 22).

Moyer ist überzeugt, daß der Großkonzern dem Aktionär eines seiner wenigen Privilegien vorenthält: die Wahl einer Industrie – und einer Risikoobergrenze – für seine Kapitalinvestitionen. Die Wahl unter den Aktien verschiedener Großkonzerne läuft letztlich auf die Wahl vorgegebener Portefeuilles hinaus – Beatrice Foods anstelle von Dannon Yogurt.

Bezüglich der Entwicklung des Führungskräftepotentials stellt sich die Frage, ob Spartenleiter eine bessere Ausbildung erhalten und wertvollere Erfahrungen sammeln, als dies in der Position des Hauptgeschäftsführers eines Einzelunternehmens möglich wäre. Die Spartenstruktur kann Schulungskurse durchführen und ihre Führungskräfte systematisch unterschiedlichen Arbeitsplätzen zuweisen, um ihren Erfahrungshorizont zu erweitern. Doch wenn, wie die Befürworter der Divisionalisierung behaupten, die Autonomie der Schlüssel zur Managemententwicklung ist, gilt doch vermutlich folgendes Prinzip: je mehr Autonomie, desto besser. Die Spartenleiter haben eine Unternehmungsleitung, an die sie sich anlehnen können – und die sich auf ihnen ausruhen kann. Bei Textron »ist die Planerfüllung der Preis für Autonomie. Wenn eine Sparte aus dem einen oder anderen Grund ihre Ziele nicht erreichen kann, wird sie einer genauen und detaillierten Überprüfung unterzogen« (Wrigley 1970, BandV, S. -91). Dagegen ist der Hauptgeschäftsführer eines Einzelunternehmens auf sich gestellt, macht eventuell Fehler und kann daraus lernen.

Im Hinblick auf den dritten Aspekt, das Risiko, lautet das Argument aus der Perspektive der »Divisionalisten«, eine eigenständige Organisation sei zu Zeiten einer internen Krise oder rückläufigen Konjunktur besonders anfällig, während der Großkonzern seiner Sparte die erforderliche Unterstützung gewähren könne. Dagegen wird argumentiert, eine Divisionalisierung könne Konkursfälle verschleiern, und zudem würden kränkelnde Sparten länger als notwendig unterstützt, während der Markt das Problem dadurch löse, daß er das eigenständige Unternehmen ganz einfach in den Konkurs treibt. Ein weiterer Aspekt, diesmal aus der Sicht der Organisation selbst, ist der Umstand, daß die Spartenstruktur nicht nur ihr Risiko, sondern auch die Konsequenzen dieses Risikos verteilt. Eine einzelne Sparte kann nicht in Konkurs gehen; die gesamte Organisation ist rechtlich verpflichtet, für ihre Schulden aufzukommen. So braucht das Problem in einer einzigen Sparte nur massiv genug zu sein, um die Ressourcen der gesunden Sparten abzusaugen und sogar die gesamte Organisation zum Konkurs zu treiben. Man stelle sich nur das folgende Beispiel vor: Eine Sparte hat sich verpflichtet, Kernbrennstoff in großen Mengen abzunehmen, und nun steigt der Preis in schwindelnde Höhen. Eine lose Verbindung erweist sich dann als risikoreicher als gar keine Verbindung!

Schließlich bleibt noch der Aspekt der strategischen Reaktionsfähigkeit. Die Spartenstruktur mit ihrer losen Einbindung der Sparten mag besser reagieren können als die funktionale Struktur mit ihren stark gebundenen Einheiten. Doch die Frage ist, welcher Preis selbst bei einer losen Verbindung zu zahlen ist. Mit anderen Worten: Inwieweit wirkt sich die Konzernstruktur auf die strategische Reaktionsfähigkeit aus? Das Kontrollsystem der Spartenstruktur, das dem Spartenleiter den Köder gerade in der richtigen Entfernung vor die Nase hält, stellt einen Anreiz dar, immer bessere finanzielle Leistungen zu erbringen. Doch gleichzeitig behindert dieses System die Innovationsfähigkeit. »Die Unternehmungsleitung bei Textron hat ...gelernt, daß die Entwicklung neuer Erfindungen nicht zu den Stärken des Unternehmens zählt« (zitiert in Wrigley 1970, Band V, S. 89). Bower liefert die Erklärung:

.... die mit einer größeren Innovation verbundenen Risiken können beträchtliche Ausmaße für den Spartenleiter annehmen, wenn dieser auf einer kurzfristigen, jährlichen Erfolgsbasis gemessen wird. Folglich besteht die Tendenz, risikoreiche Projekte zu vermeiden, so daß wichtige Neuentwicklungen bis auf wenige Ausnahmen außerhalb der großen Industrieunternehmen stattfinden. Bei diesen Ausnahmen handelt es sich meist um Einprodukt-Unternehmen, in denen sich die Führungsspitze wahrem Projektmanagement verpflichtet sieht: Bell Laboratories, IBM, Xerox und Polaroid. Dies sind die Führungsspitzen, die wichtige strategische Maßnahmen für ihr gesamtes Unternehmen ergreifen können. Dagegen setzen uns die diversifizierten Unternehmen nur eine stetige Ration an kleinen Neuerungen vor (Bower 1970, S. 194).

Innovation erfordert wahren Unternehmungsgeist, und dieser gedeiht nicht unter den Bedingungen einer standardisierten externen Kontrolle. Der Unternehmer trägt sein eigenes Risiko und verdient seinen eigenen Lohn. Kein von der Unternehmungsleitung verwaltetes Kontrollsystem vermag diese Art von Motivation zu ersetzen. Vielmehr gründen so manche Unternehmer gerade deshalb einen eigenen Betrieb, um bürokratischen Kontrollen zu entfliehen, wie sie der Hauptgeschäftsführer von Textron Wrigley gegenüber beschrieben hat: »Alles, was nicht zur Routine gehört, muß analysiert und begründet werden«; er und der Vorsitzende »nehmen häufigeren Kontakt auf zu jeder Sparte, bei der etwas Besonderes anliegt« (Wrigley 1970, BandV, S. 90). Solche Vorgehensweisen mögen zwar Risiken vermeiden, aber sie verhindern zugleich die Vorteile, die Risiko- und Innovationsfreudigkeit gegenüber »kleinen Neuerungen« zu bieten hat.

Somit scheint das Einzelunternehmen strategisch reaktionsfähiger zu sein als die Konzernsparten – auch wenn es vielleicht weniger stark motiviert ist, ständig wirtschaftliche Spitzenleistungen zu erzielen. Viele divisionalisierte Konzerne kalkulieren die strategische Reaktionsfähigkeit dieser Unternehmen sogar ein, denn sie betreiben ihre Diversifizierung nicht durch eigene Innovation, sondern vielmehr durch Akquisition der innovativen Ergebnisse von selbständigen Unternehmern.

Beitrag der Unternehmungsleitung

Um die Effektivität eines Großkonzerns beurteilen zu können, müssen wir wissen, in welcher Weise die Unternehmungsleitung zur Leitung der Sparten beiträgt. Da die Kontrollfunktion der Unternehmungsleitung bei einem selbständigen Unternehmen vom Verwaltungsrat ausgeübt wird, stellt sich die Frage, was die Unternehmungsleitung ihren Sparten im Gegensatz zum Verwaltungsrat unabhängiger Unternehmen zu bieten hat.

Weder die Führungskräfte der Unternehmungsleitung noch die Mitglieder des Verwaltungsrates können die Leitung der Sparte beziehungsweise des Betriebs übernehmen. Beide Instanzen haben nur auf Teilzeitbasis mit der Abwicklung der Geschäfte zu tun.[3] Die Leitung der Geschäfte wird daher den Vollzeit-Führungskräften überlassen – sie verfügen über die dazu erforderliche Zeit und Information. In der Tat gerät dieser Aspekt häufig in Vergessenheit, und davon ist die Spartenstruktur aufgrund der engeren Verbindung zwischen Unternehmungsleitung und Spartenleitern stärker betroffen als ein selbständiges Unternehmen.

Mehrere Faktoren tragen dazu bei, daß sich die Führungskräfte der Unternehmungsleitung Machtbefugnisse der Sparten aneignen, bestimmte Produktmarkt-Entscheidungen in der Unternehmungsleitung konzentrieren und so den eigentlichen Zweck der Divisionalisierung zunichte machen.

Manche Führungskräfte der Unternehmungsleitung glauben, alles besser zu können; sie könnten versucht sein, »Duplikate« abzuschaffen (Einrichtung einer Werbeabteilung anstelle von 397); möglicherweise genießen sie auch nur die Ausübung der Macht, die ihnen potentiell zusteht; oder sie lassen sich zu neuen administrativen Techniken verleiten. Vielleicht gelingt es einer von ihren Methoden überzeugten

Technostruktur oder Beratungsfirma, der Unternehmungsleitung ein kompliziertes Management-Informationssystem zu »verkaufen« oder ein System schmackhaft zu machen, das auf dem Prinzip aufbaut, Produktmarkt-Entscheidungen ließen sich anhand von Daten über Marktanteile oder Produkt-Lebenszyklen treffen.

Die Schwierigkeit bei vielen dieser Systeme besteht darin, daß sie die Illusion von Wissen, nicht aber das Wissen selbst vermitteln. Wie schon an früherer Stelle betont, handelt es sich bei einem Großteil der zur Strategieentwicklung erforderlichen Informationen um »weiche« und spekulative Hinweise – um bruchstückhafte Impressionen, Gerüchte und Fakten, die niemals dokumentiert oder quantifiziert werden. Was das Management-Informationssystem an die Unternehmungsleitung schließlich weitervermittelt, sind abstrahierte, kompakte Verallgemeinerungen. Doch kein Betrieb ist ausschließlich anhand von Berichten über Marktanteile, Produkt-Lebenszyklen und ähnliche Zusammenhänge zu verstehen. Wirkliches Verständnis setzt auch »weiche« Informationen voraus, und diese verbleiben unweigerlich in den Sparten, in denen die Führungskräfte mit den spezifischen Situationen persönlich vertraut sind. Selbst wenn das Management-Informationssystem die richtigen Informationen übermitteln könnte oder wenn sich die Führungskräfte der Unternehmungsleitung telefonisch um entsprechende Erläuterungen bemühen würden, hätten sie nicht die Zeit, diese Informationen zu verarbeiten. Doch gerade der Mangel an Zeit, die verschiedenen Geschäftszweige wirklich zu verstehen, war Anlaß für die Divisionalisierung der Organisationen gewesen, denn jeder Geschäftszweig sollte die ungeteilte Aufmerksamkeit einer Führungskraft und der entsprechenden Einheit erhalten. Daher könnte die Hochgeschwindigkeitsinformationsübermittlung für einige Führungskräfte der Unternehmungsleitung eine Versuchung darstellen, Entscheidungen zu treffen, die besser den Sparten überlassen blieben. So kommentierte ein verärgerter britischer Admiral nach seinem Einsatz in der Suez-Krise 1956: »Nelson hätte keinen einzigen Sieg errungen, wenn es schon das Telex gegeben hätte« (zitiert in Jay 1970, S. 79). Eine Funktion der Führungskräfte der Unternehmungsleitung in einem diversifizierten Großkonzern besteht also gerade darin, die Sparten nicht zu leiten. Der Kluge weiß, was er nicht wissen kann.

Funktionen, die von den Führungskräften der Unternehmungsleitung dennoch wahrgenommen werden, sind die Aufstellung von Spartenzielen, die Überprüfung ihrer Leistung im Hinblick auf diese Ziele (ein angemessener Verwendungszweck für das Management-Informationssystem), die Aufrechterhaltung beschränkter persönlicher Kontakte zu den Spartenleitern und die Genehmigung größerer Kapitalvorhaben in den Sparten. Interessanterweise sind dies auch die Pflichten des Verwaltungsrates, zumindest in der Theorie. In der Praxis hingegen kommen viele Verwaltungsräte – besonders bei großen Unternehmen – diesen Pflichten nur unzureichend nach und geben der Geschäftsführung die Blankovollmacht, nach eigenem Gutdünken zu verfahren. In dieser Hinsicht scheint die Spartenstruktur tatsächlich von Vorteil zu sein: Sie stellt eine administrative Einrichtung dar, die eine weitere Schwäche des Systems der freien Marktwirtschaft – den ineffektiven Verwaltungsrat – auszugleichen vermag.

Durch den Einsatz ihrer formalen und persönlichen Kontrollsysteme sorgt die Unternehmungsleitung dafür, daß sich die Spartenleiter um Erzielung immer besserer finanzieller Ergebnisse bemühen.

Doch dieses Argument hat einen Haken, denn die Diversifizierung in Großkonzernen ist häufig dazu angetan, nicht nur den Aktienbesitz zu streuen, sondern auch Verständnis und Kontrolle des Konzerns durch den Verwaltungsrat zu erschweren. Zum einen sind diversifizierte Unternehmen typischerweise Großunternehmen, die ohnehin kapitalmäßig weit gestreut und schwer zu überblicken sind. Zum anderen wird die Aufgabe der Teilzeit-Verwaltungsratsmitglieder, die Vorgänge zu verfolgen, um so schwerer, je mehr Geschäftszweige eine Organisation hat. Moyer weist außerdem darauf hin, daß Konzernakquisitionen häufig eine Erhöhung der Zahl der Aktionäre und damit eine weitere Kapitalstreuung zur Folge hat. So scheint die Spartenstruktur gewissermaßen nur ein Problem zu lösen, das sie sich selbst geschaffen hat. Hätte der Konzern seine Aktivitäten auf einen Geschäftszweig beschränkt, wäre er kompakter geblieben und leichter zu verstehen gewesen, so daß die Mitglieder des Verwaltungsrates ihre Funktionen effektiver hätten wahrnehmen können. Die Diversifizierung hat somit zur Entstehung des Problems beigetragen, das die Divisionalisierung in der Folge zu lösen vermag. Es ist eine Ironie des Schicksals vieler solcher Spartenstrukturen, daß sie zwar die Leistung ihrer Sparten mit Erfolg zu kontrollieren verstehen, selbst aber von ihren eigenen Verwaltungsräten kaum zu überprüfen sind.

Der wesentliche Zweck einer solchen Überprüfung besteht darin, Probleme zu erkennen und zu lösen, bevor sie sich zu ausgewachsenen Krisen entwickeln. Eine große Schwäche des eigenständigen Unternehmens ist bekanntlich darin zu sehen, daß die Geschäftsführung ihren Verwaltungsrat bewußt im dunkeln lassen und ernsthafte Probleme auf diese Weise vertuschen kann. In einem divisionalisierten Konzern mit seinen permanenten Führungskräften in der Unternehmungsleitung ist dies schon schwieriger. Doch Verschleierungstaktiken sind auch in der Spartenstruktur keineswegs unbekannt, und zwar aus demselben Grund: Über detaillierte Informationen verfügt nur der mit dem Tagesgeschäft vertraute Spartenleiter, nicht aber diejenigen, die nur auf Teilzeit-Basis mit ihrer Kontrolle beauftragt sind. Die folgende aufschlußreiche Geschichte wird von einem Stabsmitarbeiter einer Unternehmungsleitung erzählt:

Unsere Unternehmungsleitung will alle größeren Entscheidungen selbst treffen. Sie meint dies auch zu tun, aber ich habe gerade erlebt, wie ihr eine Sparte zuvorgekommen ist.

Ich sollte den Antrag einer Sparte auf Anschaffung eines großen Schornsteins bearbeiten. Da ich mir nicht vorstellen konnte, was man nur mit einem Schornstein anfangen kann, habe ich mich an Ort und Stelle vergewissert: Die haben eine ganze Anlage im Rahmen von Werksbestellungen gebaut und eingerichtet. Der Schornstein war die einzige nicht-teilbare Komponente, die über die von uns auf 50 000 Dollar festgesetzte Grenze für Bestellungen hinausging.

Offensichtlich haben die auf informellem Weg erfahren, daß man eine neue Anlage nicht begrüßen würde, und daraufhin haben sie das verdammte Ding selbst gebaut. Ich weiß wirklich nicht, was ich dazu sagen soll (zitiert in: Bower 1970, S. 189).

Was geschieht nun, wenn ein Problem tatsächlich rechtzeitig erkannt wird? Was kann die Unternehmungsleitung in einem solchen Fall ausrichten, wozu ein Verwaltungsrat nicht in der Lage wäre? Der Vorsitzende von Textron hat auf einer Tagung zum Thema Kapitalanlagenberatung (New York Society of Security Analysts) mit Bezug auf die für die Kontrolle der Sparten zuständigen Führungskräfte in der Unternehmungsleitung einmal gesagt, »es ist nicht allzu schwer, fünf gut geführte Unternehmen zu koordinieren« (zitiert in: Wrigley 1970, Band V, S. 78). Das stimmt. Wie aber sieht es aus, wenn die fünf Unternehmen schlecht geführt sind? Was kann ein Stab von dreißig Administratoren in der Unternehmungsleitung wirklich tun, um die Probleme in dreißig Sparten zu bewältigen? Die natürliche Tendenz, die Kontrollschrauben anzuziehen, ist gewöhnlich nicht mehr von Nutzen, wenn ein Problem erst einmal aufgetreten ist; auch eine schärfere persönliche Beaufsichtigung vermag wenig auszurichten. Wie mehrfach erwähnt, können die Führungskräfte in der Unternehmungsleitung die Sparten nicht selbst leiten. Im wesentlichen bleiben ihnen somit nur zwei Alternativen: Entweder können sie den Spartenleiter durch einen neuen Mann ersetzen, oder sie trennen sich ganz von der Sparte. Allerdings kann auch der Verwaltungsrat einen Führungswechsel herbeiführen. Dies scheint sogar sein einziges wirkliches Privileg zu sein; alles andere bleibt ohnehin der Unternehmungsleitung überlassen. So stellt sich die Frage: Wer kann die Führungskraft für eine Sparte besser auswählen – die Unternehmungsleitung oder der Verwaltungsrat? Sie ist keineswegs eindeutig zu beantworten. Zwar kann eine Unternehmungsleitung schneller vorgehen und auf ihren Pool an geschulten Führungskräften aus den anderen Sparten zurückgreifen. Doch kommt es auch vor, daß sie sich über die Führungskräfte in 30 oder 397 Sparten Gedanken machen muß, während sich der Verwaltungsrat nur um einen ganz bestimmten Fall zu kümmern braucht. Und was die zweite Alternative angeht, so dient eine Abstoßung der Sparte lediglich dazu, einem anderen den Schwarzen Peter zuzuschieben; aus der Sicht der Gesellschaft ist damit das Problem nicht gelöst (es sei denn, die Konzernstruktur als solche war das auslösende Moment).

Insgesamt ist schwer zu sagen, ob die Unternehmungsleitung in einer Konzernstruktur den verschiedenen Verwaltungsräten eigenständiger Unternehmen vorzuziehen ist oder nicht. So sollte nicht überraschen, wenn eine Untersuchung zu dem Ergebnis gekommen ist, daß Unternehmen mit »kontrollierter Diversität« höhere Gewinne zu erzielen vermochten als stark diversifizierte Konzerne (Rumelt 1974). Kontrollierte Diversität bedeutet Interdependenz unter den Sparten, und dazu bedarf es keiner reinen Divisionalisierung, sondern vielmehr einer »Zwischenstufe«, bei der einige entscheidende Funktionen in der Unternehmungsleitung konzentriert sind.

Reine Divisionalisierung gleicht gewisse Ineffizienzen auf dem Kapitalmarkt aus, schafft gleichzeitig aber neue; sie ermöglicht die Ausbildung von Führungskräften, gesteht ihnen dann aber weniger Autonomie zu als das eigenständige Unternehmen; sie verteilt Risiken, verteilt aber auch die Konsequenzen dieser Risiken; sie schützt anfällige Betriebe zu Zeiten rückläufiger Konjunktur, einschließlich solcher, die sich eines solchen Schutzes im nachhinein als nicht wert erweisen; ihre Kontrollsysteme fördern die stetige Verbesserung finanzieller Leistungen, behindern aber echte unternehmerische Innovation; die zentrale Unternehmungsleitung im divisionalisierten Konzern vermag die betriebliche Leistung besser zu kontrollieren als der Verwaltungsrat eines Unternehmens mit großer Kapitalstreuung, aber gerade die Diversifizierung als solche ist eine der Ursachen dafür, daß Unternehmen kapitalmäßig so weit gestreut und Verwaltungsräte entsprechend schlecht informiert sind; und letztlich kann die Unternehmungsleitung im divisionalisierten Konzern kaum mehr zur Lösung eines fundamentalen Problems in einem Geschäftsbereich beitragen als ein Verwaltungsrat - in beiden Fällen besteht nur die Möglichkeit eines Führungswechsels. Insgesamt hat die reine Spartenstruktur (d.h. die Konzernstruktur) gegenüber einem schwachen System von Verwaltungsräten und ineffizienten Kapitalmärkten einige Vorteile zu bieten, doch die meisten dieser Vorteile würden vermutlich hinfällig, wenn gewisse Probleme auf den Kapitalmärkten und in den Verwaltungsräten gelöst würden.

Letztlich besteht durchaus Grund zur Annahme, daß der Gesellschaft besser damit gedient wäre, fundamentale Ineffizienzen ihres Wirtschaftssystems aus der Welt zu schaffen, als private administrative Einrichtungen darin zu unterstützen, aus der Not eine Tugend zu machen. Wenn wir nun im folgenden von den administrativen und wirtschaftlichen Konsequenzen der Spartenstruktur auf ihre sozialen Konsequenzen übergehen, werden wir noch zwei weitere Argumente für diese Schlußfolgerung erkennen: die Sozialverantwortung der Spartenstruktur und ihre Tendenz zur Machtkonzentration in der Gesellschaft.

Sozialverantwortung und Leistungskontrollsystem

Das Leistungskontrollsystem der Spartenstruktur ist einer der grundlegenden Gestaltungsparameter und wichtigster Garant für ihre wirtschaftliche Effizienz. Doch dieses System hat auch schwerwiegende soziale Konsequenzen.

Die Spartenstruktur verlangt, daß die Unternehmungsleitung die Sparten in erster Linie an quantitativen Leistungskriterien, d.h. an finanziellen Maßstäben wie Gewinn, Umsatzsteigerung, Rentabilität usw., mißt. Problematisch daran ist, daß die Anwendung dieser Leistungskontrollen zu einer wahren Sucht ausarten kann und damit Ziele außer acht läßt, die sich nicht messen lassen – Produktqualität, Stolz auf die eigene Arbeit, zufriedene Kunden, Umweltschutz oder Verschönerung der Umgebung. Die wirtschaftlichen Ziele verdrängen die sozialen Ziele. »Wir bei Textron verehren den Gott des Eigenkapitals« (zitiert in Wrigley 1970, Band V, S. 86).

Das wäre nicht problematisch, wenn sich die sozialen und die wirtschaftlichen Konsequenzen von Entscheidungen ohne weiteres trennen ließen: Die Regierungen würden sich um erstere, die Unternehmen um letztere kümmern. Tatsache ist aber, daß beide Konsequenzen eng miteinander verflochten sind:

Jede strategische Entscheidung eines Großunternehmens hat sowohl soziale als auch wirtschaftliche Konsequenzen. Infolgedessen bewirkt das Kontrollsystem der Spartenstruktur bei den Unternehmen bestenfalls sozial gleichgültiges und schlimmstenfalls sozial verantwortungsloses Vorgehen.

Da der Spartenleiter gezwungen ist, sich auf die wirtschaftlichen Konsequenzen seiner Entscheidungen zu konzentrieren, kann er sich um deren soziale Konsequenzen nicht weiter kümmern. Auch sei daran erinnert, daß die spezifischen Entscheidungen im divisionalisierten Unternehmen – die Entscheidungen mit sozialen Implikationen – von den Spartenleitern und nicht von den Führungskräften der Unternehmungsleitung getroffen werden. So stellt Bower fest, daß »die besten Beziehungen unter den verschiedenen Rassen in solchen (nicht-divisionalisierten) Einprodukt-Unternehmen anzutreffen sind, in denen eine starke Führungsspitze mit dem betrieblichen Ablauf eng vertraut ist« (Bower 1970, S. 193).

Robert Ackerman (1975) hat in einer an der Harvard Business School durchgeführten Studie die folgende These untersucht: Obgleich führende Persönlichkeiten des wirtschaftlichen Lebens »gern ein Vorgehen vermeiden würden, das sie selbst für verantwortungslos halten« (Ackerman 1975, S. 4), ist die Schwierigkeit ihrer Unternehmen »hinsichtlich der Zufriedenstellung ihrer sozialen Kritiker genau auf diejenigen organisatorischen Innovationen zurückzuführen, die es ihnen ermöglicht hatten, den Bedingungen der Diversifikation und des Wettbewerbs effektiv Rechnung zu tragen« (Ackerman 1975). Ackerman stellte fest, daß die Vorteile eines sozialen Engagements – zum Beispiel »ein besseres Image in der Öffentlichkeit ... Stolz unter den Führungskräften ... Attraktivität bei Jungakademikern« (Ackerman 1975, S. 55) – nicht ohne weiteres zu messen sind. »Aus der Sicht des Buchhalters haben sie die unglücklichen Eigenschaften, weitgehend immateriell zu sein und sich nicht mit den Kosten der zuständigen organisatorischen Einheiten verrechnen zu lassen« (Ackerman 1975, S. 55-56). Mit anderen Worten: Solche Kriterien sind im Leistungskontrollsystem nicht unterzubringen. Die Folge ist, daß...

... das finanzielle Berichtswesen soziales Engagement geradezu unterbinden kann. Indem sich ein System auf die wirtschaftliche Leistung konzentriert, selbst wenn es

dafür Sorge trägt, daß langfristige Vorteile nicht außer acht gelassen werden, so setzt es doch seine Energie und seine Ressourcen für die Erzielung finanziell meßbarer Ergebnisse ein. Das ist sozusagen das einzige Spiel weit und breit, zumindest das einzige, das offiziell Punkte bringt (Ackerman 1975, S. 56).

Die Führungskräfte der Unternehmungsleitung, die sich über die Beziehung des Unternehmens zur Öffentlichkeit und über seine unternehmerischen Pflichten Gedanken machen, sind versucht, direkt in die Reaktionen der Sparten auf neue soziale Problemstellungen einzugreifen. Doch daran werden sie durch die strikte Arbeitsteilung, die für die Spartenstruktur charakteristisch ist, gehindert; die Spartenautonomie sieht eine Einmischung der Unternehmungsleitung in spezifische Entscheidungen nicht vor. Solange die Schrauben des Leistungskontrollsystems nicht zu stark angezogen sind, bleibt dem Spartenleiter einige Ermessensfreiheit, die sozialen Konsequenzen seines Vorgehens selbst abzuwägen. Doch wie wir bereits gesehen haben, geht der Trend im divisionalisierten Unternehmen in die andere Richtung: Man folgt dem Vorbild des ITT-Systems mit seinen strengen Kontrollen. Eine Führungskraft, die am 10. eines jeden Monats der Unternehmungsleitung einen Vorabbericht vorzulegen hat, kann sich kaum noch um solche Ergebnisse kümmern, die sich nicht in diesen Berichten messen lassen. Die Aufmerksamkeit gilt eindeutig der finanziellen Leistung.

Doch wenn die Schrauben stark angezogen sind, hat ein auf Erfüllung der Standards bedachter Spartenleiter keine andere Wahl, als sozial verantwortungslos zu handeln. Bower zitiert den bekannten Fall der Preisbindung bei General Electric aus dem Jahr 1962:

Die Unternehmungsleitung von G.E. forderte ihre Führungskräfte auf, die sogenannte »Direktive 20.5« zu unterschreiben, in der Preisabsprachen oder andere Verletzungen der Kartellgesetzgebung ausdrücklich untersagt wurden. Doch ein sehr streng gehandhabtes System von Belohnung und Bestrafung, das jährliche Steigerungen hinsichtlich Einnahmen, Rentabilität und Marktanteil verlangte und unterschiedslos auf alle Sparten angewendet wurde, führte zu einer Situation, die – vorsichtig formuliert – einer Kollusion auf den oligopolistischen und reifen Märkten der Elektroindustrie Vorschub leistete (Bower 1970, S. 193).

Die Führungskräfte der Unternehmungsleitung mögen ihre Hände in Unschuld waschen angesichts solchen Fehlverhaltens in den Sparten und wie Ralph Cordiner, seinerzeit Präsident bei General Electric, beteuern, nichts von alledem gewußt zu haben. Dennoch können sie sich nicht der Verantwortung für die Gestaltung und Nutzung einer Struktur entziehen, die zu solchem Verhalten geführt hat. Wir können uns somit nur der Schlußfolgerung von Bower anschließen: »Der Planungsprozeß im diversifizierten (und divisionalisierten) Unternehmen mag zwar in hohem Maße effizient sein«, zumindest im strikt wirtschaftlichen Sinne, aber er kann das Unternehmen auch leicht zu »sozial verantwortungslosem« Vorgehen veranlassen.

Probleme der Machtkonzentration

Weiter oben haben wir die Beziehung zwischen Unternehmensgröße und Spartenstruktur dahingehend zusammengefaßt, daß große Organisationen nicht nur zur Divisionalisierung tendieren, sondern daß umgekehrt auch die Divisionalisierung kleine wie große Organisationen zum Wachstum anregt. Unter den 500 größten amerikanischen Unternehmen wären nur wenige Milliarden-Dollar-Konzerne zu finden, hätte nicht die Entwicklung der Spartenstruktur das ihrige beigetragen.

Aus der Sicht der Gesellschaft müssen wir fragen: Größe um welchen Preis?

Sicher fordert die Größe einen potentiellen wirtschaftlichen Preis und stellt vor allem eine Bedrohung für den freien Wettbewerb dar.

In seinem Buch »The New Industrial State« vertritt John Kenneth Galbraith (1967) die These, Riesenkonzerne nutzten ihre Vormachtstellung auf dem Markt im Verbund mit ihren Planungs- und Vertriebstechniken, um die Wettbewerbsbedingungen zu unterlaufen. Seine Argumente sind wiederholt von den konservativer ausgerichteten Wirtschaftswissenschaftlern angegriffen worden, doch ist kaum zu leugnen, daß allein die Unternehmensgröße einen Einfluß auf die Wettbewerbssituation hat – und sei es auch nur, daß sich das Unternehmen den Einsatz massiver Werbemittel leisten kann, um so den Zugang zu seinen Märkten zu erschweren. Im Fall des stark diversifizierten Konzerns besteht die zusätzliche Gefahr sogenannter »Gegengeschäfte« – »Ich kaufe deine Produkte, wenn du meine kaufst«.

Doch der soziale Preis, den die Gesellschaft für die Größe ihrer Unternehmen zu zahlen hat, ist wohl noch höher.

Hypothese 5 zufolge ist das Verhalten einer Organisation um so formalisierter, je größer sie ist. Im Fall der Spartenstruktur kommt hinzu, daß sich, wie zu Anfang des Kapitels erwähnt, die Sparten durch das Leistungskontrollsystem zu einer bürokratischeren Strukturierung veranlaßt sehen, als dies bei eigenständigen Unternehmen erforderlich wäre. Die Existenz einer Unternehmungsleitung – einer externen Kontrollinstanz – trägt darüber hinaus zu stärkerer Zentralisierung bei. So stellt die Spartenstruktur eine formalisierende und zentralisierende Kraft mit maschinenbürokratischer Ausrichtung dar, und dies in einer Gesellschaft, die, wie in Kapitel 9 ausgeführt, ohnehin mit solchen Maschinenbürokratien überlastet ist.

Zudem wirken in der Spartenstruktur Kräfte, die eine Machtzentralisierung nicht nur auf Spartenebene, sondern auch in der Unternehmungsleitung fördern. Im Fall eines Riesenkonzerns bedeutet dies die Konzentration von Macht in den Händen einiger weniger.

Eine dieser Kräfte zur Zentralisierung der Unternehmungsleitung, wie sie weiter oben erörtert wurde, ist die Illusion, das Management-Informationssystem und andere Techniken könnten die für die Entwicklung effektiver Geschäftsstrategien erforderlichen Informationen liefern. (Und sollte dies keine Illusion sein, wäre die Gefahr einer Zentralisation noch weitaus größer.) Zentralisierend wirkt auch der Umstand, daß die Sparten in eine einzige Rechtseinheit unter einem einzigen Namen eingebunden sind. Wie an früherer Stelle erwähnt, kann eine Sparte nicht in Konkurs gehen; umgekehrt bleibt aber auch ihr schlechter Ruf nicht auf die eigene Einheit begrenzt. Sie belastet auch ihre Schwestersparten mit ihren Fehlern, im Namen des Konzerns. So lose die Einbindungen der Sparten in das System auch sein mögen – das Ganze haftet für die Irrtümer eines jeden seiner Teile. Daher wird Druck auf die Unternehmungsleitung ausgeübt, bei spezifischen Spartenentscheidungen einzugreifen – beispielsweise, um langfristige Verträge, die später zu Lasten der Unternehmensressourcen gehen könnten, zu überprüfen und ein Sozialverhalten, das dem Ruf des Unternehmens in der Öffentlichkeit schaden könnte, zu beobachten. Doch gerade das Kontrollsystem hat dem divisionalisierten Konzern aufgrund der Tatsache, daß es sozial gleichgültiges oder verantwortungsloses Verhalten fördert, einen immer schlechteren Ruf beschert, und dies wiederum veranlaßt das Unternehmen, noch mehr Macht in der Unternehmungsleitung zu konzentrieren, um sich gegen Vorwürfe seitens der Gesellschaft zu schützen. In einem gewissen Sinne bleibt dem Riesenkonzern nur die Wahl zwischen sozialer Verantwortungslosigkeit einerseits und Machtzentralisation andererseits.

Eine weitere zentralisierende Kraft wird angesprochen in Lord Actons berühmtem Ausspruch »Macht korrumpiert; absolute Macht korrumpiert absolut«. Mit starken Autoritätsketten unter sich und weit gestreuten Kapitaleignern über sich verfügen die Führungskräfte in der Unternehmungsleitung der Riesenkonzerne über ein enormes Machtpotential. Dies erhöht den Zwang zur Zentralisierung um der Zentralisierung willen. Die Kräfte des Marktes wirken solchen Tendenzen zweifellos entgegen, indem sie zu stark zentralisierte Strukturen behindern. Doch wie bereits erwähnt wurde, ist ein Unternehmen den Marktkräften um so weniger unterworfen, je größer es ist.

Bisher haben wir erläutert, wie Divisionalisierung Machtkonzentration auf der Ebene der Sparten und dann auch Machtkonzentration in der Unternehmungsleitung fördert.

Paradoxerweise aber führt Machtkonzentration innerhalb des Unternehmens ihrerseits zu Konglomeration, Divisionalisierung und Machtkonzentration in Kreisen außerhalb des Unternehmens. Gewerkschaften schließen sich zusammen, und Regierungen richten zusätzliche Behörden ein, um Gegengewichte zur Macht der Unternehmen zu schaffen.

Die Regierung sieht sich sogar gezwungen, direkt in Unternehmensbelange einzugreifen, und zwar aufgrund der Zusammenhänge, die wir gerade diskutiert haben: zu viel Machtkonzentration in zu wenigen Händen; Machtausübung ohne Kontrolle seitens der Aktionäre, der Gesellschaft und manchmal sogar des Marktes; und die Tendenz zu gleichgültigem oder verantwortungslosem Sozialverhalten. Bürger, die die Legitimität der Machtbasis von Riesenkonzernen in Frage stellen, rufen als erstes nach staatlicher Intervention.

Ausgerechnet die Argumente zugunsten der Spartenstruktur weisen den Weg zu staatlichen Interventionen. Betrachten wir in diesem Zusammenhang das Hauptargument von Williamson, die administrativen Einrichtungen seien effizient, die Kapitalmärkte hingegen nicht. Warum sollte die Regierung Märkte schützen, die nicht effizient funktionieren? Und wenn die administrativen Einrichtungen so gut sind, wie Williamson behauptet, warum sollte die Regierung sie dann nicht auch nutzen? Wenn Beatrice Foods 397 Sparten kontrollieren kann, warum sollte Washington dann nicht auch überzeugt sein, 397 Unternehmen vom Typ Beatrice Foods kontrollieren zu können? Dabei finden lediglich dieselben Systeme Anwendung. Wenn die Rufe in der Öffentlichkeit nach einer Kontrolle des Verhaltens von Unternehmen immer lauter werden und Lord Actons Ausspruch ernstgenommen wird, was sollte denn Regierungsadministratoren davon abhalten, ihrerseits der Illusion zu erliegen, ein Management-Informationssystem könne die Informationen liefern, die sie zur Kontrolle der Unternehmen – sei es durch Verstaatlichung oder durch nationale Planung – benötigen?

Wie die Unternehmen sähen sich natürlich auch die Regierungen veranlaßt, den wirtschaftlichen Zielen mehr Bedeutung beizumessen als den sozialen Zielen, schon allein aufgrund der Art des Kontrollsystems, das sie einsetzen müßten. Dies aber bedeutet, daß eine Kontrolle seitens der Regierung die Aktivitäten der Unternehmen unter Umständen legitimieren, hingegen die durch Divisionalisierung verursachten fundamentalen sozialen Probleme keineswegs lösen und das Problem der Machtkonzentration in der Gesellschaft sogar noch verschärfen würde.

Im allgemeinen kann die reine Spartenstruktur außerhalb des privatwirtschaftlichen Sektors nicht effektiv funktionieren - trotz zahlreicher Versuche, sie auch in Schulsystemen, Universitäten, Krankenhäusern und staatlichen Unternehmen, gewissermaßen im riesigen divisionalisierten Monolithen des öffentlichen Sektors, anzuwenden.

Problematisch dabei ist, daß sich die Regierung und auch andere öffentliche Institutionen nicht von Sparten trennen können oder dies aus realpolitischen Machterwägungen heraus nur selten tun. So gibt es keine Möglichkeit für organisatorische Erneuerung. Ein anderes Problem für die Regierung ist darin zu sehen, daß ihre gesetzlichen Vorschriften bezüglich der Ernennung von Beamten nicht mit dem Konzept der Managementverantwortung zu vereinbaren ist: »Wenn ein Vorgesetzter vollständiges Vertrauen zu den ihm unterstellten Mitarbeitern haben soll, muß er ein gewisses Maß an Kontrolle darüber erhalten, wer seine Mitarbeiter sind. Er muß eine gewisse Freiheit bei ihrer Auswahl, ihrer Diziplinierung und notfalls auch ihrer Versetzung oder Entlassung besitzen. Das bundesstaatliche Beamtengesetz setzt einer solchen Freiheit jedoch Grenzen« (Worthy 1959, S. 113).

Das wohl schwierigste Problem ist jedoch das Problem der Leistungsmessung: Die Ziele, die die Regierungen und die meisten öffentlichen Institutionen in das Leistungskontrollsystem einbringen müssen, sind im wesentlichen soziale Ziele, die kaum meßbar sind. Und ohne eine solche Leistungsmessung kann die reine Spartenstruktur nicht funktionieren. Nichts hält Regierung und Institutionen davon ab, marktorientierte »Sparten« einzurichten. Doch da ihnen die adäquaten Leistungsmaßstäbe fehlen, müssen sie andere Mittel zur Leistungskontrolle finden (oder künstliche Maßstäbe durchsetzen, die den Geist der sozialen Ziele verfehlen oder sie zugunsten der wirtschaftlichen Ziele völlig außer acht lassen). Die eine Möglichkeit ist die Sozialisierung – die Ernennung von Führungskräften, die von den fraglichen sozialen Zielen überzeugt sind. Doch diese Maßnahme ist nur begrenzt wirksam, so daß es zusätzliche Kontrollmittel anzuwenden gilt. Dazu bieten sich die persönliche Weisung und die Standardisierung der Arbeit an – die Erteilung von direkten Befehlen und allgemeinen Vorschriften. Doch beide Maßnahmen schwächen die divisionale Autonomie.

So bleiben der Regierung – wie den Gewerkschaften, Mammutuniversitäten und anderen staatlichen Institutionen, die trotz nicht-quantifizierbarer Ziele eine Spartenstrukturierung versuchen – nur die drei Möglichkeiten, auf eine über die Ernennung von sozialisierten Führungskräften hinausgehende Kontrolle zu verzichten, maschinenbürokratische Kontrollen einzuführen oder divisionalisierte Kontrollen durch Aufstellung künstlicher Leistungsstandards durchzusetzen.

Für alle drei Möglichkeiten gibt es zahlreiche Beispiele. Die Presse berichtet regelmäßig über Behörden, die einer strafferen Kontrolle bedürfen. Doch häufiger ist wohl der Fall, daß die maschinenbürokratische Kontrolle zu stark ausgeprägt ist und Regierungsbehörden nicht die erforderliche Autonomie besitzen, da die Regierungen allen Behörden eine Unmenge von Pauschalvorschriften machen. Und auch von Beispielen für künstliche Leistungskontrollen wird berichtet, wobei das vielleicht beste Beispiel von Frank (1958-59) stammt, der das System der sowjetischen Regierung zur Regulierung der Leistung in den staatseigenen Betrieben beschreibt. Für alles gab es Standards: Typ, Quantität, Qualität, Fertigungssortiment; Umfang an materiellen Ressourcen und Arbeitskräften; Lohnzahlungen; Produktionsnormen für die Arbeiter; spezielle Aktionsziele usw. Die Standards waren so hoch angesetzt und häufig so widersprüchlich, daß den betroffenen Führungskräften keine andere Wahl blieb, als verantwortungslos zu handeln – genauso wie die Spartenleiter in Amerika, wenn sie übermäßiger Kontrolle unterworfen sind. Sie waren bezüglich der Bedarfssituation in ihren Fabriken nicht ehrlich; sie horteten Materialien; sie entsprachen den Standards formal, aber nicht inhaltlich, indem sie beispielsweise die (nicht ohne weiteres meßbare) Produktqualität verringerten; sie stellten den »tolkach«, den Schwarzhändler, ein, um Geschäfte außerhalb des Kontrollsystems zu tätigen.

Letzten Endes haben Regierungen und Institutionen, die eine Form der Divisionalisierung anwenden wollen, bestenfalls die Möglichkeit, Führungskräfte und andere Angestellte zu ernennen, die von den zu verfolgenden sozialen Zielen überzeugt sind und ihrerseits die Mechanismen für eine regelmäßige persönliche Überprüfung der erzielten Fortschritte einrichten (was letztlich auf die Schaffung einer Art von unabhängigem »Verwaltungsrat« hinausläuft).

Schlußfolgerung: eine Struktur am Rande des Abgrunds

Unsere Erörterung hat zu einem Ergebnis geführt, das in jedem Fall negativ ausfällt. Die reine divisionalisierte Struktur (Konzernstruktur) zeigt sich als eine Konfiguration, die sich, symbolisch gesehen, dicht am Abgrund niedergelassen hat – am Ende eines langen Weges. Vor ihr liegt nur noch ein Schritt bis zur Desintegration – bis zum Zerfall in getrennte Organisationen auf felsigem Untergrund. Hinter ihr führt der Pfad zurück zu stabilerer Integration, vielleicht zu einer maschinenbürokratischen Mischstruktur auf halbem Weg. Und über ihr kreist der Adler, angezogen durch ihre herausragende Position auf der Klippe, und wartet auf die Gelegenheit, die Spartenstruktur einer zentralisierteren sozialen Kontrolle – und damit auf einer anderen, vielleicht noch gefährlicheren Klippe – auszusetzen. Die Klippe am Abgrund ist kein angenehmer und vielleicht auch nur ein vorübergehender Aufenthaltsort, dem unweigerlich die Desintegration auf den Felsen in der Tiefe, die Entführung auf eine noch exponiertere Klippe oder der Rückzug zu geschützteren Gefilden folgt.

Unsere Schlußfolgerung lautet also: Die Spartenstruktur hat von allen Konfigurationen die geringste Bewegungsfreiheit. Sie kennt als solche keine reale Umwelt; bestenfalls ist sie eine »Huckepack-Struktur« der Maschinenbürokratie in einer einfachen, stabilen Umwelt und hat daher stets den Hang zurück zur Integrationsstruktur. Die reine Spartenstruktur läßt eine inhärente Instabilität erkennen; als Tendenz ist sie im sozialen Kontext legitim, nicht aber als Strukturform. Die wirtschaftlichen Vorteile, die sie gegenüber eigenständigen Organisationen zu bieten hat, weisen auf fundamentale Ineffizienzen auf den Kapitalmärkten und in den Systemen der Kontrolle durch die Kapitaleigner hin, die beseitigt werden sollten. Und sie führt zu fundamentalen sozialen Problemen.

Vielleicht gibt es eine Rechtfertigung der Spartenstruktur nur für ihre Übergangsformen – für die Struktur mit Nebenprodukten oder für die Struktur mit verwandten Produkten. Schließlich sind es die Interdependenzen unter ihren Aktivitäten, die einer Organisation ihre Existenzberechtigung verleihen und ihr den Anlaß geben, sich zu »organisieren«. Vielleicht ist die reine Spartenstruktur, die solche Interdependenzen kaum noch aufzuweisen hat, wirklich ein »Idealtypus«, den es wohl anzustreben, aber niemals zu erreichen gilt.

Anmerkungen

1. Wir wir noch sehen werden, kann es natürlich auch eine zweite, überlagerte Spartenstruktur geben. In einem solchen Fall gilt diese erste Annahme für die nächsttiefere Ebene in der Hierarchie.

2. Dies könnte auch gar nicht anders sein. Würden die Sparten ihre profibürokratische Struktur beibehalten, behielten auch die professionellen Mitarbeiter ihre gewohnte Macht, und dann würde ihre Kontrolle über die administrative Struktur die Spartengrenze überschreiten und in die Unternehmungsleitung hineinreichen; folglich käme der Position des Spartenleiters keine besondere Relevanz zu, und die gesamte Organisation wäre nichts anderes als eine einzige Profibürokratie. Hingegen bedeutet eine Spartenstruktur die Autonomie von Führungskräften oder von Einheiten, nicht aber die Autonomie von professionellen Mitarbeitern. Würden umgekehrt die Abteilungsleiter einer großen Profibürokratie mit erheblichen Machtbefugnissen ausgestattet, entstünde allmählich eine Spartenstruktur. Dies war offensichtlich der Fall, als Dekane und Institutsleiter an den deutschen Universitäten zu Anfang dieses Jahrhunderts zu Macht und Einfluß kamen, und offensichtlich wiederholt sich die Situation aus denselben Gründen, wenn auch in geringerem Umfang, an den heutigen Universitäten Großbritanniens (Beyer/Lodahl 1976, S. 110).

3. Wenn die Mitglieder eines Verwaltungsrates vollzeitig im Unternehmen tätig wären, würden sie zur Unternehmungsleitung zählen, so daß eine formale externe Kontrolle nicht länger gegeben wäre.

Kapitel 12

Die Adhokratie

Vorrangiger Koordinationsmechanismus:	Gegenseitige Abstimmung
Wichtigster Organisationsteil:	Hilfsstab (in der administrativen Adhokratie; zusammen mit dem betrieblichen Kern in der betrieblichen Adhokratie)
Wesentliche Gestaltungsparameter:	Konstaktinstrumente, organische Struktur, selektive Dezentralisation, horizontale Aufgabenspezialisierung, Ausbildung, gleichzeitige Gruppierung nach Funktionen und Märkten
Situative Faktoren:	Komplexe, dynamische (und zuweilen disparate) Umweltbedingungen; junge Adhokratie (insbesondere betriebliche Adhokratie); kompliziertes und häufig automatisiertes technisches System (bei der administrativen Adhokratie); zeitgemäß

Keine der bisher erörterten Konfigurationen ist zu hochentwickelten Innovationen fähig, wie sie von einer Raumfahrtbehörde, eine Avantgarde-Filmgesellschaft, einer Herstellerfirma für komplexe Prototypen oder einem integrierten Petrochemie-Unternehmen verlangt werden. Zwar kann auch die Einfachstruktur innovativ tätig sein, doch ist dies nur in relativ simpler Form möglich. Die Maschinenbürokratie und die Profibürokratie sind leistungsorientierte, nicht aber problemlösungsorientierte Strukturen, deren Aufgabe darin besteht, vorhandene Standardprogramme zu perfektionieren, nicht aber neue zu erfinden. Und wie im letzten Kapitel beschrieben wurde, ist auch die Spartenstruktur keine innovationsfreudige Struktur, selbst wenn sie das Problem der strategischen Inflexibilität in der Maschinenbürokratie zu lösen vermag. Wo Kontrolle vorrangig durch die Standardisierung von Arbeitsprodukten erzielt wird, ist Innovationsfreudigkeit nicht zu erwarten.

Für hochentwickelte Innovation ist eine fünfte und gänzlich andere Konfiguration erforderlich, die in der Lage ist, Experten aus verschiedenen Disziplinen in reibungslos funktionierenden Ad-hoc-Projekten zusammenzubringen.

Unter Bezugnahme auf den von Alvin Toffler in seinem Buch »Future Shock« populär gemachten Ausdruck Adhocracy, wollen wir diese Konfiguration als Adhokratie bezeichnen. Adhokratien sind uns in unseren Ausführungen schon verschiedentlich begegnet – bei den kunststoffverarbeitenden Unternehmen von Lawrence und Lorsch (1967), bei Woodwards Prozeßfertigungsunternehmen (1965), bei der NASA und bei der Boeing Company.

(Bevor wir mit der Erörterung der grundlegenden Struktur beginnen, wollen wir noch einmal daran erinnern, daß die Einfachstruktur, die eigentlich fast keine Struktur ist, in einem kurzen und einfachen Kapitel abgehandelt werden konnte. Die Maschinenbürokratie, die Profibürokratie und die Spartenstruktur sind größtenteils ausgesprochen geordnete Strukturen und ermöglichen so eine gleichfalls gut durchstrukturierte Darstellung. Dagegen weist die Adhokratie von allen fünf Konfigurationen die komplexeste Struktur auf, und die ist nicht einmal als wohlgeordnet zu bezeichnen. Zudem ist sie von allen die jüngste Konfiguration, über die wir noch am wenigsten wissen. Der Leser sollte darauf vorbereitet sein, daß die Ausführungen in diesem Kapitel zwangsläufig auch subjektive Kommentare zu den Eigenschaften der beschriebenen Struktur enthalten.)

Beschreibung der grundlegenden Struktur

Die Gestaltungsparameter

Mit der Adhokratie können wir die fünfte Konfiguration charakterisieren:

- ausgeprägt organische Struktur mit wenig Verhaltensformalisierung;
- hohe horizontale Aufgabenspezialisierung auf der Grundlage formaler Ausbildung;
- einerseits Tendenz zur verwaltungsinternen Gruppierung der Experten in funktionale Einheiten, andererseits Einsatz der Mitarbeiter in marktorientierten Projektteams;
- Verwendung von Kontaktinstrumenten zur Förderung der gegenseitigen Abstimmung als vorrangiger Koordinationsmechanismus in und zwischen diesen Teams, die an verschiedenen Stellen in der Organisation eingeordnet sind und unterschiedliche Kombinationen von Linienführungskräften, Stabsmitarbeitern und betrieblichen Experten darstellen.

> Innovation bedeutet Ausbrechen aus überkommenen Strukturen. Die innovative Organisation kann daher keine Form von Standardisierung zur Erzielung von Koordination einsetzen.

Mit anderen Worten: Sie muß alle Fährnisse der bürokratischen Struktur meiden – ganz besonders scharfe Arbeitsteilung, starke Unterteilung in Einheiten, in hohem Maß formalisierte Verhaltensweisen und die Betonung von Planungs- und Kontrollsystemen. Vor allem muß sie flexibel bleiben. So stellt Toffler (1970) fest, daß Adhokratien »ihre interne Gestalt mit einer Häufigkeit – und zuweilen Überstürzung – ändern, daß nur der Kopf über Wasser bleibt ... Riesige, organisatorische Strukturen werden auseinandergerissen, zu neuen Formen verkeilt, dann erneut geändert. Abteilungen und Sparten schießen über Nacht aus dem Boden, um am nächsten Tag in anderen und wieder anderen Reorganisationen aufgelöst zu werden« (Toffler 1970, S. 128). So veränderte das NASA-Zentrum für bemannten Raumflug (Manned Space Flight Center), Amerikas berühmteste Adhokratie der 60er Jahre, in den ersten acht Jahren ihres Bestehens siebzehnmal die Struktur (Litzinger et al. 1970, S. 7). Auf der Suche nach Organigrammen zur Veranschaulichung dieses Kapitels wurde dem Autor die folgende Reaktion von einem für seine adhokratische Struktur bekannten Unternehmen zuteil: »... wir ziehen es vor, kein Organisationsschaubild zu liefern, da dieses sich zu schnell ändern würde, um überhaupt von Nutzen zu sein.«

Von allen Konfigurationen bezeugt die Adhokratie die geringste Ehrerbietung vor den klassischen Managementprinzipien – schon gar nicht vor der Einheit der Auftragserteilung.

Auch das geregelte System findet kaum Beachtung. In Adhokratien verlaufen Informationsflüsse und Entscheidungsprozesse flexibel und informell und dienen stets nur dem einen Ziel: Innovationsförderung. Und dies bedeutet, daß die Autoritätskette notfalls auch durchbrochen wird.

Auch die Einfachstruktur mit ihrer ebenfalls organischen Struktur ist grundsätzlich zu Innovationen fähig. Doch ihre Innovationen reduzieren sich auf einfache Umweltbedingungen, die vom »Ersten Mann« an der Spitze noch leicht zu überschauen sind. Komplizierte, hochentwickelte Innovationen finden hingegen unter Umweltbedingungen statt, die nicht so leicht zu verstehen sind. Folglich bedarf es einer anderen Art von organischer Struktur, in der komplexes Fachwissen zum Einsatz kommt.

Die Adhokratie muß Experten einstellen und mit Macht ausstatten – professionelle Mitarbeiter, die ihre hochkarätigen Qualifikationen und Kenntnisse in formalen Ausbildungsprogrammen erworben haben. Doch anders als die Profibürokratie kann die Adhokratie Koordination nicht mit Hilfe der standardisierten Qualifikationen dieser Experten erzielen, denn dies hätte Standardisierung und keineswegs Innovation zur Folge.

Für eine Adhokratie sind die vorhandenen Kenntnisse und Qualifikationen lediglich die Grundlage zur Entwicklung neuer Potentiale.

Zudem können neue Kenntnisse und Qualifikationen nur dann entwickelt werden, wenn die vorhandenen Einsichten und Erfahrungen immer wieder neu zusammengewürfelt werden. Aus diesem Grund darf die Adhokratie keine Spezialisierung ihrer Experten oder Differenzierung ihrer funktionalen Einheiten als verhaltensdominierende Faktoren zulassen, sondern muß vielmehr die Grenzen der herkömmlichen Spezialisierung und Differenzierung durchbrechen. »Ein Elektrotechniker erkennt ein mechanisches Problem vielleicht gerade deswegen, weil er nicht über das herkömmliche Fachwissen verfügt, und ein findiger Ingenieur, der auf einem ihm offensichtlich fremden Gebiet arbeitet, kann mit der Lösung für ein Problem aufwarten, das den funktionalen Spezialisten lange Zeit Kopfzerbrechen bereitet hat« (Chandler/Sayles 1971, S. 202). Während also in der Profibürokratie jeder professionelle Mitarbeiter für sich allein arbeiten kann, müssen die professionellen Mitarbeiter in der Adhokratie im Team arbeiten. »Traditionelle Organisationen können davon ausgehen, daß sie alle Probleme und Methoden kennen. Aus diesem Grund können sie von einem einzigen Spezialisten oder von einer fest eingerichteten, funktionalen Gruppe ein ganz bestimmtes Sachwissen erwarten« (Chandler/Sayles 1971, S. 203). Ganz anders in der Adhokratie:

In Adhokratien müssen sich die verschiedenen Experten in multidisziplinären Teams zusammenschließen, die jeweils nur für ein ganz bestimmtes Innovationsprojekt gebildet werden.

Wie kann die Organisation das Problem bewältigen, »den professionellen Mitarbeiter zu entwurzeln und ihm dennoch seine Bindungen an sein Fachgebiet zu belassen?« (Chandler/Sayles 1971, S. 15). Die Lösung liegt auf der Hand:

Die Adhokratie tendiert zu funktionsorientierten und zugleich marktorientierten Gruppierungen im Rahmen einer Matrixstruktur.

Die Experten werden aus verwaltungsinternen Gründen (Einstellung, fachlicher Gedankenaustausch und dergleichen) in funktionalen Einheiten zusammengefaßt, dann aber in Projektteams eingesetzt, um dort ihre eigentliche Innovationsarbeit zu leisten.

Und wie wird Koordination in und zwischen diesen Projektteams gewährleistet? Wie bereits erwähnt, ist der Einsatz von Standardisierung als vorrangigem Koordinationsmechanismus nicht möglich. Gefragt sind innovative Problemlösungen, nicht standardisierte Arbeitsergebnisse. Auch die persönliche Weisung kommt in Anbetracht der Komplexität der Arbeit nicht in Frage. Koordination kann somit nur durch die Experten selbst bewirkt werden, die über das erforderliche Fachwissen verfügen und die eigentliche Projektarbeit leisten; vorrangiger Koordinationsmechanismus in der Adhokratie ist damit die gegenseitige Abstimmung.

Mit der Ausrichtung auf gegenseitige Abstimmung kommt in der Adhokratie auch der entsprechende Gestaltungsparameter – das Kontaktinstrumentarium – verstärkt zum Einsatz.

So werden Projektleiter und Kontaktpositionen eingeführt, um die Arbeiten zwischen den verschiedenen funktionalen Einheiten und Projektteams zu koordinieren; die Teams selbst sind als Arbeitskreise strukturiert. Und wie bereits erwähnt, wird die Matrixstruktur bevorzugt, um gleichzeitig funktionale und marktorientierte Gruppierungen vornehmen zu können. Die Matrixstruktur bedeutet »die Wiederverwendung alter Organisationen, ohne neue Organisationen mit neuen Zielen und Problemen zu schaffen. Sie zwingt die Organisationen aufgrund konfligierender Ziele, Wertvorstellungen und Prioritäten zu dauerndem Wandel und verankert Instabilität in der Organisationsstruktur« (Sayles 1976, S. 15).

Infolgedessen gibt es in der Adhokratie ausgesprochen viel Führungspersonal – funktionale Führungskräfte, Projektleiter, Projektmanager.

Besonders die Projektmanager sind zahlreich vertreten, denn gegenseitige Abstimmung wird am besten in kleinen Projektteams erzielt, die dann jeweils von einem »Projektmanager« geleitet werden. So gibt es in der Adhokratie auch nur vergleichsweise kleine »Leitungsspannen«. Doch damit ist nicht die Kontrollfunktion, sondern vielmehr die »Größe« der Arbeitseinheiten in der Adhokratie angesprochen. Die meisten Projektmanager sind keine »Führungskräfte« im herkömmlichen Sinn, die durch persönliche Weisung Aufträge erteilen. Sie widmen vielmehr einen großen Teil ihrer Zeit der Kontaktpflege und Verhandlungsführung und bewirken auf diese Weise eine laterale Koordination einerseits unter den verschiedenen Teams und andererseits zwischen diesen Teams und den funktionalen Einheiten. Viele dieser Manager sind selbst Experten, die mit den Kollegen in den Projektteams Seite an Seite arbeiten.

Wie die Profibürokratie ist auch die Adhokratie mit ihren hochqualifizierten Experten eine dezentralisierte Struktur. Doch in der Adhokratie sieht diese Struktur anders aus, denn ihre Experten finden sich überall in der Organisation – vor allem im Hilfsstab, in den Reihen der Führungskräfte sowie im betrieblichen Kern. Infolgedessen sind auch Macht und Einfluß nicht im betrieblichen Kern konzentriert, sondern gleichmäßiger auf alle Organisationsteile verteilt.

Die Dezentralisation der Adhokratie ist eine in Kapitel 5 als selektiv bezeichnete Dezentralisation, sowohl in horizontaler als auch in vertikaler Richtung. Die Entscheidungsbefugnisse sind – je nach Art der zu treffenden Entscheidungen - auf Führungskräfte und Nichtführungskräfte aller Hierarchieebenen verteilt. Keiner in der Adhokratie besitzt das Monopol für Innovationsmacht.

Im weiteren Verlauf unserer Ausführungen und vor allem im Hinblick auf den Prozeß der adhokratischen Entscheidungsfindung müssen wir zwei Varianten unterscheiden: die betriebliche Adhokratie und die administrative Adhokratie.

Die betriebliche Adhokratie

Die betriebliche Adhokratie entwickelt Innovationen und Problemlösungen im Kunden- oder Klientenauftrag.

Die multidisziplinären Expertenteams in Adhokratien, wie zum Beispiel progressive Beratungsunternehmen, kreativen Werbeagenturen oder innovative Ingenieurfirmen, die sich auf die Entwicklung von Prototypen spezialisiert haben, arbeiten häufig direkt unter Vertrag. Es gibt aber auch Fälle, beispielsweise bei Filmagenturen oder Theatergesellschaften, in denen keine festen Verträge geschlossen werden.

Für jede betriebliche Adhokratie gibt es eine entsprechende Profibürokratie, die ähnliche, wenn auch enger gefaßte Arbeit leistet.

Wenn der betrieblichen Adhokratie ein Kundenproblem vorgetragen wird, ist sie kreativ bemüht, eine neuartige Lösung zu finden; die Profibürokratie kategorisiert das Problem in ein Schema und bringt ein Standardprogramm zur Anwendung. Erstere engagiert sich mit einer divergenten, auf Innovation ausgerichteten Denkweise; letztere befleißigt sich einer konvergenten, auf Perfektion ausgerichteten Denkweise. Die eine Unternehmensberatungsfirma betrachtet jeden Auftrag als neue, kreative Herausforderung; die andere sieht eine stets wiederkehrende Notwendigkeit, die Struktur der Klientenorganisation zu divisionalisieren und/oder deren Planungssystem zu verstärken. Die eine Theatergesellschaft setzt neue Avantgarde-Stücke auf den Spielplan; die andere perfektioniert Jahr um Jahr ihre Shakespeare-Aufführungen. Die eine ist somit bereit, eine unbegrenzte Anzahl von Kontingenzen und Lösungen in Betracht zu ziehen; die andere beschränkt sich auf eine geringe Auswahl. Die Aufträge sind dieselben, doch die Arbeitsprodukte und die zur Erreichung dieser Arbeitsprodukte eingesetzten Strukturen sind grundverschieden. Beide Organisationen dezentralisieren Macht zugunsten ihrer hochqualifizierten Spezialisten. Da aber die betriebliche Adhokratie auf Innovation ausgerichtet ist, müssen alle Interaktionen ihrer Experten informell durch gegenseitige Abstimmung in organisch strukturierten Projektteams erfolgen; die Profibürokratie hingegen strukturiert sich infolge der Standardisierung ihrer Dienstleistungen als eine Bürokratie, in der jeder Spezialist selbständig arbeiten kann, denn seine Arbeit wird mit der Arbeit anderer kraft seiner standardisierten Kenntnisse und Qualifikationen automatisch koordiniert.

Ein Hauptmerkmal der betrieblichen Adhokratie besteht darin, daß ihre administrativen und betrieblichen Arbeiten ineinander übergehen. Mit anderen Worten: Bei der Projektarbeit sind Planung und Entwurf der Arbeit kaum von ihrer Durchführung zu trennen. Beide Aspekte setzen für ein und dasselbe Projekt dieselben spezialisierten Qualifikationen voraus. Infolgedessen ist die betriebliche Adhokratie eventuell nicht einmal daran interessiert, ihre mittleren Ebenen von ihrem betrieblichen Kern zu unterscheiden. Die Führungskräfte der Mittellinie und die Mitglieder der in anderen Organisationen als Hilfsstab bezeichneten Einheiten, die in der betrieblichen Adhokratie eine meist hochqualifizierte und wichtige Gruppe darstellen, arbeiten in den Projektteams oft Seite an Seite mit den ausführenden Spezialisten. Und selbst wenn Unterscheidungen vorgenommen werden, muß sich zwischen der administrativen und der betrieblichen Ebene ein enger Kontakt entwickeln, so daß zuweilen die Mitarbeiter im Projektteam ihre Funktionen sogar untereinander austauschen können.

Abbildung 12-1 zeigt das Organigramm einer kanadischen Filmgesellschaft (National Film Board of Canada) – einer klassischen betrieblichen Adhokratie, auch wenn sie ein (allerdings häufig verändertes) Organigramm vorzeigt. Die Gesellschaft ist eine Agentur der kanadischen Bundesregierung und produziert in erster Linie Kurzfilme, vor allem Dokumentarfilme. Das Organigramm enthält eine große Anzahl von Hilfseinheiten sowie Kontaktpositionen (zum Beispiel Koordinatoren für Forschung, Technik und Produktion). Im betrieblichen Kern sind auch lose, zugleich funktions- und marktorientierte (nach Regionen sowie nach Filmtyp vorgenommene) Gruppierungen zu erkennen.

Die administrative Adhokratie

Auch die zweite wichtige Erscheinungsart der Adhokratie arbeitet mit Projektteams, verfolgt aber eine andere Zielsetzung.

> Während die betriebliche Adhokratie Projekte für ihre Kunden und Klienten bearbeitet, führt die administrative Adhokratie ihre Projekte in eigenem Interesse durch. Und in scharfem Gegensatz zur betrieblichen Adhokratie wird in der administrativen Adhokratie deutlich zwischen der administrativen Komponente und dem betrieblichen Kern unterschieden. Der betriebliche Kern wird »gekappt« und von der übrigen Organisation abgetrennt, so daß die verbleibende administrative Komponente als Adhokratie strukturiert werden kann.
> Dieses »Kappen« des betrieblichen Kerns kann auf verschiedene Weise erfolgen. Erstens: Wenn eine Organisation etwa aufgrund eines intensiven Produktwettbewerbs oder einer sehr dynamischen Technologie speziellen Innovationsbedarf hat, ihr betrieblicher Kern aber maschinenbürokratisch strukturiert werden muß, kann der betriebliche Kern als getrennte Organisation bestehen.

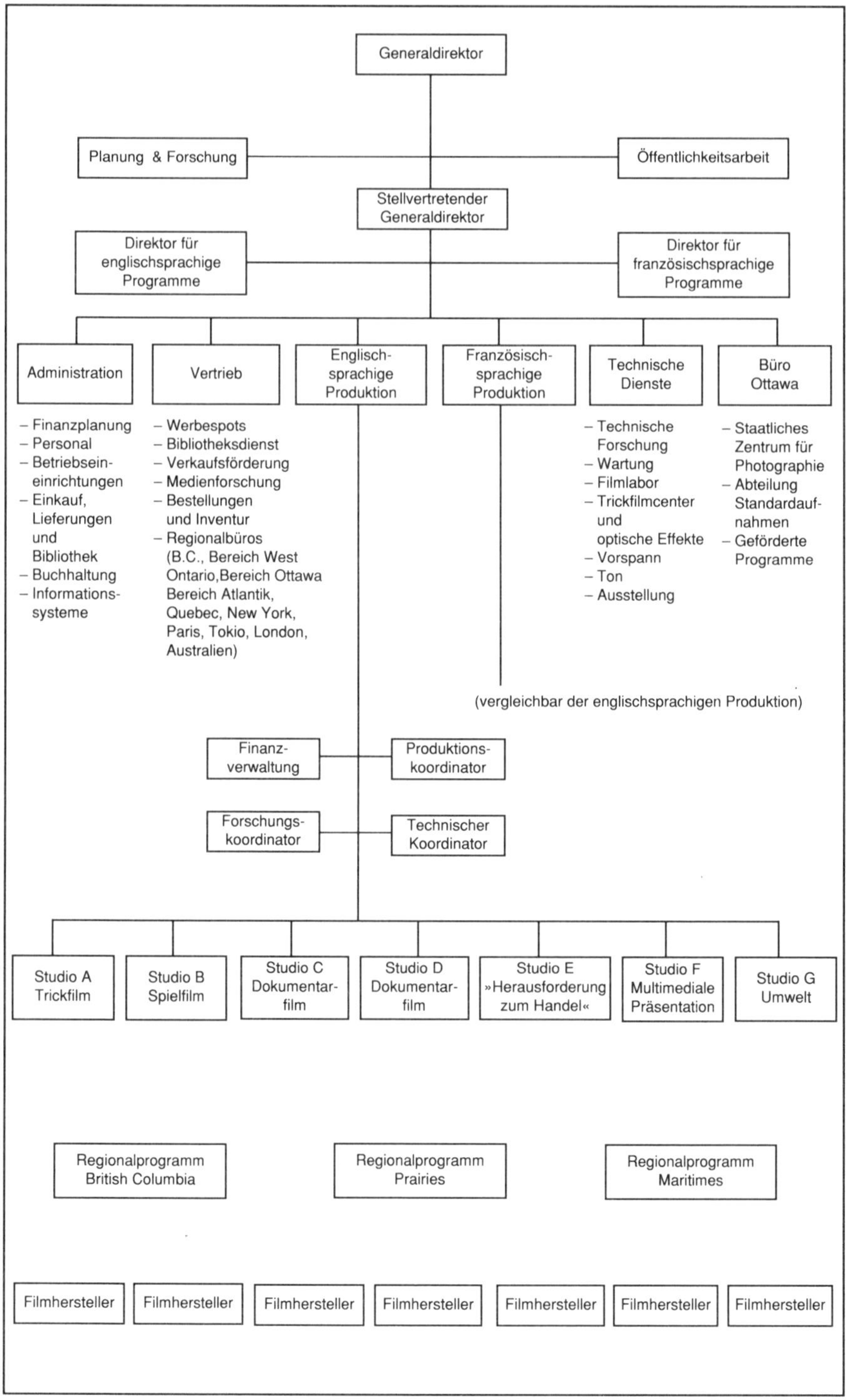

Abb. 12-1: Kanadische Filmgesellschaft (National Film Board of Canada): eine betriebliche Adhokratie (um 1975; mit freundlicher Genehmigung)

Wie wir in Kapitel 9 gesehen haben, drängen die sozialen Spannungen an der Basis der Maschinenbürokratie über den betrieblichen Kern hinaus und dringen auch in die Administration vor. Schließlich ist die gesamte Organisation von Konflikten und Kontrollmentalität durchdrungen und damit für innovatives Verhalten viel zu bürokratisch geworden. Wenn aber der betriebliche Kern gekappt und mit einer eigenen, der strategischen Spitze verantwortlichen Administration versehen wird, kann die übrige administrative Komponente der Organisation organisch strukturiert werden und somit Innovation ermöglichen.[1]

Zweitens: Der betriebliche Kern kann ganz abgestoßen und als Einheit an andere Organisationen vergeben werden.

Auf diese Weise ist die Organisation frei, sich auf ihre Entwicklungsarbeit zu konzentrieren. So führte die NASA im Rahmen ihres Apollo-Projekts einen großen Teil ihrer Entwicklungsarbeit selbst durch, vergab aber die Produktion an selbständige Herstellerfirmen.

Drittens: Das Kappen des betrieblichen Kerns erfolgt mit seiner Automatisierung.

Eine solche Entwicklung kommt insofern einer Abtrennung gleich, als ein automatisierter betrieblicher Kern in der Lage ist, seinen Betriebsablauf selbsttätig zu regeln, ohne daß persönliche Weisung oder andere direkte Kontrollmaßnahmen seitens der administrativen Komponente erforderlich sind. Da sich somit die administrative Komponente nicht um betriebliche Routineangelegenheiten zu kümmern braucht, kann sie sich als Adhokratie strukturieren und ganz auf Wandel und Innovation – auf Projekte zur Einführung neuer betrieblicher Einrichtungen – ausgerichtet sein.

Aufgrund der starken Automatisierung ihres Produktionsprozesses sehen sich Ölgesellschaften zumindest teilweise zur Konfiguration der administrativen Adhokratie hingezogen. Abbildung 12-2 gibt das Organigramm für eine solche Ölgesellschaft wieder, so wie es dem Autor vorgelegt wurde (mit Ausnahme einiger Modifikationen, die auf Wunsch der Gesellschaft vorgenommen wurden, um deren Identität zu wahren). Man beachte, wie stark »Administration und Dienstleistungen« in der unteren Hälfte des Schaubilds ausgebaut sind; demgegenüber sind die betrieblichen Funktionen, besonders die »Produktion«, gar nicht vertreten. Interessant ist auch, daß die strategische Spitze nicht mit einzelnen Führungskräften, sondern mit ständigen Ausschüssen dargestellt ist.

Die administrative Komponente der Adhokratie

Aus den bisherigen Ausführungen folgt, daß die Beziehung zwischen dem betrieblichen Kern und der administrativen Komponente in beiden Varianten der Adhokratie anders ist als in den übrigen Konfigurationen. In der administrativen Adhokratie wird der betriebliche Kern gekappt und stellt dann einen relativ unbedeuteten Organisationsteil dar; in der betrieblichen Adhokratie verschmelzen betrieblicher Kern und administrative Komponente zu einer Einheit. In beiden Fällen besteht kaum Bedarf an Linienführungskräften mit persönlicher Weisung gegenüber den betrieblichen Mitarbeitern.

Vielmehr sind die leitenden Mitarbeiter aktive Mitglieder der Projektteams und haben darüber hinaus die spezielle Aufgabe, diese Teams zu koordinieren.

Doch dabei verhalten sie sich nicht wie Vorgesetzte, sondern wie Kollegen; ihr Einfluß beruht eher auf ihrem Fachwissen und auf ihren menschlichen Führungseigenschaften als auf ihrer formalen Position.

In dem Maß aber, wie persönliche Weisung und formale Autorität an Bedeutung verlieren, wird auch die Unterscheidung zwischen Linie und Stab hinfällig.

Es erweist sich nicht länger als sinnvoll, zwischen Mitarbeitern mit formalen Entscheidungsbefugnissen und Mitarbeitern, die nur das Recht zur informellen Beratung haben, zu unterscheiden. Entscheidungsbefugt ist in der Adhokratie ein jeder, der Fachwissen aufzuweisen hat, ungeachtet seiner Position.

Der Hilfsstab spielt in der Adhokratie eine Schlüsselrolle.

Er stellt den wichtigsten Teil der administrativen Adhokratie dar, denn dort sitzen in dieser Konfiguration die meisten Experten, von denen die Organisation in so hohem Maß abhängig ist. Die betriebliche Adhokratie ist gleichfalls auf Experten angewiesen, doch da in dieser adhokratischen Variante auch der betriebliche Kern vorhanden ist, finden sich viele von ihnen sowohl dort als auch im Hilfsstab. In beiden Fällen ist der Hilfsstab von den übrigen Teilen der Organisation nicht deutlich getrennt; er steht nicht wie in den bürokratischen Konfigurationen abseits, bei denen er »nur dann reden darf, wenn er gefragt ist«. Vielmehr zählt der Hilfsstab zusammen mit den Linienführungskräften (und den betrieblichen Mitarbeitern im Fall der betrieblichen Adhokratie) zum zentralen Experten-Pool, aus dem sich die Mitarbeiter für die Projektteams rekrutieren. (Es gibt natürlich auch Ausnahmen. Einige Hilfseinheiten müssen

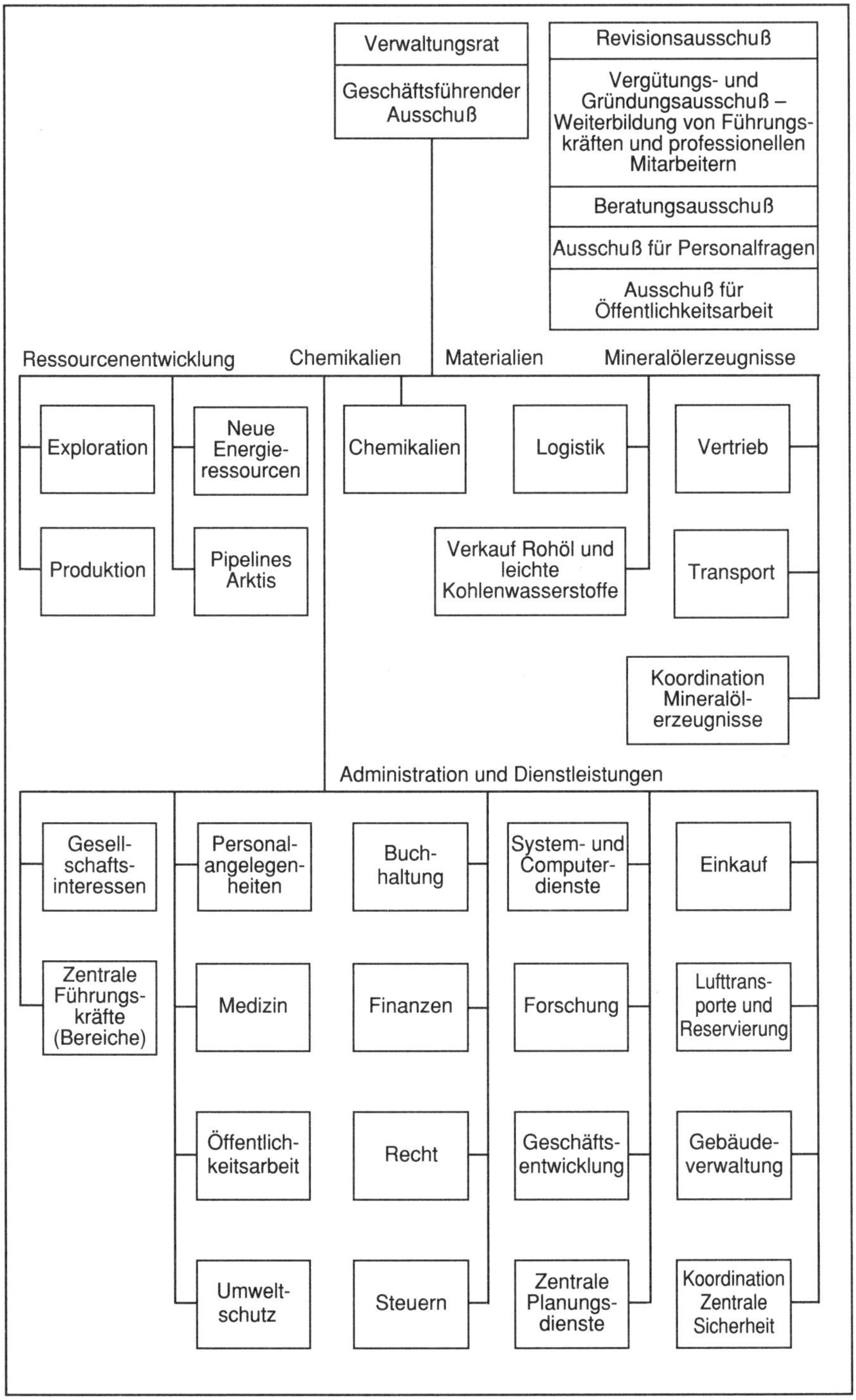

Abb. 12-2: Organigramm einer Ölgesellschaft: eine administrative Adhokratie (um 1976)

immer bürokratisch und damit getrennt strukturiert bleiben. Selbst eine NASA braucht Kantinen.)

Da die Adhokratie keine Form der Standardisierung zur Erzielung von Koordination einsetzt, besteht auch kaum Bedarf an einer Technostruktur, die regulierende Systeme entwickelt. Wohl aber beschäftigt die administrative Adhokratie Analytiker, die mit Marketingforschung und Wirtschaftsprognosen um Anpassung an die externe Umwelt bemüht sind. Wie wir später noch sehen werden, setzt die administrative Adhokratie eine gewisse, wenngleich eher allgemeine Aktionsplanung ein. Doch diese Analytiker befassen sich weniger mit der Entwicklung von Systemen zur Kontrolle ihrer Mitarbeiter; vielmehr sind sie genauso Mitglieder in den verschiedenen Projektteams wie die Linienführungskräfte und die Hilfsstabsexperten.

Insgesamt stellt sich die administrative Komponente der Adhokratie als eine organische Kombination von Linienführungskräften und Stabsexperten (sowie betrieblichen Mitarbeitern in der betrieblichen Adhokratie) dar, die in ständig wechselnder Zusammensetzung in Ad-hoc-Projekten zusammenarbeiten.

Abbildung 12-3 zeigt die Adhokratie im Sinne unseres Logos: Die verschiedenen Organisationsteile sind in der Mitte zu einer amorphen Masse verschmolzen. In der betrieblichen Adhokratie umfaßt diese amorphe Masse die Mittellinie, den Hilfsstab, die Technostruktur und den betrieblichen Kern. Bei der administrativen Adhokratie fehlt lediglich der betriebliche Kern, der in einer gekappten, bürokratischen Struktur, durch gestrichelte Linien verdeutlicht, unterhalb der zentralen Masse abgesetzt ist. Der Leser wird auch bemerken, daß die strategische Spitze in der Abbildung als teilweise mit der zentralen Masse verschmolzen dargestellt ist. Den Grund hierfür werden wir erfahren, wenn wir uns nunmehr der Entwicklung von Strategien in der Konfiguration der Adhokratie zuwenden.

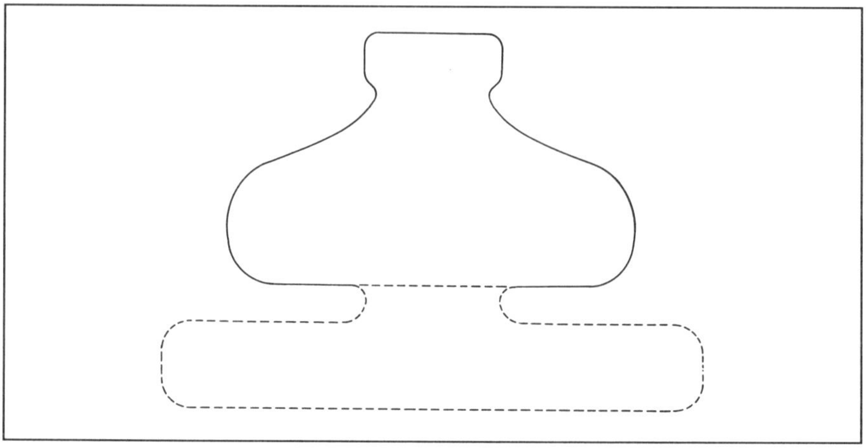

Abb. 12-3: Die Adhokratie

Strategiebildung in der Adhokratie

In der Profibürokratie wird der Prozeß der Strategieentwicklung in erster Linie durch die Berufsverbände außerhalb der Struktur und in zweiter Linie durch die professionellen Mitarbeiter des betrieblichen Kerns selbst kontrolliert; der Einfluß der Administratoren kommt erst an dritter Stelle. Der Prozeß erfolgt somit von unten nach oben und von außen nach innen. Bei allen anderen bisher erörterten Konfigurationen handelt es sich dagegen eindeutig um einen »top-down«-Prozeß, der »von oben herab« – von der strategischen Spitze (und in der Spartenstruktur auch von den strategischen Spitzen der Sparten) – kontrolliert wird.

In deutlichem Gegensatz dazu wird der Prozeß der Strategieentwicklung in der Adhokratie nicht von der strategischen Spitze oder einer anderen, vorbestimmten Stelle aus kontrolliert.

Zudem ist der Prozeß eher als Strategiebildung aufzufassen, denn in diesen Strukturen wird die Strategie nicht bewußt von einzelnen Mitarbeitern entwickelt, sondern entsteht vielmehr implizit durch die von Fall zu Fall getroffenen Entscheidungen.

Das Konzept der Dichotomie zwischen Formulierung und Implementierung bei der Strategieentwicklung, wie sie in der Maschinenbürokratie so wichtig ist, verliert in der Adhokratie ihre Bedeutung: Die Strategien entstehen – d.h. bilden sich – im Verlauf des Entscheidungsprozesses mit ganz spezifischen Entscheidungen in und zu den anstehenden Projekten, die sonst zur Implementierung zählen würden. Der Grund ist leicht einzusehen: Wenn die zentrale Aufgabe einer Organisation darin besteht, Innovationen zu entwickeln, so können die Ergebnisse solcher Entwicklungen niemals im voraus bestimmt werden. Entsprechend kann die Organisation auch keine Strategie – ein konsistentes Muster für ihre Entscheidungen – ausarbeiten, bevor sie die Entscheidungen selbst trifft. Solche Muster sind bestenfalls nachträglich als Ergebnis spezifischer Entscheidungen festzustellen: »... Ziele entstehen auch weiterhin bei der Durchführung der Arbeiten ... aus einem einmotorigen Kampfflugzeug kann ein zweimotoriger Angriffsbomber werden; ein Finanzierungsplan für Sonderschüler läßt sich zu einer Integrationsstrategie ausbauen; ein technisches Konstruktionsprojekt dient als Ausgangsbasis für die Entwicklung eines Ausbildungsprogramms für ungelernte Arbeitskräfte« (Goodman/Goodman 1976, S. 496). Daher kann auch die Aktionsplanung in der Adhokratie nicht in größerem Umfang eingesetzt werden. Jeder Prozeß, der die Konzeption von der Aktion – die Planung von der Durchführung, die Formalisierung von der Implementierung – trennt, schränkt die Flexibilität der Organisation zur kreativen Anpassung an ihre dynamische Umwelt ein.[2]

Betrachten wir den Fall der betrieblichen Adhokratie, die niemals sicher sein kann, was als nächstes zu tun ist: Entscheidend ist, mit welchen weiteren Projekten sie beauftragt wird, und dies wiederum hängt zum Teil davon ab, welche Leistungen sie bei den derzeitigen Projekten erbringt. Daher erreicht ihre Strategie niemals eine wirkliche Stabilisierung, sondern ist von Projekt zu Projekt einem ständigem Wandel unterworfen. Anders ausgedrückt: Sollte sich die Strategie tatsächlich einmal stabilisieren, ist die Struktur keine Adhokratie mehr. Eine stabile Strategie bedeutet, daß die Organisation festgelegt hat, welche Märkte sie – in welcher Form – betreuen will beziehungsweise auf welche Kontingenzen sie – mit welchen Standardprogrammen – reagiert. Dann aber hat die Organisation eine bürokratische Strukturierung angenommen – eine maschinenbürokratische, wenn sie sich auf ein einziges, simples Programm konzentriert; hingegen eine professionelle, wenn sie sich für einige wenige, komplexe Programme offenhält. Da nun ständig Strategien im Rahmen der gerade durchgeführten Projekte entstehen, liegt die Überlegung nahe, ob nicht die Strategiebildung am besten von demjenigen zu kontrollieren ist, der darüber entscheidet, welche Projekte in welcher Form abgewickelt werden sollen. In der betrieblichen Adhokratie kommen dafür Linienführungskräfte, Stabsexperten und betriebliche Mitarbeiter – also potentiell alle Organisationsmitglieder – in Frage.

Wir wollen noch einmal das Beispiel der kanadischen Filmgesellschaft aufgreifen. Zu ihren wichtigsten Strategien zählen solche, die thematisch im Zusammenhang mit den rund hundert, meist kurzen Dokumentarfilmen stehen, die sie jährlich herstellt – Filme über die geographische Beschaffenheit Kanadas und die Soziologie seiner Menschen, Filme über rein experimentelle Themen usw. Wäre die Gesellschaft maschinenbürokratisch strukturiert, fiele die Entscheidung darüber, welche Filme gedreht werden sollen, an der Führungsspitze. Es gäbe eine einzige, gleichbleibende Filmstrategie, die an der strategischen Spitze formuliert und weiter unten implementiert würde. (Hätte die Gesellschaft eine Spartenstrukturierung, käme die Entscheidung jeweils von den Leitern der verschiedenen Filmsparten.) Bei einer profibürokratischen Struktur hätte jeder Filmproduzent sein eigenes Standardrepertoire an grundlegenden Filmszenarien, die er Jahr für Jahr zur Anwendung bringen würde, und dann gäbe es, ausgehend vom betrieblichen Kern, tatsächlich eine Reihe stabiler, filmthematischer Strategien in der Organisation.

Da die Gesellschaft jedoch als betriebliche Adhokratie strukturiert ist, entscheidet sie sich für keine dieser Vorgehensweisen. Etwa ein Drittel der Filme wird von Behörden der kanadischen Regierung mit öffentlichen Mitteln gefördert. Soweit interessierte Filmproduzenten vorhanden sind, werden diese akzeptiert, und dann sind es die Klienten, die die Strategie vorgeben. Die anderen zwei Drittel werden von den eigenen Mitarbeitern vorgeschlagen und mit eigenen Mitteln finanziert. Jeder Vorschlag wird einem ständigen Ausschuß vorgelegt, der (zumindest Anfang der 80er Jahre) vier von den Filmproduzenten gewählte Mitglieder, zwei vom Vertrieb (Marketing) ernannte Mitglieder sowie den Produktionsdirektor und den Programmdirektor umfaßt. Der Generaldirektor als Spitzenführungskraft muß den Wahlentscheidungen des ständigen Ausschusses zustimmen. Somit haben die betrieblichen Mitarbeiter, die Führungskräfte der Mittellinie, die Stabsexperten und die Führungskräfte an der strategischen Spitze alle ein Mitspracherecht bei der Entscheidung darüber, welche Filme gedreht werden sollen. Allerdings geht die große Mehrzahl der Vorschläge von den Filmproduzenten und den leitenden Führungskräften in der Produktion aus. Jeder von ihnen hat seine eigenen grundsätzlichen Präferenzen, sei es nun für Trickfilme, Experimentalfilme, für Dokumentarfilme usw. Doch ein Blick in den Katalog der Filmgesellschaft läßt den Gedanken an eine Standardisierung nicht aufkommen: Gewisse allgemeine Themen wiederholen sich von Zeit zu Zeit, doch auch diese ändern sich sehr häufig – je nachdem, was gerade in Mode ist oder sonst großen Erfolg hat. Somit läßt sich zwar keine stabile Strategie zur Filmthematik feststellen, wohl aber eine dynamische Strategie, die sich in einem ständigen Zustand der Anpassung befindet.

Die Strategie der betrieblichen Adhokratie bildet sich kontinuierlich im Verlauf der vielen hundert Entscheidungen, die so Jahr für Jahr auf komplizierte Weise zustande kommen. Jedes Projekt hinterläßt seine Spuren in der Strategie. Zudem arbeiten sowohl bei der Entscheidung über die Art der auszuführenden Projekte als auch bei der Durchführung der Projekte als solchen so viele Leute auf so vielen Ebenen mit, daß wir nicht mit dem Finger auf irgendeinen der Organisationsteile zeigen und behaupten können, dort würde die Strategie formuliert. Alle Beteiligten – und dies sind die Spitzenführungskräfte und Führungskräfte der Mittellinie, die Stabsexperten und die betrieblichen Mitarbeiter in ihren unterschiedlichen Zusammensetzungen in Arbeitskreisen und ständigen Ausschüssen – nehmen persönlich Einfluß auf die sich ausbildende Strategie. Aus diesem Grund haben wir weiter oben darauf hingewiesen, daß die betriebliche Adhokratie sowohl horizontal als auch vertikal selektiv dezentralisiert ist. Die Macht der Entscheidungsfindung ist auf komplizierteste Weise auf Führungskräfte und Nichtführungskräfte aller Hierarchieebenen weitläufig verteilt.

Ähnliche Schlußfolgerungen gelten auch für die administrative Adhokratie, obgleich der Prozeß der Strategieentwicklung hier etwas geordneter verläuft. Dies liegt daran, daß sich die administrative Adhokratie meist auf nur einige wenige Projekte konzentriert, an denen mehr Mitarbeiter mit interdependenten Beziehungen beteiligt sind. So beschäftigte die NASA den größten Teil der Mitarbeiter im Apollo-Projekt fast zehn Jahre lang; in ähnlicher Weise kann auch die Entwicklung einer neuen Verarbeitungsanlage einen Großteil des administrativen Personals einer Petrochemie-Gesellschaft über Jahre binden. Da die administrative Adhokratie darüber hinaus ihre Projekte im eigenen Interesse und nicht für verschiedene externe Klienten durchführt, ist für sie ein eher konzentrierter, auf den Produktmarkt ausgerichteter Aktivitätsbereich charakteristisch. So konzentrierte sich die NASA in den 60er Jahren ausschließlich auf das Ziel, noch vor 1970 einen Amerikaner auf den Mond zu schicken.

Die Ausrichtung auf größere, integriertere Projekte und einen gezielteren Aktivitätsbereich hat zur Folge, daß die Entwicklungsarbeiten der verschiedenen Experten sorgfältiger strukturiert werden müssen als in der betrieblichen Adhokratie.

Daher strukturiert sich die administrative Adhokratie als ein System von Arbeitskonstellationen, die jeweils derjenigen Hierarchieebene zugeordnet sind, die inhaltlich den zu treffenden funktionalen Entscheidungen entspricht.

Ein deutliches Beispiel hierfür hatten wir in Kapitel 5 (s. Abbildung 5-2), wobei die Konstellationen für Produktion, Marketing, Finanzen sowie Forschung und Entwicklung verschiedenen Ebenen der Hierarchie zugeordnet waren. Jede Konstellation umfaßt, je nach Bedarf, Linienführungskräfte und Stabsexperten und überträgt ihren Mitarbeitern Macht in dem Maß, wie diese ihr spezielles Fachwissen in die zu treffenden Entscheidungen einbringen müssen. Somit ist auch die administrative Adhokratie vertikal und horizontal selektiv dezentralisiert. Und wieder können wir nicht einen bestimmten Teil der Organisation als den Teil herausgreifen, der die Strategie entwickelt, auch wenn die Einrichtung der Arbeitskonstellationen uns einen Hinweis darauf gibt, welche Arten von strategischen Entscheidungen in welchen Organisationsteilen getroffen werden.

Die Notwendigkeit, die Entwicklungsarbeiten der Experten zu strukturieren, hat in der administrativen Adhokratie auch einen Bedarf an Aktionsplanung zur Folge. Problematisch an einer solchen Planung ist jedoch, daß Zweck oder Ziel der Organisation zwar bekannt sein können, nicht aber die Mittel zu ihrer Realisierung. Die erforderlichen Einzelschritte stellen sich erst im Verlauf der Projektdurchführung – über Versuch und Irrtum – heraus. Folglich kann nur eine sehr allgemeine Aktionsplanung mit groben, flexiblen Richtlinien erfolgen, in deren Rahmen die Arbeitskonstellationen dann weitere, spezifische Entscheidungen treffen können. Auch hier entstehen Strategien somit erst dann, wenn spezifische Entscheidungen darüber getroffen werden, welche Projekte durchzuführen sind und wie ihre weitere Entwicklung verlaufen soll. Selbst im Fall der NASA, einer als ausgesprochen planorientiert angesehenen Organisation, »erweist sich (die Strategieentwicklung) als ein dynamischer, iterativer Prozeß. Dies führt unweigerlich zu einer Verteilung der Autorität, da eine kleine Gruppe fachkompetenter, hochrangiger ›Planer‹ keine Strategie definieren kann« (Chandler/Sayles 1971, S. 7).

Die Funktionen der strategischen Spitze

Die obersten Führungskräfte der strategischen Spitze in einer Adhokratie verbringen nicht viel Zeit mit der Formulierung expliziter Strategien, aber dafür müssen sie sehr viel Zeit den auf die strategischen Entscheidungen folgenden Auseinandersetzungen sowie der Bewältigung sonstiger Störungen in all diesen fließenden Strukturen widmen.

Die Adhokratie verbindet nicht bürokratische, sondern organische Arbeitskonstellationen – und zwar nicht mit formaler Autorität, sondern mit Expertenmacht. Insgesamt sind solche Bedingungen dazu angetan, Aggressivität und Konflikte zu erzeugen. Doch die Spitzenführungskraft hat keineswegs die – ohnehin unmögliche – Aufgabe, diese Aggressivität wie in der Maschinenbürokratie »unter Verschluß zu halten«, sondern muß sie vielmehr in Produktivität umzusetzen verstehen. So werden von den Spitzenführungskräften der Adhokratie (wie auch von den Führungskräften der Mittellinie) hervorragende Fähigkeiten in der Menschenführung verlangt: Sie müssen alles – Überzeugungskraft, Verhandlungsgeschick, Koalitionsfähigkeit, Ansehen, Beziehungen – einsetzen, um die individualistischen Experten in reibungslos funktionierenden multidisziplinären Teams an einen Tisch zu bringen.

Des weiteren müssen die Spitzenführungskräfte viel Zeit für die Überprüfung der Projekte aufbringen.

Innovative Projektarbeit ist bekannlich sehr schwer zu kontrollieren. Kein Management-Informationssystem garantiert die Übermittlung vollständiger, eindeutiger Ergebnisse. Entsprechend muß eine sorgfältige, persönliche Überprüfung der Projekte erfolgen, um sicherzustellen, daß diese den inhaltlichen Spezifikationen entsprechend, termingerecht und zu den vorgesehenen Kosten (genauso: nicht zu spät und mit allzu hohen Kostenüberschreitungen) zum Abschluß gebracht werden.

Doch die wohl wichtigste Funktion der Führungsspitze in einer Adhokratie (besonders in der betrieblichen Adhokratie) ist die Schaffung von Verbindungen zur externen Umwelt.

Die übrigen Konfigurationen sind vorrangig auf eindeutig definierte Märkte ausgerichtet und können sich mehr oder weniger auf einen stetigen Arbeitsfluß verlassen. Nicht so in der betrieblichen Adhokratie, die von Projekt zu Projekt lebt – und ohne Projekte nicht überlebt. Da jedes Projekt anders ist, kann die betriebliche Adhokratie auch niemals sicher sein, aus welcher Richtung das nächste Projekt kommen wird. Zudem sind es in der Profibürokratie häufig die professionellen Mitarbeiter, die eigene Klienten mitbringen. Dies kommt in der betrieblichen Adhokratie, wo die betrieblichen Mitarbeiter im Team arbeiten, weniger häufig vor. Folglich müssen vielfach die Spitzenführungskräfte diese Aufgabe übernehmen. In der betrieblichen Adhokratie verbringen somit die Führungskräfte der strategischen Spitze einen großen Teil ihrer Zeit damit, einen stetigen und ausgeglichenen Eingang zu bearbeitender Projekte sicherzustellen. Dies aber bedeutet, daß die Spitzenführungskräfte Kontakte zu potentiellen Auftraggebern herstellen und Verträge mit ihnen aushandeln müssen.

Besonders deutlich zeigt sich dies im Beratungsgeschäft – vor allem in solchen Fällen, in denen innovative Ansätze erforderlich sind und die Struktur entsprechend adhokratisch ausgerichtet ist. So wurde dem Autor von einem leitenden Angestellten mitgeteilt, daß »jede Beratungsfirma drei Monate vom Bankrott entfernt ist«. Mit anderen Worten: Drei »dürre« Monate könnten alle finanziellen Rücklagen aufbrauchen, so daß die hohen Gehälter für die professionellen Mitarbeiter nicht mehr zu bezahlen sind. Wenn daher ein Berater in ein solches Unternehmen als Partner einsteigt und in die strategische Spitze aufsteigt, hängt er gewöhnlich seinen Taschenrechner an den Nagel und wird zum »Vollzeitvertreter«. Es ist ein ganz wesentliches Merkmal vieler betrieblicher Adhokratien, daß die Verkaufsfunktion buchstäblich an der strategischen Spitze wahrgenommen wird.

Die Projektarbeit stellt die administrative Adhokratie vor ähnliche Probleme und führt zu ähnlichen Ergebnissen. Reeser befragte eine Gruppe von Führungskräften in drei Raumfahrtunternehmen: »Welche menschlichen Probleme sehen Sie im Zusammenhang mit dem Projektmanagement?« Zu den besonders häufig genannten Antworten zählen zwei Kommentare bezüglich einer ausgeglicheneren Arbeitsbelastung:

- Der temporäre Charakter der Organisation bringt es mit sich, daß Organisationsmitglieder, die mit der Auflösung der Organisation ihren Arbeitsplatz verloren haben, vorübergehend vielfach unproduktive Tätigkeiten übernehmen müssen, bis erneut produktive Aufgaben für sie gefunden sind. Manchmal dauern solche unproduktiven Phasen so lange, daß die betroffenen Mitarbeiter ihre Initiative verlieren.

- Mitglieder der Organisation, die nach Abschluß ihres bisherigen Projekts ohne Arbeit dastehen, müssen unter Umständen lange warten, bis ihnen wieder eine Aufgabe mit so hoher Verantwortung übertragen wird (Reeser 1969, S. 463).

Entsprechend müssen auch die Führungskräfte der administrativen Adhokratie der Kontaktpflege und den Verhandlungsaktivitäten viel Aufmerksamkeit widmen, um eine gleichmäßige Arbeitsauslastung zu gewährleisten. So stellen Chandler und Sayles in bezug auf die – von Regierungsmitteln und öffentlicher Unterstützung generell abhängige – NASA fest: »Die wichtigsten Führungskräfte widmeten einen Großteil ihrer Zeit den externen Beziehungen zu verschiedenen Verwaltungsbehörden, zum Kongreß und zu wichtigen Institutionen des öffentlichen Lebens aus Wirtschaftskreisen, Universitäten, Wissenschaftsgremien sowie verschiedenen internationalen Interessenvertretungen« (Chandler/Sayles 1971, S. 173).

Bedingungen der Adhokratie

Grundlegende Umweltbedingungen

Die Bedingungen der Umwelt sind für diese Konfiguration die wichtigsten Bedingungen.

Die Adhokratie sieht sich eindeutig in eine sowohl dynamische als auch komplexe Umwelt gestellt.

Hypothese 9 und 10 zufolge erfordert eine dynamische Umwelt eine organische Struktur, während eine komplexe Umwelt eine dezentralisierte Struktur verlangt. Die Adhokratie ist die einzige Konfiguration, die sowohl organisch als auch vergleichsweise dezentralisiert ist: Innovative Arbeit, als solche nicht vorhersagbar, ist stets mit einer dynamischen Umwelt verbunden, und die Tatsache, daß es sich um hochentwickelte Innovationen handelt, bedeutet zugleich, daß die Arbeit schwer zu verstehen ist und einer komplexen Umwelt entspricht. Wir treffen somit Adhokratien an, bei denen immer Bedingungen der Dynamik und Komplexität gleichzeitig vorherrschen – in Organisationen von Guerrillaeinheiten bis hin zu Raumfahrtbehörden. Es gibt eben keine andere Möglichkeit, um einen Dschungelkrieg zu führen oder den ersten Menschen auf den Mond zu befördern.

Wie wir bereits bei allen anderen Konfigurationen festgestellt haben, sind Organisationen mit Präferenzen für bestimmte Strukturen zugleich bemüht, entsprechende Umweltbedingungen zu »wählen«. Dies trifft in ganz besonderem Maß auf die betriebliche Adhokratie zu: Während Werbeagenturen und Beratungsfirmen, die eine profibürokratische Strukturierung bevorzugen, stabile Umweltbedingungen anstreben, gelingt es Adhokratien, dynamische Umweltbedingungen zu finden, bei denen die Problemstellungen ihrer Kunden oder Klienten nicht vorauszusagen sind.

Forschungsorientierte Organisationen – Laboratorien, die nichts anderes als Forschung betreiben, oder Unternehmen in stark forschungsabhängigen High-Tech-Industrien – neigen zur Konfiguration der Adhokratie, weil ihre Arbeit von Natur aus komplex, unvorhersagbar und häufig wettbewerbsintensiv ist. Auch Kliniken und Universitäten, die in Kapitel 10 aufgrund ihrer routinemäßigen Arbeiten im klinischen Bereich beziehungsweise im Lehrbetrieb als besonders gute Beispiele für Profibürokratien beschrieben wurden, entwickeln sich zur Adhokratie, wenn sie wirklich innovative Forschung betreiben. Gewöhnlich aber schließt ihre Ausrichtung auf konvergentes, deduktives Denken bei der Routinearbeit echte Innovation aus. Die professionellen Mitarbeiter sind zwar häufig in der Lage, in eigener Verantwortung zu arbeiten, wenn sie ihre Standardkenntnisse und -qualifikationen anwenden, aber sie müssen sich in organischen, multidisziplinären Teams zusammenschließen, um neue Kenntnisse und Qualifikationen zu schaffen.

Disparate Kräfte in der Umwelt

Hypothese 13 in Kapitel 6 besagt, daß Disparitäten in der Umwelt die Organisation zu selektiver Dezentralisierung zugunsten von unterschiedlichen Arbeitskonstellationen - und damit zur Strukturierung einer administrativen Adhokratie - veranlassen.

Die Organisation muß verschiedene Arbeitskonstellationen schaffen, um den verschiedenen Aspekten ihrer Umwelt Rechnung zu tragen, und dann die in den Konstellationen erzielten Ergebnisse integrieren.

Mit einer solchen Situation sind in letzter Zeit eine Reihe von multinationalen Unternehmen konfrontiert. Jahrelang war für diese Unternehmen nichts anderes als die Spartenstruktur in Frage gekommen, wobei sie ihre wichtigsten Sparten entweder nach geographischen Bereichen oder Produktprogrammen gruppierten.[3] Doch gewisse Veränderungen in ihren Umweltbedindungen haben dazu geführt, daß der Druck, sich für eine dieser beiden Gruppierungsalternativen entscheiden zu müssen, eine fatale Problemsituation heraufbeschwört: Entscheidet sich das Unternehmen für die Divisionalisierung nach geographischen Bereichen, bleiben die Interdependenzen beim Vertrieb ein und derselben Produkte an verschiedenen Orten unberücksichtigt, was unter anderem in sämtlichen Bereichen die Einrichtung von eigenen Produktionsanlagen zur Folge hat. Entscheidet sich das Unternehmen dagegen für die Divisionalisierung nach Produktprogrammen, bleiben die Interdependenzen zwischen den verschiedenen Produktprogrammen unberücksichtigt, so daß viele verschiedene Marketingeinheiten in ein und demselben Bereich eingerichtet werden müssen. Darauf bedacht, die Spartenstruktur beizubehalten, bleibt dem Unternehmen nur die Möglichkeit, auf die eine Interdependenz zugunsten der anderen zu verzichten. Andernfalls sieht es sich in dem schizophrenen Zustand, dem Pingpong vergleichbar, unaufhörlich zwischen seinen beiden Gruppierungsalternativen hin- und herspringen zu müssen.

Erst das Auftauchen der Matrixstruktur ermöglicht solchen Unternehmen einen logischen Ausweg aus ihrem Dilemma. Natürlich konnten die Unternehmen auf ein und derselben Hierarchieebene gleichzeitig Bereichssparten und Produktsparten in einer permanenten Matrixstruktur einrichten, solange sie bereit waren, das Prinzip der einheitlichen Auftragserteilung beziehungsweise der Alleinverantwortung aufzugeben. In solchen Fällen unterstand ein Produktmanager in einem bestimmten geographischen Bereich sowohl einem alle Produkte umfassenden Bereichsleiter als auch einem alle Bereiche (weltweit) umfassenden Produktleiter. Dabei konnte eine Mischstruktur entstehen, die wir als divisionalisierte Adhokratie bezeichnen können; sie zeigt die Eigenschaften beider Konfigurationen, von denen ihre Bezeichnung abgeleitet ist. Ihre Märkte sind wie bei allen Organisationen mit Spartenstruktur diversifiziert, aber manche Teile ihrer Umwelt sind komplexer und dynamischer (und damit disparater) als andere. Einige multinationale Unternehmen haben sich nachweislich in diese Richtung entwickelt, auch wenn ein allgemeiner Trend noch nicht zu erkennen ist.

Dennoch werden solche multinationalen Unternehmen, die Interdependenzen unter ihren verschiedenen Produktprogrammen und zunehmend komplexe sowie dynamische Umweltbedingungen zu berücksichtigen haben, verstärkt zur Mischstruktur der divisionalisierten Adhokratie neigen.

Für sie zumindest stellt dann die Adhokratie das natürliche vierte Stadium in der strukturellen Entwicklung dar – nach der Einfachstruktur, der Maschinenbürokratie und der Spartenstruktur.

Die divisionalisierte Adhokratie mag auch für einige nicht-kommerzielle Organisationen von Interesse sein, die sich mit ähnlichen Bedingungen konfrontiert sehen. In einer sehr anregenden Studie für den internationalen Kinderhilfsfonds UNICEF schlagen die Mitarbeiter von SIAR (Scandinavian Institutes for Administrative Research) eine solche Struktur für diese Sonderorganisation der Vereinten Nationen vor (SIAR 1975). Sie beschreiben die Struktur bei UNICEF zur Zeit ihrer Untersuchung als eine regionale, allerdings zu übermäßiger zentraler Kontrolle tendierende Spartenstruktur. Dies aber hat eine äußerst problematische, eingleisige Kommunikationssituation zur Folge: Die Mitarbeiter der Zentrale suchen die regionalen Sparten zu kontrollieren, die ihrerseits die zentral vorgegebenen Richtlinien ignorieren, weil diese mit den Erfordernissen vor Ort nicht in Einklang zu bringen sind, und dies wiederum führt zu weiteren Versuchen der Zentrale, die Sparten in den Griff zu bekommen, bis die Zentrale schließlich alle Kommunikationskanäle beherrscht. Nach Auffassung der SIAR-Gruppe brauchte UNICEF eine andere Struktur, da »der Bedarf an Lernerfahrung und Anpassung in der gesamten Organisation extrem hoch ist« (SIAR 1975, S. 17). Im wesentlichen befand sich UNICEF in demselben Dilemma wie die multinationalen Unternehmen, die wir gerade erörtert haben: Die Organisation sah sich mit der Notwendigkeit konfrontiert, regionale Sachkenntnis über die Gegebenheiten vor Ort zu respektieren und dennoch eine alle Regionen umfassende Koordination zu erzielen. Die Lösung in der divisionalisierten Organisation ist nicht ein Mehr an Standardisierung und persönlicher Weisung seitens der zentralen Leitung, was eine maschinenbürokratische Ausrichtung der Struktur zur Folge hat, sondern ein Mehr an gegenseitiger Abstimmung unter den Sparten, wodurch sich die Organisation allmählich zu einer Adhokratie entwickelt. Die SIAR-Gruppe schlägt daher eine Lösung für UNICEF vor, wie sie der divisionalisierten Adhokratie entspricht: Erhebliche Macht sollte an die Regionen aufgrund ihres Sachwissens delegiert werden, die Mitarbeiter der Zentrale sollten sich anstelle persönlicher Weisung auf Beratungsfunktionen beschränken, und im Außendienst sollte eine interaktive Teamstruktur zum Einsatz kommen. Das Resultat wäre eine organischere Struktur, die flexiblen, von verschiedenen Arbeitskonstellationen durchgeführten Projekten Rechnung trägt.

Der SIAR-Bericht listet eine Reihe von Maßnahmen auf, mit denen der vorgeschlagene Strukturwandel herbeigeführt werden soll, und diese Auflistung eignet sich gleichermaßen für jede divisionalisierte Organisation, die eine Entwicklung in Richtung einer Adhokratie anstrebt. Zu den Empfehlungen zählen: Reduzierung der Zahl der Ebenen in der divisionalisierten Hierarchie (zum Beispiel Abschaffung der Ebene der stellvertretenden Geschäftsführer in Konzernen mit Mehrfach-Spartenstruktur), um die Ausrichtung auf persönliche Weisung zu reduzieren; Integration der Planungs- und Programmfunktionen in der Unternehmungsleitung bei gleichzeitiger Schaffung von neuen, vernetzten Denkstrukturen; Bereitschaft zu mehr Teamarbeit in der Zentrale; reduzierter Einsatz von Leistungskontrolltechniken; statt dessen gelegentliche »längere Besuche« durch eine Abordnung der zentralen Unternehmungsleitung mit umfassender, nicht eng funktionaler Ausrichtung und unter Leitung der Spitzenführungskraft; Einrichtung einer Matrixstruktur; Unterstützung und Förderung von Professionalität hinsichtlich Arbeitseinstellung, Art der Arbeit, Karrieremuster und Ausbildung; Ausrichtung der Funktionen des regionalen Leiters weg von administrativer Überwachung und hin zu den Aufgaben einer professionellen Führungskraft; und schließlich Ausrichtung auf interne Kommunikationswege, die weniger der Berichterstattung, der Kontrolle und der Erklärung als vielmehr dem Dialog, der Problemlösung und dem Lernen dienen.

Häufiger Produktwechsel

Einige Organisationen neigen aufgrund dynamischer Bedingungen infolge eines sehr häufigen Produktwechsels zur Adhokratie.

Der Extremfall ist ein auf Einzelfertigung spezialisierter Betrieb, der – wie die Ingenieurfirma mit ihrer Produktion von Prototypen – jedes seiner Produkte im Sonderauftrag herstellt. Da ein jeder Kundenauftrag ein neues Projekt darstellt, sieht die Organisation einen Anreiz darin, sich als betriebliche Adhokratie zu strukturieren. Woodward (1965) beschreibt eine solche Struktur in den von ihr untersuchten Einzelfertigungsbetrieben als organisch und relativ dezentralisiert, wobei den Entwicklungsingenieuren der mittleren Ebene erhebliche Macht zukommt.

In einer ähnlichen Situation wie der Einzelfertigungsbetrieb befindet sich auch die kleine High-Tech-Firma. Solche Firmen leisten größtenteils hochentwickelte Projektarbeit (Konstruktion und Gestaltung, manchmal auch Produktion) im direkten Auftrag von Regierungsstellen oder größeren Unternehmen aus der Rüstungs-, Raumfahrt- oder Nuklearindustrie. Aufgrund ihrer komplexen Arbeit und ihrer dynamischen Umweltbedingungen sind diese Firmen auf hochqualifizierte Experten angewiesen, die in interdisziplinären Projektteams arbeiten. Dabei handelt es sich meist um kleine Firmen, bei denen der Unternehmer gleichzeitig Eigentümer ist und sich die persönliche Kontrolle vorbehält. (Dies können sich die Unternehmer natürlich nur deshalb leisten, weil sie genauso hochqualifiziert sind wie ihre Angestellten.) Auf diese Weise entsteht eine Mischstruktur zwischen betrieblicher Adhokratie und Einfachstruktur, die wir als Pionieradhokratie bezeichnen wollen.

Eine andere Variante der Einzelfertigung ist der Zeitungs- oder Zeitschriftenverlag. Aus der Sicht des Verlegers ist jedes Produkt, d.h. jede Ausgabe, anders. Die Umwelt ist gewöhnlich sehr dynamisch und häufig vergleichsweise komplex, besonders im Fall von Tageszeitungen und Nachrichtenmagazinen, die in kürzester Zeit Berichte über eine ungeheure Vielfalt rasanter Neuigkeiten bringen müssen. Darüber hinaus gilt es, die Arbeiten all der Journalisten, Fotografen, Redakteure und anderen Mitarbeiter zu einem einzigen Produkt zu integrieren. In der Redaktionsabteilung ist somit die Adhokratie die beste Lösung. Doch die Funktionen in Druckerei und Vertrieb sind durch sehr viele repetitive Vorgänge gekennzeichnet – schließlich werden Tausende, manchmal auch Millionen von Exemplaren derselben Ausgabe hergestellt. Und die dort herrschenden Umweltbedingungen sind ausgesprochen stabil: Die Aufgabe als solche bleibt unverändert, was immer der Inhalt der Ausgabe ist. Für diese Funktionen ist die Maschinenbürokratie die beste Strukturform. Das daraus resultierende Problem einer zweifachen, unterschiedlichen Strukturierung wird durch »Kappen« gelöst: Die verschiedenen Funktionen werden voneinander getrennt, wobei die Standardprodukte als Schnittstelle dienen. Die adhokratisch strukturierte Redaktionsabteilung schließt ihre Arbeit ab und bringt sie mit gedruckter Vorlage, Seiten-Layout und eingehefteten Fotografien in ein standardisiertes Format, das dann den Input für den bürokratischen Produktionsprozeß darstellt.

Einige Hersteller von Verbrauchsgütern sind in derart wettbewerbsintensiven Märkten tätig, daß sie ihre Produkte so gut wie dauernd ändern müssen. Auch hier veranlassen dynamische Bedingungen in Verbindung mit einer gewissen Komplexität die Organisation zur adhokratischen Strukturierung. Ein hervorragendes Beispiel für eine solche, von uns als konkurrierende Adhokratie bezeichnete Struktur ist die bereits in anderem Zusammenhang erwähnte Schallplattenfirma. Der extrem kurze Produkt-Lebenszyklus und das rasche Kommen und Gehen von Popsängern erfordern extrem schnelle Reaktionen und eine Menge Insiderwissen. So kommt die Studentengruppe, die eine Untersuchung bei dieser Schallplattenfirma durchgeführt hatte, zu folgendem Ergebnis: »Das Produktleben einer Single beträgt drei Monate. Und dieser Zeitraum bemißt sich von der künstlerischen Idee für den Song bis zur letzten Plattenlieferung an die Geschäfte. Nichts ist so tot wie der Hit Nr. 1 auf der Hitparade von gestern.«[4] Andere Beispiele für konkurrierende Adhokratien finden sich in der Kosmetikindustrie, in der pharmazeutischen Industrie und in der Kunststoffindustrie.

Allerdings sollte darauf hingewiesen werden, daß nur der Produktwettbewerb zu dieser Art von Konfiguration führt. Ein auf Preisbildung oder Marketing ausgerichteter Wettbewerb ist einfacher zu durchschauen und zu bewältigen und läßt sich häufig im Rahmen einer Einfachstruktur oder einer Maschinenbürokratie regeln. Dagegen erfordert der Produktwettbewerb konsequentere Innovationsbemühungen und eine komplexere, häufig auf hochentwickelten Forschungs- und Entwicklungsaktivitäten beruhende Entscheidungsfindung. In einer solchen Situation wird die Konfiguration der (administrativen) Adhokratie bevorzugt. Die Finanz- und Preisentscheidungen sind den oberen Arbeitskonstellationen vorbehalten, während die Entscheidungen bezüglich Produktgestaltung, Produktentwicklung sowie Marketing an Konstellationen weiter unten in der Hierarchie delegiert werden (wie im Fall der Schallplattenfirma).

Jugend als Bedingung der Adhokratie

Auch einige andere Bedingungen, die nichts mit der organisatorischen Umwelt zu tun haben, spielen bei der Adhokratie eine Rolle. Die eine Bedingung ist ihr Alter, oder besser ihre Jugend, denn die Adhokratie ist keine sehr stabile Konfiguration. Es ist schwer, eine Struktur über längere Zeit in einem solchen Zustand zu halten – dafür zu sorgen, daß die Verhaltensweisen nicht formalisiert werden und ständig neue, wirklich innovative Ad-hoc-Projekte in Auftrag gegeben werden.

Alle möglichen Kräfte treiben die Adhokratie mit zunehmendem Alter zur Bürokratisierung.

Andererseits tendieren junge Organisationen – Hypothese 1 zufolge – zu einer organischen Struktur, da sie noch nach einem eigenen Weg suchen und meist auch begeistert innovative Ad-hoc-Projekte aufgreifen, um daran die eigenen Fähigkeiten zu messen.

Wir können somit festhalten, daß die Adhokratie im Zusammenhang mit Jugend und mit frühen Stadien in der Entwicklung organisatorischer Strukturen zu sehen ist.

Die betriebliche Adhokratie erweist sich als besonders kurzlebig. Zum einen sieht sie sich mit einem riskanten Markt konfrontiert, der ihr schnell ein Ende bereiten kann. Anders als die Profibürokratie oder die Maschinenbürokratie mit ihren standardisierten Arbeitsprodukten kann die betriebliche Adhokratie nie sicher sein, woher ihr nächstes Projekt kommen wird. Eine rückläufige Konjunktur oder der Verlust eines wichtigen Auftraggebers kann der Adhokratie buchstäblich über Nacht die Existenzgrundlage entziehen.

Doch wenn einige betriebliche Adhokratien kurzlebig sind, weil sie versagen, so kann in anderen Fällen auch der Erfolg für die kurze Lebensdauer einer adhokratischen Struktur verantwortlich sein. Erfolg – und Altern – bewirken eine Metamorphose in der betrieblichen Adhokratie, die zu stabileren Bedingungen und einer bürokratischeren Struktur drängt. Mit der Zeit erwirbt die erfolgreiche Organisation Ansehen für ihre gute Arbeit. Der Erfolg unterstützt sie darin, gewisse Projekte zu wiederholen und letztlich ihre Aufmerksamkeit auf spezifische Kontingenzen und Programme auszurichten. Dies wiederum sagt auch den Mitarbeitern zu, die selbst älter werden und mehr Stabilität in ihrer Arbeit begrüßen. Mit der Zeit entwickelt sich die betriebliche Adhokratie somit zur Profibürokratie, um sich auf optimal durchgeführte Programme zu konzentrieren, und manchmal nähert sie sich sogar der Maschinenbürokratie, um ein einziges Programm oder eine spezielle Erfindung zu vermarkten. Die Organisation überlebt, nicht aber die Konfiguration.

Administrative Adhokratien leben normalerweise länger. Auch sie bekommen mit zunehmendem Alter den Drang zur Bürokratisierung zu spüren. Viele Organisationen sind dann versucht, ihre Innovationsbemühungen einzustellen oder zu stereotypieren und damit zu einer bürokratischeren Struktur, insbesondere zur Maschinenbürokratie, zurückzukehren. Doch anders als die betriebliche Adhokratie kann die administrative Adhokratie normalerweise nicht ihre Struktur verändern und dennoch in derselben Industrie bleiben. Mit einer Entscheidung für ihre bisherige Industrie würde sie eine komplexe, dynamische Umwelt wählen. Stereotypierte Innovation wird die Organisation allmählich vernichten. So bleibt Zeitungsverlagen sowie Unternehmen in der Kunststoffindustrie und in der pharmazeutischen Industrie – zumindest unter scharfen Wettbewerbsbedingungen – möglicherweise keine andere Wahl, als sich für die Struktur einer Adhokratie zu entscheiden.

In Anbetracht der Tendenz, daß sich Organisationen mit zunehmendem Alter zu bürokratischeren Strukturen entwickeln, ist eine Variante entstanden, die man als temporäre Adhokratie bezeichnen könnte – als »das organisatorische Äquivalent von Papierkleidern oder Einwegtüchern« (Toffler 1970, S. 133). Sie faßt Experten aus verschiedenen Organisationen zur Durchführung eines bestimmten Projektes zusammen und löst sich danach auf. Temporäre Adhokratien bürgern sich in vielen Bereichen der modernen Gesellschaft ein: die Produktionsgruppe, die nur ein einziges Stück zur Aufführung bringt; der Ausschuß in einer Wahlkampagne, der sich für den Wahlerfolg eines einzigen Kandidaten einsetzt; die Guerillagruppe, die eine einzige Regierung stürzt; das Olympische Komitee, das die Spiele für ein einziges Jahr plant. Eine verwandte Variante ist die Mammutprojekt-Adhokratie – eine riesige temporäre Adhokratie, die Tausende von Experten für Zeiträume zwischen einem Jahr und einem Jahrzehnt zur Durchführung einer einzigen Aufgabe beschäftigt.

Diese letzte Variante läßt erkennen, daß die Größe für die Adhokratie eine weniger wichtige Bedingung darstellt als das Alter. Besonders administrative Adhokratien können sehr groß werden. Dagegen sind betriebliche Adhokratien eher klein oder mittelgroß: Sie sind in ihrer Größe eingeschränkt durch die bearbeiteten Projekte, durch Zahl und Größe der noch zu organisierenden, multidisziplinären Teams sowie durch ihren Wunsch, dem Drang nach Bürokratisierung infolge zunehmender Größe zu widerstehen.

Technisches System als Bedingung der Adhokratie

Auch das technische System stellt bei dieser Konfiguration in bestimmten Fällen eine wichtige Bedingung dar. Zwar haben betriebliche Adhokratien wie die mit ihnen verwandten Profibürokratien in aller Regel einfache, nicht-regulative technische Systeme, doch bei administrativen Adhokratien ist häufig das Gegenteil der Fall.

Viele Organisationen sind als administrative Adhokratie strukturiert, weil ihre technischen Systeme kompliziert und vielleicht auch automatisiert sind.

Hypothese 7 in Kapitel 6 besagt, daß eine Organisation mit kompliziertem technischem System über einen voll ausgebauten, hochqualifizierten Hilfsstab verfügen muß, der für die Anschaffung, Anpassung und Wartung dieses Systems zuständig ist. Dabei muß die Organisation diesem Hilfsstab beträchtliche Entscheidungsbefugnisse hinsichtlich technischer Problemstellungen übertragen; der Hilfsstab seinerseits setzt zur Koordinierung seiner Arbeit Kontaktinstrumente ein. Mit anderen Worten: Eine komplexe Maschinerie verlangt Spezialisten, die über die dazu erforderlichen Sachkenntnisse, Machtbefugnisse und flexiblen Arbeitsbedingungen verfügen. Dies hat zur Folge, daß die Hilfsstabsexperten einflußreiche Organisationsmitglieder sind, die ihre Macht von der strategischen Spitze, vom betrieblichen Kern und von der Mittellinie beziehen. Die Organisation entwickelt sich zur Konfiguration einer administrativen Adhokratie.

Die Automatisierung eines komplizierten technischen Systems treibt die Organistion noch stärker in diese Richtung. Wie wir bereits in Kapitel 6 gesehen haben, erfährt eine Maschinenbürokratie, der die Automatisierung ihres betrieblichen Kerns gelingt, eine dramatische Metamorphose. Das Problem, desinteressierte betriebliche Mitarbeiter zu motivieren, verschwindet, und damit verschwindet auch die Kontrollmentalität, die bis dahin die maschinenbürokratische Struktur vollständig erfaßt hatte; die Unterscheidung zwischen Linie und Stab wird hinfällig (Maschinen ist es gleichgültig, wer an ihren Knöpfen dreht), was eine weitere, erhebliche Reduzierung des Konfliktpotentials zur Folge hat; die Technostruktur verliert ihren Einfluß, da die Kontrolle von den Gestaltern des technischen Systems in die Maschinerie als solche eingebaut ist und den Arbeitern nicht in Form von Vorschriften und Standards seitens der Analytiker auferlegt wird. Insgesamt wird die administrative Struktur dezentralisierter und organischer und entwickelt sich zu einer Variante, die wir als automatisierte Adhokratie bezeichnen wollen.

Die Automatisierung ist besonders häufig in den verarbeitenden Industrien, beispielsweise in der petrochemischen und der kosmetischen Industrie, anzutreffen (ein weiterer Grund dafür, daß gerade Kosmetikunternehmen zur Adhokratie neigen). Dies erklärt wohl auch, warum Joan Woodwards Beschreibung der Unternehmen mit Prozeßfertigung so gut zur Konfiguration der administrativen Adhokratie paßt. Allerdings sollte noch einmal darauf hingewiesen werden, daß keineswegs alle Unternehmen mit Prozeßfertigung adhokratisch strukturiert sind. Viele von ihnen sind weit von einer Vollautomatisierung entfernt und benötigen daher ein sehr großes Arbeitskräftepotential im betrieblichen Kern, was eine maschinenbürokratische Strukturierung erforderlich macht. Stahlunternehmen, wie sie in Kapitel 9 beschrieben wurden, sind ein gutes Beispiel hierfür. Des weiteren gibt es Unternehmen mit Prozeßfertigung, die zwar eine hochautomatisierte Produktion haben, aber in einigen Fällen dennoch starke Tendenzen sowohl zur Maschinenbürokratie als auch zur administrativen Adhokratie aufweisen, weil sie für andere betriebliche Funktionen (zum Beispiel Marketingfunktionen in einer Ölgesellschaft mit einer Vielzahl von eigenen Einzelhandelsverkaufsstellen) sehr viele Mitarbeiter zur Erledigung routinemäßiger Arbeiten benötigen. Und schließlich gibt es auch solche Unternehmen mit automatisierter Prozeßfertigung, die unter so einfachen Umweltbedingungen und mit so einfachen technischen Systemen arbeiten, daß sie – wie der kleine Hersteller mit einem einzigen Produktprogramm (zum Beispiel Handcreme) – mit der Einfachstruktur auskommen und nicht als administrative Adhokratie strukturiert werden müssen.

Mode als Bedingung der Adhokratie

Wir kommen nun zu den Machtfaktoren. Macht als solche stellt keine wesentliche Bedingung der Adhokratie dar; Macht spielt nur insoweit eine Rolle, als der Hilfsstab der Maschinenbürokratie zu bestimmten technischen Entscheidungen ermächtigt wird oder die betrieblichen Mitarbeiter der Profibürokratie sich – anstelle der von ihnen erwarteten Perfektionierung von Standardprogrammen – innovativ zu betätigen wagen und die Struktur auf diese Weise in Richtung Adhokratie beeinflussen.

Doch die Mode ist ganz entschieden eine Bedingung der Adhokratie.

Jedes Merkmal der Adhokratie ist zur Zeit modern: Betonung von Fachwissen, organische Struktur, Projektteams und Arbeitskreise, Dezentralisation ohne Machtkonzentration an einer bestimmten Stelle in der Organisation, Matrixstruktur, komplizierte und automatisierte technische Systeme, Jugend sowie komplexe und dynamische Umweltbedingungen. Ansoffs Begeisterung ist typisch für viele der heutigen »Futuristen«:

.... in den nächsten zehn Jahren werden die Konzepte der Struktur und des Leistungspotentials einen Wandel erfahren, der sich genauso revolutionär auswirkt wie der Übergang von statischen Schützengräben zur mobilen Kriegsführung. Die große Mehrheit der heute in der Gestaltung oder in Organisationen eingesetzten Technologie beruht auf dem Konzept der Maginot-Linie mit ihren »permanenten« oder bestenfalls »semi-permanenten« Strukturen. Wenn die hier vorgetragene Argumentation auch nur halbwegs zutrifft, geht der Trend zum Konzept eines flexiblen, aufgabenorientierten, der »mobilen Kriegsführung« ähnlichen Leistungspotentials (Ansoff 1974, S. 83).

Wenn die Einfachstruktur und die Maschinenbürokratie Strukturen von gestern waren und die Profibürokratie und die Spartenstruktur die Renner von heute sind, so ist die Adhokratie eindeutig der Favorit von morgen.

Die Adhokratie ist die angemessene Struktur für eine Bevölkerung, die hinsichtlich Ausbildung und Spezialisierung ein immer höheres Niveau erreicht und dabei ständig angehalten wird, sich den »Systemansatz« zu eigen zu machen und die Welt als integriertes Ganzes, nicht lediglich als Summe lose miteinander verbundener Teile, aufzufassen. Die Adhokratie ist die angemessene Struktur sowohl für Umweltbedingungen, die immer komplexer werden und stärker als bisher Innovationsfreudigkeit verlangen, als auch für technische Systeme, die immer komplizierter werden und eine zunehmende Automatisierung erfahren. Die Adhokratie ist die einzige Struktur für diejenigen, die davon überzeugt sind, daß Organisationen demokratischer und zugleich weniger bürokratisch werden müssen.

Und doch: Trotz unserer derzeitigen Vernarrtheit in die Adhokratie ist diese Struktur nicht für alle Organisationen geeignet. Wie alle anderen Konfigurationen hat auch sie ihren Platz, wo sie hingehört. Und wie die Beispiele in diesem Kapitel deutlich zeigen, sind dies die neuen Industrien unserer Zeit: Raumfahrt, Elektronik, progressive Beratung, Forschung, Werbung, Filmproduktion, Petrochemie – alles Industrien, die seit dem 2. Weltkrieg entstanden sind. Sollten Stinchcombes Anhänger dessen Schlußfolgerung aus dem Jahr 1965, die Organisationsstruktur lasse auf das Gründungsalter der Industrie schließen, irgendwann während des 21. Jahrhunderts verifizieren wollen, so werden sie zweifellos die Adhokratie als die Konfiguration der zweiten Hälfte des 20. Jahrhunderts ermitteln.

Weitere Überlegungen zur Adhokratie

Weitere Überlegungen zur Adhokratie als der jüngsten der fünf Konfigurationen sind bisher kaum angestellt worden. Die Einfachstruktur ist so alt, daß ihre Vorteile und Nachteile inzwischen für selbstverständlich gehalten werden. Auch die mit der Maschinenbürokratie verbundenen Aspekte, besonders die Unzufriedenheit der Mitarbeiter und das dort vorhandene Konfliktpotential, sind in der Literatur ausführlich thematisiert worden. Desgleichen hat man sich mit der Profibürokratie und in letzter Zeit auch mit der Spartenstruktur auseinandergesetzt. Doch alle diese Konfigurationen hat es schon geraume Zeit gegeben. Die Adhokratie hingegen ist neu. Und jede neue Struktur mit Problemlösungen, wie sie in den alten Strukturen nicht möglich waren, zieht eine treue Gefolgschaft an – eine Gefolgschaft, die sich für ihre Vorteile begeistert, für ihre Probleme jedoch blind ist. Unter diesen Umständen bedarf es noch einer gewissen Zeit, um zu einem ausgewogenen Urteil zu gelangen – Zeit, um Erfahrungen im Umgang mit der Struktur zu sammeln und ihre Schwächen wie auch ihre

Stärken kennenzulernen, vor allem bei einer Konfiguration, die so komplex ist wie die Adhokratie.

Dennoch zeichnen sich schon jetzt insbesondere drei Aspekte ab, die wir hier abschließend erörtern wollen: die Ambiguitäten der Adhokratie und die Reaktionen von Leuten, die damit leben müssen, ihre Effizienzprobleme und ihre Neigung zu unangemessenem Übergang zu anderen Konfigurationen.

Reaktionen auf Ambiguität

Vielen Menschen, besonders den Kreativen unter uns, ist strukturelle Rigidität ebenso zuwider wie Machtkonzentration. Für sie verbleibt nur eine Konfiguration: Die Adhokratie ist die einzige Konfiguration, die sowohl organisch als auch dezentralisiert ist. Ihnen hat die Adhokratie optimale Arbeitsplätze zu bieten.

> Die Adhokratie ist die einzige Konfiguration für Leute, die von der Notwendigkeit einer verstärkten Demokratie bei gleichzeitig verringerter Bürokratie überzeugt sind.

Doch nicht jede Struktur kann eine Adhokratie sein. Die Bedingungen der Organisation müssen eine entsprechende Strukturierung erforderlich machen. Wenn etwa eine Adhokratie in einer einfachen, stabilen Umwelt erzwungen wird, so ist dies genauso unnatürlich – und daher für die Beteiligten genauso unangenehm – wie die Durchsetzung einer maschinenbürokratischen Struktur in einer komplexen, dynamischen Umwelt. Hinzu kommt, daß nicht jeder dieselbe Vision von der Zukunft des Unternehmens hat. Wie wir in Kapitel 9 gesehen haben, gibt es durchaus Leute, die das Leben in einer Maschinenbürokratie vorziehen – ein Leben mit Stabilität und wohldefinierten Beziehungen. Sie hegen sogar eine deutliche Abneigung gegen adhokratische Arbeitsbeziehungen und betrachten die Adhokratie als einen Ort, den sie zwar gern einmal kennenlernen wollen, an dem sie aber keineswegs ihre berufliche Karriere verbringen möchten.

> Selbst engagierte Mitglieder in Adhokratien lassen zeitweilig eine niedrige Toleranzschwelle in Anbetracht der fließenden, verwirrenden und unklaren adhokratischen Strukturen erkennen.

»In solchen Situationen haben alle Führungskräfte gelegentlich und viele Führungskräfte immer ein Verlangen nach mehr Definition und Struktur« (Burns/Stalker 1966, S. 122-123).

Weiter oben haben wir zwei häufige Reaktionen auf die Frage erörtert, die Reeser (1969) Führungskräften in drei Raumfahrtgesellschaften gestellt hatte: »Welche menschlichen Probleme sehen Sie im Zusammenhang mit dem Projektmanagement?« Von den übrigen acht Antworten in Reesers Bericht betreffen sechs die strukturellen Ambiguitäten: Angst vor dem näherrückenden Abschluß der Projekte; Verwirrung der Mitarbeiter darüber, wer eigentlich ihr Vorgesetzter ist und wen sie beeindrucken müssen, um weiterzukommen; geringes Loyalitätsdenken bei den Mitarbeitern infolge des häufigen Wechsels zwischen den verschiedenen Projektorganisationen; mangelnde Klarheit hinsichtlich Stellenbeschreibungen, Autoritätsbeziehungen und Kommunikationswegen; zufällige und ungeplante Personalentwicklung aufgrund des auf kurze Zeit angelegten Projektmanagements; und intensiver Wettbewerb um Ressourcen, Anerkennung und Belohnungen.

Reesers letzter Punkt führt zu einem weiteren wichtigen Ambiguitätsproblem: Politisierung der Struktur.

Aufgrund der Verbindung von Ambiguitäten und Interdependenzen erweist sich die Adhokratie von allen fünf Konfigurationen als die am stärksten politisierte Konfiguration.

Keine Struktur entspricht der darwinistischen Auslese besser als die Adhokratie: Wer sich ständig neu anzupassen vermag, bleibt oben; wer Schwächen zeigt, geht unter. Strukturen, die derart im Fluß sind, leisten erbitterten Konkurrenzkämpfen und gelegentlich auch skrupellosem Verhalten Vorschub, und dies sind die besten Voraussetzungen für alle möglichen politischen Kräfte. Die Franzosen haben einen anschaulichen Ausdruck dafür: un panier de crabes – ein Korb voll Krabben, die sich aneinanderklammern in ihrem Bestreben, nach oben – oder ganz heraus – zu kommen. Nehmen wir die Matrixstruktur als Beispiel: Wie mehrfach erwähnt wurde, wird mit der Matrixstruktur ein kontradiktatorisches System eingerichtet, das den organisatorischen Konflikt institutionalisiert.

Es gibt Konflikte, die auch in den anderen Konfigurationen eine Politisierung begünstigen; wir haben in den letzten vier Kapiteln mehrfach darauf hingewiesen. Doch diese Konflikte werden stets innerhalb wohldefinierter »Spielregeln« ausgetragen. In der Einfachstruktur sind alle politischen Aktivitäten, sofern überhaupt vorhanden, auf den »Ersten Mann« an der Spitze ausgerichtet. Doch seine straffe, persönliche Kontrolle läßt größere politische Aktivitäten gar nicht erst aufkommen; wem die Struktur nicht paßt, geht ganz einfach. Und in all den bürokratischen Konfigurationen zielen Konflikte und politisches Engagement auf fest umrissene Problemstellungen ab – Machtkämpfe zwischen Linie und Stab oder zwischen professionellen und nicht-professionellen Mitarbeitern, Auflehnung der Arbeiter gegen die Kontrollmentalität, Manipulation von Informationen bei der Berichterstattung gegenüber der zentralen Unternehmungsleitung, die mit der Kategorisierung von Kontingenzen verbundenen Ambiguitäten usw. In der Profibürokratie beispielsweise zeigen hochqualifizierte Experten mit Macht und Einfluß eine natürliche Neigung zu Konkurrenzkämpfen, wobei es zumeist um Territorialansprüche geht. Doch diese Kämpfe finden immer noch im Rahmen professioneller Normen und Verbandszugehörigkeiten statt und treten insofern in nur begrenztem Umfang auf, als die professionellen Mitarbeiter weitgehend selbständig und vielfach mit eigenen Kunden oder Klienten arbeiten. In der Adhokratie ist dies anders: Experten verschiedener Berufsrichtungen müssen in multidisziplinären Teams zusammenarbeiten, und aufgrund der organischen Strukturierung entstehen zwangsläufig politische »Machtspiele«, bei denen nur wenige Regeln eingehalten werden. Die Adhokratie verlangt von ihrem Experten, daß er seine individuellen Ziele und professionellen Standards den Erfordernissen der Gruppe unterordnet, trotz der Tatsache, daß er – wie sein Kollege in der Profibürokratie – zumindest potentiell ein ausgeprägter Individualist bleibt.

In Bürokratien, ganz besonders in Maschinenbürokratien, müssen die Führungskräfte viel Zeit aufwenden, um solche Konflikte unter Kontrolle zu halten. Doch in einer Adhokratie darf dies gar nicht erst versucht werden, selbst wenn es möglich wäre. Derartige Bemühungen wären nur dazu angetan, alle Kreativität zu ersticken.

Konflikt und Aggressivität sind notwendige Elemente in der Adhokratie; Aufgabe der Führungskräfte ist es, diese in Produktivität umzusetzen.

Effizienzprobleme

Keine Struktur ist zur Lösung komplexer, schlecht strukturierter Probleme besser geeignet als die Adhokratie. Keine kann sich mit ihr hinsichtlich der Entwicklung hochentwickelter Innovationen messen – allerdings auch nicht hinsichtlich des Preises, der dafür zu zahlen ist. Die Adhokratie ist keine effiziente Struktur.

Sie ist für das einmalige Projekt ideal geeignet, doch für die Abwicklung gewöhnlicher Vorgänge ist die Adhokratie nicht kompetent.

Ihr Ziel sind die außergewöhnlichen Entwicklungen. Die Bürokratien sind ausnahmslos Massenproduzenten; sie erlangen Effizienz durch Standardisierung. Die Adhokratie produziert im Kundenauftrag; sie kann nicht standardisieren – und somit nicht effizient sein.

Ursache derartige adhokratischer Ineffizienz sind vor allem die hohen Kommunikationskosten.

In Adhokratien verbringen die Mitarbeiter viel Zeit mit Reden; nur so erreichen sie ihr Ziel, mit vereinten Kräften und Kenntnissen neue Ideen zu entwickeln. Doch dies braucht Zeit, viel Zeit. Wenn in der Maschinenbürokratie eine Entscheidung zu treffen ist, erläßt jemand von »denen da oben« eine Anordnung, und damit ist die Sache erledigt. Nicht so in der Adhokratie, wo jeder mitredet. Zunächst sind da all die Führungskräfte (funktionale Leiter, Projektmanager und Inhaber von Kontaktpositionen), die es zu befragen gilt. Dann aber auch all die Spezialisten, die ihre Ansichten in der Entscheidung vertreten wissen möchten. Also wird erst einmal eine Besprechung angesetzt, um vorab einen weiteren Besprechungstermin zu vereinbaren und schließlich darüber zu entscheiden, wer an der Entscheidung beteiligt sein soll. Dann erst setzen sich die Beteiligten zusammen und beraten über den Entscheidungsprozeß: Das Problem wird definiert, die Definition zugunsten einer anderen wieder verworfen, Ideen zur Problemlösung werden vorgebracht und diskutiert, es bilden sich vorübergehende Mehrheiten für die eine oder andere Lösung, und schließlich ist es dann so weit, daß ein jeder die jeweils bevorzugte Position hartnäckig verteidigt. Letzten Endes wird eine Entscheidung erreicht, was an sich schon eine Leistung ist, doch meist kommt diese Entscheidung recht spät und wird vermutlich später ohnehin wieder geändert. Dies ist der Preis, den die Erarbeitung kreativer Lösungen für komplexe, schlecht strukturierte Probleme erfordert.

Allerdings sollte auch gesagt sein, daß sich die hohen Kosten einer solchen Entscheidungsfindung bei der Durchführung – zumindest teilweise – wieder bezahlt machen. Eine breite Beteiligung an der Entscheidungsfindung ist die beste Garantie dafür, daß auch die Entscheidung breite Unterstützung findet. Infolgedessen erfolgt der Schritt der Durchführung in der Adhokratie reibungsloser als in der Maschinenbürokratie, bei der die an der Entscheidung nicht beteiligten Mitarbeiter im betrieblichen Kern häufig Widerstand leisten.

Ein weiterer Grund für mangelnde Effizienz in der Adhokratie ist die ungleichmäßige Arbeitsauslastung.

Es ist nahezu unmöglich, das (hochbezahlte) Personal einer Projektstruktur gleichmäßig mit Arbeit zu versorgen: Im Januar spielen die Experten Bridge, weil sie sich irgendwie beschäftigen müssen; im März machen sie Überstunden – und dies ohne die geringste Aussicht, das neue Projekt noch rechtzeitig abschließen zu können.

Gefahren eines unangemessenen Übergangs

Natürlich besteht auch die Möglichkeit, die mit Ambiguität und Ineffizienz verbundenen Probleme durch eine Änderung der Struktur zu lösen. Mitarbeiter, die die Ambiguität ihrer Struktur nicht länger ertragen können, und Kunden, die kein Verständnis für eine ineffiziente Projektabwicklung haben, drängen die Adhokratie zu einer stabileren, bürokratischeren Struktur.

Wie weiter oben ausgeführt, ist dies in einer betrieblichen Adhokratie relativ leicht möglich. Die Organisation wählt einfach die Standardprogramme, die ihr besonders gut liegen, und macht dann damit ihre Geschäfte. Auf diese Weise entwickelt sie sich zu einer Profibürokratie. Oder sie nutzt ihr kreatives Talent ein letztes Mal und sucht sich eine Marktnische, in der sie fortan als Maschinenbürokratie Massenfertigung betreibt.

Doch der Übergang von einer betrieblichen Adhokratie in eine Bürokratie, so leicht er auch zu bewerkstelligen ist, erweist sich nicht immer als angemessen.

Die Organisation war gegründet worden, um Probleme mit Phantasie und guten Einfällen zu lösen, nicht aber, um unterschiedslos Standardverfahren anzuwenden. In vielen Bereichen hat die Gesellschaft ohnehin schon mehr Massenproduzenten als genug; was sie braucht, sind echte Problemlöser. So hat die Gesellschaft kaum Bedarf an einem Labor, das die Modifizierung eines alten Systems vorschlägt, wenn ein gänzlich neues System gefragt ist; sie hat auch keinen Bedarf an einem Beratungsunternehmen, das einem Klienten mit seinem spezifischen, einmaligen Problem eine Standardtechnik »verkauft«; und letzlich hat sie auch keinen Bedarf an einem Mediziner oder einem Universitätswissenschaftler, der jede neue Herausforderung stets nur im Rahmen einer alten Theorie untersucht. Das bürokratische Standardprodukt reicht nicht aus, wenn die Bedingungen nach adhokratischer Kreativität verlangen.

Dies scheint zumindest teilweise die Probleme der Fernsehanstalten zu erklären. Trotz der Notwendigkeit, kreativ sein zu müssen, sind solche Organisationen einem unwiderstehlichen Drang zur Bürokratisierung ausgesetzt: Routinemäßig müssen sie stündlich, allabendlich, pausenlos produzieren. Man möchte meinen, sie tendierten zu profibürokratischen Strukturen, doch die Kommentare von Jay (1970) zu seinen Erfahrungen als BBC-Produzent sowie andere vergleichbare Berichte in der Literatur deuten auf starke maschinenbürokratische Elemente hin. Und die Ergebnisse sind auch das, was man von solchen Strukturen erwartet: stereotype Programmgestaltung, abgestandene, mit Lachkonserven garnierte Witze, schablonenhafte Charakterdarsteller in Fortsetzungsserien, die sich bei sämtlichen Sendern durch nichts unterscheiden, Wiederholung alter Filme. Interessanterweise machen Nachrichten und Sondersendungen eine Ausnahme, und zwar aus Gründen, wie sie in unseren Ausführungen zur Adhokratie bereits genannt worden sind. Die Nachrichtenabteilung ist wie die Zeitung mit einer wahrhaft dynamischen Umwelt konfrontiert. Die Fernsehanstalten können ihre Fortsetzungsserien zwar kontrollieren und damit stabilisieren, ihre Nachrichtensendungen aber nicht. Jeder Tag ist anders, und anders ist somit auch jedes Programm. Sondersendungen – in diesem Fall eine Wahl der Fernsehanstalten – werden immer ad hoc ins Programm aufgenommen und bieten sich daher ebenfalls für den kreativen Ansatz der Adhokratie an. Doch in allen anderen Fällen führt der

Drang zur Routine zu einer Neutralisierung jeglicher Kreativität: Was herauskommt, ist Standardisierung.

Andere Organisationen sehen sich denselben dualen Zwängen ausgesetzt, routinemäßig produzieren zu müssen und dennoch kreativ zu arbeiten. So sehen sich Universitäten und Lehrkrankenhäuser einerseits gezwungen, ihren Studenten und Patienten gerecht zu werden und andererseits kreative Forschung zu betreiben. Entsprechend richten manche Universitäten Forschungszentren ein, um zwischen Forschungsaktivitäten und Lehrverpflichtungen unterscheiden zu können. Diese Zentren ermöglichen es Professoren mit besonders ausgeprägtem Forschungspotential (und häufig schlechten pädagogischen Voraussetzungen), ihren Forschungen ohne Unterbrechung nachgehen zu können. Wo eine solche Differenzierung nicht gegeben ist, riskiert die Organisation den schizophrenen Zustand, ständig zwischen zwei Arten von Strukturen lavieren zu müssen, ohne eindeutig Stellung zu beziehen – zu beiderseitigem Nachteil.

Die administrative Adhokratie handelt sich größere Schwierigkeiten ein, wenn sie dem Drang zur Bürokratisierung nachgibt.

Sie leitet ihre Existenz von der im eigenen Interesse und in der eigenen Industrie wahrgenommenen Innovationstätigkeit ab. Die dynamischen und komplexen Umweltbedingungen, die hochentwickelte Innovationen erforderlich machen, betreffen gewöhnlich die gesamte Industrie. Im Gegensatz zur betrieblichen Adhokratie kann daher die administrative Adhokratie nur in den wenigsten Fällen neue Klienten suchen und dennoch in derselben Industrie verbleiben. So kann es dazu kommen, daß der Übergang zur Maschinenbürokratie – die natürliche Reaktion für eine des ewigen Wandels müde gewordene administrative Adhokratie – die Organisation schließlich in den Untergang führt, indem er ihre Innovationsfähigkeit erstickt.

Wir wollen ein zentrales Thema in all unseren Ausführungen noch einmal aufgreifen:

Im Normalfall kann es die eine, optimale Struktur nicht geben; im Einzelfall mag es sie geben - solange die Gestaltungsparameter intern konsistent sind und zusammen mit den situativen Faktoren eine kohärente Konfiguration bilden.

Wir haben in diesem letzten Teil des Buches fünf solcher Konfigurationen dargestellt; ihre Dimensionen sind in Tabelle 12-1 abschließend zusammengefaßt.

	Einfachstruktur	Maschinenbürokratie	Profibürokratie	Spartenstruktur	Adhokratie
Vorrangiger Koordinationsmechanismus	persönliche Weisung	Standardisierung der Arbeitsprozesse	Standardisierung der Qualifikationen	Standardisierung der Arbeitsprodukte	gegenseitige Abstimmung
Wichtigster Organisationsteil	strategische Spitze	Technostruktur	betrieblicher Kern	Mittellinie	Hilfsstab (mit betrieblichem Kern in betr. Adhokratie)
Gestaltungsparameter:					
Aufgabenspezialisierung	kaum Spezialisierung	**viel horizontale und vertikale Spezialisierung**	**viel horizontale Spezialisierung**	gewisse horizontale und vertikale Spezialisierung (zwischen Sparten und Unternehmensleitung)	**viel horizontale Spezialisierung**
Ausbildung und Indoktrination	kaum Ausbildung und Indoktrination	kaum Ausbildung und Indoktrination	**viel Ausbildung und Indoktrination**	gewisse Ausbildung und und Indoktrination (bei Spartenleitern)	viel Ausbildung
Verhaltensformalisierung	kaum Formalisierung, **organisch**	**viel Formalisierung, bürokratisch**	kaum Formalisierung, **bürokratisch**	viel Formalisierung (innerhalb der Sparten) bürokratisch	kaum Formalisierung, **organisch**
Gruppierung	gewöhnlich funktional	**gewöhnlich funktional**	funktional und marktorientiert	**marktorientiert**	**funktional und marktorientiert**
Größe der Einheiten	groß	groß unten, sonst klein	groß unten, sonst klein	groß (an der Spitze)	**überall klein**
Planungs- und Kontrollsysteme	kaum Planung und Kontrolle	Aktionsplanung	kaum Planung und Kontrolle	**viel Leistungskontrolle**	eingeschränkte Leistungskontrolle (inbes. in adm. Adh.)
Kontaktinstrumente	wenig Kontaktinstrumente	wenig Kontaktinstrumente	Kontaktinstrumente in Administration	wenig Kontaktinstrumente	**überall viel Kontaktinstrumente**
Dezentralisation	**Zentralisation**	**eingeschränkte horizontale Dezentralisation**	**horizontale und vertikale Dezentralisation**	**eingeschränkte vertikale Dezentralisation**	**selektive Dezentralisation**
Funktionen:					
Strategische Spitze	gesamte Verwaltungsarbeit	Anpassung, Koordination von Funktionen, Konfliktlösung	externe Kontakte, Konfliktlösung	strategisches Portefeuille, Leistungskontrolle	externe Kontakte, Konfliktlösung, gleichmäßige Arbeitsauslastung, Projektüberprüfung
Betrieblicher Kern	informelle Arbeit, kaum Ermessensfreiheit	routinemäßige, formalisierte Arbeit, kaum Ermessensfreiheit	qualifizierte, standardisierte Arbeit, viel individuelle Autonomie	Tendenz zur Formalisierung infolge Divisionalisierung	abgetrennt (in adm. Adh.) bzw. verbunden mit Administration zur Durchführung informeller Projektarbeit (in betr. Adh.)

Mittellinie	unbedeutend	ausgebaut und differenziert; Konfliktlösung, Stabskontakte, Unterstützung vertikaler Abläufe	Kontrolliert durch professionelle Mitarbeiter; viel gegenseitige Abstimmung	Formalisierung der Spartenstrategie, Betriebsführung	umfassend, Trennung zum Stab verwischt; Beteiligung an Projektarbeit
Technostruktur	keine	ausgebaut zur Formalisierung der Arbeit	kaum	ausgebaut in Unternehmensleitung zur Leistungskontrolle	klein und mitten in Projektarbeit verwischt
Hilfsstab	klein	oft ausgebaut zur Reduzierung von Unsicherheit	ausgebaut zur Unterstützung der professionellen Mitarbeiter; maschinenbür. Struktur	Trennung zwischen Unternehmensleitung und Sparten	sehr ausgebaut (bes. in admin. Adh.), aber mitten in Projektarbeit verwischt
Hierarchie formaler Autorität	wichtig von oben nach unten	wichtig überall	unwichtig (außer beim Hilfsstab)	wichtig überall	unwichtig
System geregelter Abläufe	unwichtig	wichtig überall	unwichtig (außer beim Hilfsstab)	wichtig überall	unwichtig
Informelle Kommunikationswege	wichtig	unterbunden	wichtig in Administration	geringfügig zwischen Unternehmensleitung und Sparten	wichtig überall
Anordnung von Arbeitskonstellationen	keine	unwichtig, bes. auf unteren Ebenen	geringfügig in Sparten	unwichtig	wichtig überall (bes. in adm. Adhokratie)
Verlauf von Entscheidungsprozessen	von oben nach unten	von oben nach unten	von unten nach oben	aufgeteilt zwischen Unternehmensleitung und Sparten	gemischt, alle Ebenen
Situative Faktoren:					
Alter und Größe	typisch jung und klein (erstes Stadium)	typisch alt und groß (zweites Stadium)	unterschiedlich	typisch alt und sehr groß (drittes Stadium)	typisch jung (op. Adh.)
Technisches System	einfach , nicht-regulativ	regulativ, aber nicht automatisiert, unkompliziert	nicht-regulativ, unkompliziert	aufteilbar, sonst typisch wie Maschinenbürokratie	sehr kompliziert, häufig automatisiert; (in adm. Adh.); nicht-regulativ, unkompliziert (in betr. Adh.)
Umwelt	einfach und dynamisch; manchmal feindselig	einfach und stabil	komplex und stabil	relativ einfach und stabil; diversifizierte Märkte (bes. Produkte und Dienstleistungen)	komplex und dynamisch; manchmal disparat (in adm. Adh.)
Macht	Kontrolle durch Spitzenführungskraft; häufig Unternehmer und Eigentümer in einer Person; nicht zeitgemäß	Kontrolle durch Technostruktur und externe Kontrolle; nicht zeitgemäß	Kontrolle durch professionellen betrieblichen Kern; zeitgemäß	Kontrolle durch Mittellinie; zeitgemäß (bes. in Industrie)	Kontrolle durch Experten; sehr zeitgemäß

* Die wesentlichen Gestaltungsparameter sind durch Fettdruck hervorgehoben.

Anmerkungen

1. Eine Organisation, die ihren bürokratischen betrieblichen Kern kappt, ist nicht zu verwechseln mit einer Organisation, die mit einem Team für Neuentwicklungen eine getrennte, organisch strukturierte Innovationseinheit einrichtet. In einem solchen Fall ist es die innovative Einheit, die von der restlichen, nach wie vor bürokratischen zentralen Administration abgetrennt wird.

2. Dieselben dynamischen Bedingungen treffen auf die Einfachstruktur zu und führen auch zu demselben Ergebnis: Planung ist nicht möglich, und die Formulierung der Strategie kann nicht von ihrer Implementierung getrennt werden. Doch da Innovationen in der Einfachstruktur leichter zu überblicken sind, löst die Einfachstruktur das Problem, indem sie die Kontrolle für beide Vorgänge der strategischen Spitze überträgt. Der »Erste Mann« entwickelt eine allgemeine Richtungsvorstellung – eine vage Strategie – in seinem Kopf und führt diese dann auch aus, wobei er seine Vorstellung je nach Feedback seiner Aktion ständig neu anpaßt. Seine Strategie gibt er aber nicht explizit zu erkennen, denn dies würde seine Flexibilität, jederzeit Änderungen vornehmen zu können, einschränken.

3. In manchen Fällen wurde auch die Mehrfachspartenstruktur mit beiden Gruppierungsformen verwendet, wobei die eine der anderen hierarchisch überlagert war.

4. Die zitierten Sätze sind einer Arbeit entnommen, die dem Autor im Rahmen einer Veranstaltung im November 1972 (Management Policy 276-661) vorgelegt wurde von Alain Berranger und Philip Feldman.

Kapitel 13

Jenseits der FÜNF

Fünf Konfigurationen als System
Die fünf Konfigurationen als ein System von fünf divergierenden Tendenzen in der Organisation
Konfigurationen als Konstellation von reinen Typen
Konfigurationen als Grundlage für die Beschreibung struktureller Mischformen
Konfigurationen als Ausgangsbasis zur Beschreibung struktureller Übergänge

Weiter zur Sechs ... und darüber hinaus

In Kapitel 1 habe ich versprochen, die Frage »Ist die Zahl FÜNF die magische Zahl bei der Gestaltung von Organisationen?« im letzten Kapitel wieder aufzugreifen. Sicher kann der Leser die Antwort inzwischen selbst geben: ja und nein. FÜNF ist die magische Zahl, wenn sie dem Organisationsgestalter hilft, Organisationen effektiver zu strukturieren. Aber zu glauben, die Welt ende mit der FÜNF, ist schlichtweg eine Frage des Mythos – ob es sich nun um fünf Planeten handelt, was wir inzwischen festgestellt haben, oder um fünf Sinne, wie wir zweifellos bald feststellen werden, oder um fünf Konfigurationen aus Organisationsstruktur und Situation.

Daher möchte ich ein abschließendes Kapitel vorlegen, in dem wir über die FÜNF hinausgehen – in zwei Richtungen. Zuerst gehen wir zurück zur Eins, und dann gehen wir weiter zur Sechs und vielleicht noch darüber hinaus. Wir gehen zurück zur Eins, indem wir unsere Konfigurationen zu einem integrierten, theoretischen Rahmen – zu einem FÜNFER-System – kombinieren. Und wir gehen weiter zur Sechs, indem wir noch eine andere Konfiguration einführen, um eine letzte Hypothese zur effektiven Gestaltung von Organisationen zu verdeutlichen.

Fünf Konfigurationen als System

Existieren diese Konfigurationen auch im wirklichen Leben? Diese Fragestellung mutet nach so vielen Buchseiten voller Diskussion und Illustration schon recht merkwürdig an. Und doch ist es wert, eine solche Frage zu stellen, denn sie zwingt uns, die fünf Konfigurationen von der Realität, die zu beschreiben sie vorgeben, noch deutlicher abzugrenzen.

In einem gewissen Sinn können die Konfigurationen gar nicht existieren. Schließlich handelt es sich nur um Worte und Bilder, um Abbilder auf dem Papier, nicht um die Realität selbst. Reale Organisationen sind ungeheuer komplex, weitaus komplexer als irgendeine unserer fünf Konfigurationen auf dem Papier. Insgesamt aber stellen sie eine Theorie dar, und jede Theorie bedeutet notwendigerweise eine Vereinfachung und somit Verzerrung der Realität. Aus diesem Grund wurde der Leser zu Beginn aufgefordert, von der Annahme auszugehen, daß jeder Satz in den letzten fünf Kapiteln (einschließlich dieses Satzes) eine Übertreibung ist.

Doch sollte dies den Leser nicht zu einer Ablehnung der Konfigurationen führen, zumal er nicht zwischen Theorie und Realität, sondern zwischen alternativen Theorien zu wählen hat. Niemand trägt die Realität in seinem Kopf: Kein Kopf ist so groß, als daß er die Realität fassen könnte. Vielmehr tragen wir Gedanken, Impressionen und Überzeugungen hinsichtlich der Realität, auch Realitätsmaßstäbe, die wir als Fakten bezeichnen, in uns. Doch all dies kann uns nichts nutzen, solange wir nicht irgendeine Ordnung schaffen, so wie eine Bibliothek nutzlos ist, solange die Bücher nicht katalogisiert sind. Daher, und dies ist sehr wichtig, tragen wir faßbare Vereinfachungen – Konzepte, Modelle, Theorien – in unseren Köpfen, die es uns ermöglichen, unsere Daten und Erfahrungen zu katalogisieren. Folglich ist auch die Wahl des Lesers reduziert auf die Wahl alternativer Katalogisierungssysteme beziehungsweise alternativer Theorien.

Der Leser mag den Theorien vertrauen, die er sich aufgrund eigener Erfahrungen selbst zurechtlegt, oder er trifft seine Auswahl aus Theorien, wie sie beispielsweise im vorliegenden Buch angeboten werden; letztere basieren auf den Erfahrungen von Organisationen, wie sie in der Forschung wiedergegeben sind (und auf den eigenen Erfahrungen des Autors). Noch realistischer ist es, wenn der Leser seine Auswahl trifft, um sich seine eigenen Modelle von der Realität aufzubauen. Seine Theoriewahl basiert gewöhnlich auf zwei Kriterien:
(1) Wie ergiebig ist die Beschreibung – d.h., wie überzeugend wird die Realität wiedergegeben (oder umgekehrt – wie wenig wird die Realität bei der Wiedergabe verzerrt)?
(2) Wie einfach ist sie zu verstehen?
Die nützlichsten Theorien sind einfach in der Darstellung und überzeugend in der Anwendung – wie $E = mc^2$.

Wenn ich erreicht habe, was ich erreichen wollte, so existieren die Konfigurationen in einem anderen Sinn eben doch: in der Vorstellung des Lesers. Alles Wissen existiert in der Vorstellung. Die klassischen Strukturprinzipien existierten, weil die Menschen von ihnen überzeugt waren und sie Teil ihrer Realität werden ließen. Genauso existiert auch das Konzept der informellen Struktur oder das Konzept der situativen Randbedingungen. Desgleichen werden die fünf Konfigurationen existieren, sollten sie sich insgesamt als eine einfache und überzeugende Theorie erweisen, die in mancher Hinsicht nützlicher ist als andere derzeit verfügbare Theorien.

Um der Theorie der Konfigurationen eine kleine Starthilfe in dieser Richtung zu verschaffen, wollen wir in unserem letzten Kapitel einige potentielle Anwendungen erörtern. Als erstes stellen wir die Theorie als ein System von fünf divergierenden Tendenzen dar, wie sie in fast jeder Organisation vorhanden sind; zweitens betrachten wir sie als Konfiguration von fünf reinen Typen, mit denen die Strukturen und Situationen vieler Organisationen zu charakterisieren sind; drittens verwenden wir die Theorie als Grundlage für die Beschreibung von Mischstrukturen; und viertens dient sie uns als Ausgangsbasis für die Darstellung von Übergängen von der einen aus Struktur und Situation gebildeten Konfiguration zur anderen. Abbildung 13-1 versucht, diese vier Systemansätze graphisch zu erfassen: Sie stellt die fünf Konfigurationen symbolisch als ein Pentagon dar, in dessen Realitätsgrenzen reale Strukturen und Situationen wiederzufinden sind.

Die Konfigurationen sind jeweils als Knoten dargestellt, die eine Anziehungskraft auf reale Organisationen ausüben. Die Einfachstruktur, für viele Organisationen das erste Entwicklungsstadium, steht ganz oben. Auf der nächsten Ebene sind seitlich die beiden Bürokratien angeordnet – die Maschinenbürokratie zur Linken und die Profibürokratie zur Rechten. Auf der dritten und untersten Ebene sind die beiden kompliziertesten Konfigurationen aufgeführt – links die Spartenstruktur und rechts die Adhokratie. Einige reale Organisationen sind in der Nähe des einen oder anderen Knotens angesiedelt und kommen damit dem reinen Strukturtyp nahe, andere sind als Mischformen – vielleicht im Übergang vom einen »Idealtypus« zum anderen – eher zwischen den Knoten zu lokalisieren.

Die fünf Konfigurationen als ein System von fünf divergierenden Tendenzen in der Organisation

Wie in Kapitel 7 ausgeführt, stellen die Konfigurationen fünf Kräfte dar, die eine Organisation in fünf verschiedene Richtungen treiben.

Diese Triebkräfte sind im Pentagon wiedergegeben und sollen im folgenden noch einmal aufgelistet werden:

- Erstens drängt die strategische Spitze zur Zentralisierung und zur Koordinierung durch persönliche Weisung; damit tendiert die Organisation zur Strukturierung als Einfachstruktur.
- Zweitens drängt die Technostruktur zur Koordinierung durch Standardisierung (insbesondere der Arbeitsprozesse als der straffesten Form von Standardisierung), um ihren Einfluß zu erhöhen; damit tendiert die Organisation zur Strukturierung als Maschinenbürokratie.
- Drittens drängen die betrieblichen Mitarbeiter zur Professionalisierung und zur Koordinierung durch Standardisierung der Qualifikationen, um ihre Autonomie zu maximieren; damit tendiert die Organisation zur Strukturierung als Profibürokratie.
- Viertens drängen die mittleren Führungskräfte zur »Balkanisierung«, um Autonomie zur Leitung ihrer eigenen Einheiten zu erlangen, wobei die Koordinierung auf die Standardisierung der Arbeitsprodukte beschränkt ist; damit tendiert die Organisation zur Spartenstruktur.
- Fünftens drängt der Hilfsstab (und im Fall der betrieblichen Adhokratie auch der betriebliche Kern) zur Zusammenarbeit (und Innovation) in der Entscheidungsfindung und zur Koordination durch gegenseitige Abstimmung; damit tendiert die Organisation zur Strukturierung als Adhokratie.

Fast jede Organisation ist allen fünf Tendenzen in der einen oder anderen Form ausgesetzt. Betrachten wir beispielsweise den Fall der Theatergesellschaft, wie er von

Goodman und Goodman beschrieben wird (1972, S. 104). Die Autoren schildern den Besitzerstolz, den die Direktoren zu erkennen geben, auch ihre Macht, »bis zu einem gewissen Umfang ein Stück nach ihren Vorstellungen formen«, die Besetzung für die Aufführung des Stückes selbst bestimmen und sogar die kreativen Beiträge der Schauspieler einschränken zu können. All dies sind Tendenzen, die zunächst zur Einfachstruktur drängen. Doch stellen wir uns ein paar solcher Direktoren in ein und derselben Organisation vor, und schon verspüren wir eine Tendenz zur Spartenstruktur, in der jeder von ihnen die eigene Autonomie maximieren kann. Einer der Direktoren hielt sich an »ein detailliertes Manuskript, das er selbst zusammenstellte und bei der Produktion einer großangelegten Musical-Komödie verwendete«. Dieses Manuskript bedeutete einen Schritt in die Richtung einer Maschinenbürokratie. Manchmal jedoch – beispielsweise beim experimentellen Theater – »verliert sich die Fähigkeit zu detaillierter Planung«, der Direktor »weiß selbst nicht so recht, was er eigentlich will«, und entsprechend häufig werden Kürzungen und Ergänzungen vorgenommen. Damit ist eine Tendenz zur Adhokratie gegeben. Die Mitglieder von Theatergesellschaften sind im allgemeinen professionell ausgerichtet und arbeiten weitgehend selbständig: Der »Choreograph gestaltet gewöhnlich eine Tanzfolge im Einklang mit einer bereits komponierten Musik und unter Ausnutzung einer vorgegebenen Räumlichkeit. Die drei Beteiligten brauchen sich niemals zu sehen oder zu sprechen und arbeiten häufig an ganz verschiedenen Orten ...« (Goodman/Goodman 1972, S. 496). Diese Tendenz deutet in Richtung einer Profibürokratie.

Welche Struktur die Organisation tatsächlich annimmt, hängt großenteils davon ab, wie stark diese divergierenden Tendenzen ausgeprägt sind. Wie wir weiter unten noch sehen werden, neigt die Organisation bei einer dominierenden Tendenz zu einem der reinen Konfigurationstypen und ist entsprechend dicht am Knoten des Pentagons in Abbildung 13-1 dargestellt. Wirken zwei oder mehr Kräfte etwa gleich stark auf die Organisation ein, so ist eine »Mischform« aus unseren Konfigurationen zu erwarten. Und löst eine dieser Kräfte eine andere als dominante Triebkraft ab, können wir die Organisation im Übergang von der einen Konfiguration zur anderen beschreiben.

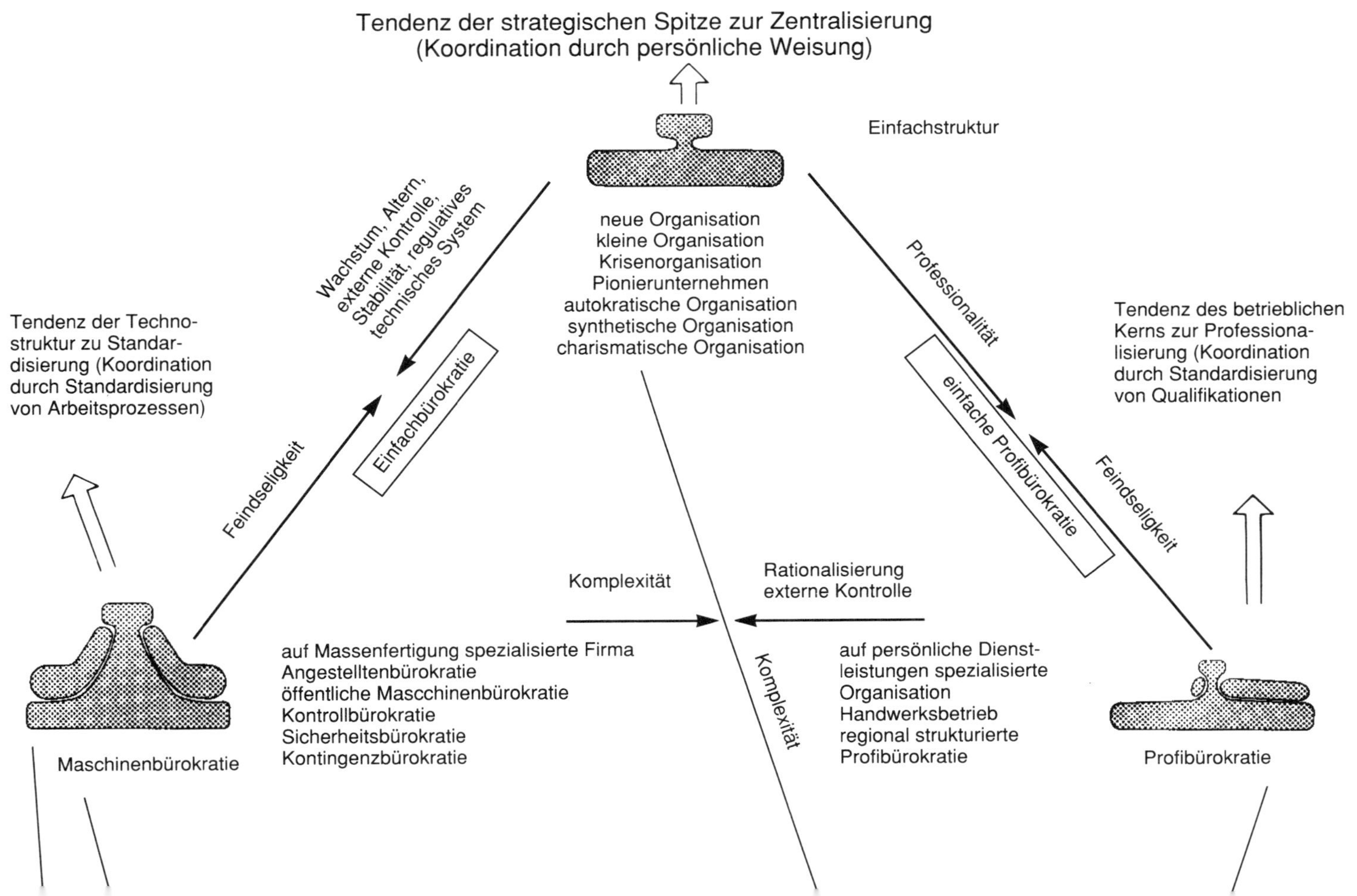
Tendenz der strategischen Spitze zur Zentralisierung
(Koordination durch persönliche Weisung)
Einfachstruktur
neue Organisation
kleine Organisation
Krisenorganisation
Pionierunternehmen
autokratische Organisation
synthetische Organisation
charismatische Organisation
Wachstum, Altern, externe Kontrolle, Stabilität, regulatives technisches System
Einfachbürokratie
Feindseligkeit
Tendenz der Techno-
struktur zu Standar-
disierung (Koordination
durch Standardisierung
von Arbeitsprozessen)
Professionalität
einfache Profibürokratie
Feindseligkeit
Tendenz des betrieblichen
Kerns zur Professiona-
lisierung (Koordination
durch Standardisierung
von Qualifikationen
Komplexität
Rationalisierung
externe Kontrolle
Komplexität
auf Massenfertigung spezialisierte Firma
Angestelltenbürokratie
öffentliche Masschinenbürokratie
Kontrollbürokratie
Sicherheitsbürokratie
Kontingenzbürokratie
Maschinenbürokratie
auf persönliche Dienst-
leistungen spezialisierte
Organisation
Handwerksbetrieb
regional strukturierte
Profibürokratie
Profibürokratie

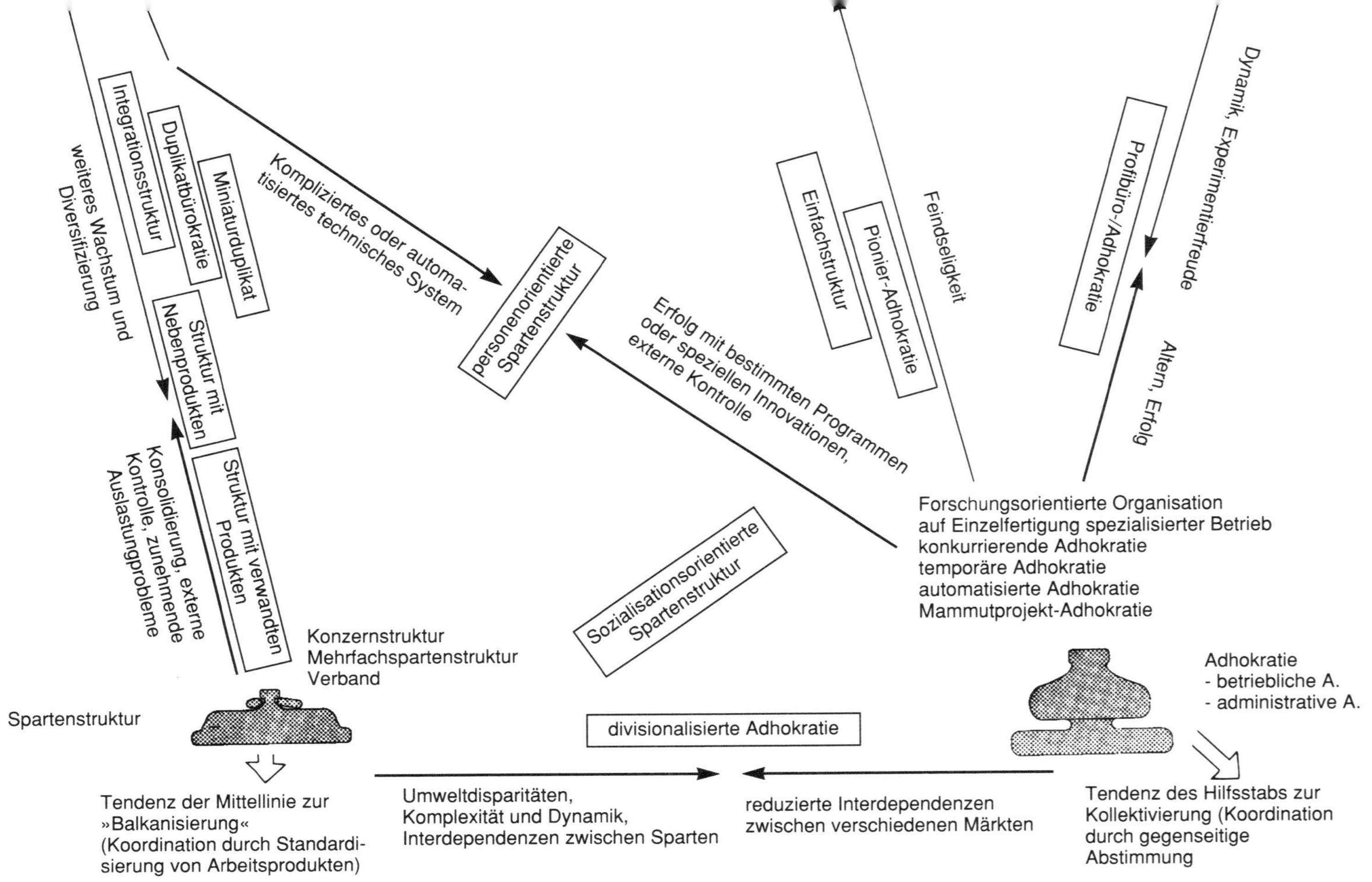

Abb. 13-1: Das Pentagon

Konfigurationen als Konstellation von reinen Typen

Bei dieser zweiten Anwendung des Systems werden die fünf Konfigurationen als Rahmen oder Typologie von reinen Typen aufgefaßt, wobei jeder Typ die grundlegende Organisationsstruktur und ihre Situation beschreibt.

Unsere Beispiele in diesem Abschnitt sollen verdeutlichen, daß in sehr vielen Organisationen eine der fünf Tendenzen ganz besonders stark ausgeprägt ist, so daß die Gestaltung der jeweiligen Organisationsstruktur der entsprechenden Konfiguration sehr nahe kommt. Keine Struktur paßt genau zu einer der fünf Konfigurationen, aber einige sind doch bemerkenswert ähnlich – wie das kleine Pionierunternehmen, das vom »Ersten Mann« an der Spitze fast wie eine reine Einfachstruktur kontrolliert wird, oder der Mischkonzern, der nahezu alle Merkmale der reinen Spartenstruktur aufweist.

In den vorangegangenen fünf Kapiteln haben wir für jeden der reinen Typen eine Reihe von Beispielen und Varianten erörtert. Sie alle sind in unserem Pentagon in Abbildung 13-1 nahe bei den entsprechenden Konfigurationen aufgeführt. Es gibt ihrer so viele, daß eine Betrachtung der Konfigurationen als Typologie von reinen Typen gerechtfertigt erscheint.

Unterstützt wird das Konzept von den reinen Typen auch von der Konfigurationshypothese, wie sie in Kapitel 6 eingeführt wurde: Effektive Strukturierung setzt interne Konsistenz unter den Gestaltungsparametern voraus. Mit anderen Worten:

Die Organisation wird auf ihrer Suche nach struktureller Harmonie häufig zu einer der Konfigurationen getrieben.

Zwar mögen auch Tendenzen zu anderen Konfigurationen vorhanden sein, doch häufig ist eine von ihnen vorrangig: Konsistentes und selektives Vorgehen ist besser als umfassendes und dabei halbherziges Vorgehen. Wir haben in der erweiterten Konfigurationshypothese in Kapitel 6 und auch bei vielen Beispielen in den letzten fünf Kapiteln erkennen können, daß sich diese Suche nach Harmonie und Konsistenz auch auf die situativen Faktoren erstreckt: Die Organisation mit einer integrierten Struktur zeigt auch deutliche Präferenzen im Hinblick auf situative Randbedingungen, die wie die Umwelt, das technische System, die Größe und selbst das Alter sowie das Machtsystem mit dieser Struktur im Einklang stehen.

So stellen wir zuweilen fest, daß verschiedene Organisationen in ein und derselben Industrie verschiedene Konfigurationen bevorzugen – je nachdem, auf welche Kräfte (und Industriesegmente) sie reagieren. So entscheidet sich beispielsweise eine Theatergesellschaft mit einem willensstarken Direktor für eine Einfachstruktur (oder mit vielen solcher Führungskräfte für eine Spartenstruktur), eine andere hingegen für eine Maschinenbürokratie, weil sie Musicals nach festen Manuskriptvorgaben produzieren will, wieder eine andere für die Profibürokratie, um ihre Shakespeare-Aufführungen Jahr für Jahr zu perfektionieren, und schließlich eine vierte für die Adhokratie, um experimentelle Stücke auf die Bühne zu bringen. In ähnlicher Weise kann sich ein Restaurant für eine Einfachstruktur, eine Maschinenbürokratie, eine Spartenstruktur oder eine Profibürokratie entscheiden – je nachdem, ob der Betrieb ein kleines Wirtshaus »Zum fettigen Löffel« bleiben will, durch einfache, grundlegende Standardangebote wie Steak- und Hummer-Gerichte oder vielleicht auch durch Lizenzvertretungen eine betriebliche Erweiterung anstrebt oder sich durch Einstellung hochqualifizierter Chefköche zu einem Feinschmeckerlokal mausern will, in dem schwierig zuzubereitende, aber in hohem Maß standardisierte Gerichte serviert werden. (Sollte sich ein Restaurant wie eine Adhokratie strukturieren und mit jedem Gericht etwas Neues ausprobieren wollen, wird es kaum genügend Gäste haben, um überleben zu können!)

Konfigurationen als Grundlage für die Beschreibung struktureller Mischformen

Die dritte Anwendung des Systems ist die Darstellung der fünf Konfigurationen als Grundlage für die Beschreibung struktureller Mischformen.

Wir haben bei unseren Ausführungen gesehen, daß nicht alle Organisationen in der Gestaltung ihrer Strukturen Konsistenz in unserem Sinne wahren. Vielmehr entscheiden sie sich für Mischstrukturen, die Merkmale von mehr als einer Konfiguration aufweisen.

Einige der Mischstrukturen, denen wir bei unseren Ausführungen begegnet sind, scheinen dysfunktional zu sein:

Sie deuten darauf hin, daß sich Organisationen nicht entschließen können beziehungsweise auf der Suche nach der einen optimalen Lösung schließlich mit vielen schlechten Kompromissen leben müssen. Dies ist der Fall, wenn eine Organisation einerseits ihren mittleren Führungskräften wie in einer Spartenstruktur Autonomie bei gleichzeitiger Leistungskontrolle gewährt, andererseits aber diese Autonomie durch die maschinenbürokratische Vorgabe von Regeln und Vorschriften wieder zunichte macht. Oder eine in hohem Maß regulative Maschinenbürokratie meint, sie könne ihren betrieblichen Mitarbeitern wie in einer Profibürokratie Autonomie am Arbeitsplatz zugestehen, indem sie ein allzu ehrgeiziges Programm zur Steigerung der Qualität des Arbeitslebens realisieren will. Die daraus entstehende Verwirrung kann dazu führen, daß die Organisation letztlich weniger effektiv ist als der reine Strukturtyp mit den ihm eigenen Grenzen.

In manchen Fällen haben Organisationen aber auch keine andere Wahl: Gegensätzliche situative Faktoren, über die sie keine Kontrolle haben, zwingen sie zur Annahme dysfunktionaler Mischstrukturen. Wir haben Beispiele hierfür in Schulsystemen, Polizeiverwaltungen und anderen Organisationen mit qualifizierten betrieblichen Mitarbeitern gesehen, die offensichtlich am besten profibürokratisch strukturiert würden, aber dennoch durch eine konzentrierte externe Kontrollinstanz (gewöhnlich staatlicher Provenienz) gezwungen sind, bestimmte Merkmale der Maschinenbürokratie anzunehmen – mit nachteiligen Auswirkungen auf ihre Leistung.

Doch andere Mischstrukturen erscheinen auch völlig logisch und sind dann ein Hinweis darauf, daß eine gleichzeitige Reaktion auf mehr als eine Kraft geboten erscheint.

Ein Beispiel hierfür ist das Symphonieorchester aus Kapitel 10 – eine einfache Profibürokratie, die hochqualifizierte Musiker beschäftigt und bei ihren musikalischen Darbietungen weitgehend auf deren standardisierte Qualifikationen angewiesen ist, aber dennoch einer starken, zuweilen sogar autokratischen Führungspersönlichkeit bedarf, die alle Musiker zu einer koordinierten Einheit verbindet. Oder erinnern wir uns an das in Kapitel 11 erörterte Unternehmen mit verwandten Produkten, das divisionalisieren muß, gleichzeitig aber auch wie in einer funktionalen Maschinenbürokratie gewisse entscheidende Funktionen an der strategischen Spitze koordinieren muß. Auch die Pionier-Adhokratie aus Kapitel 12 ist ein Beispiel: Der Mann an der Spitze ist selbst Experte auf seinem Gebiet und behält sich eine Art zentraler Kontrolle vor, obgleich multidisziplinäre Projektteams zum Einsatz kommen. Alle Mischstrukturen, die wir in den letzten fünf Kapiteln beschrieben haben, sind in unserem Pentagon in Abbildung 13-1 jeweils zwischen den beiden Konfigurationen dargestellt, deren Merkmale jeweils übernommen worden sind.

An den Mischstrukturen in Abbildung 13-1 sind immer nur zwei Konfigurationen beteiligt. Doch nichts spricht dagegen, daß nicht auch eine Kombination der Merkmale von drei oder mehr Konfigurationen möglich wäre. So hat eine Studentengruppe der McGill University in Montreal ein effektives, kirchlich geleitetes Pflegeheim beschrieben, das von der Spitzenführungskraft – der »Top-Nonne«, wie die Studenten sie bezeichneten – straff kontrolliert wurde, zugleich aber auch nach eigenen Arbeitsvorschriften arbeitete und von den Qualifikationen ihres medizinischen Personals abhängig war. Insgesamt ergab dies eine Mischstruktur aus Einfachstruktur, Maschinenbürokratie und Profibürokratie. Eine andere Studentengruppe beschrieb die Tochtergesellschaft einer japanischen Handelsorganisation als »eine divisionalisierte Profimaschinenadhokratie«. (Die Studenten haben es sich keineswegs leicht gemacht!)

Wird die Theorie durch die Existenz solcher Mischstrukturen widerlegt? Eines steht fest: Je häufiger Mischstrukturen auftreten, desto eher sollten diese als die reinen Typen und die Konfigurationen als die Mischstrukturen bezeichnet werden. Doch die Anwesenheit von Mischstrukturen bedeutet dennoch keine Negierung der Typologie. Es gibt immer eine Grauzone zwischen Schwarz und Weiß. Die Theorie bleibt sinnvoll, solange sie uns hilft, eine große Vielzahl von Strukturen – auch Mischstrukturen – zu beschreiben. Wichtig ist nicht, daß die Theorie immer realitätsgetreu ist, sondern daß sie uns zu einem Verständnis der Realität verhilft. Nichts anderes ist ihre Aufgabe. Wenn wir die japanische Handelsorganisation treffender beschreiben können, indem wir Bezeichnungen wie Adhokratie, Maschine, professionell und divisionalisiert verwenden, dann hat uns die Theorie einen guten Dienst erwiesen. Letztlich ermöglicht uns erst die Festlegung der Knoten die Darstellung des gesamten Pentagons.

Bisher haben wir die Mischstrukturen ausschließlich als eine für die gesamte Organisation gültige Kombination von Gestaltungsparametern aus verschiedenen Konfigurationen beschrieben.

Doch es gibt auch noch eine andere Art von Mischstruktur, bei der in verschiedenen Teilen der Organisation unterschiedliche Konfigurationen verwendet werden.

In solchen Mischstrukturen kann Konsistenz in der Struktur der einzelnen Teile, nicht aber in der gesamten Organisation vorliegen. Wir haben ein Beispiel hierfür kennengelernt, als wir den Zeitungsverlag mit seiner adhokratisch strukturierten Redaktionsfunktion und seiner maschinenbürokratisch strukturierten Druckereifunktion erörterten.

Steht nun dieses Konzept von verschiedenen Strukturen in verschiedenen Teilen der Organisation im Widerspruch zu unserer zentralen Aussage in den letzten fünf Kapiteln, Organisationen ließen sich einheitlich im Rahmen einzelner Konfigurationen beschreiben? Nicht unbedingt. Es gibt Kräfte, die viele Organisationen veranlassen, eine Konfiguration in ihrer Gesamtheit zu bevorzugen. Doch gibt es immer auch organisatorische Kräfte, die zu verschiedenen Strukturen an verschiedenen Stellen in der Organisation drängen. (Dieser Aspekt ist in den Kapiteln 2 bis 5 jeweils in den abschließenden Ausführungen zur Bedeutung der Gestaltungsparameter in den verschiedenen Teilen der Organisation angesprochen worden.) Jeder Organisationsteil strebt die Struktur an, die seinen besonderen Bedürfnissen am besten Rechnung trägt, sieht sich aber gleichzeitig mit der Notwendigkeit einer Anpassung an die – für die Organisation insgesamt – angemessene Struktur konfrontiert; letztlich kommt dann eine Art Kompromiß zustande. Die Kantinenbetriebe bei der NASA sind zweifellos bürokratisch geführt, aber könnten sie nicht weitaus organischer strukturiert sein als die meisten anderen Bürokratien? Zweifellos bevorzugen die Forschungslabors bei

General Motors eine adhokratische Struktur, aber vermutlich sind sie letztlich bürokratischer als die Labors bei der NASA. So mag die Theorie zwar ein angemessenes Werkzeug zur Beschreibung einer Organisation im Sinne eines reinen Typs sein, aber diese Beschreibung ist immer als eine Vereinfachung aufzufassen, auf die eine tiefergehende Sondierung der Strukturen in den einzelnen Bestandteilen folgen sollte.

So haben wir in Kapitel 10 festgestellt, daß die Profibürokratie von allen Konfigurationen am besten geeignet war, die gesamte Struktur des allgemeinen Krankenhauses zu beschreiben. Wir haben aber auch darauf hingewiesen, daß der Hilfsstab zu einer eher maschinenbürokratischen Strukturierung tendierte. Und in Kapitel 12 haben wir gezeigt, daß die Forschungsfunktion am besten adhokratisch strukturiert würde. Die Profibürokratie betraf im wesentlichen die klinische Mission als die wichtigste Funktion. Aber bei näherem Hinsehen stellen wir zahlreiche Interdependenzen fest, die eine unterschiedliche Handhabung der Gestaltungsparameter zur Folge haben. Krankenhäuser weisen unglaublich komplexe Strukturen auf; um diese wirklich verstehen zu können, müssen wir alle Bestandteile genau untersuchen – den Aufgabenbereich des Hausmeisters, die Forschung, die klinische Medizin, die Geburtshilfe und die Radiologie, die Chirurgie und die plastische Chirurgie, die kardiovaskuläre Chirurgie, die Thorakochirurgie.

Wieder bestätigt sich, daß die fünf Konfigurationen nicht als fünf einander ausschließende Systeme, sondern vielmehr als ein integrierter Bezugsrahmen, als eine Theorie, aufzufassen sind – als ein Pentagon, das uns dabei helfen soll, komplexe Organisationen in der realen Welt zu verstehen und zu gestalten.

Konfigurationen als Ausgangsbasis zur Beschreibung struktureller Übergänge

Das System der Konfigurationen kann auch zugrunde gelegt werden, um uns verstehen zu helfen, wie und warum Organisationen Übergänge von einer Struktur zur anderen vornehmen.

Bei unseren Ausführungen der letzten fünf Kapitel sind solche Übergänge immer wieder angesprochen worden – Übergänge von der Einfachstruktur zur Maschinenbürokratie, wenn eine Organisation älter und größer wird, oder auch Übergänge von einer betrieblichen Adhokratie zur Profibürokratie, wenn eine Organisation innovationsmüde geworden ist und sich fest etablieren möchte. Alle Faktoren, die in den letzten Kapiteln als auslösende Momente für solche Übergänge von einer Konfiguration zur anderen erörtert wurden, sind in unserem Pentagon mit Pfeilen zwischen den betroffenen Konfigurationen dargestellt.

Zwei große Strukturmuster zeichnen sich bei solchen Übergängen ab, die beide im Zusammenhang mit den Stadien der strukturellen Entwicklung von Organisationen zu sehen sind. Das erste Muster trifft auf Organisationen zu, die mit einfachen Umweltbedingungen beginnen; es ist in erster Linie links im Pentagon zu finden, von oben angefangen.

Die meisten Organisationen beginnen ihre Existenz mit einer Struktur, die der Einfachstruktur nahekommt. Mit zunehmendem Alter, Wachstum und vielleicht auch in Anbetracht einer später hinzugekommenen externen Kontrollinstanz tendieren sie zur Formalisierung ihrer Verhaltensweisen und vollziehen schließlich einen ersten Übergang zur Maschinenbürokratie. Wenn solche Organisationen weiter wachsen, tendieren sie schließlich zur Diversifizierung und entschließen sich zu einem zweiten, spartenstrukturellen Übergang: Sie verbleiben entweder auf »halbem Weg« bei einer der Mischformen – zum Beispiel bei der Struktur mit Nebenprodukten oder bei der Struktur mit verwandten Produkten – oder entwickeln sich weiter bis hin zur reinen Spartenstruktur. Doch wie wir in Kapitel 11 festgestellt haben, könnte sich die Spartenstruktur als so instabil erweisen, daß ein weiterer Übergang geboten erscheint. In Anbetracht ihrer divisionalen Interdependenzen hat die Organisation dann nur die beiden Möglichkeiten, sich entweder zurück zur Maschinenbürokratie zu konsolidieren oder eine neue Mischstruktur in Richtung Adhokratie anzunehmen.

Natürlich können noch verschiedene andere Faktoren hinzukommen, die diese Abfolge verändern. Sollte die neue Organisation mit komplexeren Umweltbedingungen oder einem komplizierteren technischen System konfrontiert werden, sieht sie sich nicht mehr zur Maschinenbürokratie, sondern zur Adhokratie hingezogen. Und wenn die Umweltbedingungen einer maschinenbürokratisch strukturierten Organisation komplexer werden und an Stabilität verlieren, weil vielleicht verstärkter Produktwettbewerb entstanden ist oder die Organisation ein komplizierteres oder gar automatisiertes technisches System einsetzen muß, entwickelt sich auch diese Organisation zur Adhokratie. Sollten hingegen Organisationen in fortgeschritteneren Entwicklungsstadien plötzlich mit einer feindseligen Umwelt konfrontiert werden, kehren sie vorübergehend zur Einfachstruktur zurück. Gewinnt statt dessen eine externe Kontrollinstanz starken Einfluß, erfolgt ein Übergang zurück zur Maschinenbürokratie.

Das zweite Übergangsmuster betrifft Organisationen, die von Anfang an unter komplexen Umweltbedingungen tätig sind. Dieses Muster beginnt unten rechts in unserem Pentagon und verläuft nach links oben.

In diesem Fall nehmen Organisationen schon kurz nach ihrer Gründung adhokratische Strukturen an, stets darauf bedacht, für weitreichende Kontingenzen innovative Lösungen zu entwickeln. Manchmal verharren sie dort unter ihren komplexen, dynamischen Umweltbedingungen. Doch viele möchten ausbrechen, was ihnen in einigen Fällen auch gelingt. Mit zunehmendem Alter werden selbst adhokratische Organisationen konservativer. Auf ihrer Suche nach Stabilität bahnt sich ein Übergang zur Bürokratie an. Manche Organisationen konzentrieren sich auf einige wenige, fachlich besonders gut abgedeckte Kontingenzen und entscheiden sich für eine profibürokratische Strukturierung. Andere richten ihre gesamte Aktivität auf einzelne, einfache Kontingenzen aus und entwickeln sich zu Maschinenbürokratien.

Natürlich beginnen einige Organisationen auch mit der profibürokratischen Struktur, indem sie dem Vorbild anderer etablierter, professioneller Organisationen nacheifern. Sie behalten diese Strukturen häufig während ihrer gesamten Existenz bei, sofern nicht eine Rationalisierung der professionellen Aufgaben oder eine externe Kontrollinstanz schließlich einen Übergang zur Maschinenbürokratie nahelegen oder der Wunsch nach größerer Experimentierfreiheit auf seiten der betrieblichen Mitarbeiter – vielleicht infolge einer neuen dynamischen Entwicklung in der Umwelt – eine adhokratische Ausrichtung erforderlich macht.

Es sollte darauf hingewiesen werden, daß strukturelle Übergänge häufig erst geraume Zeit nach den auslösenden neuen Bedingungen erfolgen.

Ein struktureller Wandel ist immer mit Schwierigkeiten verbunden, zumal er größere Neuorientierungen in etablierten Verhaltensmustern erforderlich macht. Folglich besteht eine gewisse Tendenz, sich einem solchen Wandel zu widersetzen. Dieser Widerstand erklärt viele der strukturellen Dysfunktionen, wie wir sie beispielsweise beim Unternehmer finden, der an einer Einfachstruktur festhält, obgleich seine Organisation dafür zu groß geworden ist, oder auch bei der Organisation, die ihre Formalisierung beibehält, obgleich in Anbetracht ihrer inzwischen komplex und dynamisch gewordenen Umwelt eine adhokratisch ausgerichtete Struktur angemessener wäre. Die Strukturen solcher Organisationen mögen intern konsistent sein, doch die Bedingungen, die sie zunächst stützten, haben sich überlebt.

Wenn schließlich ein struktureller Wandel als unvermeidlich erkannt worden ist, nimmt die Organisation den Übergang anfänglich vielleicht nur in kleinen Schritten vor, um die Auswirkungen zu mildern. Wir haben dies im Fall der Maschinenbürokratie gesehen, die Schritt für Schritt – über eine Struktur mit Nebenprodukten und die schon stärker divisionalisierte Struktur mit verwandten Produkten – bis hin zur reinen Spartenstruktur diversifizierte. Doch einige Organisationen vollziehen den Übergang niemals ganz bis zum Ende; sie bleiben auf einer Zwischenstufe stehen, weil sie sich mit anderen, entgegengesetzten Kräften konfrontiert sehen. Die neuen Kräfte lassen einen Wandel geboten erscheinen, die alten Kräfte drängen auf Beibehaltung der derzeitigen Struktur. So bleiben manche Unternehmen auf Dauer eine Mischstruktur mit Nebenprodukten oder verwandten Produkten: Sie haben zwar eine Diversifizierung vorgenommen, aber zwischen ihren Produktprogrammen bestehen immer noch Interdependenzen. Doch wenn solche Kräfte eindeutig einen Wandel erforderlich machen, sollte der Übergang schnell und entschieden vollzogen werden. Ein Schwanken zwischen zwei Konfigurationen – zwischen der alten, etablierten, aber nicht mehr angemessenen einerseits und der neuen, unsicheren, aber notwendigen andererseits – führt zu einer Form organisatorischer Schizophrenie, die besonders großen Schaden anrichtet.

Wir haben in diesem Abschnitt eine Reihe von Anwendungen erörtert, die unsere fünf Konfigurationen als System oder Theorie zulassen. Insgesamt helfen sie uns zu verstehen, wie Organisationen gestaltet werden können, um Effektivität zu erzielen. Doch weder diese Konfigurationen noch unser Pentagon, das sie als einheitliches System darstellt, können unsere Realität vollständig erfassen – weder im Hinblick auf die organisatorischen Gestaltungsmöglichkeiten noch im Hinblick auf die Mittel zur Erzielung organisatorischer Effektivität.

Weiter zur Sechs ... und darüber hinaus

Gibt es eine sechste Konfiguration? Der Regenbogen hat nach wie vor nur fünf Farben.[1] Aber bei den Planeten hat sich immerhin herausgestellt, daß es mehr als fünf sind. Zudem werden wir uns in Kürze anschicken, einen sechsten Sinn auszumachen. Warum also nicht auch eine sechste Konfiguration? Natürlich nur so lange, wie sie die Harmonie unserer Theorie nicht stört: Sie muß einen eigenen, einmaligen Koordinationsmechanismus und einen neuen, sechsten Organisationsteil aufweisen, der besonders wichtig ist.

In der Tat haben wir einen Kandidaten für diese sechste Konfiguration, der wie alle anderen wiederholt im vorliegenden Buch vorgekommen ist: Er tauchte im Zusammenhang mit der Sozialisation und Indoktrination in Kapitel 2 auf, verlor sich dann in gewisser Weise in der Profibürokratie in Kapitel 10; auch war kurz die Rede von ihm, als wir in Kapitel 5 die Demokratie der freiwilligen Organisation ansprachen; an verschiedenen Stellen fand er im Zusammenhang mit Loyalität und Identifizierung mit der Organisation Erwähnung; und eines seiner wichtigsten Merkmale – die charismatische Führung – wurde im Zusammenhang mit der Einfachstruktur in Kapitel 8 erörtert. Zudem ist die Arbeit in einer Organisation, wie wir sie bei unserem Kandidaten vorfinden, oft einfach und routinemäßig wie in einer Maschinenbürokratie; die Mitarbeiter sind häufig in quasi-autonomen Zellen oder Enklaven wie in der Spartenstruktur tätig und stets bereit, miteinander zu kooperieren wie die Mitarbeiter in der Adhokratie. Eine Mischung aus allen fünf Konfigurationen ist ganz offensichtlich ein Anlaß, eine sechste Konfiguration einzuführen.

Die Konfiguration der Missionsstruktur hat ihren eigenen vorrangigen Koordinationsmechanismus – die Sozialisation beziehungsweise die Standardisierung von Normen – und einen entsprechenden wesentlichen Gestaltungsparameter – die Indoktrination; sechster und wichtigster Organisationsteil ist die Ideologie. Die Ideologie ist in der Tat ein lebendiger (wenn auch nicht technisch greifbarer) Teil einer jeden Organisation, sichtbar zumindest für diejenigen unter uns mit dem intuitiven sechsten Sinn. Der sensitive Besucher »spürt« sie sofort. Ideologie – hier verstanden als das System von Überzeugungen seitens der Organisation selbst, nicht als System der gesellschaftlichen Trends im organisatorischen Umfeld – stellt in jeder Organisation eine sechste wichtige Kraft dar – bis hin zur Mission, zum Sendungsbewußtsein, zum Drang, im Namen der Organisation »missionarisch« tätig zu werden. (Insoweit läßt sich die Ideologie als ein Heiligenschein darstellen, der unser gesamtes Logo umkränzt; die Tendenz zu missionarischen Aktivitäten ist dann durch Pfeile zu verdeutlichen, die radial von diesem Heiligenkranz ausgehen.) Gewöhnlich stellt die Ideologie nur eine Tendenz unter vielen dar, doch kann sie in einigen Fällen so stark sein, daß in einer Organisation, die sonst zu einer der anderen reinen Konfigurationen tendiert hätte, die missionarischen Eigenschaften überwiegen. In unseren heutigen Organisationen verliert sich der Drang zur Ideologisierung meist in den stärker ausgeprägten Tendenzen zur Standardisierung, zur »Balkanisierung« usw. Doch auch die Tendenz zu missionarischen Aktivitäten kann dominieren, und damit entsteht eine relativ reine Konfiguration der Missionsstruktur.

Die reine Missionsstruktur ist auf eine inspirierende Mission ausgerichtet – auf eine Veränderung der Gesellschaft in der einen oder anderen Weise, auf die Beeinflussung der eigenen Mitarbeiter im Unternehmen oder auch nur auf die Möglichkeit, ihnen eine einmalige Erfahrung zu ermöglichen; stets damit verbunden sind eine Reihe von Überzeugungen und Normen. Hinsichtlich dieses letzten Aspekts ist die Missionsstruktur eine Form der Bürokratie, denn sie koordiniert aufgrund der Standardisierung von Normen. Insoweit ist sie auch genauso inflexibel und anpassungsunfähig: Die Mission muß ein klar umrissener, mitreißender Auftrag sein, aber weder sie selbst noch die sie umgebenden Normen – »Das Wort« gewissermaßen – dürfen verändert werden. So sind einige Missionsstrukturen eifrig darauf bedacht, alle Organisationen zu verändern – nur nicht die eigene!

Doch in anderer Hinsicht unterscheidet sich die Missionsstruktur erheblich von den anderen Formen der Bürokratie. Vor allem ist sie sehr lose strukturiert. Sobald ihre neuen Mitglieder entsprechend sozialisiert und indoktriniert sind und ihre ungeteilte Loyalität unter Beweis gestellt haben, kann die Organisation darauf vertrauen, daß sie ihre Arbeit ohne jegliche Kontrollen der konventionellen Bürokratie leisten. Mit anderen Worten: »Normative« Kontrolle ist mehr als hinreichend, um einen Großteil der erforderlichen Koordination sicherzustellen. Da eine solche Loyalität nur aufrechterhalten werden kann, wenn allen Mitgliedern gleichermaßen Vertrauen entgegengebracht wird, bedeutet dies von vornherein den Verzicht auf bürokratisch-konventionelle Kontrollen und zugleich die Beschränkung auf eine einfache Mission und ein einfaches technisches System. Es bedarf weder eines besonderen Expertenwissens noch der damit verbundenen Statusunterschiede.

Aus diesen grundlegenden Merkmalen lassen sich alle anderen Eigenschaften der reinen Missionsstruktur ableiten. Durchweg findet eine lose Arbeitsteilung statt, wobei häufiger Arbeitsplatzwechsel an die Stelle der Aufgabenspezialisierung tritt und zwischen Führungskräften und betrieblichen Mitarbeitern oder zwischen Linie und Stab kaum oder gar nicht unterschieden wird. Die Organisation realisiert die reinste Form der Dezentralisation: Es gibt überhaupt keine privilegierte Gruppe. (Damit ist die Missionsstruktur diejenige Konfiguration, die dem demokratischen Ideal am nächsten kommt, obgleich es zunächst einer starken, charismatischen Führungspersönlichkeit – und einer Einfachstruktur – bedurfte, um die Ideologie überhaupt ins Leben zu rufen.) Die Gruppierung erfolgt marktorientiert (d.h. missionsorientiert) in einer einzigen, relativ kleinen Einheit. Sollte die Organisation größer werden, wird sie sich auch weiterhin in kleine Einheiten (oder Enklaven) aufteilen, wobei diese Einheiten bis auf die Tatsache, daß sie eine gemeinsame Ideologie verfolgen, autonom sind. Aus diesem Grund ist persönlicher Kontakt die einzige Möglichkeit, die Ideologie lebendig zu halten.

Abgesehen von diesen strukturellen Eigenschaften weist die reine Missionsstruktur keine besonderen Merkmale auf: kaum persönliche Weisung oder Standardisierung von Arbeit, Arbeitsprodukten oder Qualifikationen, somit kaum eine Hierarchie, keine Technostruktur, kaum eine Mittellinie und so gut wie keine Formalisierung, externe Ausbildung, Aktionsplanung und Leistungskontrolle. Sofern gegenseitige Abstimmung überhaupt erforderlich ist, um die Standardisierung der Normen zu verstärken, läßt sie sich informell und ohne größeren Bedarf an halbformellen Kontaktinstrumenten erzielen. Mit anderen Worten: Wir haben es hier mit einer Konfiguration von Gestaltungsparametern (und situativen Faktoren) zu tun, die keineswegs weniger konsistent – und in einem wörtlichen Sinne weitaus harmonischer – ist als die anderen fünf.[2]

Eine Struktur, die der reinen Missionsstruktur nahekommt, liegt offensichtlich bei freiwilligen Organisationen mit starken Überzeugungssystemen vor – beim traditionellen israelischen Kibbuz, bei ideologisch-religiösen Bewegungen und Sekten, bei revolutionären politischen Gruppen, bei Zusammenschlüssen wie der Vereinigung Anonymer Alkoholiker usw. Doch Eigenschaften der Missionsstruktur sind auch in konventionelleren Organisationen zu finden, wenn diese eigene machtvolle, einzigartige Ideologien entwickeln – wie im Fall einer ausgeprägt idealistischen Kleinstadt-Universität oder einer Herstellerfirma, deren Mitarbeiter von ihren einmaligen, mit künstlerischer Sorgfalt gefertigten Produkten von Grund auf überzeugt sind.

So dreht sich auch das derzeitige Interesse an der Organisation japanischer Unternehmen um ihre im wesentlichen missionsstrukturellen Eigenschaften, die in scharfem Gegensatz zu den Maschinenbürokratien des Westens stehen. Der Westen hat niemals ein Zeitalter der Missionsstruktur erlebt, in dem diese sechste Konfiguration in Mode war. Doch vielleicht werden unsere Nachkommen in ihrem Wunsch, der Instabilität und den unpersönlichen Beziehungen in ihrer »post-adhokratischen« Zukunft zu entfliehen, für Ideologien und für die Konfiguration der Missionsstruktur bei der Strukturierung ihrer Organisationen weitaus aufgeschlossener sein.

Eine letzte Bemerkung. Warum sollten wir an dieser Stelle unserer Ausführungen noch eine sechste Konfiguration einführen? Zunächst einmal, weil diese Konfiguration bei der effektiven Strukturierung von Organisationen wichtig ist und dazu auserkoren scheint, in Zukunft noch an Bedeutung zu gewinnen. Unser Pentagon ist somit eigentlich als Hexagon aufzufassen. Doch liegt noch ein weiterer Grund vor: Der Leser soll zum Schluß eine sehr wichtige Prämisse dieses Buches in Frage stellen. Bei all unseren Ausführungen sind wir von der Vorstellung ausgegangen, die effektive Strukturierung von Organisationen sei eine Art Puzzlespiel. »Vor uns liegen die Einzelteile – fünf Organisationsteile, fünf Koordinationsmechanismen, neun Gestaltungsparameter, vier Gruppen von situativen Faktoren. Wollen wir doch einmal sehen, wie die zusammenpassen. Und siehe da, es ergeben sich fünf Kombinationsmöglichkeiten. Um eine effektive Organisation zu gestalten, brauchen wir also nur eines dieser fünf Gebilde auszuwählen. Oder wir stellen uns zumindest eine logische Mischung aus allen fünf zusammen. Wir definieren unsere Situation, und dann ordnen wir sie direkt der einen oder anderen Kategorie zu (so, wie die Profibürokratie ihre Klienten kategorisiert).«

Ein solches Vorgehen ist in der Tat für viele Organisationen durchaus sinnvoll (wie im übrigen auch für die meisten Klienten der Profibürokratien). Doch nicht für alle. Einige Organisationen müssen von ihren Standardlösungen Abstand nehmen (so wie Kunden und Klienten mit einmaligen Problemen bei einer Adhokratie besser aufgehoben wären). Sie müssen sich ihre eigenen Konfigurationen schaffen: Für sie sind die Teile keine Puzzleteile, sondern »Lego-Bausteine«, mit denen sich neue, bislang nicht erdachte und doch gleichermaßen konsistente Strukturen aufbauen lassen. Wir bieten somit eine letzte Hypothese zur organisatorischen Effektivität an, die immer noch mit den Forderungen der früheren Hypothesen nach Kongruenz und Konsistenz vereinbar ist, aber über sie hinausreicht. Wir wollen diese Hypothese als Kreationshypothese bezeichnen:

Effektive Strukturierung verlangt zuweilen die Kreation einer neuen Konfiguration – einer originalen und doch konsistenten Kombination aus Gestaltungsparametern und situativen Faktoren.

Nicht jede Organisation kann eine gänzlich neue Strukturform schaffen. Doch einige sind dazu gezwungen, wenn sie im wahren Sinne effektiv sein wollen. Wer wirklich magisches Gespür besitzt, denkt daher in Realitäten jenseits der FÜNF.

So bleibt uns noch zu berichten, daß Frau Hafner, inzwischen älter geworden, eines Tages von ihrem Büro im 55. Stockwerk herabstieg, um bei der Grundsteinlegung zur allergrößten Ceramico-Fabrik den ersten Spatenstich zu tun: Sie stolperte über ihren

Spaten und fiel in den Dreck. Ihre Verärgerung darüber, sich die Kleider beschmutzt zu haben, wich einer plötzlichen tiefen Nostalgie, denn sie erkannte, daß dies seit ihren Studio-Tagen der erste reale Kontakt mit der Erde war. Spontan kam ihr die Erleuchtung, das Modellieren mit Tonerde müsse wichtiger sein als die Maximierung der Gewinne. Und so erhielt die Organisation ihre neue Mission – Fertigung formschöner und funktionaler Tontöpfe in kreativer Handarbeit – und entwickelte eine neue Struktur, die der neuen Ideologie Rechnung trug. Der letzte Akt, den Frau Hafner als Geschäftsführerin vornahm, bestand darin, der Organisation noch einmal einen neuen Namen zu geben: Töpfer der Erde.

Anmerkungen

1. Verschiedenen Quellen zufolge soll es fünf, sechs beziehungsweise sieben Regenbogenfarben geben. Auch ich habe einmal zu zählen versucht, doch das eine »Exemplar«, das ich festhalten konnte, wies beträchtliche Undeutlichkeiten auf. Wie dem auch sei, der Regenbogen wird immer noch dieselbe Anzahl von Farben haben wie eh und je.
2. Eine ausführlichere Beschreibung der Missionsstruktur findet sich in Mintzberg (1983) Power in and Around Organizations (Englewood Cliffs, N.J.: Prenctice Hall). Dort wird auch eine andere Konfiguration abgehandelt – die politische Bühne. Doch das ist etwas anderes.

BIBLIOGRAPHIE

Im folgenden sind nur die im Text zitierten Veröffentlichungen aufgeführt. Eine umfassende Bibliographie findet der Leser in Mintzberg (1979).

Ackermann, R.W. (1975), The Social Challenge to Business (Cambridge, Mass.: Harvard University Press)

Ansoff, H.I. (1974), Corporate Structure: Present and Future. Working paper (Brussels, Belgium: European Institute for Advanced Studies in Management)

Becker, S.W./Gordon, G. (1966-67), »An Entrepreneurial Theory of Formal Organizations; Part I: Patterns of Formal Organizations«, Administrative Science Quarterly 1966-67, S. 315-344

Bennett, R.C. (1977), General Motors (F): Organizing a Corporate Purchase Agreement. Case study, copyright by the President and Fellows of Harvard College (Cambridge, Mass.: Harvard Business School)

Bennis, W.G. (1966), »The Coming Death of Bureaucracy«, Think Magazine, November-December 1966, S. 30-35

Bennis, W.G./Slater, P.L. (1964), The Temporary Society (New York: Harper & Row)

Beyer, J.M./Lodahl, T.M. (1976), »A Comparative Study of Patterns of Influence in United States and English Universities«, Administrative Science Quarterly 1976, S.104-129

Bidwell, C.E. (1965), »The School as a Formal Organization«, MARCH I.G. (ed.) (1965) The Handbook of Organizations (Chicago, Ill.: Rand McNally), chapter 23

Blau, P.M. (1967-68), »The Hierarchy of Authority in Organizations«, American Journal of Sociology 1967-68, S. 453-467

Blau, P.M./Schoenherr, P. A. (1971), The Structure of Organizations (New York: Basic Books)

Bower, J.L. (1970), »Planning within the Firm«, The American Economic Review 1970, S. 186-194

Braverman, H. (1974), Labor and Monopoly Capital: The Degradation of Work in the Twentieth Century (New York: Monthly Review Press)

Burns, T. (1971), »Mechanistic and Organismic Structures«, PUGH, D.S. (ed.) (1971) Organization Theory (New York: Penguin)

Burns, T./Stalker, G.M. (1966), The Management of Innovation, 2nd ed. (London: Tavistock)

Chandler, A.D. (1962), Strategy and Structure (Cambridge, Mass.: The M.I.T. Press)

Chandler, M.K./Sayles, L.R. (1971), Managing Large Systems (New York: Harper & Row)

Charns, M.P. (1976), »Breaking the Tradition Barrier: Managing Integration in Health Care Facilities«, Health Care Management Review, Winter 1976, S. 55-67

Crozier, M. (1964), The Bureaucratic Phenomenon (Chicago: University of Chicago Press)

Emery, F.E. (1971), »Democratization of the Work Place: A Historical Review of Studies«, International Studies of Management and Organization 1971, S. 181-201

Fayol, H. (1949), General and Industrial Management (New York: Pitman) [Französische Erstausgabe 1916]

Feld, M.D. (1959), »Information and Authority: The Structure of Military Organization«, American Sociological Review 1959, S. 15-22

Fiedler, F.E. (1966), »The Contingency Model: A Theory of Leadership Effectiveness«, PROSHANSKY, H./SEIDENBERG, B. (eds.) (1966) Basic Studies in Social Psychology (New York: Holt, Rinehart & Winston)

Frank, A.G. (1958-59), »Goal Ambiguity and Conflicting Standards: An Approach to the Study of Organization«, Human Organization, Winter 1958-59, S. 8-13

Franko, L.G. (1974), »The Move toward a Multidivisional Structure in European Organizations«, Administrative Science Quarterly 1974, S. 493-506

Galbraith, J.K. (1967), The New Industrial State (Boston: Houghton Mifflin)

Galbraith, J.R. (1973), Designing Complex Organizations (Reading, Mass.: Addison-Wesley)

Galbraith, J.R. (1971), »Matrix Organization Designs«, Business Horizons, February 1971, S. 29-40

Gerth, H.H./Mills, C.W. (eds.) (1958), From Max Weber: Essays in Sociology (New York: Oxford University Press)

Goodman, L.P./Goodman, R.A. (1972), »Theater as a Temporary System«, Management Review, Winter 1972, S. 103-108

Goodman, R.A./Goodman, L.P. (1976), »Some Management Issues in Temporary Systems: A Study of Professional Development and Manpower-Theater Case«, Administrative Science Quarterly 1976, S. 494-501

Gosselin, R. (1978), A Study of the Interdependence of Medical Specialists in Quebec Teaching Hospitals. Ph.D. thesis, Faculty of Management, McGill University, Montreal

Guetzkow, H./Simon, H.A. (1954-55), »The Impact of Certain Communication Nets upon Organizations and Performance in Task-Oriented Groups«, Management Science 1954-55, S. 233-250

Haire, M. (1964), Psychology in Management (New York: McGraw-Hill)

Hatvany, N.G. (1976), »Review of 'A Profile of Tomorrow's Police Officer and His Organization' by Victor Cizanckas«, JAEGER, A.M. (ed.) (1976) Seminars on Organizations (Stanford, Calif.: Stanford University, Winter and Spring 1976), S. 72-74

Herzberg, F. (1968), »One More Time: How Do You Motivate Employees?« Harvard Business Review, January-February 1968, S. 53-62

Hickson, D.J. (1966-67), »A Convergence in Organization Theory«, Administrative Science Quarterly 1966-67, S. 224-237

Holden, P.E./Pederson, C.A./Germane, G.E. (1968), Top Management (New York: McGraw-Hill)

Hunt, R.G. (1970), »Technology and Organization«, Academy of Management Journal 1970, S. 235-252

Jay, A. (1970), Management and Machiavelli (New York: Penguin Books)

Kaufman, H./Seidman, D. (1970), »The Morphology of Organization«, Administrative Science Quarterly 1970, S. 439-445

Khandwalla, P.N. (1973a), »Effect of Competition on the Structure of Top Management Control«, Academy of Management Journal 1973, S. 285-295

Khandwalla, P.N. (1974), »Mass Output Orientation of Operations Technology and Organizational Structure«, Administrative Science Quarterly 1974, S. 74-97

Khandwalla, P.N. (1971), Report on the Influence of the Techno-Economic Environment on Firms' Organization. Report of research findings presented to participating corporations in a study of organizational structure, McGill University, Montreal

Khandwalla, P.N. (1973b), »Viable and Effective Organizational Designs of Firms«, Academy of Management Journal 1973, S. 481-495

Knight, K. (1976), »Matrix Organization: A Review«, The Journal of Management Studies 1976, S. 111-130

Kochen, M./Deutsch, K.W. (1973), »Decentralization by Function and Location«, Management Science 1973, S. 841-855

Kover, A. J. (1963-64), »Reorganization in an Advertising Agency: A Case Study of a Decrease in Integration«, Human Organization 1963-64, S. 252-259

Lawrence, P.R./Lorsch, J.W. (1967), Organization and Environment (Homewood, Ill.: Richard D. Irwin)

Litzinger, W./Mayrinac, A./Wagle, J. (1970), »The Manned Spacecraft Center in Houston: The Practice of Matrix Management«, International Review of Administrative Sciences 1970, S. 1-8

Lorsch, J.W./Allen, S.A. (1973), Managing Diversity and Interdependence (Cambridge, Mass.: Division of Research, Graduate School of Business Administration, Harvard University)

Maslow, A.H. (1954), Motivation and Personality (New York: Harper & Row)

Melcher, A.J. (1976), Structure and Process of Organizations: A Systems Approach (Englewood Cliffs, N.J.: Prentice-Hall)

Miller, E.J. (1959), »Technology, Territory and Time: The Internal Differentiation of Complex Production Systems«, Human Relations 1959, S. 243-272

Mintzberg, H. (1973a), The Nature of Managerial Work (New York: Harper & Row)

Mintzberg, H. (1973b), »Strategy-Making in Three Modes«, California Management Review, Winter 1973, S. 44-53

Mintzberg, H. (1979), The Structure of Organizations (Englewood Cliffs, N.J.:Prentice-Hall)

Montagna, P.D. (1968), »Professionalization and Bureaucratization in Large Professional Organizations«, The American Journal of Sociology 1968, S. 138-145

Moyer, R.C. (1970), »Berle and Means Revisited: The Conglomerate Merger«, Business and Society, Spring 1970, S. 20-29

Paterson, T.T. (1969), Management Theory (London: Business Publications Ltd.)

Perrow, C. (1974), »Is Business Really Changing?« Organizational Dynamics, Summer 1974, S. 31-44

Perrow, C. (1970), Organizational Analysis: A Sociological Review (Belmont, Calif.: Wadsworth)

Pfiffner, J.M./Sherwood, F. (1960), Administrative Organization (Englewood Cliffs, N.J.: Prentice-Hall)

Pugh, D.S./Hickson, D.J./Hinings, C.R./MacDonald, K.M./Turner, C./Lupton, T. (1963-64), »A Conceptual Scheme for Organizational Analysis«, Administrative Science Quarterly 1963-64, S. 289-315

Reeser, C. (1969), »Some Potential Human Problems of the Project Form of Organization«, Academy of Management Journal 1969, S. 459-467

Rumelt, R.P. (1974), Strategy, Structure, and Economic Performance (Cambridge, Mass.: Division of Research, Graduate School of Business Administration, Harvard University)

Sayles, L.R. (1976), »Matrix Organization: The Structure with a Future«, Organizational Dynamics, Autumn 1976, S. 2-17

Schein, E.H. (1968), »Organizational Socialization and the Profession of Management«, Industrial Management Review, Winter 1968, S. 1-16

Scott, B.R. (1973), »The Industrial State: Old Myths and New Realities«, Harvard Business Review, March-April 1973, S. 133-148

Scott, B.R. (1971), Stages of Corporate Development, Part I. Working paper, Harvard Business School, 14-371-294; BP993

Siar (1975), Management Survey of UNICEF (Stockholm: Scandinavian Institutes for Administrative Research)

Simon, H.A. (1957), Administrative Behavior, 2nd ed. (New York: Macmillan)

Simon, H.A. (1968), »The Future of Information Processing Technology«, Management Science 1968, S. 619-624

Simon, H.A. (1977), The New Science of Management Decision, rev. ed. (Englewood Cliffs, N. J.: Prentice-Hall)

Simon, H.A. (1969), The Sciences of the Artificial (Cambridge, Mass.: The M.I.T. Press)

Sloan, A.P. (1963), My Years at General Motors (New York: Doubleday)

Smith, A. (1910), The Wealth of Nations (London: Dent)

Spencer, F.C. (1976), »Deductive Reasoning in the Lifelong Continuing Education of a Cardiovascular Surgeon«, Archives of Surgery 1976, S. 1177-1183

Starbuck, W.H. (1965), »Organizational Growth and Development«, MARCH, J.G. (ed.) (1965) Handbook of Organizations (Chicago, Ill.: Rand McNally), chapter 11

Stinchcombe, A.L. (1965), »Social Structure and Organizations«, MARCH, J.G. (ed.) (1965) Handbook of Organizations (Chicago, Ill.: Rand McNally), chapter 4

Strauss, G. (1962-63), »Tactics of Lateral Relationship: The Purchasing Agent«, Administrative Science Quarterly 1962-63, S. 161-186

Strauss, G./Rosenstein, R. (1970), »Worker Participation: Critical View«, Industrial Relations 1970, S. 197-214

Taylor, F.W. (1911, 1947), Scientific Management (New York: Harper & Row)

Terkel, S. (1972/1975), Working (New York: Pantheon Wildwood House)

Thompson, J.D. (1967), Organizations in Action (New York: McGraw-Hill)

Thompson, V.A. (1961), Modern Organizations (New York: Knopf)

Toffler, A. (1970), Future Shock (New York: Bantam Books)

Trist, E.L./Bamforth, K.W. (1951), »Some Social and Psychological Consequences of the Long-Wall Method of Coal-Getting«, Human Relations 1951, S. 3-38

Udy, S.H., JR. (1959), Organization of Work (New Haven, Conn.: HRAF Press)

Urwick, L.F. (1956), »The Manager's Span of Control«, Harvard Business Review, May-June 1956, S. 39-47

Weick, K.E. (1976), »Educational Organizations as Loosely Coupled Systems«, Administrative Science Quarterly 1976, S. 1-19

Whistler, T. (1975), »Organizational Research and the Strategist.« Speech presented at conference on »Strategy and Structure«, Stanford University, December 1975

Wilensky, H.L. (1967), Organizational Intelligence (New York: Basic Books)

Williamson, O.E. (1975), Markets and Hierarchies: Analysis and Antitrust Implications (New York: Free Press)

Woodward, J. (1965), Industrial Organization: Theory and Practice (London: Oxford University Press)

Worthy, J.C. (1959), Big Business and Free Men (New York: Harper & Row)

Worthy, J.C. (1950), »Organizational Structure and Employee Morale«, American Sociological Review 1950, S. 169-179

Wrigley, L. (1970), Diversification and Divisional Autonomy. D.B.A. thesis, Harvard Business School

PERSONENREGISTER

SACHREGISTER

B

D

E

F

G

H

I

O

P

Q

R

S

V

W

Z

Mit der WELT sind Sie täglich im Handumdrehen gut informiert

DIE WELT formuliert knapp und präzise. Sie ist übersichtlich gegliedert, schnell lesbar. Sie erhalten in kurzer Zeit ein Maximum an wichtigen Informationen.

DIE WELT liefert die wichtigsten Informationen aus erster Hand. Über 90 Korrespondenten berichten von den Brennpunkten des Weltgeschehens. Die Hauptredaktion arbeitet in Bonn.

Ein großes Team anerkannter Journalisten und Mitarbeiter verdichtet das Weltgeschehen und seine Hintergründe zu einer Tageszeitung von Weltrang.

Das besondere Angebot für die Leser dieses Buches: Zum Kennenlernen erhalten Sie DIE WELT 14 Tage kostenlos und unverbindlich ins Haus.

Bitte schreiben Sie an DIE WELT, Leser-Service, Postfach 30 58 30, 2000 Hamburg 36.